Andreas Bärtels

Gehölze für den Garten

Andreas Bärtels

Gehölze für den Garten

Mit einem Beitrag von Dorothea Haag

117 Farbfotos
32 Zeichnungen

VERLAG EUGEN ULMER

Titelfoto: Hans Reinhard
Umschlagrückseite: *Viburnum rhytidophyllum* (Bärtels)
Foto Seite 1: *Gleditsia triacanthos* (Bärtels)
Foto Seite 2: *Picea orientalis* 'Elegantissima' (Bärtels)
Foto Seite 6: *Viburnum plicatum* 'Mariesii' (Bärtels)

Zeichnungen zum Beitrag von Dorothea Haag
von Jutta Thiele-Dreikauss

Die Deutsche Bibliothek — CIP-Einheitsaufnahme
Gehölze für den Garten / Andreas Bärtels. Mit einem Beitr.
von Dorothea Haag. — Stuttgart : Ulmer, 1993
ISBN 3-8001-6536-8
NE: Bärtels, Andreas; Haag, Dorothea

Das Werk einschließlich aller seiner Teile ist
urheberrechtlich geschützt. Jede Verwertung
außerhalb der engen Grenzen des Urheberrechts-
gesetzes ist ohne Zustimmung des Verlages unzulässig
und strafbar. Das gilt insbesondere für
Vervielfältigungen, Übersetzungen, Mikroverfilmungen
und die Einspeicherung und Verarbeitung in
elektronischen Systemen.
© 1993 Eugen Ulmer GmbH & Co.
Wollgrasweg 41, 70599 Stuttgart
Printed in Germany
Einbandgestaltung: A. Krugmann, Freiberg am Neckar
Lektorat: Agnes Pahler
Herstellung: Jürgen Sprenzel
Satz: Typobauer, Scharnhausen
Druck: Druckerei Georg Appl, Wemding
Bindung: Großbuchbinderei Monheim, Monheim

Vorwort

Bäume und Sträucher sind nicht nur ein unverzichtbarer Bestandteil von Natur und Landschaft, sie sind auch die wichtigsten Gestaltungselemente im Garten. Sie umhegen ihn, bilden Kulissen und schützen vor Einblicken, sie untergliedern und verbinden Gartenräume und bilden den richtigen Rahmen für Stauden und Sommerblumen. Kein anderer Pflanzentyp erreicht ein so hohes Alter wie die Gehölze. Sie können Jahrzehnte an einem ihnen zugewiesenen Platz aushalten, und in höherem Alter lassen sie sich nicht mehr verpflanzen. Deshalb ist der richtige Umgang mit ihnen für eine langfristige gesunde, arttypische Entwicklung von entscheidender Bedeutung.

Die ersten Kapitel, verfaßt von Dorothea Haag, beschäftigen sich mit Fragen zur Gartengestaltung. Neben allgemeinen Gestaltungsprinzipien werden typische Situationen im Garten angesprochen, und einige Beispiele dazu zeigen, wie Bäume und Sträucher einzelne Gartenteile bereichern. Die darauffolgenden Kapitel befassen sich mit der Praxis der Gehölzpflege, angefangen bei der Pflanzung und der dazu notwendigen Bodenvorbereitung, über den Pflanzschnitt, den Erhaltungs- und Verjüngungsschnitt bis hin zu Winterschutz, Bodenpflege, Düngung und Pflanzenschutz. Den weitaus größten Teil des Buches machen die Beschreibungen von über 700 Gartengehölzen aus: mittelgroße und kleinkronige Bäume, sommer- und immergrüne Blüten- und Ziersträucher, Bambus, Kleingehölze, Kletterpflanzen und Nadelgehölze. Den im mediterranen Raum kultivierten Bäumen und Ziersträuchern ist ein eigenes Kapitel gewidmet. Sie werden bei uns in zunehmendem Maße als Kübelpflanzen gehalten.

Die Gehölzauswahl in diesem Buch richtet sich nach dem Standardsortiment der Baumschulen, so daß die meisten erwähnten Arten und Sorten leicht zu beschaffen sind. Es werden aber auch weniger bekannte Gehölze genannt, die eine stärkere Beachtung verdienen. Außerdem spielte bei der Auswahl die Wuchshöhe und -breite der Gehölze eine wichtige Rolle. Bis auf ganz wenige Ausnahmen fügen sich die hier erwähnten Bäume und Sträucher in die üblichen Dimensionen unserer Hausgärten ohne Probleme ein.

In einer umfangreichen tabellarischen Übersicht am Schluß des Buches sind die besprochenen Gehölze nach ihren botanischen Namen alphabetisch aufgelistet; darin finden sich Angaben zu Wuchshöhe, Blütezeit und Blütenfarbe sowie zu weiteren zierenden Eigenschaften; außerdem sind dort – im Sinne eines Registers – die Buchseiten vermerkt, auf denen die Arten und Sorten im Text beschrieben sind. Die deutschen Gehölznamen stehen in einem Extraverzeichnis.

Danken möchte ich meinem Verleger Herrn Roland Ulmer für die rasche Realisierung des Buchplanes, den Damen und Herren aus Lektorat und Herstellung für die gute Betreuung und großzügige Ausstattung des Buches.

Waake, Sommer 1993   Andreas Bärtels

Inhaltsverzeichnis

Vorwort 5

Die Verwendung und die Kultur von Gehölzen im Hausgarten

Gestalten mit Gehölzen (Dorothea Haag) 8
Der Garten – ein Prozeß ständiger Verwandlung 8
Gartenräume – Gartenstimmung 10
Standortfaktoren 11
Pflanzengemeinschaften und Pflanzenbilder 12

Ausgewählte Situationen (Dorothea Haag) 13
Sitzplätze 13
Mauern, Zäune, Pergolen 15
Steine, Stufen, Mäuerchen 17
Am Wasser 18
Vorgärten 19
Innenhöfe 20
Pflanzgefäße 22

Gehölze als Gestaltungselemente im Hausgarten (Dorothea Haag) 23
Bäume 23
Sträucher 25
Bodendeckende Gehölze 26
Kletternde Gehölze 26
Rosen 27

Bodenvorbereitung und Pflanzung 28
Wuchshöhen 28
Bodenvorbereitung 28
Bodenverbesserung 28
Bodenverbesserung für Rhododendron 30
Subtrate für Trog- und Dachgärten 31
Pflanzung 31

Die Pflege der Gehölze 35
Bodenpflege und Düngung 35
Winterschutz 37
Gehölzschnitt 38
Technik des Gehölzschnittes 39
Pflanzschnitt 40
Erhaltungsschnitt an Sträuchern 43
Erhaltungsschnitt an Bäumen 50
Heckenschnitt 50
Korrekturschnitt an Nadelgehölzen 51
Verjüngungsschnitt 51
Durchtreibende Unterlagen 52
Wundbehandlung 52

Pflanzenschutz an Gartengehölzen 52
Pilzliche und bakterielle Erkrankungen 53
Tierische Schädlinge 54
Vom Umgang mit Pflanzenschutzmitteln 57

Die besten Bäume und Sträucher für den Garten

Mittelgroße Laubbäume 58
Kleinkronige Solitär- und Blütenbäume 73
Sommergrüne Blüten- und Ziersträucher 104
Sommer- und immergrüne Zwerggehölze 174
Immergrüne Laubgehölze und Bambus 204
Kletterpflanzen 240
Nadelgehölze und Ginkgo 258
Bäume und Sträucher in den Gärten am Mittelmeer 304
Eigenschaften und Verwendung der Gartengehölze 340

Literaturverzeichnis 365
Bildquellen 365
Verzeichnis der deutschen Pflanzennamen 366

Die Verwendung und die Kultur von Gehölzen im Hausgarten

Gestalten mit Gehölzen

Der Garten – ein Prozeß ständiger Verwandlung

Gehölze sind wie alle Pflanzen Lebewesen. Solange sie leben, verändern sie sich durch ihr Wachstum. Sie keimen, sprießen, knospen, blühen, fruchten und vergehen im Rhythmus der Jahreszeiten, im Lauf der Jahre. Der Gestaltwandel jeder einzelnen Pflanze bedingt zugleich eine Veränderung ihres Lebensraumes. Dies trifft für die »freie Natur« ebenso wie für jeden von Pflanzen geprägten Freiraum zu, so auch für den mit dem Wohnen eng verbundenen Hausgarten.

Ein Garten wird durch das Wachsen der Pflanzen in seinen Dimensionen, seinen Licht- und Schattenverhältnissen, seinen Farben und damit in seinen Proportionen, seiner Wirkung, seiner Stimmung beeinflußt und ständig verändert. Am eindrucksvollsten vollzieht sich dieser Wandel bei den Bäumen, während sie sich vom winzigen Keimling über Jugend- und Reifestadium zur charakteristischen Altersgestalt entwickeln.

Zudem verwandeln vor allem die Laubbäume ihr Gesicht wesentlich im jahreszeitlichen Wechsel. Das starre, filigrane, eher graphische Winterbild der Gehölze, das durchsichtig den Blick in weitere Räume freigibt, wird im Frühling von zarten Grün- und Blütenschleiern überdeckt und zum Sommer hin mehr und mehr verdichtet. Durch größere Blätter und »schwerere Farben« tritt nun das Körperhafte der einzelnen Pflanzen deutlicher hervor. Im Herbst entsteht dann durch Früchte und Laubfärbung ein Leuchten; manche Gehölze scheinen sich dadurch von der Stelle zu bewegen. Rote, orange, gelbe Farbtöne drängen dunkelgrüne zurück. Schließlich kehrt die Transparenz wieder. Der Jahreskreis schließt sich.

Der Umgang mit diesem jahreszeitlichen Wechsel und der ständigen Veränderung durch Wachstum bedeutet das Einbeziehen der Dimension Zeit. Gerade das macht das Gestalten eines Gartens ebenso schwierig wie spannend und reizvoll. Werden diese Veränderungen bewußt bei der Gartenanlage eingeplant, erlebt man Rhythmen und Höhepunkte im Jahresablauf; Glanzlichter können zu jeder Zeit, auch noch im November, aufleuchten. Wir müssen sie uns »nur« vor Augen führen, das heißt ins Bewußtsein und an den rechten Platz im Garten rücken.

Voraussetzung ist die möglichst genaue Kenntnis der Wachstumsbedingungen und Wuchseigenschaften der Pflanzen sowie das Wissen um das soziale Verhalten der Pflanzenpartner. Es kommt also auch darauf an, wie sie in Pflanzengemeinschaften zusammenleben. Dieses Kapitel will daher zunächst einmal Verständnis für den Prozeß Garten wecken. Ein soeben angelegter Garten hat niemals das Gesicht, zeigt niemals die Raumwirkung, die man erreichen möchte. Selbst wenn relativ »erwachsene« Pflanzen vorhanden sind oder verwendet werden können, müssen die Individuen erst miteinander verwachsen, sich zu einer Gemeinschaft entwickeln. In jedem Garten vollzieht sich der Prozeß des Wachsens und Zusammenwachsens anders, aber ständig. Niemals ist ein Garten fertig, einen Endzustand gibt es nicht, wohl aber verschiedene Stadien der Reife.

Als nach oben, zum Himmel hin offener Freiraum unterliegt ein Garten weiteren Veränderungen, nämlich den stets wechselnden Einflüssen des Lichtes und der Witterung oder im Tages- und Jahresrhythmus.

Ein Garten kann aus einer stets kurz geschorenen Rasenfläche und einer Umpflanzung aus einer Art von Nadelgehölzen bestehen und mit geringen

Mit der prächtigen Blüte der Scharlachkirsche (Prunus sargentii) hält der Frühling Einzug in den Garten.

Abweichungen jederzeit ein gleichförmiges (gepflegtes!), fast bewegungsloses Bild bieten, und dies weitgehend unabhängig von den Jahreszeiten. Doch welche »Naturnähe« kann uns ein Garten bringen, in dem man sich zu jeder Jahreszeit und bei jedem Wetter auf kleine und große Erlebnisse freuen kann, zum Beispiel wenn bei Nässe Blätter glänzen, manche Farben, vor allem Grüntöne, leuchten, wenn Regentropfen sich zu Perlenschnüren an Nadeln, Blättern, Halmen sammeln, wenn Tau, Reif, Eis, Schnee verzaubern, wenn Gerüche nach dem Regen intensiver werden, wenn die tiefstehende Wintersonne silbrige Samenstände oder letzte Blätter im Gegenlicht zum Aufleuchten bringt, wenn ein immergrüner Strauch seine Schönheit erst in der entlaubten Umgebung zeigt oder ein Gehölz mitten im Winter blüht und duftet; wenn schließlich der Frühling hervorbricht und sich nach der Winterruhe Sommerfülle und Herbstpracht entwickeln.

Gartenräume – Gartenstimmung

Ein Hausgarten wird vom Menschen bewußt aus seiner Umgebung – ursprünglich der Wildnis – herausgenommen und eingegrenzt, eingehegt. Mit dem Ziel, daß sich Pflanzen hier zu seinem Nutzen und zu seiner Freude entwickeln, legt der Mensch seinen Garten an, baut und formt ihn. Die Grenzen des Grundstücks werden zuweilen mit mehreren Nachbarn gemeinsam von Mauern, Zäunen, Hecken, Pflanzungen besetzt, so daß sich immer ein Gartenraum herausbildet, umgeben von gebauten oder gewachsenen Wänden, ein Raum ohne Dach. Solch einen Raum gilt es zu gliedern und zu gestalten; dies geschieht durch gebaute Elemente wie Mauern, Zäune, Pergolen, Stufen, Wege, durch Geländemodellierung und ebenso durch das Pflanzen von Bäumen, Sträuchern und Stauden in unterschiedlichen Anordnungen (Reihe, Gruppe, in Einzelstellung oder auch flächig). So kann Raumtiefe, Vordergrund, Hintergrund, so können Raumfolgen mit Durchgängen und Durchblicken entstehen, so werden mannigfaltige, weite, offene, aber auch enge versteckte Bereiche geschaffen, selbst noch innerhalb eines kleinen Gartengrundstücks.

In einem Garten wird der Raumeindruck selbstverständlich zunächst von den realen Größenverhältnissen bestimmt. So spielt es zum Beispiel eine Rolle, wie hoch die umgrenzende Hecke in bezug zur Fläche und vor allem in bezug zum Menschen ist: Kann man nicht mehr über sie hinwegblicken, reicht sie bis zur Schulter, Hüfte, zum Knie; kann man im Sitzen oder Liegen dahinter verschwinden?

Doch hängen Raumgefühl und die Stimmung, die ein Garten ausstrahlt, ganz wesentlich von den Eigenschaften der einzelnen Pflanzen ab. Stellen wir uns auf einer von Hecken umgebenen Rasenfläche eine Birke vor: eine transparente helle Baumgestalt mit biegsamen herabhängenden Zweigen, zierlichen beweglichen Blättern. Wie anders wirkt dagegen eine Schwarzkiefer von gleicher Größe wie die Birke in demselben Gartenstück: eine geschlossene, dunkle Baumgestalt mit starren, eher bizarren Zweigen und harten, schwarzgrünen Nadeln. Schon *eine* Pflanze prägt die Stimmung in einem Garten durch ihre Gestalt (Habitus), ihre Dichte, ihre Helligkeit, durch die Form und Beschaffenheit ihres Laubes, durch ihre Farben, sogar durch ihren Geruch.

Pflanzen können alle unsere Sinne anregen und in »Stimmung versetzen«. So beleben uns Gerüche und Düfte von Blüten, Früchten und Blättern, die zu ganz bestimmten Jahreszeiten bei bestimmten Witterungsverhältnissen auftreten, zum Beispiel nach Regen oder bei heißer Sommersonne, oder auch beim Zerreiben von Blättern zwischen den Fingern entstehen. Auch Gerüche prägen unsere Gartenbilder und sind in besonderem Maße mit unserer Erinnerung an Gartenstimmungen verknüpft. So verleiten uns Pflanzen auch zum Anfassen, zum »Begreifen« von glatter, ledriger, harter, seidiger, samtener, filziger, weicher Oberfläche, und selbst unsere Ohren haben Teil an der Wahrnehmung – das Wort Geräusch kommt ja vom »Rauschen«, auch der Pflanzen.

Gewiß aber spielen die Augen beim Erfassen der Stimmung im Garten eine entscheidende Rolle. Die Verwandlung durch verschiedene Farben, durch Enge und Weite, aber vor allem auch durch verschiedene Helligkeit machen den besonderen Reiz eines Gartens aus. Der Lichtwechsel vom tiefen Schatten vielleicht nur eines einzigen Baumes zum Halbschatten des Gehölzsaumes bis hin zur besonnten Lichtung kann auch in einem kleinen Garten zum Erlebnis werden.

Standortfaktoren

Beim Gestalten mit sogenannten toten Materialien, beim Malen, Werken, Bauen, kann man mischen, komponieren, zusammenfügen nach funktionalen und ästhetischen Gesichtspunkten. Beim Gestalten mit Pflanzen kommen »lebensnotwendige« Kriterien dazu. Die Höheren Pflanzen, zu denen die Gehölze zählen, sind als Lebewesen von den Lebensgrundlagen Licht, Luft und Wasser sowie vom Boden elementar, unmittelbar abhängig, weil sie fest an ihrem Standort wurzeln. Darüber hinaus wirkt die lebendige und gebaute Umgebung, die engere und weitere Nachbarschaft wesentlich auf die Pflanzen ein. Jede Pflanzenart hat ihre speziellen Ansprüche an die Elemente, hat spezielle Eigenarten, ihr Leben zu entfalten, sich mit anderen Pflanzen zu vergesellschaften.

Die Lichtverhältnisse von sonnig bis schattig, die Feuchtigkeitsverhältnisse von trocken bis naß, die Temperatur- und Windverhältnisse mit all den Übergängen und Kombinationen, dazu die Bodenbeschaffenheit, ob zum Beispiel felsig, sandig, lehmig, flach- oder tiefgründig, nährstoffreich oder nährstoffarm, mehr sauer oder mehr basisch, sind die Standortfaktoren, die bewirken, daß ganz bestimmte Pflanzen und Pflanzengemeinschaften an einem Standort wachsen.

Zunächst sind demnach die Standortfaktoren zu untersuchen, um die Pflanzenauswahl darauf abzustimmen. Je exakter die Standortfaktoren mit denen, die im natürlichen Verbreitungsgebiet einer Pflanze herrschen, übereinstimmen, um so besser gedeiht sie, um so weniger muß für sie getan werden, um so weniger bedarf sie dauerhafter Pflege. Das heißt nicht, daß die Pflanze unbedingt zu den »heimischen« gehören muß. Sie sollte nur »standortgerecht« verwendet werden, also möglichst dieselben Standortfaktoren vorfinden oder bekommen wie an ihrem Heimatort, der in Kanada oder Japan liegen kann.

Selten findet man ein einheitliches Gartengelände vor. Wir werden in den meisten Fällen sonnige und schattige, trockene und feuchte, geneigte und ebene Stellen antreffen. Zudem verändern wir die Standortfaktoren mit jeder »gebauten« und »gepflanzten« Maßnahme, wenn etwa mehr oder weniger Schatten, höhere oder geringere Feuchtigkeit die Folge sind.

Um einen Garten zu einem vielfältigen Lebensbereich werden zu lassen, um Räume, Rhythmen, Farben, wechselnde Stimmungen zu schaffen, auch um die Erfordernisse und Wünsche wie Wegeverbindungen und Möglichkeiten zum Sitzen in der Sonne, im Schatten, auch am Wasser, sowie zum Lagern, Spielen, Ernten und viele mehr zu erfüllen, wird man zunächst einmal die Besonderheiten der vorgefundenen »Standorte« ausbauen und hervorheben. Dazu wird man je nach Bedarf neue Wege, Stufen, Mulden, Böschungen, Mauern, Pergolen, Sitzplätze, Rasen-, Wasser- und Beetflächen anlegen. Auf diese Weise entstehen sehr verschiedenartige Pflanzenstandorte. Sie bilden die Voraussetzung für pflanzliche Vielfalt und charakteristische Gartenräume.

Bei der Pflanzenauswahl und -verwendung geht es darum, auf vorhandene Standortbedingungen einzugehen, also mit dem Vorgefundenen zu arbeiten und Standortvorteile zu nutzen wie auch neue Pflanzenstandorte zu schaffen, um vielfältige Pflanzenbilder zu erzielen.

Der einzig wirklich völlig unveränderbare Standortfaktor ist die Himmelsrichtung. Nach der Lage des Gartens zur Himmelsrichtung muß sich alles *richten*. Von der Frage »wohin« und »wie lange« Schatten auf einen Platz fällt, leitet sich jedes Pflanzenwachstum ab. Ein Platz in warmer, trockener Südexposition oder im kühlen, feuchten Schatten – Beispiele für zwei extreme Gartenstandorte – prägt und verändert wiederum auch die Pflanzen in ihrem Aussehen. Im Schatten gedeihen eher Pflanzen mit großen, weichen Blättern in vielfältigen Formen und in Grüntönen aller Schattierungen. Man wird dort eher zurückhaltende Blütenfarben finden, während sich am warmen Sonnenplatz vermehrt kleine, oft harte, dornige, ledrige, filzige, häufig auch duftende Blätter in mehr graugrünen, graublauen und rotbraunen Farbtönen ausbilden und die Blüten hier ihre ganze Farben- und Formenfülle sowie ihren Duft entfalten.

So muß in einem Garten die kühle Nordseite durchaus keine Schattenseite im negativen Sinn sein, sondern gerade hier kann sich ein ganz besonders ausgeprägtes, charakteristisches Pflanzenleben entwickeln, das im deutlichen Kontrast zu den blütenreichen und farbenfrohen Partien in der Sonne steht.

Pflanzengemeinschaften und Pflanzenbilder

Führt man sich die geschilderten Pflanzungen am schattigen oder am sonnigen Platz vor Augen, »malen« nicht nur Gehölze das Bild, es sind auch ihre Lebenspartner, die Stauden, beteiligt. Stauden sind dauerhafte Pflanzen, die mit Zwiebeln, Knollen oder unterirdischen Wurzelstöcken überdauern, deren oberirdische Teile aber im Gegensatz zu den Gehölzen nicht verholzen. Die Seerosen im Wasser, das Schilf am Ufer, die Gräser in Moor und Heide, die vielen Blütenpolster auf felsigem Untergrund, die meisten »Blumen« des Waldrandes und des Waldbodens, die Farne sowie die Gräser und Blumen der Wiesen sind Stauden. Ob am Ufer der Gewässer, in Heide und Moor, auf Felsen, am Waldrand, im Wald — immer leben Stauden *und* Gehölze miteinander, sie ergänzen sich sowohl in der Landschaft als auch im Garten.

In jedem Garten, selbst im sehr kleinen, kann man die Lebensbereiche »Wald«, »Waldrand«, »Lichtung« sowie »Ufer« ohne große Veränderungen entstehen lassen, wie die folgenden Beispiele zeigen. Dabei werden jeweils nur immer einige Pflanzen aus den artenreichen Lebensgemeinschaften genannt.

Im **Schatten** eines Gebäudes oder eines Baumes wachsen typische Stauden wie Christrosen, Märzenbecher, Buschwindröschen, Schlüsselblumen, Lungenkraut, Staudenvergißmeinnicht, Maiglöckchen, Elfenblume, Geißbart, Bergenien, Funkien, Farne und Waldgräser. Im **wechselnden** Schatten einer Strauchgruppe oder einer mit Klettergehölzen berankten Pergola leben die Stauden des Waldsaumes wie Schneeglöckchen, Narzissen, Veilchen, Wiesenraute, Fingerhut, Eisenhut, Anemonen, Storchschnabel, Glockenblumen, Akelei, Frauenmantel. Auf der »**Lichtung**« in der Sonne gedeihen in nährstoffreicherem, feuchterem Boden Krokusse, Tulpen, Rittersporn, Margeriten, Phlox, Schleierkraut, Astern und Sonnenblumen zusammen mit den Rosen in all ihrer Vielfalt. Auf trockeneren, durchlässigen Böden in der Sonne gesellen sich zu den Kleingehölzen wie Lavendel, Fingerstrauch, Zwergmispel, Heide- und Erikaarten, Ginster und Zwergkiefer sowohl die vielfältigen Polsterstauden wie auch Schwertlilien, Zierdisteln, Königskerzen, Steinbrecharten und Fetthennen und vor allem auch Gräser. Am **Ufer** gesellen sich zu kleinen Weiden, die gern einen »feuchten Fuß« haben, Sumpfvergißmeinnicht, Sumpfdotterblumen, Wasserschwertlilien, Calla sowie Gräser (Binsen- und Schilfarten), die den Übergang bilden zu den Stauden im Wasser. Ins Wasser hinein folgen die Gehölze den Stauden allerdings nicht.

Diese Lebensbereiche, die durch unterschiedliche Licht- bzw. Feuchtigkeitsverhältnisse in jedem Garten relativ einfach zu schaffen sind, entsprechen den »natürlichen«, »normalen« Standorten. Schwieriger wird es, wenn bestimmte Gartenbilder verwirklicht werden sollen, wenn zum Beispiel ein »Alpinum« auf fettem Bördeboden oder eine Moorbeetpflanzung (Rhododendren) auf durchlässigem, kalkreichem Boden gewünscht wird. Im ersten Fall wird sich trotz Bodenaustausch und Felsenaufbau auf Dauer kein Edelweiß, sondern höchstens ein »Edelgrau« entwickeln, weil man die eigenartige Ausstrahlung der alpinen Pflanzen, die sie an ihrem natürlichen Extremstandort zeigen, allen Aufwand zum Trotz nicht mitkaufen oder einbauen kann. Im anderen Fall wird man womöglich den Abbau der Torfmoore weiterhin fördern, um den kalkreichen Boden mit Torf zu säuern, und das immer wieder, damit die Rhododendren auf diesem für die Art fremden Standort überhaupt gedeihen können.

Es ist nicht sinnvoll und ökologisch nicht vertretbar, Pflanzen an einen Standort zu zwingen, dem sie ganz und gar nicht gewachsen sind. Je genauer die vorgefundenen Standortbedingungen denen am natürlichen Vorkommen der Pflanzen entsprechen, um so ökologischer verhalten wir uns, um so besser können sich die Pflanzen ohne erhöhten Pflegeaufwand an ihrem Platz zu voller Schönheit »auswachsen«.

Es gibt so viele Möglichkeiten, differenzierte Gartenbilder zu gestalten, ohne den Standort wesentlich umzubauen: das Vorgefundene ausschöpfen und die Pflanzen genau kennen sind die wichtigsten Voraussetzungen. Wir können vor allem an sonnigen Plätzen charakteristische Gärten oder Gartenpartien schaffen, in denen eine Farbe, zum Beispiel Weiß oder Blau, dominiert oder in denen uns Farbklänge, komponiert aus mehreren Farben wie Weiß-Rosa-Violett-Grau oder Blau-Gelb, entgegenleuchten.

Die strahlende Herbstfärbung von Acer rubrum bringt eine Gartenecke zum Leuchten.

Im Garten können wir mit Farben zaubern, die Wirkung der Farben bewußt einsetzen. Weiße und hellgelbe Blüten und Blätter leuchten aus dem Schatten und noch in der Dämmerung. Gelb und Gelborange strahlen auch bei trübem Wetter. Rot vermittelt Wärme und Nähe, während rosa, zartviolette, hellblaue und graublaue Töne sich zurückziehen, leicht und fern wirken, durchsichtig erscheinen. Das Grün mit all seinen Schattierungen neutralisiert die anderen Farben, beruhigt, rahmt und faßt zusammen.

Ob man im Garten mit kräftigen Farbkontrasten oder mehr mit sanft aufeinander abgestimmten Tönungen gestaltet, richtet sich nach dem subjektiven Farbempfinden. Um aber überhaupt mit Pflanzenfarben umgehen zu können, ist die sehr genaue Kenntnis der Pflanzeneigenschaften und in diesem Fall vor allem der Blühzeiten erforderlich. Gerade ein Gartenbild in ausgewählten Farben findet seine Vollendung erst im Zusammenklang von Gehölzen und Stauden.

Ausgewählte Situationen

Sitzplätze

Den Hauptsitzplatz im Garten bildet im allgemeinen die Terrasse. Eine oder auch mehrere Hauswände schirmen diesen Sitzplatz ab, und der Blick wandert in Richtung Garten. Strauchgruppen oder eine Mauer, ein Zaun oder die mit Rankpflanzen überwachsene Pergola schützen vor Einblick und Wind, und wenn der Platz es erlaubt, kann ein kleinkroniger Baum, zum Beispiel ein Zierapfel oder ein Pflaumendorn, eine zu starke Sonneneinstrahlung mildern. Da die umgebenden Pflanzen meist auch vom Hausinnern aus zu sehen sind, also jederzeit im Blickfeld stehen, sollten sie zu allen Jahreszeiten »etwas bieten«: Ein interessantes Winterbild formt sich beispielsweise aus bizarr gewachsenem Geäst, auffallenden Knospen, farbiger Rinde, immergrünem Laub, vielleicht blühen manche Gehölze sogar schon im Winter,

Die breit ausladende Krone von Catalpa bignonioides schirmt eine Gartenecke mit Sitzplatz ab.

oder die intensive Herbstfärbung hält noch lange an. Andere Gehölze wiederum halten Früchte und Samenstände für die Vögel im Winter bereit. Vor allem im Frühling und im Sommer vermag auch der Duft von Blüten, Blättern und Früchten das Gartenerleben zu bereichern, zumal wenn er Bienen und Schmetterlinge anlockt. Gehölze wie Felsenbirne, Fächerahorn, Zaubernuß, Felsenmispel, Hartriegel, Winterschneeball, Sommerflieder und Strauchrosen weisen alle gleich mehrere solcher attraktiven Eigenschaften auf.

Es hat seinen besonderen Reiz, verschiedene Sitzplätze im Garten spontan, so »im Vorübergehen«, oder auch zu bestimmten Höhepunkten im Jahr aufsuchen zu können. Eine Bank, ein Sitzmäuerchen an einem Aussichts- oder Ruhepunkt verlockt zum Hinsetzen. Unter den herabhängenden Zweigen eines Goldregens, einer Trauerulme oder einer Hängeesche fast verborgen hat man Muße zum genauen Hinschauen.

Ein Sitzplatz in der Tiefe des Gartens bietet selbst bei geringer Entfernung zur Terrasse völlig andere

Unter einer mit Waldrebe, Echtem Wein, Pfeifenwinde und Kletterrosen bepflanzten Pergola führt der Weg im Wechsel von Licht und Schatten, vorbei an einem Silberahorn, in entferntere Bereiche des Gartens.

Perspektiven: so schweift der Blick zurück zum Haus, an dem es rankt und blüht. Den Rücken gedeckt durch einen Gehölzsaum wird man hier noch an Sommerabenden in der Dämmerung das Leuchten heller Blätter (vom weißbunten Hartriegel oder goldbunten Eschenahorn zum Beispiel) oder die weißen und lichtgelben Blüten der Stauden genießen können.

Allein das Sitzen, Tafeln, Picknicken, Liegen auf der Wiese unter der lichten, in ausreichender Höhe ansetzenden Krone eines Baumes gehört zu den besonderen Gartenerlebnissen. Der Schatten eines Gebäudes oder Sonnenschirmes kann nur ein Ersatz für das milde, lebendige, wechselnde Licht- und Schattenspiel unter dem Blätterdach sein. Natürlich gehört auch so allerlei »Abfall« des Baumes dazu, aber das können auch eßbare Früchte sein, die beispielsweise ein Apfel- oder Kirschbaum liefern.

Mauern, Zäune, Pergolen

Mauern, Zäune und Pergolen dienen im Garten zum Schutz nach außen, zur Umgrenzung, Abgrenzung, zur Raumbildung und Gliederung, zum Stützen und Auffangen von Höhenunterschieden. Vor allem Klettergehölze vermögen diese Gebäude ebenso wie Rankgerüste und Lauben kletternd, rankend, windend zu überziehen und sie mit dem Garten buchstäblich verwachsen zu lassen. Einer meterhohen Mauer vermögen sie ihre Strenge zu nehmen, sie mit Blatt- und Blütenkaskaden, mit Girlanden oder mit dicken aufliegenden Kissen zu beleben (Blauregen, Efeu, Kletterrosen, Wilder Wein, Kletterhortensie). Die Klettergehölze finden an jeder Mauer oder Wand einen Platz, denn ihr Bedarf an Bodenfläche ist gering. Natürlich brauchen sie ausreichenden Wurzelraum und Nährstoffe im Boden, aber das Was-

Von der Südseite her rankt sich Echter Wein an der Pergola entlang in einen schmalen Hof. Der umgebende Zaun, im Sommer von einer Pfeifenwinde zugedeckt, bildet eine sehr lebendige Abschirmung zur dahinterliegenden Straße. Ein in Sitzhöhe angelegtes Wasserbecken bereichert mit seiner typischen Flora und Fauna diesen kleinen Gartenraum.

ser vermögen sie aus Fugen und Ritzen zwischen Terrassenplatten und Wegebelägen zu beziehen, vorausgesetzt diese sind nicht zubetoniert, asphaltiert, versiegelt.

Auch ein höherer Zaun, der einem Gartenraum häufig die Umgrenzung und damit Geborgenheit gibt, kann, mit verschiedenen Klettergehölzen bepflanzt, zu einem intensiven Erlebnisbereich werden. Viele Aspekte kann solch eine berankte Zaunwand bieten: immergrünes Laub von Efeu oder immergrünem Geißblatt, dekorativ geformtes Blattwerk wie bei der Pfeifenwinde, im Herbst das leuchtende Laub des Wilden Weins, vielfache Blüten vom Frühling bis in den Oktober treiben Jasmin, Waldrebe oder Kletterrosen, duftende Blüten bringt das Geißblatt, zierende und eßbare Früchte liefern die Brombeeren, und außerdem birgt ein begrünter Zaun Lebensraum für Vögel, Igel, Schmetterlinge und Bienen. So eine Zaunwand erfordert kaum Pflege und außerdem sehr wenig Platz.

Eigens für das Überwachsen durch Pflanzen werden Rankgerüste, Laubengänge, Lauben und Pergolen gebaut. Ursprünglich stammen diese Konstruktionen aus dem Weinanbau. Neben ihrer Nützlichkeit bringen sie eine hohe Gestaltungsqualität in die Gärten. Pergolen können Gebäude miteinander verbinden, etwa das Wohnhaus mit Autostellplatz und Garage. Pergolen können zum Eingang oder zu entfernten Gartenbereichen führen, Sitzplätze einrahmen und beschatten oder Wege begleiten, auf denen man unter ihrem lichten Dach im Wechsel von Licht und Schatten »wandelt« oder verweilt.

An einer Pergola vermögen uns schon im Januar an einem geschützten Platz die zartgelben Blüten des Jasmins zu erfreuen, danach folgen im Frühling die duftenden Trauben des Blauregens und, über Wochen und Monate hin, die Blüten der an Farben und Formen so reichen Waldreben und Rosen.

Der fünfblättrige Wilde Wein läßt seine Triebe schwingend von oben herabhängen und verwebt sie mit der Pfeifenwinde, deren große Herzblätter sich dem Herbst zu vom hellen Grün zum Goldbraun färben. Früchte wie Brombeeren, Weintrauben, vielleicht sogar Kiwis, kommen an Pergolen zur Reife. In den Winter hinein begleiten uns Efeu, das immergrüne Geißblatt und die silbrigen Samenbüschel einiger Waldrebenarten.

Zwischen grob behauenen Steinen und »natürlichen« Felsbrocken finden Stauden und Kleingehölze Fugen und Nischen, aus denen sie überquellend, kriechend oder sich anschmiegend herauswachsen. Charakteristische Gehölze verstärken den Eindruck einer montanen Landschaft.

Steine, Stufen, Mäuerchen

Steine, Stufen, Mäuerchen, Trog- und Bankbeete lassen sich auf viele Art zu Fels-, Kies-, Stein- und Sandgärten zusammenfügen. An solchen Plätzen wachsen neben Gräsern und Polsterstauden die aus Fugen und Ritzen hervorquellen und überhängen, auch kriechende Zwerggehölze, die größtenteils aus der alpinen und der Heide-Steppen-Flora stammen und einen sonnigen Standort mit durchlässigem, schotterreichen Boden lieben.

Bei diesem Gartenthema kommt es häufig zu ästhetischer Mißgestaltung. Die eindrucksvollen (Ferien-)Landschaften wie Hochgebirge sowie Heide sollen in einen begrenzten Gartenraum gebracht werden und erfahren dadurch eine zu starke Verkleinerung. Allzu leicht gerät der Versuch, mit aufgetürmten Felsbrocken und »Zucker-

hutfichtchen« die Alpen und mit Säulengehölzen und Heidegewächsen die Heide nachzuahmen zur Karikatur dieser großartigen von Mächtigkeit und Weite lebenden Naturräume.

Aus Stufen, Mauern, terrassierten Beeten, einzelnen Steinen oder Kiesflächen können sich im Zusammenspiel mit den typischen Stauden und blütenreichen Kleingehölzen intensive Gartenbilder entfalten. Als Gehölze kommen für derartige Plätze folgende in Frage: Seidelbast, Ginsterarten, Johanniskraut, Fingerstrauch, Spiersträucher, Lavendel, Rhododendren und andere Erikagewächse, Rosen, die immergrünen Pfaffenhütchen; außerdem Felsenmispeln, die Zwergkiefern, kriechende Wachholder und Eiben mit ihren häufig flachwachsenden, kugeligen oder kissenförmigen Polstern. Ein so gestalteter Gartenteil kann unsere Phantasie anregen und Träume von den »großen« Landschaften in uns wecken, ohne das natürliche Vorbild ins Kleinformat pressen zu müssen.

Ähnlich verhält es sich oftmals mit der Nachahmung chinesischer oder japanischer Gärten. Das Imitieren mit irgendwelchen Steinsetzungen und womöglich bunt blühenden »japanischen« Gehölzen ist buchstäblich »sinnlos«, weil wir die Zeichensprache, die geistige Haltung, die Symbolkraft, die die fernöstliche Gartengestaltung prägen, nicht vestehen. Es gilt nicht einen Abklatsch, sondern eine Vorstellung, eine Gedankenverbindung herzustellen, in dem man vielleicht nur einen markant ausgebildeten Findling, eine malerisch gewachsene oder geformte Kiefer oder einige Gräser zu einem Bild fügt, das uns erinnert.

Am Wasser

Welchen Reichtum an Erlebnissen bringt uns das Wasser in den Garten! Abgesehen davon, daß es ohne Wasser kein Pflanzenwachstum gäbe, können wir es uns ruhend, fließend, springend und quellend in den Garten holen. Es lohnt sich, ein »Gewässer«, sei es noch so klein, zur ständigen Beobachtung in die Nähe des alltäglichen Wohnens zu bringen. Schon in einer mit Wasser gefüllten Schale spiegeln sich Sonne, Wolken und Himmel, werden Wind und Regen, Rauhreif und Eis sichtbar.

Dieses Erleben steigert sich noch durch Pflanzen in und am Wasser. Nur wenige Gartengehölze, einige kleine Weiden zum Beispiel, gedeihen am feuchten bis nassen Ufer. Diese Zone ist eher Revier der Wasser- und Sumpfstauden. Doch häufig wachsen die Gehölze an gebauten, vielleicht sogar erhöhten Becken, Trögen, Brunnen, zu deren Was-

Zur Beweglichkeit der Wasserfläche, zu den runden schwimmenden und den schmalen schwingenden Blättern der Pflanzen steht die Geradlinigkeit des streng gefaßten Beckens im Kontrast. Auf dem Beckenrand sitzend, aber auch vom angrenzenden Wohnraum aus, läßt sich das vielfältige Leben im Wasser gut beobachten. Im Hintergrund beschirmt ein Schnurbaum niedrige Rhododendren.

In einem schmalen schattigen Reihenhausvorgarten wächst die hellgrünblättrige Pfeifenwinde über das Geländer. Dunkelgrüner Efeu zieht sich an der Hauswand empor. Die Birke, als Winzling gepflanzt, hat sich ein »Bleiberecht« verschafft. Sie ist nicht der ideale Vorgartenbaum, da sie wenig Pflanzenarten unter sich gedeihen läßt und ihr Blütenstaub sowie der Samen- und Laubfall in unmittelbarer Nähe des Hauses lästig werden können.

ser sie sich herabneigen und sich darin spiegeln. Die Gehölze wurzeln dabei in ganz normalem Gartenboden und stehen in eher ästhetischer als standortmäßiger Zuordnung zur Wasserfläche.

Besonders hängende Formen wie etwa Hängeesche, Hängebirke, Trauerulme und einige Blütenkirschen bieten im Kontrast zur ruhigen Wasserfläche und in der Spiegelung reizvolle Aspekte zu jeder Jahreszeit. Gleiches gilt aber auch für halbkugelig und breit gewachsene Gestalten wie grün- und rotlaubige Geschlitztblättrige Ahorne, *Acer palmatum* 'Dissectum' und 'Dissectum Rubrum', und malerisch gewachsene Gehölze wie Fächerahorn und Pagodenhartriegel.

Vorgärten

In den meisten Fällen begrenzen das Wohnhaus, die Straße und die seitlich angrenzenden Nachbargrundstücke den Vorgarten. Häufig nehmen Verordnungen der Gemeinde und Städte (Bebauungspläne) Einfluß auf die Art seiner Umgrenzung, seine Bepflanzung und die Auswahl des Materials. Solche Bestimmungen werden geschaffen, um diesen in die Öffentlichkeit wirkenden Bereich mit dem Straßenbild in Einklang zu bringen oder um überhaupt erst ein Straßenbild zu schaffen. Mauern, Zäune, Gitter, Hecken, aber auch vor allem Bäume und Sträucher können ein Straßenbild prägen, etwa wenn der Rotdorn blüht, der Flieder duftet, die Ahornblätter im Herbst leuchten, Kastanien herabprasseln.

Dieser »Abstandsraum« zwischen öffentlich und privat gilt als Visitenkarte der Bewohner, und er repräsentiert sie. Den Vorgarten sieht man im Vorübergehen oder -fahren, und er empfängt den Besucher. Dieser oft schmale Gartenstreifen kann eine total versiegelte Abstellfläche oder auch ein kleines »Vor-Paradies« sein, das seinem offiziellen Namen »Vorgarten« entspricht. Ob ein Vorgarten einladend lebendig oder vornehm zurückhaltend, ob »pflegeleicht« versiegelt oder originell dekoriert ist, er spiegelt zum einen den Zeitgeist, zum anderen die Haltung der Bewohner wider.

Der Vorgarten schirmt zur Straße hin ab. Er dient dem alltäglichen Durchgang und in den meisten Fällen als Ein- und Ausfahrt sowie als Stellfläche für die Fahrzeuge. Auch die Mülltonne muß hier untergebracht werden. Der Platz vor dem Haus kann ein Gespräch mit Vorübergehenden ermöglichen, er kann zum Verweilen, zum Sitzen vor der Haustür, zum Feiern, zum Spielen einladen und zu einem Teil des Wohnens im Freien werden.

Doch was bedeutet das nun für die Verwendung von Gehölzen? Vom Standort, von der Situation her können hier alle in den vorigen Abschnitten beschriebenen Möglichkeiten vorkommen: unterschiedliche Licht-, Feuchtigkeits- und Bodenverhältnisse, Plätze, Mauern, Stufen, Zäune, Pergolen, auch Wasserflächen. Außer den oben genannten gesetzlichen Kriterien kommen noch einige speziell pflanzliche dazu.

Der Eingangsbereich und die Zufahrt zur Doppelgarage werden durch eine Pergola miteinander verbunden und leicht überdacht. Wilder Wein, immergrünes Geißblatt und verschiedene Waldreben bilden lockere »Vorhänge«. Sie schützen mit einem Silberahorn (links) und einer Felsenbirne (rechts) die Wohn- und Schlafräume vor Einblick von der Straße aus.

Unter den Bäumen ist bei dem meist eingeschränkten Platz eine sorgfältige Auswahl zu treffen. Ein »Hausbaum« verleiht dem Vorgarten einen eigenen Charakter, er beschirmt den Eingang, er überragt das Dach. Doch er muß Platz genug finden. Es gibt eine beträchtliche Auswahl an kleinkronigen Bäumen. Kein Baum darf mit der Aussicht gepflanzt werden, daß man ihn zurückschneiden, köpfen oder halbieren kann, wenn er »in den Himmel« wächst. Man sollte auf einen Baum verzichten, wenn nicht gewährleistet ist, daß er erwachsen werden und seine charakteristische Gestalt entwickeln darf. Zudem ist zu bedenken, daß vom Baum oder auch von Großsträuchern Herabfallendes eine besondere Rutschgefahr mit sich bringt.

Auch die Sträucher, als markante Solitärgehölze gesetzt, in abschirmenden Gruppen gepflanzt oder als schützende oder niedrige Hecke, und schließlich die Bodendecker geben dem Vorgarten oder sogar der Straße ein besonderes Gesicht. Den Vorgarten durchläuft man täglich. Hier werden eine im Winter blühende Zaubernuß oder eine frühblühende Kornelkirsche Aufmerksamkeit erregen, die farbige oder auffallend strukturierte Rinde an verschiedenen Ahorn- und Hartriegelsträuchern findet besondere Beachtung, und der Duft eines Winter- oder Duftschneeballs wird intensiv wahrgenommen.

Unentbehrlich, gerade im Vorgarten, sind die in bezug auf den Platzbedarf anspruchslosen Klettergehölze. Sie »gehen die Wände hoch« und sind praktisch jeder Form »gewachsen«, sie vermögen außerdem weniger Ansehnliches zu verdecken. Selbstverständlich gilt es hier, die jeweiligen Standort- und Wuchseigenarten zu beachten, damit der Zuwachs nicht zum Zuwachsen führt. Doch gerade in diesem »Zwischenraum« Vorgarten lassen sich Bauelemente wie Mauern, Zäune, Gitter, Autostellplätze, Garagen, Müllboxen mit Rankgerüsten und Pergolen verbinden und mit den über und über wachsenden Rankern zu einladenden und auch abgeschirmten Vorhöfen verwandeln.

Grundsätzlich gilt für den normalerweise kleinen Vorgarten, daß man auf die Kleinformate und die Verzwergung der »großen« Vorbilder verzichten sollte.

Innenhöfe

Ein Innenhof ist ein von Wänden umschlossener nach oben offener Raum. Sein Innenleben, seine Atmosphäre hängt wesentlich von dem Verhältnis zwischen Grund- und Wandflächen ab, das wiederum sein Kleinklima bestimmt. Solch ein nach den Seiten geschlossener Raum unterliegt extremen Schwankungen in bezug auf Lichtangebot und Temperatur, je kleiner der Innenhof desto stärker die Schwankungen.

Eine Pergola überspannt und beschattet einen in Bandmustern gepflasterten Innenhof. Schattenstauden auf einem Bankbeet und Klettergehölze beleben die Wände. Den besonderen Blickfang bildet ein Kiesbeet mit Quellsprudel. Bambus und großblättrige Stauden wachsen zwischen den Steinen.

Bei hohem Sonnenstand kann kurzzeitig stauende Hitze, bei tiefem Sonnenstand sehr kühler, anhaltender Schatten entstehen. Außerdem treten zuweilen regelrechte Wirbelwinde auf. Die einzelnen Pflanzen innerhalb eines Hofes können infolgedessen extrem verschiedene Standorte haben, und sie sind häufig einem schnellen Wechsel der Verhältnisse ausgesetzt. Die Pflanzen müssen also zum einen robust sein, ein breites Spektrum an Verträglichkeit aufweisen, zum anderen sollten sie in einem solchen Atriumhof, der von allen Seiten zu jeder Zeit einsehbar ist, im gesamten Jahresverlauf ein gutes Bild abgeben.

Schon durch das Bauen vertiefter Plätze mit Stufen, Podesten, Bankbeeten, Pergolen oder mit Hilfe von Wasser in irgendeiner Form kann man unterschiedliche Räume sowie Ein- und Aussichten innerhalb des Hofes planen. Im Zusammenspiel mit Pflanzen ergeben sich vielfältige Möglichkeiten der Gestaltung. Es lassen sich reizvolle Themengärten verwirklichen: Kiesel, Findlinge und wenige bizarre Gehölze (etwa Kiefern) und Gräser fügen sich zu einem Bild zusammen. Auch einen Wassergarten mit Brunnen oder Quellstein, Rinnen und Becken, bepflanzt mit großblättrigen Schattenstauden, könnte man sich vorstellen; ergänzt durch einen lichten Baum, der spät austreibt, die Frühlingssonne also durchläßt und sein Laub früh verliert und so die späten Sonnenstrahlen nicht behindert (Robinie, Gleditschie).

Ein geometrisch aufgeteilter Hof mit geschnittenen Hecken aus Buchsbaum, geschnittenen Kugeln oder Kegeln aus Buchsbaum oder Eibe, in dem vielleicht Gefäße mit blühenden oder auch immergrünen Gehölzen ihren Platz finden, läßt sich ebenso verwirklichen wie ein Hof, der einer

Von drei Wohnseiten aus blickt man in diesen Innenhof. Wasser, aus einem Steintrog in den Teich überfließend, ein lichter Zierapfel, Klettergehölze, Schatten-, Ufer-, und Wasserpflanzen vermitteln Naturnähe.

oder mehreren zusammenklingenden Farben gewidmet ist. Es gibt demnach viele Möglichkeiten. Die Schwierigkeit bei der Gestaltung von Innenhöfen liegt in der Auswahl der geeigneten Pflanzen. Den Kriterien »dauerhaft«, »robust«, »jederzeit ansehnlich« müssen sie gerecht werden, sie müssen außerdem gleich gut Sonne und Schatten ertragen können. Wegen ihrer engen räumlichen Beziehung zum alltäglichen Wohnen vermitteln die Pflanzen des Innenhofes den Betrachtern all ihre »Bewegungen«, ihren Lebensrhythmus und locken zudem Vögel, Schmetterlinge, Libellen und allerlei Geziefer an.

Pflanzgefäße

Wenn man Gehölze auf Dauer in Gefäße pflanzt, die im Freien stehen, und darum geht es hier, ist zunächst zu klären, ob es sich um winterharte Pflanzen handelt, die im Freien ohne nennenswerten Schaden überwintern können. Andernfalls brauchen sie im Winter den Schutz eines Gebäudes, und dafür muß man einen entsprechenden Raum zur Verfügung haben – entweder im eigenen Haus oder beim Gärtner in der Nähe. Auch Gehölze in Kübeln nehmen an Gewicht zu, die Frage des Transportes ist zu bedenken. Damit die Kübelpflanzen gut gedeihen und aus Gründen der Optik, sollten die Gefäße waagerecht stehen, also möglichst auf festem Grund. Hat man die Voraussetzungen vorausschauend gelöst, sind der Gestaltung mit Gehölzen in Pflanzkübeln kaum Grenzen gesetzt, gleichgültig um welchen Standplatz es sich handelt: Dach oder Balkon, Eingangsbereich, Innenhof, Terrasse, am Wasserbecken oder begleitend an Wegen und Stufen.

Die Größe der Gefäße muß den Pflanzen entsprechen, und die Standortfaktoren haben zu stimmen. Der Reiz mit bepflanzten Gefäßen zu »gärtnern« liegt in der Mobilität, in der Möglichkeit, sie einzeln, in Reihen oder in Gruppen zusammenzustellen (wobei man selbstverständlich Gefäße verschiedener Größe kombinieren kann) und sie zu bepflanzen. Im Pflanzgefäß gedeihen zum Beispiel kleine Bäume (Zierapfel, Zierkirsche, Korkenzieherweide) oder viele malerische Sträucher (Felsenbirne, Essigbaum, Felsenmispel, Goldregen, Feuerdorn, immergrünes Pfaffenhütchen, Strauchkiefer). Auch Liguster, Buchsbaum, Eibe, die zu Kugeln, Kegeln, Pyramiden geformt werden, kommen in Frage, und ebenso überwallende, herabhängende Gehölze wie Efeu, Felsenmispel und Kriechspindel. Rosen und die Kletterhortensie, als Kübelpflanzen gezogen, haben einen ganz besonderen Reiz.

Gehölze als Gestaltungselemente im Hausgarten

Bäume

Bäume sind im wahrsten Sinne überragende Gestalten. Sie stehen in Beziehung zum Leben, zu »Leib und Seele« des Menschen. Der Mensch braucht den Baum zu seinem Schutz, für den Bau seiner Behausung, zu seiner Ernährung. Bäume werden von dem Ort, an dem sie wachsen und mit dem sie verwachsen, geprägt; zugleich prägen sie den Ort, werden zum Merkmal, zum Denkmal, zum Symbol für Bodenständigkeit und Heimat. Heute müssen wir Bäume gesetzlich schützen, vor uns selbst.

Wenn wir Bäume in unsere Gärten pflanzen, sind folgende Bedenken vorauszuschicken und Bedingungen zu erfüllen: wir müssen den Bäumen den Raum geben, in dem sie ihre Lebensgrundlage finden, in dem sie erwachsen werden und sich zu ihrer charakteristischen Gestalt entwickeln können. Ein Baum wirft im Laufe der Zeit immer mehr Schatten und nimmt damit Licht weg. Es kommt darauf an, denjenigen Baum auszuwählen, der dem jeweiligen Platz angemessen ist, an dem man ihn nicht verschneiden und verkrüppeln oder gar nach einigen Jahren im besten Alter fällen muß. Es gibt aber durchaus kleinkronige Bäume (siehe Seite 73), die einem zwar im wörtlichen, aber nicht im übertragenen Sinn über den Kopf wachsen, auch nicht im kleinen Hausgarten.

Die Abstände von Gehölzen zur Grundstücksgrenze sind in Abhängigkeit von ihrer Größe im Nachbarschaftsrecht festgelegt. Im Bebauungsplan der jeweiligen Gemeinde kann es zudem Vorschriften zur Gehölzauswahl geben. Diese Bestimmungen sind bei der Gartenplanung zu berücksichtigen, will man späteren Ärger vermeiden.

Bäume im Hausgarten sollten in bezug auf ihre Dichte und Größe im erwachsenen Zustand dem Lichtbedürfnis der Menschen, die unter ihnen wohnen, entsprechen. Man kann einen Baum sehr gut nah ans Haus pflanzen, zum Beispiel an die Südseite, an die Terrasse, in einen Innenhof. Er mildert dann die Strahlung der hochstehenden Sommermittagssonne, wirft seinen Schatten auf das Dach und bildet mit seinem Stamm und einigen Ästen den Vordergrund zum Durchblick in den Garten. Für solche Plätze in Hausnähe eignen sich Bäume mit spätem Austrieb und frühem Laubfall; sie lassen die Herbst- und die Frühlingssonne durch, spenden im Sommer aber kühlenden Schatten. Bäume mit schwer verrottbarem Laub, wie die Walnuß zum Beispiel oder Bäume wie die Birke, von denen viel Samen und Gezweig abfällt, wird man hier nicht wählen. Gleiches gilt beispielsweise für die Eberesche, deren fleischige Früchte zu einem schmierigen Brei zertreten werden.

Neben der Größe und den Wuchseigenschaften wird man bei der Auswahl des Hausgartenbaumes vor allem auch seine Gestalt im weitesten Sinn berücksichtigen: wächst er knorrig, bizarr oder feinästig mit hängenden Zweigen; ist er sommer- oder immergrün; trägt er lichtes, zartes Laub, große Blätter oder Nadeln; können wir mit auffallenden Blüten oder lange haftenden, zierenden Früchten

Im geschützten Winkel des Wohnhauses liegt die Terrasse, durch Türen und Fenster unmittelbar mit den Innenräumen verbunden. Ein Zierapfel mildert die Mittagssonne, eine Kletterhortensie »bekleidet« die Hauswand.

rechnen; hat er eine intensive Herbstfärbung, treibt er besonders früh oder besonders spät aus; oder besitzt er eine gefärbte oder ungewöhnlich beschaffene Rinde. Das alles sind wesentliche Kriterien für seine Auswahl. Vielleicht kann man sogar seine Früchte ernten. Obstbäume, die in diesem Buch nicht näher beschrieben werden, sind sehr geeignete und vom ursprünglichen Sinn des Gartens her überhaupt die Gartenbäume schlechthin.

Viele Bäume und Sträucher entwickeln sich in besonderen Wuchsformen wie Säule (Säuleneiche, Säulenbuche), Kugel (Kugelahorn, Kugelrobinie), mit hängenden Ästen (Hängeesche, Trauerulme, einige Zierkirschen), und außerdem kennen wir Formen mit korkenzieherartig gedrehten Ästen (Korkenzieherweide und Korkenzieherakazie). Diese vom normalen Habitus abweichenden Wuchsformen erfordern einen besonderen Platz im Garten, damit ihre auffallende Gestalt zur Geltung kommt. Die geometrischen Formen wie Säule und Kugel verlangen eine geometrische Stellung im Mittelpunkt, sie können paarweise am Eingang stehen oder als Reihe, als Allee, als Rondell gepflanzt werden. Hängende Formen sollten auf eine ruhige Fläche – Rasen oder Wasser – oder auf eine flächige Pflanzung herabwallen können. Korkenzieherartige sowie andere Gehölze mit bizarrem Astwerk (wie etwa die Scheinbuche) brauchen einen ruhigen Hintergrund, eine weiße Wand zum Beispiel, um zur vollen Wirkung zu kommen.

Auch Laub- und Nadelbäume, deren Blatt- und Nadelfärbung vom gewohnten Grün abweichen, sind im Garten als Besonderheit zu verwenden. In einem kunterbunten Farbgemisch hebt sich die Wirkung gegenseitig auf. Doch mit Farbgruppierungen, mit Farbabstimmung sind reizvolle Effekte zu erzielen. So leuchtet ein einzelner Baum mit weißbuntem oder gelbem Laub besonders auffallend aus dem umgebenden Dunkelgrün hervor. Solcherart gefärbtes Laub besitzen zum Beispiel der Goldbunte Eschenahorn, die Goldulme und einige Gleditschien- und Robiniensorten. Oder – um ein weiteres Beispiel zu nennen – eine Gruppe von graublausilbernen Gehölzen, dazu gehören Silberahorn, Ölweide, Weidenblättrige Birne, Mehlbeere, kann mit den dazu passenden Stauden einem sonnigen, trockenen Standort einen ganz eigenen, eindrucksvollen Charakter verleihen.

Ein rotlaubiger Baum stellt immer eine auffallende Erscheinung dar. Rotlaubige Sorten kennen wir von Ahorn, Buche, Zierapfel und Zierpflaume. Sie alle bilden in Begleitung von Sträuchern und Stauden mit Blüten in Rosa- und Purpurtönen einen besonderen Blickfang. Jedoch sollten all diese farbigen Gehölze im Garten eine Ausnahme bleiben, denn das große Farbspiel des Herbstes, das Aufleuchten von Rot, Orange, Gelb in allen Schattierungen wird sonst womöglich überdeckt oder vorweggenommen.

Wenn es die gesetzlichen Bestimmungen und die räumlichen Voraussetzungen erlauben, sollten wir Bäume in die Gärten pflanzen. Bäume sind unentbehrliche Begleiter im Erleben eines Gartens. Bäume geben einem Garten Reife und ein Klima, das wertvollen Sträuchern wie *Rhododendron*, Blumenhartriegel, Fächerahorn, Magnolie und zahlreichen Stauden erst den optimalen Lebensraum bereitet.

Sträucher

Sträucher bilden im Gegensatz zu den Bäumen keinen Stamm aus, sondern treiben mehrere gleichwertige Grundtriebe. Einen Garten ohne Sträucher kann man sich kaum vorstellen, zumal es eine große Anzahl von Arten in sehr unterschiedlicher Größe und Gestalt gibt – von den kriechenden bis hin zu den kletternden. Schließlich zählt auch die artenreiche Gattung der Rhododendren mit all den ihnen verwandten Erikagewächsen zu den Sträuchern, und ebenso gehören Rosen dazu.

So vielseitig ihr Farben- und Formenreichtum ist, so vielseitig lassen sich Sträucher im Garten verwenden. In ihrer Größe entsprechen sie dem Menschen mehr als die Bäume: fuß-, knie-, hüft-, schulter-, frau-, manns- auch übermannshoch, können wir uns mit ihnen umgeben, uns dahinter verbergen, geborgen fühlen, geschützt vor Wind und Einblick.

Besonders wirksam sind Sträucher wegen ihrer Größe und ihres Volumens als raumbildende Elemente. Sie können als markante Einzelgestalt ebensogut verwendet werden wie in Gruppen; man kann sie als Umgrenzung, in Reihen oder als freiwachsende und geschnittene Hecke in vielerlei Höhenabstufungen pflanzen. Von der niedrigen Einfassungshecke bis zur baumhohen Wand reichen die Möglichkeiten. Hecken bieten eine für den Menschen und allerlei Getier wertvolle Gartenumgrenzung. Die Heckensträucher tragen Blüten, Früchte oder immergrünes Laub, benötigen aber auch eine regelmäßige Pflege in Form von Schnitt.

Hat man genügend Platz, um eine oder mehrere Reihen von Sträuchern als »freiwachsende« Hecke setzen zu können, erhöht sich der Erlebniswert, weil man aufeinanderfolgende Blütezeiten, verschiedene Früchte, unterschiedliche Blattformen und -farben, sehr frühen Austrieb oder immergrünes Laub zusammenfügen kann. Zudem bietet solch ein »Gebüsch« Bienen, Vögeln, Igeln und anderen Kleintieren Nahrung und Lebensraum, auch noch im Winter. So bilden die Hecken, gleichgültig ob geschnitten oder freigewachsen, sowohl aus ökologischer wie aus ästhetischer Sicht ein wesentliches Element im Garten.

Wie bei den Bäumen gibt es auch unter den Sträuchern einige Gestalten, die von Natur aus zu auffallenden Formen wie Kugeln oder Säulen heranwachsen. Einige Sträucher entwickeln ein vom normalen Bild abweichendes farbiges, hängendes oder korkenzieherartig gedrehtes Astwerk. Für ihre Verwendung gelten dieselben Kriterien wie bei den Bäumen.

Einige Sträucher, wie vor allem Buchsbaum und Eibe, eignen sich besonders gut dazu, in geometrische Formen wie Kegel, Kugel, Quader, Pyramide oder andere geschnitten zu werden. Mit diesen dunkelgrünen, kompakten Gehölzen kann man zum Beispiel in farbigen Staudenrabatten Akzente setzen, einen Rhythmus in der Bepflanzung markieren und einen Hintergrund bilden. Im Herbst und Winter, nach dem Verklingen der Farben, treten sie als »Hauptdarsteller« auf.

Auf dem kleinen Platz in der Tiefe des Gartens verlockt eine Bank unter den herabhängenden Zweigen einer Hängeesche zum Verweilen. Geschnittene Buchsbaumkugeln, ein zierlicher Japanischer Fächerahorn (links) und ein aufrecht- und trichterförmig wachsender Judasbaum (rechts) setzen Akzente.

Bodendeckende Gehölze

Bodendeckende Gehölze, die sogenannten Bodendecker, sind vor allem durch ihre Verwendung im öffentlichen Bereich in Form von monotonem Einheitsgrün in Verruf geraten. Doch im Garten eignen sich sowohl Stauden wie auch bestimmte Gehölze dazu, verscheidenartige, farbige Teppiche mit Blüten und Früchten zu bilden, die einen reizvollen Untergrund für höhere Stauden, Sträucher und Bäume ergeben, und ebenso können sie eine ruhige Flächen zwischen Gebäuden, am Wasser, auf Dächern usw. sein. Wie alle anderen Pflanzen brauchen Bodendecker den ihnen gemäßen Standort, damit sie dauerhaft und lückenlos zusammenwachsen. Als besonders zuverlässig unter den bodendeckenden Gehölzen gelten Kriechspindeln, Efeu, Immergrün, flachwachsende Fingersträucher, Rosen, Schneebeeren, Felsenmispeln, sowie kriechender Wacholder.

Kletternde Gehölze

Die Klettergehölze kommen mehrfach in anderen Kapiteln dieses Buches zur Sprache. In Ergänzung dazu finden sich hier nur einige allgemeine Hinweise: Einige Kletterpflanzen vermögen sowohl in der Waagerechten (auf dem Boden) als auch in der Senkrechten (an Stämmen und Wänden empor) flächendeckend zu wachsen. Efeu, Kletterhortensie und Kriechspindel erobern sich beide Dimensionen. Klettergehölze vermögen es, sich meterweit von ihrem Standort fortzubewegen, über den Boden, über Wände, über Zäune und Mauern, über Baum und Strauch, über Stock und Stein hinweg. Aufgrund ihrer Anpassungsfähigkeit können sie mit jeder Art von Gebäude verwachsen, es wenn nötig sogar verdecken, aber auf jeden Fall verschönern. Immer vorausgesetzt, man gibt ihnen den rechten Platz. Anderenfalls können die besonders wuchsfreudigen unter den Kletterpflanzen zur alles überwuchernden Plage werden. Um Schäden zu vermeiden, sind ihre Vitalität, ihre Wuchs- und Klettereigenschaften zu berücksichtigen. Manche Klettergehölze sind selbstklimmend. Mit Hilfe ihrer Haftorgane klettern sie ganz ohne Kletterhilfe die Wände hoch, so zum Beispiel Efeu, einige Arten des Wilden Weins und die Kletterhortensie.

Einige Gehölze sind in der Lage, von oben nach unten zu wachsen. Ihre freischwingenden, manchmal meterlangen Triebe hängen aus Gefäßen, aus Bank- und Terrassenbeeten, von Stützmauern und Pergolen herab und verweben sich zu lockeren Vorhängen. Zu den Gehölzen, die man überhängend wachsend verwenden kann, zählen außer dem Efeu, dem fünfblättrigen Wilden Wein, dem Jasmin und den Brombeeren noch einige Gehölze, die nicht zu den eigentlichen Kletterpflanzen gehören, wie Felsenmispeln (beispielsweise die Sorte 'Skogholm'), Kriechspindeln und Rosen mit hängenden, weichen Trieben.

Klettergehölze bereichern in ökologischer, funktionaler und ästhetischer Hinsicht unsere Gärten. Wegen ihrer Flexibilität, wegen ihrer Vielfalt an Formen, Farben, Blüten, Früchten und Düften finden sie gerade im kleinen und sogar noch im kleinsten Garten Verwendung.

Rosen

Rosen nehmen in unserem Klimabereich den ersten Platz unter den Blütengehölzen ein, was die Blütenfülle, die Farbenpalette der Blüten und die Blühdauer betrifft. Zierendes Laub, auffallende Stacheln, Früchte (Hagebutten) und vor allem eine ganze Skala von Düften machen manche Arten und Sorten besonders wertvoll. Allen Rosen gemeinsam ist das Bedürfnis nach einem sonnigen Platz und freiem Stand. Rosen lieben es nicht, wenn sie im Traufbereich von Bäumen und im zeitweiligen Schatten stehen müssen. In voller Sonne hingegen, den freien Himmel über sich, entwickeln sich Rosen gesund und in ihrer ganzen Pracht.

In ihrem Wuchs, in ihrem Habitus, zeigen Rosen deutliche Unterschiede: Miniatur- oder Zwergrosen sind sehr niedrige Büsche mit zahlreichen zierlichen Blüten, während Beetrosen etwa 40 bis 100 cm hoch werden und in Dolden stehende, einfache oder gefüllte große Blüten tragen. Auf straffen langen Stielen blühen die großblumigen gefüllten, edel geformten Edelrosen. Edelrosenbüsche zeigen in den meisten Fällen keine befriedigende Wuchsform, sie eignen sich vor allem für den Schnitt. Strauchrosen dagegen werden freistehend bis zu 2,5 m hoch und tragen an zumeist bogig überhängenden Zweigen zahlreiche Blüten. Einige Arten und Sorten wachsen am entsprechenden Standort entlang von Wänden, Zäunen und Mauern bis zu 5 m hoch hinauf. Zu den Strauchrosen gehören die Wildrosen, die meist aus Samen gezogen werden. Sie blühen mit zahlreichen, einfachen, meist duftenden Blütenschalen, in denen die Staubgefäße eine besondere Zierde darstellen. Wildrosen blühen über und über einmal im Jahr, in der Regel im Juni–Juli. Danach schmücken sie sich mit reichlichem Hagebuttenbesatz. Im Gegensatz dazu währt bei dauerblühenden Strauchrosen die Blütezeit vom Juni bis in den Spätherbst hinein.

Aus der Verschiedenartigkeit der Rosen folgt eine vielseitige Verwendbarkeit an sonnigen Gartenplätzen. Die zierlichen Zwergrosen und die vielblütigen Beetrosen etwa sind wegen ihrer langandauernden Blüte unentbehrliche Partner für Stauden wie Schleierkraut, Glockenblumen, Salvien, Rittersporn, Gräser und viele andere. Diese Gemeinschaft wird ergänzt von Kleingehölzen wie Lavendel, Fingerstrauch, Zwergkiefern.

In vielfältiger Weise bereichern die Strauchrosen unsere Gärten: als Blütenhecken, als lange Zeit blühende Solitärsträucher auf Rasenflächen, in niedrigen Staudenpflanzungen oder in farblich aufeinander abgestimmten Gruppen. Zudem können sie an Wänden, Mauern, Zäunen emporklettern oder auch in Blütenkaskaden von Pergolen, aus Gefäßen, Bank- und Terrassenbeeten herabhängen.

Bodenvorbereitung und Pflanzung

Die richtige Auswahl von Baum- und Straucharten für einen gegebenen Standort, eine gründliche Bodenvorbereitung sowie sachgerechte Pflanzung und Pflege sind entscheidende Voraussetzungen für ein befriedigendes Gedeihen der Gehölze.

Wuchshöhen

Die Wuchshöhe von Bäumen und Sträuchern stellt eines der wichtigsten Kriterien bei der Auswahl von Gehölzen dar. Nicht nur Laien, auch Fachleute, lassen sich immer wieder von den bei der Pflanzung in der Regel noch recht kleinen Gehölzen täuschen und pflanzen viel zu eng. Man erlebt deshalb nicht selten, daß die Gehölze bald über den ihnen zugedachten Raum hinauswachsen, Gruppenpflanzungen werden zu eng, einzelne Bäume und Sträucher zu hoch. Durch ständigen Rückschnitt wird dann versucht, die Gehölze in einer bestimmten Größe zu halten. Ein solches Vorhaben ist stets zum Scheitern verurteilt, denn ein kräftiger Rückschnitt hat immer wieder auch einen starken Neutrieb zur Folge, die ursprüngliche Höhe wird rasch wieder erreicht. Durch ständigen Rückschnitt verlieren Baum und Strauch außerdem ihren arttypischen Aufbau, sie werden zu seelenlosen, uniformen Gestalten.
Hat man bei der Anlage des Gartens zu eng gepflanzt, sollte man rechtzeitig einige Gehölze herausnehmen, damit die restlichen Platz für eine optimale Entwicklung haben. Leider lassen sich nicht alle Baum- und Straucharten nach einigen Standjahren noch problemlos verpflanzen. Wird ein Gehölz an einem bestimmten Platz zu groß, sollte man es lieber entfernen und durch ein anderes mit geringerer Wuchshöhe ersetzen.
Die Kenntnis der Wuchshöhe von Baum und Strauch ist auch für die Beurteilung der notwendigen Grenzabstände zu den Nachbarn wichtig. Eine zu hoch gewordene Grenzbepflanzung hat schon häufig zu Streit zwischen Nachbarn geführt. Grenzabstände sind durch das Nachbarschaftsrecht geregelt, wobei in den einzelnen Bundesländern unterschiedliche Grenzabstände für verschiedene Kategorien von Gehölzen gelten können.

Bodenvorbereitung

Bei Nachpflanzungen in älteren Gärten oder bei Neupflanzungen auf gut gepflegten Kulturböden ist vor dem Pflanzen von Gehölzen eine besondere Bodenvorbereitung nicht notwendig. Es genügt, die Baumgrube so groß zu machen, daß ausreichend Platz für die Wurzeln vorhanden ist.
Bei der Neuanlage von Gärten im Anschluß an einen Hausbau ist dagegen eine gründliche Bodenvorbereitung notwendig, denn in der Regel hinterlassen Baumaßnahmen starke Bodenverdichtungen, vor allem auf schweren Böden. Statt eine große Baumgrube auszuheben, sollte man besser die gesamte Gartenfläche tiefgründig lockern. Bei einer zu flachen Bodenbearbeitung bleibt oft eine verdichtete Schicht bestehen, die den raschen Abzug überflüssigen Wassers und eine Belüftung des Bodens verhindert. Es kommt zu Staunässe, frisch gepflanzte Gehölze »ersaufen« geradezu in ihren Pflanzlöchern. Ein gut funktionierender Wasser- und Lufthaushalt ist aber die Voraussetzung für eine optimale Wurzelentwicklung.
Statt mit Bodenfräsen sollte man mit Pflug und Untergrundlockerern arbeiten, die den Boden bis zu einer Tiefe von 50 bis 60 cm aufreißen. Überall dort, wo ein entsprechender Maschineneinsatz nicht möglich ist, wird man auf das altbekannte **Rigolen** nicht verzichten können. Dabei wird der Boden in zwei Arbeitsgängen zwei Spatenstich tief umgegraben, wobei die Bodenschichten in ihrer ursprünglichen Schichtung verbleiben.
Ein besonders wirksames Mittel der Bodenvorbereitung auf verdichteten Böden ist der Einsatz von **Gründüngungspflanzen**. Häufig wird der Garten nach Beendigung der Bauarbeiten nicht gleich bepflanzt, so daß Zeit für eine »Zwischenkultur« mit Gründüngungspflanzen bleibt. Sie ist sogar zwischen frisch gepflanzten Gehölzen möglich. Näheres dazu auf Seite 36.

Bodenverbesserung

Obwohl unsere Gartengehölze aus verschiedenen Erdteilen und von recht unterschiedlichen Standorten kommen, lassen sich die meisten von ihnen auf allen Bodenarten kultivieren. Voraussetzung ist, daß die Böden gut gepflegt und nicht in ihren

Extremformen vorliegen, etwa als nährstoffarme Sandböden, feinkörnige, nur schwer durchwurzelbare Lehm- und Tonböden, stark alkalische, sehr trockene oder nasse Böden. Will man solche Böden bepflanzen, kommt man nicht ohne bodenverbessernde Maßnahmen aus, oder man muß solche Gehölzarten auswählen, die noch auf Extremstandorten gedeihen können.

Eine der wichtigsten Maßnahmen zur Bodenverbesserung ist die Anreicherung des Bodens mit Humus, also das Einbringen organischen Materials in Form von Gründüngung, Stallmist, Kompost, Rindenhumus oder Torf. Humus wirkt sich in mehrfacher Hinsicht positiv auf den Boden aus. Durch die Bildung einer stabilen Krümelstruktur verbessert er die physikalischen Eigenschaften des Bodens und damit den Wasser- und Lufthaushalt, so entstehen günstige Voraussetzungen für das Wurzelwachstum. Durch die Erhöhung der Sorptionskraft (Nährstoffspeicherungsvermögen) und des Pufferungsvermögens wird eine gleichmäßige Nährstoffversorgung der Pflanzen erreicht.

Neben der Gründüngung ist der eigene **Kompost** eine der wichtigsten Materialien zur Bodenverbesserung in Hausgärten. **Stallmist** kommt für Gehölzpflanzungen nur als Material zur Abdeckung von Baumscheiben in Frage. **Torf** sollte aus Gründen des Umweltschutzes nur noch dort eingesetzt werden, wo man auf ihn nicht verzichten kann, etwa bei der Herstellung von Trogerden oder bei der Anpflanzung von Rhododendren und anderen Ericaceen. Als Ersatz für Torf wird seit Jahren **Rindenhumus** empfohlen. Er kann — so wie Torf — unmittelbar der Pflanzerde beigemischt, aber natürlich auch flächig eingearbeitet werden. Mit **Rindenmulch** können Baumscheiben oder ganze Pflanzflächen abgedeckt werden. Mulchdecken, gleichgültig aus welchem organischen Material sie bestehen, halten den Boden feucht und locker und machen so ein häufiges Wässern frisch gepflanzter Gehölze mehr oder weniger überflüssig.

Nach der Zufuhr von Rindenhumus und Rindenmulch kann es zur Festlegung von Stickstoff kommen, weil die Mikroorganismen, die den Abbau der Rinde besorgen, einen hohen Stickstoffbedarf haben. Etwa auftretende Wachstumsdepressionen lassen sich aber durch zusätzliche Stickstoffgaben leicht beheben.

Unter den organischen Materialien zur Bodenverbesserung hat das Humuskonzentrat **Humobil** eine nicht geringe Bedeutung. Auf nährstoffarmen oder durch Baumaßnahmen verdichteten Böden erzielt man damit gute Wirkungen, vor allem eine schnelle Aktivierung der Kleinlebewesen im Boden. Die Pflanzerde wird im Verhältnis 1:30 mit Humobil gemischt, das nicht pur an die Wurzeln kommen darf. Nach dem Pflanzen kann man Baumscheiben oder ganze Pflanzflächen 2 bis 4 cm stark mit Humobil abdecken.

Zu den altbekannten Maßnahmen zur Bodenverbesserung gehört auch die Zufuhr von grobem **Estrichsand** auf schweren, bindigen Böden. Man erreicht damit eine Verbesserung des Wasser- und Lufthaushaltes und, bei Zufuhr genügend großer Mengen, auch eine Bodenverarmung. Sie ist dann notwendig, wenn auf nährstoffreichen oder feuchten Böden solche Gehölze gepflanzt werden sollen, die in ihren natürlichen Verbreitungsgebieten auf nährstoffarmen und trockenen Böden wachsen.

Langfristige Bodenverbesserungen sind auch mit weniger bekannten Materialien möglich. Unter den angebotenen Mitteln sind die folgenden durchaus einen Versuch wert.

Agrosil LR ist ein neutrales Silikat-Kolloid mit 16 Prozent Phosphor zur Verbesserung leichter bis mittlerer Böden. Es erleichtert die Aufnahme von Wasser und Nährstoffen und regt das Wurzelwachstum an. Die Aufwandmenge beträgt 100 bis 200 g/m^2.

Alginure wird aus Meerestang gewonnen und ist ein organisches Kolloidmaterial in hochkonzentrierter Form. Es lockert schwere Lehm- und Tonböden und verhindert Bodenverschlämmungen. Bei leichten Sandböden wird die Speicherkapazität für Wasser und Nährstoffe erhöht. Darüber hinaus fördert Alginure die Wasser- und Nährstoffaufnahmefähigkeit der Wurzeln verpflanzter Gehölze. Vom Alginure-Bodengranulat werden auf gepflegten Böden 5 bis 20 g/m^2, auf Böden mit Mängeln 20 bis 35 g/m^2 und auf schlechten Böden 35 bis 65 g/m^2 gegeben. Das Mittel wird flach eingearbeitet. Man kann es auch in bestehenden Pflanzungen verwenden.

Bentonit ist ein Verwitterungsprodukt vulkanischer Glastuffe. Es enthält einen hohen Anteil des wertvollen Tonminerals Montmorillonit, besitzt damit ein sehr hohes Basenaustauschvermögen und verhindert so die Auswaschung von Nährstoffen. Bentonit dient vor allem als Zusatz für Kultursubstrate und Trogerden.

Hygromull ist ein organischer Harzschaum, der im Boden allmählich abgebaut wird und dabei als langsamfließende Nährstoffquelle dient. Hygromull kann hohe Wasermengen speichern und ist deshalb besonders für die Verbesserung leichter Böden und als Zusatz zu Substratmischungen geeignet. Je 100 m² werden 1 bis 2 m³ eingearbeitet.

Lavalit ist ein aufgearbeiteter Lavagesteinsgrus, der nicht nur der physikalischen Bodenlockerung dient. Sein Gehalt an Grund- und Mikronährstoffen macht ihn zu einer langsamfließenden Nährstoffquelle. Lavalit wird wie Blähton, Porit und Bimskies in der Regel nur kleinflächig für nässeempfindliche Stauden und Zwerggehölze eingesetzt.

Styromull ist ein aufgeschäumter Kunststoff (Polystrol), der in unterschiedlich großen Kugeln oder Bruchstücken angeboten wird. Die geschlossenen Zellen sind mit Luft gefüllt und nehmen daher kein Wasser auf. Styromull wird im Boden nicht abgebaut und dient ausschließlich der physikalischen Lockerung des Bodens. Styromull ist eher für die Herstellung von Substraten als für eine flächige Einarbeitung geeignet, weil im Freiland die weißen Flocken bei der Bodenbearbeitung stets wieder an die Oberfläche kommen.

Bodenverbesserung für Rhododendron

Die meisten *Rhododendron*-Arten wachsen in der Natur auf frischen, sauren, stark humosen Böden in mehr oder weniger hohen Gebirgslagen. Reiche Niederschläge und die hohe Luftfeuchtigkeit alpiner Gebiete verhindern eine zu hohe Sonneneinstrahlung im Sommer und bieten im Winter Schutz durch Schnee. Außerhalb ihrer natürlichen Verbreitungsgebiete werden *Rhododendron* meist im lichten Schatten tiefwurzelnder Bäume und Großsträucher kultiviert.

Rhododendron und alle anderen Ericaceen sind ausgesprochene Flachwurzler. Ihre feinen Faserwurzeln brauchen leicht durchwurzelbare, lockere, humose, frische Böden. Besonders empfindlich sind sie gegenüber stauender Nässe, und ebensowenig vertragen sie Bodenverdichtungen und stark alkalische Böden.

Begrenzender Faktor für die Kultur von *Rhododendron* ist vor allem der pH-Wert (Säuregrad) des Bodens. Der optimale Bereich für *Rhododendron* liegt in einem pH-Wert zwischen 4,2 und 5,5. Unter einem pH-Wert von 3,0 und über 6,0 ist eine *Rhododendron*-Kultur nur noch bedingt möglich. Humusböden und durchlässige Waldböden mit einer Rohhumusauflage sind ideale Standorte für *Rhododendron*. Auf humosen Sandböden und sandigen Lehmböden gedeihen sie ebenfalls ohne größeren technischen Aufwand. Notfalls lassen sich leichte Böden durch organisches Material wie Torf, Nadelstreu, Laub- und Rindenkomposte verbessern, dies gilt vor allem im Hinblick auf ihr Speicherungsvermögen für Wasser und Nährstoffe.

Den pH-Wert eines Bodens zu verbessern, ist nur begrenzt möglich. Zu niedrige pH-Werte lassen sich durch Gaben von kohlensaurem Kalk anheben. Durch eine Bodenuntersuchung läßt man ermitteln, wieviel kohlensaurer Kalk in den Boden eingearbeitet werden muß. Zu hohe pH-Werte lassen sich durch physiologisch saure Dünger, verbunden mit hohen Gaben von Rindenhumus oder Torf, absenken. Mit einer 10 cm hohen Torfmullschicht, die vor dem Pflanzen 20 cm tief eingearbeitet wird und zusätzlich 5 cm Torf als Mulchschicht nach dem Pflanzen lassen sich pH-Werte zwischen 6,0 und 7,0 auf etwa 5,5 absenken.

Bei Lehmböden ist eine pH-Absenkung auch durch den Einsatz von Eisensulfat, Phosphor- und Schwefelsäure (Schwefelblume) möglich. Dabei wird die für *Rhododendron* schädliche Kalziumverbindung, der kohlensaure Kalk (Kalziumkarbonat, $CaCO_3$), in unschädliche Verbindungen überführt, nämlich in Kalziumsulfat ($CaSO_4 \cdot 2H_2O$ = Gips) bzw. Kalziumphosphat ($Ca_3[PO_4]_2$). Nach Berg und Heft (1992) ist dieses Verfahren aber nicht ganz ungefährlich und für Anfänger nicht zu empfehlen.

Problematisch wird die Kultur von *Rhododendron* auf schweren Lehm- und Tonböden und auf Böden mit pH-Werten über 7,5. Derartig hohe Werte lassen sich weder durch Torfgaben noch durch den Einsatz chemischer Mittel dauerhaft auf für *Rhododendron* geeignete Werte absenken. Unter solchen Bedingungen lassen sich *Rhododendron* nur in eigens hergestellten Substraten kultivieren, wobei es nicht genügt, nur einzelne Pflanzlöcher entsprechend herzurichten. Es ist vielmehr erforderlich, auf der für die Anpflanzung von *Rhododendron* vorgesehenen Fläche den Boden entweder 20 bis 30 cm tief auszuheben oder den anstehenden Boden in gleicher Höhe zu überdecken. In beiden Fällen wird auf die Sohle eine 5 bis 10 cm starke Schicht aus Nadelholzreisig, anderem Buschwerk oder Holzhäcksel aufgebracht. Diese Schicht dient als Dränage und verhindert gleichzeitig das Aufsteigen des kalkhaltigen Bodenwassers in die Substratschicht.

Für die Herstellung der 20 bis 40 cm starken Substratschicht gibt es zahlreiche Rezepte. Gute Substrate besitzen einen sehr hohen Humusanteil, einen pH-Wert zwischen 4,2 und 5,5 und eine möglichst hohe Strukturstabilität, die dauerhaft einen optimalen Wasser- und Lufthaushalt garantiert.

Grundlage aller Mischungen ist möglichst grobfaseriger Weißtorf, der mindestens 50 Volumenprozent ausmacht. Dem Torf können verschiedene organische Materialien beigemischt werden, etwa Laub- und Nadelerde, Rindenkompost in feiner Körnung oder Hopfentrester (wie im Botanischen Garten in München praktiziert). Als Vorrats- und Grunddüngung werden je m^3 2 bis 3 kg eines langsamfließenden Volldüngers (zum Beispiel Plantosan) eingemischt. Ein »künstliches« Substrat hat sich innerhalb von zehn Jahren so weit abgebaut, daß man die *Rhododendron* aufnehmen muß, um neues Substrat einzubringen. Selbst ältere *Rhododendron* vertragen ein Verpflanzen, wenn es fachgerecht durchgeführt wird, ausgezeichnet.

Substrate für Trog- und Dachgärten

Immer häufiger werden freistehende Tröge, Schalen und Kübel, Brüstungströge und Dachflächen dauerhaft mit Gehölzen bepflanzt. Neben der Wahl geeigneter Baum- und Straucharten und dem fachgerechten technischen Aufbau eines Dachgartens hat die Beschaffenheit des Pflanzsubstrates eine entscheidende Bedeutung für den Kulturerfolg.

Das Substrat muß den extremen Bedingungen des begrenzten Wurzelraumes genügen. Wichtiger als die chemischen Eigenschaften (pH-Wert) sind die physikalischen. Das Substrat muß strukturstabil, wasser- und luftdurchlässig sein, damit die Pflanzenwurzeln ausreichend mit Sauerstoff versorgt werden und gleichzeitig eine Vernässung verhindert wird. Ein hoher Anteil an mineralischer Substanz soll das Schrumpfen und den raschen Abbau des Substrates verhindern. Hohe Humusgaben sorgen für Durchlüftung und Wasserspeicherung, Tonmineralien fördern das Pufferungs- und Nährstoffspeicherungsvermögen des Substrates. Gute Substrate weisen 10 bis 15 Volumenprozent feste Bodensubstanz und bei voller Wassersättigung noch etwa 40 Prozent lufterfüllten Porenraum auf, die restlichen 40 bis 50 Prozent sind von Wasser erfüllt.

Als Grundsubstanzen einer Trogerde werden Bimskies, Blähton oder Lavagrus empfohlen, die 50 Volumenprozent der Mischung ausmachen sollen. Hinzu kommt Bentonit als hochwertiges Tonmineral und Vermiculit als Nährstoff- und Wasserspeicher. Die restlichen 40 Prozent bestehen aus grobfaserigem Weißtorf oder Rindenhumus. Schließlich werden dem Substrat Mineraldünger mit gesteuerter, langsamfließender Nährstoffabgabe beigemischt.

1 m^3	einer allgemein verwendbaren Trogerde besteht demnach aus den folgenden Komponenten:
0,35 ^{3}	Rindenkompost oder Torf
0,5 m^3	Bimskies, Lavagrus oder Blähton
15 kg	Bentonit
16,5 kg	Vermiculit
1 kg	Alginure
1–3 kg	eines Mineraldüngers wie Plantosan oder Osmocote

Pflanzung

Eine sorgfältige Behandlung der Gehölze vor und während des Pflanzens ist für ihr späteres Gedeihen von großer Bedeutung. Dazu gehören die pflegliche Behandlung während des Transportes von der Baumschule zum Pflanzplatz, der Schutz der Wurzeln vor Austrocknung, die Vorbereitung des Pflanzplatzes, die richtige Pflanztiefe und die Pflege der frisch gepflanzten Gehölze.

Die Frage nach der besten **Pflanzzeit** — Herbst oder Frühjahr — wird immer wieder diskutiert. Während früher überwiegend im Herbst gepflanzt wurde, bevorzugen zumindest Privatkunden eine Frühjahrspflanzung. Dabei überläßt man das Risiko von witterungsbedingten Schäden der Baumschule, man erspart sich außerdem Winterschutzmaßnahmen. Bei wurzelnackten Gehölzen muß man im Frühjahr unbedingt vor Beginn des Austriebs pflanzen. Auf schweren und feuchten Böden darf man aber auch nicht zu früh pflanzen, um Bodenverdichtungen zu vermeiden.

Erwägt man eine Pflanzung im Herbst, darf man wurzelnackte Pflanzen nicht zu früh pflanzen, ihre Zweige müssen vorher vollständig verholzt, die Blätter abgefallen sein. Zu frühe Nachfragen verführen die Baumschulen zu frühem Roden, und von den kaum verholzten Zweigen werden die Blätter dann gewaltsam abgestreift. Bei empfindlichen Gehölzen kann ein solches Vorgehen zu erheblichen Schäden führen.

Alle immergrünen Laub- und Nadelgehölze sollte man dagegen möglichst früh pflanzen. Sie sollten in den oft noch warmen Herbstwochen noch neue Wurzeln bilden können. Denn ihre Blätter verdunsten auch in den Wintermonaten Wasser und benötigen Nachschub aus dem Boden.

In Töpfen und Containern gezogene Pflanzen können auch außerhalb der Vegetationsruhe, also ganzjährig, gepflanzt werden. Man kann sie in der Baumschule also auch zur Zeit ihrer Blüte aussuchen.

Die Wurzeln wurzelnackter Pflanzen können auf dem Transportweg mehr oder weniger stark austrocknen. Man muß solche Pflanzen unmittelbar nach ihrer Ankunft für einige Stunden ins Wasser stellen, bevor man sie pflanzt oder einschlägt. Besonders wichtig ist dies bei Rosen und anderen Pflanzen, die in einem Kühlhaus überwintert haben. Trotz optimaler Lagerbedingungen verlieren die Pflanzenzellen Wasser, werden die in Wurzeln, Zweigen und Knospen eingelagerten Reservestoffe abgebaut. Kühlhauspflanzen sollten möglichst in ihrer gesamten Länge für zwölf bis 24 Stunden in ein Wasserbad getaucht werden, denn auch die Zweige nehmen Wasser auf. Gelegentlich trocknen auf dem Transportweg auch die Ballen von Laub- und Nadelgehölzen aus. Sie werden dann so lange ins Wasser gestellt, bis keine Luftblasen mehr aus dem Wasser aufsteigen.

Nicht auszuschließen ist die Ankunft der Pflanzen bei Frostwetter. Selbst stärkerer Frost schadet verpackten Gehölzen selten, wenn sie in ihrer Verpackung in einem frostfreien, aber ungeheizten Raum auftauen können, bevor sie gepflanzt oder eingeschlagen werden. Unter **Einschlagen** versteht man das Eingraben der Pflanzenwurzeln in die Erde, das anschließende Festtreten des Erdreiches und das gründliche Wässern der eingeschlagenen Pflanzen. So behandelt, können die Gehölze notfalls auch den Winter über auf das Pflanzen an den endgültigen Standort warten. Bei einem längerfristigen Einschlag ist lediglich zu beachten, daß immergrüne Pflanzen in einem ausreichend weiten Abstand eingeschlagen werden, sonst kann es zu Fäulnis und Schimmelbildung an den Blättern kommen.

Pflanzschnitt. Vor dem Pflanzen werden die beim Roden beschädigten Wurzeln bis ins gesunde Holz zurückgeschnitten. Die Gehölze dürfen mit entblößten Wurzeln nicht zu lange der Luft ausgesetzt sein. Wurzeln müssen unbedingt feucht in die Erde kommen, trockene Wurzeln lassen sich im Boden nur schwer wieder befeuchten. Die Größe der **Pflanzgrube** ist naturgemäß abhängig von der Größe der Gehölze. Ihre Breite soll den Durchmesser der Wurzelkrone oder des Ballens deutlich überragen, die Tiefe richtet sich nach der Höhe von Wurzelkrone oder Ballen. Grubensohle und Seitenwände müssen wasser- und luftdurchlässig sein, Verdichtungen müssen aufgelockert werden. Notfalls muß man tiefer ausheben und den anstehenden Boden durch grobes, durchlässiges Material ersetzen.

Das Pflanzloch füllt man mit möglichst feingekrümeltem, nährstoffreichem, feuchtigkeitshaltendem, aber gleichzeitig luftdurchlässigem Material. Dazu muß unter Umständen der anstehende Boden mit Zuschlagstoffen wie Kompost, Rindenhumus, Humobil oder grobem Sand vermischt werden. Ist die Anlage tiefer Pflanzgruben notwendig, sollte man darauf achten, daß organisches Material nicht in tiefere Bodenschichten kommt. Denn beim Abbau von organischem Material unter Sauerstoffmangel kann es zu Faulgasbildung und damit zu Wurzelschäden kommen.

Beim **Einfüllen des Materials** werden wurzelnackte Gehölze leicht gerüttelt, damit das Material tatsächlich zwischen die Wurzeln gelangt und keine Hohlräume entstehen. Anschließend tritt man die Erde rings um die Wurzelkrone fest. Danach soll das Gehölz so hoch stehen wie vorher in der Baumschule, eher einige Zentimeter höher als zu tief. Die entsprechende Höhe läßt sich am Wurzelhals an der unterschiedlichen Färbung meist deutlich erkennen. Tiefer als vorher pflanzt man nur Weiden, Pappeln und veredelte Rosen, deren Veredlungsstelle knapp unterhalb der Bodenoberfläche stehen soll.

Weil sich die Erde und damit die Gehölze auf gut gelockerten Böden und vor allem in tief ausgehobenen Baumgruben später wieder setzt, müssen die Gehölze zunächst etwas höher stehen als die Umgebung der Pflanzstelle. Dazu wird ein mindestens handbreithoher, mit einer leichten Mulde versehener Hügel aufgesetzt. In dieser Bodenerhöhung steht das Gehölz so hoch wie früher in der Baumschule.

Bei allen mit Ballen gelieferten Gehölzen beläßt man das **Ballenleinen** am Wurzelballen und löst lediglich die Knoten am Wurzelhals, die sonst später den Stamm strangulieren könnten. Ballenleinen wird gegenwärtig häufig wieder aus Jute oder wenigstens mit einem hohen Anteil an rasch verrottender Naturfaser hergestellt. Angetreten wird so vorsichtig, daß der Ballen nicht zerstört wird.

Angießen. In der letzten Phase des Pflanzvorganges wird das Gehölz kräftig angegossen (eingeschlämmt). Die Erde soll durchnäßt sein, sie soll die letzten Hohlräume zwischen der Wurzelkrone füllen und sich setzen. Die Wurzeln erhalten so einen guten Bodenschluß und vertrocknen nicht. Ein Angießen mit einer Brause oder einem Gartensprenger bewirkt meist nur ein Anfeuchten der obersten Bodenschicht, das Gießwasser erreicht die Wurzeln nur selten.

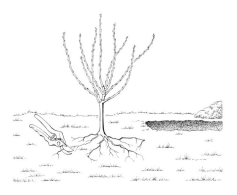

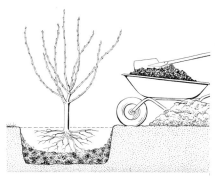

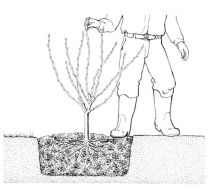

Pflanzung von Laubgehölzen
Von oben nach unten: Beschädigte Wurzeln schneidet man bis ins gesunde Holz mit Messer oder scharfer Schere so zurück, daß die Schnittfläche nach unten zeigt. Die Erde am Pflanzplatz wird großflächig gelockert, oder man hebt eine Grube aus. Den Aushub verbessert man mit Kompost oder Rindenhumus und füllt ihn teilweise wieder ein. Man stellt den Baum so, daß er nach dem Absacken der lockeren Erde so hoch steht wie vorher in der Baumschule. Beim Einfüllen ist darauf zu achten, daß zwischen den Wurzeln keine Hohlräume entstehen. Schließlich tritt man die Erde rings um die Wurzelkrone fest an. Nach dem Anpfählen wird gründlich angegossen, man läßt das Wasser bei geringem Druck und vollem Strahl fließen. Die Baumscheibe wird mit organischem Material abgedeckt und eine flache Gießmulde ausgeformt.

Pflanzung von Koniferen
Die Pflanzgrube wird mindestens in doppelter Größe des Ballendurchmessers angelegt, man löst die Knoten des Ballenleinens, das Ballenleinen wird nicht entfernt. Den Bodenaushub mischt man mit Torf oder Kompost. Die Erde wird so angetreten, daß der Ballen nicht beschädigt wird. Beim Angießen und beim Abdecken der Baumscheibe verfährt man ebenso wie bei der Pflanzung von Laubgehölzen.

Mulchen. Anschließend wird der Wurzelbereich (Baumscheibe) mit organischem Material abgedeckt. Der Wurzelbereich bleibt dadurch feucht, und man erspart sich, besonders nach einer Frühjahrspflanzung, das ständige Wässern, das entweder erfolglos bleibt, weil nur oberflächlich gesprengt wird, oder es führt zu nassem und damit kaltem Boden und verhindert eine zügige Wurzelbildung. Neben ausreichender Bodenfeuchtigkeit sind ja auch eine bestimmte Bodentemperatur und eine gute Durchlüftung erforderlich, um die Wurzelneubildung zu ermöglichen.

Beim **Pflanzen von Solitärgehölzen** ist die Anlage eines Gießrandes erforderlich, der bei einer notwendig werdenden Bewässerung eine ausreichende Staumenge an Wasser aufnehmen kann. Der Gießrand sollte den doppelten Durchmesser des Ballens aufweisen. Je nach Baumgröße liegt die Höhe des Gießrandes zwischen 10 und 30 cm, er sollte mindestens zwei Jahre lang intakt bleiben. Da bei Solitärgehölzen der Ballen stets kleiner bleibt als der Durchmesser der Kronentraufe, sind in Trockenzeiten regelmäßige Wässerungen so lange notwendig, bis die neu gebildeten Wurzeln den Ring der Kronentraufe erreicht haben.

Nach langjährigen Erfahrungen der Baumschule Lappen, Nettetal-Kaldenkirchen, sollte bei frisch gepflanzten Gehölzen die erste Bewässerung im Frühjahr bis zum 20. April erfolgen, weil Gehölze in der Austriebsphase (und später in der zweiten Triebphase mit dem Johannistrieb) den größten Wasserbedarf haben. Unter durchschnittlichen Witterungsbedingungen haben sich Bewässerungsabstände von etwa zehn Tagen bewährt. Mit der Bewässerung kann ausgesetzt werden, wenn in einer Woche an einem Regentag mehr als 20 mm Niederschlag fallen. Die benötigte Wassermenge ist abhängig von der Bodenart und von der Bewurzelungstiefe. Zumindest in den ersten Jahren nach der Pflanzung befinden sich die meisten Wurzeln in den oberen 40 cm des Bodens.

Die letzte Maßnahme einer Baumpflanzung stellt das **Anbinden** des Baumes an einen Baumpfahl oder an ein Baumgerüst dar. Die Bäume müssen gegen Wind gesichert sein, um sich ungestört im Boden verankern zu können. Bei schwächeren Bäumen genügt in der Regel ein einzelner Baumpfahl, den man meist schräg zum Stamm und zur Hauptwindrichtung hin ausgerichtet einschlägt. Stärkere Bäume benötigen ein Baumgerüst aus drei Pfählen, die durch Querlatten miteinander verbunden werden. Zum Anbinden werden Kokosstricke oder fertige Baumbänder verwendet. Sie sollten eine möglichst breite Auflagefläche haben, damit sie nicht einwachsen.

Bei einer Gehölzpflanzung in offenen, windexponierten Lagen kommt man oft nicht ohne schützende Maßnahmen aus. Vor allem immergrüne Laubgehölze sind in entsprechenden Lagen für einen **Windschutz**, der gleichzeitig auch Schatten spendet, sehr dankbar. Sinnvoller ist es allerdings, derart empfindliche Gehölze erst dann zu pflanzen, wenn andere, weniger anspruchsvolle Arten schon den notwendigen Schutz bieten. Das gilt vor allem für *Rhododendron* und ähnlich empfindliche Pflanzen. Schatten und Windschutz verhindern Sonnenbrandschäden und bieten gleichzeitig einen Verdunstungsschutz, der die Gefahr des Vertrocknens mildert.

Bei sommergrünen Solitärbäumen entscheidet ein Verdunstungsschutz oft über Erfolg oder Mißerfolg beim Verpflanzen. Deshalb begegnet man in Neuanlagen immer wieder Bäumen, deren Stämme mit in Lehmbrei getauchter Sackleinwand (Ballenleinen) umwickelt sind. Dieser Schutzmantel bleibt mindestens für die erste Vegetationsperiode am Stamm.

Anpfählen
Von links nach rechts: Größere Sträucher und kleinere Bäume werden an einem senkrecht stehenden Pfahl angebunden. Der Pfahl muß bis ins feste Erdreich getrieben werden, er soll nicht bis in die Krone hineinreichen. Bei Koniferen sollte man den Baumpfahl schräg, zur Hauptwindrichtung hin, in den Boden schlagen, damit der Ballen nicht beschädigt wird. Jüngere Hochstämme werden in der gleichen Weise, gelegentlich aber auch mit zwei Baumbändern angebunden.

Die Pflege der Gehölze

Alle Pflegemaßnahmen zielen darauf ab, Bäume und Sträucher möglichst lange in einem vitalen Zustand zu erhalten. Voraussetzung dafür sind neben der Auswahl geeigneter Gehölzarten für einen gegebenen Standort ein gesunder Boden, die richtige Ernährung, Winterschutz für empfindliche Arten und sachgerechter Schnitt.

Bodenpflege und Düngung

Ziel jeder Bodenpflege ist die Schaffung und Erhaltung einer krümeligen Bodenstruktur, die auch als Bodengare bezeichnet wird. Als gar gilt ein mürber, elastischer Boden, dessen feine Ton- und Humusteilchen sich mit gröberen Bodenteilchen zu stabilen Krümeln verbinden. Nur ein lockerer, durchlässiger Boden besitzt ein ausgewogenes Verhältnis zwischen Bodensubstanz und Hohlraumvolumen und bietet damit die Gewähr für einen günstigen Wasser- und Lufthaushalt, erste Voraussetzung für ein gesundes Mikroorganismen- und Pflanzenleben. Beeinflußt wird die Bodengare vor allem durch Kalk- und Humusgaben, durch Beschattung und Abdeckung mit Mulchmaterial und durch die Tätigkeit der Bodenkleinstlebewesen.

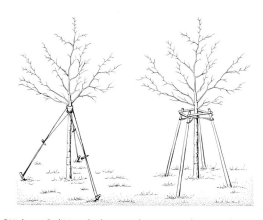

Stärkere Solitärgehölze werden entweder mit drei Drähten an kurzen, schräg stehenden Pfählen angebunden oder mit vier leicht schräg stehenden und am Kopfende miteinander verbundenen Pfählen windfest verankert. Bei der Drahtverankerung werden die Stämme durch eine stabile Gummimanschette geschützt.

Für eine Versorgung der Böden mit Humus wurden früher überwiegend Stallmist und Weißtorf eingesetzt. Statt Torf wird in steigendem Umfang **Rindenhumus** verwendet. Er ist als Bodenverbesserungsmittel mindestens so wertvoll wie Torf, er wird im Boden sogar weniger rasch abgebaut als dieser. Besonders wertvoll und gleichzeitig umweltschonend ist die Herstellung und Verwendung eigener Komposte. Alle Humusgaben erhöhen die Sorbtionskraft leichter Böden, lockern schwere und bindige Böden, schützen den Boden vor Verschlämmung und zu starkem Austrocknen. Zur Versorgung der Böden mit Humus kann auch im Hausgarten mit **Gründüngungspflanzen** gearbeitet werden. Sie können die Bodengare sehr wesentlich beeinflussen, weil sie den Boden beschatten, ihn tief lockern und erhebliche Massen an organischer Substanz einbringen. Unter Gründüngung verstehen wir den Anbau einjähriger Pflanzen, die häufig zur Familie der Schmetterlingsblütler gehören. Sie haben gegenüber anderen Pflanzenarten den Vorteil, daß durch die Tätigkeit der an ihren Wurzeln lebenden Knöllchenbakterien der in der Bodenluft enthaltene Stickstoff gebunden und für die Pflanzen verfügbar gemacht wird. (Bis zu 200 kg/ha Reinstickstoff erbringen Lupinen.) Gründüngungspflanzen wie Lupinen, Liho-Raps, Senf oder Phazelia *(Phacelia tanacetifolia)* produzieren nicht nur hohe Mengen an Grünmasse (200 bis 400 dt/ha) und reichern damit den Boden mit organischem Material an, sie schließen mit ihren oft sehr tiefgehenden Wurzeln den Boden auf. Die nach dem Absterben der Wurzeln verbleibenden Kanäle fördern den Wasser- und Lufthaushalt des Bodens, die eingebrachten organischen Massen erhöhen die biologische Aktivität des Bodens, die Beschattung des Bodens hat eine Verbesserung der Bodenstruktur zur Folge. Positive Auswirkungen von Gründüngungspflanzen sind außerdem die Anreicherung des Bodens mit Nährstoffen und Spurenelementen, die Verhinderung von Nährstoffauswaschungen und die Verminderung von Unkrautwuchs. Die große Zahl an Gründüngungspflanzen erlaubt ihren Einsatz auf allen Bodenarten. Was man unter den gegebenen Bedingungen anbauen kann, erfährt man beim örtlichen Samenfachhandel.

Zu einem der wichtigsten Mittel der Bodenpflege gehört das **Mulchen**. Man versteht darunter das Aufbringen von organischem Material auf den Boden. In einer idealen Ausbildung können wir Mulchdecken im Laubwald beobachten. Im Hausgarten können wir zwischen Gehölzpflanzungen ähnliche Bedingungen schaffen, solange die Zwischenräume nicht mit Stauden oder Bodendeckern bepflanzt sind. Als Mulchmaterial eignen sich Laub, Rasenschnitt, Rindenmulch, verrotteter Stallmist, Kompost und viele andere organische Materialien. Die organische Masse zersetzt sich langsam zu Humus, schafft damit gute Bedingungen für Kleinstlebewesen und führt zu gesundem Wachstum der Gehölze. Durch den Abbau von Humusstoffen wird außerdem Stickstoff freigesetzt, den man dann schon nicht mehr in Form von Nährsalz geben muß.

Neben **Humusdüngern auf Torfbasis**, wie etwa Rhodohum oder Humobil sind auch andere organische Düngemittel im Handel, etwa Oscorna-Animalin, Cox-Humuskorn oder Cuxin. Sie enthalten nur geringe Mengen an Stickstoff, Phosphor und Kalium, aber zahlreiche Spurenelemente und etwa 50 Prozent organische Substanz. Sie bieten den Pflanzen eine langsamfließende Nährstoffquelle und beeinflussen den Boden in vielfacher Weise positiv.

Unter den mineralischen Düngern, die den Pflanzen die notwendigen Nährstoffe bieten, nimmt der **Kalk** eine hervorragende Stellung ein. Er ist nicht nur ein Nährstoff, sondern auch ein Mittel zur Bodenverbesserung. Er wird vornehmlich als kohlensaurer Kalk, Branntkalk oder Löschkalk gegeben. Form und Menge richten sich nach der Bodenart und dem Versorgungsgrad des Bodens mit Kalk. Kalk dient der Lockerung und Durchlüftung des Bodens, er fördert die Krümelstruktur und bindet überflüssige Säuren in leichten Böden. Auf leichten Böden wird kohlensaurer Kalk bevorzugt, auf schweren Böden sind Brannt- und Löschkalk sinnvoller. Da die meisten unserer Kulturpflanzen bei schwach saurer bis neutraler Bodenreaktion am besten gedeihen, sind regelmäßige Kalkgaben auf allen Böden mit saurer Reaktion notwendig. Nicht selten sogar dann, wenn kalkempfindliche Pflanzen kultiviert werden. Kalk wird in der Regel im Turnus von drei Jahren gegeben. Die Aufwandmenge sollte sich am Ergebnis einer Bodenuntersuchung orientieren. Als mittlere Gaben gelten bei kohlensaurem Kalk etwa 25 kg, bei Brannt- und Löschkalk 10 bis 15 kg je 100 m^2.

Mit einer **mineralischen Düngung** sollen dem Boden die Nährstoffe wieder zugeführt werden, die ihm durch das Wachstum der Pflanzen entzogen worden sind oder die durch Auswaschung und Festlegung verlorengehen. In Form von Nährsalzen werden in der Regel die Hauptnährstoffe Stickstoff, Phosphor, Kalium, Kalk (Kalzium) und Magnesium zugeführt, während die restlichen Nährstoffe nur in Spuren vorhanden sein müssen.

In verschiedenen Düngemitteln sind diese Spurenelemente in ausreichender Menge vorhanden. Treten an den Pflanzen ungewöhnliche Mangelerscheinungen auf, ist eine Ergänzung der Spurenelemente im Boden nach einer Boden- oder Blattanalyse vorzunehmen.

Höhe und Zeitpunkt der mineralischen Düngung sollten sich nach dem tatsächlichen Bedarfszeitpunkt der Pflanzen und nach der Höhe des Nährstoffentzuges richten. Wird zum Beispiel der leichtlösliche Stickstoff zum falschen Zeitpunkt oder in einer zu großen Menge eingebracht, können die Pflanzen oft beträchtliche Mengen gar nicht aufnehmen. Die überschüssigen Anteile werden dann in tiefere Bodenschichten ausgewaschen, gelangen ins Grundwasser und tragen so zu einer verstärkten Umweltbelastung bei.

Über Höhe und Zeitpunkt der Nährstoffaufnahme von Garten- und Parkgehölzen liegen zur Zeit noch keine oder nur unzureichende Untersuchungen vor. Wir sind also auf Meß- und Erfahrungswerte aus anderen, vergleichbaren Bereichen angewiesen. Der Nährstoffbedarf von Garten- und Parkbäumen dürfte kaum höher sein als der von Waldbeständen, die pro Jahr und Hektar einen Nährstoffbedarf von 40 bis 80 kg Stickstoff, 10 bis 12 kg Phosphor und 30 bis 60 kg Kalium haben (Gussone, Rehfuß, Ulrich 1972). Das entspricht etwa einer Menge von 35 bis 70 g/m^2 Nitrophoska blau. Grundsätzlich gilt, daß niemals mehr als notwendig gedüngt wird. Auf schweren, nährstoffreichen, gut mit Humus versorgten Böden kann man im Hausgarten auch jahrelang ohne mineralische Düngung auskommen.

Winterschutz

Die meisten unserer fremdländischen Gartengehölze stammen aus Klimazonen, die denen in Mitteleuropa ähneln. Sie haben durch Anpassung an ihren Standort ein solches Maß an Winterhärte erworben, das sie auch in unseren Klimabereichen winterhart macht.

Grundsätzlich stellt sich diese individuelle, genetisch bedingte Winterhärte zu Beginn des Winters rechtzeitig ein, sofern die Gehölze ihr Wachstum rechtzeitig abgeschlossen haben und die Zweige völlig verholzen konnten. Ein zu lange fortgesetztes Wachstum im Herbst verzögert die Holzausreife und setzt damit die Winterhärte herab. Eine entsprechende Kulturführung kann also zur Erlangung der Winterhärte beitragen. Dazu ist es vor allem notwendig, die Pflanzen nicht zu überdüngen bzw. Düngergaben rechtzeitig einzustellen. In der Regel sollte spätestens im Hochsommer das Düngen eingestellt werden. Grundsätzlich haben optimal ernährte Pflanzen eine größere Winterhärte als unterernährte oder überdüngte Pflanzen. Einige der bei uns kultivierten Gartengehölze stammen aus klimatisch günstigeren Regionen. Sie sind dann bei uns, zumindest in Extremwintern, nicht immer völlig winterhart. Zu dieser Gruppe von Gehölzen gehören vor allem einige immergrüne Laubgehölze und einige sommergrüne Arten, deren Zweige nicht ausreichend verholzen. Bei den sommergrünen Pflanzen handelt es sich häufig um Arten, die im Spätsommer oder gar erst im Frühherbst an diesjährigen Trieben blühen, etwa um Arten aus den Gattungen *Caryopteris*, *Elsholtzia* oder *Perovskia*. Man bezeichnet solche Arten oft auch als Halbsträucher.

Den immergrünen Laubgehölzen und empfindlichen Nadelgehölzen stellt man am besten Plätze zur Verfügung, die im Winter Schutz vor Sonne und austrocknenden Winden bieten. Denn diese Pflanzen leiden nicht nur unter extrem tiefen Temperaturen, sondern schon bei anhaltenden Frostperioden mit weniger tiefen Minusgraden. Ihre immergrünen Blätter verdunsten ständig Wasser. Wenn aber die Pflanzen aus dem gefrorenen Boden kein Wasser nachliefern können, vertrocknen die Pflanzen. Man spricht deshalb auch von Frosttrocknis. Sie wird sich besonders dort stark bemerkbar machen, wo die Pflanzen mit einem Wasserdefizit in den Winter gehen. Alle immergrünen Laub- und Nadelgehölze werden deshalb im Herbst durchdringend gewässert, sofern in den Wochen zuvor nicht genügend Niederschläge fielen. Auch zwischen zwei Frostperioden empfiehlt sich eine zusätzliche Bewässerung. Darüber hinaus kann man empfindliche Arten, mindestens solange sie klein genug sind, locker mit Nadelholzreisig abdecken. Die Reisigdecke dient als Wind- und Sonnenschutz und mindert gleichzeitig die Verdunstungsrate. Die Reisigdecke darf nur so dicht aufgetragen werden, daß es bei frostfreiem, nassem Wetter darunter nicht zu Fäulnis und Schimmelbildung kommt.

Der Winterschutz bei frostempfindlichen Halbsträuchern besteht aus zwei Maßnahmen. Zunächst wird der Wurzelbereich der Pflanze mit isolierendem organischem Material abgedeckt, etwa mit trockenem Laub, Rindenkompost oder Sägespänen. Der Frost soll nach Möglichkeit nicht in den Boden eindringen. Gleichzeitig soll dadurch möglichst viel Niederschlagswasser abgeleitet werden, denn die Wurzeln dieser Gehölzgruppe sind in der Regel nässeempfindlich. Die oberirdischen Pflanzenteile schützt man nur mit lose übergelegtem oder beigestecktem Nadelholzreisig. Auch hier geht es im wesentlichen um einen Windschutz und um das Fernhalten der winterlichen Sonneneinstrahlung. Sie kann, vor allem im ausgehenden Winter, Schaden anrichten, wenn sie den schädlichen Wechsel zwischen einem Auftauen am Tag und dem Gefrieren bei Nacht begünstigt.

Halbsträucher, deren Zweige im Frühjahr ohnedies bis zum Boden zurückgeschnitten werden, können auch schon vor Beginn der Winterschutzmaßnahmen zurückgeschnitten werden, man kann die Gehölze dann ganz mit organischem Material abdecken. Dieser Laubumschlag darf aber nicht zu dick aufgetragen werden, außerdem ist er so anzulegen, daß möglichst viel von der Niederschlagsmenge abgeleitet wird.

Vor allem Rosen brauchen einen Winterschutz. Bei allen Beetrosen besteht der beste Winterschutz in einem Anhäufeln der unteren Pflanzenteile bis in eine Höhe von 15 bis 20 cm. Dazu eignet sich lockere Gartenerde besser als Torf. Im Torf kann sich den Winter über viel Feuchtigkeit ansammeln – oft eine Ursache für Fäulnis an den vom Torf umgebenen Trieben. Von Erde umgebene Triebteile erfrieren selbst bei tiefen Temperaturen in der Regel nicht. Angehäufelt wird möglichst erst im November, die Triebe sollten vorher gut ausgereift sein.

Zusätzlich werden die Rosen mit Nadelholzreisig abgedeckt, sobald strengere Fröste zu erwarten sind. Treten im Winter längere Wärmeperioden auf, sollte das Reisig möglichst wieder entfernt werden, man mindert so das Auftreten der Rindenfleckenkrankheit. Bevor man im Herbst Winterschutzmaßnahmen ergreift, können die Triebe der Beetrosen um etwa ein Drittel ihrer Länge zurückgeschnitten werden. Dies erleichtert nicht nur die Arbeit, man entfernt damit auch die Triebspitzen, an denen der Erreger des Echten Mehltaus überwintert.

Strauchrosen schützt man am besten durch ein lockeres Einbinden in Nadelholzreisig. Zusätzlich kann im Wurzelbereich ein Laubumschlag angebracht werden. Er schützt den unteren Teil der Pflanzen auch in einem Extremwinter. Durch Frost geschädigte Pflanzen lassen sich so notfalls von unten her wieder aufbauen.

Kletterrosen schützt man am leichtesten, wenn man die Pflanzen mit einem Vorhang aus Nadelholzreisig versieht oder eine Schilfmatte vor die Pflanzen stellt. Auf diese Weise lassen sich natürlich auch andere empfindliche Kletterpflanzen schützen.

Für die Überwinterung von Stammrosen gibt es ein altbewährtes Rezept: Der Stamm wird über die meist deutlich sichtbare Schnittstelle am Stammfuß zur Erde gebogen, die Krone dann mit Erde bedeckt. Es ist unbedingt notwendig, den Stamm in die angegebene Richtung zu biegen. Biegt man ihn entgegengesetzt, bricht er mit ziemlicher Sicherheit an der Schnittstelle ab. Der niedergebogene Stamm wird nur mit Nadelholzreisig bedeckt. Wieder darf die Krone nicht zu früh mit Erde bedeckt werden, vor allem geschieht dies erst dann, wenn alle Blätter entfernt wurden.

Gehölzschnitt

Ein regelmäßiger Schnitt an Bäumen und Sträuchern soll deren Aufbau fördern und später die natürliche Form erhalten. Sachgemäßer Schnitt kann verwahrloste und durch äußere Einflüsse beschädigte Gehölze wieder in Form bringen und notfalls durch einen Verjüngungsschnitt ihre Lebensgeister neu wecken. Schließlich dient der Schnitt auch zur Formgebung von Hecken und anderen geometrischen Kunstformen.

Aufgabe und Ziel des Gehölzschnittes liegen dagegen nicht in der Begrenzung des Höhen- und Breitenwachstums von Baum und Strauch, sofern diese nicht in Hecken oder regelmäßig geformten Säulen, Kegeln, Pyramiden oder in andere geometrische Formen gezwungen werden. Im Normalfall soll sich ein Gehölz aber arttypisch aufbauen, ein zu starker oder häufiger Rückschnitt steht diesem Ziel entgegen (siehe Seite 43 und 44).

Technik des Schneidens
1 Stamm- und Astverlängerungen mit Leit-, Konkurrenz- und Seitentrieb. 2 Falsches und richtiges Entfernen von Seitenzweigen; hier wird auf Astring geschnitten, es soll kein sogenannter Zapfen stehenbleiben. 3 Rückschnitt eines einjährigen Triebes am Beispiel Prunus. Der Schnitt liegt dicht und schräg über einem Auge. Bei vielen Arten ist ein derart exakter Schnitt über einem Auge nicht erforderlich. 4 Bei der Entfernung von Zweigen und Ästen dürfen keine Stümpfe stehenbleiben. 5 Eine Rindenzunge reißt mit dem sich neigenden Ast aus dem Stamm aus und hinterläßt nur schlecht heilende Wunden. 6 Richtige Schnittfolge an starken Ästen zur Vermeidung von Rißwunden. 7 Ein sachgerechter Schnitt hinterläßt eine glatte Wunde mit ovalem Querschnitt, der Schnitt soll möglichst dicht am Stamm liegen.

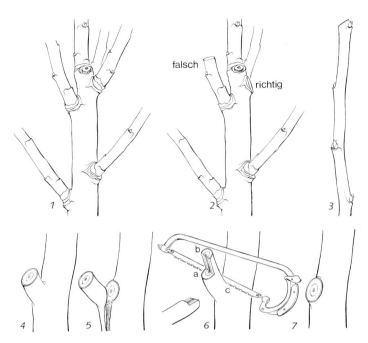

Unterläßt man das Schneiden nach wenigen Jahren eines Aufbauschnittes, stellt sich bald die »generative Phase« ein: Baum und Strauch beginnen zu blühen und zu fruchten, sie stellen dabei ihr starkes jugendliches Wachstum ein, und besonders die Sträucher erreichen bald annähernd ihre Maximalhöhe. Wird also ein Gehölz an einem bestimmten Platz zu groß, hat man die falsche Art gewählt. Man kann diesen Fehler nur durch die Pflanzung eines neuen, besser geeigneten Gehölzes revidieren.

Technik des Gehölzschnittes
Beim Schnitt an Bäumen und Sträuchern sind die folgenden allgemeingültigen Grundsätze zu beachten:
1. Für den Schnitt benutzt man scharfe und sachgerechte Werkzeuge, etwa zweischneidige Scheren oder Baumsägen mit verstellbaren Sägeblättern.
2. Bei jedem Schnitt an Zweigen ist darauf zu achten, daß der Schnitt dicht über einer Blattknospe durchgeführt wird und dabei die kleinstmögliche Wunde entsteht. Der Schnitt wird nahezu im rechten Winkel zur Zweigachse angelegt.
3. Beim Entfernen von Zweigen und Ästen an ihrer Ansatzstelle wird in der Regel auf »Astring« geschnitten. Wir verstehen darunter einen mehr oder weniger wulstartig verdickten Ring in Stammnähe, der meist etwas schräg zur Stammachse verläuft. Die verbleibende Wunde ist annähernd kreisrund.
4. Will man bei der Entfernung stärkerer Äste verhindern, daß sich der von oben angesägte Ast durch sein Eigengewicht vorzeitig neigt und dabei fast mit Sicherheit Stammwunden verursacht, muß man eine besondere Schnittechnik beachten. Man schneidet etwa 20 bis 30 cm vom Stamm entfernt den Ast zunächst von unten her möglichst tief an. Dann wird von oben dicht neben dem ersten Schnitt zum Stamm hin geschnitten, der Ast bricht dann an beiden Schnittflächen glatt ab. Danach schneidet man den Ast dicht am Stamm ab.
5. Bei größeren Wunden ist eine Wundpflege unerläßlich. Eine Schicht aus möglichst dauerelastischem Baumwachs soll pilzlichen Krankheitserregern den Eintritt in den Holzkörper verwehren und soll einen raschen Wundverschluß erleichtern.
6. Schnittmaßnahmen werden häufig in der Zeit der Vegetationsruhe durchgeführt, meist im ausgehenden Winter und vor dem Einsetzen des Saftstromes im Frühjahr. Weil aber nicht wenige Baumarten bei zu spätem Schnitt an den Schnittstellen erhebliche Mengen an Blutungssaft abgeben, werden Schnittarbeiten an

manchen Bäumen besser im Spätsommer durchgeführt. Unbedingt notwendig ist dies bei *Acer*, *Gleditsia*, *Juglans*, *Liriodendron*, *Magnolia*, *Pterocarya*, *Sophora* und *Tilia platyphyllos*. Sehr früh blühende Sträucher, die ihre Blütenknospen schon im Spätsommer angelegt haben, kann man unmittelbar nach der Blüte schneiden. Dies gilt zum Beispiel für die frühblühenden *Spiraea*-Arten, für *Forsythia*-, *Cytius*-, *Syringa*- und *Ribes*-Arten.

Pflanzschnitt

Bäume und Sträucher verlieren beim Verpflanzen einen Teil ihrer Wurzeln und sind am neuen Standort häufig nicht in der Lage, ihre oberirdischen Teile in vollem Umfang mit Wasser und Nährstoffen zu versorgen. Dies gilt besonders für alle sommergrünen Ziergehölze, die ohne Ballen verpflanzt werden. Man muß beim Pflanzen das Gleichgewicht zwischen ober- und unterirdischen Pflanzenteilen wieder herstellen und einen Teil der Zweige entfernen.

Bei Sträuchern werden die Langtriebe in der Regel um ein Drittel oder ein Viertel ihrer Länge eingekürzt und zu dicht stehende Zweige ganz entfernt. Man erreicht dadurch einen verstärkten Austrieb aus basalen Knospen und erhält reichverzweigte, buschige Pflanzen. Wenig geschnitten werden alle Sträucher, die sich von Natur aus mit einer geringen Zahl dicker Zweige aufbauen, wie Vertreter der Gattungen *Aralia*, *Daphne*, *Decaisnea*, *Hydrangea aspera*, *Kalopanax*, *Magnolia*, *Paeonia* und *Rhus*. Das gleiche gilt für Sträucher und Bäume, die sich aus stark entwickelten Endknospen weiterentwickeln, wie *Aesculus*-, *Sorbus*- und einige *Euonymus*-Arten. Einige sommerblühende Straucharten sollte man bis auf kurze Zweigstummel zurückschneiden, sie wachsen so besser an: *Buddleja*, *Caryopteris*, *Hypericum*, *Hydrangea paniculata*.

Alle mit Ballen gelieferten Sträucher werden nur geschnitten, soweit beschädigte Triebe entfernt oder zurückgenommen werden müssen. Bei ihnen ist ein Ausgleich zwischen ober- und unterirdischen Pflanzenteilen nicht unbedingt notwendig, außerdem handelt es sich in der Regel um eher langsam wachsende, wertvolle Arten oder um Solitärgehölze, bei denen man durch einen Rückschnitt leicht ihren ausgewogenen Aufbau stören würde.

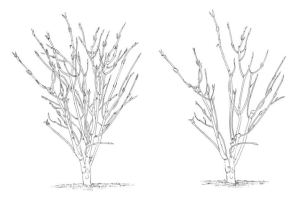

Sträucher mit großen Endknospen wie Euonymus planipes werden beim Pflanzen nur ausgelichtet.

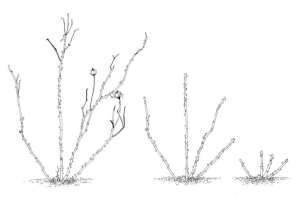

Bei allen Polyantha- und Edelrosen werden bei einer Herbstpflanzung nur die Spitzen der Triebe eingekürzt. Nach dem Abhäufeln im Frühjahr schneidet man die Triebe bis auf drei bis sieben Augen zurück, gemäß der Regel: Schwacher Trieb — starker Rückschnitt, starker Trieb — schwacher Rückschnitt.

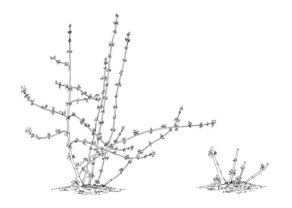

Pflanzschnitt

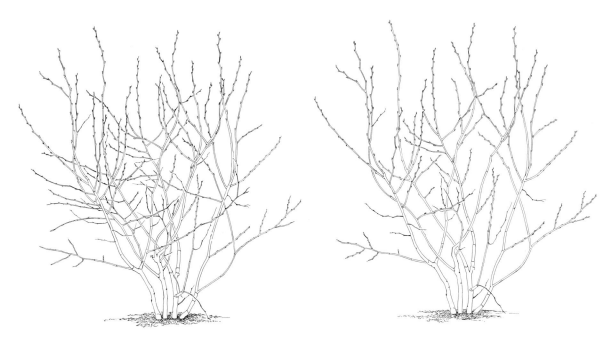

Bei nahezu allen wurzelnackten zwei- oder dreijährigen Sträuchern werden nach dem Pflanzen die schwächeren und älteren Triebe ganz entfernt. Die restlichen werden um ein Drittel oder die Hälfte ihrer Trieblänge eingekürzt, wie hier am Beispiel Cornus sericea gezeigt.

Sind dicktriebige Sträucher wie Rhus typhina nur spärlich verzweigt, können auch sie beim Pflanzen zurückgeschnitten werden.

Locker aufgebaute Gehölze wie etwa Amelanchier laevis werden nur vorsichtig ausgelichtet, wenn sie mit Ballen gepflanzt werden. Ein Rückschnitt ist in der Regel nicht notwendig.

◁ *Alle Sommer- und Herbstblüher wie zum Beispiel Buddleja davidii schneidet man im Frühjahr nach der Pflanzung ganz kurz zurück.*

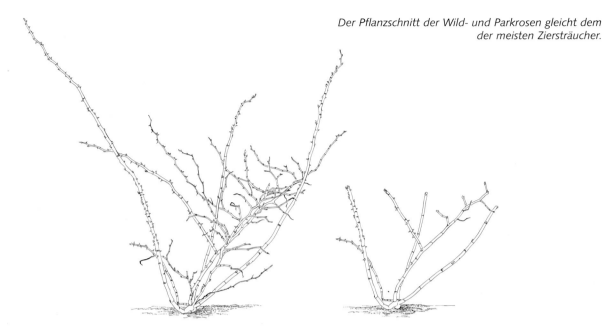

Der Pflanzschnitt der Wild- und Parkrosen gleicht dem der meisten Ziersträucher.

Auch jungen, wurzelnackten Bäumen gibt man eine Starthilfe durch einen leichten Rückschnitt, besser aber durch ein Auslichten ihrer Krone. Beim Rückschnitt werden alle Seitenzweige auf die gleiche Höhe so zurückgeschnitten, daß die oberste Knospe nach außen zeigt. Der Mitteltrieb bleibt deutlich länger. Bei der Kronenerziehung in den folgenden Jahren ist darauf zu achten, daß man möglichst locker aufgebaute Kronen erzielt, in denen sich die Seitenäste auf ein längeres Stück des durchgehenden Stammes verteilen und dabei möglichst gleichmäßig in alle Richtungen streben. Zu vermeiden sind dichtstehende Astquirle und Zwieselbildungen an der Stammverlängerung, die später häufig zu Bruch führen.

Die baumartigen Vertreter von *Acer, Alnus, Ailanthus, Betula, Castanea, Catalpa, Juglans, Magnolia, Sorbus* und *Quercus* sollte man bei Bedarf nur auslichten, sie bauen sich nach einem Rückschnitt nur zögernd wieder auf.

An allen mit Ballen gelieferten Bäumen und anderen Solitärgehölzen wird nur geschnitten, soweit beschädigte oder zu dicht stehende Zweige zu entfernen sind. Derartige Pflanzen haben in der Regel schon in der Baumschule einen sorgfältigen Aufbauschnitt erfahren.

Gegenwärtig werden verstärkt wieder Bäume zu schmalen Baumwänden oder mit kasten- und schirmförmigen Kronen erzogen. Meist werden

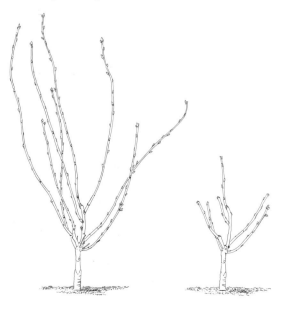

Der Pflanzschnitt bei Zierkirschen (hier am Beispiel Prunus serrulata 'Kanzan') und Zierapfelbäumen ist dem im Obstbau üblichen Schnitt ähnlich: Die Seitentriebe werden bis auf eine Ebene zurückgeschnitten, der Mitteltrieb bleibt 20 bis 30 cm länger.

dazu die schnittverträglichen Linden und Platanen verwendet. Nicht selten sind derartige Bäume in der Baumschule schon entsprechend formiert und geschnitten worden, ihre Kronen müssen später nur noch in der vorgegebenen Form weiterentwickelt werden.

Gelegentlich werden Baumarten, die man erst am endgültigen Standort zu Hochstämmen erzieht, als Heister gepflanzt. Man versteht darunter junge Bäume mit einem geraden, durchgehenden Mitteltrieb und seitlicher Zweiggarnierung. Bei ihnen schneidet man nach dem Pflanzen die Seitenzweige und notfalls auch den Mitteltrieb etwas zurück. In den folgenden Jahren wird aus dem Heister ein hochstämmiger Baum, indem man nach und nach die unteren Seitenzweige entfernt.

Bei Heckenpflanzen hängen die Schnittmaßnahmen vom Alter der Pflanzen ab. Junge Pflanzen sommergrüner, strauchförmiger Arten, etwa Liguster, Weißdorn und Kornelkirsche, schneidet man kurz über dem Boden zurück, so daß mit dem Neuaustrieb eine dichte Verzweigung vom Boden an erreicht wird. Weniger stark zurückgeschnitten werden baumförmige Arten wie Hain- und Rotbuche. An älteren, in Baumschulen speziell für Hecken gezogenen, »garnierten« Pflanzen scheidet man Seitenzweige und Stammverlängerung nach dem Pflanzen nur mäßig auf ein einheitliches Maß zurück. Dabei soll der Rückschnitt nur wenig über der Basis der jungen Zweige ansetzen. Nadelgehölze sollen auch als junge Heckenpflanzen vom Boden an gut beastet sein. Ein scharfer Rückschnitt ist also nicht erforderlich, sein Ausmaß bewegt sich bei jüngeren und älteren Pflanzen im Bereich des letztjährigen Zuwachses.

Erhaltungsschnitt an Sträuchern

Im Gegensatz zu Baumarten, deren Kronen nach einigen Jahren des Aufbaues in der Regel keines Schnittes mehr bedürfen, müssen zahlreiche Straucharten regelmäßig beschnitten werden. Dieser Erhaltungsschnitt muß so angelegt sein, daß er die natürliche Wuchsform einer Art nicht zerstört, sondern sie möglichst weitgehend erhält. Die Art des Erhaltungsschnittes hängt in erster Linie von der für die jeweilige Gehölzart typischen Verzweigung ab. Der Zeitpunkt der Blütenknospenbildung hat dabei geringere Bedeutung, er wirkt sich etwa in der Form aus, daß sich ein Schnitt an sehr

Erhaltungsschnitt an Ziersträuchern, entsprechend ihrer Gruppenzugehörigkeit

Gattung, Art	Schnittgruppe	Gattung, Art	Schnittgruppe
Abelia	1	*Cassiope*	7
Abeliophyllum		*Ceanothus*, immer-	3
distichum	1	grüne Arten	5
Abutilon	2	*Celastrus*	6
Acca	5	*Cephalanthus*	
Acer, strauch-		*occidentalis*	1
förmige Arten	2	*Ceratonia*	2
Actinidia	6	*Ceratostigma*	
Aesculus parviflora	2	*plumbaginoides*	7
Akebia	6	*Cercis*	2
Albizia	2	*Cestrum*	5
Amelanchier	2	*Chamaedaphne*	
Amorpha		*calyculata*	5
fruticosa	1	*Chimonanthus*	
Ampelopsis	6	*praecox*	2
Andromeda	5	*Chionanthus*	2
Aralia	2	*Choenomeles*	1
Arbutus	5	*Choisya*	5
Arctostaphylos	7	*Cistus*	5
Aristolochia	6	*Citrus*	5
Aronia	1	*Clematis*	6
Atriplex halimus	5	*Clerodendrum*	
Aucuba japonica	5	*trichotomum*	2
Berberis, immer-		*Clethra*	2
grüne Arten	5	*Colletia paradoxa*	5
– sommergrüne		*Colutea*	1
Arten	1	*Cornus alternifolia*	2
Betula, strauch-		– *controversa*	2
förmige Arten		– *florida*	2
Bougainvillea	6	– *kousa*	2
Broussonetia		– *nuttallii*	2
papyrifera	2	– andere Arten	1
Bruckenthalia		*Coronilla*	1
spiculifolia	7	*Corylopsis*	2
Buddleja alternifolia	2	*Corylus*	1
– *davidii*-Sorten	3	*Cotinus*	2
Buxus sempervirens	5	*Cotoneaster*, immer-	
Caesalpinia	2	grüne Arten	5
Calliandra	5	– sommergrüne	
Callicarpa	1	Arten	1
Callistemon	5	– zwergige Arten	
Calluna vulgaris	3	und Formen	7
Calycanthus	1	*Crataegus*	4
Camellia	5	*Cycas revoluta*	5
Campsis	6	*Cydonia oblonga*	4
Caragana	1	*Cytisus*, zwergige	
Carpenteria		Arten	7
californica	5	– andere Arten	1
Caryopteris	3	*Daboecia cantabrica*	7
Cassia	2	*Daphne*	7

Erhaltungsschnitt an Ziersträuchern, entsprechend ihrer Gruppenzugehörigkeit
(Fortsetzung)

Gattung, Art	Schnittgruppe	Gattung, Art	Schnittgruppe	Gattung, Art	Schnittgruppe	Gattung, Art	Schnittgruppe
Datura	3	*Ilex,* immergrüne		*Parthenocissus*	6	*Rubus,* alle	
Decaisnea fargesii	2	Arten	5	*Paxistima canbyi*	7	strauchförmigen	
Deutzia	1	— sommergrüne		*Pernettya mucronata*	7	Arten	1
Elaeagnus, immer-		Arten	2	*Perovskia*	3	— alle kletternden	
grüne Arten	5	*Indigofera*	3	*Philadelphus*	1	Arten	6
— sommergrüne		*Jasminum*		*Phlomis*	7	*Ruscus*	5
Arten	1	*nudiflorum*	6	*Photinia × fraseri*		*Ruta*	5
Eleutherococcus	1	*Kalmia*	5	— *villosa*	2	*Salix,* strauch-	
Elsholtzia		*Kalopanax*	2	*Phyllodoce*	7	förmige Arten	1
stauntonii	3	*Kerria japonica*	1	*Physocarpus*	1	— zwergige Arten	7
Empetrum nigrum	5	*Koelreuteria*		*Pieris*	5	*Sambucus*	1
Enkianthus	2	*paniculata*	2	*Pittosporum*	5	*Santolina*	
Erica	7	*Kolkwitzia amabilis*	1	*Plumbago*	6	*chamaecyparissus*	3
Eriobotrya japonica	5	*Laburnum*	2	*Polygonum*	6	*Sorbaria*	1
Erythrina	5	*Lagerstroemia*	3	*Poncirus trifoliata*	2	*Sorbus,* strauch-	
Escallonia	3	*Lantana camara*	3	*Potentilla fruticosa*	1	förmige Arten	2
Euonymus,		*Laurus*	5	*Prunus,*		*Spartium*	5
immergrüne		*Lavandula*		strauchförmige		*Spiraea,* meiste	
Arten	5	*angustifolia*	7	Arten	4	Arten	1
— sommergrüne		*Lavatera*	3	— *laurocerasus*	5	— Bumalda-	
Arten	1	*Ledum*	5	— *lusitanica*	5	Hybriden	3
Exochorda	2	*Lespedeza*	3	— *pumila* var.		— *decumbens*	3
× *Fatshedera*	5	*Leucothoë*	5	*depressa*	7	— *japonica*	3
Fatsia	5	*Ligustrum*		— *tenella*	3	*Staphylea*	2
Ficus carica	2	— immergrüne		*Ptelea trifoliata*	2	*Stephanandra*	1
Forsythia	1	Arten	5	*Pterostyrax*	2	*Stewartia*	2
Fortunella	5	*Lonicera,* meiste		*Punica*	5	*Stranvaesia*	
Fothergilla	2	Arten	1	*Pyracantha*	5	*davidiana*	2
Frementodendron	5	— kletternde		*Pyrus*	4	*Styrax*	2
Fuchsia magellanica	3	Arten	6	*Rhamnus*	2	*Symphoricarpos*	1
Gardenia		— *nitida*	5	*Rhododendron,*		*Syringa*	1
jasminoides	5	— *pileata*	5	immergrüne		*Tamarix*	2
× *Gaulnettya*		*Magnolia*	2	Arten	5	*Tecomaria*	6
wisleyensis	5	*Mahonia*	5	— sommergrüne		*Trachelospermum*	6
Gaultheria	7	*Malus*	4	Arten	1	*Ulex*	2
Genista	7	*Mespilus germanica*	4	*Raphiolepis*	5	*Vaccinium,* sommer-	
Halesia	2	*Myrtus*	5	*Rhodotypos*		grüne Arten	2
Hamamelis	2	*Nandina*	5	*scandens*	1	— immergrüne	
Hebe	7	*Nerium*	5	*Rhus*	2	Arten	5
Hedera	6	*Nothofagus*		*Ribes*	1	*Viburnum*	
Hibiscus	3	*antarctica*	2	*Robinia,* strauch-		— *lantana*	1
Hippophaë	2	*Olearia*	5	förmige Arten	2	— *opulus*	1
Holodiscus discolor	1	*Osmanthus*	5	*Rosa,* alle strauch-		— immergrüne	
Hydrangea, meiste		*Pachysandra*		förmigen Arten	1	Arten	5
Arten	2	*terminalis*	7	— alle Beet- und		— andere Arten	2
— *anomala* ssp.		*Paeonia*	2	Hochstamm-		*Vinca*	7
petiolaris	6	*Parrotia persica*	2	rosen	3	*Vitis*	6
— *paniculata*	3	*Parrotiopsis*		— Kletterrosen	6	*Weigela*	1
Hypericum	3	*jacquemontiana*	2	*Rosmarinus*	5	*Wisteria*	6

früh blühenden Gehölzen auch unmittelbar nach der Blüte durchführen läßt und daß im Spätsommer und Herbst blühende Gehölze nicht selten im Frühjahr scharf zurückgeschnitten werden.
Die Zugehörigkeit der Gartengehölze zu einer der folgenden **Schnittgruppen** (siehe Seite 43 und 44) entscheidet über das Vorgehen beim Erhaltungsschnitt.

1. Sträucher, die aus basalen Knospen fortlaufend neue Triebe bilden.
2. Sträucher ohne basale Verjüngungstriebe
3. End- und achselständig an diesjährigen Trieben blühende Straucharten
4. den Obstgehölzen verwandte Strauch- und Baumarten
5. immer- und wintergrüne Laubgehölze
6. Schling- und Kletterpflanzen
7. Zwerggehölze

1. Sträucher, die aus basalen Knospen fortlaufend neue Triebe bilden

Zahlreiche Ziergehölzarten bilden in Bodennähe Jahr für Jahr junge Triebe. Kennzeichnend für diese Triebe ist ihr starkes Längenwachstum und die zunächst fast völlig fehlende seitliche Verzweigung. In den folgenden Jahren verzweigen sich die aufrechtwachsenden Triebe im oberen Bereich, während sich überhängende Triebe vor allem in der Mitte, im Scheitelpunkt des Bogens verzweigen. Mit zunehmendem Alter läßt das starke Wachstum nach, die Zweige beginnen zu vergreisen und sind nicht mehr voll blühfähig.

Beim Erhaltungsschnitt ist darauf zu achten, daß die jeweils ältesten Zweige völlig entfernt werden, um den jungen Trieben Raum für ihre Entwicklung zu geben. Nur dann, wenn genügend Raum vorhanden ist, können sie sich arttypisch verzweigen und schließlich in optimaler Weise zur Blüte kommen. Es ist deshalb notwendig, den Erhaltungsschnitt in Abständen von zwei bis drei Jahren durchzuführen. Dabei nimmt man immer nur einen Teil der jeweils ältesten Zweige weg. Sie sind leicht an der stärkeren Verzweigung und an der dunkleren Rinde zu erkennen.

Straucharten, die sich aus basalen Knospen verjüngen, haben die Fähigkeit Adventivknospen zu reaktivieren. Dies eröffnet die Möglichkeit, bei einem Verjüngungsschnitt auch ältere Äste bis auf kurze Stümpfe zurückzunehmen.

Arten, deren Zweige sich bald mehr oder weniger stark neigen und dann im Scheitelpunkt des Bogens neue Triebe bilden, werden grundsätzlich so behandelt wie die schon erwähnte Gruppe. Hier ist es allerdings möglich, die älteren Zweige auch bis auf Jungtriebe im mittleren Zweigbereich zurückzunehmen.

Erhaltungsschnitt
Die Forsythie (hier Forsythia × intermedia 'Beatrix Farrand') steht als Beispiel für den Erhaltungsschnitt an Sträuchern der Schnittgruppe 1. Zahlreiche sommergrüne Straucharten werden ähnlich behandelt.

Der Erhaltungsschnitt an Parkrosen besteht im wesentlichen in einem kontinuierlichen Auslichten und in der Förderung der basitonen und mesotonen Verjüngung (Schnittgruppe 1).

Der Erhaltungsschnitt setzt schon wenige Jahre nach der Pflanzung ein. Er ist kontinuierlich fortzusetzen, sonst entwickeln sich viele Sträucher zu dichten, »unordentlichen« Gestalten, die durch schwachen Zuwachs und spärliche Blüte gekennzeichnet sind.

Ein regelmäßiger Rückschnitt ist nur dann notwendig, wenn man etwa von Forsythien, Mandelbäumchen und Weiden lange Blütenzweige für den Schnitt erzielen möchte. Dieser Rückschnitt wird dann unmittelbar nach Beendigung der Blüte durchgeführt.

2. Sträucher ohne basale Verjüngungstriebe

Bei einer ganzen Reihe von Gehölzen können wir eine Art der Verzweigung beobachten, die der von Bäumen gleicht: die Triebe verzweigen sich überwiegend im oberen Bereich, basale Verjüngungstriebe werden nicht oder nur selten gebildet. Kennzeichnend für diese Strauchgruppe sind zum Beispiel *Hamamelis, Laburnum, Exochorda, Cotinus* oder strauchförmig wachsende Ahornarten. Sträucher dieser Gruppe verzweigen sich meist nur mäßig, sie werden nie so dicht wie Straucharten mit basalen Verjüngungstrieben. Ein Erhaltungsschnitt

Auch die Triebe der Buddleja-davidii-Sorten werden jährlich kurz zurückgeschnitten. Wird der Strauch nach einigen Jahren zu groß oder unansehnlich, ist auch eine Rücknahme bis ins alte Holz möglich (Schnittgruppe 3).

Starkwachsende und einzeln stehende Polyantha-Rosen müssen nicht unbedingt scharf zurückgeschnitten werden. Ein mäßiger Rückschnitt hat einen großen Blütenreichtum zur Folge (Schnittgruppe 3).

im oben beschriebenen Sinn ist deshalb nicht notwendig, aber auch nicht möglich. Da an der Basis offenbar kaum schlafende Augen vorhanden sind, bleibt auch nach einem radikalen Verjüngungsschnitt meist der erhoffte Erfolg aus. Bei Arten dieser Gruppe beschränkt sich der Schnitt in der Regel auf ein sparsames Auslichten zu dicht stehender, kranker oder abgestorbener Äste.

Zu dieser Gruppe werden auch Ausläufer treibende Arten wie *Aesculus parviflora*, *Rhus typhina* und *Aralia mandshurica* gestellt. Ihr Ausbreitungsdrang läßt sich durch den Schnitt nicht begrenzen.

3. End- oder achselständig an diesjährigen Trieben blühende Sträucher

Diese Gruppe besteht aus Straucharten, die am Ende eines mehr oder weniger langen, laubtragenden Sprosses einen Blütenstand tragen bzw. in den Blattachseln im oberen Sproßbereich fortlaufend Blüten entfalten. Es handelt sich vorwiegend um sommer- oder herbstblühende Sträucher oder Halbsträucher, die alle in gleicher Weise behandelt werden: Alle letztjährigen Sprosse werden im Frühjahr bis auf kurze Stummel zurückgeschnitten. Bei frostempfindlichen Arten kann dieser

Schon im Herbst werden die weichen Spitzen der Buschrosen eingekürzt. Im Frühjahr entfernt man überflüssige, schwache und beschädigte Triebe und schneidet die übrigen zurück (Schnittgruppe 3).

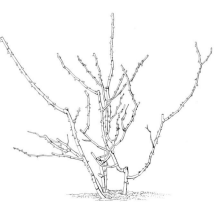

Alle im Spätsommer blühenden Halbsträucher, wie hier an Perovskia abrotanoides gezeigt, werden im Frühjahr bis knapp über dem Boden zurückgeschnitten (Schnittgruppe 3).

Rückschnitt auch schon im Herbst erfolgen, der gesamte Wurzelbereich der Sträucher wird dann mit trockenem Laub abgedeckt.

Neben Straucharten wie *Caryopteris, Fuchsia, Indigofera* und *Perovskia* gehören in diese Gruppe alle Beet- und Hochstammrosen.

4. Den Obstgehölzen verwandte Strauch- und Baumarten

Zu dieser Schnittgruppe gehören die Arten der Gattungen *Cydonia, Malus, Prunus* und *Pyrus.* Sie werden in der Regel als recht junge, mehr oder weniger hoch veredelte Sträucher oder Bäume ge-

pflanzt. Ihre Kronen brauchen in den ersten Jahren einen Aufbauschnitt, bei dem ein tragfähiges, locker verteiltes Kronengerüst aufgebaut werden soll. An jungen Kronen schneidet man in den ersten Jahren nach der Pflanzung am Leittrieb und an den drei bis vier Hauptästen die letztjährigen Triebe um etwa ein Viertel ihrer Länge zurück und entfernt alle nach innen wachsenden Triebe sowie die »Konkurrenztriebe« der Stamm- und Astverlängerungen. Als Konkurrenztriebe verstehen wir den oder die Triebe, die den Ast- und Stammverlängerungen am nächsten stehen und mit diesen einen meist sehr spitzen Winkel bilden, der zu leicht brechenden Zwieseln führt. Je älter der Zierbaum wird, um so weniger schneidet man zurück, es wird dann nur noch ausgelichtet. Auch hier gilt, daß starker Rückschnitt stets starkes vegetatives Wachstum zur Folge hat. Blütenknospen entwickeln sich aber in den meisten Fällen nur an Kurztrieben, die an zwei- bis mehrjährigem Holz entstehen.

Ein regelmäßiger Rückschnitt unmittelbar nach der Blüte ist bei *Prunus glandulosa, P. mume, P. tenella* und *P. triloba* möglich. Sie entwickeln ihre Blütenknospen auf der ganzen Länge der gerade gebildeten Triebe. Man nimmt die Triebe mindestens bis auf zwei Drittel ihre Länge zurück, kann aber auch noch weit stärker zurückschneiden. Man fördert dadurch den Blütenreichtum und verhindert das Auftreten von Moniliaspitzendürre. Diese Pilzkrankheit tritt sonst an allen genannten Arten, ausgenommen *Prunus mume*, nicht selten auf und führt dann zum Absterben der Zweige.

5. Immer- und wintergrüne Laubgehölze

Arten dieser Gruppe bauen sich in der Regel so optimal auf, daß, mit Ausnahme eines Rückschnittes in der Jugend, den aber schon die Baumschulen besorgen, keinerlei Schnitt erforderlich ist. Nach Beschädigungen vertragen nahezu alle aber auch einen starken Rückschnitt ins alte Holz, ausgenommen die *Cotoneaster*-Arten.

Schnitt von Kletterpflanzen. Glyzinen (Wisteria) blühen besonders reich, wenn die letztjährigen Langtriebe im Hochsommer bis auf kurze Stummel zurückgeschnitten werden. Das kurze Blühholz bleibt ungeschnitten. In gleicher Weise werden jährlich die langen Triebe von Campsis zurückgeschnitten (Schnittgruppe 6).

6. Schling- und Klettergehölze

Die einzelnen Gattungen werden recht unterschiedlich behandelt. Bei *Actinidia, Akebia, Ampelopsis, Aristolochia, Celastrus, Hedera, Lonicera, Parthenocissus* und *Periploca* sind Auslichten und Rückschnitt nur dann erforderlich, wenn die Gehölze über den ihnen zugedachten Raum hinauswachsen. *Hydrangea, Schisandra* und *Schizophragma* wachsen nur mäßig stark, ein Rückschnitt sollte nur in Notfällen vorgenommen werden. Der Schlingknöterich, *Polygonum*, wächst so stark, daß er einen jährlichen Rückschnitt verträgt, ein Schnitt ist aber überflüssig, wenn genügend Platz vorhanden ist.
Bei *Campsis* und *Wisteria* werden nach einigen Jahren des Aufbaues im Hochsommer alle einjährigen Seitentriebe auf zwei bis drei Knospen zurückgeschnitten, wobei das kurze Blühholz sorgfältig geschont wird.
Kletterrosen können wie die Strauchrosen behandelt werden, man lichtet sie also nur kontinuierlich aus. Es ist aber auch ein Formschnitt denkbar, der dem von *Campsis* und *Wisteria* ähnelt.
Der Schnitt der verschiedenen *Clematis*-Arten und -Sorten wird auf Seite 245 besprochen.

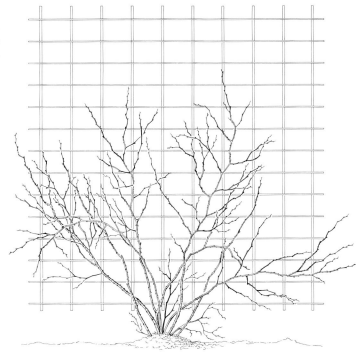

7. Zwerggehölze

Alle aufrechtwachsenden Zwerggehölze bedürfen nur dann eines Schnittes, wenn ihre Triebe durch Frost oder andere Ursachen beschädigt worden sind. Eine Ausnahme von dieser Regel macht die Besenheide, *Calluna*, ihre Zweige werden regelmäßig im Frühjahr so stark zurückgeschnitten, daß noch ein beblättertes Triebstück stehenbleibt.
Die zwergigen Arten und Formen der Gattung *Spiraea* (*S. decumbens, S.* -Bumalda-Hybriden und *S. japonica*) werden wie die Arten der Gruppe 3 behandelt, man schneidet also jährlich bis zum Boden zurück. Das gleiche gilt für alle sommer- und herbstblühenden Zwerggehölze.
Die kriechenden und flachwachsenden Arten, die nicht selten als Bodendecker verwendet werden, brauchen nur dann einen Schnitt, wenn sie über den vorgesehenen Platz hinauswachsen.

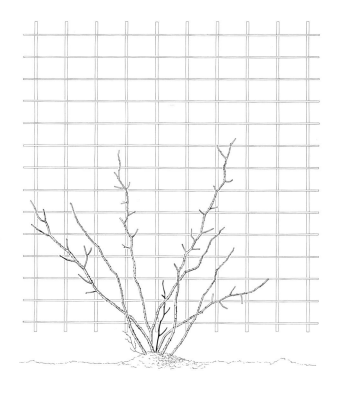

Der Schnitt der Kletterrosen unterscheidet sich nicht wesentlich von dem der Parkrosen. Nicht selten werden allerdings, wie hier dargestellt, die Seitentriebe jährlich bis auf wenige Augen eingekürzt (Schnittgruppe 6).

Erhaltungsschnitt an Bäumen

Ein regelmäßiger Schnitt an Bäumen ist nur dann notwendig, wenn diese zu schmalen Baumwänden oder zu geometrisch gestalteten Kronenformen, etwa zu Kasten-, Kugel-, Säulen- oder Schirmkronen, erzogen werden sollen. Derartige Formen erleben seit einigen Jahren wieder eine Renaissance. Nicht selten werden sie in der Baumschule jahrelang vorgezogen und geformt, die vorgegebene Form muß dann durch regelmäßigen Schnitt weiterentwickelt werden.

Bei allen Schnittmaßnahmen ist der arttypische Habitus der jeweiligen Baumart zu berücksichtigen. Eine fachgerechte Schnittführung und eine sorgfältige Wundpflege bilden die Voraussetzungen für die Gesunderhaltung der Bäume.

Bei artgerecht erzogenen Kronen (junge Kronen erfahren einen Rückschnitt, ältere Kronen werden nach der Pflanzung ausgelichtet), ist nur ein Erhaltungsschnitt notwendig. Er soll die Kronenentwicklung fördern, Mißbildungen verhindern und als Hilfsmaßnahme zur Überwindung von Schädigungen dienen.

Beim Aufbau einer Krone, die bei Solitärgehölzen schon in der Baumschule geleistet wird, ist vor allem auf eine durchgehende Stammverlängerung und auf eine ausgewogene Krone mit einer gleichmäßigen Verteilung und Länge der seitlichen Verzweigung zu achten. Später brauchen sachgerecht erzogene Kronen nur noch in einem Zeitraum von jeweils drei bis fünf Jahren kontrolliert zu werden. Dabei sind alle zu dicht stehenden, nach innen wachsenden und sich reibenden Äste zu entfernen, auch alle Zwiesel, die bei Arten mit sprödem Holz später leicht zu Astbrüchen führen. Geschehen solche Schnittmaßnahmen frühzeitig, braucht man nur geringe Holzmengen zu entfernen und hinterläßt nur kleine, schnell heilende Wunden.

Ein korrigierender Eingriff ist gelegentlich bei besonderen Wuchsformen notwendig, wenn etwa einer der Äste einer Säulen- oder Hängeform aus der Krone herauswächst und dadurch das Gesamtbild stört. Bei Baumarten mit weiß oder gelbbunt panaschierten Blättern schlägt ein Ast gelegentlich in die Ausgangsform zurück. Da er in seinen grünen Blättern über mehr Chlorophyll verfügt, entwickelt er sich stärker als die übrige Krone und muß deshalb rechtzeitig entfernt werden.

Heckenschnitt

Entscheidend für das Aussehen einer geschnittenen Hecke in späteren Jahren ist ihre Behandlung in den ersten Standjahren. Man muß, vor allem bei jungen Heckenpflanzen, der Versuchung widerstehen, die Pflanzen möglichst rasch in die Höhe wachsen zu lassen. Nimmt man vom jährlichen Zuwachs zu wenig fort, wird sich an den verbleibenden Zweigen keine ausreichend starke Verzweigung einstellen, in der Folge entsteht eine sparrig verzweigte, durchsichtige Hecke. Die notwendige Stärke des Rückschnittes in der Höhe und an den Flanken läßt sich nicht in Zentimetern angeben, er ist abhängig von Art und Alter der Heckenpflanzen.

Den Hauptschnitt an einer sommergrünen Hecke legt man in die Zeit der Vegetationsruhe. Zu dieser Zeit kann man eine Hecke am besten formen und notfalls auch einmal bis ins alte Holz zurückschneiden. In der Vegetationszeit schneidet man mindestens ein zweites Mal. Man tut dies in der Regel nicht vor Ende Juli, um die Vogelbrut nicht zu stören. Immergrüne Hecken werden häufig nur einmal geschnitten, am besten im Frühjahr kurz vor dem Austrieb oder im Herbst nach Abschluß des Triebwachstums.

Eine Hecke wird sich in der Regel dann am besten entwickeln, wenn die Seitenwände nicht senkrecht, sondern in Trapezform geschnitten werden, der untere Teil der Hecke steht dann besser zum

Nur aus baumförmig wachsenden Arten lassen sich »fertige« Hecken erstellen. Unter den sommergrünen Arten werden nur Carpinus betulus, Acer campestre und Fagus sylvatica als gut verzweigte Heister angeboten.

Alle jungen strauchartigen, sommergrünen Heckenpflanzen müssen nach dem Pflanzen wie diese Ligustrum vulgare ganz kurz zurückgeschnitten werden.

Licht, wodurch das Triebwachstum gefördert wird. Nur wenige Arten, etwa Buche und Hainbuche, verkahlen auch dann nicht von unten her, wenn ihre Seiten senkrecht geschnitten werden, allerdings nur unter der Voraussetzung, daß sie regelmäßig geschnitten werden und völlig frei stehen. Wird eine Hecke nach vielen Jahren zu hoch oder ist sie in den unteren Partien kahl geworden, läßt sie sich fast immer bis ins alte Holz zurücknehmen und neu aufbauen. Diese Aussage gilt aber nur für die in Hecken verwendeten sommergrünen Laubholzarten. Unter den Nadelgehölzen läßt sich nur die Eibe einen derart rigorosen Rückschnitt gefallen.

Korrekturschnitt an Nadelgehölzen

Nur wenig Nadelbäume sind in der Lage, so wie die Laubgehölze an älteren Zweigen und Ästen schlafende Augen zu »mobilisieren«. Ausnahmen von dieser Regel machen die *Taxus*-Arten, *Cryptomeria japonica* und *Sequioa sempervirens*. Sie können den Verlust ihrer Kronenäste überwinden und sich aus älterem Holz regenerieren.

Sind Eingriffe in den Kronenaufbau notwendig, weil etwa eine Pflanze zu breit geworden ist, müssen diese sehr vorsichtig vorgenommen werden. Seitenäste können nur so weit zurückgenommen werden, daß noch ausreichend viele, vollbenadelte Zweige zweiter oder dritter Ordnung übrigbleiben, von denen sich ein Zweig nach einigen Jahren zum Spitzentrieb entwickelt.

Bei allen Vertretern der Cupressaceae läßt sich ein kompakter Aufbau erreichen, indem man die Triebspitzen im Spätsommer einkürzt. In der Baumschule werden junge Pflanzen nicht selten so behandelt.

Auch bei Vertretern der Pinaceae sind Eingriffe im Bereich der jungen Triebe möglich. Tannen und Fichten besitzen auf der ganzen Länge ihrer jungen Triebe deutlich sichtbare Knospen, von denen eine nach einem Rückschnitt, am besten im Juni–Juli, die Zweigverlängerung übernimmt. Konkurrenztriebe sollten rechtzeitig entfernt werden.

Bei Kiefern befinden sich voll entwickelte Knospen nur am Triebende. Jedes Nadelbüschel stellt einen Kurztrieb dar, dessen Knospen zunächst nicht sichtbar und in der Regel auch nicht voll entwickelt sind. Schneidet man den diesjährigen Trieb, am besten im Juni–Juli zurück, entwickeln sich an dem verbliebenen Triebstück viele sogenannte Scheidenknospen, die im nächsten Jahr eine reiche und dichtstehende Verzweigung garantieren. Ein regelmäßiger Rückschnitt der diesjährigen Triebe wird gelegentlich bei *Pinus mugo* praktiziert. Er ist dann sinnvoll, wenn sich bei flächiger Pflanzung kompakte, niedrige Büsche entwickeln sollen.

Unbedenklich schneiden lassen sich alle *Juniperus*-Formen. Man kürzt nicht alle Triebspitzen gleichmäßig ein, sondern nimmt die längsten Triebe bis auf Seitentriebe geringerer Ordnung zurück. Auch bei einem stärkeren Eingriff soll die natürliche Wuchsform weitgehend erhalten bleiben.

Verjüngungsschnitt

In jeder Hinsicht gut versorgte Gehölze – dazu gehören ausreichender Platz zur freien Entfaltung, regelmäßiger Erhaltungsschnitt, Bodenpflege, Düngung und Pflanzenschutz – kommen zeit ihres Lebens ohne Verjüngungsschnitt aus. Leider werden Sträucher immer wieder zu eng gepflanzt oder jahrelang nicht gepflegt, sie verkahlen dann von unten her. Will man sie wieder zu ansehnlichen Sträuchern formen, bleibt nur ein Neuaufbau von der Basis her. Dies setzt ein Abwerfen aller Äste bis auf kurze, 30 bis 50 cm lange Aststümpfe voraus. Möglich ist dies allerdings nur bei

Arten, die sich aus schlafenden Augen an der Basis der Äste regenerieren können. Dazu gehören alle Arten der Schnittgruppe 1.

Von den zurückgenommenen Ästen bleiben nur so viele stehen, wie für den Neuaufbau erforderlich sind. Von den zahlreichen Neutrieben der folgenden Jahre muß stets ein Teil entfernt werden, bis sich wieder ein Gleichgewicht zwischen Altholz und Jungtrieben eingestellt hat.

Durchtreibende Unterlagen

Die meisten Rosen, Zierkirschen, Zieräpfel und zahlreiche andere Arten werden in der Baumschule durch eine Veredlung vermehrt. Nicht immer harmonieren Unterlage und aufveredelte Sorte so gut, daß eine vollkommene Einheit entsteht. Nicht selten treiben aus der Unterlage mehr oder weniger »wilde Triebe«, die man an ihrer Entstehungsstelle – und nicht nur an der Bodenoberfläche – sorgfältig entfernen muß. Sie könnten sonst die Edelsorte überwachsen und unterdrükken. Wildtriebe sind meist leicht an den anders gestalteten oder gefärbten Blättern zu erkennen.

Wundbehandlung

Jeder Schnitt an Baum und Strauch hinterläßt Wunden. Sind sie nur klein, werden die Gehölze schnell mit ihnen fertig, indem sie die Wundfläche von den Rändern her durch verstärkte Gewebebildung überwallen. Jede Überwallung beginnt mit einer Kallusbildung aus dem teilungsfähigen Kambium heraus. Ziel der Wundpflege ist also die Förderung der Kallusbildung und die Abwehr holzzerstörender Pilze.

Erste Voraussetzung für eine rasche Wundheilung ist die richtige Schnittführung. Werden Zweige und Äste an ihrer Basis entfernt, läßt man unter keinen Umständen längere oder kürzere Zapfen stehen. In der Regel werden Zweige und Äste auf »Astring« geschnitten. So entsteht eine im Querschnitt runde Wundfläche, die etwas schräg zur Stammachse steht. Jede Wunde soll möglichst klein gehalten werden und mindestens an ihren Rändern glatte Schnittflächen aufweisen. Jede Sägewunde wird daher an ihren Rändern mit einem scharfen Messer nachgeschnitten und so geglättet. Abgesplitterte Äste werden, wenn irgend möglich, bis ins unbeschädigte Holz zurückgenommen.

Ist an Stämmen und stärkeren Ästen die Rinde aufgerissen oder abgeplatzt, schneidet man die Wundränder so glatt wie möglich. Stammwunden, gleich welcher Größe, werden vor allem an Laubbäumen notfalls so erweitert, daß ihre Ränder ein spitzes Oval ergeben. Nur dann wird jede Stelle des Wundrandes von dem tangential und radial verlaufenden Saftstrom erreicht und so mit Nährstoffen versorgt.

Unterstützt wird der Heilungsprozeß durch einen dauerhaften Wundverschluß, der mit Baumwachsen oder mit Mitteln auf Kunststoffbasis erreicht wird.

Pflanzenschutz an Gartengehölzen

Sinnvoller als eine spätere Bekämpfung von Schaderregern sind Bemühungen, die das Auftreten von Schäden verhindern oder in Grenzen halten. Die wichtigsten und effektivsten Maßnahmen zur **Verhütung von Schäden** sind: eine gründliche Vorbereitung des Bodens vor dem Pflanzen, ein ausgeglichenes Nährstoffangebot, die richtige Auswahl von Gehölzen für bestimmte Böden und Lagen, eine wohlüberlegte, nicht zu enge Pflanzung und ein sachgerechter Schnitt.

In den vorangegangenen Abschnitten kamen die notwendigen Maßnahmen schon zur Sprache. Die Klima- und Bodenansprüche der Gehölze werden bei der Besprechung der einzelnen Baum- und Straucharten abgehandelt.

Vor dem Einsatz chemischer Pflanzenschutzmittel ist zu überlegen, ob nicht auch mechanische Verfahren wie das Absammeln von Schädlingen (Raupen, Larven, Eigelege) zum gewünschten Erfolg führt. Ist der Einsatz von Pflanzenschutzmitteln notwendig, sollte man, soweit möglich, biologische Präparate vorziehen.

Es wird hier darauf verzichtet, für die Bekämpfung von Schädlingen und Krankheiten bestimmte Mittel zu empfehlen, denn gegenwärtig sind die Laufzeiten für die von der Biologischen Bundesanstalt vorgenommene Zulassung von Pflanzenschutzmitteln oft nur kurz. Einschlägige Fachgeschäfte führen aber die jeweils zugelassenen Mittel. Notfalls kann man sich Rat bei den Pflanzenschutzämtern holen.

In Baden-Württemberg ist der Einsatz bestimmter Mittel auf nicht erwerbsgärtnerisch genutzten Flächen nur mit Genehmigung möglich.

Im Gegensatz zum Erwerbsgartenbau und zur Landwirtschaft ist im Hausgarten die **Bekämpfung von Krankheiten und Schädlingen** nur dann notwendig, wenn größerer Befall droht oder auftritt. Die Schadensschwelle, bei der ein Einsatz chemischer Mittel notwendig wird, kann im privaten Bereich in der Regel wesentlich höher angesetzt werden als im Erwerbsgartenbau. Von wenigen Ausnahmen abgesehen, kann man deshalb auf eine regelmäßige und vorbeugende Schädlingsbekämpfung verzichten. Meist beginnt man im Hausgarten mit der Bekämpfung eines Schädlings erst dann, wenn er sich an den Gehölzen zeigt. Ausgenommen sind Schaderreger, die fast mit Sicherheit zu erwarten sind und nur vorbeugend bekämpft werden können, wie etwa Mehltau und Sternrußtau an Rosen.

Wüchsige Pflanzen zeigen sich stets widerstandsfähiger gegenüber dem Angriff von Schadorganismen als nicht optimal versorgte Pflanzen. Zur Verhinderung eines Schädlingsbefalls sind also alle Maßnahmen zu ergreifen, die zu wüchsigen Pflanzen führen: richtige Pflanzen- und Standortwahl, zweckmäßige Pflanzenabstände und sachgerechter Schnitt, optimale Düngung und Bodenpflege.

Krankheiten und Schädigungen unserer Gartengehölze können sehr verschiedene **Ursachen** haben. Neben den Einflüssen der unbelebten Umwelt sind es vor allem Pilze, Bakterien, Viren und tierische Schädlinge, die Kulturpflanzen befallen und in ihrer Entwicklung beeinträchtigen können. Im folgenden werden nur Krankheiten und Schädlinge behandelt, die besonders häufig auftreten und die mehrere Gehölzarten befallen können. Bei der Besprechung der einzelnen Arten im speziellen Teil werden nur dann Schädlinge und Krankheiten erwähnt, wenn sie für die jeweilige Art besondere Bedeutung haben.

Pilzliche und bakterielle Erkrankungen

Unter den pflanzlichen Schadorganismen haben die Pilze die weitaus größte Bedeutung. Es sind in der Regel kleine, wenig auffällige Organismen, die in und auf der Pflanze leben, ihr die für ihr Wachstum notwendigen Nährstoffe entziehen oder die Assimilation behindern. Äußere Zeichen eines Pilzbefalls sind vor allem Blattflecken und -verfärbungen, welkende, absterbende und faulende Pflanzenteile.

Pilzliche Parasiten lassen sich nicht in allen Stadien ihrer Entwicklung mit Erfolg bekämpfen. Oft läßt sich ein Pilzbefall nur durch eine vorbeugende Bekämpfung verhindern. Der schon auf der Pflanze angesiedelte Pilz läßt sich nur selten wieder völlig vertreiben, einige Pflanzenschutzmittel können nur seine Ausdehnung eindämmen. Da fast alle Pilzsporen nur in einem feuchten Medium keimen, ist bei entsprechenden Wetterlagen am ehesten mit Infektionen zu rechnen.

Bakterien sind winzige Lebewesen, die als Schadorganismen an Pflanzen meist als einzellige, etwa ein Tausendstel Millimeter lange Wesen auftreten, die sich durch eine Querteilung vermehren. Sie werden auf verschiedene Weise übertragen und dringen vor allem durch Verwundungen und durch die Spaltöffnungen der Blätter in die Wirtspflanze ein. Durch Bakterien verursachte Erkrankungen zeigen sich in Flecken auf Blättern und Trieben, als krebsartige Wucherungen an Stamm und Wurzeln, durch Welken und Fäulnis. Eine der gefährlichsten bakteriellen Erkrankungen bei Ziergehölzen ist gegenwärtig der Feuerbrand.

Feuerbrand

Schadbild: Blüten verfärben sich schwarz. Das Rindengewebe färbt sich braunschwarz, oberhalb der Befallsstelle sterben die Triebe ab und sind oft hakenförmig geknickt. Wichtige Wirtspflanzen sind *Cotoneaster, Crataegus, Cydonia, Malus, Pyracantha, Pyrus, Sorbus* und *Stranvaesia*. Feuerbrand tritt in küstennahen Regionen häufiger auf als im Binnenland.

Bekämpfung: Mit chemischen Präparaten zur Zeit nicht möglich, kranke Zweige bis weit unterhalb der Befallsstelle zurückschneiden, stark befallene Pflanzen roden und möglichst sofort verbrennen.

Blattfleckenkrankheiten

Schadbild: Auf den Blättern entstehen meist unregelmäßig geformte, graue oder bräunliche Flecken, zum Teil mit rötlichem Rand, die sich über die ganze Blattspreite ausdehnen können. Bei starkem Befall ist vorzeitiger Blattfall möglich.

Bekämpfung: Beim Auftreten der ersten Flecken Spritzungen mit einem geeigneten Mittel.

Grauschimmel
Schadbild: An Laub- und Nadelgehölzen welken bei feuchtem Wetter junge Triebe, Blätter und Blüten. Bei anhaltendem feuchten und kühlen Wetter kann der Pilz jede Pflanzenart befallen.
Bekämpfung: Mehrfache Behandlung in Abständen von sieben bis 14 Tagen.

Echter Mehltau
Schadbild: Auf Blättern und Trieben wird vom Frühjahr bis zum Sommer ein weißer, mehlartiger Belag sichtbar, Blätter und Triebe sind deformiert, es kommt zu frühzeitigem Blattfall. Wirtspflanzen sind unter anderem *Acer, Crataegus, Euonymus, Mahonia, Malus, Quercus* und *Rosa*.
Bekämpfung: Rückschnitt der befallenen Triebe, bei starkem Befall ab Befallsbeginn Einsatz chemischer Präparate.

Falscher Mehltau
Schadbild: Auf den Blattunterseiten bildet sich ein schmutzigweißer Belag, befallene Blatteile werden braun und sterben ab, bei stärkerem Befall schrumpfen die Blätter, werden grau oder braun und fallen ab. Anhaltende Feuchtigkeit fördert die Entwicklung des Pilzes.
Bekämpfung: Mehrfache Spritzungen in Abständen von sieben bis 14 Tagen, spätestens beim Auftreten der ersten Symptome.

Schorf
Schadbild: Auf den Blättern anfangs olivgrüne, später braun werdende Flecken, an jungen Trieben schorfige Flecken. Bei länger anhaltender Feuchtigkeit erfolgt die Hauptinfektion im April–Mai, weitere Infektionen sind bis Juni möglich.
Bekämpfung: Einsatz chemischer Mittel mit Beginn der ersten Blattentfaltung (bei *Malus* noch vor dem »Mausohrstadium«).

Rotpustelkrankheit
Schadbild: Zweige sterben ab, auf der abgestorbenen Rinde bilden sich orangerote Pusteln.
Bekämpfung: Der Pilz kann nur über Verletzungen in die Rinde eindringen, deshalb Rindenverletzungen vermeiden und Wunden mit einem Wundverschlußmittel versorgen. Abgestorbene Zweige tief bis ins gesunde Holz zurückschneiden und verbrennen.

Bleiglanz
Schadbild: Die Blätter zeigen im Frühjahr nach dem Austrieb einen bleiartig-metallischen Glanz, im Juni–August bilden sich auf den Blättern mehr oder weniger ausgedehnte Nekrosen. Anfangs sterben einzelne Äste, später der ganze Baum ab.
Bekämpfung: Befallene Zweige bis ins gesunde Holz zurückschneiden, bei Bäumen befallene Rindenteile entfernen, junge Bäume und Sträucher beseitigen, bevor sich auf abgestorbenen Trieben und Ästen die Fruchtkörper des Pilzes (violette Krusten) gebildet haben. Schnittmaßnahmen möglichst im Juli–August durchführen, denn zu dieser Zeit ist eine Infektionsgefahr am geringsten. Wunden mit Wundverschlußmitteln versorgen.

Welkekrankheiten
Schadbild: Blätter welken und färben sich graugrün oder gelb, zunächst nur an einzelnen Ästen, später unter Umständen auch an der ganzen Pflanze. Der Pilz dringt über Verletzungen in die Leitungsbahnen ein, verstopft sie und unterbindet so den Transport von Wasser und Nährstoffen.
Bekämpfung: Befallene Pflanzen entfernen und vernichten. Ein Herausnehmen befallener Äste verzögert das Absterben meist nur für kurze Zeit.

Monilia
Schadbild: An Lang- und Kurztrieben verschiedener *Prunus*-Arten welken Blüten und Blätter, oft werden ganze Zweige welk. Die abgestorbenen Organe bleiben lange hängen, später bilden sich an der Rinde graue Sporenlager.
Bekämpfung: Befallene Zweige und Fruchtmumien entfernen und verbrennen. Stark gefährdete, frühblühende Arten (*Prunus glandulosa, P. triloba, P. tenella*) unmittelbar nach der Blüte stark zurückschneiden, die starkwachsenden Jungtriebe bleiben meist gesund.

Tierische Schädlinge

Von den tierischen Schädlingen können einige Insektenarten den weitaus größten Schaden hervorrufen.

Nicht wenige Insekten sind wertvolle Nützlinge, sie können die Ausbreitung von Schadinsekten in Grenzen halten. Dazu gehören etwa Marienkäfer, Flor- und Schwebfliegen, Schlupfwespen, räuberische Gallmücken, Raubmilben, Wanzen, Spinnen und Ohrwürmer.

Entscheidend für die Bekämpfung der Schadinsekten ist die Art ihrer Ernährung. Arten, die sich durch Blattfraß ernähren, werden vorwiegend mit Fraßgiften bekämpft. Eine andere Gruppe sticht die Pflanzenzellen an und ernährt sich vom Zellsaft, man bekämpft sie vorwiegend mit Kontaktgiften. Beide Gruppen sind heute auch mit systemischen Mitteln zu bekämpfen. Diese werden über Wurzeln und Blatt aufgenommen, in der Pflanze verteilt und gelangen so an die Fraß- und Saugstellen der Insekten.

Gegen tierische Schadorganismen geht man im Hausgarten nur dann vor, wenn ein Befall überhand nimmt. Dabei müssen nicht immer hochgiftige Mittel eingesetzt werden, oft helfen schon Mittel, die aus Pflanzen gewonnen werden.

Blatt- und Baumläuse (zahlreiche Arten)
Schadbild: Sehr unterschiedlich gefärbte und verschieden große Läuse saugen an Blättern, Trieben, Blüten und Früchten zahlreicher Gehölzarten, an Blättern und Trieben treten bei starkem Befall Verformungen auf. Auf den Ausscheidungen der Insekten (Honigtau) siedeln sich häufig Schwärzepilze an, die die Assimilation beeinträchtigen.
Bekämpfung: Zur Bekämpfung der Wintereier kurz vor dem Austrieb Austriebsspritzmittel einsetzen. Dabei werden auch andere überwinternde Schädlinge wie Spinnmilben, Raupen und Blasenfüße erfaßt. Die Läuse selbst können mit Kontakt- oder systemischen Mitteln bekämpft werden.

Schildläuse (verschiedene Arten)
Schadbild: Überwiegend an Zweigen und Ästen sitzen unbewegliche, verschieden geformte Schildchen. Unter ihnen entwickeln sich die Jungläuse, die schließlich auf andere Pflanzenteile wandern. Die Schildchen der Wolläuse sind häufig mit Wachsausscheidungen in Form von Puder oder wollig gekräuselten Fäden überzogen.
Bekämpfung: Vor dem Austrieb mit Austriebsspritzmitteln, in der Vegetationszeit mit systemischen Mitteln.

Mottenschildläuse, Weiße Fliege (verschiedene Arten)
Schadbild: Auf den Blattunterseiten sitzen 1 bis 2 mm große, weiß bepuderte, sich hüpfend-fliegend fortbewegende Insekten und ihre schildlausähnlichen Larven. Die Blätter sind gelblich gesprenkelt und können nach einer grauen Verfärbung abfallen. Die starke Ausscheidung von Honigtau hat die Ansiedlung von Schwärzepilzen zur Folge.
Bekämpfung: Bei Befall vier bis fünf Spritzungen in Abständen von drei bis vier Tagen mit Kontakt- oder systemischen Mitteln. Besonders die Blattunterseiten benetzen.

Freifressende Schmetterlingsraupen (Holzbohrer, Spanner, Wollraupenspinner, Träg- oder Wollspinner, Schwärmer)
Schadbild: Fraß von freilebenden Nachtfalterraupen an Blättern, Nadeln und Blüten.
Bekämpfung: Ab Befallsbeginn mit Fraßgiften. Raupen im Jugendstadium sind am leichtesten zu bekämpfen.

Wickler-Arten (Fruchtschalen-, Hecken-, Roter Knospenwickler)
Schadbild: Raupen unscheinbarer Kleinschmetterlinge fressen an Blättern, austreibenden Knospen und Jungtrieben oder leben in Früchten, Blätter werden eingerollt oder zusammengesponnen. Beim Fruchtschalenwickler treten im Jahr zwei Generationen auf.
Bekämpfung: Bei Beginn der Fraßtätigkeit mit einem systemischen Insektizid.

Minierende Schmetterlingsraupen (Sack- oder Futteralmotten, Miniermotten, Wickler, Gespinstmotten)
Schadbild: Nach dem Schlüpfen fressen die jungen Raupen an Blattknospen und minieren, oft von der Spitze aus, in Blättern und Nadeln. Später leben die Raupen in großer Zahl unter dichten Gespinsten oder in sackförmigen Gebilden und verursachen Kahlfraß. Danach wandern sie weiter, bilden neue Gespinste und verursachen wieder Kahlfraß. Die Raupen der Miniermotten rollen die Blätter oft tütenförmig zusammen. Bei Störungen spinnen sich die sehr beweglichen Raupen sofort ein.

Bekämpfung: Vorhandene Raupennester entfernen und vernichten. Der Einsatz chemischer Mittel setzt ein, bevor die jungen Raupen mit dem Minierfraß beginnen bzw. bevor sich die älteren Raupen eingesponnen haben.

Blätter und Nadeln fressende Käfer
(Blattkäfer, Rüsselkäfer, Blatthornkäfer)
Schadbild: Käfer und deren Larven fressen an Blättern, Nadeln und Blüten.
Bekämpfung: Mehrfache Spritzungen in Abständen von acht bis 14 Tagen mit Mitteln, die zur Bekämpfung von Käfern geeignet sind.

Rüsselkäfer (besonders Dickmaulrüßler mit verschiedenen Arten)
Schadbild: Die Käfer fressen an Blättern, Nadeln und Trieben, die Blattränder zeigen oft sägezahnähnliche Fraßspuren. Die cremeweißen, beinlosen Larven fressen an Wurzeln oder am Wurzelhals. Stark befallene Pflanzen welken und sterben ab.
Bekämpfung: Durch Einsatz von Insektiziden mit Wirkstoffen gegen blatt- und nadelfressende Käfer. Die erwachsenen Käfer muß man zur Zeit des Reifungsfraßes, vor oder spätestens zum Zeitpunkt der Eiablage erfassen: den Gefurchten Dickmaulrüßler Mitte Juli bis Anfang September, den Kleinen Schwarzen Rüsselkäfer im Juli–August, den Schwarzen Rüsselkäfer von Juni bis Juli, den Gescheckten Dickmaulrüßler im Juli–August. Zur Abwehr der Larven kann ein Granulat in den Boden eingearbeitet werden.

Blattwanzen
Schadbild: Grüne Insekten, die auf der Oberseite der Brustpartie ein dreihöckeriges Schild tragen, saugen an Blättern, Blüten und jungen Trieben, an den Blättern werden oft kleine Löcher sichtbar, Blätter und Triebspitzen sind deformiert, die Blüten öffnen sich nicht oder sind mißgestaltet.
Bekämpfung: Gegen die Junglarven führt man im Frühjahr mehrfache Spritzungen in Abständen von acht bis zehn Tagen mit systemischen Insektiziden durch.

Spinnmilben
Schadbild: Die gelblichweißen oder rötlichen, etwa 0,5 mm großen, spinnenartigen Tierchen mit vier Beinpaaren (Larven nur drei Beinpaare) saugen an Blättern und Nadeln, die sich gelbbraun bis braun verfärben und schließlich vertrocknen. Erste Zeichen des Befalls sind kleine, helle Sprenkelungen auf den Blättern, bei starkem Befall sind Nadel- und Blattunterseiten mit einem feinen Spinnengeflecht überzogen. Wärme und niedrige Luftfeuchtigkeit fördern den Befall. Jährlich treten mehrere Generationen auf.
Bekämpfung: Falls notwendig wiederholte Behandlung mit Spezialpräparaten.

Thripse (= Blasenfüße, mehrere Arten)
Schadbild: An Blättern und Nadeln sind längliche, gelbe Larven oder schwarze Insekten zu sehen. Sie verursachen kleine Flecken, die zu größeren, silberartigen Flecken zusammenfließen können. Die Saugtätigkeit verursacht an Knospen, Blättern und Blüten Deformationen. Bei warmer, mäßig feuchter Witterung kann es zu Massenvermehrungen kommen.
Bekämpfung: Wiederholte Spritzungen in Abständen von acht bis zehn Tagen mit einem zugelassenen Mittel.

Blattälchen
Schadbild: An Blättern anfangs gelbgrüne, später braun und nekrotisch werdende Flecken, die meist durch größere Blattnerven scharf begrenzt sind. Älchen wandern vom Boden in einem Wasserfilm an der Pflanze empor, der Befall beginnt deshalb meist im unteren Bereich der Pflanze.
Bekämpfung: Einsatz systemischer Insektizide.

Stengelälchen
Schadbild: Blätter verkrüppelt, Verdickungen und verbräunte Stellen an den Sprossen.
Bekämpfung: Wie bei Blattälchen.

Wandernde Wurzelnematoden
Zwei Artengruppen leben im Boden und schädigen die Wurzeln. Endoparasitisch lebende Arten dringen in die Wurzeln ein, stechen die Zellen an und saugen den Zellsaft aus. Schon wenige Tiere können die Wurzeln stark schädigen. Ektoparasitisch lebende Arten stechen nur die äußeren Zellen der Wurzeln an, nur eine wesentlich höhere Befallsdichte führt zu vergleichbaren Schäden.
Schadbild: Befallen werden vor allem die feinen Saugwurzeln, die schließlich absterben, auch an äl-

teren Wurzeln entstehen mehr oder weniger ausgedehnte, verbräunte Stellen. Die entstehenden Wunden sind oft Eintrittspforten für verschiedene Schwächeparasiten unter den Pilzen.
Bekämpfung: Zur biologischen Bekämpfung wandernder Wurzelnematoden hat sich eine Unterpflanzung mit *Tagetes erecta* oder *Tagetes patula* bewährt. Mit einer einjährigen *Tagetes*-Kultur können auch infizierte Freiflächen saniert werden.

Feld-, Erd- und Rötelmaus
Schadbild: Nagespuren an der Rinde von Zweigen und Ästen, vom Wurzelhals bis in Höhen von 2 m, Stämmchen bis 2 cm Durchmesser können dicht oberhalb des Bodens abgefressen sein. Ein Befall tritt vor allem an Weichholzarten und in Pflanzungen mit einem starken Wildkrautbewuchs auf. Mauselöcher sind, im Gegensatz zu Wühlmauslöchern, stets offen.
Bekämpfung: Auslegen von Giftgetreide oder anderen Ködermitteln.

Große Wühlmaus, Schermaus
Schadbild: An den Wurzeln werden deutliche Nagespuren sichtbar, die Hauptwurzel ist oft rübenartig benagt, die Pflanzen sterben ab. Die Gänge verlaufen knapp unter der Erdoberfläche.
Bekämpfung: In gefährdeten Gebieten kann man die Wurzeln der Bäume noch vor dem Pflanzen mit verzinktem Maschendraht (0,75 Zoll) schützen. Andere Möglichkeiten stellen Zangenfallen dar oder der Einsatz von Begasungsmitteln. Bevor man Bekämpfungsmaßnahmen einleitet, muß geprüft werden, ob die Gänge »befahren« werden, bewohnte Gänge werden nach dem Öffnen in kurzer Zeit wieder geschlossen.

Vom Umgang mit Pflanzenschutzmitteln

Vor und bei der Anwendung von Pflanzenschutzmitteln sind folgende Punkte zu beachten:
1. Alle gezielten Pflanzenschutzmaßnahmen setzen eine genaue Kenntnis der Schadorganismen, ihrer Lebensweise und Bekämpfungsmöglichkeiten voraus. Dies kann von einem Hobbygärtner nicht unbedingt erwartet werden; er hat aber die Möglichkeit, Rat beim zuständigen Pflanzenschutzamt einzuholen.
2. Der vieldiskutierten biologischen bzw. integrierten Schädlingsbekämpfung kann man im Hausgarten unter anderem durch den Schutz und die Förderung der insektenvertilgenden Vögel (Winterfütterung, Bereitstellung von Nistgelegenheiten) und durch den überlegten Einsatz chemischer Mittel nahekommen, wobei die nutzbringenden Insekten soweit wie möglich geschont werden.
3. Soweit vorhanden, werden Mittel ausgebracht, die nützliche Insekten nicht schädigen. Die Verordnung zum Schutz der Bienen schreibt bei Spritzungen zur Zeit der Blüte bienenungefährliche Mittel vor. Es sollte immer nur früh morgens oder abends gespritzt werden.
4. Die aufgebrachte Mittelmenge soll nur so hoch sein, daß sie gerade ausreicht, den störenden Schaderreger zu vernichten.
5. Alle Vorsichtsmaßnahmen zum Schutz des Anwenders und der Umwelt sind genau zu beachten. Dazu gehört insbesondere die Dosierung und Ansetzung der Spritzbrühe nach Vorschrift, das Tragen geeigneter Schutzkleidung bei bestimmten Mittelgruppen und die sichere Aufbewahrung der Mittel.
6. Präparate sind nur in dicht verschlossenen Originalpackungen, möglichst weit entfernt von Lebensmitteln, an einem kühlen, frostfreien Ort zu lagern.
7. Beim Herstellen von Spritzbrühen nur für diesen Zweck bestimmte Behälter verwenden und diese nach Gebrauch sofort gründlich waschen. Die angesetzte Spritzbrühe nicht unbeaufsichtigt lassen.
8. Bei der Arbeit mit Pflanzenschutzmitteln nicht essen, trinken oder rauchen. Vor, während und unmittelbar nach der Anwendung keinen Alkohol trinken. Hautkontakte mit Pflanzenschutzmitteln meiden, Spritzer sofort gründlich mit Wasser abspülen. Durchnäßte Arbeitskleidung sofort wechseln.
9. Reste von Spritzbrühe und die Spülflüssigkeit nach dem Reinigen der Geräte nicht in Gewässer, Entwässerungsgräben und Abflüsse laufen lassen.
10. Reste von Pflanzenschutzmitteln und leere Packungen ordnungsgemäß entsorgen.
11. Bei ersten Anzeichen von Unwohlsein einen Arzt anrufen oder aufsuchen.

Die besten Bäume und Sträucher für den Garten

Mittelgroße Laubbäume

Für die Gestaltung weiträumiger Parkanlagen sind großkronige Laubbäume unverzichtbar, aber für die heute meist engen Hausgärten werden sie mit ihren hochaufragenden und oft weit ausladenden Kronen viel zu groß. Bäume dieser Kategorie, oft als Großbäume oder Bäume erster Ordnung bezeichnet, erreichen immerhin Höhen von 20 bis 40 (bis 50) m. Im Hausgarten muß man deshalb in aller Regel auf zahlreiche Baumarten der heimischen Flora verzichten, etwa auf einige Ahorne, Buchen, Eichen, Eschen, Linden, Pappeln oder Ulmen. Eine Beschreibung erübrigt sich deshalb. Gleiches gilt für zahlreiche Großbäume aus verschiedenen Gattungen, die aus Ostasien oder Nordamerika zu uns gekommen sind.

Brauchbar aus der Gruppe raschwachsender, großkroniger Arten sind allenfalls einige ihrer Gartenformen, die schwächer wachsen oder deutlich schmalere Kronen entwickeln als die Arten.

In ausreichend großen Gärten lassen sich oft aber schon Bäume oder nur ein einzelner Baum aus der Kategorie der mittelgroßen Bäume, den Bäumen zweiter Ordnung, unterbringen, das gilt besonders dann, wenn es sich um Arten handelt, die eher etwas trägwüchsig sind und sich deshalb nur langsam bis zu ihrer Endhöhe entwickeln, oder wenn die Baumart sehr offene, lichtdurchlässige Kronen bildet. Mit Wuchshöhen von (12 bis) 15 bis 20 m bleiben Bäume zweiter Ordnung deutlich kleiner als die Großbäume.

Wir finden in dieser Gruppe zahlreiche Blütenbäume wie die rotblühende Roßkastanie, den chinesischen Taschentuchbaum, den nordamerikanischen Trompetenbaum, die sommerblühende Stinkesche, verschiedene Scheinakazien und den chinesischen Schnurbaum, aber auch Baumarten mit unscheinbaren Blüten wie Ahorn, Birken und Hainbuchen.

Acer, Ahorn
Aceraceae

Diese artenreiche Gattung umfaßt sowohl mächtige Bäume als auch zierliche Sträucher. Die im allgemeinen große Anpassungsfähigkeit an den Standort, die dekorative Belaubung und die meist prachtvolle Herbstfärbung machen viele Arten zu wertvollen Gartengehölzen.

Von den etwa 200 Arten der Gattung, die überwiegend in der nördlich gemäßigten Zone von Europa, Nordamerika und Asien verbreitet sind, können hier nur Arten und Gartenformen behandelt werden, die sich zu mittelgroßen Bäumen entwickeln. Ahornarten und ihre zahlreichen Formen zeichnen sich durch eine Fülle von Blattformen und -farben aus. Vom farbenprächtigen Austrieb, gelb- und weißbunten oder roten Farben im Sommer bis zu oft leuchtenden Herbstfarben sind in dieser Gattung nahezu alle Möglichkeiten der Laubfärbung vertreten. Alle Arten haben gegenständige, meist langgestielte und überwiegend handförmig gelappte Blätter, nur selten sind die Blätter ungelappt, dreizählig oder unpaarig gefiedert. Klein und ziemlich unscheinbar sind die meist grünlichen Blüten; die propellerartig geflügelten Früchte fallen dagegen stärker auf.

Spitz- und Eschenahorn dürfen nicht im Spätwinter oder Frühjahr geschnitten werden, weil sie sonst stark bluten.

Acer campestre. Je nach Standort erreicht der Feldahorn in seinen natürlichen Verbreitungsgebieten – von Europa bis zum Kaukasus und Nordafrika – Höhen von 3 bis 15, maximal 20 m. Er bildet eine sehr dichte, etwas unregelmäßige Krone und oft einen etwas knorrigen Stamm mit einer fast rechteckig gefelderten Borke. An mit Korkleisten versehenen Trieben trägt er sehr variable, derbe, drei- bis fünflappige Blätter, die sich im

Acer cappadocicum 'Aureum'

Herbst intensiv goldgelb verfärben. Der Feldahorn ist ein sehr anspruchsloser, anpassungsfähiger Baum, er gedeiht auf trockenen bis frischen Böden und an sonnigen bis halbschattigen Plätzen. Er ist im Garten nicht nur ein wertvoller Solitärbaum, sondern, dank seiner hohen Schnittverträglichkeit, auch eine gute Heckenpflanze.
'Elsrijk'. Diese niederländische Sorte wächst mehr baumförmig und bildet eine regelmäßige Krone.

Acer cappadocicum. Der Kolchische Ahorn hat seine Heimat vom Kaukasus bis zum Himalaja und China. Er entwickelt sich zu einem 12 bis 15 m hohen Baum mit einer regelmäßigen Krone. Sehr dekorativ sind die meist siebenlappigen, matt dunkelgrünen Blätter, die sich im Herbst schön goldgelb verfärben. Die Art und folgenden Sorten sind hervorragende Solitärbäume, die auf jedem Gartenboden gedeihen.

'Rubrum' wird häufig gepflanzt. Ihre Blätter sind im Austrieb blutrot, später sind sie nur noch am Rand gerötet.
'Aureum' ist eine etwas schwächer wachsende Sorte, deren Blätter im Austrieb und im Herbst leuchtendgelb, sonst gelbgrün gefärbt sind.

Acer × neglectum. Vor gut hundert Jahren entstand diese Hybride — ein bis 15 m hoher Baum mit breiter, gewölbter Krone, der dem Feldahorn sehr nahesteht. Seine Blätter sind glänzend dunkelgrün.
'Annae' entwickelt sich zu einem mittelgroßen, bis 12 m hohen, kurzstämmigen und rundkronigen Baum. Seine fünflappigen, ledrigen Blätter sind im Austrieb dunkelrot, später olivgrün, nur Blattstiele und -adern bleiben rot. Im Herbst färben sich die Blätter goldgelb.

Acer negundo. Schon Ende des 17. Jahrhunderts kam der Eschenahorn aus seiner nordamerikanischen Heimat in unsere Gärten. Er wächst zu einem 10 bis 20 m hohen Baum mit einer meist breiten, sparrig verzweigten Krone heran. Von vielen anderen Ahornarten unterscheidet er sich durch seine gefiederten, hellgrünen Blätter, die meist aus fünf Blättchen zusammengesetzt sind. Die Herbstfärbung ist nur blaßgelb. Der Eschenahorn wächst in der Jugend sehr rasch. Der lichtbedürftige Baum kann auf mäßig trockenen bis nassen Böden gedeihen.
Neben der grünlaubigen Wildart bieten die Baumschulen einige weiß und gelb panaschierte Formen an. Alle haben die Eigenschaft, Zweige oder ganze Astpartien mit normalen Blättern zu bilden. Diese müssen rechtzeitig entfernt werden, damit sie die buntlaubige Form nicht überwachsen. Alle wachsen etwas schwächer als die Wildform.
'Aureomarginatum'. Blättchen gelb gefleckt.
'Flamingo'. Blättchen weiß gerandet und gefleckt, im Austrieb rosa getönt.
'Odessanum'. Blättchen an sonnigen Standorten leuchtend goldgelb. Starkwüchsig.
'Variegatum'. Blättchen breit und unregelmäßig weiß gerandet. Ziemlich schwachwüchsig.

Acer platanoides. Der in Europa und Kleinasien heimische Spitzahorn kann Höhen bis zu 30 m erreichen und wird damit für Hausgärten zu groß.
Deutlich schwächer wachsen dagegen einige veredelte Formen: sie erreichen Höhen von kaum mehr als 15 m. Dazu gehören grünlaubige Formen mit geschlossenen, rundlich-eiförmigen Kronen wie 'Almira', 'Cleveland', 'Emerald Queen', 'Farlake's Green' und 'Olmstedt'.
'Deborah', 'Schwedleri', und einige andere haben im Austrieb blutrote Blätter, die im Laufe des Sommers dann olivgrün werden.
'Faassen's Black' und 'Royal Red'. Die Blätter sind beständig dunkel purpurbraun.
'Columnare' hat eine ganz abweichende Wuchsform. Die schon vor weit über hundert Jahren in Frankreich gefundene Form bildet mit schräg bis straff aufgerichteten Ästen eine breit-säulenförmige bis schmal-eiförmige Krone, die bei einer Höhe von 10 bis 12 m nur 3 bis 4 m breit wird.

Acer rubrum. Im östlichen Nordamerika ist der Rotahorn heimisch. Dort kann er in nährstoffreichen Niederungen Höhen von 40 m erreichen, bei uns wird er kaum mehr als 15 bis 20 m hoch und entwickelt sich zu einem lockerkronigen Baum. Seine drei- bis fünflappigen, glänzend dunkelgrünen Blätter sind im Austrieb bronzefarben. Im Herbst, oft schon ab August–September, färben sie sich flammendrot, gelegentlich aber auch nur gelb oder orange. An seinen natürlichen Standorten trägt der Baum ganz wesentlich zur Farbenpracht des »Indian Summer« bei. Der nur anfangs raschwüchsige Baum gehört zu den kalkempfindlichen Holzarten, er braucht außerdem frische Böden und sonnige bis leicht beschattete Plätze (Abbildung Seite 13).

Acer saccharinum 'Wieri'. Wie der Rotahorn stammt auch der Silberahorn aus dem östlichen Nordamerika. Auch er kann mit seiner weit ausladenden Krone Höhen von 30 m erreichen. Wesentlich kleiner bleibt dagegen die Form 'Wieri', sie wird etwa 12 bis 15 m hoch. Mit ihrer unregelmäßigen, aufgelockerten Krone, den weit und elegant überhängenden Ästen und den filigranartig feinen, sehr tief geschlitzten Blättern wirkt der Baum äußerst grazil. Die frischgrünen, unterseits weißlichen Blätter färben sich im Herbst hellgelb. Der Baum bevorzugt frische bis feuchte, nährstoffreiche Böden, kommt aber auch mit ärmeren, mäßig trockenen Böden zurecht.

Aesculus, Roßkastanie
Hippocastanaceae

Große bis mittelgroße Bäume mit weißen oder roten Blüten in großen aufrechten Rispen.

Von den 13 Arten der Gattung, die in Südosteuropa, Ostasien und Nordamerika verbreitet sind, bleiben nur zwei Formen in für Gärten erträglichen Grenzen. Alle anderen Arten werden entweder zu groß oder sind nicht ausreichend attraktiv. Merkmale der Gattung sind die großen, langgestielten, handförmig gefingerten Blätter, die sich im Herbst oft gelb oder braungelb verfärben, die auffallend großen Blütenstände im Mai und die großen, braunen Früchte mit ihrer stacheligen Fruchtschale. Alle Arten gedeihen am besten in luftfeuchten Lagen und auf tiefgründigen, gepflegten, frischen bis feuchten Böden.

Aesculus × carnea 'Briotii'. Der 10 bis 15 m hohe Baum entwickelt eine kompakte, rundliche, dicht belaubte Krone. Über den glänzend dunkelgrünen Blättern stehen im Mai die großen Blütenstände mit den leuchtendrot gefärbten Blüten. Sie haben dem Baum zu Recht den Namen Scharlach-Roßkastanie beschert, sie ist die weitaus schönste unter den rotblühenden Kastanien.

Aesculus hippocastanum 'Baumannii'. Im Gegensatz zur Wildart erreicht diese Form nur eine Höhe von etwa 20 m. Sie hat eine regelmäßige, hochgewölbte Krone und große, im Herbst ockergelb bis braun gefärbte Blätter. In den großen weißen Blütenrispen sind die Einzelblüten gefüllt, sie verblühen deshalb weniger rasch als die der Wildart. Die Form setzt keine Früchte an.

Alnus, Erle
Betulaceae

Meist raschwachsende Baumarten, die oft zu Schutzpflanzungen auf feuchten Standorten eingesetzt werden.

35 Erlenarten sind in den nördlich gemäßigten Zonen der Alten und Neuen Welt verbreitet. Als Gartenbäume sind nur die unten genannten Arten und Formen zu empfehlen, alle anderen wachsen zu stark oder sind zu wenig attraktiv. Sie können in großen, naturnahen Gärten und an frischen bis feuchten Plätzen gut als Solitärbäume, aber auch in Wind- und Sichtschutzpflanzungen verwendet werden. Sie erweisen sich als sehr anpassungsfähig und brauchen sonnige bis halbschattige Standorte.

Alnus cordata. Die in Süditalien heimische Herzblättrige Erle wirkt mit ihren herzförmigen, glänzend dunkelgrünen, lange haftenden Blättern fast wie ein Birnbaum, mit ihrer kegelförmigen Krone wird sie nicht mehr als 15 m hoch. Sie verträgt mehr Wärme als andere Arten, ist windfest, kalkverträglich und eine der schönsten Erlenarten.

Alnus incana 'Aurea'. Die Golderle bleibt mit einer Höhe von etwa 10 m deutlich kleiner als die in Mitteleuropa heimische Grauerle. Ihre Blätter sind im Austrieb schön goldgelb, den Sommer über dann gelblichgrün. Sehr dekorativ, auch in der Vase, sind die in den Wintermonaten rotgelb gefärbten Zweige und im zeitigen Frühjahr die kupferroten männlichen Blütenkätzchen.

Alnus × spaethii. Der Name Purpurerle bezieht sich auf die Blattfarbe dieser Hybride. Die großen, schmal-elliptischen, ledrigen Blätter sind im Austrieb violettpurpurn, im Sommer dunkel mattgrün und bei der erst spät einsetzenden Herbstfärbung violettrot. Die rötlichgelben männlichen Blütenkätzchen werden bis 10 cm lang. Der bis 20 m hoch werdende Baum verdient in ausreichend großen Gärten durchaus einen Platz.

Betula, Birke
Betulaceae

Elegante, grazile Bäume mit einem zarten, frischgrünen Austrieb, meist auffallend weißen Stämmen und goldgelber Herbstfärbung.

In den temperierten und arktischen Zonen der nördlichen Halbkugel sind rund 50 Birkenarten verbreitet. Die meisten der kultivierten Arten sind raschwüchsige, sehr frostharte, anspruchslose Park- und Gartenbäume, die unbedingt einen freien, sonnigen Platz brauchen und sich deshalb ganz be-

Betula albosinensis

sonders gut als Solitärgehölze eignen. Mit ihrem flachstreichenden, starkzehrenden Wurzelwerk verhalten sie sich allerdings gegenüber benachbarten Pflanzen nicht gerade sehr tolerant. Übrigens haben nicht alle Birken einen weißen Stamm, wie wir ihn von der heimischen Sandbirke her kennen, es gibt auch Arten mit gelblicher, rosa getönter oder schwarzer Borke. Im folgenden werden ausschließlich Arten behandelt, die in Kultur nur mäßig hoch werden und deshalb auch in größeren Gärten untergebracht werden können.
Birken wachsen am besten an, wenn sie im Frühjahr, kurz vor dem Austrieb, gepflanzt werden.

Betula albosinensis. Kaum mehr als 15 bis 20 m Höhe erreicht die Chinesische Birke, ein zierlicher, lockerkroniger Baum mit einer für Birken ungewöhnlich gefärbten Borke: sie ist rotbraun bis orangefarben. Die äußere Borkenschicht löst sich in sehr dünnen Fetzen ab, die sich ein wenig aufrollen oder vom Stamm abstehen. Die freigelegten Partien sind zunächst meist heller und mit deutlichen Korkzellenbändern gezeichnet.

Betula ermanii. In Japan, Sachalin und Korea ist die Goldbirke ein weit verbreiteter Baum, der im Gebirge bis zur Baumgrenze aufsteigt. Unter günstigen Standortbedingungen erreicht er eine Wuchshöhe von etwa 20 m. Sein Stamm löst sich rasch in starke Äste auf, die eine breite, lockere Krone tragen. Während jüngere Äste und Zweige orangebraun gefärbt sind, färbt sich die abrollende Borke gelblichweiß. Im Herbst wird die Goldbirke ihrem Namen gerecht, wenn sich ihre glänzend dunkelgrünen Blätter goldgelb verfärben. Sie gehört zu den stattlichsten aller Birken.

Betula jaquemontii. Die Weißrindige Himalajabirke besticht vor allem durch ihren blendendweißen Stamm mit der sich in großen Fetzen ablösenden Borke. Da sich schon die Borke relativ junger Stämme gut färbt, gehört die Art zu den begehrtesten Birken. Eine Sortimentsprüfung in den Niederlanden brachte ihr die bestmögliche Bewertung ein. Der meist kurzstämmige Baum erreicht Höhen von 15 bis 20 m, er baut eine lockere, durchsichtige Krone auf. In unseren Baumschulen wird die Art meist noch unter dem Namen *Betula utilis* geführt.

Betula maximowicziana. In seiner japanischen Heimat erreicht der raschwüchsige Baum Höhen von etwa 30 m, bei uns bleibt er zwar deutlich niedriger, entwickelt sich mit seiner zunächst kegelförmigen, später breit ausladenden Krone aber trotzdem zu einem stattlichen Baum. Wenig eindrucksvoll ist seine zunächst orangebraune, später grau bis weißlich-orange gefärbte Borke. Dafür sind die herzförmigen, spät austreibenden Blätter besonders groß; sie erinnern in ihrer Form ein wenig an ein Lindenblatt. Im Herbst färben sie sich prächtig goldgelb.

Betula nigra. Die Schwarzbirke wächst in ihrer nordamerikanischen Heimat in feuchten Niederungen, in Kultur toleriert sie aber durchaus auch mäßig trockene Böden. Der Baum wächst nicht selten von Natur aus mehrstämmig, er erreicht Höhen von 15 bis 20 m und hat im Alter eine lichte, gelegentlich fast schirmförmige Krone. Bemerkenswert sind Farbe und Struktur der Borke: Zunächst ist sie vom Stamm bis zu den jungen Ästen rot- bis gelbbraun gefärbt und dabei dicht

Betula pendula 'Youngii'

und kraus aufgerollt. Mit zunehmendem Alter wird die Borke dunkler, zuletzt ist sie grob, hart und nahezu schwarz. Die Schwarzbirke ist deshalb eher eine Jugendschönheit.

Betula pendula. Die heimische Sand- oder Warzenbirke wird deutlich über 20 m hoch und damit für den Gartenbereich zu groß. Einige ihrer Formen ergeben dagegen sehr wertvolle Gartenbäume:
'Dalecarlica' ist ein etwas über 10 m hoher, aufstrebender, lockerkroniger Baum, der durch seine hängenden Zweigspitzen und die tief geschlitzten Blätter sehr elegant wirkt.

'Fastigiata' ist eine straff-aufrecht wachsende, 10 bis 15 m hohe Form von breit-säulenförmigem Wuchs. Zweige und Äste sind oft gedreht, die Blätter normal geschnitten.
'Purpurea'. Der Wuchs ist etwas schwächer als bei der Art, die Blätter sind im Austrieb dunkelrot und später oliv-bronzefarben getönt.
'Tristis' erreicht fast die Höhe der Wildart. Die feinen Seitenzweige hängen lang und locker über.
'Youngii' wird meist hochstämmig veredelt und bildet dann einen 5 bis 8 m hohen, zierlichen Baum mit einer schirm- oder pilzförmigen Krone aus abstehend-übergeneigten Ästen und fadenförmig dünnen, lang herabhängenden Zweigen.

Betula platyphylla var. japonica. In höheren Berglagen Japans ist diese Form der Mandschurischen Birke verbreitet. Der zierliche, 10 bis 15 m hohe Baum hat einen schlanken, durchgehenden Stamm mit einer schneeweißen Rinde. Von anderen Birken unterscheidet sich diese durch ihren besonders frühen Austrieb, der in etwa zehn bis 14 Tagen vor dem anderer Birken liegt.

Carpinus betulus, Hainbuche
Betulaceae

Anspruchsloser, reichverzweigter Park- und Gartenbaum, im Alter mit einer dichten, weit ausladenden Krone und mit einem glatten, grauen Stamm.

Von den 35 *Carpinus*-Arten der nördlich temperierten Zone ist bei uns nur die in Mitteleuropa heimische *Carpinus betulus* in Kultur. Obwohl die Hainbuche mit Wuchshöhen von über 20 m als Solitärbaum für den Garten zu groß wird, muß sie hier behandelt werden. Denn dank ihrer sehr hohen Schnittverträglichkeit ist sie eine der wichtigsten sommergrünen Baumarten für den Aufbau hoher Hecken. Kaum eine andere Baumart erreicht als Heckenpflanze ein so hohes Alter wie die Hainbuche. Sie verträgt sonnige bis schattige Lagen und gedeiht auf allen Böden, mit Ausnahme trockener, nährstoffarmer Sandböden.
'Fastigiata' ist eine 10 bis 15 m hohe, straff-aufrecht wachsende Form, die zunächst säulen- bis schlank-kegelförmig wächst, im Alter aber 5 bis 8 m breit werden kann.

Catalpa bignonioides, Trompetenbaum
Bignoniaceae

Mit seinen großen Blättern ein fast tropisch anmutender Baum mit großen weißen Blüten in 15 bis 30 cm langen, vielblütigen Rispen.

Von den elf Arten, die in Ostasien, Nordamerika und Westindien heimisch sind, wird bei uns fast ausschließlich die nordamerikanische *Catalpa bignonioides* kultiviert. Mit gutem Grund, denn sie ist eine ganz ungewöhnliche Erscheinung mit ihren bis 20 cm langen, dunkelgrünen Blättern und den 3 bis 5 cm breiten, reinweißen, im Schlund mit purpurnen Flecken und gelben Streifen gezeichneten, trompetenförmigen Blüten. Die Blüten öffnen sich erst Ende Juni–Juli, daraus entwickeln sich 15 bis 40 cm lange, braune, bohnen- oder zigarrenähnliche Früchte, die teilweise den Winter über hängen bleiben. Der 15 bis 20 m hohe Baum bildet über einem meist kurzen, dicken Stamm eine breite, unregelmäßige Krone. Er braucht tiefgründige, nährstoffreiche, frische bis mäßig trockene Böden und sonnige Plätze.
'Aurea' unterscheidet sich von der Art nur durch ihre im Austrieb goldgelben, später mehr oder weniger vergrünenden Blätter.
'Nana' wird stets hochstämmig veredelt und bildet dann ohne Schnitt eine sehr dichte Kugelkrone aus. Der Kleinbaum, der leider nicht blüht, wird kaum mehr als 5 bis 6 m hoch.

Cercidiphyllum japonicum, Katsurabaum
Cercidiphyllaceae

Fein verzweigter, äußerst eleganter Baum mit zierlichen, rundlich-herzförmigen Blättern, die sich im Herbst ganz prachtvoll verfärben.

In seiner japanischen Heimat ist *Cercidiphyllum japonicum* ein imposanter, bis 30 m hoher, oft von der Basis an mehrstämmiger Baum mit häufig drehwüchsigen Stämmen. In mitteleuropäischen Gärten gibt sich der anfangs kegelförmige, im Alter breitkronige Baum mit Höhen von etwa 15 m zufrieden. Er ist zweifellos einer der schönsten unter den zahlreichen Laubbäumen, die aus Japan zu uns gekommen sind. Gründe dafür sind der gleichmäßige Wuchs mit den aufstrebenden Ästen und der feingliedrigen Verzweigung und vor allem die Belaubung. Die einfachen, handnervigen Blätter stehen an Langtrieben gegenständig, an Kurztrieben aber stets einzeln, auch stark gestauchte Kurztriebe im Kroneninnern tragen noch ihr Blatt. Die Blätter treiben sehr früh aus und leiden deshalb gelegentlich unter Spätfrösten. Sie sind im Austrieb zart bronzefarben getönt und im Sommer mattgrün gefärbt. Im Herbst färben sie sich ganz

Cercidiphyllum japonicum

Davidia involucrata

prachtvoll goldgelb bis orange, sie verströmen dabei einen angenehmen, aromatischen, weitstreichenden Kuchenduft, weshalb der Baum auch als Kuchenbaum bezeichnet wird. Der gleiche Duft ist auch den durch Spätfrösten etwas beschädigten jungen Blättern eigen. Die Blüten des zweihäusigen Katsurabaumes sind klein und unscheinbar, das gilt auch für die Früchte.

Der Baum braucht unbedingt einen tiefgründigen, nährstoffreichen, frischen Boden, er leidet unter Boden- und Lufttrockenheit. Sonst ist er problemlos zu halten und stets frei von Krankheiten und Schädlingen. Er wächst nur langsam und braucht Jahrzehnte, um seine Endhöhe zu erreichen.

Corylus colurna, Baumhasel
Betulaceae

Meist regelmäßig kegelförmig wachsender, mittelgroßer, robuster und anspruchsloser Baum.

Von den 15 *Corylus*-Arten der nördlich gemäßigten Zone wachsen die meisten strauchartig, in Mitteleuropa kennen wir nur *Corylus colurna* als Baum. Die von Südosteuropa bis zum Kaukasus verbreitete Art wächst anfangs meist schmal-kegelförmig, erst mit zunehmendem Alter wird die Krone breiter. Wie alle Haselnüsse blüht auch sie lange vor der Laubentfaltung mit bis 12 cm langen Kätzchen. Die sehr dickschaligen Nüsse sind von tief geteilten, drüsigen Hüllen umgeben und sitzen in großen, ballförmigen Büscheln zusammen. Die etwas gelappten, dunkelgrünen Blätter färben sich im Herbst gelegentlich goldgelb. Die anfangs trägwüchsige Baumhasel gedeiht auf allen neutralen bis stark kalkhaltigen Böden, sie ist hitzeverträglich und trockenresistent und deshalb eine der wichtigsten Baumarten für innerstädtische Bereiche.

Davidia involucrata, Taschentuchbaum
Davidiaceae

Stattlicher Baum mit großen, herzförmigen Blättern und kleinen Blütenständen, die von großen weißen Hochblättern umgeben sind.

Die deutsche Bezeichnung Taschentuch- oder Taubenbaum bezieht sich auf die eigenartigen »Blüten« dieses chinesischen Baumes. Zur Blütezeit, im Mai–Juni, sehen blühende Bäume wirklich aus, als ob sich eine Schar weißer Tauben in dem Baum niedergelassen hätte oder als ob er voll wei-

ßer Taschentücher hinge. Die Blüten selbst sind klein und unscheinbar, um so auffallender dagegen die beiden ungleich großen, 10 bis 15 cm langen, weißen, hängenden Hochblätter, die die Blüten umgeben. Dekorativ sind auch die großen bis 14 cm langen, frischgrünen, breit-herzförmigen Blätter, die erst im November ohne nennenswerte Verfärbung abfallen. An günstigen Standorten kann der Baum bis 15 m hoch werden, er hat eine regelmäßige, breit-eiförmige, im Alter unregelmäßige Krone. Er ist wärmebedürftig und braucht einen Platz in warmen, geschützten Lagen auf frischen, gepflegten Böden. Leider braucht der Baum mindestens zehn Standjahre, ehe er zu blühen beginnt. Das Warten lohnt sich, denn er ist einer der schönsten Blütenbäume, die wir in unserem Klima kultivieren können.
Bei uns ist wohl nur die Varietät *Davidia involucrata* var. *vilmoriniana* in Kultur. Sie unterscheidet sich von der Art durch unterseits völlig kahle Blätter und durch den fehlenden Ring am Fruchtstiel.

Euodia hupehensis, Stinkesche
Rutaceae

Erst im Juli–August blühender, chinesischer Baum, der als Bienenweide eine besonders große Bedeutung hat.

Den Namen Stinkesche trägt der Baum seiner unangenehm aromatisch riechenden Blätter wegen. Er wird aber auch mit Namen wie Tausendblütenbaum, Bienenbaum oder Honigbaum belegt. Solche Namen deuten auf die überaus reiche Blüte und auf den hohen Nektaranteil der Blüten hin, die den Baum zu einer wertvollen Bienenweide machen. Die weißlichen Blüten sind nur klein, stehen aber in 8 bis 18 cm breiten Rispen zusammen und sind so durchaus attraktiv. Vom Spätsommer an schmückt sich der Baum noch einmal mit auffallend rotbraunen Früchten. Seine gegenständigen, unpaarig gefiederten, bis 12 cm langen Blätter haben fünf bis neun ledrige, oben glänzendgrüne, unterseits mehr blaugrüne Fiederblättchen. Der 5 bis 20 m hohe, etwas sparrig wachsende Baum stellt an den Boden keine besonderen Ansprüche, er ist allerdings wärmebedürftig und sollte deshalb einen geschützten Platz bekommen.

Fagus sylvatica, Rotbuche
Fagaceae

Mächtiger, großkroniger, früh austreibender Wald- und Parkbaum mit glattem, silbergrauem Stamm und einer prachtvollen gelben bis rotbraunen Herbstfärbung.

Als Waldbaum kann die Rotbuche an günstigen Standorten Höhen von 30 bis 50 m erreichen. Als freigewachsene Wildart wird sie deshalb für jeden Hausgarten viel zu groß, das gilt auch für die meisten Blutbuchen und für die grünlaubige Hängebuche ('Pendula') sowie für eine der geschlitztblättrigen Buchen ('Laciniata'). Die Art stellt aber eine ganz hervorragende Heckenpflanze dar, mit der auch hohe Heckenwände aufgebaut werden können. Die hier beschriebenen Formen sind dekorative Solitärbäume, die auf allen frischen bis feuchten, schwach sauren bis kalkhaltigen Böden gedeihen. Sie vertragen zwar Schatten, sollten sich als Solitärbäume aber frei und ungehindert entfalten können.
'Asplenifolia'. Der 15 bis 20 m hohe, schwachwüchsige Baum entwickelt eine dichte Krone. Er trägt farnartig tief eingeschnittene Blätter, die oft eine extrem schmale Form annehmen.
'Dawyck'. Die Säulenbuche kann mit ihrem straff säulenförmigen bis schmal-kegelförmigen Wuchs im Alter mehr als 20 m hoch werden, die Krone wird aber kaum mehr als 3 bis 5 m breit. Selten wird die Säulenbuche auch in gelb- oder rotblättrigen Formen angeboten.
'Purpurea Pendula'. Die Bluthängebuche bleibt mit maximal 10 bis 15 m Höhe wesentlich kleiner als ihre grünlaubige Schwester. Die Bäume werden meist in Kronenhöhe veredelt, Äste und Zweige wachsen dann in Bögen abwärts. So entstehen etwas unregelmäßige, pilz- oder laubenförmige Kronen.
'Tortuosa' bildet als »Gespensterbuche« niedrige, flachkugelige, erst im Alter mehr aufstrebende Kronen, die im wirren Hin und Her ihrer oft gedrehten und in Bögen abwärts geneigten Äste phantastische, höchst dekorative Baumgestalten formen können.

Gleditsia triacanthos 'Sunburst' ▷

Gleditsia triacanthos, Gleditschie, Lederhülsenbaum
Leguminosae

Hoher Baum mit einer lockeren, unregelmäßigen, im Alter schirmförmigen Krone.

Obwohl *Gleditsia triacanthos*, die aus dem östlichen Nordamerika stammt, auch in Kultur Höhen von über 20 m erreichen kann, soll sie hier behandelt werden. Denn kaum ein anderer Baum gleicher Höhe hat eine so offene, lichtdurchlässige Krone, die auch in kleineren Gärten den benachbarten Pflanzen Raum zum Leben läßt. Der Baum trägt zierliche, einfach bis doppelt gefiederte, frischgrüne Blätter, die sich im Herbst schon früh goldgelb oder nur grüngelb verfärben. Aus eher unscheinbaren Schmetterlingsblüten entwickeln sich sehr ansehnliche, bis 40 cm lange, flache, glänzend dunkelbraune Fruchthülsen. Der Baum trägt an Stamm und Ästen zahlreiche starke, abgeflachte, verzweigte Dornenbüschel. Der anspruchslose

Baum verträgt Sonne, Hitze und starke Trockenheit, er gedeiht aber auch auf frischen bis feuchten Böden. Man darf ihn nicht im Frühjahr schneiden, weil dann die Wunden stark bluten. Neben der Art sind einige Gartenformen in Kultur:
'Inermis' unterscheidet sich von der Art durch die fehlende Bedornung.
'Rubylace' hat im Austrieb braunrote, später bronzegrüne Blätter.
'Skyline' ist eine Selektion mit vergleichsweise schmaler Krone.
'Sunburst'. Die Blätter sind in der Jugend goldgelb, später vergrünen sie.

Juglans regia, Walnuß
Juglandaceae

Mittelhoher, rundkroniger Baum, der meist der Früchte wegen gepflanzt wird.

Als Gartenbaum kommt von den 15 *Juglans*-Arten nur die am Balkan und in Vorderasien heimische *Juglans regia* in Frage, andere Arten werden entweder zu groß oder sind bei uns nicht in Kultur. Die Walnuß ist in Europa seit Jahrhunderten eingebürgert. Der langsamwüchsige, nur sparsam verzweigte und im Alter bis 10 m hohe Baum trägt eine locker belaubte Krone. Die 20 bis 50 cm langen, im Austrieb spätfrostgefährdeten, aromatisch duftenden, glänzend dunkelgrünen Blätter sind unpaarig gefiedert. Aus unscheinbaren, einhäusigen Blüten entwickeln sich die eßbaren Steinfrüchte. Der wärmeliebende Walnußbaum ist ein attraktiver Haus- und Hofbaum, wenn ihm der Standort zusagt — sonnige bis leicht beschattete Plätze, nahrhafte, tiefgründige, durchlässige Böden.
Auch bei *Juglans* bluten die Wunden im Frühjahr sehr stark, für Schnittmaßnahmen ist deshalb der Spätsommer die beste Zeit.

Liquidambar styraciflua, Amberbaum
Hamamelidaceae

In Kultur nur mittelgroßer Baum mit ahornähnlichen Blättern, die sich im Herbst früh und anhaltend flammendbunt in violettbraunen, tiefroten, orangefarbenen und gelben Tönen färben.

Aus dem östlichen Nordamerika stammt der mit den Zaubernüssen verwandte Amberbaum. Dort kann er Höhen von über 40 m erreichen, in Kultur wird der meist nur langsam wachsende Baum kaum mehr als 20 m hoch. Er hat eine anfangs schmal-kegelförmige, später mehr eiförmige Krone, einen tief gefurchten Stamm und mit unregelmäßigen Korkleisten besetzte Zweige. Die meist fünflappigen, glänzend dunkelgrünen Blätter sind einem Ahornblatt sehr ähnlich, im Gegensatz zu diesen aber wechselständig. Kaum ein anderer Baum kann mit einer so farbenprächtigen und langandauernden Herbstfärbung aufwarten wie der Amberbaum. Blüten und Früchte sind sehr unscheinbar. Der wärmebedürftige Baum braucht einen sonnigen Platz und einen gepflegten, tiefgründigen, nährstoffreichen und frischen bis feuchten Boden.

Prunus avium, Vogelkirsche
Rosaceae

Meist als Obstbaum gepflanzter Baum, der mit seiner reichen Blüte vor der Laubentfaltung aber auch einen schönen heimischen Blütenbaum darstellt.

Wenn sie aus Samen gezogen werden, können Vogelkirschen durchaus Höhen von 15 bis 20 m erreichen, veredelte Obstbäume bleiben in der Regel niedriger. Als Zierbaum besticht die Art durch ihre weiße Blütenpracht und durch ihre früh einsetzende, prachtvoll gelborangefarbene bis rote Herbstfärbung. Im Hausgarten wird man sicher eher einen veredelten Obstbaum als Hausbaum pflanzen, er ist ja nicht weniger prächtig als die Art. Die wärmeliebenden Vogelkirschen brauchen tiefgründige, nährstoffreiche, frische und kalkhaltige Lehmböden.
'Plena'. Als Blütenbaum ist auch die gefülltblühende Vogelkirsche interessant. Der Baum wird nur 10 bis 12 m hoch und trägt im April zahlreiche schneeweiße Blütenbüschel mit gefüllten Blüten. Erschöpft sich durch überreiche Blüte und braucht deshalb einen nährstoffreichen Boden.

Pyrus calleryana 'Chanticleer', Chinesische Wildbirne
Rosaceae

Selektion aus der Chinesischen Wildbirne mit sehr lange haftenden Blättern und einer schönen, orangeroten Herbstfärbung.

Seit Jahren hat sich 'Chanticleer' in wärmebegünstigten Klimazonen als Stadtstraßenbaum bewährt. Die nur mäßig frostharte Sorte zeigt sich nämlich in hohem Maße hitzeresistent und stadtklimaverträglich. Sie ist mit ihrem gleichmäßig schlanken Wuchs und einer Wuchshöhe von etwa 15 bis 18 m aber auch ein wertvoller Gartenbaum. Der Baum treibt schon früh im April aus. Er hat glänzend dunkelgrüne Blätter, die bis zum November grün bleiben, sich dann bunt färben und in braunem Zustand noch lange haften können. Mit der Laubentfaltung brechen auch die weißen Blütendolden auf; sie haben einen herben Geruch. 'Chanticleer' braucht einen durchlässigen, kalkhaltigen Boden, der trocken bis frisch sein kann. Des späten Laubfalls wegen sollte man am besten im Frühjahr oder im späten Herbst pflanzen.

Quercus robur, Stieleiche
Fagaceae

Mächtiger, breitkroniger, 30 bis 40 m hoher Großbaum, der sowohl als Park- als auch als Waldbaum in Mitteleuropa eine große Bedeutung hat.

Als Gartenbäume können nur einige Sorten gepflanzt werden:
'Concordia'. Die Goldeiche ist ein kleiner bis mittelgroßer Baum, der durch das leuchtende Gelb seiner jungen Blätter weithin auffällt. Die Blätter bleiben auch den Sommer über gelb gefärbt. Eine gute Ausfärbung ist nur an sonnigen Plätzen zu erwarten.
'Fastigiata'. 15 bis 20 m hoch kann die Säuleneiche werden, die Krone erreicht dabei mit ihren straffaufrecht wachsenden Ästen und Zweigen kaum mehr als 3 bis 5 m Breite. Die Belaubung gleicht in Größe und Färbung der Art. Wertvoll als Einzelbaum und als Begleiter von Straßen und Hofeinfahrten.

Fast alle anderen kultivierten Eichen werden als Gartenbäume viel zu groß.

Robinia, Scheinakazie, Robinie
Leguminosae

Mittelgroße Bäume mit unregelmäßigen, locker aufgebauten, lichten Kronen, bedornten Zweigen, zierlichen, gefiederten Blättern und duftenden Blütentrauben.

Ausschließlich in Nordamerika sind die 20 Arten der Gattung verbreitet. Von den baumförmigen Arten ist bei uns *Robinia pseudoacacia* die wichtigste. Alle Scheinakazien sind wärme- und sonnenliebende, trockenresistente Gehölze, die auf allen durchlässigen, kalkhaltigen Böden gedeihen. Während bei wurzelechten, strauchförmig wachsenden Arten eine Ausläuferbildung willkommen ist, kann sie bei baumförmigen Arten, etwa bei *Robinia pseudoacacia*, im Garten sehr lästig sein.

Robinia 'Casque Rouge'. Diese Hybride unbekannter Herkunft kann sich zu einem 10 bis 15 m hohen, schmalkronigen, feingliedrigen Baum entwickeln. Im Austrieb sind die Blätter bronzefarben, später hellgrün. Im Mai–Juni entfalten sich große, tiefrosa gefärbte, stark duftende Blüten in langen, hängenden Trauben. Ein bemerkenswert schöner Blütenbaum.

Robinia pseudoacacia. Die Scheinakazie kam schon um 1635 nach Europa, sie ist hier stellenweise fest eingebürgert und hat sich, vor allem an trockenheißen Standorten, längst breitgemacht. Die Scheinakazie ist ein 15 bis 25 m hoher, oft mehrstämmig gewachsener Baum mit einer knorrigen, unregelmäßig verzweigten, lichten Krone. Er treibt spät, erst Ende Mai–Anfang Juni, aus und entfaltet gleichzeitig seine 10 bis 25 cm langen Blütentrauben in reicher Fülle. Die Einzelblüten sind 2 bis 3 cm lang, reinweiß, sie duften stark und stellen eine ausgezeichnete Bienenweide dar. Für den Garten wichtiger sind die Formen:
'Frisia'. Mittelstark wachsender, 10 bis 15 m hoher, aufstrebender, schmalkroniger Baum, dessen Blätter leuchtend goldgelb gefärbt sind. Die Färbung verblaßt bis zum Herbst nur wenig.

'Inermis'. Im Wuchs wie die Art, die Zweige aber ohne oder nur mit verkrüppelten Dornen.
'Tortuosa'. Die Korkenzieher-Robinie ist mit ihren bizarr gedrehten Ästen und korkenzieherartig gewundenen Zweigen eine ganz eigenartige Erscheinung. Der 10 bis 15 m hohe Baum wird meist vom Boden an mehrstämmig gezogen, seine Krone entwickelt sich im Alter annähernd schirmförmig.
'Unifoliola'. So lautet heute die korrekte Bezeichnung für die Einblättrige Robine, die sonst oft noch als 'Monophylla' bezeichnet wird. Sie bleibt etwas kleiner als die natürliche Art. Das sonst fiederförmige Blatt ist hier bis auf ein stark vergrößertes Endblättchen reduziert, teilweise kommen noch Fiederblätter mit drei bis sieben Seitenblättchen vor.

Sophora japonica, Schnurbaum
Leguminosae

Bis 20 m hoher, breit- und rundkroniger Baum, der erst im August—September blüht.

In China und Korea ist der Schnurbaum heimisch. Wie viele andere Arten aus der Familie der Schmetterlingsblütler hat er zierliche, gefiederte Blätter, die bis 25 cm lang werden. Am winterkahlen Baum fallen die grünrindigen Zweige auf; mehrere Jahre lang behalten sie ihre Farbe. Erst im Spätsommer kommt der Baum zur Blüte, ältere Bäume sind dann übervoll mit gelblichweißen Schmetterlingsblüten, die in bis 30 cm langen Rispen zusammenstehen. Nur im Weinbauklima werden die eigenartigen Fruchthülsen ausgebildet. Sie sind zwischen jedem Samen eingeschnürt, deshalb der Name Schnurbaum. Der wertvolle Sommerblüher (kein anderer Baum unserer Breiten blüht so spät) braucht einen warmen, sonnigen Platz. Er ist in hohem Maß trockenresistent und hitzeverträglich und deshalb ein besonders wertvoller Baum für innerstädtische Bereiche. Der Boden muß unbedingt durchlässig sein, auf zu schweren Böden reift das Holz zu spät aus, Frostschäden sind dann häufig die Folge.
'Regent'. Diese Selektion aus Amerika hat gegenüber der Art den Vorteil, daß sie schon als jüngerer Baum blüht.

Sorbus, Eberesche, Mehlbeere, Speierling, Vogelbeere
Rosaceae

Mittelhohe, meist sparsam verzweigte Bäume mit gefiederten Blättern, weißen Blütendolden und meist auffallend rot gefärbten Fruchtständen.

Etwa 80 *Sorbus*-Arten sind in der nördlich gemäßigten Zone der Alten und Neuen Welt verbreitet. Die kultivierten Arten sind überwiegend kleine oder mittelgroße Bäume mit glatten, grauen Stämmen, unpaarig gefiederten oder fiedrig gelappten Blättern. Alle haben mehrere dekorative Eigenschaften. Da sind zunächst im Mai—Juni die weißen, streng riechenden Blütenstände. Ihnen folgen schon ab September die oft scharlachrot gefärbten und teilweise bis in den Winter haltenden, mehlig-fleischigen Früchte, schließlich bei einigen Arten eine ganz prachtvolle Herbstfärbung in leuchtendroten bis orangegelben Farben. Die meisten Arten sind recht anspruchslos, sie kommen an sonnigen bis halbschattigen Plätzen fort und gedeihen auf allen durchlässigen, mäßig trockenen bis feuchten Böden. *Sorbus aria* kommt auch mit trockenen Böden zurecht.

Sorbus aria. Die Echte Mehlbeere ist von Europa bis zum Kaukasus verbreitet. Sie wächst zu einem 10 bis 15 m hohen Baum mit regelmäßiger, ei- oder kugelförmiger Krone heran. Die derben, einfachen, unregelmäßig gesägten Blätter sind oberseits anfangs silbrig behaart, später kahl und dunkelgrün. Im Mai blühen die weißen, filzigen Blütenstände auf, die großen, orange- bis korallenroten Früchte färben sich ab September. Ein robuster Solitär- und bewährter Straßenbaum.
Mit Auslesen wie 'Lutescens', 'Magnifica' und 'Majestica' werden veredelte Sorten angeboten, die meist etwas kleiner bleiben und deren große, derbe Blätter im Austrieb beiderseits auffallend weißfilzig sind.

Sorbus aucuparia, Eberesche, Vogelbeere. Die in Mitteleuropa häufigste *Sorbus*-Art ist ein 5 bis 15 m hoher, locker verzweigter, oft mehrstämmi-

Sophora japonica 'Pendula' ▷

ger Baum mit ovaler bis runder Krone. Die bis 15 cm langen, dunkelgrünen Fiederblätter färben sich im Herbst gelb bis tiefrot. Kurz nach der Laubentfaltung erscheinen die weißen Blüten in ihren flachen ansehnlichen Ständen. Im August setzt die Fruchtreife ein. Die kugeligen, korallenroten Früchte hängen auch nach dem Laubfall noch an den Bäumen. Durch Blüte, Herbstfärbung und Fruchtschmuck ein wirkungsvoller Gartenbaum.
'Edulis'. Die Mährische Eberesche unterscheidet sich von der Art durch größere, sattgrün gefärbte Blätter und durch deutlich größere Früchte, die oft so zahlreich ausgebildet werden, daß sich die Zweige unter der Last weit überbiegen. Die Früchte sind weniger bitter, haben einen hohen Vitamin-C-Gehalt und lassen sich auch gut verarbeiten.

Sorbus domestica. Der Speierling hat seine natürliche Verbreitung von Süd- bis Mitteleuropa. Bis in die jüngste Zeit war er in einigen Gebieten Deutschlands ein wichtiges Kulturgehölz. Seine gerbstoffreichen Früchte wurden dem Apfelmost zugesetzt, der dadurch geschmackvoller wurde und länger haltbar. 1993 wurde der Speierling in Deutschland zum »Baum des Jahres« gewählt. Der langsamwüchsige Baum wächst zunächst regelmäßig kegelförmig, später wird die Krone breit. Die mattgrünen Fiederblätter färben sich im Herbst leicht gelb bis rot. Aus angenehm duftenden, weißen Blüten entwickeln sich im September–Oktober birnen- oder apfelförmige, grünlichgelbe Früchte, die auf der Sonnenseite gerötet sind. Der wärmeliebende Speierling zählt zu den attraktivsten *Sorbus*-Arten. Man sollte ihn wieder häufiger pflanzen.

Sorbus intermedia. Nordeuropa ist die Heimat der Schwedischen Mehlbeere, einem bis 15 m hohen, meist kurzstämmigen Baum mit ebenmäßig ovaler bis runder Krone. Die elliptischen bis verkehrt-eiförmigen Blätter sind am Rand gelappt und unterhalb der Mitte fast fiedrig gespalten, ihre herbstliche Verfärbung beeindruckt nicht besonders. Wenig auffallend sind die weißen, filzigen Blütenstände, auch die dicken, scharlachroten Früchte fallen weniger auf als bei anderen *Sorbus*-Arten. Wertvoll ist *Sorbus intermedia* durch ihre große Winterhärte und ihre Anspruchslosigkeit, sie gedeiht auch noch in sandigen, trockenen Böden und an windexponierten Standorten.

Tilia, Linde
Tiliaceae

Seit Jahrhunderten auf Höfen und Plätzen, in Grünanlagen und Alleen kultivierte Bäume, deren duftende, honigreiche Blüten sich erst im Juni–Juli öffnen. Sie sind deshalb eine wertvolle Bienenweide.

Die meisten der 50 Arten der nördlich gemäßigten Zone werden viel zu groß, um als Gartenbäume verwendet werden zu können. Nur eine Hybride, *Tilia × euchlora*, und einige Gartenformen der Winterlinde bleiben in erträglichen Wachstumsgrenzen. Linden sind im allgemeinen wenig anspruchsvoll, sie gedeihen auf allen tiefgründigen, nährstoff- und basenreichen Böden. Sie vertragen sonnige bis halbschattige Standorte und sind nur empfindlich, wenn sie gleichzeitig Hitze und Trockenheit ausgesetzt sind.

Tilia cordata. Während die Winterlinde Höhen von 30 oder gar 40 m erreichen kann, sollen einige Neueinführungen der letzten Jahre deutlich niedriger bleiben:
'Erecta'. 15 bis 20 m hoch, Krone anfangs breit-säulenförmig, zuletzt breit-eiförmig und bis 12 m breit.
'Greenspire'. 15 bis 20 m hoher Baum. Verträgt mehr Hitze, Luft- und Bodentrockenheit als die Art. Blätter derb und glänzend dunkelgrün.
'Lico'. Sehr langsam wachsende, nur 3 bis 4 m hohe Selektion, die ohne Schnitt eine dichte, fein verzweigte Kugelkrone bildet. Blätter deutlich kleiner als bei der Art.
'Monto' wird nur wenig höher. Ebenfalls mit kleinen Blättern und kugelförmiger Krone.
'Rancho'. 10 bis 12 m hoch, regelmäßig dichte, kompakte, kegelförmige Krone. Kleine, dunkelgrüne Blätter, die bis zum November haften.

Tilia × euchlora. Die Krimlinde ist stets leicht an ihrem Wuchs zu erkennen: Der 15 bis 20 m hohe Baum entwickelt eine schlanke, dichte Krone mit durchgehendem Stamm, bogig übergeneigten Ästen und hängenden Zweigen, die nicht selten den Boden berühren. Die bis 10 cm langen Blätter sind auffallend glänzend dunkelgrün, sie färben sich im Herbst nur fahlgelb. Erst im Juli erscheinen die stark duftenden Blüten in hängenden Ständen. Wertvoll ist die Krimlinde, weil sie mehr Hitze und Trockenheit erträgt als die meisten anderen Arten.

Ulmus, Ulme
Ulmaceae

Meist großkronige Bäumen, deren Bestand durch die Ulmenkrankheit stark gefährdet ist. 1992 war die Ulme in Deutschland »Baum des Jahres«.

Die 45 Ulmenarten sind überwiegend in der nördlich temperierten Zone verbreitet. Alle eignen sich ihrer Größe wegen nicht als Gartenbäume. Nur zwei Gartenformen sollen hier empfohlen werden. Unberücksichtigt bleiben alle Hybriden, die in jüngerer Zeit gezüchtet worden sind und die angeblich resistent gegenüber der Ulmenkrankheit sind.

Ulmus glabra 'Camperdownii'. Die Laubenulme wird nicht selten fälschlich unter dem Namen 'Pendula' angeboten. Die schwachwüchsige Form wird meist hochstämmig veredelt, in der fast halbkugeligen Krone wachsen die Äste in kurzen Bögen, die Zweige neigen sich senkrecht herab, sie berühren nicht selten den Boden.
'Pendula' bildet dagegen eine breit-schirmförmige Krone mit fast waagerecht abstehenden Ästen, die nur an den Spitzen hängen, die Zweige sind meist nur an den Spitzen beblättert.

Ulmus minor 'Wredei', Goldulme. In der Jugend wächst der schließlich 10 bis 15 m hohe Baum mit zahlreichen Trieben straff und schmalsäulenförmig aufrecht, später wird die Krone deutlich breiter und gelegentlich unregelmäßig trichterförmig. Besonders fallen die kleinen, wellig gedrehten Blätter auf, sie sind im Austrieb lebhaft goldgelb, später nur noch grüngold gefärbt. Die Form braucht einen frischen Boden und einen eher kühlen Standort.

Kleinkronige Solitär- und Blütenbäume

Kleine Hausgärten ertragen häufig keine Bäume mittlerer Größe, sie haben oft nur Platz für kleinkronige Arten, deren Wuchshöhe kaum mehr als 12 bis 15 m beträgt. Im Gegensatz zur Gruppe mittelgroßer Bäume, von denen viele nur unscheinbar blühen, umfaßt diese Gruppe zahlreiche Baumarten mit einem reichen Blütenflor, etwa die Zieräpfel, Zierkirschen oder die Magnolien. Der Übergang zu den strauchartig wachsenden Ziergehölzen, die im darauffolgenden Kapitel behandelt werden, verläuft fließend. Manche der dort behandelten Arten können unter günstigen Standortbedingungen auch zu kleinen Bäumen heranwachsen.

Acer, Ahorn
Aceraceae

Aus der artenreichen Gattung werden hier einige Arten behandelt, von denen als Ziergehölze die Fächer- und Schlangenhautahorne die größte Bedeutung haben.

Fächerahorne

Sie bilden innerhalb der Gattung eine gut abgegrenzte Gruppe. Der Name bezieht sich auf die sehr zierlichen, zart wirkenden, »fächerförmigen« Blätter. Sie sind meist sehr dünn, im Umriß fast kreisrund und mit fünf bis neun Lappen mehr oder weniger tief geteilt. Die meisten der acht Arten haben ihre Heimat in Ostasien, nur der Weinblattahorn, *Acer circinatum*, stammt aus dem westlichen Nordamerika. Insgesamt haben bei uns nur drei Arten größere Bedeutung: *Acer japonicum, A. palmatum* und *A. shirasawanum*. Zu den natürlichen Arten gesellt sich aber eine große Fülle von Gartenformen, das gilt vor allem für *Acer palmatum*. Sie bieten uns in bezug auf die Wuchsform sowie im Hinblick auf Form und Färbung der Blätter eine große Vielfalt. Die Blätter können mehr oder weniger fein geteilt, ganzjährig oder nur im Austrieb rot oder gelb gefärbt sein oder im Herbst oft glühende Farben annehmen.

Acer palmatum 'Dissectum Rubrifolium'

So wie sich die kostbaren Fächerahorne in ihrem Erscheinungsbild ähnlich sind, so sehr stimmen auch ihre Standortansprüche überein. Alle gedeihen am besten an sonnigen bis leicht beschatteten, luftfeuchten, wintermilden und windgeschützten Plätzen. Darüber hinaus brauchen sie gepflegte, am besten schwach saure, durchlässige, sandig-humose oder milde Lehmböden. Sie sind empfindlich gegenüber Hitze und Trockenheit und versagen auf zu schweren Böden.

Acer japonicum. Im nördlichen und mittleren Japan ist der Japanische Ahorn heimisch. Er erreicht dort Höhen bis 7 m, bleibt in Mitteleuropa meist aber kleiner. Seine bis 14 cm breiten Blätter sind mit sieben bis neun doppelt gesägten Lappen bis zur Mitte eingeschnitten. Gleichzeitig mit der Laubentfaltung erscheinen die bis 1,5 cm großen Blüten mit ihren dunkelroten Kelchblättern. Die frischgrünen Blätter färben sich im Herbst schön rot.

'Aconitifolium' wird viel häufiger gepflanzt als die Art. Ihre farnartig grazilen, hellgrünen Blätter sind mit neun bis elf Lappen tief eingeschnitten, sie färben sich im Herbst in orangeroten bis leuchtendroten Farben.

'Aureum'. Diese gelblaubige Form wird heute zu *Acer shirasawanum* gestellt.

Acer palmatum. Nur selten erreicht der Echte Fächerahorn bei uns die Wuchshöhen seiner japanischen Heimat, nur an günstigen Standorten kann er 6 bis 8 m hoch werden. Der oft mehrstämmig gewachsene Baum oder Strauch baut mit einer sehr feinen Verzweigung lockere, rundliche Kronen auf. Seine sehr variablen Blätter sind meist unter 10 cm breit und mit fünf bis sieben Lappen bis unter die Blattmitte eingeschnitten. Ihre frischgrüne Farbe wechselt im Herbst zu meist leuchtendroten Tönen. Die im Juni erscheinenden rötlichen Blüten sind weniger auffällig als bei *Acer japonicum*. Von *Acer palmatum* sind mehr als 200 Formen bekannt, in den Baumschulen wird meist kaum mehr als eine Handvoll angeboten.

'Atropurpureum' zeigt den gleichen Habitus wie die Art. Die Blätter dieser am häufigsten gepflanzten Form sind aber im Austrieb leuchtendrot, später beständig dunkelrot gefärbt.

'Butterfly' wächst aufrecht und erreicht 3 bis 4 m Höhe. Die kleinen fünflappigen, grünen Blätter weisen eine cremefarbene Zeichnung auf; im Austrieb sind sie schmal rosa gerandet.

'Dissectum' wird 2 bis 3 m hoch und baut eine kompakte, schirmförmige Krone mit ausgebreiteten Ästen und übergeneigten Zweigen auf. Die sehr filigranen, fünf- bis siebenlappigen Blätter sind fast bis zur Basis eingeschnitten, die Lappen sind tief fiederschnittig mit schmalen, fast bis zur Mittelrippe reichenden Sekundärlappen. Die im Sommer frischgrüne Blattfärbung wechselt im Herbst nach Gelb bis Orange.

'Dissectum Garnet' wächst wie 'Dissectum', wird aber nur 1 bis 2 m hoch. Die ebenfalls dekorativ geschlitzten, nur etwas grober gesägten Blätter sind im Austrieb dunkelrot und später bis zum Herbst gleichbleibend dunkel braunrot.

'Dissectum Rubrifolium'. Die typischen Dissectum-Blätter sind bei dieser Sorte braun- bis rostrot gefärbt.

'Osakazuki' ähnelt im Wuchs der Wildart. Die großen, siebenlappigen, dunkelgrünen Blätter sind etwa bis zur Mitte eingeschnitten, im Herbst färben sie sich orange bis karminrot. In puncto Herbstfärbung eine unübertreffliche Form.

'Sango-kaku'. In Wuchs und Belaubung ähnelt die Sorte der Wildform. Die Zweige sind besonders im Winter leuchtend korallenrot. Herbstfärbung goldgelb bis hellrot.

Acer shirasawanum 'Aureum'. Die im mittleren Japan heimische Art ist bei uns nicht in Kultur, sondern nur die gelblaubige Form, die oft noch zu *Acer japonicum* gestellt wird. Der kleine, kaum mehr als 2 bis 3 m hohe Strauch wächst langsam und gedrungen, die sieben- bis elflappigen Blätter treiben leuchtendgelb aus, sie bleiben auch den Sommer über konstant gelb. Die Blätter leiden unter Hitze und starker Sonneneinstrahlung, deshalb braucht diese wirkungsvolle Form einen leicht beschatteten Platz.

Schlangenhautahorne

Mit Schlangen- oder Streifenhautahorn wird eine Gruppe von Arten beschrieben, die alle ein gemeinsames Merkmal haben: ihre lange glatt bleibende, mehr oder weniger grüne Rinde wird von weißen oder milchigweißen Längsstreifen durchzogen. Sie wirkt so sehr lebhaft, besonders im Winter. Wie bei den Fächerahornen, stammen auch bei dieser Gruppe die meisten Arten aus Ostasien, nur *Acer pensylvanicum* hat seine Heimat im östlichen Nordamerika. Alle Arten wachsen anfangs ziemlich rasch. Sie sind oft vom Boden an mehrstämmig und bauen eine lockere, meist deutlich trichterförmige Krone auf. Nur selten werden Wuchshöhen von mehr als 12 m erreicht, so sind die Schlangenhautahorne ideale Solitärbäume für kleine Gärten. Alle Arten haben durchaus ansehnliche, meist gelblich gefärbte Blüten, die im Mai in hängenden Trauben erscheinen.

Acer capillipes. Der Rote Schlangenhautahorn fällt durch seine rot gefärbten, bereiften Triebe auf, auch Blattstiele und die Blattnervatur sind rot gefärbt. Die dreilappigen Blätter sind im Austrieb rötlich, im Herbst färben sie sich leuchtend gelborange bis karmin.

Acer davidii. Die Krone dieser chinesischen Art ist schmaler als die der anderen Arten dieser Gruppe. Auch im Blattschnitt unterscheidet sich die Art, denn die länglich-eiförmigen Blätter sind in der Regel ungelappt. Auch sie färben sich im Herbst gelb und rot.

Acer rufinerve. Der Rostnervige Schlangenhautahorn ist an seinen Blattunterseiten leicht zu er-

Acer capillipes

kennen: In den Nervenwinkeln zeigt sich eine rostbraune Behaarung. Die Blätter sind dreilappig, im Sommer dunkelgrün und im Herbst orange bis karmin gefärbt.

Andere kleinkronige Arten

Hier werden die restlichen, in ihrem Charakter ganz unterschiedlichen Arten der kleinkronigen Ahorne zusammengefaßt.

Acer ginnala. Der Feuerahorn gehört zu den besonders häufig kultivierten Arten dieser Gruppe. Er stammt aus dem nördlichen Ostasien und baut sich zu oft mehrstämmigen Kleinbäumen von 4 bis 6 m Höhe auf. Die Kronen können breitkegelförmig oder schirmförmig sein. Bei den recht zierlichen, dreilappigen Blättern ist der Mittellappen deutlich größer als die Seitenlappen, die glänzend dunkelgrüne Farbe wandelt sich im Herbst zu Leuchtendorange bis Karminrot. Die gelblichweißen Blütenrispen duften leicht. Nicht selten sind die Fruchtflügel im Sommer hochrot gefärbt, später werden sie braun. *Acer ginnala* ist eine sehr anspruchslose, robuste Art, die sich auch für Wind- und Sichtschutzpflanzungen eignet.

Acer griseum. Der Zimtahorn, eine chinesische Art, ist ein Muß für jeden Ahornliebhaber. Kein anderer Ahorn hat einen so schönen Stamm: Die glatte Borke ist zimtbraun gefärbt, sie löst sich in Streifen und rollt sich auf. Auch die Blätter fallen aus dem Rahmen des Üblichen: sie sind dreizählig, dünn, oberseits dunkelgrün und auf der Unterseite bläulichgrün. Im Herbst färben sie sich karminrot. *Acer griseum* ist ein sehr langsam wachsender, im Alter 5 bis 9 m hoher Baum mit einer kleinen, unregelmäßigen Krone. Die Art gedeiht auf jedem gepflegtem Gartenboden.

Acer monspessulanum. Der Burgenahorn oder Französische Ahorn kommt von Südeuropa bis Mitteldeutschland vorwiegend an trockenen, sonnigen Standorten vor. Dieser kleine, je nach Standort 3 bis 10 m hohe Baum hat eine reichverzweigte, oft etwas sparrige Krone. Vergleichsweise klein sind die derben, dunkelgrünen, dreilappigen Blätter, die sich im Herbst gelb färben. Ein schöner heimischer Kleinbaum für sonnige, trockenwarme Plätze.

Acer platanoides 'Globosum'. Der Name Kugelahorn beschreibt diese Form recht gut. Sie wird meist hochstämmig veredelt und bildet dann ohne Schnitt kompakte, kugelförmige, im Alter etwas abgeplattete Kronen, in der die Zweige nach allen Seiten abstehen. Eine schöne, geometrische Form zur Gestaltung von Plätzen oder zur Begleitung von Gehwegen.

Cercis siliquastrum, Judasbaum
Leguminosae

Im Mittelmeergebiet heimischer Großstrauch mit zahlreichen duftenden Schmetterlingsblüten, die im zeitigen Frühjahr auch aus Ästen und Stämmen hervorbrechen.

Von den sieben Arten in Europa, Asien und Nordamerika kennen wir in unseren Gärten in der Re-

Cercis siliquastrum

gel nur den Gewöhnlichen Judasbaum, *Cercis siliquastrum*. Den Kanadischen Judasbaum, *Cercis canadensis*, und den Chinesischen Judasbaum, *Cercis chinensis*, sieht man in der Regel nur in botanischen Gärten. Kennzeichnend für die Gattung sind die einfachen, nierenförmigen, handnervigen Blätter und das eigenartige Blühverhalten. Die kleinen Schmetterlingsblüten sitzen in dichten Büscheln nicht nur an den jungen Zweigen, sondern auch an armdicken Ästen und Stämmen. So können gut entwickelte Bäume zur Blütezeit im Mai in ein purpurrosa Blütenmeer getaucht sein. Man nennt diese Erscheinung Stammblütigkeit. Wir kennen sie sonst nur von einigen tropischen Holzarten, etwa dem Kakaostrauch.

In Mitteleuropa braucht der wärmeliebende und vor allem in der Jugend frostempfindliche Baum einen warmen, geschützten sonnigen Platz auf durchlässigen, kalkhaltigen und eher trockenen Böden. Bei uns wird der locker aufgebaute Baum kaum mehr als 6 bis 8 m hoch. In etwas rauheren Lagen kann man ihn gut an die Südseite einer Mauer pflanzen. Friert er in strengen Wintern einmal zurück, treibt er meist wieder gut durch.

Cladrastis kentukea, Nordamerikanisches Gelbholz
Leguminosae

Kleiner Baum aus der Familie der Schmetterlingsblütler mit gefiederten Blättern und weißen Blüten in langen, locker hängenden, aus Trauben zusammengesetzten Rispen.

Cladrastis kentukea, oft noch unter dem Namen *Cladrastis lutea* geführt, stammt aus dem südöstlichen Nordamerika. Der Name Gelbholz bezieht sich auf die Farbe des Holzes, das anfangs gelb gefärbt ist. Der kleine, langsamwachsende, bei uns kaum mehr als 10 m hohe Baum bildet einen glatten, harten, meist vom Boden an verzweigten Stamm und eine rundliche Krone. Seine großen Fiederblätter färben sich im Herbst wunderschön goldgelb. Leider blüht der Baum erst nach einigen Standjahren und auch dann nicht immer regelmäßig. Blühende Bäume bieten aber mit ihrer Fülle weißer Blütenrispen im Mai–Juni einen prachtvollen Anblick. Der Baum liebt einen warmen, sonnigen, windgeschützten Platz und braucht einen durchlässigen Boden, der trocken bis frisch sein kann. Weil das Gelbholz nach einem Frühjahrschnitt sehr stark blutet, müssen notwendig werdende Schnittmaßnahmen im Spätsommer durchgeführt werden.

Cornus, Hartriegel
Cornaceae

Artenreiche Gehölzgattung mit zahlreichen wichtigen Gartengehölzen von sehr unterschiedlichem Charakter und mit verschiedenen Standortansprüchen und Verwendungsmöglichkeiten.

Neben den Blumenhartriegeln *(Cornus florida, Cornus kousa* und *Cornus nuttallii)*, die zum Schönsten aus dem Reich der Ziergehölze gehören, hat die Gattung auch attraktive Vorfrühlingsblüher wie *Cornus mas*, elegant aufgebaute Kleinbäume mit weitschwingenden Ästen *(Cornus alternifolia* und *Cornus controversa)* sowie einige robuste und anspruchslose Hecken- und Decksträucher zu bieten, die im nächsten Kapitel behandelt werden.

Mit Ausnahme von *Cornus alternifolia* und *Cornus controversa* haben alle Arten gegenständige Blätter. Ihre Blüten, die in Rispen oder Köpfchen zusammenstehen, sind nur klein und unscheinbar. Bei den Blumenhartriegeln werden die Blütenköpfchen aber von vier bis sechs großen, auffallenden Hochblättern umgeben, die diese Arten zu besonders dekorativen Blütengehölzen macht.

Cornus alternifolia. Mit seinem regelmäßigen Kronenaufbau gehört der in Nordamerika heimische Etagenhartriegel zu den elegantesten Kleinbäumen. Über einem meist kurzen Stamm (häufig sind die 6 bis 8 m hohen Bäume auch mehrstämmig) baut sich eine Krone waagerecht abstehender Äste in deutlich getrennten Etagen auf. Die elliptischen, an den Triebenden gehäuften Blätter sind unterseits weißlichgrün. Sie färben sich schon früh im Herbst dunkel purpurviolett. Im Mai–Juni stehen auf den waagerecht ausgebreiteten Zweigen weißliche Blüten in breiten Schirmrispen. Nur kurz hält sich der Fruchtschmuck aus blauschwarzen, bereiften Früchten, die auf roten Stielen sitzen. Die Art verträgt sonnige bis halbschattige Plätze und gedeiht am besten auf gepflegten, frischen Böden.

Cornus controversa. Der Pagodenhartriegel ist das ostasiatische Gegenstück zu *Cornus alternifolia*. Er wird etwas höher und baut sich ganz ähnlich auf. Meist sind seine Astetagen aber noch deutlicher voneinander getrennt als beim Etagenhartriegel. Der ganze Aufbau erinnert deutlich an die schwingenden Dächer ostasiatischer Pagoden. Bis zu 12 cm breit sind die cremeweißen Blütenstände. Sie stehen, deutlich sichtbar, auf den waagerecht ausgebreiteten Zweigen und öffnen sich nach der Laubentfaltung im Mai–Juni. Auch die blauschwarzen Früchte sind sehr dekorativ. 'Variegata' ist mit den lebhaften, weiß gerandeten Blättern ebenfalls ein prachtvoller, aber etwas empfindlicher Kleinbaum.

Cornus controversa 'Variegata'

Blumenhartriegel

Von den drei winterharten Blumenhartriegeln besiedelt jede Art ein eigenes, von den anderen weit entferntes Areal. *Cornus kousa* gehört der ostasiatischen Flora an, *Cornus florida* kommt in den Laubwaldgebieten des östlichen Nordamerika vor, und *Cornus nuttallii* stammt aus den Nadelholzgebieten des westlichen Nordamerika. In unseren Breiten wachsen die Blumenhartriegel zu meist mehrstämmigen, 3 bis 7 m hohen Bäumen oder Großsträuchern heran. Alle sind ausgesprochen dekorative Gehölze, die im Garten eine Sonderstellung und eine pflegliche Behandlung verdienen. Blumenhartriegel können an sonnigen bis leicht beschatteten Plätzen wachsen, sie brauchen unbedingt gut gepflegte, humose, durchlässige, tiefgründige, frische und leicht saure Böden.

Cornus 'Eddie's White Wonder'. Aus einer Kreuzung zwischen den beiden nordamerikanischen Blumenhartriegeln ist diese Hybride hervorgegangen. Bei dieser oft strauchförmig wachsenden Form verfärben sich die Blätter im Herbst schön orange, braun und rot. Die Blütenköpfchen sind von vier, gelegentlich auch von fünf oder sechs rundlichen, breit-eiförmigen, 4 bis 5 cm langen Hochblättern umgeben, die sich überlappen.

Cornus florida. Der eigentliche Blumenhartriegel ist ein kaum mehr als 5 m hoher Kleinbaum mit grünen, bereiften Jungtrieben und eiförmig-elliptischen Blättern, die sich im Herbst prächtig scharlachrot bis violett färben. Im Mai entfalten sich die grünlichweißen bis gelblichen Blütenköpfchen, die von vier weißen, verkehrt-eiförmigen, 3 bis 5 cm langen und vorn ausgerandeten Hochblättern getragen werden. Die Blütenknospen sind schon im Herbst weit vorgebildet, daher können die Hochblätter im Winter Schaden nehmen und sind an ihren Spitzen nicht immer vollkommen ausgebildet. *Cornus florida* blüht etwa drei bis vier Wochen früher als ihr ostasiatisches Pendant. Sie stellt etwas höhere Standortansprüche als *Cornus kousa*.

Bei der Wildpopulation schwanken Blütengröße und -farbe in recht weiten Grenzen. Neben weißblühenden Formen kommen in der Natur auch Formen mit mehr oder weniger stark rosa gefärbten Hochblättern vor. Aus der Wildpopulation werden deshalb seit Jahren Individuen mit besonders schönen »Blüten« ausgelesen und vegetativ vermehrt. Darüber hinaus gibt es auch Sorten mit bunt gefärbten Blättern.

Weißblühende Sorten: 'Barton's White', 'Cherokee Princess', 'Cloud Nine', 'Springtime', 'White Cloud'.

Rosablühende Sorten: 'Cherokee Chief', 'Purple Glory', 'Royal Red', 'Rubra', 'Sweetwater'.

Sorten mit farbigem Laub: 'First Lady'. Blätter gelb gerandet oder teilweise ganz gelb.

'Rainbow'. Blätter im Sommer nur schwach bunt gefärbt, Herbstfärbung aber besonders farbenprächtig. Wüchsiger als 'First Lady'.

Cornus kousa. Der Japanische Blumenhartriegel baut sich ähnlich, meist etwas trichterförmig, auf wie *Cornus florida*. In seiner japanischen und koreanischen Heimat kann der Strauch 7 m Höhe erreichen, bei uns bleibt er meist niedriger. Seine in der Jugend grünen Zweige sind unbereift. Die eiförmig-elliptischen, unterseits blaugrünen, am Rand meist welligen Blätter färben sich im Herbst scharlachrot. Auch hier werden die kleinen Blütenköpfchen von vier Hochblättern getragen; diese sind 3 bis 5 cm lang und vorn lang zugespitzt. Nicht selten werden auch in unserem Klima die erdbeerähnlichen, rosaroten Früchte ausgebildet. *Cornus kousa* gehört ohne Zweifel zu den schönsten Blütensträuchern, die aus Ostasien in unsere Gärten gekommen sind. Ein eleganter Wuchs mit ausladenden Ästen und Zweigen vereint sich zur Blütezeit mit einer Fülle stets makelloser Blütensterne. Der Strauch ist darüber hinaus weniger anspruchsvoll an den Standort und gedeiht bei uns meist besser als *Cornus florida*.

Neben der in China heimischen Varietät *Cornus kousa* var. *chinensis*, die sich vor allem durch die größeren, an der Basis sich überlappenden Hochblätter vom japanischen Typ unterscheidet, sind auch reichblühende Formen mit großen »Blüten« und schöner Herbstfärbung ausgelesen worden. Es handelt sich überwiegend um weißblühende Sorten wie 'China Girl', 'Milky Way' und 'Selektion Kordes'.

'Satomi' hat mit ihren dunkel- bis hellrosa Blüten für die Art eine ungewöhnliche Blütenfarbe. (Die Farbe ist witterungsabhängig, sie verblaßt bei starker Sonne.)

'Snowboy' ist eine Sorte mit weißbunten Blättern.

Cornus nuttallii. An ihren natürlichen Standorten kann *Cornus nuttallii* zu einem bis 25 m hohen Baum heranwachsen, bei uns aber bleibt er stets viel kleiner. Hier werden die kleinen Blütenköpfchen von meist sechs, selten von vier oder fünf großen, gelblichweißen Hochblättern umgeben. *Cornus nuttallii* gilt als schönster Blumenhartriegel, ist bei uns aber nur selten in Kultur. Die Art braucht einen warmen Standort und ist vor allem als junge Pflanze nur schwer zu kultivieren. Nur an zusagenden Standorten entwickelt sie sich zufriedenstellend.

Cornus mas. Die Kornelkirsche gehört nicht mehr zu den Blumenhartriegeln, obwohl die goldgelben Blüten, die sich schon im Februar–März öffnen, durchaus eine beachtliche Wirkung erzielen. *Cornus mas* ist ein 3 bis 6 m hoher, sparrig verzweigter Strauch oder kleiner Baum mit schwach vierkantigen Zweigen und schuppig abblätternder Borke. Von Mittel- und Südeuropa ist die Art bis in den Kaukasus verbreitet. Sie gehört zu den am frühesten blühenden Gehölzen der heimischen Flora und hat als eine der ersten Pollen- und Nektarspender für Bienen Bedeutung. Als Schauapparat zur Anlockung der Insekten dienen hier nicht auffällig gefärbte Hochblätter, sondern die entfalteten, 10 cm langen, goldgelb gefärbten Knospenschuppen. Aus den Blüten entwickeln sich etwa 2 cm lange, glänzendrote Steinfrüchte, bei denen der Steinkern von einem saftreichen, säuerlichen, wohlschmeckenden Fruchtfleisch umgeben ist. Vor allem großfrüchtige Sorten werden in vielfältiger Weise wirtschaftlich genutzt und etwa zu Marmelade, Gelee, Säften und Obstwein verarbeitet. In der Gartenkultur ist *Cornus mas* ein wichtiges Gehölz für Gruppen- und Schutzpflanzungen und für geschnittene oder freigewachsene Hecken. Der Baum verträgt sonnige bis leicht beschattete Plätze, Hitze und Trockenheit, er bevorzugt kalkreiche Böden.

Crataegus, Weißdorn
Rosaceae

Robuste, dornig bewehrte Kleinbäume mit überwiegend weißen Blüten und roten Apfelfrüchten mit mehligem oder saftigem Fruchtfleisch.

Mit etwa 200 Arten in Eurasien und Nordamerika ist die Gattung *Crataegus* recht umfangreich. Aber nur wenige Arten und Sorten befinden sich in Kultur. Es sind fast ausschließlich kleine Bäume oder große, unregelmäßig aufgebaute Sträucher mit einfachen, oft fiedrig gelappten Blättern. Bei allen natürlichen Arten sind die gelegentlich streng riechenden Blüten weiß, nur bei einigen Gartenformen kennen wir rosa oder rote Blüten. Alle Arten sind robuste, anspruchslose und anpassungsfähige Gehölze, die auf jedem Gartenboden gedeihen. Sie werden oft hochstämmig gezogen und sind dann hübsche Solitärbäume, die früher nicht selten regelmäßig zu kugeligen Formen zurechtgestutzt wurden. Zum Glück bevorzugen wir heute natürlich gewachsene Gehölze. Die hohe Schnittverträglichkeit macht einige Arten, vor allem die heimischen Weißdorne, zu wertvollen Heckenpflanzen.

Crataegus crus-galli. Wegen ihrer bis 8 cm langen Dornen wird diese nordamerikanische Art Hahnendorn genannt. Sie kann bis 12 m hoch werden und hat eine breite, flachrunde, etwas sparrige Krone. Die verkehrt-eiförmigen, auffallend glatten, ledrigen, glänzend dunkelgrünen Blätter färben sich im Herbst für eine lange Zeit orangerot. Im Mai erscheinen die Blüten in vielblütigen Ständen. Die rundlichen, etwa 1 cm dicken Früchte sind stumpfrot.

Crataegus laevigata 'Paul's Scarlet'. Der in Mitteleuropa heimische Zweigriffelige Weißdorn wird heute fast ausschließlich in der als Rotdorn bekannten Form gezogen. Diese wird meist als Hochstamm kultiviert, bildet dann unregelmäßig aufrechte bis rundliche Kronen und erreicht, wenn sie ungeschnitten bleibt, eine Höhe von 8 bis 10 m. Nach einem frühen Austrieb im April erscheinen im Mai–Juni die gefüllten, karminrosa Blüten in reicher Fülle.

Crataegus × lavallei. Sehr uneinheitlich wird die Nomenklatur dieser Hybride, zu deutsch auch Apfeldorn genannt, gehandhabt. Sie erscheint in den Katalogen auch unter den Namen *Crataegus* 'Carrierei' oder *Crataegus × lavallei* 'Carrierei'. Anfangs straff aufrecht, später unregelmäßig breitkronig wachsend, wird die Form etwa 5 bis 8 m hoch. Ihre spät austreibenden, glänzend dunkelgrünen Blätter haften im Herbst ungewöhnlich lange, nämlich bis zum November oder gar Anfang Dezember; sie sind dann orangegelb gefärbt. Aus großen, etwa 2 cm breiten Blüten entwickeln sich die ziegel- oder orangeroten Früchte, die bis ins nächste Frühjahr hängen bleiben können. Der Apfeldorn verträgt sehr gut Hitze und Trockenheit und ist deshalb einer der besten kleinkronigen Stadtstraßenbäume.

Crataegus monogyna. Der Eingriffelige Weißdorn ist von Europa bis zum Kaukasus weit verbreitet. Er wächst unregelmäßig strauchig oder baumartig und kann eine Höhe von 10 m erreichen. Eine reiche Blüte im Mai–Juni und eine ausgeprägte Fruchtbarkeit mit kleinen, dunkelroten Früchten sind seine wertvollen dekorativen Merkmale. Seine hohe Schnittverträglichkeit macht ihn zu einer wertvollen Heckenpflanze.
'Compacta'. Gelegentlich auch als 'Globosa' wird diese sehr langsam wachsende, dornenlose, 3 bis 4 m hohe Form angeboten, die dicht verzweigte, kugelige Kronen bildet. Sie blüht und fruchtet reich.

'Stricta' wächst straff aufrecht bis schmal-eiförmig und wird bei einer Höhe von 5 bis 7 m etwa 1 bis 2 m breit.

Crataegus pedicellata. Auch der in Nordamerika heimische Scharlachdorn wird nicht unter einem einheitlichen Namen beschrieben, nicht selten findet man ihn unter dem Namen *Crataegus coccinea*. Der 5 bis 7 m hohe, unregelmäßig aufgebaute Kleinbaum trägt 3 bis 5 cm lange, gerade oder leicht gebogene Dornen. Seine großen, schon früh austreibenden, dunkelgrünen Blätter färben sich im Herbst orangegelb. Vergleichsweise groß sind die Blüten, birnenförmig oder elliptisch die glänzend scharlachroten Früchte.

Crataegus × persimilis (= *Crataegus × prunifolia*). Der Pflaumenblättrige Weißdorn erreicht eine Höhe von 5 bis 7 m und bildet eine dicht verzweigte, kompakte Krone. Glänzend dunkelgrün sind die eiförmig-rundlichen, im Herbst schön gelb und rot gefärbten Blätter, kugelig, bis 1,5 cm dick und scharlachrot die früh abfallenden Früchte.

Fraxinus, Esche
Oleaceae

Artenreiche Gattung mit überwiegend großen, langschäftigen Bäumen, die gefiederte Blätter tragen. Für den Garten sind nur wenige Arten und Formen brauchbar:

Fraxinus excelsior. Von der Gewöhnlichen Esche, einem der mächtigsten mitteleuropäischen Baumarten, sind für den Garten nur die beiden folgenden Formen brauchbar:
'Nana'. Die Kugelesche wird gewöhnlich hochstämmig veredelt. Sie bildet dann 6 bis 8 m hohe Bäume mit einer dichten, kugelförmigen, 2 bis 4 m breiten Krone. Die gefiederten Blätter sind etwas kleiner als bei der Art.
'Pendula'. Die Hängeesche ist ein malerischer Baum mit einer unregelmäßigen, schirmförmigen Krone, in der Äste und Zweige bogenförmig abwärts wachsen und oft fast den Boden berühren. Ein schöner Laubenbaum, der eine Höhe von 8 bis 10 m erreichen kann.

Fraxinus ornus. Ihre Heimat hat die Blumenesche in Südeuropa und Kleinasien an sonnigen Plätzen, oft auf steinigen, trockenen, basenreichen Lehm- und Sandböden. Die wärmeliebende, Hitze und Trockenheit ertragende, aber etwas frostempfindliche Art kann bis 15 m hoch werden. Nicht selten wächst der rundkronige, dicht belaubte Baum vom Boden an mehrstämmig. Er treibt spät aus, seine glänzend dunkelgrünen, derben Fliederblätter fallen im Herbst oft ohne besondere Färbung ab. Im Gegensatz zu vielen anderen Eschen hat die Blumen- oder Mannaesche zwar kleine, aber durchaus ansehnliche weiße, zart duftende Blüten. Sie erscheinen im Mai–Juni in reichblütigen, endständigen Rispen. Der Name Mannaesche bezieht sich auf den Blutungssaft des Baumes, der leicht aus Rindeneinschnitten fließt und dann zu Manna erhärtet. Sein Hauptbestandteil ist Mannit, ein süß schmeckender Alkohol. Im Mittelmeergebiet wurden früher zur Gewinnung von Manna ausgedehnte Plantagen betrieben, die aber heute im wesentlichen den wertvolleren Zitruskulturen gewichen sind.

Halesia, Schneeglöckchenbaum
Styracaceae

Exquisite Kleinbäume mit zahlreichen weißen, glockenförmigen Blüten, die mit der Laubentfaltung im April–Mai aufbrechen.

Nur vier Arten umfaßt die Gattung, drei davon sind im östlichen Nordamerika, eine im östlichen China heimisch, nur zwei amerikanische Arten sind bei uns in Kultur. Beide entwickeln sich in Kultur bestenfalls zu kleinen, 6 bis 8 m hohen, oft vom Boden an mehrstämmigen Bäumen oder großen Sträuchern. Sie tragen einfache, elliptische Blätter. Zur Blütezeit scheint es, als ob eine Fülle silberweißer Schneeglöckchen von den Zweigen herabhingen. Die tief vierteiligen, glockenförmigen Blüten hängen in achselständigen Büscheln von den oft waagerecht ausgebreiteten Zweigen herab, so präsentieren sie sich dem Betrachter in ihrer vollen Schönheit.
Die wärmebedürftigen *Halesia*-Arten brauchen sonnige bis leicht beschattete Plätze und einen gepflegten, frischen, sauren bis neutralen Boden. Sie

Halesia carolina

meiden Hitze, Trockenheit und stark alkalische Böden.

Halesia carolina. Sie erreicht im Vergleich zur anderen Art die geringere Höhe, sie wird nur in Ausnahmefällen 5 bis 8 m hoch. Das Gehölz wächst anfangs recht schwach und baut später eine lockere, unregelmäßige Krone auf. Fast zwei Wochen dauert die Blüte im April–Mai. Die vierflügeligen Steinfrüchte bleiben bis weit in den Winter hängen.

Halesia monticola. Sie kann sich an ihren natürlichen Standorten zu einem um 20 m hohen Baum entwickeln, erreicht aber bei uns nur die halbe Wuchshöhe. Sie unterscheidet sich von ihrer Schwester durch die etwas größer werdenden Blätter und die größeren, ebenfalls reinweißen Blüten.

'Rosea'. Die nur selten kultivierte Form hat blaßrosa Blüten.

Koelreuteria paniculata, Blasenbaum
Sapindaceae

Sommerblühender Kleinbaum mit großen, gelben Blütenrispen und blasig aufgetriebenen Fruchtkapseln.

In Japan, Korea und China ist der Blasenbaum heimisch. Der 6 bis 8 m hohe, kurzstämmige oder vom Boden an verzweigte, nicht selten etwas schief gewachsene Kleinbaum hat eine breite, im Alter schirmförmige Krone. Seine bis 35 cm langen, gefiederten Blätter färben sich im Herbst gelb bis braunorange. Erst im Juli–August entwickeln sich die kleinen gelben Blüten in sehr großen, lockeren und vielblütigen Rispen. Schon bald danach erscheinen die papierartig dünnen, aufgeblasenen, anfangs rötlichbraun gefärbten Fruchtkapseln. Der durch seine späte Blüte besonders wertvolle Blasenbaum braucht einen durchlässigen, kalkhaltigen, eher trockenen Boden und einen sonnigen, warmen, windgeschützten Platz, denn sein Holz ist leider etwas brüchig.

Laburnum, Goldregen
Leguminosae

Meist streng trichterförmig aufgebaute Kleinbäume. Ihre gelben Schmetterlingsblüten sind zu langen, hängenden Trauben vereint.

Nur drei Arten und eine Hybride umfaßt die von Südeuropa bis Westasien verbreitete Gattung. Alle bauen sich mit wenigen, schräg aufstrebenden Grundästen zu mehr oder weniger trichterförmigen Kleinbäumen von 5 bis 7 m Höhe auf. Zweige und junge Äste haben eine glatte, lange grün bleibende Rinde. Mit ihren langen, schlaff herabhängenden Blütentrauben gehören sie zu den schönsten unter den blühenden Kleinbäumen. Sie gedeihen an sonnigen bis leicht beschatteten Plätzen und bevorzugen kalkhaltige, durchlässige, lehmhaltige Böden. Alle sind empfindlich gegen einen starken Rückschnitt. Rinde und Früchte sind stark giftig.

Laburnum anagyroides. In den Gebirgen des südlichen Mitteleuropas bis Italien hat der Gemeine Goldregen seine ursprüngliche Heimat, im nördlichen Mitteleuropa ist er längst heimisch geworden. Er entfaltet seine goldgelben, bis 2 cm langen Blüten im Mai–Juni in 10 bis 20 cm langen, wenigblütigen Trauben.

Laburnum × watereri 'Vossii'. Diese Auslese ist als Ziergehölz für den Garten wichtiger als die Arten. Sie baut sich mit aufstrebenden Ästen schmal-

Laburnum × watereri 'Vossii'

trichterförmig auf. Von den übergeneigten Seitenzweigen können die zahlreichen, bis 50 cm langen, dichten Blütentrauben frei und gut sichtbar herabhängen. Die leuchtendgelben, angenehm duftenden Blüten öffnen sich im Mai–Juni.

Magnolia, Magnolie
Magnoliaceae

Prachtvolle Blütengehölze mit den größten Einzelblüten aller winterharten Gehölze.

Vom Himalaja bis Japan, auf Borneo und Java sowie im östlichen Nordamerika bis Venezuela sind 80 Magnolienarten verbreitet. In unseren Gärten kultivieren wir fast ausschließlich ostasiatische Arten und einige Hybriden. Gegenüber den nordamerikansichen haben sie den Vorteil, daß sie meist kleinwüchsiger sind und daß sie vor allem vor ihrer Blattentfaltung blühen. Zur Blütezeit wirken solche Arten mit ihren großen, schalenförmigen Blüten natürlich viel attraktiver als Arten, die erst nach der Laubentfaltung blühen.

Die meisten Magnolien sind langlebige Gartenpflanzen, die an den Standort einige Ansprüche stellen. Sie tolerieren zwar leicht beschattete Lagen, gedeihen aber besser an sonnigen Plätzen. Der frühen Blüte wegen sollte der Pflanzplatz wind- und frostgeschützt liegen. Magnolien brauchen gepflegte Gartenböden, am besten gedeihen sie auf schwach sauren bis neutralen, sandig-humosen oder sandig-lehmigen Böden. Leicht alkalische Böden müssen durch reichliche Humusgaben verbessert werden. Weil die flachwurzelnden Magnolien empfindlich gegenüber Luft- und Bodentrockenheit sind, müssen sie in sommerlichen Trockenperioden unbedingt gewässert werden.

Magnolien werden am besten im Frühjahr gepflanzt. Ihre fleischigen Wurzeln sind empfindlich und müssen vorsichtig behandelt werden. Die stets mit einem Erd- oder Topfballen versehenen Pflanzen dürfen nicht zu tief gesetzt werden und sollten nach dem Pflanzen nur gründlich eingeschlämmt werden. Der Wurzelbereich wird mit Mulchmaterial abgedeckt und auch später nicht tief bearbeitet. Ein Rückschnitt der Pflanzen ist stets überflüssig. Muß aber unbedingt geschnitten werden, sollte man im Frühherbst schneiden, denn ein Frühjahrsschnitt führt zu langanhaltendem Bluten.

Im Anschluß werden nicht nur die baumförmig wachsenden Arten und Sorten, sondern auch die eher strauchförmig wachsenden Magnolien behandelt.

Magnolia 'George Henry Kern'. Am Zustandekommen dieser Hybride war unter anderem die Sternmagnolie beteiligt. Sie entwickelt sich zu einem aufrechten, stark verzweigten, reichblühenden Kleinbaum mit offenen, innen weißen, außen rosa gefärbten Blüten aus acht bis zehn Blütenblättern, die oft gebogen oder gedreht sind. Die Blüte setzt Ende April ein, während des ganzen Sommers öffnen sich immer wieder einzelne Blüten.

Magnolia 'Heaven Scent'. Sie zählt zu den neueren sogenannten Gresham-Hybriden, die stark von *Magnolia liliiflora* geprägt sind. Sie sind in Kalifornien entstanden und befinden sich seit einigen Jahren auch bei uns in Kultur, nachdem sie sich als ausreichend frosthart erwiesen haben. 'Heaven Scent' ist ein kräftig wachsender, aufrechter Kleinbaum mit aufstrebender Kronenform und dunkelgrünen, breit-elliptischen Blättern. Ende April–Anfang Mai öffnen sich zahlreiche schön geformte Blüten. Die neun derben Blütenblätter sind rosa gefärbt; sie bleiben bei geöffneter Blüte gleichmäßig sternförmig stehen.

Magnolia kobus. Die Kobushi-Magnolie, eine japanische Art, kann sich zu einem meist kurzstämmigen, 8 bis 10 m hohen Baum entwickeln. Schon im Herbst sind die dicht seidig behaarten Blütenknospen sichtbar, aus denen im April–Mai die bis 10 cm breiten, weißen, leicht duftenden und weit geöffneten Blüten hervorbrechen. Nicht ohne Reiz sind auch die zylindrischen, bis 10 cm langen, roten, zapfenähnlichen Fruchtstände. Die Kobushi-Magnolie gehört zu den besonders robusten, wüchsigen Arten. Sie blüht leider erst nach etwa 15 Jahren voll, dann aber regelmäßig und in reicher Fülle.

Magnolia liliiflora. Die in China heimische Purpurmagnolie entwickelt sich zu einem breiten, sparsam verzweigten, 3 bis 5 m hohen Strauch. Im Mai–Juni, zusammen mit der Laubentfaltung, öffnet er seine aufrechtstehenden, 8 bis 10 cm langen und bis 7 cm breiten, vasenförmigen Blütenkelche. Die außen purpurn, innen cremeweiß gefärbten Blütenblätter spreizen nicht ab. Die Art ist kalkempfindlich.
'Gracilis', in allen Teilen kleiner als die Art, hat besonders zierliche, dunkelpurpurne Blüten.
'Nigra'. Diese häufig kultivierte Form wächst etwas kompakter, und ihre etwas größeren Blüten sind außen tief weinrot, innen rosaweiß gefärbt. 'Nigra' hat die dunkelsten Blüten aller Magnolien, der erste Blütenflor erscheint Ende Mai, einzelne Blüten folgen den ganzen Sommer über.

Magnolia × loebneri. In dieser Hybride sind die positiven Merkmale der beiden Eltern vereint: Von *Magnolia kobus* stammt der etwas baumförmige, 6 bis 8 m hohe Wuchs, von *Magnolia stellata* die überaus reiche, schon in jungen Jahren einsetzende Blüte. Die weißen oder rosa Blüten haben 14 bis 16 Blütenblätter. Die Blüten sind etwas größer als bei *Magnolia stellata* und öffnen sich im April–Mai weit. Mit ihrer Wüchsigkeit und geringen Wuchshöhe ist *Magnolia × loebneri* »die« frühblühende Magnolie für den kleinen Garten. In der Regel werden die beiden folgenden Sorten angeboten:
'Leonard Messel'. Anfangs sind die Blüten kelchförmig, später breiten sich die zwölf Blütenblätter flach aus; sie sind außen rosa und innen fast weiß gefärbt. Der Wuchs ist eher strauchförmig.
'Merrill' hat weiße, duftende Blüten mit 15 Blütenblättern, die etwa doppelt so breit sind wie bei der Sternmagnolie (*Magnolia stellata*). Der Wuchs ist kräftig und baumförmig.

Magnolia liliiflora 'Gracilis'

Magnolia sieboldii. Als Sommermagnolie wird diese japanische Art bezeichnet. Sie gehört tatsächlich zu den wenigen ostasiatischen Arten, die erst nach der Laubentfaltung blühen. Erst im Juni ent-

Magnolia sieboldii

falten sich die schalenförmigen, bis 10 cm breiten, duftenden, weißen bis rahmweißen Blüten. Sie stehen nicht aufrecht wie bei den meisten anderen Magnolien; ihre langgestielten, nickenden Blüten muß man am besten von unten betrachten. Sie erfahren einen besonderen Reiz durch den Kontrast zwischen den zart gefärbten Blütenblättern und den kräftig karminrot gefärbten Staub- und Fruchtblättern. Obwohl die Blütenfülle nicht so üppig ausfällt wie bei den frühblühenden Arten, gehört *Magnolia sieboldii* zu den apartesten Erscheinungen unter den Magnolien. Neben den Blüten haben im Herbst auch die karminroten Fruchtstände ihren Reiz. *Magnolia sieboldii* wird 3 bis 4 m hoch. Sie verträgt recht gut auch leicht beschattete Plätze, ist aber recht kalkempfindlich.

Magnolia × soulangiana. Nicht umsonst wird diese Hybride als Tulpenmagnolie bezeichnet. Ihre großen, glockigen, aufrechtstehenden Blüten ähneln tatsächlich Tulpenblüten. Die acht bis zehn dicken, fleischigen Blütenblätter sind außen mehr oder weniger rosa bis purpurn, innen weiß gefärbt. *Magnolia × soulangiana* entstand schon um 1820 in Frankreich, sie ist die am häufigsten gepflanzte Magnolie, ein 3 bis 6 m hoher, breit ausladender Strauch oder kleiner Baum. Nach der Hauptblüte im April–Mai blühen die Pflanzen oft bis Juni nach. *Magnolia × soulangiana* ist ein besonders langlebiges, repräsentatives Solitärgehölz, das einen freien, sonnigen Platz verdient und Kalkböden meidet.

Von *Magnolia × soulangiana* gibt es zahlreiche Sorten, die meist aber nur in Spezialbetrieben zu haben sind. Darunter finden sich Sorten mit besonders dunkel purpurrot gefärbten Blüten wie 'Lennei' und 'Rustica Rubra', Sorten mit nahezu weißen Blüten wie 'Brozzonii' und Sorten, deren Blüten innen weiß und außen mehr oder weniger rosa getönt sind wie 'Alexandrina', 'Norbertii' oder 'Speciosa'. Zu diesen sehr alten Sorten hat sich in neuerer Zeit die folgende japanische Sorte gesellt: 'Picture' wächst stark und aufrecht. Ihre Blüten werden mit den vor dem Verblühen weit ausgebreiteten Blütenblättern bis 30 cm breit. Die Blüten erscheinen schon an jungen Pflanzen. Die Grundfarbe der gespreizten Blütenblätter ist weiß, und außen, vor allem an der Basis, sind sie tief weinrot schattiert.

Magnolia stellata. Die Sternmagnolie ist mit einer Wuchshöhe von 1,5 bis 3 m die kleinste und zierlichste unter den Magnolien. Sie wächst sehr langsam und bildet einen kompakten, vergleichsweise dicht verzweigten Strauch. Zierlich wie der Strauch sind auch die etwa 8 cm breiten, weißen, duftenden Blüten. Sie breiten schon im März–April ihre zwölf bis 18 Blütenblätter sternförmig aus. So eine frühe Blüte ist natürlich spätfrostgefährdet, deshalb braucht die Sternmagnolie einen geschützten Platz. Auch bei der Sternmagnolie können wir über reichblühende, vegetativ vermehrte Auslesen verfügen. Gelegentlich angeboten werden folgende Sorten:
'Royal Star' wächst etwas stärker und robuster als die Art. Ihre reinweißen Blüten sind mit 18 bis 25 Blütenblättern gut gefüllt, sie öffnen sich etwas später als die der Art.
'Waterlily'. Die Blüten sind in der Knospe rosa, aufgeblüht weiß gefärbt. Die 14 bis 18 Blätter sind etwas länger und schmaler, der Wuchs ist etwas kräftiger als bei der Ausgangsform.

Magnolia 'Susan'. Die Eltern dieser relativ jungen Hybride sind Sorten der Stern- und Purpurmagnolie. 'Susan' entstand Mitte der sechziger Jahre im National Arboretum in Washington D.C. Diese kompakt wachsende Sorte blüht schon als junge Pflanze reich und hat eine lange Blütezeit.

Magnolia stellata 'Waterlily'

Innen sind die Blütenblätter der schlanken, bis 15 cm breiten, duftenden Blüten purpur- bis rosarot, außen purpurrot gefärbt. Die Blütenfarbe bleicht mit dem Verblühen etwas aus. Die Blütezeit dauert von Ende April bis Anfang Juni.

Malus, Apfel
Rosaceae

Zahlreiche, meist als Kleinbäume gezogene Sorten, die sich jährlich zweimal schmücken: im Frühjahr mit einer überwältigenden Blütenfülle, im Herbst mit kleinen bunten Äpfeln.

Die schönsten Zieräpfel				
Art, Sorte	Blütenfarbe bei Vollblüte	Fruchtfarbe, Fruchtgröße	Wuchshöhe, Wuchsform	besondere Blattfärbung
'Almey'	tief purpurrosa	orangerot, 2 cm	3–4 m, rundkronig	im Austrieb purpurn
'Charlottae'	zartrosa, gefüllt	grüngelb, 4 cm	6 m, breit ausladend	
'Crimson Brilliant'	karminrot mit weißer Mitte, einfach bis halbgefüllt	dunkelpurpur, 2 cm	3–4 m, ausgebreitet	purpur bis bronze
'Eleyi'	hell weinrot	tiefrot, 2 cm	6 m, rundlich-abgeplattet	im Austrieb purpurn
'Evereste'	weiß	orangegelb, 2,5 cm	3–5 m, aufrecht bis überhängend	häufig gelappt
M. floribunda	weiß	gelb mit Rot, 8 mm	5–6 m, breitrund	
'Golden Hornet'	weiß	goldgelb, 2,5 cm sehr gleichmäßig, lange haftend	6–8 m, aufrecht	
'Gorgeous'	weiß	glänzendrot, 2,5 cm, bis November haftend	5 m, steif aufrecht	
'Hillieri'	rosa, halbgefüllt	gelb mit Rot, 1 cm	6 m, breit, Zweige teilweise hängend	
'John Downie'	weiß mit rosa Anflug	gelb mit Hellorange, eiförmig, 3 cm, gut zu verwerten	4–5 m, aufrecht	
'Liset'	purpurrot, nicht verblassend	dunkelbraun, 1,5 cm	6 m, kompakt, rundlich	im Austrieb purpurn
'Makamik'	dunkel lilarosa, in der Mitte mit kleinem Stern	hellrot, 2,5 cm	4–5 m, rundlich	im Austrieb purpurn
'Professor Sprenger'	weiß	orangegelb, 2 cm, lange haftend	5–6 m, breit-kegelförmig	im Herbst goldgelb
'Profusion'	dunkelrot, lila verblühend	dunkelpurpur, 1 cm	5–6 m, eiförmig	purpurbronze, später dunkelgrün mit roten Nerven
'Red Jade'	reinweiß	glänzendrot, 1,5 cm, lange haftend	2–3 m, breit, mit hängenden Zweigen	

Die schönsten Zieräpfel

Art, Sorte	Blütenfarbe bei Vollblüte	Fruchtfarbe, Fruchtgröße	Wuchshöhe, Wuchsform	besondere Blattfärbung
'Royalty'	karminrot	dunkelrot, 1,5 cm	3–5 m, kompakt	glänzend dunkelrotbraun
'Tina'	weiß	sonnenseits dunkelrot, 5 bis 7 mm	2 m hoch und breit	meist dreilappig, im Herbst goldgelb
M. toringo (= M. sieboldii)	weiß	rot bis gelbbraun, 1 cm	4–8 m, breit aufrecht	im Herbst rot und gelb
M. toringo var. sargentii (= M. sargentii)	weiß	dunkelrot, 8 mm, bis zum Frühjahr haftend	2–4 m, breit	die meist dreilappigen Blätter sind im Herbst orangegelb
M. tschonoskii	weiß	gelbgrün, rotbackig, 2 bis 3 cm	8–12 m, aufrecht schmal-kegelförmig	im Herbst orangerot, besonders schön
'Van Eseltine'	rosa, gefüllt	ganz gelb oder rotbackig, 2 cm	4 m, straff aufrecht, breit-eiförmig	
'Wintergold'	weiß	gelb bis gelborange, 12 mm	6–9 m, breit-eiförmig	

Früchte von Malus toringo

Als Zieräpfel werden heute so gut wie keine Wildformen mehr gezogen. Auf reiche Blüte und Fruchtbarkeit ausgelesene, veredelte Sorten beherrschen das Feld, meist Züchtungen, die sich kaum mehr einer bestimmten Ausgangsform zuordnen lassen. Zieräpfel gehören zu den prachtvollsten unter den blühenden Kleinbäumen. Den ähnlich überreich blühenden Zierkirschen haben sie ihren reichen Fruchtschmuck voraus. Die Hauptblütezeit der Zieräpfel liegt im Mai–Juni; sie schließt sich damit der Zierkirschenblüte an. In der Regel wirken die Blüten zweifarbig; die Knospen sind stets dunkler gefärbt als die Blütenblätter der geöffneten oder im Verblühen begriffenen Blüten. Die Früchte weisen sehr unterschiedliche Größen auf, die kleinsten sind kaum mehr als erbsen- oder kirschgroß, die größten erreichen die Ausmaße kleiner Fruchtsorten.

Zieräpfel werden stets als veredelte Pflanzen mit unterschiedlich hohen Stämmen gezogen. (Selbst die wenigen natürlichen Arten werden stets veredelt.) Die jungen Zweige werden nach dem Pflanzen um die Hälfte oder um ein Drittel einge-

Malus floribunda

kürzt. Nach einigen Jahren eines Aufbauschnittes sind später nur noch Auslichtungsschnitte notwendig. Starker und regelmäßiger Schnitt fördert das Triebwachstum und mindert den Blütenansatz. Zieräpfel brauchen als Solitärgehölze einen freien, sonnigen Platz. Sonst sind sie anspruchslos und gedeihen auf jedem Kulturboden.

Mespilus germanica, Mispel
Rosaceae

Im Mittelalter war die Mispel nördlich der Alpen ein häufig gepflanzter Obstbaum, dessen ursprüngliche Heimat in Südosteuropa und Vorderasien liegt. Heute ist die Mispel weithin vergessen.

Die Mistel verdient aber nicht nur Beachtung als Obstgehölz. Mit ihren weißen, 4 bis 5 cm breiten Blüten und den großen, glänzend dunkelgrünen, im Herbst schön lederbraun gefärbten Blättern ist sie auch ein durchaus attraktives Ziergehölz. Ihre 3 bis 4 cm breiten, breit-kreiselförmigen Apfelfrüchte sind zunächst hart und ungenießbar. Erst bei beginnender Fäulnis, oft erst nach den ersten Frösten, werden sie teigig, weich und eßbar; sie schmecken dann angenehm säuerlich. Die Mispel kann 3 bis 6 m hoch werden und baut sich als Strauch oder Kleinbaum auf. Sie stellt in Kultur keine besonderen Ansprüche: Sie gedeiht an sonnigen bis leicht beschatteten Plätzen und verträgt trockene bis frische Böden. Als Kulturpflanze wird in der Regel die großfrüchtige Form 'Macrocarpa' gezogen.

Nothofagus antarctica, Scheinbuche, Südbuche
Fagaceae

Bizarr und unregelmäßig aufgebauter kleiner Baum mit fächerförmig angeordneten Zweigen und sehr kleinen Blättern.

In Mitteleuropa erweisen sich nur wenige Baumarten der südlichen Hemisphäre als ausreichend frosthart. Die in den chilenischen Anden heimische Südbuche ist eine dieser Exoten. In ihrer Heimat kann sie sich zu großen Bäumen entwickeln, bei uns wird sie kaum mehr als 6 m hoch. Sie wächst anfangs straff aufrecht, hat bald aber knorrige und etwas verdrehte Äste. An Stamm und Ästen fällt die dunkle Borke mit den helleren Korkzellenbändern auf. Zweizeilig und sehr dicht stehen die glänzend dunkelgrünen, breit-eiförmigen Blätter. Ihre geringe Größe (sie werden nur 1,5 bis 3 cm lang) läßt kaum die nahe Verwandtschaft mit unserer Rotbuche erahnen. Die Blätter färben sich im Herbst schön gelb. Die Scheinbuche ist ein höchst dekorativer Kleinbaum, der in jedem Garten Platz findet. Sie gedeiht auf jedem durchlässigen Gartenboden, am besten in sonnigen bis leicht beschatteten Lagen. Der Baum gilt als nur mäßig frosthart, er hat in meinem Garten aber die letzten zwanzig Winter schadlos überstanden.

Parrotia persica, Eisenholzbaum
Hamamelidaceae

Mit den eigenartigen Blüten, der platanenartig abblätternden Rinde und der phantastischen Herbstfärbung ein sehr dekoratives Gartengehölz.

Der Eisenholzbaum hat im Nordiran seine natürliche Verbreitung. Er wächst meist vom Boden an mehrstämmig und damit wie ein Strauch, kann aber Höhen von 5 bis 10 m erreichen. Die Borke seiner glatten, nicht selten miteinander verwachsenen Stämme löst sich in Schuppen ab, wodurch ein platanenartig buntes Stammbild entsteht. Die verkehrt-eiförmige Blattform verrät die Verwandtschaft mit der Gattung *Hamamelis*. Die glänzendgrünen, im Austrieb rot gerandeten Blätter verfärben sich im Herbst überraschend bunt, je nach Standort und Jahr mehr oder weniger purpurrot oder orange bis gelb. Die Färbung beginnt schon im September — oft nur an einzelnen Ästen; sie überzieht dann die ganze Pflanze und hält über Wochen an. Bei milder Witterung öffnen sich die Blüten mit ihren samtartig tiefbraunen Hochblättern und den karminroten Staubgefäßen schon im März–April. Das wärmeliebende Eisenholz gedeiht auf allen gepflegten, mäßig trockenen bis frischen Gartenböden an sonnigen bis halbschattigen Plätzen.

Paulownia tomentosa, Blauglockenbaum
Scrophulariaceae

Durch die sehr großen, herzförmigen Blätter sehr exotisch wirkender Baum mit hellvioletten Blüten, die sich unmittelbar vor der Laubentfaltung öffnen.

Von den sieben ostasiatischen, sehr wärmebedürftigen Arten läßt sich in Mitteleuropa nur *Paulownia tomentosa* halten. An günstigen Standorten baut die Art sich mit einer sparsamen Verzweigung zu 10 bis 15 m hohen, breitkronigen Bäumen auf. Sie tragen an dicken Trieben langgestielte, bis 25 cm lange Blätter, die an starkwachsenden Jungtrieben leicht auch doppelt so groß werden können. Schon früh im Herbst sind die braunfilzigen Blütenknospen voll entwickelt. Sie vertragen leider keine tiefen Temperaturen. Deshalb kommt der interessante Baum nur in günstigen Klimazonen regelmäßig zur Blüte. Dann aber zeigt er mit seiner eigenartigen, bei Bäumen unserer Klimazonen einmaligen Blütenfarbe eine besondere Attraktivität. Die duftenden, trichterförmigen, schwach zweilippigen Blüten sind zu 20 bis 30 cm langen, rispigen Ständen geordnet, die aufrecht an den Zweigenden stehen. Bald darauf entwickeln sich die eiförmigen, schnabelartig zugespitzten, braunen Fruchtkapseln, die sehr lange haften. Ein wundervoller Blütenbaum für sonnige, warme, geschützte Lagen und tiefgründige, gepflegte Böden.

Prunus, Kirsche, Pflaume, Pfirsich, Mandel
Rosaceae

Umfangreiche Gattung meist baumförmig wachsender Arten, die vor allem mit den zahlreichen Arten und Sorten der Blütenkirschen in unseren Gärten vertreten ist.

Mit rund 200 Arten ist die Gattung in der gemäßigten Zone der nördlichen Halbkugel verbreitet. Darunter befinden sich nicht nur zahlreiche Steinobstarten, sondern auch eine Fülle von Arten und Sorten, die wir als Ziergehölze pflegen. Dank ihrer überwältigenden Blütenfülle gehören vor allem die Japanischen Zierkirschen zu den begehrtesten Blütenbäumen. Mit den Sorten von *Prunus subhirtella* und *Prunus yedoensis* beginnt die Blüte der Zierkirschen bei uns schon Mitte März, sie endet mit *Prunus serrulata* 'Shirofugen' erst Anfang Juni. Manche Arten sind neben oder statt ihrer Blüte wertvoll durch eine besonders intensive Herbstfärbung oder wegen der Form und Farbe ihrer Rinde, etwa *Prunus sargentii* mit dem leuchtend orangeroten Herbstlaub oder *Prunus serrula* mit der spiegelblanken, mahagoniroten Rinde.

Im allgemeinen sind die Zierkirschen und ihre Verwandten sehr anspruchslos an Boden und Lage. Sie wachsen auf jedem durchlässigen, kalkhaltigen Gartenboden an sonnigen bis leicht beschatteten Plätzen. Sie versagen nur auf zu schweren, kalten und nassen Böden. Fast alle Zierkirschen sind in Mitteleuropa ausreichend frosthart, die Ziermandeln und Zierpfirsiche dagegen nicht, sie brauchen sonnige Plätze in milden Regionen oder sehr geschützte Lagen.

Bei der Pflanzung werden alle sommergrünen Arten der Gattung im einjährigen Holz um etwa zwei Drittel ihrer Zweiglänge zurückgeschnitten, später beschränkt sich der Schnitt, wenn notwendig, auf ein vorsichtiges Auslichten der Krone. Bei einigen Arten empfiehlt sich aber ein regelmäßiger Rückschnitt der letztjährigen Triebe und zwar unmittelbar nach der Blüte. Ratsam ist dies bei *Prunus triloba, Prunus glandulosa, Prunus tenella* und *Prunus mume*. Man erreicht dadurch ein freudiges Triebwachstum mit einem reichen Blütenansatz und unterdrückt dabei vor allem ganz deutlich das Absterben der Zweige, das durch den pilzlichen Krankheitserreger *Monilia* verursacht wird.

Prunus 'Accolade'. Diese Hybride ist mit der großen Blütenfülle eine der prachtvollsten Zierkirschen. Der 5 bis 8 m hohe Baum bildet eine breite, lockere Krone aus. Seine elliptischen, frischgrünen Blätter färben sich im Herbst gelborange. Noch vor dem Austrieb, im April, ist der Baum überladen mit 4 cm breiten, halbgefüllten, fuchsienrosa Blüten, die zu dritt in hängenden Büscheln sitzen.

Prunus × amygdalopersica 'Pollardii'. Aus einer Kreuzung zwischen Mandel und Pfirsich entstand diese Hybride Anfang des Jahrhunderts. Die Kurztriebe des locker aufgebauten Kleinbaumes verdornen gelegentlich. Seine lanzettlichen Blätter erinnern an die des Mandelbaumes. Schon Mitte März öffnen sich die 4 bis 5 cm breiten, einfachen, hellrosa, in der Mitte dunkler gefärbten Blüten. 'Pollardii' ist ein besonders attraktiver Vorfrühlingsblüher für milde Lagen und geschützte Plätze.

Prunus cerasifera 'Nigra'. Die Blutpflaume ist ein besonders häufig gepflanzter Blütenbaum. Er kann eine Höhe von 5 bis 8 m erreichen. Geschätzt wird offenbar seine satt dunkelrote bis schwarzrote, auch im Sommer nicht verblassende Farbe der Blätter. (Ich kann gut auf ihn verzichten.) Der robuste Baum öffnet schon im April, meist vor den Blättern, seine einfachen, rosafarbenen Blüten.

Prunus dulcis. Ihre ursprüngliche Heimat hat die Mandel im westasiatischen Raum, seit alters ist sie im ganzen Mittelmeergebiet eingebürgert. An der Bergstraße und in der Vorderpfalz ist der Mandelbaum in Gärten, Parkanlagen und als Straßenbaum kein seltener Gast. Nur in bevorzugten Klimaregionen erweist er sich als bemerkenswert schöner Frühlingsblüher, der seine weißen bis hellrosa Blüten schon im März–April öffnet. Der im Alter breitkronige Baum erreicht eine Höhe von 8 bis 10 m. Er trägt an bereiften Zweigen linealische, beiderseits kahle Blätter. In der Frucht verbirgt sich unter einer ledrig-pelzigen Außenschicht ein bis 2 cm langer, braunschaliger Samen, den wir als Mandel kennen. Bei der Wildform, *Prunus dulcis* var. *amara*, enthalten die bitter schmeckenden Samen ein giftiges Blausäureglykosid. Die Samen der Süßen Mandeln, *Prunus dulcis* var. *dulcis*, werden für Backwaren und für die Herstellung von Marzipan verwendet.

Prunus fruticosa 'Globosa'. Als Halb- und Hochstamm wird diese Form der Steppenkirsche meist gezogen. Sie bildet mit zahlreichen, sehr dicht stehenden, dünnen Zweigen eine geschlossene, kugelrunde Krone aus. Der langsamwüchsige Baum kann Höhen von 3 bis 5 m erreichen, bei Kronenbreiten von 2 bis 3 m. Er trägt kleine, derbe, glänzend dunkelgrüne Blätter und im April kleine weiße Blüten in wenigblütigen Ständen. Der Kleinbaum erträgt Hitze und Trockenheit, er eignet sich gut für die Bepflanzung großer Gefäße.

Prunus 'Hally Jolivette'. Mit ihrer feinen, dicht verzweigten Krone ist diese Hybride, die nahe mit *Prunus subhirtella* verwandt ist, eine der zierlichsten Blütenkirschen. Sie entwickelt sich zu einem 3 bis 4 m hohen Baum mit dünnen, übergeneigten, fein warzig punktierten Blättern. Aus rosa Knospen entfalten sich im April–Mai etwa 3 cm breite, halbgefüllte, weiße, anfangs rosa angehauchte Blüten. Sie sind sehr haltbar und öffnen sich nacheinander über einen Zeitraum von zwei bis drei Wochen. Die überaus reiche, lang anhaltende Blüte macht 'Hally Jolivette' zu einer besonders wertvollen Blütenkirsche. Die reiche Blüte ist aber auch für die relativ kurze Lebensdauer der Hybride verantwortlich. Durch ein rechtzeitiges Auslichten wird das vegetative Wachstum angeregt.

Prunus × hillieri 'Spire'. Die Auslese der englischen Baumschule Hillier wächst mit einer säulen- oder schmal-kegelförmigen Krone zu einem 6 bis 8 m hohen Kleinbaum heran. Sie eignet sich hervorragend für kleine Gärten oder als Begleitpflanze schmaler Wege. Die kleinen, etwas ledrigen Blätter färben sich im Herbst gelegentlich orange, gelb oder rot. Im April öffnen sich die einfachen, mandelrosa Blüten in zahlreichen Dolden.

Prunus kurilensis. Die Kurilenkirsche ist auf den Kurilen, in Sachalin und auf Hokkaido heimisch. Sie ist ein schwachwüchsiger, am Naturstandort kaum mehr als 1 m hoher Strauch, der als veredelte Pflanze in Kultur durchaus Höhen von 2 bis 3 m erreicht. *Prunus kurilensis* beginnt schon als junge Pflanze zu blühen. Die knapp 3 cm breiten Blüten sind weiß oder leicht rosa getönt, die Kelchblätter sind dabei rötlich gefärbt.
'Brillant'. Viel häufiger als die Wildform wird seit einigen Jahren diese Sorte gepflanzt. Sie gehört zu einer Reihe von wertvollen Ziergehölzzüchtungen, die aus der ehemaligen DDR zu uns gekommen sind. 'Brilliant' wird kaum mehr als mannshoch und ist sicher damit eine der kleinsten Blütenkirschen. Sie läßt sich leicht durch Stecklinge vermehren und blüht dann schon als ganz junge Pflanze reich. Ihre weit geöffneten, milchweißen Blüten öffnen sich Ende März–Anfang April in überreicher Fülle. 'Brillant' wurde in der ehemaligen DDR auch deshalb geschätzt, weil sich ihre Blütenzweige sehr leicht treiben lassen. Leider wird die Sorte mit zunehmendem Alter von Monilia-Spitzendürre befallen. Die Zweige sterben dann mehr oder weniger stark ab, ein Rückschnitt wird notwendig.
'Ruby' wird nicht viel höher als 'Brillant'. Die Blüten sind zwar kleiner, aber lilarosa gefärbt. Das Laub färbt sich im Herbst auffallend karminrot.

Prunus 'Kursar'. Aus den Anfangssilben der Artnamen von *Prunus kurilensis* und *Prunus sargentii* setzt sich der Name dieser Hybride zusammen. Sie wächst kräftig und entwickelt sich zu einem 3 bis 5 m hohen Kleinbaum mit sehr kleinen, lang zugespitzten und scharf gesägten Blättern. Gerühmt an 'Kursar' werden die sehr reiche Blüte und die Leuchtkraft der einfachen rosa Blüten, die sich schon im April öffnen.

Prunus maackii. Die Amur-Traubenkirsche stammt aus Korea und der Mandschurei. Sie ist vor allem ihrer wundervollen Rinde wegen bemerkenswert. Der 10 bis 15 m hohe, oft vom Boden an mehrstämmige, lockerkronige Baum hat an Stamm und Ästen eine glänzend bräunlichgelbe Borke, die sich in dünnen Lagen löst und dann aufrollt. An älteren Bäumen verkorkt die Borke stärker und ist dann nicht mehr so attraktiv. Die weißen Blütentrauben haben keinen besonderen Zierwert. Die Blätter färben sich schon im September schön gelb. Sie fallen dann bald ab und geben den Blick auf das attraktive Astwerk frei.
'Amber Beauty' und 'Mahagony Luster' heißen vegetativ vermehrte Auslesen, die sich durch eine besonders intensive Stamm- und herbstliche Laubfärbung auszeichnen.

Prunus mume 'Beni-shi-don'

Prunus mume. Die Japanische Aprikose ist vor allem in Südchina und wohl auch in den Bergen der japanischen Insel Kyushu heimisch. Dieser rundkronige, bis 10 m hohe Baum erinnert mit seinen eiförmigen bis elliptischen Blättern an unsere Fruchtaprikosen, unterscheidet sich von diesen aber durch die dünnen, grünbleibenden Triebe und die viel kleineren, roh kaum eßbaren Früchte. Im März–April, lange vor der Laubentfaltung, erscheinen entlang der vorjährigen Zweige die 3 cm breiten, bei der Wildform einfachen, bei den zahlreichen Gartenformen auch gefüllten, weiß bis dunkelrosa gefärbten, stark duftenden Blüten. Die 2 bis 3 cm dicken, kugeligen, gelben bis grünen Früchte werden in Japan in Salz oder Essig eingelegt und als Beilage gereicht.
Prunus mume, in Japan Ume genannt, hat dort eine mindestens ebensogroße Bedeutung wie die Kirsche, die Nationalblume Japans. Nach dem alten japanischen Kalender öffnet die Ume ihre Blüten schon im Winter, sie wird dieser besonderen Eigenschaft wegen bewundert. Verehrungswürdig sind Umebäume, weil sie sehr alt werden können und bis ins hohe Alter blühen, trotz der Unbilden der frühen Blütezeit. Umebäume begegnen uns in Japan und China nicht nur an Tempeln und Schreinen, sondern nahezu überall auf Rollbildern. Die Pflaumenblütenmalerei (in Kunst und Literatur wird *Prunus mume* stets als Pflaume bezeichnet) hat sich nahezu zu einer eigenständigen Malform entwickelt, in der stets zarte, helle Blüten mit einem dunklen, knorrigen Stamm in einem spannungsvollen Kontrast stehen.
In unseren Breitengraden ist *Prunus mume* als Baum ausreichend frosthart. Auch die im Herbst schon weit entwickelten Blütenknospen überstehen normale Winter (kurzfristig bis –18 °C) ohne Schäden. Die Baumkronen können sehr klein gehalten werden, wenn man die Zweige unmittelbar nach der Blüte stark zurückschneidet. Die Bäume blühen dann im folgenden Frühjahr wieder überreich. In gleicher Weise werden die Bäume auch in Japan und China behandelt.
'Beni-shi-don' ist derzeit wohl die einzige bei uns angebotene Sorte, eine von zahlreichen (um 200) japanischen Sorten. Die einfachen, etwa 2,5 cm breiten, stark duftenden Blüten sind in der Knospe dunkelrosa, später intensiv rosa gefärbt.

Prunus 'Okame'. Der zierliche, kleinblättrige Baum oder Strauch erreicht etwa 3 m Höhe. Lange vor den Blättern, schon im März, öffnen sich die fuchsienrosa Blüten, die dicht gedrängt an den Trieben stehen. 'Okame' soll nicht überall ausreichend frosthart sein, sicher ist dies ein Erbe von *Prunus campanulata*, die mit ihren tief weinrot gefärbten Blüten die am dunkelsten rot gefärbten Blüten aller *Prunus*-Arten hat.

Prunus persica. Nicht in Persien, wie der wissenschaftliche Artname vermuten läßt, hat der Pfirsichbaum seine ursprüngliche Heimat, sondern in

den Gebirgen Nord- und Mittelchinas. In seiner Heimat ist er als Frucht- und Ziergehölz eine uralte Kulturpflanze, deren Kultur schon für die vorgeschichtliche Periode der Lung-shan-Kultur nachgewiesen werden konnte. Pfirsichblüte und -frucht haben in China eine besonders große symbolische Bedeutung. Sie sind nicht nur Ehe- und Fruchtbarkeitssymbol, sondern auch das am häufigsten gebrauchte Sinnbild für Langlebigkeit. Dem Holz des Pfirsichbaumes wird eine dämonenabwehrende Zauberkraft zugesprochen.
Wie die Mandel gedeiht auch der Pfirsichbaum am besten in warmen Regionen und an geschützten Plätzen auf durchlässigen, sich leicht erwärmenden Böden. An nicht zusagenden Standorten leiden die Bäume nicht selten unter Gummifluß, die Blätter können von der Kräuselkrankheit befallen werden. Will man stets gut mit Blütenknospen besetzte Zweige haben, schneidet man sie unmittelbar nach der Blüte stark zurück. Sie reagieren darauf in gleicher Weise wie *Prunus mume*.

'Klara Meyer'. Von den Gartenformen des Pfirsichbaumes wird sie am häufigsten kultiviert. Der mittelstark wachsende, reichblühende Strauch schmückt sich mit etwa 4 cm breiten, gut gefüllten, leuchtend rosaroten Blüten.

'Versicolor'. Diese besonders interessante und sehr reichblühende Sorte, trägt dicht gefüllte Blüten, die rosarot oder ganz weiß, aber auch gemischtfarbig sein können. Teilweise tragen die einzelnen Pflanzen nur weiße oder nur rote, häufiger aber verschiedenfarbige Blüten.

Prunus sargentii. Mit dem Namen Scharlachkirsche wird eine der herausragenden Eigenschaften dieser ostasiatischen Wildkirsche gut beschrieben: die leuchtende Herbstfärbung der Blätter in Gelborange bis hin zu scharlachroten Farben — keine andere *Prunus*-Art kann in dieser Hinsicht mit ihr konkurrieren. 8 bis 12 m Höhe erreicht der im Alter breitkronige, locker aufgebaute Baum, seine kastanienbraune Rinde ist mit deutlichen Korkzellenbändern quergestreift. Die elliptischen bis eiförmigen Blätter treiben bronzefarben aus. Sie sind während der Sommermonate mattgrün, bis sie sich ab Oktober zu färben beginnen. Im April–Mai öffnen sich aus karminroten Knospen die sehr zahlreichen rosaroten Blüten.

Prunus × schmittii. Seit 1923 ist diese Hybride bekannt. Auf der Suche nach kleinkronigen Bäumen ist sie von unseren Baumschulen gerade wiederentdeckt worden. Sie kann eine Höhe von 12 m erreichen, bildet aber eine sehr schmale Krone mit straff aufgerichteten Ästen. Von dem einen Elternteil — *Prunus canescens* — hat sie ihre braune, glatte Spiegelborke, die von zahlreichen breiten Korkzellenbändern unterbrochen wird. Die weißen Blüten sind recht klein, sie erscheinen auch nicht in Massen. Die Blütezeit liegt im Mai.

Prunus serrula. Diese Art trägt zwei kennzeichnende deutsche Namen. Mit der Bezeichnung Tibetanische Kirsche wird ihre Herkunft angedeutet, der Name Mahagonikirsche weist auf das augenfälligste Merkmal der Art hin: die glatte und glänzend mahagonibraune Spiegelrinde. Keine andere Baumart unserer Gärten kann sich da mit ihr messen. Die äußeren Schichten der Borke lösen sich in Streifen ab und rollen sich auf. Nur an gesunden, wüchsigen Exemplaren ist das Rindenbild strahlend schön. *Prunus serrula* kann sich zu einem 8 bis 10 m hohen, lockerkronigen Baum entwickeln. Die bis 10 cm langen Blätter sind auffallend schmal und an der Oberseite stumpfgrün. Die weißen, nickenden, relativ kleinen und einfachen Blüten haben keine besondere Schmuckwirkung.

Prunus serrulata. Diese wichtigste und häufigste Stammform der japanischen Zierkirschen war als Gartenform viel früher bekannt als ihre Wildformen, von denen je eine in Japan (*Prunus serrulata* var. *spontanea*) und China (*Prunus serrulata* var. *hupehensis*) beheimatet ist. Die Japanische Bergkirsche, in niedrigen Berglagen von Honshu, Shikoku und Kyushu verbreitet, ist ein Baum von 12 bis 14 m Höhe mit abstehenden Ästen, bräunlicher Rinde und dunkel kupferrotem Austrieb. Die käftige, gelbrote Herbstfärbung trägt wesentlich zur herbstlichen Farbenpracht der japanischen Laubwälder bei. Die einfachen, meist weißen, selten rosa gefärbten Blüten erscheinen zu zweit bis zu dritt in gestielten Büscheln, und zwar gleichzeitig mit der Laubentfaltung, was einen hübschen Farbkontrast ergibt. Die chinesische Sippe unterscheidet sich von der japanischen nur geringfügig. Der Wuchs ist breiter und höher, der Austrieb etwas heller. Im Gegensatz zur wilden Bergkirsche,

Yama-zakura, werden die durch Züchtung und Auslese entstandenen Gartenformen in Japan als Sato-zakura bezeichnet.

Wie in Mitteleuropa, stellen auch in Japan die Sorten von *Prunus serrulata* den Hauptteil der Zierkirschen. Zur Zeit der Kirschblüte, Anfang April, ziehen sie Scharen von Besuchern an, die unter den Bäumen fröhliche Feste feiern. Im Denken der Japaner nimmt die Kirsche einen hohen Stellenwert ein. Sie ist ein nationales Symbol und seit dem vergangenen Jahrhundert Nationalblume des Landes. Schon viel länger galt die Kirsche als Sinnbild japanischer Geisteshaltung, ihre Blüten prunken nicht mit starken Farben, vielmehr sind sie hell und schlicht. Weil sie lautlos und rein fallen, noch bevor sie verwelken, sieht der Japaner in ihnen ein Symbol japanischer Mannestugend. Auch ein Samurai mußte bereit sein, notfalls klaglos sein Leben hinzugeben.

Wir kennen von *Prunus serrulata* zahlreiche Sorten, nur wenige davon sind bei uns in Kultur:

'Amanogawa' ist eine straff-aufrecht wachsende, bis 6 m hohe Säulenform, einer der wenigen Blütenbäume unter den säulenförmig wachsenden Bäumen. Ende April, etwa gleichzeitig mit dem gelbbraunen Austrieb, öffnen sich die einfachen bis halbgefüllten, 4 cm breiten, leicht duftenden Blüten. 'Amanogawa' braucht einen windgeschützten Platz, sonst kommt es leicht zu einer Verformung und einem Auseinanderfallen der Baumkrone.

'Fugenzo' wächst langsam zu einer Endhöhe von 6 m heran, die flache Krone kann dann die gleiche Breite erreichen. Die grannig gezähnten Blätter sind im Austrieb kupferrot. Halbgefüllt sind die ziemlich großen, weit geöffneten, rosa Blüten, die in langgestielten, überhängenden Doldentrauben erscheinen und mitunter etwas im Laub versteckt sitzen. Die überaus reich blühende Sorte ist in Japan seit mehr als tausend Jahren bekannt.

'Ichiyo' gehört mit ihren hellrosa, in der Mitte dunkler gefärbten Blüten zu meinen Favoriten unter den japanischen Zierkirschen. Die am Saum gefransten Blütenblätter sitzen in zwei Kreisen. Die Blüten sitzen zu dritt bis zu viert in ziemlich lang gestielten, hängenden Doldentrauben zusammen, sie öffnen sich in Göttingen Ende April. Der breitaufrechte Baum wächst langsam zu einer Höhe von 6 bis 7 m heran.

'Kanzan' ist die bei uns am häufigsten kultivierte Sorte. Sie wird 8 bis 10 m hoch, hat anfangs eine straff trichterförmige, später eine schirmförmige Krone. Wie viele andere Zierkirschen sind die Blätter im Austrieb bronze gefärbt. Gleichzeitig mit den Blättern entfalten sich die bis 6 cm breiten, gefüllten, dunkelrosa Blüten in überwältigender Fülle.

'Kiku-shidare-zakura'. Mit ihren abstehend-überhängenden Ästen und den schleppenartig herabhängenden Zweigen ist sie die bei uns am häufigsten kultivierte Hängekirsche. Sie wird bei einer Höhe von 6 m etwa 4 m breit, hat im Austrieb bronzegrüne Blätter und dunkelrosa, gut gefüllte Blüten, die in dichten Büscheln zusammensitzen und Mitte April aufblühen.

'Pink Perfektion' gehört zu den etwas stärker wachsenden Sorten, sie wird 8 bis 10 m hoch und baut mit schräg aufstrebenden Ästen eine trichter- oder vasenförmige Krone auf. Die 4,5 cm breiten, gut gefüllten Blüten sind mit ihren gefransten Blütenblättern in der Knospe rosarot, später reinrosa. Sie öffnen sich im Mai. Eine sehr schöne, reichblühende Sorte.

'Shimidsu-zakura' erreicht in der Wuchshöhe kaum mehr als die Veredlungshöhe, denn Äste und Zweige hängen in weitem Bogen über und bilden so eine breitgewölbte Krone. Aus rosa getönten Knospen entwickeln sich reinweiße, bis 5 cm breite Blüten, die zu dritt bis zu sechst in 15 bis 20 langen, hängenden Doldentrauben zusammen sitzen. Die Sorte blüht sehr spät, selbst in England erst Ende Mai.

'Shirofugen'. Kaum mehr als 3 bis 4 m hoch, aber wohl doppelt so breit wird 'Shirofugen' mit ihren weit ausgebreiteten Ästen und übergeneigten Zweigen. Gleichzeitig mit dem kupferfarbenem Austrieb erscheinen Ende Mai die in der Knospe rosa, aufgeblüht reinweißen und im Verblühen purpurrosa gefärbten, gut gefüllten Blüten. Die recht haltbaren Blüten öffnen sich Ende April.

'Taihaku' gilt mit ihren reinweißen, einfachen, bis 6 cm breiten Blüten als schönste der weißblühenden Sorten. Bemerkenswert sind ferner der schöne, kupferrote Austrieb und die großen, an kräftigen Pflanzen bis 16 cm langen Blätter. Der mittelstark wachsende, bis 9 m hohe Baum bildet eine rundliche, aufgelockerte Krone. Die Blütezeit liegt Ende April.

Prunus serrulata 'Kanzan'

Prunus subhirtella. In der Häufigkeit ihrer Verwendung rangieren die zur Schneekirsche gehörenden Sorten deutlich hinter denen von *Prunus serrulata*. Für den kleineren Garten sind aber gerade sie besonders wertvoll, denn im Gegensatz zu den etwas steif wachsenden Formen von *Prunus serrulata* zeichnen sie sich durch einen aufgelockerten, feinzweigigen, grazilen Wuchs aus. Die Herkunft von *Prunus subhirtella* ist unbekannt, jedenfalls wird die Art in japanischen Gärten seit langem kultiviert. Sie entwickelt sich zu einem bis 18 m hohen Baum, dessen purpurrote Blüten sich im April, noch vor dem Austrieb, in überreicher Fülle öffnen. Die Art selbst ist in unseren Gärten völlig unbekannt, wir kultivieren nur einige Sorten und Hybriden, an deren Zustandekommen *Prunus subhirtella* beteiligt war:

'Autumnalis' beginnt bei entsprechendem Wetter

meist schon im November zu blühen. Nach Weihnachten wird die Blüte in der Regel durch Frost unterbrochen und im zeitigen Frühjahr fortgesetzt. Die in der Knospe rosa, aufgeblüht weißen, halbgefüllten, 2 cm breiten Blüten vertragen keinen Frost. Bis 6 m Höhe und Breite erreicht der Baum, er bildet eine feinzweigige, lockere Krone mit leicht übergeneigten Zweigen. Zweige von 'Autumnalis' lassen sich naturgemäß im Winter in der Vase leicht zur Blüte bringen. 'Autumnalis' ist in Japan bereits seit 1500 in Kultur, nach Europa wurde die Sorte um 1900 eingeführt.

'Elfenreigen' ist eine ziemlich straff-aufrecht wachsende, doch locker verzweigte Hybride mit im Austrieb bräunlichen, im Herbst intensiv orange und rot gefärbten Blättern. Ende April öffnen sich die einfachen, weißen, duftigen, sternartig wirkenden Blüten.

'Fukubana'. Bei einer Kronenbreite von 3 m erreicht die japanische Sorte eine Höhe von 6 m. Ihre in der Knospe dunkelrosa und aufgeblüht rosa, halbgefüllten, 3 cm breiten Blüten haben zwölf bis 14 tief eingeschnittene und deshalb kraus wirkende Blütenblätter. Sie gilt als schönste und farbigste aller *Prunus-subhirtella*-Formen.

'Pendula'. Die in unseren Gärten unter diesem Namen kultivierte Form wächst nur wenig über die Veredlungsstelle hinaus. Von der Veredlungsstelle an breiten sich die Äste mehr oder weniger waagerecht bis leicht abwärts geneigt aus, die Zweige wachsen senkrecht abwärts. Die einfachen Blüten sind klein und nur verwaschen rosa, erscheinen oft aber in großer Fülle. Diese in Japan häufig kultivierte Hängeform von *Prunus subhirtella* (dort meist unter dem Namen *Prunus pendula* 'Pendula' zu finden), wächst dagegen ganz anders. Sie wird deutlich höher, wohl erreicht durch das Aufbinden eines Triebes, und läßt die Seitenäste in Kaskaden überhängen. Nicht selten werden solche Bäume auch über Bambusgestelle gezogen, sie bilden dann mehr oder weniger schirmförmige Kronen aus. Im Japanischen wird diese Form als Itozakura oder Shidare-zakura bezeichnet. In der Regel sieht man sie mit halb- oder rosettenartig gefüllten, rosa Blüten, und so sind sie eine überaus attraktive Erscheinung, die man als Reisender im Frühjahr in zahlreichen japanischen Gärten bewundern kann. Vermutlich befindet sich diese Form bei uns bisher nicht in Kultur.

Prunus triloba. Das Mandelbäumchen wurde schon 1855 als Kulturform aus China eingeführt, es hat schon seit Jahrzehnten Eingang in unsere Gärten gefunden. Es wird entweder vom Boden an mehrtriebig als Strauch gezogen oder auf Stämmchen veredelt, aber auch dann überschreitet es eine Wuchshöhe von 2 bis 3 m kaum. Zahlreiche strahlenförmig verzweigte Triebe bauen eine dichte, rundliche Krone auf. Auf der ganzen Länge der vorjährigen Zweige öffnen sich im März–April große, dicht rosettenartig gefüllte, rosa Blüten.

'Rosenmund'. Noch schöner als der an sich schon prachtvolle Frühlingsblüher *Prunus triloba* ist diese Sorte. Sie wächst etwas stärker, blüht noch früher und hat dunkler gefärbte Blüten.

Problematisch sind bei veredelten Mandelbäumchen die nicht selten durchtreibenden Unterlagen, die mit ihrem starken Wuchs leicht die Kronen überwachsen. Da sich *Prunus triloba* leicht durch Stecklinge vermehren läßt, sollte man möglichst stecklingsvermehrte und damit wurzelechte Pflanzen kaufen.

Wenn man jährlich lange Blütenzweige erzielen will, kann man die Zweige unmittelbar nach der Blüte stark zurückschneiden. Man unterdrückt dadurch auch das Aufkommen von *Monilia*.

Prunus × yedoensis. Die Yoshino-Kirsche (benannt nach dem Yoshino, einem Berg in Japan mit Zehntausenden von Kirschbäumen) ist, wie *Prunus subhirtella*, eine Art unbekannter Herkunft. In japanischen Gärten wird sie sehr häufig gepflanzt. Der Zeitpunkt der Blüte liegt vor den Sorten von *Prunus serrulata*. Als Art erreicht der breit-aufrecht wachsende Baum Höhen von 12 bis 15 m, er trägt von Ende März bis April eine Fülle einfacher, 3 bis 3,5 cm breiter Blüten, die im Aufblühen rosa überhaucht, später aber reinweiß sind. Die Blätter färben sich im Herbst kräftig gelborange.

'Moerheimii' gehört zu den Hängekirschen, deren Wuchshöhe von der Veredlungshöhe abhängt. Von dieser Stelle aus bilden die in flachen Bögen abwärts gerichteten Äste eine breite Krone mit hängenden Zweigen. Im Gegensatz zur Art blüht 'Moerheimii' erst im April–Mai. Die Zweige sind dann übervoll mit einfachen, 2,5 cm breiten, anfangs rosa gefärbten, dann weiß werdenden Blüten.

Pterostyrax hispida, Flügelstorax
Styraceae

Kleiner, aus Japan eingeführter Solitärbaum, der seine duftenden, rahmweißen Blüten erst im Juni öffnet.

Von den sieben ostasiatischen Arten ist bei uns nur *Pterostyrax hispida* gut bekannt, in unseren Regionen ein 5 bis 7 m hoher, meist vom Boden an verzweigter Baum mit großen, einfachen Blättern. Lange nach der Laubentfaltung, erst im Juni, überrascht er mit seiner duftigen Blütenfülle aus 15 bis 25 cm langen, hängenden Rispen. Im Herbst haben die Fruchtstände mit den gelbsilbern behaarten, geflügelten Steinfrüchten ihren Reiz. Die wärmebedürftige, in der Jugend etwas frostempfindliche Art ist ein wunderschönes, nur selten gepflanztes Solitärgehölz für sonnige bis halbschattige Plätze und gepflegte, frische Böden.

Pyrus salicifolia, Weidenblättrige Birne
Rosaceae

Kleine, graulaubige Wildbirne aus Südosteuropa, Kleinasien und dem Kaukasus mit lockerer Krone und dünnen, mehr oder weniger hängenden Zweigen.

Mit ihren schmal-lanzettlichen, 3 bis 9 cm langen, anfangs beiderseits silbergrau behaarten und später oberseits graugrün-filzigen, lange haftenden Blättern ist diese Wildbirne eine sehr angenehme Erscheinung. Sie entwickelt sich zu einem 5 bis 9 m hohen, lockerkronigen Baum mit aufrechten bis bogenförmig geneigten Ästen und meist schleppenartig herabhängenden Zweigen. Im April–Mai, etwa zur Zeit der Laubentfaltung, öffnen sich die 2 cm breiten, weißen Blüten zu sechst bis zu acht in kleinen, kugeligen Doldentrauben. Die 2 bis 3 cm langen, grünen, harten und derben Früchte sitzen auf einem dicken, kurzen Stiel. Der anspruchslose Kleinbaum gedeiht auf jedem durchlässigen Gartenboden; er liebt sonnige Plätze und erträgt Hitze, Trockenheit sowie stark alkalische Böden.

Quercus pontica

Quercus pontica, Pontische Eiche
Fagaceae

Schwachwachsende Eiche mit ungewöhnlichen, eßkastanienähnlichen Blättern, die sich im Herbst gold- bis lederbraun verfärben.

In Armenien und im Kaukasus hat die Pontische Eiche ihre natürliche Verbreitung. Sie wächst zu kleinen, 4 bis 6 m hohen Bäumen oder vom Boden an verzweigten Großsträuchern heran, deren Kronen nur sparsam verzweigt sind. Die dicken, steifen Triebe tragen große, derbe, bis 16 cm lange, breit-ovale bis verkehrt-eiförmige Blätter, die mit ihrer lebhaft grünen, glänzenden Oberfläche auch schon im Sommer sehr dekorativ wirken, aber im

Herbst zeigen sie sich von ihrer schönsten Seite. Der kleine Solitärbaum braucht einen sonnigen Platz, er ist bei uns ausreichend frosthart, verträgt Hitze und Trockenheit.

Rhus typhina, Hirschkolbensumach
Anacardiaceae

Ornamentaler, oft schirmförmig aufgebauter, kleiner Baum oder großer Strauch mit samtig behaarten Zweigen und großen Fiederblättern, die sich im Herbst auffallend orange und scharlachrot färben.

Rhus typhina hat seine Heimat in den Laubwäldern des südöstlichen Nordamerika. Schon sehr früh, 1629, kam das Gehölz nach Europa. Hier ist es längst zu einem häufig gepflanzten Strauch geworden, dessen Pflanzung man aber oft nach einigen Jahren bereut. Kaum ein anderer Strauch breitet sich mit sehr weit streichenden Ausläufern so stark aus wie dieser. Die Ausläufer finden jede Lücke zwischen den Platten auf der Terrasse, sie durchbrechen selbst Asphaltdecken auf Gehwegen. Diesem Ausbreitungsdrang steht man nahezu machtlos gegenüber. Der Strauch sollte deshalb nur dort gepflanzt werden, wo ausreichend Platz vorhanden ist. Abgesehen von den lästigen Ausläufern ist *Rhus typhina* mit den wenig verzweigten, starken Ästen ein dekoratives Solitärgehölz, das gelegentlich über 5 m hoch werden kann. Aus unscheinbaren, grünlichen Blüten entwickeln sich im Herbst scharlachrote, dicht behaarte Steinfrüchte, die an den Zweigenden in kolbenartigen Rispen stehen. Sie bleiben meist den Winter über am Strauch.

Rhus typhina braucht einen ausreichend großen, sonnigen Platz. In bezug auf den Boden ist diese Art nicht wählerisch, sie kommt sowohl mit feuchten als auch mit trockenen Böden zurecht, sie kann selbst auf ärmsten Sandböden wachsen.

Neben der Art findet man gelegentlich auch zwei Sorten mit besonders dekorativem Laub:

'Dissecta'. Hier sind die Fiederblättchen fast farnartig fein zerteilt, der Blütenstand ist normal.

'Laciniata' hat tief eingeschnitten gezähnte Fiederblättchen, der Blütenstand ist mit zahlreichen, tief eingeschnittenen Hochblättern durchsetzt.

Salix, Weide
Salicaceae

In der heimischen Vegetation häufig vorkommende Baum- und Straucharten mit silbrigen oder goldgelb bestäubten Kätzchen, die schon in den ersten Frühlingswochen aufbrechen.

Unter den zahlreichen baum- oder strauchartig wachsenden Weiden finden wir nur wenige männliche Formen, die so auffällig blühen, daß sie als »Kätzchenweiden« in größeren Gärten einen Platz verdienen. Einige andere Arten sind mit ihrem eleganten oder ganz ungewöhnlichen Habitus zu beliebten Gartengehölzen geworden. Die meisten der zu Großsträuchern oder Bäumen heranwachsenden Arten der heimischen Flora gehören in den Park oder in die freie Landschaft. Einige alpine Kriechweiden werden im Kapitel »Zwerggehölze« (Seite 198 ff.) beschrieben.

Alle Weiden sind im Garten problemlos zu halten, sie brauchen gut belichtete Plätze und gedeihen auf jedem frischen bis feuchten Boden. Alle vertragen einen kräftigen Rückschnitt.

Salix acutifolia 'Pendulifolia'. Sie gehört mit ihren sehr schlanken, in großen Bögen überhängenden Zweigen zu den elegantesten Weiden. Dazu tragen auch die langen, sehr schmalen Blätter bei, die fast stets senkrecht nach unten stehen. Die rotbraunen Zweige des 4 bis 6 m hohen Strauches sind stark bläulich bereift.

Salix caprea. Die heimische Salweide ist die am häufigsten gepflanzte Kätzchenweide, das gilt vor allem für einen als 'Mas' bezeichneten männlichen Klon. Lange vor dem Blattaustrieb, schon im März–April, entfalten sich die großen, silbrigen Kätzchen, im Vorfrühling ergeben sie einen beliebten Vasenschmuck.

'Pendula' ist eine meist hochstämmig veredelte, etwas steif wirkende Hängeform mit steifen, in kurzen Bögen abwärts wachsenden Zweigen. Die Kronen sollten durch häufigeren Rückschnitt jung erhalten werden, sonst bildet sich oft viel trockenes Holz.

Salix daphnoides var. pomeranica. Diese Varietät bleibt im Gegensatz zur Art eher strauchig.

Salix sachalinensis 'Sekka'

Sie gilt mit ihren schlanken, bis 8 cm langen Kätzchen als wertvolle Schmuckweide. Auch ihre Zweige sind bläulich bis weißlich bereift.

Salix elaeagnos. In den Gebirgen Mittel- und Südeuropas ist die Grauweide heimisch, ein großer vieltriebiger Strauch mit aufrechter bis abstehender Verzweigung, der mit seinen langen, linealischen, dunkelgrünen und unterseits weißfilzigen Blättern eine recht elegante Erscheinung abgibt.

Salix × erythroflexuosa. Trauer- und Korkenzieherweide sind die Eltern dieser interessanten Hybride, und die Eigenschaften beider Eltern finden sich in ihr wieder. Von der Trauerweide stammen die weitbogig überhängenden Zweige, deren Rinde goldgelb bis orange gefärbt ist, von der Korkenzieherweide die hin und her gebogenen, teilweise gedreht-gewundenen Zweige und die krausen, oft ineinander gedrehten Blätter. *Salix × erythroflexuosa* entwickelt sich zu einem großen Strauch oder zu einem kurzstämmigen, breitkronigen, reichverzweigten kleinen Baum. Da bei ihr jugendliche Kronen stets attraktiver als ältere aussehen, empfiehlt sich hin und wieder ein starker Rückschnitt.

Salix matsudana 'Tortuosa'. Mit ihren stark korkenzieherartig gedrehten Zweigen ist die Korkenzieherweide eine ganz eigenwillige Erscheinung unter den Weiden. Sie wird kaum mehr als 5 bis 8 m hoch und hat mit ihren spiralig verdrehten Ästen zunächst einen straff aufrechten Wuchs. Da der Baum später eine ausladende, wenig ansehnliche Krone und viel brüchiges Holz entwickelt, sollte nach zehn bis 15 Standjahren ein Totalrückschnitt erfolgen. Nicht nur die Zweige zeigen die typischen Krümmungen, auch die lanzettlichen, mattgrünen, sehr früh austreibenden Blätter sind verdreht. Insgesamt ein attraktiver Solitärbaum, der weniger Platz beansprucht als *Salix × erythroflexuosa*.

Salix sachalinensis 'Sekka'. Die Drachenweide ist ein ganz eigenwilliges Gehölz. An dem 3 bis 5 m hohen und ebenso breiten Strauch sind die Zweige nicht stielrund, sondern flach und bis 5 cm breit, an der Spitze außerdem oft gekrümmt oder zurückgebogen. Man bezeichnet diese Erscheinung als »Verbänderung«. Die Zweige sind sehr dicht mit kleinen, silbrigen, männlichen Kätzchen besetzt und liefern so einen exzellenten Vasenschmuck.

Salix × sericans (= *Salix × smithiana*). Diese Hybride entwickelt sich zu einem 7 bis 9 m hohen Kleinbaum. Wie *Salix caprea* ist sie eine schöne Kätzchenweide mit zahlreichen zylindrischen, 2 bis 3 cm langen Kätzchen im März–April.

Sorbus, Eberesche
Rosaceae

Nachdem im vorigen Kapitel die etwas stärker wachsenden Arten und Sorten behandelt worden sind, folgen hier die Arten und Hybriden, die nur die Ausmaße von Kleinbäumen erreichen.

Sorbus × arnoldiana. Von *Sorbus aucuparia*, einem ihrer Elternteile, unterscheidet sich diese Hybride durch den etwas schwächeren Wuchs, die kleineren Blätter und die gelb, rosa oder weißlichrosa gefärbten Früchte. Zu *Sorbus × arnoldiana* werden auch die »Lombarts-Hybriden« gestellt, Auslesen aus Kreuzungen, die in Belgien von der Baumschule Lombarts vorgenommen worden sind. Die etwa 20 bekannten Sorten zeichnen sich vor allem durch ihre Fruchtfarben aus. Mit ihren zarten Tönen weichen sie deutlich von der sonst vorherrschenden roten Farbe ab. Folgende Sorten sind besonders wertvoll:

'Apricot Queen'. 8 bis 12 m hoher Baum mit einer schmal-eiförmigen Krone und großen, dichtstehenden Blättern. Die 1 cm dicken, orangegelben Früchte stehen in großen Ständen. Von allen *Sorbus*-Formen mit eßbaren Früchten hat 'Apricot Queen' den höchsten Vitamin-C-Gehalt: er beträgt 158,50 mg je 100 g Früchte.

'Golden Wonder' erreicht mit einer breit-kegelförmigen Krone etwa die gleiche Höhe wie die zuvor genannte Sorte. Die dunkelgrünen Blätter färben sich im Herbst gelbrot. Die ockergelben Früchte reifen schon Anfang bis Mitte August.

'Red Tip' ist nur ein kleiner Baum mit kegelförmiger Krone und kleinen, hellgrünen Blättern. Die zahlreichen kleinen, weißen Früchte sind rot gepunktet.

Sorbus aucuparia 'Fastigiata'. Die wilde und die Mährische Eberesche wurden schon im vorigen Kapitel vorgestellt. 'Fastigiata' gehört zu den säulenförmigen Kleinbäumen, die mit straff aufrechten Ästen schmale, geschlossene Kronen bilden. Erst im Alter werden die Kronen etwas unregelmäßiger und dann breit-eiförmig. 'Fastigiata' wächst sehr langsam und wird kaum mehr als 5 bis 7 m hoch. Ein wertvoller Gartenbaum mit großen, korallenroten Früchten in breiten Ständen.

Sorbus cashmiriana. Wie viele andere Arten aus dem Himalaja gedeiht auch *Sorbus cashmiriana* am besten in warmen Lagen, sie hält trotzdem in Mitteleuropa recht gut aus. Sie wird nur 5 bis 8 m hoch, hat große, gefiederte, matt dunkelgrüne Blätter und im Mai große Blütenstände mit rosaweißen, in der Knospe dunkelrosa gefärbten Blüten. Die Blüten sind somit besser gefärbt als bei allen anderen *Sorbus*-Arten. Ungewöhnlich ist auch die weiße Farbe der sehr dicken, weißen Früchte. Sie bleiben bis weit in den Winter hinein hängen und sind dann eine besondere Zierde.

Sorbus × hybrida 'Gibbsii'. *Sorbus hybrida* ist im südlichen Skandinavien zu Hause. Mit ihren ungeteilten, eiförmigen bis lanzettlichen, unterseits graufilzigen Blättern gehört sie zur Gruppe der Mehlbeeren. Als Zierbaum findet sich meist 'Gibbsii' in Kultur, ein Kleinbaum von 5 bis 7 m Höhe mit einer geschlossenen, kegelförmigen Krone. Die weißen, filzigen Blütenstände haben keinen besonderen Zierwert, die dunkelroten, fast kirschgroßen Früchte erzielen dagegen eine beachtliche Wirkung. Sie reifen schon im August und haften bis in den Winter hinein.

Sorbus rhederiana 'Joseph Rock'. Die chinesische Art selbst ist bei uns wohl nicht in Kultur, 'Joseph Rock' findet dagegen immer mehr Anhänger. Die Sorte wird etwa 7 bis 9 m hoch, wächst zunächst straff aufrecht, bildet später aber eine aufgelockerte Krone. Die zierlichen, gefiederten Blätter sind aus 15 bis 19 schmal-länglichen, scharf gesägten Blättern zusammengesetzt. Im Herbst färben sich die Blätter rot, orange oder purpurn. Die recht kleinen Früchte sind zunächst rahmgelb, später bernsteingelb; sie bleiben bis nach dem Laubfall hängen. Der Fruchtansatz fällt leider oft nur mäßig aus.

Sorbus sargentiana. Die westchinesische Art wird von den Baumschulen bisher völlig vernachlässigt. Dabei gehört sie zu den attraktivsten Arten der ganzen Gattung. Sie mag im Alter 8 bis 10 m hoch werden, wächst aber nur sehr langsam. Mit ungewöhnlich dicken, nur sehr wenig verzweigten Trieben baut sie sehr lockere, gar nicht steif wirkende Kronen auf. Im Winter tragen die Zweige auffallend große, rotbraune, stark klebrige Endknospen, wie wir sie von den Roßkastanien her kennen. Mit einer Länge von 30 cm sind die Blätter ungewöhnlich groß, ihre sieben bis elf Blättchen erreichen bis 13 cm Länge. Im Herbst färben sich die Blätter mit starken orange- bis braunroten Farben. Neben *Sorbus serotina* hat *Sorbus sargentiana* die brillanteste Herbstfärbung aller *Sorbus*-Arten, auch der Fruchtschmuck ist beachtlich. Zwar sind die scharlachroten Früchte nur etwa 6 mm dick, sie sitzen aber in großer Zahl in sehr dichten Ständen zusammen.

Sorbus serotina. Wir kennen zwar nicht ihre genaue Herkunft, wissen aber, daß *Sorbus serotina* zu den schönsten Arten der Gattung gehört. Sie wächst zu einem sehr zierlichen, 5 bis 10 m hohen Baum heran, der anfangs straff aufrecht wächst, bald aber eine breite, aufgelockerte Krone bildet. Die zierlichen, in den Sommermonaten glänzend dunkelgrünen Blätter färben sich im Herbst leuchtend ziegel- bis mahagonirot. Neben der einmaligen Herbstfärbung sind auch die zahlreichen Fruchtstände mit den bis 10 mm dicken, orangeroten Früchte bemerkenswert. Wer Ebereschen mag, sollte an *Sorbus sargentiana* und *Sorbus serotina* nicht vorübergehen.

Sorbus × thuringiaca 'Fastigiata'. Die Säulenform der Thüringischen Mehlbeere baut mit aufstrebenden, dichtstehenden Ästen eine zunächst schmal-kegelförmige, später breit-eiförmige Krone von 5 bis 8 m Höhe auf. Die derben, matt dunkelgrünen, unterseits graufilzigen, eilänglichen Blätter sind im unteren Teil mit ein bis vier Paar Fiedern eingeschnitten. Die Früchte sind dunkelrot gefärbt. Die robuste Säulenform wird nicht selten als Straßenbaum eingesetzt.

Stewartia pseudocamellia, Scheinkamelie
Theaceae

Kostbarer, ziemlich selten kultivierter, mit den Kamelien nahe verwandter, aber sommergrüner Kleinbaum mit wunderschönen, schalenförmigen Blüten und einer brillanten Herbstfärbung.

Von den zehn überwiegend in Ostasien heimischen Arten findet sich bei uns nur die japanische *Stewartia pseudocamellia* in Kultur. In ihrer Heimat kann sie bis 18 m hoch werden, bei uns erreicht sie kaum mehr als 5 bis 8 m Höhe. Obwohl anfangs straff-aufrecht wachsend, wird später eine breite, lockere Krone gebildet. Bemerkenswert und dekorativ sind nicht nur Blüte und Blatt, sondern auch die glatten, harten Stämme mit ihrem interessanten Rindenbild. Wir kennen es in ähnlicher Form vor allem von der Platane. Auch hier werden mehr oder weniger große Rindenplatten abgestoßen, wodurch ein sehr buntes Bild entsteht. Der Stamm bleibt dabei so glatt, daß der Baum in seiner Heimat »Saru-suberi«, Affenkletter, genannt wird.

Nach einigen Standjahren beginnt die Scheinkamelie zu blühen. Ihre schalenförmigen, wachsweißen Blüten werden bis zu 6 cm breit, in ihrer Mitte heben sich die orangefarbenen Staubgefäße deutlich ab. Es gibt zwar keine Massenblüte, und die einzelnen Blüten erweisen sich als kurzlebig, dafür öffnen sich aber im Juli–August über einen Zeitraum von mehreren Wochen ständig neue Blüten. Einen weiteren Höhepunkt bringt der Herbst, wenn sich die glatten, frischgrünen, lanzettlichen Blätter intensiv blutrot verfärben und viele andere Herbstschönheiten neben sich verblassen lassen.

Die Scheinkamelie ist bei uns ausreichend frosthart, stellt aber an den Boden einige Ansprüche. Sie braucht einen gepflegten, humusreichen, durchlässigen, leicht sauren, frischen Boden und einen sonnigen bis halbschattigen und der zarten Blüten wegen windgeschützten Platz.

Styrax japonica, Japanischer Storaxbaum
Styracaceae

Japanischer Vertreter einer Gattung, aus der verschiedene Arten wertvolle ätherische Öle und Harze liefern, die unter anderem Bestandteil des Weihrauches sind.

Nur wenige Baumschulen bieten *Styrax japonica* an, obwohl die japanische Art bei uns völlig frosthart ist und mit ihrer Fülle zarter Blüten zu den schönsten ostasiatischen Gehölzarten gehört. *Styrax japonica* wird in Kultur nicht mehr als 5 bis 7 m hoch, sie hat über einem meist kurzen Stamm eine breit ausladende, fein verzweigte Krone und trägt kleine, elliptische Blätter. Im Juni, nach der Laubentfaltung, zeigt der sonst eher unauffällige Kleinbaum seine ganze Pracht, wenn er seine zarten, überaus zahlreichen Blüten öffnet. Die glockigen, schneeweißen, langgestielten Blüten hängen in Büscheln von den waagerecht ausgebreiteten Zweigen herab, die zierlichen, frischgrünen Blätter bieten ihnen ein schützendes Dach. Der Japanische Storaxbaum zeigt sich in Kultur nicht besonders anspruchsvoll. Er braucht einen gepflegten, frischen, schwach sauren Gartenboden und einen sonnigen bis halbschattigen Platz.

Sommergrüne Blüten- und Ziersträucher

Natürlich blühen und fruchten alle wilden Baum- und Straucharten, wie sonst sollten sie ihre Art erhalten und sich vermehren können. Aber bei weitem nicht alle Gehölzarten können mit attraktiven Blüten aufwarten. Nicht wenige Baum- und Straucharten, vor allem die durch Wind bestäubten, blühen eher unauffällig. Als Gartengehölze sind uns naturgemäß vor allem Arten mit zahlreichen großen, gut gefärbten Blüten willkommen. Blütenreichtum und auffällig gefärbte Blüten finden wir vor allem bei fremdländischen Arten, weniger oder selten bei einheimischen. Darin liegt einer der Gründe für die Bevorzugung der sogenannten Exoten.

Neben Leuchtkraft, Form und Größe der Blüte ist vor allem die zeitliche Verteilung der Blühhöhepunkte im Jahreslauf von Interesse. Gehölze unserer Breiten blühen überwiegend im Frühjahr; sie haben dann im Laufe der Vegetationsperiode ausreichend Zeit, ihre Früchte zu entwickeln und reifen zu lassen.

Wir kennen aber auch Gartengehölze, die ihre Blüten schon im ausgehenden Winter oder im Vorfrühling öffnen, und andere Arten beginnen erst im Hochsommer oder im Frühherbst zu blühen. Nicht selten gehört solchen Arten unsere besondere Aufmerksamkeit.

In diesem Kapitel werden ausschließlich sommergrüne Straucharten behandelt. Neben schön blühenden Arten finden sich auch solche, die eher durch reichen und farbigen Fruchtschmuck oder durch eine besondere Herbstfärbung der Blätter auffallen. Sommergrüne Straucharten stellen die Hauptmasse unserer Ziergehölze. Sie sind im allgemeinen robuster und weniger anspruchsvoll an den Standort als die später behandelten immergrünen Arten. Die sommer- und immergrünen Zwerggehölze werden ab Seite 174 in einem eigenen Kapitel behandelt.

Nicht alle der hier genannten Arten und Sorten sind so attraktiv, daß sie im Garten eine Sonderstellung als Solitärgehölz verdienen. Manche der eher schlichten Arten finden ihre Verwendung vor allem in Mischpflanzungen oder Sichtschutzhecken.

Aesculus parviflora

Abeliophyllum distichum, Schneeforsythie
Oleaceae

Im Vorfrühling blühender Kleinstrauch. Die kleinen weißen Blüten duften stark nach Mandeln.

Mit den Forsythien verwandt ist der in Korea heimische, etwas sparrig verzweigte Strauch. Schon im März–April, lange vor dem Laubausbruch, öffnen sich zahlreiche zartrosa bis weiß gefärbte, 1,5 bis 2 cm breite, vierzipfelige Blüten. Vor einem dunklen Hintergrund fallen blühende Sträucher im noch winterkahlen Garten weithin auf. Abgeschnittene Zweige lassen sich in der Vase leicht zur Blüte bringen, denn die Blüten sind im Herbst schon voll ausgebildet. Der etwa 1,5 m hohe Strauch ist bei uns völlig frosthart. Er stellt an den Boden keine besonderen Ansprüche und wächst im Halbschatten ebenso gut wie in voller Sonne. Die nötigen Schnittmaßnahmen beschränken sich auf ein Auslichten älterer Sträucher.

Aesculus parviflora, Strauch-Roßkastanie
Hippocastanaceae

Sommerblühender, stark Ausläufer treibender Großstrauch. Die Blüten erscheinen im Juli in bis 30 cm langen, schlanken, endständigen Rispen.

Während die meisten der 13 Roßkastanien-Arten sich zu recht großen Bäumen entwickeln, bleibt unter den winterharten Arten nur *Aesculus parviflora* strauchig. Sie erreicht auch im Alter kaum mehr als 3 m Höhe, kann aber durch unterirdische Ausläufer im Laufe von Jahren mehrere Meter breit werden. In seiner nordamerikanischen Heimat wächst der Strauch in lichten Wäldern oder an Waldrändern. Daran sollten wir bei der Standortwahl denken: Der Strauch braucht frische, humose Böden und gedeiht am besten in sonnigen bis leicht beschatteten Lagen. *Aesculus parviflora* hat fünf- bis siebenteilige, bis 20 cm lange Blätter, die im Austrieb glänzend bronzebraun sind und sich im Herbst, wie bei fast allen Roßkastanien, gelb färben. Sind die weißlichrosa gefärbten Blüten voll entfaltet, ragen die Staubfäden mit ihren purpurnen Staubbeuteln weit heraus und verleihen den Blüten einen eigenartigen Reiz. *Aesculus parviflora* gehört zu den schönsten sommerblühenden Straucharten. Sie dürfte überall dort, wo genügend Platz vorhanden ist, häufiger gepflanzt werden.

Amelanchier, Felsenbirne
Rosaceae

Große, anpassungsfähige Solitär- und Gruppensträucher mit kupferrot austreibenden Blättern, einer Fülle weißer Blütentrauben im April und einer flammenden Herbstfärbung mit chromgelben, ziegel- und karminroten Farben.

Die Gattung der Felsenbirnen umfaßt 25 Arten, von denen die meisten in Nordamerika verbreitet sind. Als Gartengehölze waren jahrzehntelang nur zwei Arten von Bedeutung: Die Kahle Felsenbirne, *Amelanchier laevis*, und die Kupferfelsenbirne, *Amelanchier lamarckii*, die gelegentlich noch als *Amelanchier canadensis* bezeichnet wird. Die verstärkte Berücksichtigung einheimischer Gehölze bei der Garten- und Landschaftsgestaltung hat dazu geführt, daß nun auch die mitteleuropäische *Amelanchier ovalis* häufiger in den Angeboten der Baumschulen zu finden ist.

Zum hohen Gartenwert der Felsenbirnen haben neben Blüte und Herbstfärbung auch ihre bescheidenen Standortansprüche beigetragen. Die beiden wichtigsten Arten gedeihen nahezu auf allen Böden, sie vertragen vollsonnige Plätze ebenso wie halbschattige Lagen, sie sind stets frei von Krankheiten und Schädlingen und bauen sich so optimal auf, daß keinerlei Schnitt erforderlich ist. *Amelanchier laevis* und *Amelanchier lamarckii* sind in den Laubwaldgebieten des östlichen Nordamerika verbreitet. Sie können im Wald über 10 m hoch werden und entwickeln sich nicht selten zu kleinen, mehrstämmigen Bäumen. In Kultur bleiben beide strauchig und erreichen Höhen von 3 bis 6 m. Gelegentlich werden sie von den Baumschulen in hochstämmig veredelten Formen angeboten. Sie können als Solitärgehölze ebenso verwendet werden wie für Mischpflanzungen.

Amelanchier laevis. Diese Art gilt als die schönste Felsenbirne. Sie entwickelt sich in Kultur zu einem breiten Strauch oder kleinen Baum mit überhängenden Zweigen. Die fünf bis neun Einzelblüten in den hängenden Blütentrauben sind deutlich größer als bei *Amelanchier lamarckii*. Zur Blütezeit sind die Blätter meist schon voll entfaltet.

Amelanchier lamarckii. Sie unterscheidet sich von *Amelanchier laevis* durch den stets breit aufrechten Wuchs und durch lockere, verlängerte Blütentrauben mit meist acht bis zehn Blüten. Die Blätter sind zur Zeit der Blüte meist noch in der Entfaltung begriffen und auf der Unterseite weißlich seidenhaarig. *Amelanchier lamarckii* kam aus dem östlichen Nordamerika über Frankreich auch in die Niederlande und nach Nordwestdeutschland, wo sie als Gartenflüchtling verwildert ist und sich eingebürgert hat. Ihre purpurschwarzen, süßen und saftigen Früchte sind so schmackhaft, daß sie im Oldenburger Raum als »Korinthen« in den sonntäglichen Stuten eingebacken wurden.

Amelanchier ovalis. Die Gemeine Felsenbirne besiedelt in den Gebirgen Mittel- und Südeuropas oft trockene, südexponierte Hänge. Der 1,5 bis 3 m hohe, vielstämmige und anfangs straff-aufrecht wachsende Strauch treibt gern Ausläufer. Er trägt rundliche bis eiförmige, im Austrieb dicht weißfilzige, im Herbst orange bis scharlachrot gefärbte Blättern. Die kleinen, weißen, unangenehm riechenden Blüten erscheinen im April–Mai. Der ansehnliche, im Alter lockerwüchsige Strauch verträgt gut sonnige, trockenheiße Plätze.

Amorpha fruticosa, Bastardindigo
Leguminosae

Bis 3 m hoher Gruppenstrauch mit gefiederten Blättern und blauvioletten Blütentrauben von Juni bis August.

Von den 20 Arten der ausschließlich in Nord- und Mittelamerika verbreiteten Gattung gehört nur *Amorpha fruticosa* zum Standardsortiment der Baumschulen. Den Namen Bastardindigo erhielt der Strauch, weil er von den ersten Siedlern als Ersatz für den echten Indigo zum Blaufärben von Textilien benutzt wurde.

Amorpha fruticosa ist mit dem etwas sparrigen Wuchs und den nicht sonderlich dekorativen Blüten eher ein Strauch für freiwachsende Hecken und Windschutzpflanzungen. Er kommt in seiner Heimat sowohl im trockenen Hügelland als auch an sumpfigen Stellen und an Flußufern vor. In Kultur verträgt er sehr sonnige bis leicht beschattete Plätze, er gedeiht auf jedem Boden, gleichgültig ob feucht oder trocken. Der Bastardindigo sollte hin und wieder zurückgeschnitten werden. In Ungarn ist der verwilderte Strauch in den nassen Niederungen der Theiß heimisch geworden.

Aralia mandshurica, Japanischer Angelikastrauch
Araliaceae

Charaktervoller Solitärstrauch mit üppigen, bis meterlangen, an den Zweigenden schirmartig gehäuften, doppelt gefiederten Blättern und bis zu 50 cm breiten Trugdolden aus zahlreichen kleinen, elfenbeinweißen, stark nach Honig duftenden Blüten.

Aralia mandshurica 'Variegata'

Aralia mandshurica (= Aralia elata) ist die in unseren Gärten am häufigsten kultivierte unter den 35 Arten der Gattung, deren meist krautige Vertreter in Indomalesien, Ostasien und Nordamerika verbreitet sind. *Aralia elata* hat in Ostasien eine weites Verbreitungsgebiet. Sie kann dort Höhen bis 15 m erreichen, bleibt bei uns aber stets strauchig und wird kaum mehr als 4 bis 5 m hoch. Sie baut sich mit dicken, wenig verzweigten, straff-aufrecht wachsenden Zweigen auf. Die Zweige sind mit einem weißen Mark gefüllt und tragen neben dikken, gebogenen Stacheln auffallend große, halbmondförmige Blattnarben. Aus den dicken, fleischigen und oberflächennah verlaufenden Wurzeln entwickeln sich oft Ausläufer.

Aralia mandshurica hat ihre natürliche Verbreitung auf Lichtungen und an den Rändern sommergrüner Laubwälder. Sie gedeiht auch in Kultur am be-

sten an sonnigen bis halbschattigen, warmen Plätzen und auf frischen bis feuchten, durchlässigen, sandig-humosen, nährstoffreichen Böden. Der exotisch anmutende Großstrauch verdient im Garten unbedingt eine Sonderstellung. Braucht einen windgeschützten Platz, weil die großen Blätter sonst abknicken. Es sind auch Sorten mit panaschierten Blättern in Kultur:
'Aureovariegata' hat gelb gerandete Blättchen.
'Silver Umbrella' ist eine niederländische Selektion. Sie ist wüchsiger und verzweigt sich besser als 'Variegata'.
'Variegata'. Die Blättchen zeigen einen unregelmäßig breiten, weißen Rand.

Aronia melanocarpa, Schwarze Apfelbeere
Rosaceae

Wildfruchtart, deren Früchte im Haushalt zur Herstellung von Kompott und Fruchtsäften, in der Industrie zur Gewinnung von Färbestoffen für Lebensmittel verwendet werden.

Aronia melanocarpa, die bei uns am häufigsten gepflanzte der drei nordamerikanischen Arten, wächst als ein etwa 1 m hoher Strauch, der sich durch einige Ausläufer schwach ausbreitet. Er trägt glänzend tiefgrüne Blätter und öffnet im Mai seine reinweißen, 1,5 cm breiten Blüten. Die 5 bis 8 mm dicken, glänzendschwarzen Früchte fallen bald nach der Reife ab oder werden von Vögeln gefressen. Die Früchte können nur in verarbeitetem Zustand genossen werden. Als Fruchtsträucher werden vor allem großfrüchtige Sorten wie 'Nero' und 'Sarina' gepflanzt. *Aronia melanocarpa* und die rotfrüchtige *Aronia arbutifolia*, deren Laub sich im Herbst hübsch rot verfärbt und deren lange haftende Früchte nicht verwertet werden, sind ebenfalls attraktive Ziergehölze für sonnige bis halbschattige Plätze und frische Böden.

Aronia prunifolia. Der im östlichen Nordamerika heimische Strauch wächst aufrecht und wird bis 4 m hoch. Auch die Blätter färben sich im Herbst rot, aber weniger auffällig als bei *Aronia arbutifolia*. Die Früchte sind bis 1 cm dick und dunkel- bis schwarzrot.

Berberis, Berberitze
Berberidaceae

Mittelgroße, feinlaubige Gruppensträucher mit gelben Blüten und roten Früchten. Einige Arten mit beachtlicher Herbstfärbung und mit rotlaubigen Sorten.

Aus der großen Fülle der etwa 450 *Berberis*-Arten, die in der nördlichen Hemisphäre und in Südamerika heimisch sind, werden die immergrünen Arten als Gartengehölze bevorzugt. Aber auch unter den sommergrünen Arten finden wir wertvolle Ziersträucher. Alle sommergrünen Arten stellen an Boden und Standort keine besonderen Ansprüche. Sie lieben im allgemeinen vollsonnige Lagen und wachsen auf jedem normalen Gartenboden. Im Gegensatz zu einigen immergrünen Arten sind sie völlig frosthart. Sie sollten regelmäßig vorsichtig ausgelichtet werden. Einen starken Rückschnitt gilt es zu vermeiden. Er führt zur Bildung zahlreicher neuer Triebe und zum Auseinanderfallen der Sträucher.
Sommergrüne *Berberis*-Arten werden in der Regel eher in Mischpflanzungen denn als Solitärsträucher verwendet, sie können mit ihren meist dreiteiligen Dornen undurchdringliche Hecken bilden. Lediglich die Sorten mit rotgefärbten Blättern sind ansehnliche Solitärsträucher. Sie müssen mit ihrem auffälligen Blattwerk vorsichtig und lieber nicht in zu großer Zahl verwendet werden. Schließlich sind die schwachwachsenden Sorten von *Berberis thunbergii* hübsche Zwerge für Steingärten.

Berberis aggregata. Diese westchinesische, etwa 1,5 m hoch werdende Berberitze gehört zu den häufiger gepflanzten Arten. Die hellgelben Blüten schmücken im Mai–Juni, ihnen folgt eine Fülle zinnoberroter, bereifter Beeren. Sie hängen noch lange am Strauch, nachdem benachbarte Berberitzen schon lange von Vögeln geplündert worden sind.

Berberis × ottawensis 'Superba'. Die starkwüchsige und dicht verzweigte, 3 bis 4 m hoch werdende Form entwickelt bogenförmig übergeneigte Zweige und trägt tief braunrote Blätter mit einem metallischen, bläulichen Schimmer. Im

Herbst bieten die Blätter ein lebhaftes Farbspiel zwischen Dunkel- und Orangerot. Die sattgelbe Blütenfülle kommt auch zwischen dem dunklen Laub gut zur Geltung. Der dekorative Solitär- und Gruppenstrauch färbt nur an sonnigen Plätzen sein Laub gut aus.

Berberis thunbergii. Sie ist die am häufigsten gepflanzte sommergrüne Art. Der bis 1,5 m hohe, dicht und fein verzweigte Strauch fällt vor allem im Herbst durch seine gelb und rot verfärbten Blätter und durch die lange haftenden, leuchtendroten Früchte auf. Die Art wird vor allem für Hecken — freigewachsene und geschnittene — verwendet.
Noch häufiger als die Art werden einige der zahlreichen Gartenformen gepflanzt, vor allem Sorten mit abweichender Laubfärbung. Wir kennen Sorten mit normalem Wuchs und rot bis braunrot gefärbten Blättern wie 'Atropurpurea' und 'Red Chief'. Bei 'Pink Queen' und 'Rose Glow' sind die rot gefärbten Blätter mehr oder weniger stark rosa gefleckt. Mit ihrem fast säulenförmig schlanken Wuchs und den dunkel purpurbraun gefärbten Blättern fällt 'Helmond Pillar' auf. Ähnlich belaubt, aber nicht ganz so schlank wächst 'Red Pillar'. Beide sind ganz ausgezeichnete Heckenpflanzen, aber auch hübsche Solitärgehölze. Mit ihren zitronen- bis goldgelben Blättern ist die schwachwüchsige 'Aurea' eine sehr auffallende Erscheinung. Sie braucht einen geschützten, hellen Platz, denn nur bei guter Belichtung bleibt die Blattfärbung gut ausgeprägt. Schließlich kennen wir von *Berberis thunbergii* auch ausgesprochen zwergwüchsige, dicht- und kompaktwachsende Formen wie die braunrot belaubten 'Atropurpurea Nana' und 'Bagatelle' oder die grünlaubige 'Kobold'. Alle sind hübsche Zwerge für Trog- und Steingärten. Für Beeteinfassungen eignen sie sich nicht, denn ihre Zweige sind recht brüchig.

Berberis wilsoniae. Der etwa 1 m hohe, dicht und sehr fein verzweigte Stauch stammt aus der westchinesischen Provinz Sichuan. Seine derben, ganzrandigen, oben dunkelgrünen und unten graugrünen Blätter färben sich im Herbst schön zinnober- bis scharlachrot. Aus hellgelben, 6 bis 10 mm breiten Blüten entwickeln sich rundliche, lachs- oder korallenrote Beeren.

Buddleja, Sommerflieder, Schmetterlingsstrauch
Buddlejaceae

Aufrechtwachsende oder mit überhängenden Zweigen elegant aufgebaute, reichblühende Solitärsträucher. Die Blüten erscheinen in großen, endständigen Rispen oder in Büscheln entlang der Zweige. Sie duften stark aromatisch und sind stets von Schmetterlingen bevölkert.

Buddleja alternifolia ist in den sommertrockenen Laubwaldzonen des nordwestlichen China verbreitet. Diese starkwüchsige Art entwickelt sich im Alter zu einem bis 4 m hohen und nahezu ebenso breiten, dichttriebigen Strauch. Mit den zahlreichen dünnen Langtrieben, die an älteren Sträuchern fast senkrecht herabhängen, ist *Buddleja alternifolia* eine äußerst elegante Erscheinung. Auf der ganzen Länge der vorjährigen Zweige entfalten sich im Juni die kleinen, lebhaft purpurlila Blütenbüschel mit ihrem weithin streichenden Duft. Der Strauch blüht schon in jungen Jahren sehr reich, mit zunehmendem Alter wird die Blütenfülle immer größer, eine sachgerechte Pflege, also regelmäßiges Auslichten (kein Rückschnitt wie bei *Buddleja davidii*) vorausgesetzt. Der Strauch verträgt auch im Garten trockene Plätze, er liebt sonnige und warme Standorte, an den Boden stellt er keine besonderen Ansprüche. Er sollte als Solitärstrauch stets so gepflanzt werden, daß er sich frei entfalten kann.

Buddleja davidii. Es handelt sich wieder um einen sehr starkwüchsigen Strauch, der unter günstigen Bedingungen 3 bis 5 m hoch werden kann. Er wächst regelmäßig bis in den Winter hinein, friert bei uns sehr häufig zurück und wird deshalb im Nachwinter stark zurückgeschnitten. Dieser Rückschnitt nimmt dem Strauch seine natürliche, breit ausladende Form. Er entwickelt mit seinen kräftigen, steil-aufrecht wachsenden Zweigen einen ziemlich steifen Habitus, der nur zur Blütezeit durch die zum Teil bogig überhängenden Zweige aufgelockert wird. *Buddleja davidii* läßt sich nur schwer mit anderen Blütensträuchern vergesellschaften. Dieser ausgesprochene Solitärstrauch steht am besten frei auf einer Rasenfläche oder wird in Stauden- und Sommerblumenbeeten als

Buddleja alternifolia

dominierende Figur behandelt. Dort sollte er einen sonnigen Platz haben, denn Hitze und Trockenheit verträgt er gut. Unter weniger günstigen Klimabedingungen empfiehlt sich im Winter eine schützende Laubdecke im Wurzelbereich.

Wir pflanzen längst nicht mehr die lilablühende Wildart, die aus den sommergrünen Laubwäldern Mittelchinas stammt. Uns steht heute eine Fülle von Sorten mit 30 bis 50 cm langen, endständigen Blütenrispen in zahlreichen Farben zur Verfügung.

Blüten violett bis dunkelviolett: 'African Queen', 'Black Knight', 'Broder Beauty', 'Île de France', 'Purple Prince'.

Blüten blau bis blauviolett: 'Empire Blue', 'Nanho Blue', 'Tovelill'.

Blüten purpurrot: 'Cardinal', 'Nanho Purple', 'Royal Red'.

Blüten rosarot: 'Fascination', 'Pink Delight', 'Summer Beauty', 'Vardar Broder Beauty'.

Blüten malvenfarben: 'Orchid Beauty'.

Blüten weiß: 'Peace', 'White Profusion'.

Callicarpa bodinieri, Schönfrucht
Verbenaceae

Mittelgroßer Strauch mit unscheinbaren Blüten, aber mit sehr aparten, kaum erbsengroßen, violetten Früchten, die lange haften und Liebesperlen ähneln.

Von den fünf oder sechs Schönfruchtarten, die in unserem Klima ausreichend frosthart sind, wird im allgemeinen nur *Callicarpa bodinieri* var. *giraldii* 'Profusion' kultiviert. Der knapp mannshohe chinesische Strauch hat gegenständige, im Austrieb dunkelbraune Blätter. Im Juli–August öffnen sich kleine, vierzählige, lilafarbene Blüten in achselständigen Trugdolden. Sie kommen zwischen den Blättern aber kaum zur Geltung. Dafür entschädigt uns der Strauch vom September bis weit in den Winter hinein mit seinen kugeligen Früchten, die zu 30 bis 40 zusammensitzen. Sie sind recht trocken und bieten deshalb den Vögeln keine Anreize, außerdem gehen sie nicht so rasch in Fäulnis über wie fleischige Früchte. Schönfruchtarten brauchen einen warmen, sonnigen bis halbschattigen Platz und einen gepflegten, durchlässigen Boden. In strengen Wintern können die Zweige unter Frost leiden, sie werden dann im Frühjahr bis ins gesunde Holz zurückgeschnitten. Ein mäßiger Schnitt und die Entnahme fruchtender Zweige, die einen hervorragenden Vasenschmuck liefern, fördern die Neutriebbildung und damit den Fruchtansatz.

Calycanthus, Gewürzstrauch
Calycanthaceae

Mittelhohe Sträucher mit eigenartig mahagonirot gefärbten, stark aromatisch duftenden Blüten aus zahlreichen, dicht gedrängten Kronblättern. Zweigrinde und Wurzeln enthalten ebenfalls duftende ätherische Öle.

Calycanthus-Arten zeichnen sich nicht nur durch einen bemerkenswerten Duft aus, sie besitzen unter den Gehölzen fast einzigartige Blüten, die sich nur mit denen der Seerose vergleichen lassen. Ihre Blütenorgane sind nämlich in einer durchgehenden Schraube angeordnet und gehen von blattartigen äußeren über gefärbte kronblattartige Gebilde zu den Staub- und Fruchtblättern fast fließend ineinander über. Es sind mit die urtümlichsten Blüten der bedecktsamigen Pflanzen, die wir kennen. Von den drei bekannten Arten werden meist nur die beiden im östlichen Nordamerika heimischen Arten *Calycanthus fertilis* und *Calycanthus floridus* kultiviert. Bei *Calycanthus occidentalis* aus Florida wirken die Blüten weit weniger attraktiv. Die beiden kultivierten Arten sind nicht leicht voneinander zu unterscheiden.

Calycanthus floridus. Der Echte Gewürzstrauch hat unterseits graugrüne, bleibend dicht behaarte Blätter und stark duftende, 4 bis 5 cm breite, dunkel rotbraun gefärbte Blüten. Früchte werden in Mitteleuropa nur selten ausgebildet.
Die sommerblühenden Gewürzsträucher sind interessante, 1 bis 3 m hohe Sträucher für den Gehölzrand, oder sie eignen sich als Unterholz in lockeren Baumgruppen. Sie sind in bezug auf Boden und Lage nicht wählerisch, gedeihen aber am besten auf frischen, gepflegten Gartenböden. Sie blühen im Juli–August über einen längeren Zeitraum. Der aromatische Blütenduft kann dann weithin durch den Garten streifen, vor allem bei Windstille und an lauen Vorsommerabenden. Außerhalb der Blütezeit sehen die Sträucher nicht sonderlich attraktiv aus, sie brauchen deshalb keinen bevorzugten Platz. Man soll sie riechen können, muß sie aber nicht sehen.
Calycanthus floridus var. *laevigatus.* Beim Fruchtbaren Gewürzstrauch werden die unterseits blaugrünen Blätter bald ganz kahl. Die 3,5 bis 5 cm breiten, grünlichpurpurnen bis rotbraunen Blüten duften nur schwach. Früchte werden meist reichlich angesetzt.

Caragana arborescens, Erbsenstrauch
Leguminosae

Robuster Strauch mit gefiederten Blättern und gelben, büschelig an Kurztrieben sitzenden Schmetterlingsblüten.

Von den rund 80 Arten der Gattung, die ihre Hauptverbreitung in den semiariden Zonen Zentralasiens haben, ist *Caragana arborescens* als einzige Art regelmäßig in unseren Gärten vertreten. Der bis 6 m hohe, straff- und steil-aufrecht wachsende Strauch entfaltet seine hellgelben Blüten im Mai–Juni, daraus entwickeln sich kurze, zylindrische Fruchthülsen. *Caragana arborescens* ist ein sonnenhungriger, Hitze und Trockenheit ertragender Gruppen- und Heckenstrauch, der auch noch auf sandigen, nährstoffarmen und kalkreichen Böden wächst. Neben der Art befinden sich einige Gartenformen in Kultur:
'Lorbergii' ist mit den kleinen, schmal-eiförmigen Blättchen eine zierlich belaubte, schwachwüchsige Form.
'Pendula' wird meist hochstämmig veredelt, die Zweige wachsen dann in kurzen Bögen abwärts.
'Walker' ähnelt im Wuchs 'Pendula' und wird wie diese gezogen. Aber wie bei 'Lorbergii' sind die Blätter mit nur 5 mm breiten Blättchen ausgestattet.

Chimonanthus praecox, Winterblüte
Calycanthaceae

Der mittelgroße Strauch öffnet seine auffallend stark duftenden Blüten meist im Februar–März, oft aber schon im Dezember.

Die Blüten erscheinen in den Blattachseln der vorjährigen Zweige. Sie sind etwa 2,5 cm breit und abwärts geneigt. Kleine, braune Schuppen umhüllen den kurzen Blütenstiel. In der einfachen Blütenhülle sind die äußeren Blütenblätter hellgelb und fast durchscheinend zart, die inneren kleiner und unregelmäßig braunrot gestreift und gefleckt. *Chimonanthus praecox* gehört zu unseren interessantesten Winterblühern. Die Art blüht bei uns aber nur in milden Klimaregionen, besonders reich nach einem warmen, trockenen Sommer. Offene Blüten und in Entfaltung begriffene Blütenknospen werden durch Frost zerstört. Der etwa 2 m hohe Strauch braucht einen warmen, geschützten Platz, am besten im Schutz einer Mauer. Mit seinen ziemlich langen Zweigen läßt er sich auch als Spalier ziehen. Besondere Ansprüche an den Boden stellt die Winterblüte nicht, sie gedeiht auf jedem gepflegten Gartenboden.

Chionanthus virginicus, Schneeflockenstrauch
Oleaceae

Großer Solitärstrauch mit einer Fülle duftiger, schneeweißer Blütenrispen im Mai–Juni.

Chionanthus virginicus kann in seiner nordamerikanischen Heimat zu einem kleinen Baum heranwachsen, erreicht bei uns aber nach vielen Jahren bestenfalls die Ausmaße eines Großstrauches von 4 bis 5 m Höhe und Breite. Der Strauch trägt derbe, schmal-elliptische, glänzend dunkelgrüne Blätter, die sich im Herbst hellgelb verfärben. An den Enden der Seitentriebe entfalten sich die bis 20 cm langen, lockeren Blütenrispen. Die kleinen Einzelblüten bestehen aus je vier schmalen, bis 3 cm langen, nur am Grunde verwachsenen Blütenblättern, deshalb machen blühende Sträucher einen so leichten, grazilen Eindruck. Der Schneeflockenstrauch ist ein hervorragendes Solitärgehölz für sonnige bis leicht beschattete Plätze und gepflegte, mäßig frische Gartenböden. Da die Sträucher sich eher baumartig verzweigen, also keine Bodentriebe bilden, erübrigen sich Schnittmaßnahmen.

Choenomeles, Zierquitte, Scheinquitte
Rosaceae

Sehr reichblühende, anspruchslose Ziersträucher mit großen, leuchtenden Blüten in kräftigen Farben und oft mit reichem Fruchtansatz.

Die Gattung umfaßt nur drei ostasiatische Arten. Es sind kaum mehr als mannshohe Sträucher mit meist dornigen Zweigen und offenen, apfelblütenähnlichen Blüten. Die großen, wohlriechenden Früchte lassen sich zu Quittenpaste, Gelee, Süßmost oder zu »Aufgesetztem« verarbeiten. Da Zierquitten an Kurztrieben blühen, zeigen erst ältere Pflanzen ihre volle Schönheit. Junge Pflanzen verstecken ihre Blüten oft im Inneren der Pflanzen.

Zierquitten gedeihen auf jedem Gartenboden in sonnigen Lagen. Sie sind stets gesund und bedürfen nur eines geringen Pflegeaufwandes, der nur aus einem regelmäßigen Auslichtungsschnitt besteht. Jeder starke Rückschnitt sollte unterbleiben, da er zahlreiche Jungtriebe und damit eine Verminderung des Blütenansatzes zur Folge hat. Zierquitten sind meist Gruppensträucher oder werden in »gemischten Sträucherrabatten« untergebracht, gelegentlich sieht man sie auch in freigewachsenen Blütenhecken, die aber viel Platz erfordern. Schwächer wachsende Arten und Sorten können in größeren Steingärten oder Staudenrabatten ihren Platz finden. Sie lassen sich allerdings nicht unterpflanzen, da sie meist dicht am Boden verzweigt sind und sogenannte »Schleppen« bilden.

Choenomeles japonica. Die Japanische Zierquitte ist in unseren Gärten ziemlich weit verbreitet. Der niedrige, kaum mehr als 1 m hohe und ebenso breite, dicht verzweigte Strauch blüht im März-April mit ziegelroten, 3 cm breiten Blüten. Regelmäßig werden die dekorativen, 4 bis 5 cm dicken, gelblichgrünen, stark aromatisch duftenden Früchte angesetzt, die bis weit in den Winter am Strauch hängen bleiben. *Choenomeles japonica* ist nicht nur ein hübscher Blüten- und Fruchtstrauch, sondern an Böschungen und Hängen auch ein guter Bodendecker.

Choenomeles speciosa. Die Chinesische Zierquitte hat in Japan und China ihre Heimat. Der gut mannshohe, dichtbuschige, oft breit ausladend wachsende Strauch öffnet im März–April seine scharlachroten, 3 bis 4 cm breiten Blüten, aus denen sich die meist länglichen, gelben oder gelblichgrünen, sonnenseits geröteten Früchte entwickeln. *Choenomeles speciosa* wird selten als Art, meist nur in Gartenformen gepflanzt. Deren Blüten weichen in Form und Farbe deutlich von der Art ab. Die zu *Choenomeles speciosa* gehörenden Sorten werden alle deutlich höher als die Sorten von *Choenomeles × superba*. Folgende Sorten stehen zur Verfügung:

'Diane', apfelblütenrosa.
'Exima', reinrosa.
'Josef Arends', dunkelrot.
'Josef Keller', karminrot.
'Nivalis', reinweiß.
'Rubra', rot.
'Simonii', dunkelrot, einfach bis halbgefüllt.
'Umbilicata', kirschrosa.

Choenomeles × superba. Diese Hybride hat die beiden genannten Arten als Eltern. Die Sorten entwickeln sich meist zu dicht verzweigten, bis 1,5 m hohen Sträuchern mit dünnen Zweigen und verdornten Kurztrieben. Die mittelgroßen, mehr oder weniger weit geöffneten Blüten sind sehr verschieden gefärbt. Zu *Choenomeles* gehören die meisten und wichtigsten der gegenwärtig kultivierten Zierquitten:
'Andenken an Karl Ramcke', leuchtend zinnoberrot.
'Clementine', orangerot, kaum geöffnet.
'Crimson and Gold', dunkelrot, Staubblätter auffallend gelb.
'Elly Mossel', feuerrot, groß.
'Etna', scharlachrot.
'Fascination', tief scharlachrot, sehr groß.
'Fire Dance', signalrot, sehr groß.
'Nicoline', karminrot, einfach bis halbgefüllt.
'Pink Lady', dunkelrosa.
'Rowallane', scharlachrot, groß.
'Youki Gotin', cremeweiß, gefüllt.

Clerodendrum trichotomum, Losbaum
Verbenaceae

Interessanter Solitärstrauch mit einer spätsommerlichen Blütezeit und blauschwarz gefärbten Früchten. Die Blüten mit der fünfzipfeligen Krone, den vier langen Staubblättern und dem ebenfalls weit herausragenden Griffel zeigen ein spinnenartiges Aussehen.

Vorwiegend in den Tropen und Subtropen sind an die 400 *Clerodendrum*-Arten verbreitet. Nur eine Art, *Clerodendrum trichotomum*, heimisch in Japan und China, ist für unser mitteleuropäisches Klima ausreichend frosthart. Trotzdem gedeiht der Losbaum nur in warmen, sonnigen Lagen, in denen sein Holz genügend ausreifen kann.
Clerodendrum trichotomum erreicht in Mitteleuropa meist nur Höhen von 2 bis 3 m, in klimatisch günstigen Regionen kann er aber bedeutend höher wachsen. Der Aufbau ist locker, etwas sparrig und meist breitkronig. Erst im August–September öffnen sich die weißen, 3 cm breiten, duftenden Blüten. Sie stehen achselständig an den Triebspitzen in 12 bis 24 cm breiten, langgestielten, lockeren Ständen. Die Blüten haben einen glockigen, fünfzipfeligen Kelch, der bei der Reife fleischig wird und sich rot färbt. Auf ihm sitzt die blaue, später schwarz gefärbte, beerenartige Steinfrucht. Der Losbaum braucht einen gepflegten, frischen Gartenboden und an weniger günstigen Standorten den Winter über eine schützende Mulchdecke im Wurzelbereich. Ein Rückschnitt ist nur nach Frostschäden notwendig.
Clerodendron trichotomum var. *fargesii*. In Kultur befindet sich meist diese etwas frosthärtere Varietät. Sie unterscheidet sich außerdem durch ihre im Austrieb rötlichen, weniger stark behaarten Blätter, durch den grün bleibenden Kelch, dessen Zipfel zuletzt rosa gefärbt sind, und durch die hellblauen Früchte.

Clethra, Scheineller
Clethraceae

Sommerblühende Solitär- und Gruppensträucher mit einer langen Blütezeit, angenehmem Blütenduft und einer beachtlichen Herbstfärbung.

Von den knapp 70 Arten der Gattung, die in Ostasien, Amerika und auf Madeira verbreitet sind, kultivieren wir in unseren Gärten nur selten mehr als die beiden unten genannten. Beide vertragen durchaus einen freien Stand, sie wachsen und blühen aber auch noch unter dem Druck hochkroniger Bäume, sofern der Boden ausreichend frisch, humos, tiefgründig und schwach sauer ist. Die kultivierten Arten sind ausreichend frosthart. Die meist sparsame Verzweigung macht jeden Schnitt überflüssig, und von Schädlingen und Krankheiten bleiben die Scheineller weitgehend verschont. Gründe genug, sie stärker zu berücksichtigen.

Clethra alnifolia. Ihre Heimat sind die Laubwälder des südöstlichen Nordamerika. Der straff-aufrecht wachsende Strauch erreicht Höhen von 2 bis 3 m. Von Juli bis September öffnen sich die etwa 8 mm breiten, weißen Blüten, die in mehr oder weniger aufrechten, 5 bis 10 cm langen, einfachen Trauben aufrecht über dem Laub stehen. *Clethra alnifolia* ist die Art, die in unseren Baumschulen am leichtesten zu bekommen ist. Das gilt vor allem für die Form 'Rosea', deren Blüten in der Knospe schön rosa, später hellrosa gefärbt sind.

Clethra barbinervis. Sie findet sich als einzige ostasiatische *Clethra*-Art in unseren Gärten. Sie ist ein Vertreter der artenreichen Laubwälder im Hügel- und Bergland der japanischen Inseln. Wie von vielen anderen Gehölzgattungen bekannt, übertrifft auch diese ostasiatische Art in ihren dekorativen Merkmalen ihre nordamerikanischen Schwestern. In seiner Heimat wird der Strauch bis 10 m hoch, er erreicht bei uns aber kaum mehr als 3 bis 4 m Höhe. Die Art besitzt große, etwas rauhe Blätter, die sich im Herbst auffallend gelbrot verfärben. Von Juli bis September erscheinen die weißen Blüten, die meist in 10 bis 15 cm langen, abstehenden Doppeltrauben zusammengefaßt sind. Interessant sind auch die harten, glatten und bunten Stämme. Die äußere, kaffeebraune Borke blättert ab und hinterläßt gelb- bis hellbraune Rindenpartien, die von einem leichten, bläulichweißen Schimmer überzogen sind.

Colutea, Blasenstrauch
Leguminosae

Hohe, aufrechte Sträucher mit gefiederten Blättern, gelben oder braunen Schmetterlingsblüten und blasig vergrößerten Fruchthülsen mit silbrigen, pergamentartig dünnen Wänden.

Alle Arten haben sich als robuste, anpassungsfähige, trocken- und hitzeresistente Gruppensträucher für sonnige Plätze bewährt. Sie gedeihen auch noch auf leichten, nährstoffarmen und kalkhaltigen Böden.

Colutea arborescens. Der gewöhnliche Blasenstrauch hat in Süd- und Südosteuropa, in Transkaukasien und Nordafrika ein weites Verbreitungsgebiet. Er kommt meist an sonnigen Waldrändern auf trockenen, flachgründigen Böden vor. In unseren Gärten ist der 2 bis 4 m hohe, aufrechte Strauch die häufigste Art der Gattung. Von Mai bis August erscheinen die gelben Blüten zu sechst bis zu acht in Trauben, von Juli an entwickeln sich die zuletzt silbrig-rötlichen Früchte.

Colutea × media. Diese Arthybride ist etwas seltener in Kultur. Sie unterscheidet sich von *Colutea arborescens* durch die zahlreichen rotbraunen bis tief orangefarbenen Blüten, die von Juni bis September aufblühen.
'Copper Beauty' nennt sich eine sehr reichblühende Selektion mit braunroten Blüten.

Cornus, Hartriegel
Cornaceae

Strauchförmig wachsende, robuste und anpassungsfähige Gruppengehölze für Schutzpflanzungen, Eingrünungen und breite Hecken.

Bei den hier behandelten Arten handelt es sich um Straucharten mit Schleppenbildung. Bei ihnen neigen sich die Triebspitzen häufig bis zum Boden, bewurzeln sich und bilden mit neuen Trieben die sogenannten Schleppen. Straucharten mit einem derartigen Ausbreitungsdrang eignen sich nicht zur Vergesellschaftung mit wertvollen Ziergehölzen.

Cornus alba. Der Tatarische Hartriegel hat seine Verbreitung in Nordrußland, Sibirien und Nordkorea. Der bis 3 m hohe, breitwüchsige Strauch trägt blut- oder korallenrote Zweige. Die gelblichen Blüten erscheinen in kleinen Schirmrispen, die Früchte sind weiß bis bläulich. Der anspruchslose Gruppen- und Deckstrauch verträgt sonnige bis schattige Plätze, auch unter hochkronigen Bäumen, und gedeiht auf jedem Gartenboden. Als Gartengehölze sind einige Formen besser geeignet als die Wildart:
'Elegantissima' (= 'Argenteomarginata') hat regelmäßig breit weiß gerandete Blätter, die sich im Herbst karminrot verfärben.
'Gouchaultii'. Die Blätter sind am Rand zunächst rosa oder teilweise weiß und zur Mitte hin rosa und grün gefärbt, später nur noch grün mit gelben Flecken. Eine sehr wüchsige Sorte.
'Kesselringii' fällt durch die tief schwarzbraun gefärbten Zweige auf. Die auffallende Rindenfärbung ist, wie bei allen Sorten mit farbiger Rinde, nur an jungen, wüchsigen Pflanzen gut ausgeprägt.
'Sibirica'. Die leuchtend korallenrote Zweigrinde fällt besonders im Winter auf. Diese Sorte wird nicht selten mit der gelbgrünrindigen *Cornus sericea* 'Flaviramea' zusammengepflanzt.

Cornus sanguinea. Der Rote Hartriegel ist ein Vertreter der heimischen Flora. Der bis 4 m hohe Strauch breitet sich durch Ausläufer stark aus, seine sonnenseits geröteten Zweige sind im Winter tiefrot. Auch hier wirken die weißen Blüten in ihren kleinen Schirmrispen eher unscheinbar. Die schwarzblauen Früchte sind weiß punktiert. *Cornus sanguinea* ist ein anpassungsfähiger Gruppenstrauch für sonnige bis halbschattige Standorte, er verträgt Hitze und trockene bis mäßig nasse Böden.

Cornus sericea (= *Cornus stolonifera*). Der Weiße Hartriegel baut sich mit ausgebreiteten dunkelroten Zweigen bis zu einer Höhe von etwa 2,5 m auf. Aus gelblichweißen Blüten entwickeln sich weiße Früchte. Die von Neumexiko bis nach Alaska verbreitete Art ist ein robuster Gruppen-

◁ *Colutea arborescens*

strauch; er wird häufig in den beiden folgenden Formen gepflanzt:
'Flaviramea'. Die Zweige besitzen eine auffallende, hell grüngelbe Rinde.
'Kelsey' wächst sehr breitbuschig, erreicht nur knapp 1 m Höhe und wird neuerdings für flächige Begrünungen empfohlen.

Corylopsis, Scheinhaseln
Hamamelidaceae

Sehr frühblühende, zierliche Blütensträucher. Die hellgelben, leicht duftenden Blüten erscheinen im März–April in mehr oder weniger reichblütigen, hängenden Ähren. Blätter im Herbst hübsch gelb gefärbt.

Die Scheinhaseln sind mit zwölf Arten die umfangreichste Gattung innerhalb der Familie der Zaubernußgewächse. Alle Arten stammen aus Ostasien. Ihren besonderen Gartenwert haben sie durch ihre frühe Blüte, die deutlich vor der Forsythienblüte liegt und die ungleich zarter und eleganter wirkt als die der etwas protzigen Forsythien. Die frühe Blüte hat natürlich auch ihren Nachteil: Nicht selten werden die zarten Blüten von Spätfrösten überrascht und dabei zerstört. In ihren natürlichen Arealen wachsen die Scheinhaseln als kleine bis mittelhohe Sträucher im Unterholz sommergrüner Laubwälder. Auch in Kultur sollte man ihnen einen geschützten Platz geben. Sie gedeihen auf jedem gepflegten, frischen Gartenboden in sonnigen bis halbschattigen Lagen. Alle Arten wachsen langsam und bauen sich so gut auf, daß Schnittmaßnahmen stets überflüssig sind.

Corylopsis pauciflora. Diese Art stammt aus Japan und entwickelt sich zu einem dichten, feinzweigigen Strauch von kaum mehr als 1,5 m Höhe. Die herz-eiförmigen Blätter sind im Austrieb rot gerandet, haben einen rötlichen Blattstiel und rötliche Nebenblätter, die aber bald abfallen. Im März–April öffnen sich die primelgelben Blüten, die nur zu zweit bis zu dritt in kurzen Ähren stehen. Da die Art aber Blüten in großer Fülle hervorbringt, ist diese Eigenschaft kein Nachteil. *Corylopsis pauciflora* gilt als die am reichsten blühende Art, sie ist die Hauptart unserer Baumschulen.

Corylopsis platypetala. Diese chinesische Art kann eine Höhe von 3 m erreichen. Ihre hellgelben, duftenden Blüten stehen in vielblütigen, bis 5 cm langen Ähren. Die eiförmig-rundlichen Blätter sind am Rand borstig gezähnt.

Corylopsis spicata. Wenn *Corylopsis pauciflora* fast verblüht ist, beginnt die Ährige Scheinhasel zu blühen. Sie hat ihre Heimat in Japan und China und baut sich zu einem locker und etwas sparrig verzweigten Strauch von etwa Mannshöhe auf. Die hellgelben Blüten stehen in Gruppen zu sieben bis zehn in 2 bis 4 cm langen Ähren. In hübschem Kontrast dazu stehen die purpurnen Staubgefäße.

Corylus, Haselnuß
Betulaceae

Allgemein bekannte Fruchtsträucher. Die Blüten öffnen sich lange vor der Laubentfaltung, die männlichen in hängenden Kätzchen, die weiblichen als rote, fädige Narbenbüschel.

Im allgemeinen werden Haselnußsträucher eher als Nutzpflanzen, weniger als Ziersträucher betrachtet. Neben den natürlichen Arten, von denen die beiden hier genannten durchaus einen Platz in größeren Gärten verdienen, gibt es aber auch verschiedene Gartenformen, die ausschließlich als Ziersträucher gepflanzt werden.

Corylus avellana. Die Gemeine Hasel ist ein 2 bis 6 m hoher, vielstämmiger Strauch, der aus der Basis ständig neue Triebe entwickelt und deshalb regelmäßig ausgelichtet werden muß. Die Hasel ist eine uralte, vielfach genutzte Kulturpflanze der Menschen. Sie war eng mit Brauchtum und Volksglauben verbunden, galt als Fruchtbarkeitssymbol und als probates Mittel, Zauber und Unheil abzuwehren. Im Garten ist die Hasel ein robuster Strauch für Hecken, Schutz- und Mischpflanzungen. Sie besitzt ein gutes Ausschlagvermögen und verträgt auch einen starken Rückschnitt. Sie gedeiht in sonnigen bis halbschattigen Lagen und auf trockenen bis frischen Böden.
'Contorta'. Die Korkenzieherhasel wird von allen bekannten Gartenformen am häufigsten ge-

Corylus maxima 'Purpurea'

pflanzt. Mit ihren korkenzieherartig gedrehten Zweigen entwickelt sie sich langsam zu einem gut mannshohen, ziemlich breiten und dichten Strauch, an dem auch die Blätter teilweise kraus und eingerollt sind. Besonders interessant wirkt die Form im laublosen Zustand oder dann, wenn Rauhreif die Zweige überzieht. Die Zweige geben übrigens einen hübschen Vasenschmuck ab.

Corylus maxima. Die Lambertnuß hat als Fruchtstrauch eine weit größere Bedeutung als die Gemeine Hasel. Die Haselnüsse des Handels stammen überwiegend von dieser Art. Hauptproduzent von Haselnüssen ist mit weitem Abstand übrigens die Türkei. Die Art selbst wird bei uns recht selten kultiviert, ihre rotblättrige Form dagegen öfter.

'Purpurea' ist die während des ganzen Sommers tief schwarzrot belaubte Form der Lambertnuß. Auch die männlichen Blütenkätzchen und die Fruchthülsen der Nüsse sind rot gefärbt. Der wirkungsvolle Zierstrauch trägt reichlich Früchte.

Cotinus coggygria 'Royal Purple'

'Purpureus' hat grüne Blätter und karminrosa behaarte Fruchtstände.
'Royal Purple'. Die Blätter sind beständig kräftig tiefrot gefärbt.
'Rubriflorus'. Die Blätter sind nur im Austrieb tiefrot gefärbt, später vergrünen sie teilweise.
Die rotlaubigen Formen fallen während der ganzen Vegetationszeit auf. Sie passen gut zu Lavendel und graulaubigen Nadelgehölzen. Fruchtstände und Herbstfärbung der Art sind aber meist attraktiver als die rote Belaubung.

Cotoneaster, Zwergmispel
Rosaceae

Sommergrüne, aufrechtwachsende Gruppen- und Heckensträucher mit eher unscheinbaren, streng riechenden Blüten, aber reichem Fruchtschmuck mit kleinen, überwiegend rot gefärbten Apfelfrüchten.

Die artenreiche Gattung ist gärtnerisch von großer Bedeutung. Das gilt vor allem für die flachwachsenden, immergrünen Arten, die in großen Stückzahlen für flächenhafte Begrünungen gepflanzt werden (siehe Seite 181). Neben den strauchförmig-aufrecht wachsenden Arten finden sich unter den sommergrünen auch Arten mit niedrigem Wuchs und horizontal ausgebreitetem Astwerk. Sie werden im Kapitel »Sommer- und immergrüne Zwerggehölze« behandelt.
Alle *Cotoneaster*-Arten bevorzugen sonnige Standorte, die meisten gedeihen aber auch in leicht absonnigen Lagen. Für extreme Bodenverhältnisse eignen sie sich alle nur wenig. Sie vertragen keine übermäßige Bodenfeuchte und keine zu trockenen und alkalischen Böden. Die Schnittmaßnahmen beschränken sich auf ein gelegentliches Auslichten, einen starken Rückschnitt vertragen die meisten Arten nur schlecht.
Stellenweise, vor allem in Nord- und Nordwestdeutschland, leiden bestimmte *Cotoneaster*-Arten unter Feuerbrand. An befallenen Pflanzen sind Blüten, junge Blätter und Früchte geschwärzt, sie sehen wie verbrannt aus und bleiben fest an den Zweigen haften. Da eine Bekämpfung mit Pflan-

Cotinus coggygria, Perückenstrauch
Anacardiaceae

Großer Solitärstrauch, der im Juni–Juli aus kleinen, unscheinbaren, gelblichgrünen Blüten große, fedrige, lange haftende Fruchtstände entwickelt. Die Blätter sind im Herbst flammend orangerot gefärbt.

Cotinus coggygria kommt vom Mittelmeergebiet bis Mittelasien vorwiegend an sonnigen, trockenen, steinigen oder felsigen Standorten vor. Die Art gedeiht auf jedem Untergrund, zieht aber kalkhaltige Böden vor. Auch in Kultur braucht der Perückenstrauch sonnige Plätze und durchlässige Böden. Er entwickelt sich zu einem 3 bis 5 m hohen, rundkronigen Strauch. Zur Fruchtzeit sind die dünnen Blütenstiele, auch die steriler Blüten, mit feinen, langen, abstehenden Haare besetzt. Die Fruchtstände sehen dann wie duftige Perücken aus. Neben der Art werden auch einige Sorten mit abweichender Frucht- und Blattfärbung gepflanzt:

Cotoneaster multiflorus var. calocarpus

zenschutzmitteln bisher noch nicht möglich ist, müssen befallene Pflanzen gerodet und verbrannt werden. Unter den sommergrünen Arten sind besonders gefährdet: *Cotoneaster acutifolius, C. divaricatus, C. horizontalis* und *C. multiflorus*.

Cotoneaster acutifolius. Die Spitzblättrige Zwergmispel stammt aus Nordchina. Der bis 3 m hohe, breit aufrechte Strauch trägt stumpfgrüne Blätter, die sich im Herbst schön braunrot verfärben. Aus rötlichen Blüten im Mai–Juni entwickeln sich 1 cm dicke, schwarze Früchte.

Cotoneaster bullatus, Runzelige Zwergmispel. Aus dem westlichen China kam diese überaus robuste Art in unsere Gärten. Der 3 bis 4 m hohe, breit und locker aufgebaute Strauch trägt große, dunkelgrüne, runzelige Blätter und im Mai–Juni zahlreiche kleine, rötliche Blüten. Die kugeligen Früchte sind hellrot und 7 bis 8 mm dick.

Cotoneaster dielsianus. Diese Art hat keinen griffigen deutschen Namen. Sie stammt aus dem westlichen China. Mit ihren dünnen, abstehenden Zweigen wird sie bis 2 m hoch. Die kleinen, derben, dunkelgrünen Blätter färben sich im Herbst braunrot. Rosa oder weißlich sind die kleinen Blüten, scharlachrot die rundlichen, 6 mm dicken Früchte.

Cotoneaster divaricatus. Die in China heimische Sparrige Zwergmispel wird mit weit abstehenden Zweigen etwa mannshoch. Die oberseits glänzend dunkelgrünen Blätter färben sich im Herbst oft scharlachrot. Aus den rosa Blüten entwickeln sich elliptische, 8 bis 10 mm lange, tiefrote Früchte, die meist sehr lange haften bleiben.

Cotoneaster integerrimus. Die Gemeine Zwergmispel ist bisher in unseren Gärten noch recht wenig verbreitet. Die verstärkte Berücksichtigung heimischer Sträucher wird aber allenthalben empfohlen. Die Art kommt in Europa, Nordasien bis zum Altai, in Anatolien und im Iran meist an vollsonnigen, südexponierten, sommerwarmen und -trockenen Standorten vor. An entsprechenden Stellen kann sie auch im Garten gedeihen. Der mannshohe Strauch ist locker und etwas sparrig aufgebaut. Seine Blätter sind stumpfgrün und unterseits gelblich filzig behaart. Den weißlichrosa Blüten folgen rote, 6 mm dicke Früchte.

Cotoneaster multiflorus var. calocarpus. In unseren Baumschulen wird in der Regel diese Varietät der Vielblütigen Zwergmispel kultiviert. Mit schlanken, meist überhängenden Zweigen baut die Art einen recht eleganten, 3 bis 4 m hohen und ebenso breiten Strauch auf. Die lebhaft grünen, im Austrieb oft bräunlich überlaufenden Blätter färben sich im Herbst gelb. Zahlreiche weiße, vergleichsweise große Blüten öffnen sich im Mai, ebenso zahlreich sind die 10 bis 12 mm dicken, roten Früchte.

Cotoneaster nebrodensis. Auch die Filzige Zwergmispel ist eine heimische Art. Sie hat ihre Verbreitung in Süd- und dem südlichen Mitteleuropa und gedeiht an halbschattigen bis sonnigen, sommerwarmen Plätzen. Je nach Standort wird der locker aufgebaute Strauch 60 cm bis 2 m hoch. Seine stumpfgrünen Blätter sind unterseits hellgrau filzig, die weißlichen Blüten außen gerötet und die kugeligen, 6 bis 7 mm dicken Früchte hochrot.

Cydonia oblonga, Echte Quitte
Rosaceae

Der seit Jahrhunderten kultivierte Obstbaum trägt im Mai recht große, weiße Blüten und entwickelt große, apfel- oder birnförmige, duftende Früchte, die nur in verarbeitetem Zustand genießbar sind.

Obwohl die Quitte allgemein als Obstbaum gilt, hat sie mit ihren dekorativen Blüten und den schönen Früchten durchaus auch die Eigenschaften eines Zierstrauches, der in Haus- und Kleingärten einen Platz verdient. Ihre ursprüngliche Heimat hat die Quitte in Transkaukasien, Persien, Turkestan und Südost-Arabien. Sie wurde schon sehr früh in Kultur genommen und war bereits den Römern und Griechen als Obstbaum bekannt. Seit dem 9. Jahrhundert wird sie nördlich der Alpen angepflanzt. Den Griechen und Römern galt die Quitte als Symbol der Liebe und Fruchtbarkeit, sie war der Aphrodite und der Venus geweiht.
Quitten gedeihen auf jedem gepflegten Gartenboden, überall dort, wo auch andere Kernobstarten angebaut werden können. Nur ihr Wärmebedürfnis ist etwas höher als das von Apfel und Birne.

Decaisnea fargesii, Blaugurkenstrauch
Lardizabalaceae

Mit dicken, blau bereiften Trieben wächst der 2 bis 3 m hohe, üppig belaubte Solitärstrauch steif aufrecht. Er zeichnet sich durch ein schön gelb gefärbtes Herbstlaub und einen ganz eigenartigen Fruchtschmuck aus.

Aus den Gebirgen des westlichen China kam der Strauch in unsere Gärten. Mit einer Länge von 50 bis 80 cm wirken seine gefiederten, abstehenden Blätter recht ornamental. Aus kleinen, grünlichen, eher unscheinbaren Blüten, die im Mai–Juni in 25 bis 50 cm langen Trauben an den Zweigenden stehen, entwickeln sich kobaltblaue, 10 bis 15 cm lange, walzenförmige, warzige Beerenfrüchte, die kleinen Würsten oder dicken Bohnen nicht unähnlich sind. Sie bilden die eigentliche Attraktion des Strauches. Die Früchte enthalten große, schwarzglänzende Samen, die von einer fleischigen, gallertartigen Fruchtwand umschlossen sind. Das Fruchtfleisch ist, wie bei den Früchten der nahe verwandten Gattung *Akebia*, eßbar. Die Früchte laden aber mit der sich eher unangenehm anfühlenden warzigen Außenhaut nicht gerade zum Verzehr ein. Der Strauch braucht einen nährstoffreichen, frischen Boden und eine vor Wind und Spätfrösten geschützte Lage. Er ist zwar ausreichend winterhart, treibt aber sehr früh aus und leidet dann nicht selten unter Spätfrösten, die den frischen Austrieb völlig vernichten können. Ein Schnitt ist meist nur nach Frostschäden nötig, bestenfalls wird gelegentlich einer der ältesten Zweige bis zum Boden herausgenommen.

Deutzia, Deutzie
Hydrangeaceae

Die raschwachsenden Sträucher entfalten im Mai–Juni eine Fülle von weißen, rosa oder purpurnen Blüten. Sie eignen sich für jeden nicht zu trockenen Gartenboden in sonnigen bis halbschattigen Lagen.

Deutzien sind außerhalb ihrer Blütezeit nicht gerade sehr elegante Erscheinungen. Mit ihrer dichten, oft straff aufrechten Verzweigung werden sie deshalb eher als Gruppensträucher für Randpflanzungen, Sträucherrabatten und freiwachsende Hecken verwendet. Deutzien bilden stets reichlich Jungtriebe. Gleicht man diesen Zuwachs nicht durch das rechtzeitige Herausnehmen der jeweils ältesten Äste aus, entsteht bald ein dichter, besenartiger Strauch, dessen Blühleistung rasch nachläßt. Deutzien sind seit mehr als 100 Jahren stark züchterisch bearbeitet worden. So stehen uns heute neben den rund 50 Wildarten auch zahlreiche Gartenformen zur Verfügung. Sie stammen fast alle von dem französischen Züchter Pierre

Louis Victor Lemoine und kamen zwischen 1855 und 1930 in den Handel. In den Angeboten der Baumschulen finden sich überwiegend Hybriden und Sorten. Selbst bei den wenigen Arten kann man wohl davon ausgehen, daß es sich hierbei weitgehend um ausgelesene, blühfreudige und wüchsige Selektionen handelt, die stets vegetativ vermehrt werden.

Deutzia compacta. Aus China stammt dieser bis 1,5 m hohe, buschige Strauch. Im Juni entfalten sich aus rosa Knospen kleine, reinweiße Blüten in dichten, etwa 5 cm breiten Ständen.
'Lavender Time' ist eine wild gefundene, heute vegetativ vermehrte Form mit anfangs lila Blüten, die später heller werden.

Deutzia × elegantissima. Ein gut mannshoher, aufrechter, schlankzweigiger Strauch mit 2 cm breiten, weißen, rosa überhauchten Blüten, die sich im Juni in vielblütigen, lockeren, aufrechten Ständen öffnen.
'Rosealind' wächst zu einem bis 1,5 m hohen Strauch heran. Er besitzt zierlich überhängende Zweige und dunkel karminrote Blüten.

Deutzia gracilis. Dieser niedrige, kaum mehr als 70 cm hohe Strauch gehört sicher zu den am häufigsten kultivierten Deutzien. Er baut sich mit aufrechten Zweigen zu einem dichten, rundlichen Busch auf, der im Mai–Juni seine zahlreichen, reinweißen Blüten in bis 9 cm langen, aufrechten Rispen öffnet. Die japanische Art läßt sich gut als Einzelstrauch in großen Steingärten, aber ebenso als Gruppenstrauch oder auch in breiten, niedrigen Blütenhecken verwenden.

Deutzia × hybrida. Zu dieser Hybride gehören eine Reihe von Sorten. Es sind 1 bis 1,5 m hohe Sträucher mit großen, weit geöffneten, malvenfarbenen Blüten im Juni. Durch die am Rand leicht gekräuselten Kronblätter wirken die Blüten sehr zierlich.
'Contraste' gilt mit ihren stark gekräuselten, außen dunkler gezeichneten Kronblättern als eine der großblumigsten Sorten.
'Magicien'. Die Blütenblätter sind ähnlich wie bei 'Contraste', auf der Rückseite aber dunkler rosa gefärbt und mit einem weißen Saum.
'Mont Rose' ist der Typ der Kreuzung mit den oben beschriebenen Merkmalen.
'Pink Pompon', eine recht junge Sorte, hat karminrot gefärbte Blütenknospen und kräftig rosa gefärbte Blüten in dichten, halbkugeligen Ständen.

Deutzia × kalmiiflora. Der Strauch von etwa 1,5 m Höhe baut sich mit übergebogenen Zweigen auf. Die innen weißen, außen karminrot gefärbten Blüten haben rundliche, gewellte Kronblätter. Die Blüten sitzen im Juni in aufrechten Ständen. Diese Hybride gehört zu den schönsten aller Deutzien.

Deutzia × lemoinei. Den Namen ihres Züchters trägt diese reichblühende Hybride. Der kleine, kaum mehr als 1 m hohe, buschige, aufrechte Strauch blüht im Juni mit reinweißen Blüten in aufrechten Ständen.
'Boule de Neige' zeichnet sich durch große, rahmweiße Blüten mit goldgelben Staubblättern aus, die in dichten, kugeligen Ständen zusammenstehen.

Deutzia × magnifica. Der starkwüchsige, aufrechte, großblättrige Strauch erreicht eine Höhe von 3 bis 4 m. Ende Mai bis Anfang Juni erblüht er mit reinweißen, rosettenartig gefüllten Blüten in dichten, rundlichen Ständen.

Deutzia × rosea. Die zahlreichen Sorten dieser Hybride haben meist einen gedrungenen, buschigen Wuchs und werden etwa 1 m hoch. Offenglockig und bis 2 cm breit sind die innen weißen, außen geröteten Blüten, die zu kurzen, breiten Rispen zusammengefügt sind.
'Campanulata' wächst buschig mit ausgebreitet-überhängenden Zweigen. Sie blüht außerordentlich reich mit sehr großen, tief schalenförmigen Blüten.
'Carminea' ähnelt im Wuchs 'Campanulata'. Die zahlreichen, innen weißen und außen karminrosa Blüten stehen in dichten, länglichen Rispen.
'Grandiflora' ist eine starkwachsende, elegant wirkende und sehr reichblühende Sorte. Die langen Zweige hängen in weiten Bögen über. Die sehr großen, innen weißen, außen hell karminrosa gefärbten Blüten stehen in lockeren Rispen auf der ganzen Länge der vorjährigen Zweige.

Deutzia × rosea 'Grandiflora'

Deutzia scabra. Der in Japan und China heimische Strauch wird bis 3 m hoch. Er wächst straff aufrecht und verzweigt sich dicht. Erst im Juni–Juli öffnen sich die recht kleinen, weißen Blüten in schmalen, aufrechten Rispen. Von der robusten, im Aufbau aber wenig eleganten Art werden folgende Sorten häufiger angeboten:

'Candidissima'. Blüten rosettenartig, dicht gefüllt, außen und innen reinweiß, nur in der Knospe zart rötlich überlaufen.

'Codsall Pink'. Blüten gefüllt, malvenrosa, in aufrechten Rispen. Eine sehr gute, reichblühende Sorte.

'Plena'. Blüten dicht gefüllt, außen rosa, innen weiß. Eignet sich besonders gut für Blütenhecken.

'Pride of Rochester'. Blüten mit schmalen Kronblättern dicht gefüllt, innen weiß, außen schwach rosa gestreift. Wuchs aufrecht bis leicht überhängend. Die waagerecht abstehenden Blätter sind an Langtrieben leicht aufgetrieben.

Elaeagnus, Ölweide
Elaeagnaceae

Große, graulaubige Sträucher mit kleinen, nach Honig duftenden, von Bienen gern besuchten Blüten und saftigen, verwertbaren Steinfrüchten.

Graulaubige Gehölze sind meist Bewohner niederschlagsarmer Sommer-Trockenwälder oder arider Steppengebiete in Europa, Asien und Nordamerika. Alle sommergrünen Ölweiden (die immergrünen Arten werden im Kapitel »Immergrüne Laubgehölze« behandelt) brauchen im Garten einen offenen, vollsonnigen Standort und durchlässige, eher trockene Böden, die auch kalkhaltig sein können. Mit ihrem silbergrauen Laub stellen sie ideale Gehölze für großräumige Steppengärten oder einen »grauen Garten« dar, den man etwa an Südhängen unterbringen kann. Da sich alle sommergrünen Arten zu recht großen Sträuchern entwickeln, sollte man in kleinen Gärten lieber auf sie verzichten.

Elaeagnus angustifolia. Die Schmalblättrige Ölweide deutet in ihrer ganzen Physiognomie ihre Rolle als Steppengehölz an. Dank ihrer geographischen Herkunft (verbreitet von Südfrankreich durch das ganze Mittelmeergebiet bis zur Mongolei) sowie aufgrund der anatomischen und physiologischen Anpassung (dichte Behaarung der Blätter und tiefreichende Wurzeln) ist sie ein äußerst trockenresistenter Strauch. Sie baut sich in der Regel zu einem sparrigen, unregelmäßigen, dornig bewehrten Großstrauch von 6 bis 10 m Höhe und etwa gleicher Breite auf. Die schmalen, lanzettlichen Blätter sind auf der Unterseite dicht mit Sternhaaren besetzt. Im Juni entwickeln sich an den jungen Zweigen kleine gelbe Blüten. Durchaus dekorativen Wert haben auch die zur Reife hellgelben Früchte.

Elaeagnus commutata. Die Silberölweide hat ihre Heimat in den Prärien und Trocken-Sommerwäldern Nordamerikas. Der etwa 2,5 m hohe, aufrechte, unbewehrte Strauch zeichnet sich durch eine starke Ausläuferbildung aus. Die beiderseits glänzend silbrigen Blätter werden bis 10 cm lang. Im Frühsommer erscheinen in den Blattachseln die kleinen, außen silbrigen, innen goldgelben Blüten. Auch die etwa 1 cm langen, breit-elliptischen Früchte sind silbrig gefärbt. *Elaeagnus commutata* verträgt trockene, magere Böden ebenso wie feuchte Uferbereiche. Für ihre weitstreichenden Wurzelausläufer braucht sie ausreichend Platz.

Elaeagnus multiflora. Die Vielblütige Ölweide ist in Japan, Korea und China in Feucht-Sommerwäldern verbreitet. Sie ist also weniger an Trockenheit angepaßt als andere sommergrüne Arten der Gattung. Der Strauch wird etwa 3 m hoch und ebenso breit. Er hat unbewehrte, goldbraun-schilfrige Zweige und dunkelgrüne, unterseits silbrige Blätter. Im April–Mai entwickeln sich zahlreiche weiße, im Verblühen gelbe Blüten in achselständigen Büscheln. Die dunkel rotbraunen Früchte können mit ihrem saftigsauren Fruchtfleisch wie Kornelkirschen verarbeitet werden.

Eleutherococcus sieboldianus, Fingeraralie
Araliaceae

Selten gepflanzter, mit dem Efeu nahe verwandter Strauch mit gefingerten Blättern. Im Herbst kugelige Fruchtstände aus schwarzen, fleischigen Früchten.

Die Fingeraralie ist in Japan und China heimisch. Sie wächst zu einem 1 bis 3 m hohen Strauch heran. Die etwas bogig abstehenden Zweige tragen unterhalb der Blattansätze jeweils einen 5 bis 10 mm langen Dorn. Aus unscheinbaren kleinen, gelblichgrünen Blüten entwickeln sich die 6 bis 8 mm dicken Beerenfrüchte. Die Fingeraralie ist ein Liebhaberstrauch für sonnige bis halbschattige und frische, gepflegte Böden.

Enkianthus campanulatus, Prachtglocke
Ericaceae

Sehr dekorative, zierlich belaubte Sträucher. Blätter im Herbst prachtvoll rot und gelb verfärbt. Die kleinen, glockenförmigen Blüten in hängenden Ständen.

Enkianthus campanulatus kann an günstigen Standorten bis 3 m Höhe erreichen. Sie wächst bei einem etagenförmigen Aufbau zunächst straff aufrecht und wird erst spät breitbuschig. Die an den Triebenden gehäuft stehenden Blätter färben sich meist leuchtend- bis scharlachrot. Im Mai entfaltet der japanische Strauch seine reiche Blütenpracht mit 8 bis 12 mm langen, hellgelb bis hellrosa gefärbten, durch dunklere Längsadern gezeichneten Blüten, die zu zehn bis 20 in hängenden Doldentrauben sitzen. Unter zusagenden Bodenverhältnissen entwickelt sich ein ganz prachtvoller Blütenstrauch.

Auch einige andere unter den zehn ostasiatischen *Enkianthus*-Arten sind sehr attraktive Blütensträucher. Das gilt vor allem für die in japanischen Gärten häufig gepflanzte *Enkianthus perulatus* mit ihren weißen Blüten und der prachtvollen, hochroten Herbstfärbung. Bei uns wird aber nahezu ausschließlich *Enkianthus campanulatus* gepflanzt.

Für ein optimales Gedeihen brauchen alle Prachtglocken einen humosen oder sandig-humosen, lockeren, durchlässigen, frischen, sauren Boden. In kontinental geprägten Klimazonen sollte der Platz halbschattig liegen, bei ausreichend hoher Luftfeuchtigkeit vertragen die Sträucher aber auch sonnige Plätze. Ideale Plätze finden sie in Kombination mit niedrigen *Rhododendron*.

Euonymus, Spindelstrauch, Pfaffenhütchen
Celastraceae

Solitär- und Gruppensträucher mit unscheinbaren, grünlichgelben Blüten, aber mit einer ganz prachtvollen Herbstfärbung oder mit reichem Fruchtschmuck aus geflügelten, zur Reife weit geöffneten Kapseln, deren Samen von einem meist orange gefärbten Samenmantel (Arillus) umgeben sind.

Alle sommergrünen *Euonymus*-Arten sind anspruchslose Gartengehölze, die auf jedem gepflegten Gartenboden gedeihen. Sie bevorzugen sonnige Standorte, gedeihen aber auch im Halbschatten, färben dort aber ihr Laub häufig nicht so intensiv. Die meisten Arten werden von Schädlingen und Krankheiten weitgehend verschont, nur das heimische Pfaffenhütchen '*Euonymus europaea*' wird gelegentlich von Blattläusen oder von der Spindelbaumgespinstmotte befallen. Die Larven der Gespinstmotte überziehen die Sträucher mit einem dichten Gespinst; sie können die Sträucher völlig kahl fressen. Der zweite Laubaustrieb bleibt dagegen vom Befall verschont.

Euonymus alata. Wegen der vier schmalen, flügelartigen Korkleisten wird diese Art Flügelspindelstrauch genannt. Sie ist in Ostasien weit verbreitet und entwickelt sich zu einem bis 3 m hohen, dichten, im Alter breit ausladenden Strauch. Neben den Zweigen, die mit ihren Korkleisten im Winter einen hübschen Vasenschmuck abgeben, besitzen die Blätter im Herbst eine besondere Schmuckwirkung. Kaum ein anderer Strauch färbt sein Laub im Herbst in so leuchtendroten Farben. Leider blüht und fruchtet der Strauch bei uns nur selten. Die Art läßt sich auch in großen Pflanzgefäßen problemlos kultivieren.

Euonymus europaea. Das Gemeine Pfaffenhütchen kommt von Europa bis Westsibirien auf nährstoffreichen, oft wechselfeuchten Ton- und Lehmböden vor. Es kommt in Kultur mit den unterschiedlichsten Standorten zurecht und wird meist als Gruppenstrauch in gemischten Strauchpflanzungen verwendet. Der Strauch erreicht Höhen von 2 bis 6 m und wächst eher etwas locker. Seine vierkantigen oder gerieften Zweige sind oft mit Korkleisten versehen. Im Herbst schmückt er sich mit vierkantig-abgerundeten, rosa oder rot gefärbten Früchten. Sie haben Ähnlichkeit mit dem Birett, der früher häufiger getragenen Kopfbedeckung katholischer Geistlicher, so wird der deutsche Name der Art verständlich.

Euonymus hamiltoniana. Zu dieser sehr variablen Art gehört eine Reihe von Varietäten. Die beiden häufigsten sind:
Euonymus hamiltoniana var. *maackii*. Der 3 bis 5 m hohe, rundliche Strauch, heimisch von Nordchina bis Korea, öffnet seine relativ großen, gelblichen Blüten im Juni. Er trägt später große, vierlappige, rosa Früchte mit roten Samen und orangefarbenem Arillus.
Euonymus hamiltoniana var. *yedoensis*. Der 3 bis 4 m hohe, meist locker und malerisch gewachsene

Strauch, der in Japan, Korea und China heimisch ist, zeigt eine rotbraune Herbstfärbung. Aus ziemlich großen Blüten entwickeln sich rosa, tief vierlappige Früchte mit rötlichen Samen.
Malerischer Wuchs und reicher Fruchtschmuck machen die Art zu einem wertvollen Solitärstrauch.

Euonymus latifolia. Das Breitblättrige Pfaffenhütchen kommt in Europa, Kleinasien, im Kaukasus, in Nordpersien und Nordwestafrika vor. Der bis zu 5 m hohe, nur mäßig verzweigte Strauch fällt im Winter durch seine großen, lang zugespitzten, oft rotbraun gefärbten und seidig glänzenden Endknospen auf. Seine eilänglichen bis elliptischen Blätter sind bis zu 12 cm lang. Groß sind auch die meist fünfflügeligen, karminroten, langgestielten, hängenden Früchte mit weißen Samen. Ein stets gesunder, dekorativer Strauch.

Euonymus phellomana. Der Korkspindelstrauch stammt aus Nord- und Mittelchina. Sein deutscher Name bezieht sich auf die flügelartigen Korkleisten der vierkantigen Triebe. Bemerkenswert sind auch die vierkantigen rosa Früchte mit den schwarzen Samen. 3 bis 5 m hoch wird diese schöne, nur selten gepflanzte Art.

Euonymus planipes. In unseren Baumschulen wird diese Art oft noch als *Euonymus sachalinensis* bezeichnet. Sie hat von den hochwachsenden sommergrünen Arten wohl den höchsten Gartenwert. Die Art ist in Japan, Korea und der Mandschurei heimisch und wächst zu einem bis 4 m hohen, nur locker verzweigten, eleganten Strauch heran. Wie bei *Euonymus latifolia* sind die Winterknospen groß und purpurrot gefärbt. Auch die im Herbst prächtig karminrot gefärbten Blätter sind recht groß. Überreich ist der Fruchtschmuck mit den karminroten, fünfkantigen, aber kaum geflügelten Früchten, deren Samen weiß sind. *Euonymus planipes* gehört zu den am häufigsten gepflanzten sommergrünen Spindelbaumarten.

Euonymus verrucosa. Der Warzige Spindelstrauch ist eine europäische Art, die an ihren natürlichen Standorten oft an sommerwarmen, trockenen Hängen wächst, aber auch an feuchten Standorten vorkommt. An ihr fallen die mit großen,

Exochorda korolkowii

dunkelbraunen Korkwarzen bedecken Zweige und die eigenartige blaßlila bis hellviolette Herbstfärbung auf. Die blaßrosa bis rötlichen Früchte sind nur klein, die Samen schwarz.

Exochorda, Radspiere
Rosaceae

Prachtvolle, früh austreibende Solitärsträucher mit einer Fülle schneeweißer Blüten, die in endständigen Trauben angeordnet sind.

Radspieren eignen sich mit ihren Wuchshöhen von mehreren Metern eher als Einzel- und Gruppensträucher für größere Gärten. Sie bevorzugen sonnige bis leicht beschattete Plätze und gedeihen auf allen durchlässigen Gartenböden, nur stauende Nässe mögen sie nicht. Alle Arten haben mit langen, oft nur wenig verzweigten Ästen einen etwas staksigen Wuchs. Eine stärkere Verzweigung läßt sich erzwingen, wenn man die langen Jahrestriebe im Sommer einkürzt. Sind die Sträucher von unten her verkahlt, hilft nur das Herausnehmen einiger Äste bis zum Boden. Eine Verjüngung durch scharfen Rückschnitt alter Äste mögen Radspieren nicht. Obwohl *Exochorda giraldii* und *Exochorda korolkowii* durchaus attraktive Blütensträucher sind, werden sie außerhalb von Sammlungen kaum kultiviert. Das Angebot der Baumschulen konzentriert sich auf eine Hybride und eine natürliche Art.

Exochorda × macrantha. Der kräftigwachsende, 3 bis 4 m hohe Strauch treibt im Mai seine zahlreichen, bis 5 cm breiten Blüten.
'The Bride', eine in den Niederlanden gefundene Sorte, zeichnet sich durch einen kaum mannshohen Wuchs mit stark überhängenden Zweigen aus. 'The Bride' blüht besonders reich und großblumig. Sicher ist sie eine der schönsten Radspieren und empfiehlt sich sogar für kleine Gärten.

Exochorda racemosa. Im östlichen China ist diese Art zu Hause. Der 3 bis 4 m hohe Strauch wächst etwas sparrig. Die etwa 4 cm breiten Blüten haben rundliche Kronblätter, die unten plötzlich in einen kurzen Nagel verschmälert sind. Die Blüten stehen dicht in 6 bis 10 cm langen, aufrechten Trauben zusammen. Die Chinesische Radspiere hat von allen Arten die längsten Blätter und vergleichsweise große Blüten.

Forsythia, Forsythie, Goldglöckchen
Oleaceae

Allgemein bekannte Blütensträucher, die im zeitigen Frühjahr mit ihren leuchtendgelben Blüten ganze Gartenlandschaften prägen können.

Zum hohen Bekanntheitsgrad der Forsythien haben neben ihrer Blütenfülle auch noch andere Eigenschaften beigetragen: Forsythien sind absolut frosthart, anspruchslose Sträucher, die in jedem Gartenboden gedeihen und sonnige Plätze bevorzugen. Sie sind leicht zu kultivieren, gehören deshalb zu den sehr preiswerten Blütensträuchern und oft auch zur Erstausstattung eines neuangelegten Gartens. Sie eignen sich vorzüglich für den Schnitt: Schon ab Dezember kann man die Zweige in der Vase leicht zur Blüte bringen, wenn sie zuvor einige Tage Frost erlebt haben. Schließlich blühen Forsythien sicher und regelmäßig, selbst in geschnittenen Hecken oder als Spalier an Wänden.

Forsythien sind nahezu ein klassisches Beispiel für eine Gruppe von Sträuchern, die sich aus der Basis heraus regelmäßig verjüngen. Die Blütenzweige der Forsythien vergreisen nach einigen Jahren, sie müssen deshalb durch junge Zweige ersetzt werden. Diese können sich aber nur entwickeln, wenn regelmäßig die älteren Zweige bis zum Boden herausgenommen werden.

Forsythia × intermedia entstand vor über 100 Jahren in Göttingen. Wie auch sonst nicht selten, übertrifft die Hybride in ihren dekorativen Eigenschaften ihre Eltern, vor allem im Hinblick auf Größe, Zahl und Färbung der Blüten. Die hierzu gehörenden Sorten werden mit ihrem aufrechten bis breit ausladenden Wuchs 2 bis 3 m hoch. Die Blüten stehen einzeln oder gehäuft und sind zwischen 3,5 und 6 cm breit. Die Blütezeit reicht von Ende April bis Anfang Mai.
'Spectabilis'. Die alte Sorte gilt als besonders wertvoll. Sie zeigt einen kräftigen Wuchs und bringt eine Fülle hellgelber Blüten.
Gute Noten bei einer Sortimentsprüfung erhielten auch die Sorten 'Golden Nugget', 'Lynwood' und 'Spring Glory'. Ganz neu auf dem Markt sind Sorten wie 'Goldzauber', 'Melisa' und 'Weekend'.

Forsythia ovata. Diese koreanische Art zeichnet sich durch besonders frühe Blüte und Laubentfaltung aus. Der Strauch wird bei kompaktem Wuchs etwa mannshoch und hat kleine, gelbe Blüten. Die Art ist bei uns nur mit einigen Sorten vertreten:
'Tetragold' ist eine ältere Sorte mit großen, tiefgelben Blüten.
'Dresdener Vorfrühling' wächst dicht und straff aufrecht. Sie entwickelt zahlreiche große, hellgelbe Blüten.

Forsythia suspensa. Sie ist seit mehr als 100 Jahren in Europa durch zwei Varietäten vertreten. *Forsythia suspensa* var. *fortunei* ist eine kräftigwachsende, 2 bis 3 m hohe, chinesische Form, deren Zweige erst im Alter abstehen oder bogig überhängen. Die Blüten sind dunkelgelb.

Forsythia suspensa var. *sieboldii* hat ihre Heimat in Japan. Die dünnen Zweige hängen von Anfang an oder liegen dem Boden auf. Sie blüht weniger reich als ihre chinesische Schwester.

Forsythia viridissima. Von dieser Art gibt es eine kaum 50 cm hoch werdende, reichblühende Zwergform, 'Weber's Bronx', die am besten im Steingarten untergebracht wird.

Fothergilla, Federbuschstrauch
Hamamelidaceae

Reizvolle Blütensträucher mit eigenartigen, duftenden Blüten, die zu dichten, aufrechtstehenden Ähren verbunden sind. Laubfärbung im Herbst mit satten Tönen in Gelb, Orange und Scharlachrot.

Die Blüten der Federbuschsträucher kommen ganz ohne Blütenblätter aus, die Schmuckwirkung geht hier von den zahlreichen weißen Staubfäden aus, die nach oben stark verdickt sind und gelbe Staubblätter tragen. Die Blütenähren erinnern an Flaschenbürsten oder an die fedrigen Helmbüsche der früheren Garderegimenter. Keine andere Strauchart hat vergleichbare Blüten. In Kultur gedeihen Federbuschsträucher nur auf gut gepflegten, sauren, frischen, durchlässigen, humosen oder sandig-humosen Böden. Sie vertragen sonnige Plätze, aber auch halbschattige Standorte. Nicht selten werden sie in Verbindung mit *Rhododendron* gepflanzt, denn sie stellen in etwa die gleichen Standortansprüche. Die nur recht langsam wachsenden und meist locker aufgebauten Sträucher brauchen keinerlei Schnitt.

Fothergilla gardenii. Der Erlenblättrige Federbuschstrauch wird kaum mehr als 1 m hoch. Der buschig wachsende Strauch bildet schwach Ausläufer. Noch vor dem Laubaustrieb, im April–Mai, erscheinen die zahlreichen gelblichweißen Blüten in 2 bis 3 cm langen, gedrängten Ähren. Der Strauch erreicht insgesamt nicht die Schönheit der folgenden Art.

Fothergilla major. Diese Art gilt als schönste der *Fothergilla*-Arten. Sie entwickelt sich zu einem 1,5 bis 3 m hohen, geschlossenen, halbkugeligen Strauch mit derben, rundlichen bis breit-eiförmigen Blättern, die sich im Herbst prachtvoll verfärben. Mit den Blättern entfalten sich im Mai die weißlichgelben Blüten in 3 bis 6 cm langen Ähren, die am Ende kurzer Seitenzweige stehen. Jeder Blütenstand besteht aus 20 bis 25 duftenden Blüten. Sie machen den Strauch während der Blütezeit zu einer ganz eigenartigen, attraktiven Erscheinung.

Fuchsia magellanica, Fuchsie
Onagraceae

Zierlicher, sommerblühender Halbstrauch, dessen nahe Verwandte bei uns in großem Umfang als Sommerblumen kultiviert werden.

In ihrer Heimat, Chile und Argentinien, erreicht die Fuchsie Höhen von 2 bis 5 m. Sie wächst dort als ein buschiger, dicht verzweigter, ausladender Strauch. Im mitteleuropäischen Klima verhält sich die Art wie ein Halbstrauch, der im Winter meist bis zum Boden zurückfriert und nach einem Rückschnitt aus dem Stammgrund neue Triebe bildet.
In Mitteleuropa kommt die Fuchsie meist nicht ohne Winterschutz aus. Dazu muß der Wurzelbereich mit einer gut handhohen Schicht aus isolierendem organischen Material abgedeckt werden. Fuchsien brauchen einen frischen, durchlässigen Boden und einen geschützten, sonnigen bis halbschattigen Platz. Von den etwa 100 Fuchsienarten läßt sich in Mitteleuropa im Freien nur *Fuchsia magellanica* halten. Sie entwickelt sich hier zu einem zierlichen, kaum mehr als 1 m hohen Strauch. Von Juni bis September erscheinen die schlanken, trichterförmigen Blüten, die an langen Stielen abwärts hängen. Die zierlichen Blüten wirken mit ihrer leuchtend scharlachroten Kelchröhre, den abspreizenden Kelchblättern, den purpurblauen Kronblättern sowie den weit herausragenden Staubgefäßen und Griffeln sehr elegant. Statt der Wildart werden in der Regel einige Sorten kultiviert:
'Gracilis' blüht im Vergleich zur Art reicher und ist feiner im Wuchs. Die Blüten stehen meist in Paaren.

Fuchsia magellanica 'Gracilis'

'Ricartonii' ist die kräftigste der winterharten Sorten. Ihre großen Blüten sind mit der tiefroten Kelchröhre und der purpurvioletten Krone besonders kräftig gefärbt.
Einige andere Sorten haben nur Liebhaberwert.

Hamamelis, Zaubernuß
Hamamelidaceae

Haselähnliche Sträucher, die schon im Januar–Februar mit einer Fülle von kleinen, zart erscheinenden, aber sehr robusten Blüten überraschen. Bei fast allen Arten und Sorten kommt es außerdem zu einer prachtvollen gelbroten Herbstfärbung.

Werden die Blüten von Schnee und Kälte überrascht, erfrieren sie keineswegs. Ihre fädigen Blütenblätter, die kleinen Papierschlangen ähneln, rollen sich vielmehr bei Kälte ein; sie öffnen sich wieder, sobald die Witterung dies zuläßt. Dieser Vorgang kann sich mehrfach wiederholen, bevor die Blüten Schaden nehmen. Bis −10 °C können offene Blüten ertragen, kein anderes Gehölz besitzt ähnliche Fähigkeiten.

Alle Zaubernüsse bauen sich mit einer sparsamen Verzweigung und mit einem vergleichsweise geringen Jahreszuwachs langsam zu 2 bis 4 m hohen, meist weit ausladenden Sträuchern auf. Diese Entwicklung muß man bei der Wahl des Pflanzplatzes berücksichtigen, denn später lassen sich Zaubernüsse kaum mehr verpflanzen, und ein Rückschnitt aus Platzmangel sollte bei so wertvollen Gehölzen unterbleiben.

Einen idealen Platz finden alle Zaubernüsse vor einem dunklen Hintergrund aus Nadelgehölzen. Dort kommen ihre Blüten besonders gut zur Geltung. Als Vorfrühlingsblüher sollten sie so stehen, daß man sie vom Fenster oder Hauseingang aus sehen kann. Alle Zaubernüsse stellen an den Boden keine besonderen Ansprüche, sie gedeihen auf jedem gepflegten, frischen, nicht zu kalkreichen Gartenboden in sonnigen bis halbschattigen Lagen.

Hamamelis × intermedia. An verschiedenen Stellen in Deutschland, Belgien und Dänemark sind die beiden ostasiatischen Arten miteinander gekreuzt worden. Die besten Nachkommen wurden ausgelesen, mit Namen belegt und vegetativ vermehrt. Sorten von Hamamelis × intermedia sind für die Gartenkultur mindestens so wichtig wie die unten beschriebene Chinesische Zaubernuß, bei Sortimentsprüfungen erhielten sie hohe Benotungen. Es stehen Sorten in verschiedenen Blütenfarben zur Verfügung.

Hell- bis dunkelgelbe Blüten: 'Arnold Promise', 'Barmstedt', 'Nina', 'Primavera', 'Westerstede'.
Orangegelbe Blüten: 'Jelena', 'Orange Beauty', 'Winter Beauty'.
Kupferfarbene bis karminrote und mehr oder weniger rot überhauchte Blüten: 'Diane', 'Feuerzauber', 'Ruby Glow'.
Sorte mit besonders intensiver Herbstfärbung: 'Hiltingbury', 'Jelena'.

Hamamelis japonica. In Japan ist die Japanische Zaubernuß verbreitet, ein etwa 2,5 m hoher, breitwüchsiger Strauch, dessen Blätter sich im Herbst schön gelb verfärben. Die Blüten haben bis 2 cm lange, lebhaft gelb gefärbte, gestreckte Kronblätter und einen innen rötlichen bis braunen Kelch. Hamamelis japonica var. flavopurpurascens wird mit ihren an der Basis rötlich gefärbten Kronblättern

Hamamelis × intermedia 'Feuerzauber'

von den rotblühenden Sorten der Hamamelis × intermedia übertroffen.
'Zuccariniana' fällt durch besonders helle, zitronengelbe Blüten auf. Sie ist wertvoll, weil sie erst im März blüht.

Hamamelis mollis. Die Chinesische Zaubernuß kann sich zu einem bis 5 m hohen, breit ausladenden Strauch entwickeln. Deutlich größer als bei der Japanischen Zaubernuß sind die oberseits metallisch glänzenden, unterseits dicht graufilzigen Blätter. Sie verfärben sich im Herbst gelb bis rot. Hamamelis mollis hat wohlriechende Blüten mit goldgelben, an der Basis etwas rötlichen Kronblättern, die von einem innen purpurn gefärbten Kelch umgeben sind. Diese Art zeigt sich insgesamt attraktiver als ihre japanische Schwester.
'Pallida', die wichtigste Sorte, hat schwefelgelbe, gewellte Kronblätter und einen innen weinroten Kelch.

Hamamelis virginiana. Die Virginische Zaubernuß, im östlichen Nordamerika heimisch, hat einen ganz anderen Blührhythmus als die übrigen Arten. Sie öffnet ihre hellgelben, streng duftenden

Blüten im September—Oktober kurz vor oder gleichzeitig mit dem Laubfall. Sie liefert der Kosmetikindustrie das Ausgangsmaterial für alle Hamamelis-Produkte.

Hibiscus syriacus, Straucheibisch
Malvaceae

Prachtvolle Sommerblüher mit zahlreichen Sorten. Die Blüten überraschen mit einer reichen Farbskala, die vom reinen Weiß über Rosa und Rot bis zu Violett reicht.

Hibiscus syriacus 'Helena'

Von den rund 300 *Hibiscus*-Arten, die überwiegend in den Tropen und Subtropen verbreitet sind, läßt sich unter mitteleuropäischen Klimabedingungen nur der Straucheibisch als Freilandpflanze kultivieren. *Hibiscus syriacus* hat nicht in Syrien seine ursprüngliche Heimat, sondern in den sommerwarmen Regionen Süd- und Ostasiens. Der bis 3 m hohe, straff-aufrecht wachsende Strauch hat mehr oder weniger dreilappige, grob gesägte Blätter. Die bei der Wildart violett gefärbten, 6 bis 10 cm breiten, breitglockigen Blüten öffnen sich im August—September meist einzeln in den Blattachseln junger Triebe.

Entsprechend seiner Herkunft bevorzugt *Hibiscus syriacus* warme, sonnige Plätze in wintermilden Regionen und durchlässige, nährstoffreiche, gepflegte Gartenböden. Je ungünstiger die Klimabedingungen sind, um so sorgfältiger muß der Pflanzplatz gewählt werden. Hibiskusblüten reagieren empfindlich auf Kühle und langandauernde Niederschläge. Die Blüten öffnen sich dann oft nur schlecht oder gar nicht, einfache Blüten verblühen schnell, gefüllte können rasch in Fäulnis übergehen und dann lange am Strauch hängen, ein Grund für die Bevorzugung einfachblühender Sorten.

Die angebotenen Sorten werden heute ausschließlich in Töpfen herangezogen, so kann man die Pflanzen zur Zeit ihrer Blüte aussuchen und pflanzen. Die meisten Sorten wachsen zunächst langsam. Beim Pflanzen sollten die Sträucher nicht zurückgeschnitten werden. Auch später sind Schnittmaßnahmen kaum notwendig, man entfernt nur durch Frost beschädigte Triebe. Die wichtigsten Sorten:

'Blue Bird'. Blüten einfach, sehr groß, blauviolett mit tiefmagenta Mittelfleck.
'Hamabo'. Blüten einfach, rosa mit dunkelrotem Mittelfleck.
'Helena'. Blüten einfach, sehr groß, rosaweiß mit großem, dunkelrotem Mittelfleck.
'Pink Flirt'. Blüten einfach, sehr groß, purpurrosa mit dunkelrotem bis bordeauxrotem Mittelfleck.
'Pink Giant'. Blüten einfach, groß, rosa mit dunkelrotem Mittelfleck, der einen silbergrauen Rand hat. Eine reich- und frühblühende Sorte.
'Russian Violet'. Blüten einfach, dunkel malvenlila mit dunkel- bis weinrotem Mittelfleck.
'William R. Smith'. Blüten einfach, sehr groß und weit geöffnet, Blütenblätter krepppartig gewellt, reinweiß. Gilt als beste weiße Sorte.
'Woodbridge'. Blüten einfach, sehr groß, rotlila, mit relativ kleinem, dunkelrotem Mittelfleck. Frühblühend.

Hippophaë rhamnoides, Sanddorn
Elaeagnaceae

Großer, reichfruchtender Strauch. Früchte mit einem sehr hohen Vitamin-C-Gehalt. Sie können im Haushalt und in der Industrie in vielfältiger Weise verwendet werden.

Der Sanddorn, in Europa und Asien weit verbreitet, hat im Garten nur als Fruchtstrauch Bedeutung. Seine zweihäusigen Blüten sind so klein und unscheinbar, daß sie meist völlig übersehen werden. Der Sanddorn kann nur Platz in großen, naturnah gestalteten Gärten finden, denn mit einer Wuchshöhe von 5 bis 10 m braucht der sparrig verzweigte, stark dornige Strauch ausreichend Platz, auch für seine mehr oder weniger zahlreichen Ausläufer. Seine schmalen, unterseits silbrigweißen Blätter deuten schon darauf hin, daß der Strauch zu den stark lichtbedürftigen Gehölzen gehört. Er kann also nicht in gemischten Strauchgruppen untergebracht werden. Der Sanddorn gedeiht zufriedenstellend nur auf lockeren, gut durchlüfteten, neutralen oder schwach alkalischen Böden. Mit seiner Fülle orangefarbener, beerenähnlicher Steinfrüchte ist der Strauch im Spätsommer recht ansehnlich. Die Früchte können bis in den Winter hinein am Strauch verbleiben, bleichen dann aber stark aus. Früchte sind naturgemäß nur an weiblichen Pflanzen zu erwarten, deshalb werden seit Jahren vegetativ vermehrte, weibliche Sorten wie 'Frugana', 'Hergo' und 'Leikora' angeboten, dazu als Pollenspender männliche Sorten wie 'Pollmix 1' und 'Pollmix 2'.

Holodiscus discolor, Schaumspiere
Rosaceae

Mittelgroßer Strauch aus dem westlichen Nordamerika. Kleine Blüten in großen, duftigen, rahmweißen Rispen, die wie schäumende Kaskaden herabhängen.

Holodiscus discolor var. *ariaefolius* (in der Regel befindet sich nur diese Varietät in Kultur) kann sich zu einem bis 4 m hohen Strauch mit ausgebreitetüberhängenden Zweigen entwickeln. Seine Blätter sind tief gelappt und unterseits graugrün behaart. Erst im Juli entwickeln sich die nur 4 bis 5 mm breiten Blüten, die in 10 bis 20 cm langen, endständigen Rispen zusammenstehen. Die Blütenrispen entwickeln sich nicht alle zur gleichen Zeit, so daß sich die Blütezeit über mehrere Wochen erstreckt. Als Gebirgsstrauch braucht die Schaumspiere einen eher kühlen Platz, der Schutz vor der heißen Mittagssonne bietet. Der Boden muß frisch, locker und durchlässig sein. An passenden Standorten, etwa vor dunklem Nadelholzhintergrund, ist *Holodiscus discolor* ein eleganter Solitärstrauch, der sich aber ebenfalls als Gruppenstrauch wohlfühlt. Er sollte regelmäßig ausgelichtet werden.

Hydrangea, Hortensie
Saxifragaceae

Gattung mit zahlreichen überwiegend strauchig wachsenden Arten. Die Blüten stehen an den Triebenden in oft sehr großen, flachen, kugeligen oder kegelförmigen Ständen. Die Blütezeit fällt meist in den Sommer.

Bei den meisten Arten sind die Blüten innerhalb eines Blütenstandes verschieden ausgebildet: Nur die innen stehenden Blüten sind fertil, also mit Staub- und Fruchtblättern ausgestattet, die außen stehenden sind dagegen unfruchtbar. Bei ihnen ist der Kelch wesentlich vergrößert und dadurch als »Schauorgan« gestaltet, während bei den fertilen Blüten die Kronblätter deutlich reduziert sind oder gar fehlen. Bei nicht wenigen Gartenformen sind alle Blüten eines Blütenstandes steril und meist auffallend gefärbt.
Die Gattung hat uns eine Reihe schöner Blütensträucher beschert, von denen die meisten erst im Sommer blühen. Es handelt sich dabei um Einzel- oder Gruppensträucher, die dank ihrer geringen Höhen- und Seitenausdehnung auch einen Platz in Staudenrabatten finden können. Die weichblättrigen Samthortensien fühlen sich am Rand von Gewässern besonders wohl.
Alle benötigen einen nährstoff- und humusreichen, sauren bis neutralen, frischen, aber durchlässigen Boden ohne Staunässe. Auf ausreichend frischen Böden werden auch vollsonnige Standorte vertragen. Alle *Hydrangea*-Arten versagen auf trockenen Böden, sie müssen in Trocken- oder Hitzeperioden unbedingt gewässert werden. Die Blütenfarbe vieler Sorten richtet sich nach dem Säuregehalt des Bodens: Auf sauren Böden sind die Blüten mehr rot, auf neutralen bis schwach alkalischen mehr blau gefärbt.
Der Pflegeaufwand für Hortensien hält sich in Grenzen. Sie werden höchst selten von Schädlin-

gen und Krankheiten befallen. Die meisten werden so wenig wie möglich geschnitten. Das gilt vor allem für die wenig verzweigten, dickzweigigen Samthortensien. Einem regelmäßigen starken Rückschnitt unterliegen traditionsgemäß nur die Rispen- und Schneeballhortensien. Sie entwickeln nach einem Rückschnitt besonders große Blütenstände. Läßt man sie ungeschnitten, blühen sie reicher und entwickeln sich natürlicher.

Bis auf die Kletterhortensie, *Hydrangea anomala* ssp. *petiolaris*, wachsen alle Arten strauchig. Die kultivierten Arten lassen sich nach gärtnerischen Gesichtspunkten in folgende Gruppen gliedern:

Rispenhortensien — kleinere Sträucher mit weißen, in großen Rispen stehenden Blüten: *Hydrangea paniculata* mit ihren Sorten und *Hydrangea quercifolia*.

Schneeballhortensien — niedrige Sträucher mit ganz aus sterilen Randblüten bestehenden großen, mehr oder weniger runden Blütenständen: *Hydrangea arborescens* mit ihren Sorten.

Gartenhortensien — niedrige Sträucher mit kahlen Blättern und weißen, rosa oder blauen Blüten in flachen oder halbkugeligen Blütenständen: *Hydrangea macrophylla* mit zahlreichen Sorten.

Samthortensien — mittelhohe, sparsam verzweigte Sträucher mit üppigen, samtig behaarten Blättern und großen, flachen Blütenständen mit mehr oder weniger blauen, fertilen Innenblüten und weißen bis blauweißen Randblüten: *Hydrangea aspera* mit einigen Unterarten, die oft auch als eigene Arten behandelt werden.

Rispenhortensien

Hydrangea paniculata. Die in unseren Gärten mit am häufigsten gepflanzte Hortensie ist die in Ostasien weit verbreitete Rispenhortensie. Der in Kultur durch regelmäßigen Rückschnitt kaum mehr als 2 m hohe Strauch kann am natürlichen Standort deutlich höher werden.

'Grandiflora'. Anstelle der Wildart wird nahezu ausschließlich diese Sorte gezogen. Ihre 15 bis 30 cm langen, kegelförmigen Blütenstände bestehen fast nur aus weißen, sterilen Blüten, die sich nach dem Verblühen rosa verfärben. 'Grandiflora' gilt als beste Hortensie für sonnige Lagen. Sie gedeiht auch noch auf etwas trockeneren Böden.

Hydrangea quercifolia. Die Eichenblättrige Hortensie, heimisch in Westamerika, ist ein seltener Gast unserer Gärten; sie verdient es aber, häufiger gepflanzt zu werden. Der 1 bis 2 m hohe, breitwüchsige Strauch blüht zwar nicht überreich, dafür aber für viele Wochen, vom Juli bis in den Herbst. Die Art hat für die Gattung ungewöhnlich gestaltete, nämlich fiedrige gelappte, bis 20 cm lange Blätter, die sich im Herbst schön rot verfärben. In den kegelförmigen bis fast rundlichen, 15 bis 20 cm langen Blütenständen sind die sterilen weißen Blüten 3 bis 4 cm breit. Diese Art braucht einen geschützten Platz und in der Jugend einen leichten Winterschutz.

Schneeballhortensien

Hydrangea arborescens. Die im östlichen Nordamerika heimische Waldhortensie zählt zu den häufigsten Hortensienarten in unseren Gärten. Die 2 bis 3 m hoch werdende Art hat flache bis leicht gewölbte, 5 bis 15 cm breite Blütenstände mit weißen fertilen und weißen bis grünlichweißen sterilen Blüten. In unseren Gärten halten wir nur Sorten mit »gefüllten« Blüten. In ihren oft mehr als 20 cm breiten, abgeflacht-rundlichen Blütenständen sind nahezu alle Blüten steril. Sie blühen von Juli bis September auf und sehen nach dem Verblühen noch wochenlang attraktiv aus.

'Grandiflora' war schon vor der Jahrhundertwende bekannt und ist als beliebter Blütenstrauch norddeutscher Bauerngärten weit verbreitet.

'Anabella' entstand vor einigen Jahren aus dieser alten Sorte. Sie hat deutlich größere Blütenstände mit reinweißen Blüten.

Gartenhortensien

Zu den Gartenhortensien gehören zwei Unterarten der Sammelart *Hydrangea macrophylla*, und zwar *Hydrangea macrophylla* ssp. *macrophylla*, die in Japan an sonnigen, küstennahen Plätzen vorkommt, und *Hydrangea macrophylla* ssp. *serrata*, die in den japanischen Gebirgswäldern ihre Heimat hat.

Hydrangea macrophylla ssp. macrophylla. Der 1 bis 3 m hoch werdende Strauch trägt dicklich-fleischige Zweige und Blätter. Im Gegensatz zu *Hydrangea macrophylla* ssp. *serrata* sind die Zweige

Hydrangea arborescens 'Anabella'

und Blütenstände ganz kahl. Der Blütenstand ist eine flache Doldenrispe von 15 bis 20 cm Breite. Die fertilen Innenblüten sind rosa oder blau, selten weiß gefärbt, die großen sterilen Randblüten rosa oder blau. Wie in vielen anderen Fällen kultivieren wir auch hier nicht mehr die Wildform, sondern eine Reihe von Sorten.

Die Sorten dieser Unterart werden in zwei Gruppen eingeteilt: Sorten mit mehr oder weniger ballförmigen Blütenständen, die ausschließlich aus sterilen Blüten bestehen, und Sorten mit schirmförmigen Blütenständen, in denen zahlreiche fertile Blüten von einem Kranz aus sterilen Randblüten umgeben sind. Die erste Gruppe bezeichnen wir als Gartenhortensien, für die zweite gibt es keinen gebräuchlichen deutschen Namen, im englischen Sprachraum werden sie als »Lacecaps« (= Spitzenhäubchen) bezeichnet.

Von den Gartenhortensien, zu denen auch unsere Topfhortensien gehören, sind mehr als 200 Sorten bekannt. In milden Regionen werden abgeblühte Topfhortensien nicht selten ins Freiland ausgepflanzt. Unter günstigen klimatischen Bedingungen können sie sich dort durchaus gut entwickeln. Die häufigsten Freilandsorten mit mehr oder weniger ballförmigen Blütenständen:

'Alpenglühen'. Blütenstände flachkugelig, 18 cm breit, rot.

'Bouquet Rose'. Blütenstände kugelig, bis 20 cm breit, rosa.

'Hörnli'. Blütenstände flach, 12 cm breit, leuchtendrot.

'Masja'. Blütenstände flachkugelig, bis 20 cm breit, rosa.

'Tovelit'. Blütenstände flachkugelig, 15 bis 20 cm breit, tiefrosa.

Im Gegensatz zu Sorten mit großen, ballförmigen Blütenständen haben sich die Sorten der Lacecap-Gruppe noch viel vom natürlichen Charme der Art erhalten. Alle besitzen flache Blütenstände, deren sterile Randblüten fast immer anders gefärbt sind als die fertilen Innenblüten. Diese Sorten sind ausnehmend hübsch, gedeihen aber — wie die Sorten mit ballförmigen Blütenständen — am besten in milden Lagen.

'Blue Wave'. Blütenstände schirmförmig, fertile Blüten blau, Randblüten rosa, lila oder enzianblau.

'Lanarth White'. Blütenstände flach schirmförmig, fertile Blüten blau, Randblüten reinweiß.

'Mariesii'. Blütenstände halbkugelig gewölbt, die fertilen Blüten werden von einem doppelten Kranz steriler Blüten umgeben, rosarot, auf stark sauren Böden hellblau.

'Veitchii'. Blütenstände klein, flach, Randblüten sehr groß, weiß, im Verblühen hellrosa.

'White Wave'. Blütenstände flach, fertile Blüten blau, die meist acht Randblüten sehr groß, reinweiß.

Hydrangea macrophylla ssp. serrata. Dieser Gebirgsstrauch erweist sich im Vergleich zur küstennah verbreiteten *Hydrangea macrophylla* ssp. *macrophylla* als frosthärter. Der kleine, etwa 1 m hohe Strauch hat dünne Zweige und Blätter. Die sich im Juli–August an den Enden der diesjährigen Triebe entwickelnden Blütenstände sind 5 bis 15 cm breit und flach bis leicht gewölbt. Die fertilen Blüten sind blau oder weiß gefärbt, die wenigen, ziemlich kleinen Randblüten weiß, rosa oder blau.

Auch von dieser Unterart werden heute ausschließlich Sorten kultiviert; sie stammen zum Teil aus Japan:

'Benikagu'. Fertile Blüten hellblau, die großen Randblüten rosarot, in der Mitte weißlich und auf der Unterseite weißlichrosa.

'Blue Bird'. Fertile Blüten blau, die großen Randblüten rötlich-purpurn, auf sauren Böden blau.

'Preziosa'. Flach-ballförmiger Blütenstand, der fast nur aus sterilen Blüten besteht. Sie sind anfangs tiefrot, später mehr purpurrot gefärbt.

'Rosalba'. Fertile Blüten rosa oder blau, Randblüten anfangs weiß, bald teilweise karminrosa.

Samthortensien

Samthortensien bilden innerhalb der Gattung eine gut abgegrenzte Gruppe. Sie besteht, je nach Auffassung der Botaniker, aus drei selbständigen Arten oder aus einer Art mit drei Unterarten. Von anderen Hortensien unterscheiden sich die Samthortensien vor allem durch ihre großen, samt- oder moosartig dicht behaarten Blätter, die bis zu 35 cm lang werden können. Mit Durchmessern von 10 bis 30 cm erreichen auch die flachen Blütenstände beachtliche Größen. Ihre winzigen, fertilen Innenblüten sind rosa, violett oder blau, selten weiß gefärbt, die 2 bis 6 cm breiten, sterilen Randblüten weiß bis rosa. Die Blütezeit dauert von Juli bis September. Alle bauen sich mit dicken, wenig verzweigten Ästen zu etwa 2 bis 3 m hohen Sträuchern auf, die in unbelaubtem Zustand etwas steif wirken. Die auffallend großen, vielblumigen Blütenstände und das eigenartige, üppige Laub machen die Samthortensien zu eindrucksvollen, exotisch wirkenden Sträuchern.

Alle Samthortensien sind ein wenig anspruchsvoll an den Standort. Als Waldrandpflanzen dürfen sie nicht zu schattig stehen, sonst entwickeln sich nur wenige, hochaufgeschossene Äste. Am besten ist ein windgeschützter, heller Platz, der Schutz vor praller Mittagssonne bietet. Als erwachsene Sträucher sind die Samthortensien ausreichend frosthart, aber bei jungen Pflanzen empfiehlt sich ein Sonnenschutz aus Nadelholzreisig und ein Bodenschutz in Form eines Laubumschlages.

Hydrangea aspera ssp. aspera. Der von Südwestchina bis zum Himalaja verbreitete, sparsam verzweigte Strauch bildet kaum Ausläufer. Er trägt oberseits samtig dunkelgrüne, unterseits dicht grauweiß behaarte Blätter. Der bis 30 cm breite Blütenstand ist flach gewölbt, seine fertilen Blüten sind blau, die sterilen Randblüten weißblau und blau geadert. Sie gilt als die Samthortensie mit der am stärksten ausgebildeten blauen Blütenfarbe. 'Macrophylla'. In Kultur findet sich vor allem diese Sorte mit flachkugeligen, bis 25 cm breiten Blütenständen, in denen die fertilen Blüten blaßlila, die sterilen weiß gefärbt sind.

Hydrangea aspera ssp. sargentiana. Sie stammt aus der chinesischen Provinz Hubei. Diese Unterart baut sich ähnlich wie die zuvor genannte auf, bildet aber kurze Ausläufer. Sie läßt sich von den anderen Unterarten gut unterscheiden, denn ihre Blattunterseiten sind, wie die Triebe, dicht mit dicklichen, rosaroten Zottenhaaren besetzt. Die bis 25 cm breiten Blütenstände sind flach bis ganz leicht gewölbt, rosalila fertile Blüten werden von weißen Randblüten umgeben. Eine der am häufigsten gepflanzten Samthortensien.

Hydrangea aspera ssp. strigosa. Der ebenfalls im westlichen China heimische, bis 2,5 m hohe Strauch besitzt dick borstig behaarte Triebe und flache, 10 bis 15 cm breite Blütenstände mit blauen fertilen und weißen bis rosa gefärbten sterilen Blüten. Diese Unterart findet sich viel seltener in Kultur als die beiden anderen.

Ilex verticillata, Korallenhülse
Aquifoliaceae

Sommergrüne *Ilex*-Art aus dem östlichen Nordamerika, die vor allem durch ihre leuchtendroten Früchte auffällt.

Im Gegensatz zu allen andern *Ilex*-Arten unserer Gärten handelt es sich bei der Korallenhülse um eine sommergrüne Art mit länglich-lanzettlichen, bis 7 cm langen, mattgrünen Blättern, die sich im Herbst schön gelb oder rötlich verfärben. Aus unscheinbaren Blüten entwickeln sich im Frühherbst die rundlichen, 6 mm dicken, leuchtendroten Früchte, die nach dem Laubfall noch lange haften. Deshalb werden fruchtende Zweige auch häufig in der Blumenbinderei verwendet.

Die Korallenhülse ist eine zweihäusige Pflanze. Man muß also weibliche Exemplare pflanzen, wenn man auf Früchte Wert legt. Das Gehölz braucht gut gepflegte, frische, humose, saure Böden und sonnige bis halbschattige Plätze.

Indigofera heterantha, Indigostrauch
Leguminosae

Im Sommer blühender, deshalb sehr wertvoller Strauch aus dem Himalaja mit einer wochenlang andauernden Blüte.

Indigofera heterantha (= *Indigofera gerardiana*) ist ein sehr zierlicher, kaum mehr als 1 bis 2 m hoher Strauch mit fein gefiederten Blättern. Von Juli bis September produziert er an den Triebenden unermüdlich seine purpurrosa Schmetterlingsblüten in 7 bis 15 cm langen, aufrechten Trauben. Kaum ein anderer Strauch hat eine so lange Blütezeit wie dieser. Er wird in Mitteleuropa am besten als Halbstrauch behandelt, denn seine Triebe frieren in kalten Wintern meist zurück. Man schneidet sie deshalb im zeitigen Frühjahr oder schon im Herbst zurück, bevor man den Wurzelbereich mit einer Schicht aus trockenem Laub abdeckt. *Indigofera heterantha* braucht einen warmen, sonnigen Platz auf lockerem, durchlässigem Boden. Die Art kann sehr gut in einer Staudenrabatte oder im Heidegarten untergebracht werden. Trotz seiner nicht ganz ausreichenden Frosthärte erweist sich der Indigostrauch bei richtiger Pflege als äußerst robust und unproblematisch.

Kerria japonica, Kerrie, Ranunkelstrauch
Rosaceae

Chinesischer Strauch, der in seiner gefülltblühenden Form früher fast in jedem Garten zu finden war, gegenwärtig aber etwas vernachlässigt wird.

Der Ranunkelstrauch, in Mittel- und Westchina heimisch und schon vor über 150 Jahren bei uns eingeführt, fühlt sich in Mitteleuropa so wohl, daß er stellenweise als Gartenflüchtling eingebürgert ist. Der Strauch erreicht mit zahlreichen dichtstehenden, aber wenig verzweigten Trieben Höhen und Breiten von 1,5 bis 2 m. Durch kurze unterirdische Ausläufer bildet er allmählich kleine, dickichtartige Bestände. Die lebhaft grün gefärbten Zweige stehen zunächst aufrecht, sind später aber bogig übergeneigt. Sehr früh treiben die frischgrünen, eirunden, lang zugespitzten und grob gesägten Blätter aus. Gleichzeitig erscheinen die zahlreichen, etwas lackartig glänzenden, 3 cm breiten, einfachen, schalenförmigen Blüten, die mit ihren fünf ovalen Blütenblättern wie Goldsterne aussehen. Der anspruchslose Strauch gedeiht auf allen lockeren Gartenböden an sonnigen bis schattigen Plätzen. Man kann mit ihm gut dunkle Garten- oder Gebäudeecken beleben. An schattigen Stellen verlängert sich seine Blütezeit, an zu sonnigen Standorten bleichen die Blüten aus.

Die rutenartigen, lange grün bleibenden Zweige der Kerrie sind nur kurzlebig, sie sterben oft schon nach drei Jahren ab. Aus dem Wurzelbereich erneuert sich der Strauch aber ständig neu, auch nach Frostschäden, die in sehr kalten Wintern auftreten können. Zur Förderung der Blütenbildung sollten ältere und abgestorbene Zweige regelmäßig bis zum Boden herausgeschnitten werden.
'Pleniflora'. Der Gefülltblühende Ranunkelstrauch wächst etwas stärker und steifer aufrecht als die Art, er bildet ebenfalls Ausläufer, die bis zu 1,5 m weit streichen können. Seine goldgelben Blüten sind dicht röschenartig gefüllt. Nach der Hauptblüte im Mai blüht der Strauch wochenlang etwas nach.

Kolkwitzia amabilis, Kolkwitzie
Caprifoliacea

Einer der prachtvollsten und elegantesten Blütensträucher, die aus Japan in unsere Gärten kamen, als Solitärgehölz verdient er einen herausragenden Platz.

Kolkwitzia amabilis baut sich mit elegant überhängenden Zweigen locker auf und wird im Alter 3 bis 4 m hoch und breit. Im Mai-Juni sind die fein belaubten Zweige dicht mit Büscheln von zartrosa Blütenglöckchen bedeckt. Die Einzelblüten sind 1,5 cm lang, am schiefen Saum fünfzipfelig und im behaarten Schlund gelborange gefärbt. Zu dem besonders hohen Gartenwert der Kolkwitzie tragen neben Habitus, Belaubung und Blütenpracht auch die geringen Standortansprüche, die hohe Winterhärte und die Widerstandsfähigkeit gegenüber Krankheiten und Schädlingen bei. Kolkwitzien bevorzugen sonnige bis leicht beschattete Plätze, sie wachsen auf jedem Gartenboden, vertragen sogar leicht alkalische Böden und zeitweise auch Bodentrockenheit. Ein regelmäßiger Auslichtungsschnitt hält die Sträucher jung und blühwillig.

Lespedeza thunbergii, Buschklee
Leguminosae

Sommerblühender, kaum mannshoch werdender Strauch mit rutenförmigen, lang überhängenden Zweigen und kleeähnlichen, dreiteiligen Blättern.

Lezpedeza thunbergii ist im mittleren Japan zu Hause. Der Strauch ist vor allem seiner späten Blüte wegen interessant: Sie setzt oft erst im September ein. Die purpurrosa, etwa 12 mm langen Schmetterlingsblüten stehen in 8 bis 20 cm langen, achselständigen Trauben, die zu endständigen, 60 bis 80 cm langen Rispen vereint sind. Seinen eleganten Wuchs und die Fülle seiner Blüten kann der Strauch nur dann voll zur Geltung bringen, wenn er seine Triebe ungehindert herabhängen lassen kann. Er steht also am besten an Böschungen, auf Mauerkronen oder in Hochbeeten. Dort braucht er einen warmen, sonnigen Platz und einen durchlässigen, eher trockenen als zu feuchten Boden. *Lespedeza thunbergii* ist im mitteleuropäischen Klima nicht unbegrenzt winterhart; häufig frieren die Triebe zurück. Sie werden deshalb regelmäßig im zeitigen Frühjahr oder schon im Herbst zurückgeschnitten. Der Strauch treibt meist wieder kräftig aus und kommt auch regelmäßig zur Blüte. Zum Schutz vor tiefen Wintertemperaturen bedeckt man den Wurzelbereich mit trockenem Laub, das durch aufgelegtes Reisig an seinem Platz gehalten wird. Ein Abdecken mit trockenem Laub verhindert Fäulnis an den Trieben und eine Vernässung im Wurzelbereich.

Leycesteria formosa, Leycesterie
Caprifoliaceae

Kleiner, sommergrüner Strauch. Die eigenartigen Blüten stehen in Quirlen in den Achseln großer, gefärbter Tragblätter und bilden eine hängende Ähre.

Leycesteria formosa ist die einzige von sechs ostasiatischen Arten, die bei uns in milden Klimaregionen aushält. Der knapp mannshohe Strauch friert zwar gelegentlich zurück, treibt aber immer wieder gut durch. An seinen kahlen grünen Zweigen trägt er breit-eiförmige, 5 bis 18 cm lange Blätter. In den Achseln der Blätter, an den diesjährigen Trieben, werden von Juni bis September die bis 10 cm langen, hängenden Blütentrauben angelegt. In ihnen stehen weißliche bis purpurne Blüten in den Achseln großer purpurner Tragblätter. Sie tragen später auch die 1 cm dicken, purpurroten, drüsig bewimperten Beeren, die bis zum Eintritt strenger Fröste haften. Blühende und fruchtende Zweige liefern einen dekorativen, haltbaren Vasenschmuck. Der Strauch braucht einen geschützten, warmen, sonnigen bis leicht beschatteten Platz und einen gepflegten Gartenboden. Ein Strauch für den Liebhaber ausgefallener Gehölze.

Leycesteria formosa

Ligustrum, Liguster
Oleaceae

Robuste und anspruchslose, sehr schnittverträgliche Hecken- und Gruppensträucher, die sich auch für Unterpflanzungen eignen.

Ligustrum obtusifolium var. regelianum. Von der japanischen Art wird in der Regel nur diese Varietät kultiviert. Der kaum mehr als 1,5 m hohe Strauch hat mehr oder weniger waagerecht abstehende Äste mit zweizeilig gestellten Blättern. Er entfaltet im Juni–Juli zahlreiche weiße Blüten in mehr oder weniger nickenden, 2 bis 3 cm langen Rispen, die zu vielen an kurzen Seitenzweigen sitzen. Unter den sommergrünen Ligusterarten ist dies die einzige mit einem erwähnenswerten Blütenschmuck.

Ligustrum vulgare. Der Gemeine Liguster ist die einzige mitteleuropäische Art der Gattung. An seinen natürlichen Standorten kann der Strauch Höhen von 5 bis 7 m erreichen. Im Hausgarten verwendet man ihn ausschließlich als Heckenpflanze. Er läßt sich durch eine Steckholzvermehrung leicht selbst heranziehen. Nur bei freiem Wuchs kann der robuste und anpassungsfähige Strauch seine weißen, streng riechenden Blütenrispen ausbilden, aus denen sich glänzendschwarze Beeren entwickeln.
'Atrovirens' wird noch häufiger als die Wildart gepflanzt. Die Blätter der straff-aufrecht wachsenden, großblättrigen Form bleiben bis zur Entfaltung der neuen Blattgeneration haften und verfärben sich im Verlauf des Winters rötlich bis violettbraun.
'Lodense' eignet sich mit dem kaum mehr als 50 cm hohen Wuchs und den im Winter haften bleibenden, tiefgrünen Blättern gut für niedrige Hecken und flächige Unterpflanzungen.

Lonicera, Heckenkirsche, Geißblatt
Caprifoliaceae

Überwiegend anspruchslose und robuste Gruppen- und Heckensträucher, die nur in Sichtschutzpflanzungen größerer Gärten einen Platz verdienen.

Lonicera maackii

Im Gegensatz zu den langröhrigen Blüten der kletternden Arten haben die strauchigen Arten eher unscheinbare, zweilippige Blüten, die stets zu zweit auf einem gemeinsamen Stielchen sitzen. Auffallender sind dagegen die meist giftigen, überwiegend rot oder gelb gefärbten Beerenfrüchte. Nur selten werden in unseren Baumschulen andere als die hier behandelten Arten angeboten.

Lonicera ledebourii kam aus Kalifornien in unsere Gärten. Der steife, langrutige, schattenverträgliche und 2 bis 3 m hohe Strauch entwickelt aus seinen gelben, außen orange und scharlach überlaufenen Blüten schon im Frühsommer seine eigenartigen Früchte: Die dunkelpurpurnen Doppelbeeren werden von den zur Reife stark vergrößerten, roten, in der Mitte schwarzen Tragblättern getragen und sehen so, aus der Nähe betrachtet, recht hübsch aus.

Lonicera maackii bildet als einzige unter den strauchigen Arten ansehnliche Blüten aus. Der bis 5 m hohe ostasiatische Strauch schmückt sich im Juni mit zahlreichen weißen, im Verblühen gelben, duftenden Blüten. Die Früchte färben sich dunkelrot.

Lonicera tatarica. Vom südlichen Rußland bis zum Altai-Gebirge ist die Tatarische Heckenkirsche verbreitet, ein aufrechter, dicht verzweigter, bis 3 m hoher Strauch mit rosa oder weiß gefärbten Blüten im April–Mai und roten Früchten im August–September. Die Tatarische Heckenkirsche verträgt sonnige bis schattige Plätze und trockene Böden. Sie eignet sich gut zur Unterpflanzung hochkroniger Bäume.

Lonicera × xylosteoides 'Clavey's Dwarf'. Dieser kompakte, dicht verzweigte und langsamwachsende Strauch wird knapp mannshoch und eignet sich für Hecken und Unterpflanzungen an sonnigen bis schattigen Plätzen.

Lonicera xylosteum. Von Europa bis Mittelasien ist die Rote Heckenkirsche verbreitet. Der 1 bis 3 m hohe, aufrechte Strauch treibt sehr früh aus. Er trägt gelblichweiße, außen rötlich getönte und zuletzt gelbe Blüten, denen die erbsengroßen, glänzendroten oder dunkelroten Früchte folgen. Die Art verträgt Sonne, gedeiht aber am besten in schattigen Lagen. *Lonicera xylosteum* verträgt Heckenschnitt sehr gut.

Paeonia suffruticosa, Strauchpäonie
Paeoniaceae

In ihrer chinesischen Heimat eine seit mehr als 2000 Jahren kultivierte Heil- und Zierpflanze mit einer vielfältigen symbolischen Bedeutung und einem hohen Stellenwert in Kunst und Literatur.

Paeonia suffruticosa wird in China und Japan seit Jahrhunderten züchterisch bearbeitet. Als gegen Ende des 18. Jahrhunderts die ersten Sorten aus Japan nach Europa kamen, brach auch hier die Begeisterung über diesen prachtvollen Blütenstrauch aus. Mit seinen eindrucksvollen, großen, 10 bis 25 cm breiten und trotzdem so überaus zart wir-

Paeonia suffruticosa 'Higurashi'

kenden Blüten gilt die Strauchpäonie ihren Liebhabern als aristokratische Gestalt unter den Blütengehölzen. Ihren Blüten kommt demzufolge an Größe, Schönheit und Eleganz kein anderer Strauch nahe. Etwas nüchterner betrachtet, ist die Strauchpäonie ein aufrechter, im Alter etwa mannshoher und ebenso breiter Strauch. Er wächst etwas sparrig und trägt an dicken Zweigen doppelt gefiederte Blätter. Ende Mai bis Anfang Juni entfalten sich die endständigen, einzeln stehenden Blüten mit ihren zahlreichen, zunächst wie zerknittert aussehenden Blütenblättern. Bei der Wildform sind die Blüten weiß oder rosa bis purpurn. Bei einfachen oder leicht gefüllten Blüten hat jedes Blütenblatt an der Basis einen dunklen, an seinen Rändern meist ausgefransten Basalfleck.

Strauchpäonien gelten als recht anspruchsvoll. Sie benötigen einen warmen, geschützten, sonnigen bis halbschattigen Platz und nährstoffreiche, gepflegte, durchlässige Böden. Alte Pflanzen sind in der Regel ausreichend frosthart. Jungen Pflanzen sollte man im Winter im Wurzelbereich einen Laubumschlag gönnen und ihre Zweige mit Nadelholzreisig abdecken. Zu beachten ist auch, daß Strauchpäonien recht früh austreiben und deshalb gelegentlich unter Spätfrösten zu leiden haben. Veredelte Pflanzen sollte man etwas tiefer setzen, als sie vorher standen, die Veredlung sollte nach Möglichkeit selbst Wurzeln bilden können. Veredelte Strauchpäonien wachsen zunächst sehr langsam. Bis die Pflanzen zu blühen beginnen, vergehen meist einige Jahre. Viel weniger anspruchsvoll zeigen sich aus Samen gezogene Pflanzen. Sie wachsen üppig und blühen schon nach wenigen Jahren. Ihre einfachen Blüten sind keineswegs unattraktiv, aber im Vergleich zu den schweren, gefüllten Blüten mancher Sorten viel robuster und weniger anfällig gegenüber Regen.

Auf eine Vorstellung der zahlreichen japanischen und europäischen Sorten kann hier verzichtet werden. In der Regel sucht man sich die Pflanzen heute ohnedies zur Blütezeit aus und kann dann nur aus dem meist nicht gerade üppigen Angebot durchschnittlich sortierter Baumschulen und Gartencenter auswählen.

Parrotiopsis jacquemontiana, Scheinparrotie
Hamamelidaceae

Selten gepflanzter Strauch aus der Familie der Zaubernußgewächse mit eigenartigen Blüten und einer auffallend goldgelben Herbstfärbung.

Wie bei der nahe verwandten Parrotie wirken auch hier die kleinen, duftenden Blüten, die in endständigen Köpfchen zusammenstehen, eher unscheinbar. Die Blütenköpfchen werden aber von mehreren weißen, 1,5 bis 2 cm großen, abstehenden Hochblättern umgeben. In den Blüten, die sich im April mit dem Laubausbruch öffnen, dominieren die 15 gelben Staubblätter, denn den Blüten fehlen die Kronblätter. So sieht der ganze »Blütenstand« durchaus attraktiv aus. Mindestens so dekorativ wie die Blüten ist die herbstliche Laubfärbung mit den auffallend goldgelben Blättern. Der straff-aufrecht wachsende Strauch kann in seiner Heimat bis 7 m hoch werden, bei uns bleibt er deutlich niedriger. Wie viele andere Gehölzarten aus dem Himalaja ist er wärmebedürftig, er braucht also einen geschützten, sonnigen bis leicht beschatteten Platz und einen gepflegten Gartenboden.

Perovskia, Perovskie
Labiatae

Stark aromatisch duftende, meist graulaubige Halbsträucher mit blauvioletten Lippenblüten in langen, rispenartigen Ständen.

Die beiden kultivierten Arten sind im Garten wertvolle Sommerblüher für vollsonnige Standorte auf durchlässigen, basenreichen, eher trockenen Böden. Passende Standorte finden sie in Stein- und Heidegärten, auf Hochbeeten und Dachgärten. Ihr graues Laub harmoniert am besten mit ebenfalls trockenresistenten, silbernadeligen Zwergkoniferen, rotlaubigen Gehölzen, Wildstauden und Gräsern.

Wie bei den meisten sommerblühenden halbstrauchigen Arten werden auch bei den *Perovskia*-Arten die Triebe im Frühjahr oder schon im Herbst bis zum Boden zurückgeschnitten. Die Sträucher behalten dadurch ihren aufrechten Wuchs, außerdem blühen sie reicher. In klimatisch weniger günstigen Lagen ist es notwendig, den Wurzelbereich im Winter mit trockenem Laub abzudecken. Für durchschnittlich kalte Winter reicht die Frosthärte völlig aus.

Perovskia abrotanoides stammt aus den Steppen und Sommer-Trockenwäldern Vorderasiens. Die zahlreichen, zunächst aufrechtwachsenden Zweige legen sich bei fehlendem Rückschnitt und bei seitlichem Druck durch stärker wachsende Sträucher um zu niederliegend-ansteigenden Ruten. Der Strauch erreicht dabei etwa 1 m Höhe. Die aromatisch duftenden, 4 bis 6 cm langen, grauweißen Blätter sind einfach oder doppelt fiederschnittig. Im Juli–September entwickeln sich an den Triebenden zahlreiche rosaviolette Blüten. Mit seinen rhizomartigen Ausläufern besitzt der Strauch einen mäßigen Ausbreitungsdrang.

Perovskia atriplicifolia unterscheidet sich von der zuvor genannten Art durch etwas höheren Wuchs, eilanzettliche, unregelmäßig grob gesägte Blätter und blaue Blüten, die ebenfalls zu rispenartigen, 30 bis 50 cm langen Ständen zusammengestellt sind. Diese Art ist etwas weniger frosthart als *Perovskia abrotanoides* und braucht eine winterliche Abdeckung im Wurzelbereich.

Perovskia 'Hybrida'. Diese häufig gepflanzte Hybride aus den beiden genannten Arten trägt doppelt fiederschnittige Blätter und blauviolette Blüten an den 60 bis 80 cm langen Trieben.

Philadelphus, Pfeifenstrauch, Falscher Jasmin
Saxifragaceae

Mit vielen Arten und Sorten gehören die Pfeifensträucher zu den am häufigsten gepflanzten sommergrünen Blütensträuchern, ihre meist duftenden Blüten sind stets weiß gefärbt.

Perovskia abrotanoides

Aufgrund ihres vergleichsweise straffen, wenig gefälligen Wuchses eignen sich die Pfeifensträucher am besten für eine Verwendung in Blütenstrauchrabatten, die stärker wachsenden Arten und Sorten kommen außerdem als Decksträucher oder für freiwachsende Blütenhecken in Betracht. Alle Pfeifensträucher stellen nur geringe Standortansprüche, sie gedeihen auf jedem Gartenboden in sonnigen bis halbschattigen Lage. Im allgemeinen sind Pfeifensträucher auch recht gesund, nur dort, wo sie an besonders warmen und trockenen Plätzen stehen, werden sie von Blattläusen befallen. Pfeifensträucher entwickeln aus der Basis regelmäßig mehr oder weniger lange, zunächst unverzweigte Triebe. Diese dürfen nicht entfernt oder stärker eingekürzt werden, denn an ihnen entwikkeln sich später die blütentragenden Kurztriebe. Der Schnitt beschränkt sich auf das regelmäßige Herausnehmen des blütenschwachen Altholzes.

Philadelphus × purpureomaculatus

Philadelphus coronarius ist als einzige europäische *Philadelphus*-Art von Südosteuropa bis nach Kleinasien verbreitet. Der sehr robuste, bis 3 m hohe Strauch wächst straff aufrecht. Die stark duftenden, cremeweißen Blüten, die zu fünft bis zu siebt in Trauben stehen, schmücken im Juni–Juli. Die gefülltblühenden Sorten der Art haben gegenwärtig kaum eine gartenbauliche Bedeutung.
'Aureus' sieht man dagegen gelegentlich. Diese Form trägt zunächst leuchtendgelbe, später etwas blasser gefärbte Blätter.

Philadelphus × cymosus ist eine Hybride unbekannten Ursprungs. Zu ihr werden einige Sorten gestellt, die im Juni blühen:
'Bouquet Blanc'. 1,5 bis 2 m hoch, aufrecht mit übergeneigten Zweigen. Blüten zu siebt bis zu neunt gefüllt, milchweiß, duftend. Sehr reich blühend.
'Conquête'. Kaum über 1 m hoch. Blüten einfach bis leicht gefüllt, zu dritt bis zu fünft, reinweiß, duftend.

Philadelphus inodorus var. grandiflorus. Die im südöstlichen Nordamerika heimische Art ist bei uns nur durch diese Varietät vertreten. Sie entwickelt sich zu einem bis 3 m hohen, breitwüchsigen Strauch mit überhängenden Zweigen und großen, 4 bis 5 cm breiten, zunächst glockigen, später scheibenförmig ausgebreiteten, reinweißen Blüten im Juni–Juli.

Philadelphus × lemoinei. Aus dieser Hybride, 1892 durch Lemoine in Nancy erzielt, gingen einige auch heute noch wichtige Sorten hervor, die im Juni zur Blüte kommen:
'Dame Blanche'. Wuchs niedrig. Blüten meist zu fünft, scheibenförmig, reinweiß, stark duftend. Reichblühend.
'Manteau d'Hermine'. Etwa 1 m hoch, dicht verzweigt, Zweige dünn und überhängend. Blüten zu dritt bis zu fünft, locker bis dicht gefüllt, rahmweiß, Duft schwach oder fehlend. Gilt als eine der besten niedrigen Sorten.
'Silberregen'. Kaum über 1 m hoch. Blüten einzeln, aber sehr zahlreich, Blütenkrone kreuzförmig, sehr groß, schneeweiß. Frühblühend.

Philadelphus pubescens. Die Art stammt aus dem südöstlichen Nordamerika. Der bis 3 m hohe, straff-aufrecht wachsende Strauch hat 3 bis 4 cm breite, rahmweiße, schüsselförmige Blüten, die meist zu fünft bis zu neunt zusammenstehen. Die üppig wachsende Art blüht erst im Juni–Juli.

Philadelphus × purpureomaculatus kommt ebenfalls aus dem Haus Lemoine. Sie stellt mit

Poncirus trifoliata ▷

'Belle Étoile' eine triploide Sorte mit hohem Gartenwert:
'Belle Étoile'. Wuchs gedrungen-aufrecht, bis 1,5 m hoch. Blüten im Juni–Juli einzeln oder zu dritt, mit einer Breite von 4,5 bis 5,5 cm sehr groß, weiß mit purpurnem Basalfleck, leicht duftend, Blütenblätter am Rand gefranst. Wertvoll durch die großen, abweichend gefärbten Blüten.

Philadelphus × virginalis wurde, wie die meisten Hybriden, von Lemoine gezüchtet. Die Hybride wird oft unter dem Sortennamen 'Virginal' angeboten. Aber auch andere Sorten dieser Gruppe sind von Bedeutung:
'Girandole'. Wuchs dicht und gedrungen, bis 1,5 m hoch. Blüten dicht gefüllt, zu fünft bis zu siebt in Trauben, 3,5 cm breit, milchweiß, mittelstark duftend. Sehr reichblühend und schon als junge Pflanze sehr blühwillig.
'Schneesturm'. Straff aufrechte Haupt- und leicht überhängende Seitenzweige, bis 3 m hoch. Dicht gefüllte, bis 4 cm breite, reinweiße, stark duftende Blüten in dichten Trauben. Blütezeit Juni–Juli. Ein auffallend reichblühender Strauch.
'Virginal'. Sparrig abstehende Seitenzweige, ebenfalls bis 3 cm hoch. Bis 5 cm breite, reinweiße, stark duftende und gefüllte Blüten. Blüht ebenfalls im Juni–Juli. Eine der am häufigsten gepflanzten Sorten.

Photinia villosa, Glanzmispel
Rosaceae

Langsamwachsender, im Alter bis 5 m hoher Strauch mit kleinen weißen Blüten, leuchtendroten Apfelfrüchten und einer orange bis scharlachroten Herbstfärbung.

In Japan, Korea und China ist die Glanzmispel heimisch. Der nur selten gepflanzte Strauch gedeiht zufriedenstellend nur auf gepflegten, durchlässigen, frischen und sauren Gartenböden an sonnigen bis halbschattigen Plätzen. An zusagenden Standorten ist die Glanzmispel ein höchst attraktiver Solitärstrauch, der jährlich dreimal auf sich aufmerksam macht: im Mai–Juni mit seinen etwa 1 m breiten Blüten, die zu fünft bis zu zehnt in kleinen Trauben stehen; im Herbst mit der prachtvollen Färbung seiner glänzenden Blätter und schließlich mit seinen etwa 8 mm langen Früchten.

Physocarpus opulifolius, Blasenspiere
Rosaceae

Robuster und anspruchsloser Gruppen- und Deckstrauch für sonnige bis vollschattige Plätze.

Physocarpus opulifolius ist die am häufigsten gepflanzte der zehn nordamerikanischen und ostasiatischen Arten. Der bis 3 m hohe und ebenso breite Strauch trägt an überhängenden Zweigen fünflappige Blätter. Im Mai–Juni öffnen sich seine kleinen, weißen Blüten in halbkugeligen Doldentrauben. Außerhalb der Blütezeit sehen alle Arten wenig attraktiv aus.

Poncirus trifoliata, Bitterorange
Rutaceae

Ganz eigenartig verzweigter chinesischer Strauch mit weißen, stark und angenehm duftenden Orangenblüten und goldgelben Zitrusfrüchten.

Poncirus trifoliata zählt zu den auffälligsten sommergrünen Straucharten. Die steifen, mattglänzend dunkelgrün gefärbten Zweige sind deutlich abgeflacht und leicht gerieft, darüber hinaus mit bis zu 7 cm langen, ebenfalls abgeflachten Dornen bestückt. Die dreizähligen, durchscheinend punktierten Blätter sind etwas ledrig, dunkelgrün und am Stiel geflügelt. Im April–Mai entfalten sich an den vorjährigen Zweigen die 3 bis 5 cm breiten, weit geöffneten Blüten. Bis zum Herbst reifen dann die 3 bis 5 cm dicken, goldgelben, filzig behaarten und angenehm duftenden Beerenfrüchte. Der locker belaubte Strauch läßt sich im Garten nur in klimatisch günstigen Klimazonen problemlos halten. Er braucht warme, geschützte, am besten sonnige Plätze und einen gepflegten, durchlässigen Boden.

Prunus, strauchförmig wachsende Arten
Rosaceae

Die wenigen strauchigen *Prunus*-Arten sind reizvolle Blütensträucher für sonnige Plätze und durchlässige, gut mit Kalk versorgte Böden.

Prunus × blireana. Vor etwa 100 Jahren entstand in Frankreich diese Hybride. Sie hat von der Blutpflaume die metallisch glänzenden, zunächst rotbraunen, später mehr oder weniger vergrünenden Blätter geerbt. Die einzeln stehenden, etwa 3 cm breiten, rosa gefärbten Blüten sind halbgefüllt, sie blühen mit dem Laubausbruch im April auf. Ein auffälliger Strauch für Liebhaber rotblättriger Formen.

Prunus × cistena. Diese rotlaubige Form ist von etwa gleichstarkem Wuchs wie *Prunus × blireana*. Die oberseits glänzenden, braunroten, an jungen Zweigen hellroten Blätter sind schmaler als bei *Prunus × blireana*, die im Mai erscheinenden Blüten weiß. Im Herbst trägt der Strauch schwärzlich-

Prunus tenella 'Firehill'

purpurne Früchte. In Großbritannien wird die Hybride als Heckenpflanze empfohlen, bei uns sind Hecken mit so auffällig gefärbten Laub zum Glück selten.

Prunus glandulosa. Der kaum mehr als mannshohe chinesische Strauch wartet im April mit zahlreichen kleinen, hellrosa bis weißen Blüten auf. In der Regel wird aber nicht die Art, sondern die Sorte 'Alboplena' gepflanzt. Ihre vorjährigen Zweige sind im zeitigen Frühjahr fast auf der ganzen Länge mit etwa 2,5 cm breiten, weißen, dicht gefüllten Blüten besetzt. Weniger häufig wird die gefüllt- und rosa blühende 'Sinensis' gehalten. Die Blütentriebe beider Sorten lassen sich in der Vase gut vortreiben. Die Art und ihre Sorten leiden häufig unter einem Absterben der jungen Triebe, verursacht durch einen Befall von *Monilia*-Pilzen. Das Triebsterben läßt sich gut verhindern, wenn man alle Triebe unmittelbar nach Beendigung der Blüte stark zurückschneidet. Die Pflanzen blühen im kommenden Jahr trotzdem voll.

Prunus tenella. Die Russische Zwergmandel stellt unter den strauchig wachsenden *Prunus*-Arten eine Kostbarkeit ersten Ranges dar. Ungeschnitten erreicht der feintriebige Strauch vielleicht eine Höhe von 1,5 m. Er sollte aber unbedingt in der gleichen Weise wie *Prunus glandulosa* beschnitten werden. Er bleibt dadurch nicht nur gesund, sondern blüht bei regelmäßigem Rückschnitt auch viel reicher als ungeschnittene Pflanzen. Kurz vor der Laubentfaltung öffnet der Strauch auf der ganzen Zweiglänge seine einfachen, 2 cm breiten, rosa Blüten. Die Blüten der Art sind nicht so kräftig gefärbt wie die von 'Firehill'. Sie ist die am weitesten verbreitete Auslese, ihre Blüten sind rosarot. Ein auffallendes Merkmal der Russischen Zwergmandel sind die zahlreichen unterirdischen Ausläufer, mit denen sich der Strauch langsam ausbreitet. Der Ausbreitungsdrang ist nicht so stark, als daß er lästig würde, er ist eher sehr willkommen, weil sich dadurch aus einer Pflanze im Laufe einiger Jahre ein kleiner Horst entwickelt. Diese Eigenschaft macht es notwendig, beim Kauf auf wurzelechte Pflanzen zu achten. (Leider bieten die Baumschulen auch veredelte Pflanzen zum Verkauf an.) Man pflanzt die Russische Zwergmandel am besten in Verbindung mit niedrigen, frühblühenden Stauden und Blumenzwiebeln in den Stein- oder Steppengarten oder oberhalb niedriger Trockenmauern.

Rhodotypos scandens, Scheinkerrie
Rosaceae

Hübscher Blütenstrauch von lockerem Wuchs mit großen, reinweißen Blüten im Mai–Juni.

In Japan, Korea und China ist der 1 bis 2 m hohe Strauch zu Hause, in Wuchs und Belaubung ähnelt er einer Kerrie. Seine weit geöffneten, 3 bis 5 cm breiten Blüten erscheinen über viele Wochen. Interessant sind die rundlich-eiförmigen, etwa 8 mm langen, glänzend schwarzbraunen Steinfrüchte, die von bleibenden Kelchblättern getragen werden und die meist den Winter über am Strauch sitzen bleiben. Als Gartenpflanze ist die Scheinkerrie meist nur ein Gruppenstrauch für Schutz- und Randpflanzungen, der auch noch unter dem Dach hochkroniger Bäume gedeiht. Er verträgt sonnige bis halbschattige Plätze und kommt mit jedem Gartenboden zurecht, selbst mit sehr trockenen Stellen.

Ribes, Johannisbeere
Saxifragaceae

Von den zahlreichen Arten der Gattung haben als Gartengehölze nur ein rotblühender Zierstrauch und einige robuste Gruppen- und Heckenpflanzen Bedeutung.

Ribes alpinum. Die in Nord-, Mittel- und den Gebirgen Südeuropas heimische, 1 bis 2 m hoch werdende Alpenjohannisbeere stellt als Blütengehölz keine Schönheit dar. Ihre gelblichgrünen Blüten sind eher unscheinbar, das gilt auch für die kleinen, roten Früchte. Es handelt sich aber um einen genügsamen, schattenverträglichen Gruppen- und Heckenstrauch, der auch für Unterpflanzungen verwendet werden kann.

Ribes aureum. Im westlichen Nordamerika ist die Goldjohannisbeere heimisch. Ihre größte Bedeutung hat sie bei uns als Unterlage für hochstämmig veredelte Johannis- und Stachelbeeren. Als Gartengehölz wird der mannshohe, steif-aufrecht wachsende Strauch in ähnlicher Weise verwendet wie die Alpenjohannisbeere. Seine gelben, duftenden Blütentrauben erscheinen im April–Mai.

Ribes sanguineum ist mit ihren roten Blüten die schönste Art. Der häufig gepflanzte Blütenstrauch hat seine ursprüngliche Heimat im westlichen Nordamerika. Die Blutjohannisbeere erreicht mit ihrem steif aufrechten Wuchs eine Höhe von 2 bis 4 m. Im Mai, zeitgleich mit den Forsythien, blühen die tiefrosa gefärbten Blüten auf, die zu zehn bis 20 in achselständigen Trauben entlang der vorjährigen Zweige stehen. Die Blutjohannisbeere zeigt sich sehr anspruchslos; sie gedeiht auf jedem Gartenboden in sonnigen bis schattigen Lagen. Ein regelmäßiger Auslichtungsschnitt erhält die Sträucher jung.
Statt der Art pflanzen wir heute ausschließlich auf Blütengröße und -farbe selektierte Sorten, von denen die beiden folgenden am häufigsten sind:
'King Edward VII' wächst niedrig und gedrungen. Die reinroten Blüten stehen in großen Trauben.
'Pulborough Scarlet' trägt tiefrote Blüten mit weißer Mitte. Die Sorte blüht sehr reich, und die Trauben sind besonders groß.

Robinia hispida, Borstige Robinie
Leguminosae

Attraktiver Blütenstrauch mit rotborstig behaarten Zweigen, gefiederten Blättern und purpurrosa Schmetterlingsblüten, die im Juni in kurzen Trauben zusammensitzen. Meist blühen die Sträucher bis zum September nach.

Robinia hispida ist am natürlichen Standort im südöstlichen Nordamerika ein etwa 1,5 m hoher Strauch, der sich durch Wurzelsprosse ausbreitet. Leider wird er meist auf *Robinia pseudoacacia* veredelt, so wird die Bildung von Ausläufern verhindert. Bei veredelten Pflanzen kann das sehr harte und brüchige Holz zum Nachteil ausschlagen: Die Pflanzen brechen bei Wind nicht selten auseinander. Bei naturgemäß gewachsenen Pflanzen würde ein Astbruch rasch durch nachwachsende Ausläufer ersetzt, veredelte Pflanzen erleiden oft großen Schaden. Nicht selten wird daher geraten, die Borstige Robinie als Spalier an Wänden zu ziehen.
Robinia hispida braucht einen sonnigen Platz und einen lockeren, durchlässigen, eher trockenen Boden.
'Macrophylla' wird häufig anstelle der Art gezogen. Sie wächst etwas kräftiger. Die Blüten und Fiederblättchen sind etwas größer.

Rosa, Rose
Rosaceae

In vielerlei Form als Beet-, Strauch- oder Kletterrosen gepflanzte, für jeden Garten fast unentbehrliche Sträucher mit großen, leuchtenden, oft duftenden Blüten in unendlicher Fülle und Farbenpracht.

Rosen begegnen uns in Gärten und Parks in vielerlei Gestalt: von den eher schlichten Wildrosen mit ihren einfachen Blüten bis hin zu den Edelrosen mit ihren großen, gefüllten Blüten. Ihrem unterschiedlichen Charakter entsprechend werden sie im Garten verwendet. Die Wildrosen und deren Sorten (oft als Strauch- oder Parkrosen bezeichnet) unterscheiden sich im Hinblick auf die Verwendung nicht von anderen Blütensträuchern, die Kletterrosen dienen zur Begrünung von Lauben, Pergolen und Fassaden, die Bodendeckerrosen werden in mehr oder weniger großen, flächigen Pflanzungen verwendet, die Beetrosen (Edel-, Polyantha- und Miniaturrosen) schließlich finden ihren Platz auf Beeten, allein oder in Verbindung mit passenden Stauden oder niedrigen Gehölzen. Alle Rosen stellen in etwa die gleichen Standortansprüche. Sie brauchen einen hellen, gut belichteten Platz, leiden aber unter zu starker Sonneneinstrahlung und trockener Luft, wenn sie etwa unmittelbar vor einer nach Süden gerichteten Mauer stehen. Ungeeignet sind Standorte im Schatten und im Bereich der Wurzelkonkurrenz von Bäumen und Sträuchern und ebenso Plätze, die unter Zugluft leiden. Rosen gedeihen auf jedem gepflegten Gartenboden. Ideal ist ein tiefgründiger, durchlässiger, nährstoffreicher Boden mit einem pH-Wert zwischen 5,5 und 6,5. Zu schwere oder zu leichte Böden müssen durch Zugabe geeigneter Stoffe den Ansprüchen der Rosen entsprechend hergerichtet werden.
Wenn Rosen sachgerecht gepflegt werden, können sie sehr langlebige Gartenpflanzen sein. Erste Voraussetzung für ein gutes Gedeihen ist neben der Platzwahl und einer gründlichen Bodenvorbereitung das richtige Pflanzen. Alle aus Samen gezogen Rosen werden wie andere Sträucher gepflanzt. Bei allen veredelten Rosen muß man so tief pflanzen, daß die Veredlungsstelle etwa 5 cm unterhalb der Erdoberfläche steht. Nach dem Pflanzen wird angehäufelt, und zwar bei Herbst- und Frühjahrspflanzungen. Im Winter soll die angehäufelte Erde Frostschäden vermeiden, im Frühjahr, besonders bei Kühlhausrosen, Trockenschäden.
Allgemeingültige Pflanzabstände lassen sich kaum angeben, zu unterschiedlich sind Habitus und Wuchsleistung der einzelnen Sorten. Pflanzt man Edel- oder Polyantharosen nicht in Verbindung mit Stauden, wird man Abstände von 40 bis 50 cm wählen. Besonders schwachwachsende Sorten und Miniaturrosen werden enger gepflanzt, Strauch- und Kletterrosen möglichst mehrere Meter voneinander entfernt. Hochstammrosen sollten nicht enger als 1 m gepflanzt werden. Bei bodendeckenden Rosen hängt die Anzahl der zu pflanzenden Rosen je Quadratmeter entscheidend von der Wuchskraft der einzelnen Sorte ab. Nach dem

Pflanzen, besser nach dem Abhäufeln der gepflanzten Rosen, ist ein starker Rückschnitt aller Triebe auf eine Länge von 10 bis 15 cm notwendig.
Der spätere Schnitt hängt vom Charakter der Rose ab. Alle Wild- und Strauchrosen, die am alten Holz blühen, werden wie die meisten anderen Blütensträucher nur regelmäßig ausgelichtet. Die meisten öfterblühenden Strauchrosen können wie Edel- und Polyantharosen kräftig geschnitten werden. Dazu werden die Hauptzweige um etwa die Hälfte ihrer Länge eingekürzt, ganz dünne Zweige ganz entfernt. Bei allen Bodendeckerrosen werden im Frühjahr abgestorbene Zweige entfernt, darüber hinaus ist kein Schnitt erforderlich, obwohl durchaus möglich. Bei allen Beetrosen scheidet man die Zweige im Frühjahr auf drei bis sechs sichtbare Augen zurück, nachdem vorher alles abgestorbene Holz und alle zu dicht stehenden Zweige ganz entfernt worden sind. Bei Stammrosen vollzieht sich der Schnitt so wie bei den Beetrosen. Die sogenannten Trauerrosen mit ihren dünnen, herabhängenden Zweigen werden jährlich von einem Großteil des alten Holzes befreit. Haben sich zu viele junge Triebe entwickelt, nimmt man auch davon einen Teil weg. Kletterrosen entwickeln ihren Blütenflor vorwiegend an Kurztrieben, die an den vorjährigen Zweigen entstehen. Man muß also für einen ausreichenden Nachwuchs an jungen Triebe sorgen, dazu werden regelmäßig ältere Astpartien entfernt.
Zur Pflege der Rosen gehört auch die Bekämpfung von Krankheiten und Schädlingen. Leider gehören die Rosen zu den Gartenpflanzen, die nahezu regelmäßig von Krankheiten wie Echter Mehltau, Sternrußtau oder Rost befallen werden. Eine rechtzeitige, vorbeugende Bekämpfung dieser Krankheiten ist unerläßlich (siehe Seite 53).

Wildrosen und ihre Sorten

Hier sollen nicht nur die wichtigsten, meist in Mitteleuropa heimischen und überwiegend durch Aussaat vermehrten Wildrosen vorgestellt werden, sondern auch deren Sorten, die ausschließlich durch Veredlung vermehrt werden.
Alle Wildrosen blühen, wie die meisten anderen Blütensträucher auch, nur einmal im Jahr. Dafür erfreuen sie uns aber im Spätsommer oder Herbst mit einer Fülle von Früchten, den teilweise in der Küche verwertbaren Hagebutten.

Rosa acicularis, Nadelrose. Heimat Nordosteuropa bis Sibirien, Nordamerika. Bis 2 m hoch, Zweige mit zahlreichen nadelförmigen Stacheln, Ausläufer treibend. Blüten dunkelrosa, 4 bis 5 cm breit, leicht duftend, Mai–Juni. Früchte rundlich bis birnenförmig, 1,5 bis 2 cm lang, rot. Meist nur in der folgenden Sorte in Kultur.
'Dornröschen'. Blüten gut gefüllt, lachsrosa bis hellrot, edelrosenähnlich. Öfterblühend.

Rosa × alba, Weiße Rose. 2 bis 3 m hoch, Zweige überhängend. Blüten weiß oder zartrosa überlaufen, 6 bis 8 cm breit, gefüllt, stark duftend, Juni. Gut für Sichtschutzpflanzungen geeignet. Gedeiht auch noch an leicht beschatteten Stellen.
'Königin von Dänemark'. Wuchs ziemlich straff aufrecht, etwa mannshoch. Blüten sehr zahlreich, gut gefüllt, rein porzellanrosa, stark duftend, Juni–Juli.
'Suaveolens'. 2 bis 3 m hoch. Blüten reinweiß, gefüllt, stark duftend.

Rosa arvensis, Feldrose. Heimat Süd-, West- und Mitteleuropa. Bis 1 m hoch, Zweige bogig überhängend oder kletternd, Ausläufer bildend. Blüten weiß, 2 bis 2,5 cm breit, ohne Duft. Früchte kugelig oder ellipsoid, 10 bis 13 mm lang, rot. Verträgt mehr Schatten als die meisten anderen Wildrosen. Unter anderem für großflächige Pflanzungen geeignet.

Rosa canina, Hundsrose. Heimat Europa bis Mittelasien, Nordafrika. Bis 3 m hoch, Zweige aufrecht bis ausladend, Ausläufer treibend. Blüten weiß bis hellrosa, 4 bis 5 cm breit, Mai–Juni. Früchte eiförmig, 2 bis 2,5 cm lang, korallenrot. Wird besonders in Hecken, Misch- und Schutzpflanzungen verwendet.
'Kiese'. Bis 2 m hoch. Blüten blutrot mit hellerer Mitte, mittelgroß. Früchte leuchtendrot.

Rosa centifolia, Provencerose. Heimat unbekannt. Bis zu 2 m hoch, locker aufgebaut, nur wenige Ausläufer. Blüten zu mehreren, oft nickend, auf langen, dünnen Stielen, meist rosa, stark duftend. Früchte werden nur selten ausgebildet.

Zu *Rosa centifolia* gehören die Moosrosen, die etwa um 1700 entstanden sind. Bei ihnen sind Blütenkelch und -stiele mehr oder weniger dicht mit drüsigen Borsten besetzt.
'Blanche Moreau'. Blüten gefüllt, reinweiß, mittelgroß, stark duftend. Die Blütenknospen stark bräunlich bemoost und klebrig.
'Parkjuwel'. Blüten dicht gefüllt, edelrosengleich, kirschrot, wohlriechend.

Rosa × damascena, Damaszenerrose. Bis 2 m hoch, Zweige mit zahlreichen hakenförmigen Stacheln stark bewehrt, bogig abstehend. Blüten oft nickend, meist zu vielen, rosa, halbgefüllt, stark duftend, Juni–Juli. Uralte, aus dem Orient eingeführte Kultursorte, zu der unter anderem 'Trigintipetala', die wichtigste Sorte zur Gewinnung von Rosenöl, gehört.
'Rose de Resht'. Etwa 1,2 m hoch, dichtbuschig. Blüten stark gefüllt, kirschrot, mittelgroß, Juli–September. Die rosettenförmigen Blüten werden als Pomponblüten bezeichnet.

Rosa foetida, Fuchsrose. Heimat Kleinasien bis Nordwest-Himalaja. Bis 2 m hoch, locker aufgebaut, Zweige aufrecht-übergebogen, schwach Ausläufer treibend. Blüten einfach, tiefgelb, 5 bis 7 cm breit, streng riechend, Juni. Früchte abgeplattet-kugelig, etwa 1 cm dick, dunkelrot. Gilt als schönste gelbblühende Wildrose. Gedeiht am besten in sonnigen, sommerwarmen Regionen.
'Bicolor'. Kapuzinerrose. Blüten einfach, zweifarbig: außen goldgelb, innen kapuzinerrot.
'Persian Yellow', Persische Goldrose. Blüten gefüllt, goldgelb. Sehr reichblühend.

Rosa gallica, Essigrose, Gallische Rose. Heimat Süd- und Mitteleuropa bis Vorderasien. Etwa 1 m hoch, aufrecht, gedrungen, mit zahlreichen Ausläufern. Blüten meist einzeln, auf dicken, drüsigen Stielen, hellrot bis dunkelpurpur, 4 bis 6 cm breit, duftend. Früchte rundlich bis birnenförmig, etwa 1,5 cm lang, ziegelrot. *Rosa gallica* ist eine reichblühende, harte, anspruchslose, kalkliebende Art. Von ihr stammen einige alte Kultursorten ab, von denen einige auch heute noch in Kultur sind.
'Scharlachglut'. Bis 2 m hoch. Blüten einfach, schalenförmig, scharlachrot, mit goldgelben Staubgefäßen. Im Herbst mit großen, roten Früchten.

'Versicolor'. Bis 1,5 m hoch. Blüten halbgefüllt, rot-weiß gestreift, mit goldgelben Staubgefäßen. Eine der schönsten alten Rosen.

Rosa glauca, Rotblättrige Rose. Heimat sind die Gebirge Mitteleuropas bis Nordalbanien. Bis 3 m hoch, aufrechtwachsend, Triebe auffallend rot bis hechtblau bereift. Blätter bräunlich-purpurn, bläulich bereift. Blüten karminrosa mit weißem Auge, 3 bis 3,5 cm breit, Juni–Juli. Früchte rundlich, etwa 1,5 cm dick, orange bis scharlach. Mit dem rötlichen Laub und den zahlreichen Früchten ein dekorativer Strauch.

Rosa hugonis, Chinesische Goldrose. Heimat Mittelchina. 2 bis 2,5 m hoch, breitwüchsig, Zweige überhängend, tiefbraun. Blüten einzeln, hellgelb, 5 cm breit, Mai–Juni. Früchte flachrundlich, 1,5 cm dick, dunkelrot. Sehr schöne, überreich und frühblühende Wildrose.

Rosa jundzillii, Rauhblattrose. Heimat Mittel- und Osteuropa, Westasien. 2 bis 2,5 m hoch, Zweige bogig überhängend. Blüten blaß- bis dunkelrosa, 5 bis 7 cm breit, leicht duftend, Juni–Juli. Früchte rundlich bis ellipsoid, etwa 12 mm dick, rot. Eignet sich besonders gut für Anpflanzungen an sonnig-trockenen, steinigen Böschungen.

Rosa majalis, Mairose, Zimtrose. Heimat Europa bis Westasien. Bis 1,5 m hoch, Zweige dünn, braunrot, bildet zahlreiche Ausläufer. Blüten karminrot bis purpurn, 5 cm breit, angenehm duftend, Mai–Juni. Früchte kugelig bis abgeflacht, bis 1,5 cm dick, scharlachrot. Verträgt in Kultur vergleichsweise viel Schatten und gedeiht auch noch auf frischen bis feuchten Böden.

Rosa moyesii, Mandarinrose. Heimat China. Bis 3 m hoch, starkwüchsig. Blüten zu mehreren, weinrot mit goldgelben Staubgefäßen, 5 bis 6 cm breit, Juni. Früchte flaschenförmig, 5 bis 7 cm lang, tief orangerot. Gehört mit den auffallenden, ungewöhnlich großen Früchten zu den schönsten Wildrosen.
'Marguerite Hilling'. Etwa 2 m hoch und gleich breit, Zweige elegant überhängend. Blüten leicht gefüllt, schalenförmig, karminrot mit hellerer Mitte, etwa 10 cm breit. Sehr reichblühend und

Rosa moyesii 'Marguerite Hilling'

bis zum Herbst leicht nachblühend. Eine der schönsten Sorten.
'Nevada'. Etwa 2 m hoch, Zweige graziös überhängend. Blüten leicht gefüllt, reinweiß, bis 10 cm breit. Einmal-, aber sehr reichblühend.

Rosa multibracteata, Kragenrose. Heimat China. Bis 2 m hoch, Zweige dünn, übergeneigt. Blüten einzeln oder zu mehreren zu schmalen, bis 30 cm langen Rispen vereint, hellrosa, 3 cm breit, unter jeder Blüte ein Kranz aus zwei bis drei spreitenlosen Hochblättern, Juni. Früchte eiförmig, 1 bis 1,5 cm lang, orangerot. Für Gruppenpflanzen und zur Einzelstellung geeignet.

Rosa multiflora, Vielblütige Rose. Heimat Japan, Korea. Bis 3 m hoch, sehr breitwüchsig, dicht verzweigt, Zweige dünn, übergeneigt oder bis 5 m hoch kletternd. Blüten zu vielen in großen, kegelförmigen Rispen, 1,5 bis 2 cm breit, nach Honig duftend, Juni–Juli. Früchte rundlich, 5 mm dick, orange bis rot. *Rosa multiflora* ist eine Wildrose mit vergleichsweiser hoher Schattenverträglichkeit. Gut geeignet zur Anlage dichter Hecken, braucht aber ausreichend Platz.

Neben zahlreichen Polyantharosen stammen von *Rosa multiflora* auch einige starkwachsende, reich-, aber nur einmal blühende Kletterrosen wie 'Crimson Rambler', 'Tausendschön' und 'Maria Lisa' ab.

Rosa nitida, Glanzblättrige Rose. Heimat Nordamerika. Etwa 80 cm hoch, Zweige aufrecht, rötlich, dicht mit dünnen Stachelborsten besetzt, durch zahlreiche kurze Ausläufer sehr dichttriebig. Die zierlichen Blätter sind im Herbst schön braunrot gefärbt. Blüten einzeln bis zu dritt, rosa mit goldgelben Staubgefäßen, 4 bis 5 cm breit, Juni. Früchte abgeflacht-kugelig, 5 bis 8 mm dick, scharlachrot. Durch die zahlreichen Ausläufer hervorragend für Gruppen- und flächige Pflanzungen geeignet. Gedeiht in Kultur ebensogut auf feuchten wie auf trockenen Böden.

Rosa omeiensis f. peteracantha, Stacheldrahtrose. Heimat Westchina. 3 bis 4 m hoch, stark- und aufrechtwachsend, Zweige mit auffallend starken Stacheln, die in Längsrichtung der Zweige flügelartig verbreitert sind, die jungen Stacheln durchscheinend blutrot. Blüten einzeln, meist vierzählig, weiß, Mai–Juni. Früchte birnenförmig, 1 bis 1,5 cm lang, hochrot. Mit den ungewöhnlich bedornten Zweigen eine ganz auffallende Erscheinung. Braucht einen warmen, geschützten Platz.

Rosa pendulina, Alpenheckenrose. Heimat in den Gebirgen Süd- und Mitteleuropas. Bis 2 m hoch, aufrechtwachsend, zahlreiche Ausläufer bildend. Blüten einzeln bis zu fünft, rosarot, 4 cm breit, Mai. Früchte flaschenförmig, 3 cm lang, ziegelrot, reich an Vitamin C. Verträgt vergleichsweise gut schattige und kühl-luftfeuchte Lagen und gedeiht auf mäßig trockenen bis feuchten Böden.

Rosa pimpinellifolia, Bibernellrose. Heimat Europa, Westasien, Nordafrika. Bis 1 m hoch, aufrechtwachsend, Zweige dicht mit Stachelborsten besetzt, zahlreiche Ausläufer bildend. Blüten einzeln, sehr zahlreich, weiß bis blaßgelb, 3 bis 5 cm breit. Mai–Juni. Früchte rundlich, 1 bis 1,5 cm dick, schwarz bis schwarzbraun. Gedeiht auch noch auf leichten Sandböden, verträgt Wind, Hitze und Trockenheit. Für den Garten stehen uns eine Reihe schöner, reichblühender und wüchsiger Sorten zur Verfügung:

'Frühlingsgold' ist die am häufigsten gepflanzten Sorte der Bibernellrose. Bis 3 m hoch, sehr starkwachsend, frühblühend mit zahlreichen einfachen bis halbgefüllten, goldgelben, 10 cm breiten Blüten.

Rosa rubiginosa, Weinrose, Schottische Zaunrose. Heimat Europa, Kaukasus, Kleinasien. Bis 3 m hoch, dicht verzweigt, aufrecht bis bogig übergeneigt. Blätter mit apfelartig duftenden Drüsen. Blüten lebhaft rosa, 3 bis 5 cm breit, Juni. Früchte eiförmig, 2 cm lang, scharlachrot. Eignet sich besonders gut zur Anlage undurchdringlicher Hekken.

Rosa rugosa, Kartoffelrose. Ursprüngliche Verbreitung Ostasien. 1 bis 2 m hoch, aufrecht, dichttriebig, durch zahlreiche Ausläufer Dickichte bildend. Blätter dicklich, glänzend und stark runzelig. Blüten purpurn, rosa oder weiß, 6 bis 10 cm breit, Juni–September. Früchte flach-rundlich, 2 bis 2,5 cm dick, ziegelrot, weichfleischig, in der Küche verwertbar. *Rosa rugosa* gehört zu den wichtigsten Wildrosen für die Anlage von Hecken und Schutzpflanzungen. Sie braucht Platz für eine ungehinderte Ausbreitung und gedeiht auf stark alkalischen Böden nicht gut. Von *Rosa rugosa* gibt es zahlreiche Sorten und Hybriden, so zum Beispiel:

'Alba'. Im Wuchs wie die Art. Blüten weiß.

'Dagmar Hastrup'. 80 bis 100 cm hoch. Blüten reinrosa.

'F. J. Grootendorst'. Etwa 1,5 m hoch. Blüten karminrot.

'Max Graf'. Triebe bis 2 m lang, niederliegend. Blüten hellrosa.

'Moje Hammarberg'. Etwa 1 m hoch. Blüten violettrot.

'Rugelda'. Etwa 2 m hoch. Stark gefüllt, Blüten zitronengelb, duftend.

'White Hedge'. 80 bis 100 cm hoch. Blüten weiß.

Rosa × rugotida. Bis 1 m hoch, aufrecht, ziemlich feintriebig, mit zahlreichen Ausläufern. Blätter im Herbst schön rostrot gefärbt. Blüten karminrosa, 5 bis 6 cm breit, Juni–Juli. Eignet sich besonders gut für flächige Pflanzungen.
'Dart's Defender'. Kaum mehr als 50 cm hoch, Triebe dunkel braunrot. Blätter oben glänzend dunkelgrün, unten tiefbraun. Blüten rosa, Juni–Juli.

Rosa sweginzowii 'Macrocarpa'. Bis 2 m hoch, Zweige bogig überhängend, mit großen, flachen, dreieckigen Stacheln. Blüten karminrot, 4 cm breit. Früchte schlank-flaschenförmig, bis 5 cm lang und 2 cm dick, orangerot. Sehr schöner, reichfruchtender Solitärstrauch.

Rosa tomentosa, Filzrose. Heimat Europa, Kaukasus, Kleinasien. Bis 2 m hoch, locker aufgebaut, Zweige ausgebreitet bis bogig überhängend. Blüten blaßrosa bis weiß, 4 cm breit, Juni–Juli. Früchte fast kugelig, 1 bis 2 cm lang, rot, stark borstig. Die Früchte wurden früher wirtschaftlich verwertet. Gegen Frost und Dürre sehr widerstandsfähiger Strauch.

Rosa villosa, Apfelrose. Heimat Europa, Vorderasien, Kaukasus. Bis 2 m hoch, aufrechtwachsend, mit wenigen Ausläufern. Blätter graugrün, leicht harzig duftend. Blüten rosa, 3 bis 5 cm breit, Juni–Juli. Früchte länglich-kugelig, bis 3 cm dick, dunkelrot. Die Früchte sind wirtschaftlich verwertbar, deshalb wurde diese Art früher sehr häufig gepflanzt. Sie gedeiht auch noch auf extrem trockenen, durchlässigen Böden.

Rosa virginiana, Virginische Rose. Heimat Nordamerika. Bis 1,5 m hoch, aufrecht, kaum Ausläufer bildend. Blätter im Herbst orange bis tiefgelb gefärbt. Blüten hellrosa, 5 bis 7 cm breit, duftend, Juni–August. Früchte flach-kugelig, 1 bis 1,5 cm dick, rot. Schöner, robuster, anspruchsloser Strauch für Hecken und Schutzpflanzungen. Gedeiht ebenfalls auf ärmeren, flachgründigen Böden.

Strauchrosen

Hier werden höherwachsende Rosensorten zusammengefaßt, deren Blüten Polyantharosen-Charakter haben. Alle Sorten blühen, im Gegensatz zu den Wildrosen und deren Sorten, nicht nur einmal im Jahr, sondern öfter, man bezeichnet sie deshalb auch als »dauerblühende Strauchrosen«. Strauchrosen werden wie andere blühende Ziersträucher verwendet, also etwa in Staudenbeeten, in kleinen Gruppen vor anderen Gehölzen, nicht selten auch in freigewachsenen Blütenhecken. Ihrer meist langandauernden Blüte wegen verdienen sie in kleineren Gärten eher einen Platz als die Wildrosen. Die einfachblühenden Sorten tragen im Herbst oft einen reichen Fruchtschmuck. Je nach Wuchshöhe sind Pflanzabstände von 1 bis 1,5 m notwendig.

Die schönsten Strauchrosen			
Sorte	Wuchshöhe in cm	Blüten	Bemerkung
'Benvenuto'	150	samtig blutrot, halbgefüllt	wüchsig und reichblühend
'Bischoffstadt Paderborn'	100–150	zinnoberscharlach, einfach	Blüten verblassen auch bei Regen nicht
'Bonanza'	150–200	leuchtendgelb, rosa überhaucht, gefüllt	wüchsig, starktriebig, reichblühend
'Centennnaire de Lourdes'	150	leuchtend reinrosa	reichblühend, besonders gesund und frosthart

Die schönsten Strauchrosen (Fortsetzung)			
Sorte	Wuchshöhe in cm	Blüten	Bemerkung
'Dirigent'	150–200	blutrot, halbgefüllt	blüht bis in den Spätherbst
'Eden-Rose'	100–150	zart seidenrosa, zur Mitte kräftig rosa	kräftig und buschig wachsend
'Elmshorn'	150–200	rosa mit Lachsschein	lange blühend, große Blütenstände
'Eyepaint'	100–150	scharlachrot mit weißem Auge, einfach, klein	
'Feuerwerk'	150	feurigrosa	starker, aufrechter Wuchs
'Fiona'	80	dunkelrot, halbgefüllt	auch für flächige Pflanzungen geeignet
'Freisinger Morgenröte'	150	kräftig orange auf gelbem Grund, duftend	üppig und robust wachsend, sehr reichblühend
'IGA München 83'	60–80	kräftig rosa, gefüllt	wenig anfällig für Mehltau und Sternrußtau
'Ilse Haberland'	150	karminrosa	stark- und breitwachsend
'Lichterloh'	100	samtig blutrot, gefüllt	reich und lange blühend
'Lichtkönigin'	150	zitronengelb, gefüllt, duftend	einer der besten gelben Strauchrosen
'Mozart'	150	hellrot mit weißem Auge, einfach	Blüten zierlich, in großen Ständen
'Nymphenburg'	150	lachsrosa, orange überhaucht, halbgefüllt, stark duftend	
'Rosendorf Sparrieshoop'	150	leuchtend zartrosa, fast gefüllt, sehr groß	Wuchs breit und stark
'Schneewittchen'	100	weiß, gefüllt	sehr reichblühend, auch als Beetrose zu verwenden
'Sparrieshoop'	200	perlmuttrosa, einfach	aufrechtwachsend, sehr frosthart
'Ulmer Münster'	150	leuchtend blutrot, gefüllt, duftend	starkwüchsig, Blüten sehr regenfest
'Westerland'	150–200	lachs- bis aprikosenfarben, stark duftend	Wuchs straff aufrecht, reichblühend

Bodendeckende Rosen

Bodendeckende Rosen sind nichts anderes als niedrig bleibende Strauchrosen, die in mehr oder weniger großen Stückzahlen flächig gepflanzt werden können. Es handelt sich dabei meist um robuste, pflegeleichte Sorten, die entweder mit zahlreichen aufrechten Trieben dicht und buschig wachsen oder mit mehr oder weniger langen, bogenförmig nach unten geneigten oder niederliegenden Trieben den Boden bedecken.

Bodendeckende Rosen sollen den Boden rasch und möglichst dicht abschirmen und so das Aufkommen von Unkraut verhindern. Außerdem sollen sie möglichst reich und bis in den Spätherbst hinein blühen. So können sie eine willkommene Alternative zu den sonst oft nur einheitlich grünen Bodendeckern darstellen.

Die schönsten bodendeckenden Rosen

Sorte	Wuchshöhe in cm	Blüten	Bemerkungen
'Ballerina'	60	kermesinrosa mit weißer Mitte, einfach, klein	Wuchs mittelstark, Triebe teils aufrecht teils übergebogen, rasche Neutriebbildung
'Bonica 82'	60	kräftigrosa, gefüllt, in kleinen dichten Büscheln	Wuchs breitbuschig, sehr frosthart, für großflächige Pflanzungen
'Candy Rose'	60–70	lachsrosa mit weißem Auge, halbgefüllt, mittelgroß	Wuchs kräftig, langtriebig, Triebe bogenförmig übergeneigt
'Ferdy'	60–90	fuchsienrosa, Mitte cremegelb, halbgefüllt, klein	Wuchs mäßig stark, flachbogig bis aufstrebend, sehr reichblühend
'Heideröslein-Nozomi'	20–40	perlmuttrosa, halbgefüllt, zierlich, leicht duftend	Wuchs kriechend, Triebe etwa 1,5 m lang, reichverzweigt
'Heidetraum'	70–80	kräftigrosa, in großen Büscheln	Blüte setzt spät ein, blüht dafür bis in den Spätherbst
'Immensee'	20	perlmuttrosa, stark duftend	Wuchs üppig, Triebe bis 2 m lang, dem Boden aufliegend
'Pink Meidiland'	90–100	intensiv lachsrosa mit weißem Auge	Wuchs mäßig stark, breitbuschig, kompakt
'Red Meidiland'	50–60	dunkelrot mit weißer Mitte, mittelgroß	Wuchs ausladend, breitbuschig, Triebe bogig überhängend und gut verzweigt
'Red Yesterday'	60–80	leuchtend dunkelrot mit weißer Mitte, klein	Wuchs mittelstark, kompakte Büsche bildend, Triebe teilweise überhängend
'Repandia'	60–80	leuchtendrosa, schalenförmig	Wuchs stark und robust, Triebe 2 bis 3 m lang, dem Boden aufliegend

Die schönsten bodendeckenden Rosen (Fortsetzung)

Sorte	Wuchshöhe in cm	Blüten	Bemerkungen
'Roseromantic'	60–80	leuchtend reinrosa, einfach, groß, in großen Ständen	Wuchs buschig, so breit wie hoch
'Snow Ballet'	30–50	reinweiß, gut gefüllt, mittelgroß	Wuchs kriechend, Dauerblüher
'Sommerwind'	50–60	reinrosa, fast gefüllt, mittelgroß	Wuchs buschig, stark verzweigt sehr reich- und bis zum Frost blühend
'Swany'	40–50	reinweiß, stark gefüllt, mittelgroß	Wuchs buschig, mit langen, niederliegend-aufrechten Trieben, lange und reich blühend, Blüten bei feuchtem Wetter mit unzureichender Selbstreinigung
'The Fairy'	70	zartrosa, dicht gefüllt, klein, sehr haltbar	Wuchs mittelstark, feintriebig, stark und breit verzweigt
'Weiße Immensee'	60–80	reinweiß, einfach, mittelgroß, stark duftend	starkwachsend, Triebe bis 2 m lang, dem Boden aufliegend
'Yesterday'	60	malvenrosa, leicht gefüllt, klein	Wuchs mittelstark, kompakte Büsche bildend, guter Dauerblüher

Bodendeckende Rosen eignen sich besonders gut zur Begrünung von Hängen und Böschungen oder zur Bepflanzung von Mauerkronen, über die ihre langen Triebe herabhängen können. Man sollte sie im Hausgarten nicht in zu großen Flächen, sondern eher in kleinen Gruppen pflanzen, die von Stauden oder Gehölzen unterbrochen werden. Sie vertragen durchaus leicht beschattete Standorte, aber nicht den Traufbereich von Bäumen oder Großsträuchern.

Bodendeckende Rosen sollten unbedingt durch Stecklinge vermehrt sein. Bei veredelten Rosen muß man stets mit dem Durchtreiben der Unterlagen rechnen. Wildtriebe lassen sich in flächigen Pflanzungen aber nur schwer entfernen. Ein regelmäßiger Rückschnitt ist bei Rosen dieser Gruppe nicht erforderlich. In der Regel werden im Frühjahr nur kranke und abgestorbene Triebe entfernt. Bei starkwachsenden Sorten pflanzt man zwei bis drei, sonst drei bis fünf Pflanzen je m².

Zu den bodendeckenden Rosen gehören nicht nur die in der folgenden Tabelle genannten Sorten, sondern auch einige Wildrosen, etwa *Rosa nitida*, *Rosa* × *rugotida* oder die niedrigbleibenden Sorten von *Rosa rugosa*.

Kletterosen

Kletterrosen stammen von verschiedenen Wildarten ab, oder es sind kletternde Mutanten von Edel- oder Floribundarosen. Alle zeichnen sich durch mehr oder weniger lange Triebe aus, mit denen sie als Wildrosen an ihren natürlichen Standorten andere Sträucher oder Bäume durchschlingen und sich so den notwendigen Lebensraum erobern. Im Garten müssen den Kletterrosen entsprechende Gerüste zur Verfügung gestellt werden. Wir pflanzen sie an Bögen, Lauben oder Pergolen, an freistehende Pyramiden und Säulen oder an Mauern und Hauswände. Weniger stark wachsende Sorten

Die schönsten Kletterrosen			
Sorte	Wuchshöhe in cm	Blüten	Bemerkungen
'American Pillar'	300–400	karminrosa mit weißer Mitte, einfach, mittelgroß, in großen Ständen	sehr wüchsig, einmalblühend
'Coral Dawn'	200–250	lachskorallenrosa, gefüllt, mittelgroß	Wuchs aufrecht, gut verzweigt, reich- und dauerblühend
'Dortmund'	200–300	karmingetönt, blutrot mit großem, weißen Auge, fast einfach, mittelgroß, in großen, vielblumigen Ständen	Wuchs aufrecht bis leicht bogig
'Flammentanz'	300–400	blutrot, wenig verblauend, gefüllt	Wuchs stark, aufrecht, sehr reich- aber nur einmalblühend
'Golden Showers'	200–300	hell goldgelb, halbgefüllt, groß	Wuchs mittelstark, aufrecht, reich- und lange blühend
'Gruß an Heidelberg'	200–300	feurigrot, gut farbbeständig, gefüllt, groß	Wuchs buschig, breit, aufrecht, Blühbeginn spät, bis zum Spätherbst blühend
'Hamburger Phoenix'	300–400	blutrot, halbgefüllt, groß, leicht duftend	öfterblühend
'Maria Lisa'	200–300	leuchtend karminrosa mit weißer Mitte, einfach, klein	starkwüchsig, fast ohne Stacheln, einmal- aber sehr reich blühend
'New Dawn'	300–400	silbrigrosa, locker gefüllt, mittelgroß, gut duftend	Wuchs sehr stark und breit, sehr reich und bis zum Frost blühend
'Parkdirektor Riggers'	250–300	samtig blutrot, halbgefüllt mittelgroß, öfterblühend	Wuchs mittelstark, Triebe kräftig aufrecht bis leicht bogig, Blühbeginn mittel
'Rosarium Uetersen'	200–300	leuchtendrosa mit silbrigem Schimmer stark gefüllt, mittelgroß, leicht duftend	Wuchs mittelstark, aufrecht, gut verzweigt, auch als Strauchrose zu verwenden
'Schwanensee'	200–300	weiß mit rosa Hauch, gefüllt, leicht duftend	Wuchs straff aufrecht, reichblühend
'Sympathie'	200–400	samtig dunkelrot, gefüllt, groß	Wuchs kräftig aufrecht, Triebe stark, leicht bogig übergeneigt, reich- und öfterblühend

können auch als Strauchrosen verwendet werden. Schnittmaßnahmen sind an Kletterrosen kaum notwendig. Es gilt, möglichst lange Triebe zu erzielen, an ihnen entstehen im kommenden Jahr Kurztriebe, die am Ende die Blütenstände tragen. Im Laufe des Sommers sollten verblühte Blütenstände entfernt werden. Kletterrosen benötigen viel Platz, je nach ihrer Wuchsstärke sollen sie in Abständen von 1 bis 3 m gepflanzt werden.

Beetrosen

Als Beetrosen lassen sich einige Rosenklassen zusammenfassen, die ähnliche Eigenschaften besitzen und häufig in gleicher Weise verwendet werden. Zu den Beetrosen gehören:
Polyantharosen – Sorten mit kleinen, mehr oder weniger einfachen Blüten, die in vielblumigen Dolden zusammenstehen.
Polyantha-Hybriden – Sorten mit größeren Einzelblüten in Dolden.
Floribundarosen – Sorten mit edelrosengleichen Blüten.
Floribunda-Grandiflora – ihre Blüten gleichen in Form und Farbe den Edelrosen.
Zwergpolyantha – niedrig bleibende Sorten mit kleinen Blüten in Dolden.
Zwergpolyantha-Rosen werden auch als Miniaturrosen bezeichnet, sie werden hier in einer eigenen Tabelle zusammengefaßt.

Beetrose 'Sarabande'

Beetrosen werden nicht selten in geschlossenen, sortenreinen Beeten gepflanzt. Sie lassen sich aber auch recht gut in aufgelockerten Pflanzungen, also in Verbindung mit Stauden, Gräsern und Zwerggehölzen unterbringen.
Bei der Kombination von Rosen mit Gräsern und Stauden entstehen nur dann ansprechende Gartenbilder, wenn nicht nur die Wuchshöhen der Partner berücksichtigt werden, sondern auch die farbliche Harmonie zwischen den Rosen und ihren Partnern.

Die schönsten Beetrosen			
Sorte	Wuchshöhe in cm	Blüten	Bemerkungen
'Allgold'	60	leuchtend goldgelb, halbgefüllt	F*, Wuchs schlank, aufrecht, locker verzweigt, Dauerblüher
'Allotria'	50	orangerot, locker gefüllt	PH, Wuchs buschig, dicht verzweigt
'Andalusien'	80	samtig leuchtend blutrot, halbgefüllt	PH, Wuchs locker, breitbuschig verzweigt
'Bella Rosa'	50	leuchtend reinrosa, gefüllt, in großen Ständen	F, Wuchs buschig, kompakt, sehr reichblühend
'Bernstein Rose'	60	bernsteingelb, gefüllt	F, Wuchs buschig, kompakt

Die schönsten Beetrosen (Fortsetzung)			
Sorte	Wuchshöhe in cm	Blüten	Bemerkungen
'Bonica 82'	50	hellrosa, stark gefüllt	F, Wuchs buschig, locker verzweigt, sehr robust und frosthart
'Chorus'	60	lachsscharlachrot, zum Rand hin samtig blutrot	F, Wuchs kräftig, buschig verzweigt, reichblühend
'Diadem'	60	kräftigrosa, ganz gefüllt	F, Wuchs aufrecht, gut verzweigt, gute Schnittsorte
'Duftwolke'	60	korallenrot, gut gefüllt, sehr stark duftend	F, starkwachsend, Dauerblüher
'Edelweiß'	40	cremeweiß, gefüllt, in in riesigen Dolden	F, Wuchs breit und kompakt
'Europeana'	70	dunkel karminrot, gut gefüllt, in reichblühenden Dolden	F, Wuchs aufrecht, locker, Stiele schwach
'Friesia'	50	leuchtend goldgelb, halbgefüllt, groß, gut duftend	F, Wuchs kräftig, aufrecht, treibt willig nach
'Goldquelle'	60	satt goldgelb, gut gefüllt, sehr haltbar	F, Wuchs kräftig, treibt gut nach, blüht bis in den Herbst
'Gruß an Bayern'	65	samtig blutrot, halbgefüllt, mittelgroß	F, Wuchs aufrecht, stark verzweigt, blüht bis zum Frost
'Ingrid Weilbull'	40	beständig scharlachrot, halbgefüllt, mittelgroß	F, Wuchs aufrecht, locker, Blüten wetterfest
'La Sevillana'	80	leuchtend zinnoberrot, halbgefüllt, anhaltend blühend	F, Wuchs sehr kräftig, breitbuschig
'Lavaglut'	50	schwarzrot, stark gefüllt	F, Wuchs buschig, sehr gesund und winterhart
'Lili Marlen'	40	samtig blutrot mit scharlachrotem Anflug, locker gefüllt, groß	F, Wuchs kräftig, buschig
'Ludwigshafen am Rhein'	50	karminrosa, gefüllt, groß, stark duftend	F, Wuchs buschig, stark verzweigt, blüht bis zum Frost
'Marlene'	35	leuchtend dunkelrot, orangefarben überhaucht, gefüllt, mittelgroß	F, Wuchs kompakt, stark verzweigt, Dauerblüher

* Die Abkürzungen bedeuten: F = Floribundarose, FG = Floribunda-Grandiflora, P = Polyantharose, PH = Polyantha-Hybride

Die schönsten Beetrosen (Fortsetzung)			
Sorte	Wuchshöhe in cm	Blüten	Bemerkungen
'Meteor'	40	scharlach-zinnoberrot, gefüllt	F, Wuchs gleichmäßig gedrungen, reichblühend
'Montana'	80	scharlach-blutorange, locker gefüllt, mittelgroß, duftend	F, Wuchs sehr kräftig, straff aufrecht
'Neues Europa'	60	leuchtend rotorange, sehr haltbar	F, Wuchs kompakt, buschig, sehr blühwillig
'Nina Weilbull'	50	dunkelrot, dicht gefüllt, mittelgroß	F, Wuchs buschig, winterhart, Dauerblüher
'Paprika'	50	paprika- bis geranienrot, leicht gefüllt, ziemlich groß	F, Wuchs kräftig, sehr frosthart
'Prominent'	70	reinorange auf gelbem Grund, gefüllt, duftend	F, Wuchs kräftig, buschig, aufrecht, treibt willig nach
'Samba'	40	goldgelb, außen gerötet, innen scharlachrot, gefüllt, mittelgroß	F, Wuchs mittelstark, später gut verzweigt
'Sarabande'	50	leuchtend geranienrot, einfach bis gefüllt	P, Wuchs mittelstark, gedrungen, gut verzweigt, Blüten wetterfest
'Schweizer Gruß'	50	samtig dunkelrot, halbgefüllt	F, Wuchs breitbuschig, sehr gleichmäßig hoch
'The Queen Elizabeth Rose'	110	rein hellrosa, locker gefüllt, ziemlich groß	FG, Wuchs kräftig, straff aufrecht, Blütentriebe stark verzweigt, reichblühend
'Tornado'	60	brennendrot, gefüllt	F, Wuchs buschig, sehr winterhart, robust und pflegeleicht
'Träumerei'	70	leuchtend lachsorange, groß, gut duftend	F, Wuchs breitbuschig, willig nachtreibend
'Travemünde'	50	kräftig dunkelrot, gefüllt	F, Wuchs kompakt, stark verzweigt

* Die Abkürzungen bedeuten: F = Floribundarose, FG = Floribunda-Grandiflora, P = Polyantharose, PH = Polyantha-Hybride

Miniaturrosen

Als Miniaturrosen oder Zwergbengalrosen werden Sorten zusammengefaßt, die unter anderem aus *Rosa chinensis* 'Minima' gezüchtet worden sind. Zwergrosen werden kaum mehr als 20 bis 30 cm hoch. Sie finden ihren Platz zwischen niedrigen Stauden, in Stein- und Troggärten oder auch in Töpfen. Bei einer Kultur in Gefäßen ist besonders auf eine ausreichende Wasserversorgung zu achten. Insgesamt werden Miniaturrosen nicht anders behandelt als Beetrosen; man schneidet ihre Triebe im Frühjahr kräftig zurück. Bei einer beetweisen oder flächigen Bepflanzung werden je m² zwölf Pflanzen benötigt.

Miniaturrose 'Fresh Pink'

Die schönsten Miniaturrosen

Sorte	Blüten	Bemerkung
'Baby Maskerade'	anfangs rot, im Aufblühen goldgelb	Wuchs sehr buschig, reichblühend
'Bit o'Sunshine'	leuchtend buttergelb, gut gefüllt, sehr groß	Wuchs buschig, sehr reichblühend
'Blunette'	lilablau, halbgefüllt, groß	Wuchs kompakt und gut verzweigt
'Daniela'	leuchtend zartrosa, gefüllt	Wuchs niedrig, buschig und kompakt
'Dorola'	leuchtend goldgelb, gefüllt, mittelgroß	Wuchs buschig, gut verzweigt
'Fresh Pink'	lachsrosa, duftend	Wuchs vieltriebig, reichblühend
'Guletta'	zitronengelb, gefüllt	Wuchs mittelstark, buschig, sehr reichblühend
'Orange Meillandina'	signalrot-orange, gefüllt, mittelgroß	Wuchs mittelstark, sehr buschig und blühwillig
'Scarletta'	scharlachrot, ziemlich farbbeständig, halbgefüllt, klein bis mittelgroß	Wuchs mittelstark, breitbuschig, gut verzweigt, lange und reich blühend
'Sonnenkind'	tief goldgelb, gefüllt	Wuchs sehr gedrungen, buschig, gut verzweigt, reich und lange blühend
'Starina'	lachsscharlachrot, gefüllt, mittelgroß	Wuchs mittelstark, dichtbuschig verzweigt, reichblühend, Blüten wetterbeständig

Die schönsten Miniaturrosen (Fortsetzung)

Sorte	Blüten	Bemerkung
'Zwergkönig 78'	dunkelrot, dicht gefüllt, klein	Wuchs stark, buschig, kompakt, willig nachtreibend
'Zwergkönigin 82'	kräftig reinrosa, gefüllt, groß	Wuchs buschig, gut verzweigt, Blütenfarbe bis zum Verblühen unverändert

Edelrosen

Edelrosen unterscheiden sich von anderen Rosengruppen dadurch, daß sie am Ende eines Triebes nur eine oder wenige Blüten tragen. Bei den modernen Sorten verwischen sich aber die Grenzen zu den Grandiflora-Rosen immer mehr. Die Zuordnung zu einer bestimmten Gruppe wird deshalb nicht selten willkürlich vorgenommen. Edelrosen haben stets gefüllte, elegant geformte Blüten. Leider fehlt manchen modernen Sorten ein intensiver Duft. Wegen der geringen Blütenzahl fällt die Gesamtwirkung auf einem Beet nicht so eindrucksvoll aus wie bei den vielblumigen Polyantharosen. Edelrosen pflanzt man deshalb meist in kleinen oder größeren Gruppen im Staudenbeet oder vor einer Gehölzkulisse. Sonst verlangen sie die gleiche Behandlung wie die Beetrosen.

Die schönsten Edelrosen

Sorte	Wuchshöhe in cm	Blüten	Bemerkungen
'Aachener Dom'	90	hell lachsrot, stark gefüllt, groß	Wuchs kräftig, buschig, robust
'Alexandra'	90	leuchtend zinnoberrot, angenehm duftend	Wuchs kräftig, buschig, vieltriebig, langstielig, reichblühend, reicher Herbstflor
'Ave Maria'	60	lachsorange, sehr groß, stark duftend	Wuchs kräftig, buschig, gut verzweigt, langstielig
'Barkarole'	80	samtig dunkelrot, in der Knospe nachtschwarz, stark duftend	Wuchs stark, straff aufrecht mit kräftigen Trieben, reichblühend
'Berolina'	90	zitronengelb mit rotem Anflug, gefüllt, groß, stark duftend	Wuchs kräftig, aufrecht, sehr gut verzweigt
'Burgund 81'	70	leuchtend blutrot, duftend	Wuchs stark, gut verzweigt, mit langen, kräftigen Stielen
'Carina'	90	silbrigrosa, gefüllt, mittelgroß	Wuchs sehr kräftig, straff aufrecht, langstielig verzweigt
'Duftrausch'	70	lilarosa, gefüllt, stark duftend	Wuchs kräftig, aufrecht, langtriebig

Die schönsten Edelrosen (Fortsetzung)			
Sorte	Wuchshöhe in cm	Blüten	Bemerkungen
'Duftwolke'	70	leuchtend lachs- bis korallenrot, haltbar	Wuchs kräftig, buschig, stark verzweigt, blüht bis zum Frost
'Erotika'	70	leuchtend karmingetönt blutrot, gefüllt, groß, stark duftend, gut haltbar	Wuchs kräftig, buschig, langtriebig
'Esmeralda'	80	kräftig altrosa, gefüllt, groß, intensiv duftend, gut haltbar	Wuchs stark, aufrecht, breitbuschig, stark verzweigt, reichblühend
'Evening Star'	90	fast reinweiß, zur Mitte gelblichweiß, gefüllt, mittelgroß, empfindlich gegenüber Dauerregen	Wuchs sehr straff, straff aufrecht, stark verzweigt, gut nachtreibend, sehr reichblühend
'Florentina'	90	samtig blutrot, locker gefüllt, groß, stark duftend	Wuchs kräftig, aufrecht
'Freude'	100	lachsfarben mit hellerer Unterseite, stark gefüllt, groß	Wuchs sehr stark, breitbuschig, stark verzweigt, gut nachtreibend
'Gloria Dei'	100	in der Knospe goldgelb mit kupferrotem Rand, aufgeblüht lichtgelb, rosa überhaucht, stark gefüllt, sehr groß, lange haltbar	Wuchs sehr kräftig, stark- und dicktriebig, blüht bis zum Frost
'Harmonie'	80	lachsrosa, gefüllt, groß, stark duftend	Wuchs kräftig, aufrecht, stark verzweigt
'Königin der Rosen'	70	innen lachsorange, außen goldgelb, stark gefüllt, mittelgroß, leicht duftend	Wuchs buschig, mit dicken, stark bestachelten Trieben
'Konrad Adenauer Rose'	70	samtig dunkelblutrot, stark gefüllt, groß, reich duftend	Wuchs mittelstark, aufrecht, buschig verzweigt
'Lady Rose'	60	lachsrot, gut gefüllt, reich duftend	Wuchs breitbuschig, vieltriebig, gut nachtreibend, reichblühend
'Mabella'	70	zitronengelb, mäßig bis gut gefüllt, groß, stark duftend	Wuchs stark, gut verzweigt mit kräftigen, stark bestachelten Trieben, gut nachtreibend
'Mainzer Fastnacht'	70	hellila, locker gefüllt, groß, stark duftend	Wuchs straff aufrecht, langstielig verzweigt, reichblühend
'Pariser Charme'	60	reinrosa, ziemlich gefüllt, mittelgroß, stark duftend, lange haltbar	Wuchs breitbuschig, kompakt, reichblühend, Blüten etwas wetterempfindlich

Die schönsten Edelrosen (Fortsetzung)

Sorte	Wuchshöhe in cm	Blüten	Bemerkungen
'Piroschka'	70	intensiv lachsrosa, leicht gefüllt, mittelgroß, gut duftend	Wuchs mäßig stark, aufrecht, buschig verzweigt, früh- und reichblühend, guter zweiter Flor
'Roter Stern'	90	lachsscharlachrot bis mennigerot, gefüllt, mittelgroß	Wuchs stark, straff aufrecht, gut verzweigt, langstielig
'Super Star'	80	tief orangelachs, gut gefüllt, groß	Wuchs sehr kräftig, straff aufrecht, im zweiten Flor oben stark verzweigt
'Sylvia'	90	reinrosa, gefüllt, groß, leicht duftend	Wuchs stark, langtriebig, reichblühend, schnell nachtreibend
'Tatjana'	70	samtig blutrot, gefüllt, groß, stark duftend	Wuchs buschig, dicht verzweigt, dicktriebig
'Whisky'	70	bernsteingelb mit Orange, locker gefüllt, reich duftend	Wuchs mittelstark, buschig, ständig nachtreibend

Rubus, Himbeere, Brombeere
Rosaceae

Hübsche Blütensträucher mit großen, weit geöffneten Blüten; einige Arten mit blauweiß bereiften Zweigen, andere mit dekorativen, schmackhaften Früchten.

Von den sehr zahlreichen *Rubus*-Arten haben nur wenige einen ausreichend hohen Gartenwert. Fast alle sind Gruppensträucher, die im Garten Platz zum Verwildern brauchen, denn gerade die aufrechtwachsenden, mit den Himbeeren verwandten Arten breiten sich durch unterirdische Ausläufer aus. Alle stellen keine besondern Ansprüche, sie wachsen in jedem Kulturboden an sonnigen bis halbschattigen Plätzen. Ihre bewehrten oder unbewehrten Zweige sind meist nur kurzlebig: sie erreichen im ersten Jahr ihre volle Länge, blühen und fruchten im zweiten Jahr im Spitzenbereich der Schößlinge, verzweigen sich im dritten Jahr nur noch schwach oder sterben ab. Wie bei den Fruchthimbeeren sollten abgestorbene Zweige regelmäßig bis zum Boden herausgenommen werden.

Rubus cockburnianus. Diese weißrindige, chinesische Art wächst zu einem bis 3 m hohen Strauch heran mit zunächst aufrechten, später bogig übergeneigten Zweigen, die im Winter bläulichweiß bereift sind. Weniger dekorativ sind die rosapurpurnen Blüten im Mai–Juni und die schwarzen Früchte.

Rubus deliciosus. Die in Colorado heimische Art besitzt sehr attraktive Blüten. Sie stehen meist einzeln, sind reinweiß, bis 5 cm breit und erscheinen schon früh im Mai. Der bis 3 m hohe Strauch hat unbewehrte, bogig übergeneigte Zweige und rundliche, handförmig gelappte Blätter.

Rubus leucodermis stammt aus dem westlichen Nordamerika. Der aufrechte Strauch wird nur mannshoch, seine Zweige sind stark bläulichweiß bereift. Auch hier erzielen die weißen Blüten im Mai–Juni und die purpurschwarzen, eßbaren Früchte keine besonders große Wirkung.

Rubus odoratus. Die im östlichen Nordamerika heimische Wohlriechende Himbeere hat dagegen sehr attraktive, duftende Blüten. Sie sind 4 bis

5 cm breit, rosarot gefärbt und stehen im Juni–Juli in vielblütigen Rispen über den großen, handförmig gelappten Blättern. Der aufrechte, bis 3 m hohe Strauch breitet sich durch Wurzelsprosse stark aus und bildet bald einen kleinen Bestand.

Rubus phoeniculasius. In Japan, Korea und China ist die Japanische Weinbeere heimisch. Sie entwickelt sich zu einem bis 3 m hohen Strauch mit aufrecht-übergebogenen Zweigen. Nicht nur die Zweige, auch der Blütenkelch sowie Blüten- und Blattstiele sind dicht mit roten Drüsenborsten besetzt. Die meist dreizähligen, oberseits dunkelgrünen Blätter sind auf der Unterseite weißfilzig behaart. Aus hellrosa Blüten entwickeln sich halbkugelige, 1 cm breite, orangerote, saftige, angenehm süßsäuerlich schmeckende Himbeeren. Läßt man die Japanische Weinbeere ungehindert wachsen, braucht sie sehr viel Platz. Man zieht sie besser an einer Wand oder an einem Drahtgerüst als Spalier.

Rubus 'Tridell' baut sich zu einem etwa mannshohen, lockeren Strauch mit übergeneigten Zweigen auf. Die bis 5 cm großen, einfachen, weißen Blüten sehen mit ihren goldgelben Staubgefäßen Wildrosen recht ähnlich. Sicher einer der schönsten Blütensträucher unter den *Rubus*-Arten.

Sambucus, Holunder
Caprifoliaceae

Große Sträucher mit gefiedertem, streng aromatisch duftendem Laub, großen, weißen Blütenständen und schwarzen, roten oder blau bereiften Früchten.

Von den 40 Holunderarten befinden sich kaum mehr als drei in Kultur. Sie werden entweder als Fruchtsträucher angebaut oder für Eingrünungen, Hecken, Misch- und Schutzpflanzungen verwendet. Sie vertragen Sonne bis Halbschatten und gedeihen am besten auf frischen, nährstoffreichen Böden.

Sambucus caerulea. Aus dem westlichen Nordamerika stammt der Blaue Holunder, ein hoher Strauch oder kleiner Baum mit dünnen Trieben, gelblichweißen Blütenrispen im Juni–Juli und großen, schweren Fruchtständen aus erbsengroßen, blauschwarzen, dicht weißlich bereiften Beeren.

Sambucus nigra. Als Kulturbegleiter siedelt sich der Schwarze Holunder gern auf nährstoffreichen Böden in Hofnähe oder an Viehhütten an. Er entwickelt sich zu einem Großstrauch oder zu einem schiefstämmigen Kleinbaum von 5 bis 7 m Höhe. Im Juni–Juli ist er oft völlig eingehüllt von seinen großen, flachen, weißen bis gelblichweißen Blütenrispen, aus denen sich dann im Frühherbst die purpurschwarzen, kugeligen Beeren entwickeln. Sie werden im Haushalt und in der Industrie in vielfältiger Weise genutzt. Gedeiht auf allen mäßig trockenen bis feuchten Böden.

Sambucus racemosa. Wie der Schwarze Holunder ist auch der Traubenholunder eine häufige Art der heimischen Flora. Der Strauch erreicht nur Höhen von 2 bis 4 m, er blüht schon im April–Mai mit gelblichweißen Blüten in kleinen, kegelförmigen Rispen und trägt ab August seine auffälligen scharlachroten Früchte in dichten Ständen. Der Traubenholunder liebt feuchtkühle Lagen im lichten Schatten, er meidet Kalk und gedeiht am besten auf sauren Böden. Gelegentlich werden einige Gartenformen angeboten, wie zum Beispiel:
'Laciniata' besitzt tief eingeschnittene Blättchen.
'Plumosa Aurea' ist eine schwachwachsende Sorte mit goldgelb gefärbten, bis zur Spreitenmitte eingeschnittenen Blättchen.

Sorbaria, Fiederspiere
Rosaceae

Mit den Spiräen nahe verwandte Sträucher mit eberescheartig gefiedertem Laub und kleinen, weißen Blüten in vielblütigen, 10 bis 30 cm langen Rispen an den Enden der Zweige.

Die drei am häufigsten kultivierten Arten sind dekorative, reichblühende, gleichzeitig sehr anspruchslose Solitär- und Gruppensträucher für sonnige bis schattige Lagen. Sie gedeihen auf allen Gartenböden und vertragen notfalls auch einen kräftigen Rückschnitt.

Sorbaria arborea

Sorbaria arborea. In Mittel- und Westchina hat dieser breitwüchsige, 4 bis 6 m hohe Strauch seine Heimat. Von Juli bis August schmückt er sich mit seinen bis 40 cm langen, breit abstehenden bis überhängenden Blütenrispen, in denen die Einzelblüten nur 6 mm breit sind. Der schöne, imposante Solitärstrauch braucht ausreichend Platz, um sich voll entfalten zu können. Trotz seiner Größe wirkt er durch die fein gefiederten Blätter zierlich.

Sorbaria aitchisonii kann mit ihren aufrechten oder aufsteigenden, rotbraunen Zweigen bis 3 m hoch werden. Sie trägt im Juli–August ihre kleinen, fünfzähligen Blüten in bis zu 25 cm langen Rispen. Der in Kaschmir, Afghanistan und Pakistan heimische Strauch wirkt als Solitärgehölz ebenso schön wie in kleinen Gruppen oder in Mischpflanzungen mit anderen Blütensträuchern zusammen.

Sorbaria sorbifolia, vom Ural bis Kamtschatka verbreitet, wird kaum mehr als mannshoch. Der sehr früh austreibende Strauch besitzt ziemlich steif-aufrecht wachsende Zweige und breitet sich mit seinen zahlreichen Ausläufern stark aus. Er braucht deshalb Platz zum Verwildern. Die Art läßt sich gut für Unterpflanzungen unter hohen Bäumen verwenden. Sie blüht schon im Juni–Juli mit etwas weniger prächtigen, 10 bis 25 cm langen Rispen.

Spiraea, Spierstrauch
Rosaceae

Meist kleine, feinlaubige, überaus blühwillige Sträucher. Blüten zu vielen in Büscheln entlang der Zweige oder in flachen Doldentrauben an den Zweigenden, entweder weiß im zeitigen Frühjahr oder überwiegend rosarot im Sommer.

Aus der großen Artenfülle — etwa 100 Arten, heimisch überwiegend in der nördlich temperierten Zone, — werden heute kaum mehr als ein Dutzend Arten und deren Sorten kultiviert. Die meisten sind sehr beliebte, häufig gepflanzte, robuste und problemlose Blütensträucher. Sie wachsen am besten an sonnigen Plätzen, obwohl sie auch halbschattige Standorte vertragen, sie blühen dann aber weniger reich.
Während alle frühblühenden Arten und Sorten hin und wieder ausgelichtet werden müssen, werden die sommerblühenden Arten im Frühjahr regelmäßig stark zurückgeschnitten, denn ihre Blüten entwickeln sich an den Enden der jungen Triebe. Strauchig wachsende Arten sind meist Einzel- oder Gruppensträucher, die zwergig wachsenden Arten (siehe Kapitel »Sommer- und immergrüne Zwerggehölze«) werden dagegen oft in größeren Gruppen oder gar flächig gepflanzt.

Spiraea × arguta ist einer der am häufigsten gepflanzten Spiersträucher. Der meist kaum mehr als 1,5 m hohe Strauch wächst mit dünnen, im Alter leicht übergebogenen Zweigen und feinen, lebhaft grünen Blättern recht zierlich. Im April–Mai öffnen sich seine überaus zahlreichen, reinweißen, 8 mm breiten Blüten in vielblütigen Büscheln entlang der vorjährigen Zweige.

Spiraea nipponica

Spiraea × cinerea 'Grefsheim' baut sich mit zierlich überhängenden Zweigen ganz ähnlich auf wie *Spiraea × arguta*, blüht aber zehn Tage früher als diese und ist erheblich robuster und widerstandsfähiger. Eine sehr reichblühende, bis 2 m hoch und breit werdende Sorte, die sich auch gut für freiwachsende Hecken eignet.

Spiraea nipponica kam aus Japan in unsere Gärten. Der bis 2 m hohe, anfangs straff aufrechte, später breit ausladende Strauch trägt bogig abstehende, rotbraune Zweige. Die reinweißen, 8 mm breiten Blüten stehen im Mai–Juni zu vielen in halbkugeligen Doldentrauben auf der Oberseite der vorjährigen Zweige. Neben der Art werden nicht selten die folgenden Sorten gezogen:
'Halward's Silver'. Wuchs aufrecht, sehr gedrungen und kompakt. Bleibt viel niedriger als die Art. Sehr reichblühend mit großen Blüten in vielblütigen Ständen.
'Snowmound' wächst ausladend wie die Art, bleibt aber deutlich niedriger und blüht überreich.

Spiraea prunifolia weicht mit ihren reinweißen, gefüllten, 8 bis 10 mm breiten Blüten stark vom gewohnten Bild der einfachen, sternchenförmigen Spiräenblüten ab. Der ostasiatische Strauch wird bei einem lockeren Aufbau etwa mannshoch. Seine Blüten öffnen sich im April–Mai, die Blätter färben sich im Herbst blutrot. Leider ist diese besonders hübsche Art nicht überall ganz frosthart. Sie braucht daher einen warmen, geschützten Platz und im Winter einen Frostschutz im Wurzelbereich.

Spiraea thunbergii. Die chinesische Art ist eine der Eltern von *Spiraea* × *arguta*. Sie wirkt mit ihrem lockeren Aufbau, den dünnen, elegant übergeneigten Zweigen und den feinen Blättern noch zierlicher als die häufiger gepflanzte *Spiraea* × *arguta*. Schon Ende April öffnen sich die überaus zahlreichen, kleinen, reinweißen Blüten. Der schöne Vorfrühlingsblüher treibt sehr früh aus. Er ist fast wintergrün oder färbt seine Blätter im Herbst gelb. Der Strauch braucht einen warmen, geschützten Platz und einen sauren bis neutralen Boden.

Spiraea × vanhouttei kann 2 bis 3 m hoch werden und ist so eine der starkwüchsigsten Formen. Die langen Zweige stehen bogig-aufrecht und neigen sich später stark über. Ende Mai–Anfang Juni ist der Strauch übervoll von reinweißen, 8 mm breiten Blüten, die in vielblütigen, flachen Doldentrauben entlang der Zweige stehen. Diese prächtige, früh austreibende Art, eignet sich unter anderem sehr gut für freiwachsende Blütenhecken.

Staphylea pinnata, Pimpernuß
Staphyleaceae

Große Sträucher mit gefiederten Blättern, rispenartigen Blütenständen und blasig aufgetriebenen, pergamenthäutigen Fruchtkapseln mit haselnußgroßen, harten Samen.

Von den zehn Arten der Gattung wird in der Regel nur die von Mitteleuropa bis Kleinasien heimische *Staphylea pinnata* kultiviert. Der bis 5 m hohe, aufrechte Strauch trägt seine fünfzähligen Blüten im Mai–Juni in endständigen Rispen. Die rundlichen, kurzzipfeligen Fruchtkapseln sind 2 bis 3 cm dick, die Samen 10 mm lang und gelbbraun. Die zur Blütezeit recht ansehnlichen Sträucher kommen meist nur als Gruppensträucher für größere Gärten in Betracht. Sie vertragen sonnige bis halbschattige Plätze und bevorzugen humose Böden auf kalkreicher Unterlage.

Stephanandra, Kranzspiere
Rosaceae

Zierlich belaubte Sträucher von elegantem Habitus mit zweizeilig gestellten, meist dreilappigen Blättern und kleinen, weißen, fünfzähligen Blüten in endständigen Rispen.

Zwei ostasiatische Arten haben Gastrecht in unseren Gärten, beide sind etwa mannshohe Sträucher mit dünnen Zweigen und fein geschnittenen, zweizeilig gestellten Blättern. Beide Arten sind Einzel- oder Gruppensträucher, die einen warmen, sonnigen bis halbschattigen Platz brauchen. Sie wachsen auf jedem Gartenboden, selbst auf leichten Sandböden. Ihre Zweige sind von kurzer Lebensdauer, deshalb ist regelmäßig auszulichten.

Stephanandra incisa 'Crispa'. In der Regel wird die Art nur in dieser zwergigen Form gezogen. 'Crispa' wird nur etwa 50 cm hoch, mit ihren bogig nach unten gekrümmten, hin und her gebogenen Zweigen aber viel breiter. Die kleinen, runzeligkrausen Blätter färben sich im Herbst hübsch gelbbraun. 'Crispa' verträgt auch schattige Plätze. Sie wird nicht selten flächig als Bodendecker gepflanzt. Die Art selbst entwickelt sich zu einem etwa 1,5 m hohen Strauch mit hin und her gebogenen, überhängend-ausgebreiteten Zweigen.

Stephanandra tanakae ist mit den schlanken, rotbraunen, nach allen Seiten elegant überhängenden Rutenzweigen ein zierlicher, nicht mehr als mannshoher Strauch. Die 5 bis 10 cm langen, breit-eiförmigen bis dreieckigen, schwanzförmig zugespitzten Blätter sind gleichmäßig und fein doppelt gesägt; sie färben sich im Herbst für einige Wochen schön orange und rostrot. Im Juni–Juli tragen alle Seitenzweige an ihren Enden lockere, handlange, schneeweiße Blütenrispen.

Symphoricarpos, Schneebeere
Caprifoliacea

Anspruchslose Gruppensträucher und Bodendecker, die aus unscheinbaren Blüten im Herbst zahlreiche weiße bis rosarote, kugelige, giftige Früchte entwickeln.

Alle kultivierten Schneebeeren sind den Sommer über eher unscheinbare Sträucher. Sie fallen meist erst im frühen Herbst auf, wenn die Zweigspitzen übervoll hängen mit den luftig-leichten, von Kindern so sehr geschätzten, beerenartigen Steinfrüchten. Die meisten Arten werden als Gruppen- und Heckensträucher verwendet, die Sorte 'Hancock' wird in größeren Anlagen auch für flächige Begrünungen eingesetzt. Alle Schneebeeren können sich durch unterirdische Ausläufer stark ausbreiten, sie brauchen also ausreichend Platz zum Verwildern. Die überaus anspruchslosen Sträucher gedeihen an jedem Gartenplatz, selbst in vollschattigen Lagen.

Symphoricarpos albus var. laevigatus kam aus Nordamerika in unsere Gärten und ist hier längst zum Gartenflüchtling geworden, der sich mit seinen zahlreichen Ausläufern stark ausbreitet. Die rötlichweißen Blütenähren erscheinen von Juni bis September. Bevor sich die letzten Blüten öffnen, sind die weißleuchtenden Früchte schon voll entwickelt.
'White Hedge' eignet sich mit dem aufrechten Wuchs und den dicken Früchten gut für freiwachsende Hecken.

Symphoricarpos × chenaultii 'Hancock' wurde zeitweise in sehr großen Stückzahlen als Bodendecker gepflanzt. Zunächst geben sich die Pflanzen mit ihrem bogig überhängenden Wuchs recht zierlich, später wachsen die sich an den Spitzen bewurzelnden Zweige aber wüst durcheinander und schieben sich im Bestand bis über einen Meter hoch. Es handelt sich also nicht um eine Pflanze für kleine Gärten.

Symphoricarpos-Doorenbos-Hybriden. Doorenbos hat in Holland aus Kreuzungen zwischen verschiedenen Schnee- und Korallenbeeren Sämlinge mit interessanten Fruchtfarben ausgelesen:

'Magic Berry'. Früchte lilarot.
'Mother of Pearl'. Früchte rosa und besonders groß.

Symphoricarpos orbiculatus. Die Korallenbeere stammt ebenfalls aus Nordamerika. Der mannshohe, straff-aufrecht wachsende Strauch trägt zahlreiche etwa erbsengroße, korallenrote Früchte.

Syringa, Flieder
Oleaceae

Klassischer, seit dem Mittelalter bei uns bekannter und beliebter Blütenstrauch mit stark und angenehm duftenden, vielfarbigen Blüten in großen Rispen an den Zweigenden.

Für die Gartenkultur haben weniger die rund 30 Wildarten Bedeutung, die von Südosteuropa bis Ostasien verbreitet sind. Wichtiger sind die zahlreichen einfach- und gefülltblühenden Sorten von *Syringa vulgaris*. Ihre großen, farbenprächtigen Blütenstände sind stets viel eindrucksvoller als die etwas bescheideneren Blütenrispen der Wildarten. Diese wachsen in der Regel aber lockerer und damit eleganter als die meist steif-aufrecht wachsenden Gartenflieder. Sie lassen sich deshalb auch eher als Solitärsträucher verwenden als die Gartenflieder, die man besser als Gruppensträucher in Gesellschaft anderer Blütensträucher unterbringt. Schwachwachsende Arten, vor allem *Syringa meyeri* 'Palibin', eignen sich hervorragend für eine Verwendung in Stein- und Troggärten.
Fliederarten und -sorten werden gegenwärtig in der Regel in ihren natürlichen Strauchformen gezogen. In älteren Schloßgärten sieht man dagegen nicht selten *Syringa × chinensis* oder Sorten von *Syringa vulgaris* als Hochstämme gezogen, die teilweise ein beträchtliches Alter aufweisen. Dabei kann man immer wieder beobachten, daß nahezu alle Stämme einen starken Drehwuchs zeigen, der immer entgegen dem Uhrzeiger, also linksherum, verläuft.
Flieder brauchen einen sonnigen Platz, sie gedeihen auf jedem durchlässigen, nährstoffreichen Gartenboden, der auch kalkhaltig sein kann. Auf ärmeren Böden sind regelmäßige Düngergaben zu empfehlen.

Die Sorten von *Syringa vulgaris* und auch manche Wildflieder werden auf Sämlinge von *Syringa vulgaris* veredelt. Diese haben die unangenehme Eigenschaft, aus den Wurzeln ständig Wildtriebe zu entwickeln. Diese müssen immer sorgfältig, möglichst an ihrer Entstehungsstelle, entfernt werden, wenn aus dem veredelten Flieder nicht in wenigen Jahren ein Wildflieder werden soll.

Flieder brauchen nach dem Pflanzen oft einige Zeit, ehe sie kräftig zu wachsen beginnen, im Jahr nach der Pflanzung bilden sie oft nur Blätter und noch keine neuen Triebe. Deshalb sollte man auch den bei jüngeren Pflanzen den notwendigen Pflanzschnitt erst nach einem Standjahr vornehmen. Später ist kein regelmäßiger Schnitt erforderlich, aber ältere Sträucher vertragen notfalls einen kräftigen Rückschnitt bis ins alte Holz.

Syringa × chinensis. Der Chinesische Flieder stammt nicht aus China, er ist vielmehr schon 1777 im Botanischen Garten in Rouen, Frankreich, entstanden. Die Hybride entwickelt sich zu einem buschigen, bis 3 m hohen Strauch mit schlanken, vor allem zur Blütezeit bogig überhängenden Zweigen und spitzen, eiförmig-lanzettlichen Blättern. In der zweiten Maihälfte entfalten sich die großen, lilarosa, gut duftenden Blütenrispen in großer Fülle.
'Saugeana' ist oft noch wirkungsvoller als die Stammform mit ihren tief lilaroten Blüten. Von allen Wildfliedern wird diese Hybride sicher am häufigsten gepflanzt. Sie wächst viel lockerer als die Edelflieder und blüht sehr reich. Als Blütezeitgenossen und Nachbarn werden Goldregen, Rotdorn und Zieräpfel empfohlen.

Syringa 'Jose'. Eine Höhe von etwa 1,5 m erreicht diese dicht verzweigte, langsamwachsende, kleinblättrige Hybride. Sie blüht schon als junge Pflanze im Mai–Juni mit lilarosa Blüten in dichten, 8 cm langen Rispen.

Syringa josikaea. Der Ungarische Flieder erreicht im Alter eine Höhe von 3 bis 4 m, er wächst mit ziemlich dicken Zweigen steif aufrecht und entfaltet im Mai–Juni 10 bis 20 cm lange, dichte, aber ziemlich schmale, mehr oder weniger aufrechtstehende Blütenrispen mit tiefviolett gefärbten, gut duftenden Blüten.

Syringa meyeri kam aus nordchinesischen Gärten über Amerika nach Europa. Sie bildet einen kleinen, kaum mehr als 1 m hohen, dicht geschlossenen Strauch, dessen kleine Blätter sich im Herbst hübsch gelb verfärben. Im Mai–Juni trägt der Strauch eine Fülle violetter Blüten in 8 cm langen, dichten, behaarten Rispen.
'Palibin'. In der Regel wird nur diese Sorte kultiviert. Sie unterscheidet sich durch einen niedrigeren, kompakten Wuchs und durch kleinere, aber sehr zahlreiche Blütenrispen von der Ausgangsart. Die Blüten sind in der Knospe purpurrot, später werden sie weißlichrosa. 'Palibin' blüht schon als junge, stecklingsvermehrte Pflanze sehr reich und läßt sich problemlos in Pflanzkübeln halten.

Syringa microphylla. Auch der Kleinblättrige Flieder kam aus China in unsere Gärten. Der dünntriebige, buschige, bis 1,5 m hohe Strauch hat kleine, sattgrüne, rundlich-eiförmige Blätter. Im Juni entfalten sich über dem Laub die zahlreichen 4 bis 7 cm langen Blütenrispen mit ihren stark duftenden, blaßlila Blüten.
'Superba' wird der Art im allgemeinen vorgezogen. Ihre Blüten sind zunächst rosarot, später etwas heller gefärbt. 'Superba' bildet nach der Hauptblüte im Mai–Juni bis in den Oktober hinein noch regelmäßig einige Blütenrispen aus.

Syringa reflexa. Der Bogenflieder kann 3 bis 4 m hoch werden, er baut sich mit ziemlich dicken Ästen zu einem rundlich-geschlossenen Busch auf, der sehr zeitig im Frühjahr austreibt. Den deutschen Namen Bogenflieder erhielt der chinesische Strauch seiner langen, bogenförmig überhängenden Blütenrispen wegen, die sich erst im Juni entwickeln. In der Knospe sind die Blüten leuchtend karminrot, offene Blüten sind außen dunkelrosa, innen fast weiß gefärbt.

Syringa × swegiflexa unterscheidet sich von *Syringa reflexa* im wesentlichen durch größere und dichtere Blütenrispen. Auch hier verändern die Blüten im Aufblühen ihre Farbe. Die Knospen sind tiefrot, die geöffneten Blüten zunächst dunkelrosa, später heller gefärbt.

Syringa vulgaris. Seit Mitte des 16. Jahrhunderts kultivieren wir den Gemeinen Flieder in unseren

Syringa josikaea

Gärten. Aus der Türkei kam er zunächst in einen Wiener Garten. Seine ursprüngliche Heimat hat er in weiten Teilen der Balkanhalbinsel. Dort kann sich der robuste, langlebige Strauch zu kleinen Bäumen entwickeln. Heute ist der Gemeine Flieder in unseren Gärten fast nur noch durch seine zahlreichen einfach- oder gefülltblühenden Sorten vertreten, deren reiche Farbskala von der eigentlichen Fliederfarbe Lila bis zum Schieferblau, reinem Weiß, hellem Gelb und dunklem Rot reicht. Die eigentliche Züchtungsarbeit begann vor etwas mehr als 100 Jahren, bis heute mögen rund 900 Sorten registriert sein. Von denen bieten auch größere Baumschulen gegenwärtig kaum mehr als 20 Sorten an.

Die schönsten gefülltblühenden Sorten:
'Charles Joly', purpurrot mit heller Mittel.
'Katharine Havemeyer', kobaltlila mit rosa Anflug.
'Léon Gambetta', lilarosa.
'Macrostachya', zartrosa.
'Michel Buchner', lila, innen weiß.
'Miss Ellen Wilmott', schneeweiß.
'Mme Antoine Buchner', zart malvenrosa.

'Mme Lemoine', reinweiß.
'Monique Lemoine', weiß.
'Mr. Edward Harding', hell purpurrot.
'Olivier de Serres', purpurblau.
'Paul Thirion', dunkel purpurrot.

Die schönsten einfachblühenden Sorten:
'Andenken an L. Späth', dunkelpurpur.
'Christoph Colomb', zartlila.
'Congo', purpurrot.
'Decaisne', hellblau.
'G. J. Baardes', purpur.
'Maréchal Foch', karminrosa.
'Maximowicz', lilablau, halbgefüllt, gelegentlich auch einfach.
'Mme Florentine Stepmann', weiß.
'Mont Blanc', reinweiß.
'Primrose', hell primelgelb.
'Prodige', purpurrot.
'Ruhm von Horstenstein', tief lilarot.
'Sensation', purpurn mit silbrigem Saum.
'Vestale', reinweiß.

Tamarix, Tamariske
Tamaricaceae

Hohe Solitärsträucher mit langen, elegant bogig überhängenden Zweigen. Die kleinen Seitentriebe, die im Herbst mit den Blättern abfallen, tragen nur winzige, heidekrautähnliche, grüne oder bläulichgrüne Schuppenblätter.

Mit ihrem lockeren und grazilen Aufbau und der sehr feinen Belaubung heben sich alle Tamarisken so deutlich von den großblättrigen Ziersträuchern ab, daß man sie mit diesen nicht zusammenpflanzen sollte. Sie verdienen, einzeln oder in kleinen arteigenen Gruppen, eine Sonderstellung an hellen, sonnigen Plätzen. Tamarisken bevorzugen durchlässige, leicht saure Böden, sie kommen auch mit nährstoffarmen, sehr sandigen und trockenen Böden zurecht, außerdem vertragen sie starke Seewinde. Weil wurzelnackte Tamarisken sich nur schwer verpflanzen lassen, werden sie heute überwiegend in Töpfen gezogen. Dem etwas sparrigen Wuchs der Pflanzen begegnet man durch einen gelegentlichen, kräftigen Rückschnitt. Im Gegensatz zu den sommerblühenden dürfen die frühblühenden Arten nicht im Winter geschnitten werden. Falls notwendig, schneidet man die Zweige unmittelbar nach der Blüte zurück.

Tamarix chinensis. Häufig noch unter den alten Namen *T. pentandra* oder *T. odessana* zu finden, wächst die Kaspische Tamariske zu einem 3 bis 5 m hohen Strauch mit überhängenden Zweigen heran, der blau- bis blaßgrüne Blättchen trägt. An den diesjährigen Zweigen öffnen sich im Juli–September fünfzählige, rosarote Blüten in 3 bis 8 cm langen Trauben, die zu langen, endständigen Rispen vereint sind. Die von Südostrußland bis China weit verbreitete Art wird bei uns häufig in Auslesen kultiviert:
'Pink Cascade'. Raschwüchsige, schlankzweigige Form mit blaugrünen Blättern und zahlreichen hellrosa Blüten.
'Rosea' gilt mit den hell blaugrünen Blättern und den großen Trauben aus hellrosa Blüten als die schönste Sorte.

Tamarix gallica. Die Französische Tamariske ist von Südwesteuropa bis zur Sahara verbreitet. Der Strauch oder bis 10 m hohe Baum besitzt dünne, mehr oder weniger aufrechte Zweige und dunkel- bis bläulichgrüne Blätter. Von Juli bis September erscheinen an diesjährigen Zweigen die fünfzähligen, rosa Blüten in 3 bis 5 cm langen, zylindrischen Trauben.

Tamarix parviflora. Die Kleinblütige oder Frühlingstamariske trägt ihre 2 bis 4 cm langen, schmalen Blütentrauben seitenständig an den vorjährigen Zweigen. Die vierzähligen, rosa Blüten öffnen sich schon im April–Mai. Der 3 bis 5 m hohe Strauch baut sich mit dünnen, überhängenden, rotbraunen Zweigen auf, die sich im Winter fast schwarz färben.

Tamarix tetrandra. Auch die Heidetamariske, vom östlichen Balkan bis nach Westasien verbreitet, gehört zu den frühblühenden Arten mit stets vierzähligen rosa Blüten. Im April–Mai öffnen sich die Blüten in 4 bis 5 cm langen, büscheligen Trauben an den vorjährigen Zweigen. Die schönste der frühblühenden Arten baut sich mit dünnen, überhängenden, fast schwarzrindigen Zweigen zu einem 3 bis 4 m hohen Strauch auf.

Viburnum, Schneeball
Caprifoliaceae

Meist dekorative, reichblühende, sommergrüne Ziersträucher mit stark duftenden Blüten, oft großen, flachen oder ballförmigen Blütenständen und reichem Fruchtschmuck aus überwiegend roten, beerenartigen Steinfrüchten.

Unter den rund 200 *Viburnum*-Arten, die in den gemäßigten und subtropischen Zonen der nördlichen Halbkugel verbreitet sind, befinden sich sowohl sommergrüne als auch immergrüne Arten (siehe Seite 235). Die wenigen kultivierten Arten zeichnen sich durch schöne, meist stark duftende, weiß gefärbte oder rosa angehauchte Blüten aus. Zahlreiche kleine Einzelblüten sind zu großen, endständigen Trugdolden oder Rispen vereint. Die Blütenstände tragen am Rand oft einen Kranz vergrößerter, steriler Blüten. Bei einigen Gartenformen sind alle Blüten steril, die Blütenstände sind dann mehr oder weniger kugelig. Viele *Viburnum*-Arten sind aber nicht nur attraktive Blütensträucher, sondern auch ausgezeichnete Fruchtsträucher, deren fleischige, meist rot, aber auch dunkelblau gefärbte Früchte bis weit in den Winter hinein hängen bleiben. Aber die Früchte aller Arten sind giftig. Außerdem zeichnen sich einige Arten durch eine bemerkenswerte Herbstfärbung aus.
Die meisten sommergrünen Arten stellen keine besonderen Standortansprüche, sie wachsen auf allen Gartenböden an sonnigen bis halbschattigen Standorten. *Viburnum opulus* und *Viburnum plicatum* gedeihen zufriedenstellend nur auf frischen bis feuchten Böden. Bei *Viburnum opulus* kann der Boden neutral bis stark alkalisch sein, *Viburnum plicatum* braucht dagegen saure bis schwach alkalische Böden. Von allen Arten verträgt *Viburnum lantana* am besten trockene, heiße Standorte. *Viburnum opulus* wird nicht selten stark von der Schwarzen Bohnenlaus oder vom Schneeball-Blattkäfer befallen; er sieht dann nicht gerade sehr einladend aus. Bei allen sommergrünen *Viburnum*-Arten beschränkt man den Schnitt auf ein regelmäßiges, vorsichtiges Auslichten.

Viburnum × bodnantense 'Dawn'. Die Sorte entstand 1935 in dem bekannten Garten von Bodnant in Wales. Einer der Eltern ist *Viburnum farreri*. Wie diese Art blüht die Hybride oft schon im Dezember oder Januar. Die Blüte wird dann meist vom Frost unterbrochen und im März–April fortgesetzt. Im Gegensatz zu *Viburnum farreri* sind die sehr stark duftenden Blüten in der Knospe tiefrosa, später mehr weißrosa gefärbt. Offene Blüten halten Temperaturen von −3 °C aus. *Viburnum × bodnantense* entwickelt sich zu einem bis 3 m hohen, etwas starren Strauch mit dicken Ästen. Die Hybride sollte bevorzugt gepflanzt werden, denn sie stellt mit ihren größeren Blütenbüscheln, dem weitaus reicheren Blütenflor und den besser gefärbten Blüten eine deutliche Verbesserung dar. Der Strauch gehört als Solitär in die Nähe des Hauses, damit man seine Blüten auch im Winter aus der Nähe betrachten kann.

Viburnum × carlcephalum. Der lockere, knapp mannshohe Strauch hat einen breitkugeligen Wuchs und eine etwas steife Verzweigung. Seine stumpfgrünen, leicht schimmernden, eiförmig-rundlichen Blätter färben sich im Herbst oft schön rötlich. Im Mai–Juni erscheinen die reinweißen, in der Knospe nur ganz wenig geröteten, schwach duftenden Blüten in bis 13 cm breiten, kugeligen Ständen. Ein wüchsiger und winterharter Gruppen- und Solitärstrauch.

Viburnum carlesii. In Korea liegt die Heimat des Koreanischen Schneeballs. Er entwickelt sich zu einem bis 1,5 m hohen, locker aufgebauten Strauch mit stumpfgrünen Blättern. Seine in der Knospe rosa gefärbten, später ganz weißen Blüten besitzen von allen hier beschriebenen Arten den stärksten Duft. Sie öffnen sich im April–Mai in sehr dichten, 5 bis 7 cm breiten, halbkugeligen Ständen. *Viburnum carlesii* braucht einen frischen Boden in halbschattigen Lagen. An zu trockenen und sonnigen Plätzen werden die Blätter oft krank und fallen vorzeitig ab.

Viburnum farreri. Der Duftende Schneeball kam aus China in unsere Gärten. Er wächst vor allem in der Jugend straff aufrecht, wird später etwas breiter und schließlich bis 3 m hoch. In seinem Blühverhalten gleicht er völlig der Hybride *Viburnum × bodnantense*. Die in der Knospe rosa, später reinweißen, stark duftenden Blüten stehen in 3 bis 5 cm langen Rispen. Ein schöner Einzelstrauch mit einer rotbraunen Herbstfärbung.

Viburnum × juddii hat im Habitus Ähnlichkeit mit einem der Eltern, nämlich *Viburnum carlesii*. Der bis 1,5 m hohe Strauch trägt aber in der Regel gesünderes Laub als *Viburnum carlesii*. Die stark duftenden, anfangs rosa, später weißen Blüten blühen im April–Mai in 6 bis 9 cm breiten Trugdolden auf.

Viburnum lantana. Der Wollige Schneeball ist von Mittel- und Südeuropa bis zum Kaukasus weit verbreitet. Er wächst zu einem 3 bis 4 m hohen, aufrechten bis trichterförmigen Strauch heran. Gleichzeitig mit dem Laub entwickeln sich im April–Mai die streng duftenden, cremeweißen, nur wenig attraktiven Blüten in 5 bis 10 cm breiten, flachen Trugdolden. Im August–September reifen die Früchte aus. Sie machen eine auffällige Farbumwandlung durch: Sie sind zunächst gelblichweiß, werden dann rötlich, später korallenrot und schließlich glänzendschwarz. Der Wollige Schneeball ist ein sehr robuster, anspruchsloser und anpassungsfähiger Strauch, der vorwiegend in Misch- und Sichtschutzpflanzungen verwendet wird. Er verträgt sonnige bis leicht beschattete Plätze und trockene bis frische Böden.

Viburnum opulus. Der Gemeine Schneeball kommt fast in ganz Europa bis hin zum Kaukasus, sowie in West- und Nordasien vor. Der weit ausladende, reichverzweigte Strauch kann 4 bis 5 m hoch werden. Die ahornähnlichen, drei- bis fünflappigen Blätter können sich im Herbst rosa bis tiefrot verfärben. Nach dem Laubaustrieb, im Mai–Juni, entfalten sich die tellerförmigen, bis 10 cm breiten Blütenstände. In ihnen sind die kleinen, cremeweißen, fruchtbildenden Blüten von einem Kranz aus großen, blendendweißen, sterilen Randblüten umgeben. Eine besondere Zierde bilden die kugeligen, bis 10 mm dicken, leuchtend scharlachroten Früchte. Ihre bitter schmeckenden Inhaltsstoffe machen sie für Vögel wenig attraktiv; sie bleiben deshalb bis in den Winter hängen. Der Gemeine Schneeball kann an sonnigen bis halbschattigen Stellen wachsen, er ist gegenüber Hitze plus Trockenheit empfindlich und braucht deshalb frische bis feuchte Böden.

Die Art selbst wird meist nur in Wind- und Sichtschutzhecken verwendet. Als Ziergehölze werden eher Gartenformen gepflanzt:
'Compactum' unterscheidet sich von der Art nur durch ihren etwas niedrigeren, dichtbuschigen Wuchs sowie durch reiche Blüte und große Fruchtbarkeit.
'Roseum' ist mit den großen, ballförmigen Blütenständen der eigentliche Schneeball. Die Blüten sind alle steril, anfangs grünlichweiß gefärbt und im Verblühen rosa überhaucht.

Viburnum plicatum. Der Japanische Schneeball ist zweifellos der schönste Blütenstrauch unter den sommergrünen *Viburnum*-Arten. Er baut sich mit auffallend waagerecht ausgebreiteten Zweigen bis zu einer Höhe und Breite von 3 m auf. Die breit-eiförmigen, dunkelgrünen Blätter färben sich im Herbst dunkel weinrot bis violett. Auf der Oberseite der Zweige, über den Blättern, stehen im Mai–Juni die zahlreichen, 6 bis 8 cm breiten, weißen Blütenbälle aus ausschließlich sterilen Blüten; sie färben sich im Verblühen zartrosa. *Viburnum plicatum* gehört mit seinen Formen zu den prachtvollsten Blütensträuchern, über die wir verfügen. Deshalb braucht er als Solitärstrauch einen bevorzugten Platz. Er gedeiht aber nur auf frischen bis feuchten, sauren bis schwach alkalischen Böden. Auf zu trockenen, alkalischen Böden versagt er vollständig. Die Art und ihre Formen bauen sich so gleichmäßig und vollkommen auf, daß sich jeder Schritt erübrigt.

Viburnum plicatum f. tomentosum ist ein 2 bis 3 m hoher und ebenso breiter Strauch mit waagerecht übereinanderstehenden Zweigen und 6 bis 10 cm breiten, flachen Blütenständen, in denen die kleinen, fruchtbaren Innenblüten von einem Kranz aus 3 bis 4 cm breiten, sterilen Außenblüten umgeben sind. Die Blütezeit ist Mai–Juni. Zu dieser Wildform gehören einige häufiger kultivierte Gartenformen:
'Lanarth' ähnelt 'Mariesii', Äste aber mehr ansteigend, bis 4 m hoch und breit.
'Mariesii'. Wuchs ziemlich niedrig, gut mannshoch und ebenso breit, Äste in Etagen übereinander, sehr langsam wachsend. Blüten wie bei *Viburnum plicatum* f. *tomentosum*, nur deutlich größer und meist in weit größerer Zahl. (Abbildung Seite 6)

Viburnum opulus

'Pink Beauty'. Blütenstände klein, Randblüten zuerst weiß, später leicht rosa.
'Watanabe'. Nur etwa 1,5 m hoch. Blütenstände ziemlich klein, der Strauch blüht aber im Anschluß an die Hauptblüte im Mai–Juni bis zum Herbst nach.

Weigela, Weigelie
Caprifoliaceae

Häufig gepflanzte, reichblühende, langlebige Ziersträucher mit rosa oder roten Blüten im späten Frühjahr.

Mit nur zwölf Arten ist die Gattung in Ostasien heimisch. Alle Arten entwickeln sich zu mittelhohen, vieltriebigen, aber wenig verzweigten Sträuchern, die außerhalb der Blütezeit nur wenig Aufmerksamkeit erregen. Sie finden deshalb vorwiegend als Gruppensträucher in gemischten Blütenhecken Verwendung. Zur Zeit ihrer Blüte aber, im Mai–Juni, sind die Sträucher überladen mit einer großen Fülle glockig-trichterförmiger Blüten, die einzeln oder zu mehreren an Kurztrieben stehen, die den vorjährigen Zweigen entspringen.
Weigelien gehören zu den sehr preiswerten Blütensträuchern und werden deshalb auch sehr häufig gepflanzt. Sie erweisen sich als starkwüchsig, außerordentlich langlebig und anspruchslos an den Standort. Sie gedeihen auf allen gepflegten, frischen bis feuchten Gartenböden in sonnigen bis halbschattigen Lagen. Ihr Blütenreichtum bleibt dauerhaft erhalten, wenn man die Sträucher regelmäßig auslichtet und dabei das jeweils älteste Holz herausschneidet.
Mit Ausnahme von *Weigela florida* werden gegenwärtig nahezu ausschließlich Hybriden kultiviert, eine Auswahl aus etwa 170 Züchtungen, von denen die ersten Sorten um 1860 in Belgien entstanden sind.

Weigela florida. Die in unseren Gärten am weitesten verbreitete Art stammt aus Nordchina und Korea. Der starkwachsende Strauch wird bis 3 m hoch. Im Mai–Juni öffnet er seine 3 bis 3,5 cm langen, trichterförmig-glockigen Blüten, die außen rosa bis dunkelrosa, innen heller bis Weiß gefärbt sind.
'Purpurea' fällt vor allem durch ihre tief braunrot gefärbten Blätter auf. Blüten dunkelrosa. Bleibt deutlich niedriger als *Weigela florida*.
'Variegata'. Blätter gelblichweiß gesäumt, Blüten tiefrosa.
'Victoria' wächst dicht geschlossen und wird nur etwa 1 m hoch, sie hat tief braunrote Blätter und purpurrote Blüten.

Weigela-Hybriden. Von den zahlreichen Sorten sind gegenwärtig nur eine Handvoll in den Angeboten der Baumschulen zu finden. Die hier ausgewählten Sorten haben sich als besonders reichblühend und gesund erwiesen, sie sind genauso anspruchslos und langlebig wie die Arten. Wertvoll sind sie durch ihren Blütenreichtum und wegen der späten Blüte im Mai–Juni. Mit Ausnahme der etwas schwächer wachsenden 'Eva Rathke', deren Hauptblütezeit im Juni–Juli liegt, werden die meisten älteren Sorten 2 bis 3 m hoch.
'Bristol Ruby', rubinrot.
'Eva Rathke', karminrot.
'Eva Supreme', leuchtendrot.
'Lucifer', leuchtend dunkelrot, sehr farbkonstant.
'Minuet', dunkelkarmin bis hellrosa, wird kaum 1 m hoch.
'Newport Red', tiefrot.
'Styriaca', karminrosa.

Sommer- und immergrüne Zwerggehölze

Als Zwerggehölze werden im allgemeinen Sträucher bezeichnet, deren Wuchshöhe 1 m nicht wesentlich überschreitet. Es handelt sich dabei entweder um natürliche Arten oder um niedrig bleibende Gartenformen sonst höher werdender Arten.

Zwergig wachsende Arten finden wir in der Natur vor allem an Standorten mit ungünstigen klimatischen und edaphischen Bedingungen. In arktischen und alpinen Zonen, auf windexponierten, trockenen, nährstoffarmen und flachgründigen oder auf besonders feuchten Standorten haben sich bestimmte Pflanzenarten im Laufe der Evolution den Umweltbedingungen angepaßt. Sie begegnen Schnee- und Winddruck, Wasser- und Nährstoffmangel mit der teilweisen Reduktion ihrer oberirdischen Organe.

Bei den zwergigen Gartenformen handelt es sich nicht selten um spontan auftretende Zweigmutationen, bei Nadelgehölzen oft um sogenannte Hexenbesen. Der Zwergwuchs drückt sich hier in einer Reduzierung der Zweiglänge aus, die gleichzeitig mit einem verstärkten Austrieb sonst schlafender Augen verbunden ist. Als Folge tritt eine Anhäufung zahlreicher kurzer Zweige auf einem vergleichsweise engen Raum auf. Im Gegensatz zu den zwergig wachsenden Wildarten müssen zwergige Gartenformen stets vegetativ vermehrt werden.

Innerhalb dieses Kapitels finden sich außerdem sommergrüne Arten, die sich unter unseren Klimabedingungen wie Halbsträucher verhalten. Sie treiben im Frühjahr vergleichsweise lange Triebe, die gelegentlich etwas mehr als 1 m Länge erreichen können und an denen dann im Sommer oder Frühherbst die Blüten angelegt werden. Da diese Triebe in kalten Wintern ohnedies zurückfrieren und an jungen Trieben meist eine größere Zahl von Blüten angesetzt wird, schneiden wir solche Arten regelmäßig im Frühjahr bis zum Boden zurück. Nicht behandelt werden in diesem Kapitel die zwergigen Nadelgehölze (siehe Kapitel »Nadelgehölze«) und die zwergig wachsenden *Rhododendron*-Arten, die ab Seite 217 im Zusammenhang ihrer Gattung beschrieben werden.

Für Zwerggehölze bieten sich in den heute oft sehr kleinräumigen Gärten vielfache Verwendungsmöglichkeiten. In unseren Ballungsgebieten steht als Grünraum am Haus oft gerade noch ein Atriumgarten zur Verfügung, immer häufiger nur noch Terrassengärten oder Brüstungströge. Reihenhaus- und Atriumgarten bieten bestenfalls Platz für wenige Bäume und Sträucher. Für die Bepflanzung schmaler Beete in Hausnähe oder entlang von Wegen sind kleine Gehölze unentbehrlich. Gleiches gilt auch für die Anlage von Stein- und Heidegärten oder für die Bepflanzung von Terrassen, Böschungen und Pflanzgefäßen jeder Art. Auch in größeren Gärten werden nicht selten niedrig bleibende Gehölze eingesetzt, wenn etwa ganze Flächen einheitlich begrünt werden sollen.

Andromeda polifolia 'Glauca', Rosmarinheide
Ericaceae

Zierliche, immergrüne Moorbeetpflanze, in nördlich gemäßigten Zonen eine Charakterpflanze der Sphagnum- und Heidemoore.

Nur eine Höhe von 20 cm erreicht der kleine, vieltriebige Strauch. Er trägt schmal-lanzettliche, ledrige Blätter, die am Rand stark nach unten eingerollt sind. Sie sind oberseits dunkelgrün und blau bereift, auf der Unterseite hell blaugrün. Im Mai–Juni stehen an den Triebenden die kleinen, hellrosa Blütenglöckchen zu dritt bis zu siebt in nickenden Trauben. *Andromeda polifolia* gedeiht am besten in luftfeuchten, kühlen Gebieten auf frischen bis feuchten Rohhumusböden. Sie kann eine zierliche Begleitpflanze zu allen kleinlaubigen Moorbeetpflanzen sein. An feuchteren Stellen des Heidegartens findet sie in *Erica tetralix, Ledum palustre* und *Betula nana* passende Nachbarn.

Arctostaphylos uva-ursi, Bärentraube
Ericaceae

Immergrüner Spalierstrauch aus der Familie der Heidekrautgewächse. Bildet mit flach dem Boden aufliegenden Zweigen dichte Teppiche.

In den Hochgebirgen, oberhalb der Waldgrenze, ist die Bärentraube in sonnigen Lagen der Zwergstrauchheiden zu finden, im Flachland, vor allem zusammen mit dem Heidekraut, in lockeren Kiefernwäldern. In Kultur gedeiht sie am besten an sonnigen bis halbschattigen Plätzen und auf lockeren, durchlässigen, sauren bis neutralen Böden. Sie verträgt eine Anreicherung mit Humus im Boden, aber keine reinen Torfböden und keine stauende Nässe. Im Heidegarten ist sie, zusammen mit *Erica* und *Calluna*, ein unentbehrlicher Begleiter von Wacholder und Zwergkiefern. Sie läßt sich aber auch sehr gut im Steingarten unterbringen. An zusagenden Plätzen bildet sie dichte Teppiche aus langen Zweigen, die dicht mit dunkelgrünen, ledrigen Blättern besetzt sind. Die weißen, krugförmigen, 5 bis 6 mm großen, nickenden Blüten sind schon im Herbst weit vorgebildet, sie öffnen sich im April–Mai. Die glänzend scharlachroten, mehlig-fleischigen Steinfrüchte reifen im September–Oktober, sie bleiben sehr lange haften.

Berberis buxifolia 'Nana'
Berberidaceae

Immergrüner, mit zahlreichen feinen Zweigen sehr dicht verzweigter, rundlicher Strauch.

Die im Süden Chiles heimische Art findet sich bei uns nicht in Kultur, ihre Zwergform dafür aber ziemlich häufig. Sie wird selten mehr als 30 cm hoch, ist fast dornenlos und trägt ledrige, elliptische, blau- bis dunkelgrüne, rot gerandete Blätter. Wenn sich der kleine Strauch einige Jahre lang ungehindert – ohne Frostschäden und Rückschnitt – entwickeln kann, blüht er im Mai durchaus reich mit kleinen, goldgelben Blüten. Ein schöner, schnittverträglicher Gruppenstrauch für sonnige bis halbschattige Plätze, der auf jedem Gartenboden gedeiht.

Betula nana, Zwergbirke
Betulaceae

Arktisch-alpine Zwergbirke mit einer weiten, zirkumpolaren Verbreitung. Sie wächst oft auf nassen, nährstoff- und basenarmen, sauren Torfböden.

In Kultur ist die Zwergbirke keineswegs an nasse Standorte gebunden, sie gedeiht auch auf etwas trockeneren, sandig-humosen Böden, am besten an sonnigen, notfalls auch an halbschattigen Plätzen. In größeren Heidegärten ist die Zwergbirke fast unentbehrlich, sie kann dort, etwa in Anlehnung an große Findlinge oder zusammen mit Zwergweiden, Bergkiefern, Winter- und Besenheide wachsen. Mit ihren niederliegend-aufsteigenden Ästen und den graubraunen bis glänzend rotbraunen Zweigen wird die Zwergbirke kaum mehr als 50 cm hoch. Besonders zierlich wirken die fast kreisrunden, regelmäßig gekerbten, 5 bis 12 mm großen Blätter.

Bruckenthalia spiculifolia, Ährenheide
Ericaceae

Heidekrautähnlicher, bis 25 cm hoher, immergrüner Zwergstrauch, der in den kleinasiatischen Kiefernwäldern und voralpinen Buchenwäldern seine Heimat hat.

Die Ährenheide trägt an ihren dünnen, aufrechten Zweigen zahlreiche dicht- und quirlig stehende, dunkelgrüne, nadelförmige Blätter. Erst im Juni–August erscheinen die glockenförmigen, hellrosa gefärbten Blüten an den Triebenden in dichten, 2 bis 3 cm langen Trauben, sie duften angenehm heliotropartig.
Die Ährenheide ist nicht, wie die nahe verwandte Winterheide, ein Zwergstrauch für größere, flächige Pflanzungen. Sie gedeiht am besten als Einzelpflanze oder in kleinen Gruppen im Steingarten, in Verbindung mit großen Steinen. Sie braucht einen kalkfreien, lockeren, sandig-humosen Boden und einen sonnigen Platz.
'Balkan Rose' fällt durch ihre dunkelrosa Blüten auf.

Berberis buxifolia 'Nana'

Calluna vulgaris, Besenheide
Ericaceae

Allgemein bekannter Zwergstrauch, der in mehr oder weniger großen zusammenhängenden Flächen nahezu über ganz Europa verbreitet ist.

In Mitteleuropa kommt die Besenheide vor allem im norddeutschen Tiefland in Heiden, lichten Kiefern- und Eichenwäldern, Magerweiden und Mooren auf mäßig feuchten bis sommertrockenen, nährstoffarmen, sauren, humosen Sand- oder Torfböden vor. Sie wächst nur dort, wie etwa in der Lüneburger Heide, in großen, zusammenhängenden artenreinen Beständen, wo der Mensch die sie bedrängenden Baumarten wie Birke, Kiefer und Wacholder ständig zurückdrängt.
Calluna vulgaris ist ein immergrüner, 20 bis 100 cm hoher, reichverzweigter Strauch mit aufrechten oder niederliegend-ansteigenden Zweigen. Über den 1 bis 3 mm langen, nadelförmigen Blättern entfalten sich vom Juli bis zum September violettrosa Blüten von strohiger Konsistenz in dichten, bis 20 cm langen Trauben. Wir pflanzen in unseren Gärten nur selten die Art, sondern in der Regel eine oder mehrere der zahlreichen Sorten, die sich durch Wuchshöhe, Blühverhalten, Blütenfarbe und Laubfärbung unterscheiden (siehe folgende Tabelle).
Calluna vulgaris ist überall dort die wichtigste Pflanze eines Heidegartens, wo Klima und Boden eine Kultur zulassen. Am einfachsten läßt sich ein Heidegarten auf einem sauren (pH-Wert zwischen 4,5 bis 5), leichten und durchlässigen, humosen Sandboden anlegen. Notfalls muß der Boden durch Zufuhr von organischem Material und Estrichsand aufbereitet werden.
Bleibt *Calluna vulgaris* ungeschnitten oder wird nicht von Heidschnucken abgefressen, entwickelt sie sich zu einem sparrigen, von unten her verkahlenden Busch. Deshalb sollte man im Garten die Pflanzen regelmäßig im Frühjahr so kurz zurückschneiden, daß nur noch ein kurzes, beblättertes Stück des vorjährigen Triebes stehenbleibt.

Caryopteris × clandonensis, Bartblume
Verbenaceae

Vieltriebiger, 50 bis 100 cm hoher, aromatisch duftender Strauch mit mattglänzend tiefgrünen, unterseits graugrünen Blättern und leuchtendblauen Blüten im August–September.

Von den 15 *Caryopteris*-Arten, die vom Himalaja bis Japan verbreitet sind, sind bei uns nur zwei Sorten von *Caryopteris* × *clandonensis* in Kultur. Sie sind vor allem durch ihre späte Blüte und durch die bei Gehölzen recht seltene blaue Blütenfarbe wertvoll. Dafür nimmt man gern die geringe Frosthärte in Kauf, die zu einer winterlichen Bodenabdeckung im Wurzelbereich zwingt. Bartblumen vertragen Trockenheit und Hitze, sie brauchen im Garten einen sonnigen Platz und einen durchlässigen, kalkhaltigen, eher trockenen als zu feuchten Boden. Ihren besten Platz finden sie in Stein- oder Steppengärten, zusammen mit Zwergkoniferen, graulaubigen Stauden, sommerblühenden Gräsern und auch rot- oder rosablühenden Beetrosen.

Die schönsten Sorten von Calluna vulgaris
(zusammengestellt von der Körkommission Heide in der Lehr- und Versuchsanstalt Bad Zwischenahn, Witt 1990)

Sorte	Laubfarbe			Blütezeit			Blüte		Höhe			Beurteilung	besondere Hinweise
	grün	silberfarben	gelb/rot	Juli–Aug.	Aug.–Sept.	Sept.–Nov.	gefüllt	einfach	flach (bis 15 cm)	mittel (15–30 cm)	hoch (über 30 cm)		
Sorten mit weißer Blütenfarbe													
'Alba Erecta'	x				x			x			x	**	
'Alba Plena'	x				x		x				x	*	
'Caerketton White'	x			x				x			x	*	sehr frühe Blüte
'Cottswood Gold'			x		x			x			x	*	
'Gold Haze'			x		x			x			x	**	
'Hammondii'	x				x			x			x	**	
'Humpty Dumpty'	x				x			x		x		*	Zwergwuchs
'Kinlochruel'	x				x		x				x	***	
'Long White'	x					x		x			x	**	
'Mair's Variety'	x				x			x			x	**	
'Mirelle'	x				x			x			x	*	
'My Dream'	x				x	x					x	*	benötigt einen trockenen Standort, für den Schnitt geeignet
'Spring Cream'	x					x		x			x	**	cremefarbener Austrieb
'White Lawn'	x				x			x	x			*	sehr flacher Wuchs
Sorten mit rosa bis lila Blütenfarbe													
'Aurea'			x		x			x			x	**	
'Beoley Silver'		x				x		x			x	*	
'Boskoop'			x		x			x			x	**	
'County Wicklow'	x				x		x				x	***	
'Cuprea'			x		x			x			x	**	
'David Eason'	x					x					x	*	Knospenblüher
'Dirry'	x				x			x	x			**	flacher Wuchs
'Elsie Purnell'	x					x		x			x	***	hervorragend für den Schnitt geeignet
'Finale'	x					x		x			x	*	
'Firefly'			x		x			x			x	**	

Sorte	Laubfarbe			Blütezeit			Blüte		Höhe			Beurteilung	besondere Hinweise
	grün	silberfarben	gelb/rot	Juli–Aug.	Aug.–Sept.	Sept.–Nov.	gefüllt	einfach	flach (bis 15 cm)	mittel (15–30 cm)	hoch (über 30 cm)		
Sorten mit rosa bis lila Blütenfarbe													
'Flore Pleno'	x				x		x				x	*	
'Foxii Nana'	x			x				x	x			*	Zwergsorte
'Gold Carmen'			x	x				x	x			*	
'Golden Carpet'			x	x				x	x			*	
'Golden Feather'			x	x				x	x			*	
'H. E. Beale'	x					x		x			x	**	hervorragend für den Schnitt geeignet
'Heidezwerg'	x			x				x	x			*	kriechender Wuchs
'Hollandia'	x				x			x			x	*	
'Jan Dekker'		x		x				x			x	*	
'J. H. Hamilton'	x			x			x				x	***	
'Jimmy Dyce'	x			x	x						x	**	
'Marleen'	x				x					x		**	Knospenblüher
'Mullion'	x			x				x	x			***	
'Multicolor'		x	x					x	x			*	flachwachsend
'Nana Compacta'	x			x				x	x			*	Zwergwuchs
'Peter Sparkes'	x				x	x					x	***	hervorragend für den Schnitt geeignet, wenig anfällig für Pilzkrankheiten
'Radnor'	x			x	x						x	***	
'Ralph Purnell'	x			x		x					x	**	
'Red Favorit'	x			x	x						x	***	
'Red Haze'			x	x				x			x	*	
'Robert Chapman'			x	x				x			x	*	
'Roma'	x			x				x	x			**	
'Schurig's Sensation'	x				x	x					x	***	hervorragend für den Schnitt geeignet

Die schönsten Sorten von Calluna vulgaris (Fortsetzung)
(zusammengestellt von der Körkommission Heide in der Lehr- und Versuchsanstalt Bad Zwischenahn, Witt 1990)

Sorte	Laubfarbe			Blütezeit			Blüte		Höhe			Beurteilung	besondere Hinweise
	grün	silberfarben	gelb/rot	Juli–Aug.	Aug.–Sept.	Sept.–Nov.	gefüllt	einfach	flach (bis 15 cm)	mittel (15–30 cm)	hoch (über 30 cm)		
'Silver Knight'		x			x			x		x		**	
'Silver Queen'		x			x			x		x		*	
'Silver Rose'		x			x			x			x	*	
'Sir John Charrington'			x		x			x			x	**	
'Sonja'	x				x		x				x	*	
'Spring Torch'	x					x		x			x	**	gelbroter Austrieb
'Tenuis'	x			x				x		x		**	
'Wickwar Flame'			x		x			x			x	*	
Sorten mit purpurfarbener bis roter Blütenfarbe													
'Allegretto'	x				x			x			x	**	
'Allegro'	x				x			x			x	***	
'Alportii Praecox'	x			x				x			x	**	
'Annemarie'	x					x	x				x	***	hervorragend für den Schnitt geeignet
'Beoley Crimson'	x				x			x			x		
'Carmen'	x				x			x			x	**	
'Con Brio'	x				x			x			x	*	
'Darkness'	x					x		x			x	**	kompakter Wuchs
'Dark Star'	x					x	x				x	***	
'Nordlicht'	x				x			x			x	*	mehrfarbiges Laub
'Red Pimpernel'	x				x			x			x	***	
'Red Star'	x					x	x				x	***	hervorragend für den Schnitt geeignet
'Tib'	x			x			x			x		**	

* = gute Sorte, ** = empfehlenswerte Sorte, *** = sehr empfehlenswerte Sorte

Caryopteris × clandonensis 'Heavenly Blue'

Alle Zweige, gleichgültig ob frostgeschädigt oder nicht, werden im Frühjahr regelmäßig stark zurückgeschnitten. Die Bartblumen bilden dann einen dicht und strahlig verzweigten, halbkugeligen Busch.

'Ferndown' ist durch ihre späte, erst im September–Oktober einsetzende Blüte interessant.

'Heavenly Blue' und 'Kew Blue'. In Kultur finden sich vor allem diese beiden kompaktwachsenden Sorten mit stumpfgrünen, unterseits graufilzigen Blättern und dem reichen Blütenflor aus leuchtend dunkelblauen Blüten.

Cassiope, Schuppenheide
Ericaceae

Immergrüne, heidekrautähnliche, in der Natur oft mattenförmig wachsende Zwergsträucher mit vierzeiligen, dachziegelartig übereinanderstehenden Blättern und glockigen bis breit-becherförmigen Blüten.

Die zwölf arktisch-alpinen *Cassiope*-Arten sind zirkumpolar und im Himalaja verbreitet. Sie gedeihen in Kultur nur an ihnen zusagenden Standorten: Sie verlangen kühl-feuchte, torfreiche, sandig-steinige, durchlässige, saure Böden, möglichst kalkfreies Gießwasser und helle Standorte mit diffusem, wanderndem Schatten von entfernt stehenden größeren Gehölzen oder Steinen im Alpinum. Im Moorbeet und im Alpinum, etwa als Begleitpflanzen zu kleinblättrigen *Rhododendron*, sind sie mit ihren dunkelgrünen Blättern und den weißen Blütenglöckchen ganz reizende Zwerge für den erfahrenen Kultivateur.

Cassiope 'Edinburgh' zeichnet sich durch einen kräftigen, gesunden Wuchs, tiefgrüne Blätter und ziemlich große, reinweiße Blüten aus.

Cassiope lycopodioides ist in Nordasien, Nordjapan und Alaska heimisch. Sie wird etwa 10 cm hoch und bildet mit sehr dünnen Zweigen dichte Polster oder Matten. In den Achseln der etwa 2 mm langen Blätter öffnen sich im Mai–Juni die 8 mm großen, nickenden, reinweißen Blüten.

Cassiope 'Muirhead' gilt als eine der wichtigsten und schönsten Hybriden, die für die Gartenkultur oft wichtiger sind als die Wildarten. Die Sorte wächst dichtbuschig und aufrecht, sie blüht besonders reich.

Cassiope tetragona ist von Nordamerika über Nordskandinavien bis nach Sibirien verbreitet. Sie wird mit ihrer straff aufrechten Verzweigung bis 30 cm hoch und breit. Ihre ledrigen Blätter sind 2 bis 5 mm lang. Schon im März–April erscheinen die 5 bis 6 mm langen, glockenförmigen, weiß bis hellrosa gefärbten Blüten.

Ceanothus, Säckelblume
Rhamnaceae

Sommergrüne, kaum mehr als 1 m hohe, reizende Sommerblüher mit kleinen, rosa oder blauen Blüten in sitzenden Dolden, die zu großen Ähren oder Rispen vereint sind.

Überwiegend im westlichen Nordamerika sind die 55 *Ceanothus*-Arten beheimatet. Nicht wenige von ihnen haben blaue oder purpurne Blüten. In wärmeren Klimazonen gehört die Säckelblume zu den prachtvollsten Blütensträuchern überhaupt (siehe Kapitel »Bäume und Sträucher in den Gärten am Mittelmeer«). Unter unseren mitteleuropäischen Klimabedingungen können wir nur eine Art, *Ceanothus americanus*, und die beiden folgenden Hybriden kultivieren. Die auch in Mitteleuropa ausreichend frostharte, weißblühende *Ceanothus americanus* sieht man leider meist nur in botanischen Gärten.

Ceanothus × delilianus 'Glorie de Versailles'. Der sommergrüne, etwa 1 m hohe Strauch wächst durch den ständigen Rückschnitt vieltriebig. Er trägt lichtgrüne, unterseits etwas behaarte Blätter. Vom Juli bis zum September entwickeln sich an den jungen Trieben die zahlreichen dunkelblauen Blüten in großen Rispen. Die anderen, ebenfalls blaublühenden Sorten dieser Hybridgruppe findet man in der Regel nicht in den Angeboten der Baumschulen.

Ceanothus × pallidus 'Marie Simon' ist das rosablühende Gegenstück zu 'Glorie de Versailles'. Die Blüte dauert vom Juli bis zum September.

Die beiden Säckelblumen gedeihen in jedem gepflegten Gartenboden. Sie brauchen einen warmen, sonnigen Platz. Wie bei *Caryopteris* sind eine winterliche Abdeckung im Wurzelbereich und ein jährlicher Rückschnitt im Frühjahr ratsam.

Cotoneaster, Zwergmispel, Felsenmispel
Rosaceae

Sommer- und immergrüne Arten mit zahlreichen Sorten. Bei den hier behandelten zwergig wachsenden Arten ist der Wuchs kriechend oder mit niederliegend-ausgebreiteten Ästen flach und geduckt.

Nach den sommergrünen *Cotoneaster*-Arten, die im Kapitel »Sommergrüne Blüten- und Ziersträucher« behandelt wurden, folgen hier die zwergig wachsenden Arten mit ihren Sorten. Dazu gehört etwa *Cotoneaster dammeri*, mit den kriechenden, dem Boden aufliegenden und sich bewurzelnden Trieben ein ganz ausgezeichneter Bodendecker. Aber auch Arten wie *Cotoneaster adpressus, Cotonea-*

Cotoneaster conspicuus 'Decorus'

ster praecox oder *Cotoneaster horizontalis* zählen zu den Zwerggehölzen. Mit ihren abstehenden, regelmäßig verzweigten Ästen werden sie gern als dekorative, reichfruchtende Kleingehölze gepflanzt. Sie können überall dort gepflanzt werden, wo nur wenig Raum zur Verfügung steht. Gerade die schwachwachsenden Arten sind wertvolle Zwerge für Stein- und Troggärten. Alle sommergrünen Arten dieser Gruppe erweisen sich als robuste und anpassungsfähige Kleingehölze für sonnige bis halbschattige Plätze, sie gedeihen auf jedem Kulturboden. Robust und anspruchslos sind auch alle *Cotoneaster-dammeri*-Sorten. Etwas anspruchsvoller zeigen sich nur die immergrünen *Cotoneaster conspicuus* und *Cotoneaster microphyllus*. Sie lassen sich auch in Sonne und Halbschatten kultivieren, vertragen aber keine windexponierten Lagen.

Cotoneaster adpressus. Die Niederliegende Zwergmispel, eine Art aus dem westlichen China, ist ein sommergrüner, kaum mehr als 25 cm hoher, robuster Strauch, dessen fächrig verzweigte Äste sich bogig überneigen und dicht dem Boden aufliegen. Der Strauch treibt früh aus; seine breiteiförmigen, am Rand gewellten Blätter sind den Sommer über stumpfgrün, im Herbst färben sie sich purpur- bis leuchtendrot. Aus rötlichen Blüten im Mai–Juni entwickeln sich im Herbst eirundliche, rote Früchte.

Cotoneaster conspicuus 'Decorus' ist ein immergrüner, sehr zierlich belaubter Strauch mit mattenförmigem Wuchs und übergeneigten Zweigen, die Zweige wurzeln an den Spitzen und wachsen in Bögen weiter. Die Zweige sind sehr dicht mit winzigen Blättern besetzt. Ein sehr eleganter Zwergstrauch für warme, geschützte Plätze. In kalten Wintern kann er Frostschäden erleiden. 'Conspicuus' gehört zu den besonders reichblütigen Formen. Überreich ist dann auch der Fruchtschmuck mit den lange haftenden, hellorange gefärbten, bis 9 mm großen Früchten.

Cotoneaster dammeri. Die immergrüne Teppich-Zwergmispel, heimisch im westlichen China, bildet mit ihren weit kriechenden, dicht dem Boden aufliegenden Trieben ganz dichte, kaum handhohe Teppiche. Dazu tragen auch die großen, ledrigen, zweizeilig gestellten Blätter bei. Etwa 1 cm breite Blüten öffnen sich im Mai–Juni, hellrot sind die kugeligen, 7 mm dicken Früchte. *Cotoneaster dammeri* und die zahlreichen Gartenformen sind vor allem häufig gepflanzte Bodendecker. Sie werden aber auch als Ampelpflanzen in Brüstungströgen oder anderen Pflanzgefäßen verwendet. Ihre langen Zweige hängen dann wie ein Vorhang herab.

Bei der Verwendung als Bodendecker muß der unterschiedlich starke Wuchs berücksichtigt werden. Sorten wie 'Coral Beauty', 'Eichholz', 'Hachmanns Winterjuwel' und 'Skogholm' wachsen mit bogig ausgebreiteten Trieben sehr stark und können 50 bis 100 cm hoch werden, sie kommen nur für großflächige Pflanzungen in Betracht. Für die flächige Bepflanzung kleinerer Flächen eignen sich nur ganz flach wachsende Sorten wie die weit verbreitete 'Major' oder die ganz schwach wachsenden 'Streibs Findling' und 'Queen of Carpet'. Seit einigen Jahren sind zwei feuerbrandresistente Sorten auf dem Markt: 'Holsteins Resi' und 'Thiensen', sie haben die Wuchsform von 'Major'.

Cotoneaster horizontalis. Die in Westchina heimische Fächer-Zwergmispel ist ein sommergrüner oder wintergrüner, bis 1 m hoher Strauch mit ansteigenden bis horizontal ausgebreiteten Ästen und einer regelmäßig gestellten, fischgrätenartigen Verzweigung. Auch die rundlichen, glänzend dunkelgrünen, im Herbst scharlach- bis braunrot gefärbten Blätter stehen zweizeilig an den Zweigen. Sehr lange haften die zahlreichen leuchtendroten Früchte. Die Art gehört mit ihrem eigenartigen, malerischen Wuchs zu den am häufigsten gepflanzten unter den niedrig bleibenden *Cotoneaster*-Arten. Erst im Juni öffnen sich die rötlichen oder weißlichen Blüten. Sehr gern wird sie dicht an eine Mauer gepflanzt, ihre Zweige schieben sich dann an der Mauer hoch und können so langsam bis in Mannshöhe emporwachsen.

Cotoneaster microphyllus 'Cochleatus'. Die immergrüne, üppig verzweigte Sorte ist wesentlich frosthärter als ihre chinesische Stammform. Mit einer Wuchshöhe von 30 bis 50 cm bleibt sie zudem wesentlich niedriger. Sie breitet sich mit niederliegenden oder bogig nach unten gekrümmten Ästen aus. Mit ihren sehr zierlichen, nur 5 bis 10 mm großen, an der Oberseite glänzendgrünen, unterseits weiß behaarten Blättern ist sie ein sehr zierlichen Strauch mit einem ansprechenden Habitus. 'Cochleatus' ist eher ein Einzelstrauch für den Steingarten, die Sorte eignet sich kaum für flächige Pflanzungen. Friert sie in kalten Wintern einmal zurück oder verkahlt sie von unten her, ist ein kräftiger Rückschnitt bis ins alte Holz möglich.

Cotoneaster praecox. Die felsigen Hochsteppen im westchinesischen Nanshan-Gebirge sind die Heimat der Nanshan-Zwergmispel. Dieser sommergrüne, etwa 50 cm hohe Strauch entwickelt weit und bogig abstehende oder dem Boden aufliegende, rotbraune Zweige. Die dunkelgrünen, rundlich-eiförmigen Blätter sind am Rand stark gewellt, sie färben sich im Herbst anhaltend purpur- bis scharlachrot. *Cotoneaster praecox* blüht besonders reich. Entsprechend zahlreich werden die großen, orangeroten Früchte angelegt. Sie reifen schon im August–September, fallen aber bald danach ab. Die Art eignet sich nicht für flächige Pflanzungen, sie ist eher eine schöne Einzelpflanze für größere Stein- und Troggärten.

Cotoneaster salicifolius. Neben der häufig kultivierten, hochwachsenden Form der Weidenblättrigen Felsenmispel sind auch zwei flachwachsende, bodendeckende Formen in Kultur:
'Herbstfeuer'. Die teilweise wurzelnden Zweige liegen dicht dem Boden auf, so entstehen dichte, 30 bis 50 cm hohe Matten. Die Blätter sind elliptisch, 4 bis 6 cm lang und etwas runzelig. Mit seinen schmalen Blättern ein zierlich wirkender Bodendecker zur Begrünung größerer Flächen. Fruchtet sehr reich.
'Parkteppich' wird 20 bis 30 cm hoch. Die reichverzweigten Triebe liegen dem Boden auf oder hängen bogig über, die dichtstehenden Blätter sind nur 2 bis 3 cm lang. Auch 'Parkteppich' fruchtet reich. Verwendung wie 'Herbstfeuer'.

Cytisus, Geißklee, Ginster
Leguminosae

Sommergrüne, unbewehrte Sträucher oder Zwergsträucher mit meist dreizähligen, oft sehr feinen Blättern und großen, überwiegend gelben Schmetterlingsblüten in den Blattachseln und in Köpfchen oder Trauben an den Zweigenden.

70 Arten umfaßt die Gattung, die meisten von ihnen sind im Mittelmeergebiet heimisch, sie kommen dort häufig in Felssteppen und Sandfluren, Magerwiesen, Geröllhalden und an Felshängen vor. Nicht wenige von ihnen sind prachtvolle, reichblühende Ziersträucher. Ihre natürlichen Lebensräume geben Hinweise auf bevorzugte Standorte im Garten: alle brauchen vollsonnige, warme Plätze auf durchlässigen, lehmigen oder sandig-humosen, nährstoffarmen, neutralen bis alkalischen Böden. Bis auf den Besenginster, *Cytisus scoparius*, und die daraus entstandenen Edelginster sind alle ausreichend frosthart. Die gelegentlich auftretenden Frostschäden an den Zweigen haben keine Bedeutung, denn die Edelginster sollten ohnedies unmittelbar nach der Blüte etwas zurückgeschnitten werden. Dadurch bleiben sie kompakt, fallen nicht auseinander und blühen im folgenden Jahr besonders reich.
Die höher werdenden Edelginster finden ihren Platz vor allem in Heidegärten, die zwergigen Arten in Stein- und Troggärten, auf Mauerkronen

und Treppenwangen, zusammen mit wärme- und sonnenliebenden Zwerggehölzen (wie *Santolina chamaecyparissus* und *Lavandula angustifolia*), Stauden und Gräsern. Die *Cytisus*-Arten und -Hybriden eignen sich hervorragend als Begleitpflanzen für alle zwergig wachsenden Kiefern, Fichten und Wacholder.

Cytisus × beanii. Der Duftende Kriechginster ist ein 40 bis 60 cm hoher Strauch mit niederliegend-ansteigenden, behaarten Zweigen, er wächst langsam und bildet dichte Teppiche. Im Mai entfalten sich die zahlreichen goldgelben Blüten.

Cytisus decumbens. Von Albanien bis Mittelfrankreich hat der Kriechginster auf kalkhaltigen Böden seine Verbreitung. Er bildet mit niederliegenden, oft wurzelnden Zweigen bis 20 cm hohe, dichte Kissen. Im Mai ist der ganze Strauch dicht mit goldgelben Blüten bedeckt. Mit den zahlreichen Blüten stellt er einen der schönsten aller Zwergginster dar. Er ist robust, ziemlich langlebig, frosthart und trockenresistent. Der Kriechginster wird als Einzel- oder Gruppenstrauch am besten in Verbindung mit Steinen gepflanzt.

Cytisus × kewensis. Als Niedriger Elfenbeinginster wird diese Hybride bezeichnet. Tatsächlich erinnern die rahmweißen Schmetterlingsblüten an die des Elfenbeinginsters. Im Wuchs unterscheiden sich beide aber deutlich. *Cytisus × kewensis* entwickelt sich zu einem kaum mehr als 30 cm hohen und etwa 1 m breiten Strauch mit ausgebreitet-ansteigenden Zweigen und meist dreizähligen Blättern. Im Mai erscheinen massenweise die rahmweißen bis hell schwefelgelben Blüten. Dieser wunderschöne Zwergstrauch ist aber nicht ganz so robust und frosthart wie *Cytisus decumbens*.

Cytisus nigricans 'Cyni'. Der in Mittel- und Südosteuropa verbreitete Schwarze Geißklee gehört nicht zum Standortsortiment der Baumschulen. 'Cyni' ist aber eine sehr wertvolle, dänische Selektion, die sich vor allem durch einen kompakteren Wuchs von der über mannshoch werdenden Art unterscheidet. Außerdem blüht sie reicher. Am Ende der zahlreichen aufrechten, jungen Triebe entwickeln sich im Juni–August sehr lange Trauben mit zahlreichen dunkelgelben Blüten.

Cytisus 'Boskoop Ruby'

Die jungen Triebe sollten jährlich im Frühjahr zurückgeschnitten werden.

Cytisus × praecox. Der Elfenbeinginster wächst als ein sehr vieltriebiger, 70 bis 150 cm hoher Strauch. Seine langen, dünnen, graugrünen Zweige hängen elegant in Bögen über. Sie tragen meist einfache, lanzettliche Blätter und im April–Mai auf ihrer ganzen Länge eine überreiche Fülle gelblichweißer bis schwefelgelber, streng riechender Blüten. Diese Hybride wird neben den prächtigen Edelginstern gern und häufig gepflanzt, nicht nur in der rahmweiß blühenden Form, sondern auch in zwei Sorten:
'Allgold' mit reingelben, im Verblühen hellgelben Blüten.
'Hollandia' mit purpurroten Blüten.
Der Elfenbeinginster und seine Formen werden wie die Edelginster unmittelbar nach der Blüte zurückgeschnitten.

Cytisus purpureus. Die vom üblichen Gelb abweichende, purpurrote Bütenfarbe hat dieser südeuropäischen Art den Namen Purpurginster eingetragen. Der sehr robuste Zwergstrauch wird mit aufsteigend-niederliegenden Zweigen etwa 60 cm hoch, er breitet sich durch unterirdische Ausläufer langsam, aber stetig aus und bildet so kleine Hor-

Die schönsten Edelginster-Sorten	
'Andreanus Splendens'	Fahne und Kiel goldgelb, Flügel rotbraun
'Boskoop Ruby'	einheitlich dunkel karminrot
'Burkwoodii'	Fahne und Kiel karminrot, Flügel rotbraun mit goldgelbem Saum
'Erlkönig'	Fahne gelb und rot, Flügel goldgelb, Kiel gelb
'Firefly'	Fahne und Kiel gelb, Flügel gelb mit rotbraunem Fleck
'Goldfinch'	Fahne rosa, Flügel dunkelrot und gelb, Kiel goldgelb
'Killiney Red'	einfarbig leuchtendrot
'Luna'	Fahne und Kiel hellgelb, Flügel goldgelb
'Red Favorit'	Fahne karminrot, Flügel dunkelrot, Kiel lilarosa
'Red Wings'	Fahne und Flügel leuchtend karminrot, Kiel lila

ste. Im Mai–Juni öffnen sich auf der ganzen Länge der vorjährigen Zweige überaus zahlreich die großen, purpurroten oder rosa gefärbten Blüten. Die hitze- und trockenresistente Art läßt sich sehr gut in Pflanzgefäßen halten.

Cytisus-scoparius-Hybriden. Der in Mitteleuropa weit verbreitete Besenginster wird im Hausgarten nur selten gepflanzt. Viel häufiger trifft man die als »Edelginster« bezeichneten Gartenformen an. Es handelt sich dabei um Selektionen aus *Cytisus scoparius* (alle Sorten mit gelben, braunen, ein- oder zweifarbigen Blüten) oder Kreuzungen mit *Cytisus multiflorus* (Sorten mit karminroten, rosaroten, lachsfarbenen und weißen Blüten). Die Sorten dieser Gruppe bieten so eine Fülle verschiedener Blütenfarben. Nur wenige Edelginster-Sorten haben einfarbige Blüten, in der Regel ist die Blütenfahne anders gefärbt als Kiel und Flügel (siehe Tabelle).
Ungeschnitten entwickeln sich alle Sorten mit ihren kantigen, grünen Trieben zu 1 bis 2 m hohen, reichverzweigten, aufrechten oder bogig aufsteigenden Sträucher. Unter natürlichen Bedingungen wächst der nur kurzlebige, frostempfindliche Besenginster meist struppig und bald schief. Im Garten halten wir seine Sorten durch ständigen Rückschnitt blühwillig und in Form.

Daboecia cantabrica, Irische Heide
Ericaceae

Immergrüner, heidekrautähnlicher Zwergstrauch mit sehr dicht stehenden, nur 1 mm langen, glänzend dunkelgrünen, unterseits weißfilzigen Blättern.

In den Heidegebieten der ozeanischen Küstenlandschaften von Westirland bis Nordportugal und in den kantabrischen Gebirgen Spaniens ist die Irische oder Glanzheide verbreitet. Sie wächst

Daboecia cantabrica 'Alba'

als ein reich verästelter, bis 50 cm hoher Zwergstrauch, dessen kleine, ledrige Blätter am Rand eingerollt sind. Von Juli bis September erscheinen die bauchig-krugförmigen, 8 bis 12 mm langen purpurrosa Blüten in 10 cm langen, lockeren Trauben an den Zweigenden. *Daboecia cantabrica* ist ein hübscher, zierlicher Zwergstrauch für wintermilde, ozeanisch beeinflußte Gebiete. Wie viele andere Vertreter der Heidekrautgewächse braucht er einen frischen, sauren, lockeren, sandig-humosen Boden und offene, sonnige Lagen. Eine lockere winterliche Reisigabdeckung schützt vor Barfrösten und Wintersonne. Neben der Art stehen uns auch einige vegetativ vermehrte Formen mit abweichenden Farben zur Verfügung:
Weiße Blüten: 'Alba', 'Cinderella', 'Snowdrift'.
Rosa Blüten: 'Cupido', 'Pink', 'Praegerae'.
Mehrfarbige Blüten: 'Bicolor'.
'William Buchanan' wird meist zu *Daboecia × scotica* gestellt. Sie fällt durch einen niedrigen, geschlossenen Wuchs auf und wird nur 20 bis 30 cm hoch. Bemerkenswert ist die lange Blütezeit, die mit karminrosa Büten von Juni bis Oktober dauert. Eine der wichtigsten und schönsten Sorten.

Daphne, Seidelbast
Thymelaeaceae

Sommer- oder immergrüne Zwerg- und Kleinsträucher mit auffallend stark duftenden, glockenförmigen oder zylindrischen Blüten in kurzen Trauben oder Dolden. Die einsamigen Steinfrüchte sind wie alle anderen Teile der Pflanzen sehr giftig.

Von den 70 *Daphne*-Arten sind allein 17 in Europa, davon fünf in Mitteleuropa verbreitet. Nur wenige davon kultivieren wir in unseren Gärten. Alle frühblühenden Arten haben einen starken, ausgeprägten Blütenduft, nur so können sie in der frühen Jahreszeit die wenigen Insekten auf sich aufmerksam machen.
Daphne-Arten sind wunderschöne und kostbare, aber nicht ganz problemlose Pflanzen. Mit Ausnahme von *Daphne mezereum*, die auch feuchte Böden toleriert, brauchen alle Arten gut und dauerhaft dränierte, lockere, neutrale bis alkalische Böden. Eine gute Dränage schafft man durch das Einarbeiten von Steinschotter oder Bimskies. Während die mitteleuropäische Waldpflanze *Daphne mezereum* eher kühle, luftfeuchte, halbschattige Lagen und frische bis feuchte Böden bevorzugt, gedeihen *Daphne cneorum* und *Daphne* × *burkwoodii* am besten an sonnigen bis leicht beschatteten Plätzen und auf etwas trockeneren Böden. Große Bodentrockenheit vertragen aber auch sie nicht. *Daphne cneorum* eignet sich besonders gut als Steingarten- und Trogpflanze.

Daphne × burkwoodii 'Somerset' wird nur in günstigen Lagen mehr als 1 m hoch und breit. Sie baut einen reichverzweigten, kompakten, halbkugeligen Busch mit derben, unterseits blaugrünen, lanzettlichen Blättern auf, die in milden Wintern bis zum Frühjahr haften. Im Mai erscheinen die zahlreichen purpurrosa Blüten mit den hellrosa Kronzipfeln. Sie machen durch ihren angenehmen, süßlichen Duft schon von weitem auf sich aufmerksam. Leider erweist sich dieser wunderschöne Kleinstrauch als nicht sehr langlebig. Wenn er älter wird, bricht er leicht auseinander und wächst dann nur noch kümmerlich weiter.

Daphne cneorum. Der Rosmarin-Seidelbast ist in den Gebirgen Mittel- und Südeuropas meist auf kalkreichen, steinigen Böden verbreitet. Er gedeiht auch im Garten am besten in Verbindung mit Steinen. Mit niederliegenden oder bogig aufstrebenden Zweigen bildet er dichte, kaum mehr als 30 cm hohe Polster. Immergrün sind die kleinen, lanzettlichen, ledrigen, glänzend dunkelgrünen Blätter. Über dem Laub stehen im April–Mai die karminrosa, stark nach Nelken duftenden Blüten in köpfchenartigen Dolden. Die Pflanzen verschwinden dann fast unter der Blütenfülle. Unter allen zwergig wachsenden Seidelbastarten ist *Daphne cneorum*, auch als Steinrösel bekannt, die wertvollste. Gelegentlich werden Selektionen wie 'Eximia', 'Major' oder 'Variegata' (Blätter mit schmalem, gelbweißen Rand) angeboten.

Daphne mezereum. Der Gemeine Seidelbast ist von Mitteleuropa bis Sibirien verbreitet. Er wächst bevorzugt in krautreichen Wäldern auf kalkhaltigen bis mäßig sauren, humosen Lehm- und Mullböden. Mit dicken, biegsamen, wenig verzweigten Trieben wird er etwa 1 m hoch. Die sommergrünen, länglich-lanzettlichen, oft früh abfallenden

Daphne × burkwoodii 'Somerset'

Blätter treten meist an den Zweigenden gehäuft auf. Lange vor der Laubentfaltung, gelegentlich schon im Februar, sonst im März–April, öffnen sich entlang der vorjährigen Triebe die stark duftenden purpurrosa oder purpurlila Blüten. Schon im Sommer reifen die scharlachroten, hochgiftigen, saftigen Steinfrüchte. *Daphne mezereum* gehört zu den schönsten Vorfrühlingsblühern der heimischen Flora. Im noch winterkahlen Wald fällt sie rasch auf. Man sollte der Versuchung widerstehen, blühende Pflanzen im Wald auszugraben. Die Pflanzen stehen nicht nur unter Naturschutz, ältere Pflanzen würden ein Verpflanzen sicher nicht überstehen.

Nicht selten wird *Daphne mezereum* vom Seidelbastmosaikvirus befallen, die Blätter zeigen dann chlorotische, mosaikartige Scheckungen und fallen bald ab. Stark infizierte Pflanzen sind in der Regel nicht mehr zu retten.

Daphne mezereum f. *alba*. Gelegentlich kommen in der Natur weißblühende Pflanzen mit gelben Früchten vor. Sie fallen echt aus Samen, wenn die Pflanzen isoliert blühen konnten.

'Rubra Select' sieht man gelegentlich anstelle der Art angeboten. Es handelt sich dabei nicht um vegetativ vermehrte einheitlich aussehende Pflanzen, sondern um Nachzuchten von Pflanzen mit dunkel karminroten Blüten.

Elsholtzia stauntonii, Kamm-Minze
Labiatae

Sommergrüner, stark aromatisch duftender Kleinstrauch, der erst im September–Oktober blüht.

Zur Familie der Lippenblütler gehören nur wenige Gehölze. Die in Nordchina heimische Kamm-Minze wird in Kultur, bedingt durch den regelmäßigen Rückschnitt, nie mehr als 1 m hoch. Die langen, unverzweigten Triebe tragen gegenständige, etwas hängende, breit-lanzettliche Blätter, die sich im Herbst leicht purpurn verfärben. Kaum ein anderer Strauch blüht so spät im Jahr: Erst im September–Oktober entwickeln sich an den Enden der Triebe die 7 bis 8 mm langen, purpurrosa Blüten in 10 bis 20 cm langen Scheinähren, die zu mehreren rispig gehäuft stehen. Die späte Blüte, die gelegentlich schon von den ersten Nachtfrösten überrascht wird, macht diesen reizenden Strauch so wertvoll. Er wächst auf jedem Gartenboden, am besten an einem warmen, sonnigen Platz. Gute Nachbarn sind ihm Gräser, die im Spätsommer blühen. Der Strauch zeigt sich nach guter Holzausreife bei uns ausreichend frosthart. Allerdings sollte sein Wurzelbereich im Winter mit trockenem Laub abgedeckt sein. Alle Triebe werden im Frühjahr oder schon vor dem Eindecken im Herbst bis auf kurze Stummel zurückgeschnitten.

Empetrum nigrum, Krähenbeere, Rauschbeere
Empetraceae

Heidekrautähnlicher, aber nicht mit den Heidekrautgewächsen verwandter, niederliegender Zwergstrauch mit nadelförmigen, nur 4 bis 8 mm langen Blättern.

Mit zahlreichen niederliegenden bis bogig ansteigenden, dicht beblätterten Zweigen bildet die Krähenbeere sehr dichte Teppiche. Nur unscheinbar sind die kleinen Blüten, die einzeln in den Blattachseln sitzen. Die recht großen, kugeligen, schwarzglänzenden Steinfrüchte fallen dagegen eher auf. An zusagenden Standorten, etwa auf den sauren, sandig-humosen Böden des Heidegartens, ist die Krähenbeere eine schöne, bodendeckende Begleitpflanze der Heide; sie kann ein verbindendes Element zwischen *Erica, Calluna* und den größeren Pflanzen des Heidegartens sein.

Erica, Heide
Ericaceae

Immergrüne Zwergsträucher mit nadelförmigen Blättern aus der Familie der Heidekrautgewächse, die entweder im sehr zeitigen Frühjahr oder im Sommer blühen.

Erica carnea 'Myretoun Ruby'

Mehr als 550 Arten zählt die Gattung *Erica*. Die meisten von ihnen sind im südlichen Afrika heimisch, sie sind dort ein wichtiger Bestandteil der Fynbosflora, einer Vegetationsform, die den Macchien des Mittelmeerraumes sehr ähnlich ist. Von den 17 europäischen Arten gehört die Schneeheide, *Erica carnea*, zu den Pflanzen der montanen und subalpinen Stufe; sie wächst dort auf flachgründigen, meist kalkhaltigen bis schwach sauren Böden und ist unter anderem mit der Behaarten Alpenrose, *Rhododendron hirsutum*, vergesellschaftet. Im Gegensatz zu den anderen kultivierten Arten blüht sie oft schon ab November–September, sonst im März–April.

Die hier behandelten sommerblühenden Arten haben ihre Heimat vorwiegend in den atlantischen Heidegesellschaften auf sauren, nährstoffarmen, humusreichen oder sandigen Böden.

Sommerblühende Arten werden als Kulturpflanzen – ebenso wie *Calluna vulgaris* – regelmäßig im Frühjahr bis in den unteren Bereich der beblätterten Triebe zurückgeschnitten. *Erica carnea* bleibt dagegen in der Regel ungeschnitten. Nur die sommerblühenden Arten brauchen unbedingt saure Böden (*Erica carnea* verträgt auch leicht alkalische Böden). Die Sommerblüher sind weniger frosthart als die Frühjahrsblüher und sollten bei Kahlfrösten mit einer leichten Reisigdecke vor Wind und Sonneneinstrahlung geschützt werden.

Alle *Erica*-Arten sind unentbehrliche Pflanzen des Heidegartens. Sie sollten nie einzeln, sondern stets in mehr oder weniger großen Gruppen gepflanzt werden. Auf etwas problematischen Standorten kann *Erica carnea* die Besenheide als Hauptbestandteil des Heidegartens durchaus ersetzen.

Erica carnea. Die Schneeheide ist die für unsere Gärten wichtigste Erikaart. Der reichverzweigte, 15 bis 30 cm hohe Strauch bildet im Bestand dichte Matten. Die niederliegend-aufsteigenden Triebe tragen nadelförmige, bis 10 cm lange Blätter. Schon im Herbst sind die nickenden Blüten in ihren einseitswendigen Doppeltrauben vollständig ausgebildet. Bei günstigem Wetter öffnen sie sich bereits im November–Dezember. Meist wird die Blüte durch Frost und Schnee unterbrochen, sie wird dann im März–April fortgesetzt. Bei der Art sind die Blüten in allen Teilen rosa bis fleischfarben, bei den zahlreichen Gartenformen auch weiß bis purpurn.

Als Gartenpflanze hat die Art keine größere Bedeutung. Wir pflanzen nahezu ausschließlich einige der zahlreichen Gartenformen, die nicht nur mit andersfarbigen Blüten, sondern zum Teil auch mit gelben bis orange gefärbten Blättern aufwarten. Von den weit über 20 Sorten sind die folgenden am weitesten verbreitet. Um weitere Sorten muß man sich in Spezialbetrieben bemühen, die überwiegend im norddeutschen Raum angesiedelt sind.

'Atrorubra'. Wuchs ziemlich flach, bis 20 cm hoch. Blüten karminrot. Blüht besonders spät.
'Myretoun Ruby'. Wuchs kompakt, 20 cm hoch. Blüten intensiv weinrot, groß. Sehr reichblühend. Eine der besten Neueinführungen der letzten Jahre.
'Snow Queen'. Wuchs breit gedrungen, sehr flach, 15 cm hoch. Blüten reinweiß.
'Vivellii'. Zierlich und etwas schwachwüchsig, bis 20 cm hoch. Belaubung im Winter dunkelbronze. Blüten violettrot.
'Winter Beauty'. Wuchs sehr gedrungen, 20 cm hoch. Blüten intensiv rosa mit braunen Staubbeuteln. In Europa wohl die am häufigsten kultivierte Sorte.

Erica cinerea. Kurz bevor die wichtigste Pflanzengruppe des Heidegartens, die zahlreichen Sorten der Besenheide, zur Blüte kommen, kehrt mit den Sorten der Grauheide Farbe in den sommerlichen Heidegarten ein. Die ersten Sorten blühen schon im Juni, mit ihnen läßt sich die Lücke zwischen dem Frühjahrs- und Sommerflor gut einengen. Die Grauheide wird mit niederliegend-aufrechtem Wuchs bis 60 cm hoch. Sie trägt an kurz graufilzigen Zweigen kleine, nadelförmig-lanzettliche ganz fein wimperborstige Blätter, deren Ränder stark umgerollt sind. Fleisch- bis violettrot sind die glockig-eiförmigen Blüten, die an den Triebenden in Quirlen oder Trauben abgeordnet sind. Die Blütezeit der verschiedenen Sorten reicht von Juni bis September. Die wichtigsten Sorten sind:
'C. D. Eason'. Wuchs dichtbuschig, bis 35 cm hoch. Blüten hellmagentarot, Juni–September. Eine der am häufigsten kultivierten Sorten.
'Cevennes'. Wuchs straff aufrecht, locker, bis 40 cm hoch. Blüten helllila, September–Oktober.
'Heidebrand'. Wuchs kompakt und breitbuschig, 25 cm hoch. Blüten tief rubinrot, Juni–August. Die Sorte mit dem dunkelsten Rot der Blüten.
'Pallas'. Wuchs breitbuschig, Blätter graugrün. Blüten purpurrosa, sehr zahlreich, Juni–Oktober. Hat sich als recht winterhart erwiesen.
'Sandpit Hill'. Wuchs breit aufrecht, 35 cm hoch. Blüten reinrosa, Juli–September. Beste Sorte in dieser Farbe.

Erica × darleyensis. In England entstand diese Hybride zwischen *Erica carnea* und der nicht winterharten mediterranen Frühlingsheide, *Erica erigena*. In Habitus, Belaubung und Blüte ist sie kaum von *Erica carnea* zu unterscheiden, sie wächst nur etwas kräftiger, wird ungefähr 40 cm hoch, ist nicht ganz so frosthart und hat eine ungewöhnlich lange Blütezeit, die von November bis Mai dauert.
'Darley Dale', der Typ dieser Hybride. Sie wächst ziemlich locker und breit aufrecht. Blüten hell lilarosa.
'Kramer's Rote' ist mit ihren tief purpurrotfarbenen Blüten wohl die schönste Sorte dieser Gruppe.
'White Perfection' hat reinweiße bis leicht cremeweiße Blüten.
Alle Sorten werden wie *Erica carnea* verwendet. Im Gegensatz zu ihr ist aber ein Winterschutz durch eine leichte Reisigdecke ratsam.

Erica tetralix. Die Glockenheide ist im atlantischen Europa, in Mitteleuropa vor allem in den küstennahen Bereichen Nordwestdeutschlands verbreitet. Sie wächst bevorzugt in Heide- und Torfmooren auf feuchten, nährstoffarmen, sauren Torfböden und humusreichen Sandböden. In Kultur verlangt sie ähnliche Standortbedingungen. Sie wird kaum mehr als 30 bis 40 cm hoch, ihre nadelförmigen, 3 bis 5 mm langen Blätter sind grau behaart. Die Glockenheide blüht von Juli bis September, ihre blaßrosa oder weißen Blüten sind zu endständigen, köpfchenartigen Blütenständen geordnet. Auf zusagenden Standorten ist die Glockenheide im Heidegarten eine schöne Begleitpflanze zu Schnee- und Besenheide. Wie andere sommerblühende *Erica*-Arten sollte sie jährlich zurückgeschnitten werden. Auch von der Glockenheide kultivieren wir selten die Wildart, sondern eher vegetativ vermehrte Sorten:
'Alba Mollis', reinweiß.
'Ardy', tief rosarot.
'Con Underwodd', dunkel lilarosa.
'Hookstone Pink', rein hellrosa.
'Pink Star', hell lilarosa.
'Silver Bells', weißrosa mit silbrigem Schein.

Erica vagans. Die Cornwallheide ist ebenfalls im atlantischen Küstenbereich von Europa in Heiden und lichten Wäldern verbreitet. Als Wildart wird sie bis 50 cm hoch und mit niederliegend-aufrechten Trieben recht breit. Ihre linealischen, bis 10 mm langen, tiefgrünen Blätter stehen zu viert bis zu fünft in Wirteln. Von Juli–September an werden im oberen Bereich der jungen Triebe die breit-glockenförmigen, purpurrosa Blüten jeweils zu zweit in den Blattachseln angelegt, zusammen bilden sie 8 bis 16 cm lange, zylindrische Rispen. Die Gartenformen von *Erica vagans* sind frosthärter als die Wildart, an geschützten Plätzen ist eine winterliche Abdeckung nicht erforderlich. Auch sie brauchen frische, sandig-humose Böden, vertragen aber eine neutrale Bodenreaktion.

'Diana Hornibrook'. Wuchs dicht und ziemlich kompakt, bis 30 cm hoch. Blüten rosarot, Juni–September.

'Lyonesse'. Wuchs kräftig und gedrungen, bis 30 cm hoch. Blüten rahmweiß, sehr dicht stehend, August–September.

'Mrs. D. F. Maxwell'. Wuchs buschig, zierlich, bis 35 cm hoch. Blüten dunkelrosa, sehr dicht gedrängt, August–September.

'St. Keverne'. Wuchs buschig und gedrungen, bis 35 cm hoch. Blüten rein lachsrosa, sehr zahlreich, August–September.

Euonymus fortunei, Kletternder Spindelstrauch
Celastraceae

Immergrüner, niederliegend-aufstrebender oder mit Haftwurzeln kletternder Strauch.

In Ostasien hat *Euonymus fortunei* eine weite Verbreitung. Die Art bildet einen Bestandteil der Bodenflora sommer- und immergrüner Wälder. Sie kann, wie bei uns der Efeu, mit ihren niederliegenden Trieben am Boden bleiben, aber auch an Baumstämmen oder Mauern emporwachsen, sie erreicht dabei durchaus Höhen um 5 m. Bei uns wird *Euonymus fortunei* mit seinen zahlreichen, oft buntlaubigen Formen vorwiegend für flächige Begrünungen eingesetzt. Der robuste Strauch zeigt sich dabei besonders schattenverträglich, gedeiht aber auch an sonnigen Plätzen, sofern sie nicht zu heiß oder zu trocken sind. Der Boden sollte frisch sein.

Bei der großen Fülle an Sorten kann zwischen grün- und buntlaubigen Formen unterschieden werden. Die grünlaubigen stammen häufig von *Euonymus fortunei* var. *radicans* ab, einer niederliegenden oder mit Haftwurzeln kletternden Form mit stumpfgrünen Blättern, die eine auffallend helle Nervatur haben. Die Blätter der buntlaubigen Sorten sind weiß oder gelb gefleckt, oder sie haben einen goldgelben Rand. Die alte Sorte 'Variegata' ('Gracilis') hat längst besser beurteilte Nachfolger gefunden. Nach einer jüngst vorgenommenen Bewertung des Sortimentes wurden von den grünlaubigen Sorten 'Dart's Blanket' und 'Emerald Leader' besonders gut bewertet, etwas weniger gut die Sorten 'Colorata', 'Dart's Carpet', 'Dart's Cardinal' und *E. fortunei* var. *radicans*. Die beste Bewertung unter den buntlaubigen Sorten erhielten 'Silver Queen', 'Sunspot' sowie 'Sunshine'.

Gaultheria, Rebhuhnbeere, Scheinbeere
Ericaceae

Immergrüne, aufrechte oder kriechende Sträucher mit einfachen, ledrigen Blättern, nickenden Blüten und saftig-fleischigen, beerenartigen Früchten.

In Nord- und Südamerika, in Ostasien, Australien und Neuseeland sind etwa 200 *Gaultheria*-Arten verbreitet, nur sehr wenige davon halten wir in unseren Gärten. Sie werden als Zwergsträucher einzeln, in kleinen Gruppen oder flächigen Pflanzungen verwendet. Alle brauchen einen sauren, frischen, durchlässigen, sandig-humosen Boden in kühlen, luftfeuchten Lagen und an licht beschatteten bis halbschattigen Plätzen.

Gaultheria miqueliana. Diese ostasiatische Art wächst als ein dichter, buschiger, bis 30 cm hoher Strauch mit breit-elliptischen, bis 3,5 cm langen, an den Zweigenden gehäuften Blättern. Interessant ist sie vor allem wegen ihrer weißen bis hellrosa gefärbten Früchte, die bis weit in den Winter haften. Eine hübsche Pflanze für den Steingarten oder in Verbindung mit kleinblättrigen *Rhododendron*, aber empfindlicher als *Gaultheria procumbens*.

Gaultheria procumbens. Im atlantischen Nordamerika, von Kanada bis Carolina, wächst die Rebhuhnbeere in lichten Laubwäldern und auf Waldlichtungen, häufig auf sauren, sandig-sterilen Böden. Der nur 15 cm hohe Strauch breitet sich mit unterirdischen Ausläufern aus und kann an zusagenden Standorten dichte Teppiche bilden. Glänzend dunkelgrün sind die bis 5 cm langen, aromatisch duftenden, ledrigen Blätter, sie treiben kupferfarben aus und färben sich im Herbst schön rötlich. Von Juni–August erscheinen die kleinen, nickenden urnenförmigen Blüten einzeln in den Blattachseln. Die bis 10 mm dicken, kugeligen Früchte sind hellrot gefärbt. Sie enthalten die konservierend wirkende Salicylsäure, Hauptbestandteil des »Wintergreen-Öls«, das in den USA als Bestandteil für die Herstellung von Kaugummi und Zahncreme dient und das natürlich auch für die sehr lange Haltbarkeit der Früchte verantwortlich ist. Die Rebhuhnbeere ist ein hervorragend geeigneter, schwachwachsender Bodendecker zwischen allen locker stehenden *Rhododendron* und anderen Ericaceen.

Gaultheria shallon kommt im Küstenbereich des pazifischen Nordamerika, von Südalaska bis Nordkalifornien, in Nadelholzwäldern vor und bildet dort stellenweise ausgedehnte Bestände. In Kultur wird sie kaum mehr als 60 cm hoch, auch da kann sie sich durch Ausläufer weit ausbreiten, etwa im lichten Schatten hoher Bäume oder großer Sträucher. Ihre dickledrigen, glänzend dunkelgrünen, fast kreisrunden Blätter werden 5 bis 12 cm groß. Im Juni–Juli entwickeln sich die durchaus ansehnlichen, 8 bis 12 mm langen, krugförmigen, weiß oder rosa gefärbten Blüten in achselständigen Trauben. Weniger auffällig sind die 10 mm dicken, blauschwarzen Früchte. *Gaultheria shallon* ist etwas frostempfindlich, regeneriert sich nach Schäden aber rasch durch Wurzelausläufer. Sie sollte von Zeit zu Zeit kräftig zurückgeschnitten werden. Es entwickeln sich dann zahlreiche neue Triebe und damit ein dichter Bestand. Sie ist aber nicht nur für großflächige Pflanzungen zu empfehlen, sondern eignet sich ebenso für kleine Gruppen.

Genista, Ginster
Leguminosae

Überwiegend sommergrüne, reichverzweigte und überreich blühende Zwergsträucher mit meist grünen, gestreiften Trieben, einfachen Blättern und gelben Schmetterlingsblüten.

Von den nahe verwandten *Cytisus*-Arten unterscheiden sich die *Genista*-Arten durch meist einfache Blätter und durch die in Köpfchen oder Trauben angelegten Blüten. Beide Gattungen stellen eine Reihe schöner Blütensträucher. Alle brauchen vollsonnige Standorte und durchlässige, nährstoffarme, mineralische Böden, fast alle vertragen Hitze und Trockenheit. Nicht ausreichend dränierte Böden müssen notfalls durch das Einarbeiten von Steinen und Geröll entsprechend hergerichtet werden. Arten wie *Genista hispanica*, *Genista lydia* und *Genista radiata* gedeihen auch auf kalkhaltigen Böden, *Genista pilosa* und *Genista tinctoria* ziehen saure bis neutrale Böden vor.
Genista-Arten finden ihren Platz in Stein-, Heide- und Steppengärten, in Trockenmauern oder auf Mauerkronen, in Brüstungströgen und auf Hochbeeten. Die meisten Arten bevorzugen ein ozeanisches Klima mit mildem Winter. In kontinentalen, winterkalten Klimazonen ist ein Winterschutz notwendig. Wenn möglich, deckt man den Boden in Wurzelnähe mit trockenem Laub ab und schützt die oberirdischen Teile durch Nadelholzreisig.

Genista hispanica. Der Spanische Ginster kommt in Nordspanien und Südfrankreich auf warmen, trockenen, felsigen Kalkböden vor. Er bildet einen sehr dicht verzweigten, rundlichen, 30 bis 70 cm hohen Strauch mit zahlreichen verdornten Kurztrieben, nur die Blütentriebe sind unbewehrt. Im Mai–Juni öffnen sich am Ende der diesjährigen Triebe die goldgelben Blütenköpfchen. *Genista hispanica* ist wärmebedürftig und frostempfindlich, braucht also einen geschützten Platz.

Genista lydia. In der kleinasiatischen Landschaft Lydien hat der Lydische Ginster seine Heimat. Niedergestreckte und bogig nach unten gekrümmte, graugrüne Zweige bilden einen dichten, kissenförmigen Busch. Er hat sehr kleine, grau-

Genista lydia

verzweigte, dichte, kompakte, bis 80 cm hohe, unbewehrte Strauch trägt zahlreiche Kurztriebe. Seine dreizähligen Blätter sind meist nur kurzlebig. Zu dritt bis zu zehnt stehen im Mai–Juni die gelben Blüten in endständigen Köpfchen.

Genista sagittalis. Ausgehend von Mitteleuropa, erstreckt sich das Verbreitungsgebiet des Flügelginsters nach Süden bis Spanien, Süditalien und Griechenland. Der rasenbildende, 10 bis 15 cm hohe Strauch breitet sich mit kriechenden, wurzelnden Ästen aus. Seine aufgerichteten, immergrünen Triebe sind mit zwei breiten, glänzenden Flügeln ausgestattet, die an den Sproßknoten unterbrochen sind. Die geflügelten Triebe bestimmen das Erscheinungsbild der Pflanze, die kleinen, wenig zahlreichen Blätter bemerkt man kaum. An den aufrechten Trieben stehen im Mai–Juni die goldgelben Blüten in kurzen, dichten, endständigen Trauben. Eine hübsche, reichblühende Steingartenpflanze.

Genista tinctoria. Die Verbreitung des Färberginsters reicht von Europa bis zum Kaukasus und nach Westsibirien. Häufig kommt er an Waldsäumen und in lichten Eichen- und Kiefernmischwäldern auf wechseltrockenen bis feuchten, mäßig sauren bis kalkhaltigen Böden vor. Bis 80 cm hoch wird der unbewehrte, buschige, meist aufrechtwachsende Halbstrauch mit grünen, tief gefurchten, mehr oder weniger glänzenden Trieben und einfachen, lanzettlichen Blättern. Von Juni bis August erscheinen seine goldgelben Blüten an diesjährigen Trieben in vielblütigen, bis 6 cm langen Trauben. Für den Garten sind zwei Formen wichtiger als die Art:

'Plena' ist ein zierlicher, fein verzweigter Strauch, der nur etwa 30 cm hoch wird. Von Juni bis September ist er überladen mit einer Fülle goldgelber, gefüllter Blüten, die an den Zweigspitzen in gedrungenen Trauben stehen.

'Royal Gold' bleibt mit einer sehr dichten Verzweigung niedriger und kompakter, außerdem blüht die Sorte reicher und voller.

grüne Blätter und trägt im Mai–Juni eine Fülle goldgelber Blüten in dichtblütigen Trauben. Mit dem überaus reichen Blütenflor gehört *Genista lydia* zu den schönsten Ginsterarten, die wir in Mitteleuropa kultivieren können. Der eigenwillige Habitus mit den übergeneigten Zweigen kommt an erhöhten Pflanzplätzen richtig zur Geltung.

Genista pilosa. Von Mittelschweden südwärts bis Mittelitalien, Nordostspanien und Mazedonien ist der Sandginster verbreitet, man findet ihn nicht selten an Felshängen und anderen exponierten Stellen. Mit niederliegend-aufsteigenden Zweigen wird er nur 10 bis 30 cm hoch. In den Blattachseln der vorjährigen Langtriebe stehen im Mai–Juni, einzeln bis zu dritt, die goldgelben Blüten, ihre Fahne und Schiffchen sind außen seidig behaart. 'Goldilocks' ist für den Garten wertvoller als die Wildform. Eine sehr wüchsige, breitbuschige, 40 bis 60 cm hohe und reichblühende Selektion.

Genista radiata. Der Strahlenginster ist eine besonders robuste und langlebige Art. Der strahlig

Hebe, Strauchveronika
Scrophulariaceae

Zierliche, immergrüne Zwergsträucher mit sehr dicht stehenden, schuppenförmigen oder sehr kleinen, ledrigen Blättern.

Nur wenige der über 100 Arten, die ausschließlich in Neuseeland und Australien ihre Heimat haben, sind unter mitteleuropäischen Klimabedingungen ausreichend frosthart. Einige von ihnen sind ausgesprochene Xerophyten, also an die Trockenheit ihres Lebensraumes angepaßte Pflanzen mit reduzierten Ästen und Zweigen und sehr kleinen, lederartigen, oft den Zweigen angepreßten Blättern. Bei uns sind die *Hebe*-Arten hübsche Zwerge für Steingärten und Pflanzgefäße. Alle brauchen einen sehr geschützten, warmen, sonnigen bis leicht beschatteten Platz, gut dränierte Böden und im Winter Schutz durch eine leichte Decke aus Nadelholzreisig.

Hebe buxifolia. Der aufrechte, 50 bis 100 cm hohe Strauch fällt durch seine Belaubung auf. Die 8 bis 12 mm langen, verkehrt-eiförmigen, oberseits glänzend dunkelgrünen und unten ganz fein punktierten Blätter sitzen in vier Reihen dachziegelartig übereinander. Der Strauch blüht im Juni–Juli mit weißen, dichten, bis 2,5 cm langen Trauben, die in den Achseln der oberen Blätter stehen.

Hebe ochracea. Die bei uns bekannteste Art ist frosthärter als alle anderen. Der 40 bis 60 cm hohe Strauch baut sich mit dicken, abstehenden Ästen und bogig abstehenden Zweigen auf. Unverwechselbar sind die schuppenförmigen, nur 2 mm langen, dreieckigen Blätter mit ihrer goldbraunen bis grüngelben Farbe. Der Strauch blüht nur selten voll, die weißen Blütenbüschel an den Zweigenden wirken außerdem wenig ansehnlich.

Hebe pinguifolia. Der dicktriebige, niederliegend-aufrecht wachsende, 30 bis 70 cm hohe Strauch besitzt eine schöne Belaubung. Die ziemlich dickfleischigen, rundlichen, bis 18 mm großen Blätter sind blaugrün und am Rand meist rötlich gefärbt. Im Juni–August stehen die weißen Blüten in kleinen, an den Zweigenden gedrängten Trauben.

Hebe ochracea

Hypericum, Johanniskraut
Guttiferae

Kleine, sommergrüne oder immergrüne Sträucher mit gegenständigen, fein durchsichtig punktierten Blättern und auffallend großen, gelben Blüten.

Die Gattung umfaßt etwa 400, überwiegend krautige Arten, die in den gemäßigten und subtropischen Zonen der nördlichen Halbkugel verbreitet sind. Bei den wenigen verholzenden Arten handelt es sich um sehr wichtige und häufig gepflanzte Sommerblüher, die als Gruppensträucher oder in flächigen Pflanzungen eingesetzt werden. Alle vertragen sonnige bis halbschattige, *Hypericum calycinum* und *Hypericum* 'Hidecote' sogar schattige Plätze. Sie gedeihen auf allen durchlässigen, nicht zu schweren Böden. Bei allen empfiehlt sich ein regelmäßiger, starker Rückschnitt im Frühjahr. Besonders dekorativ sind ihre großen, weit geöffneten, schalenförmigen Blüten mit ihren zahlreichen, die Krone weit überragenden Staubblättern.

Die Blüten werden an den Enden der diesjährigen Triebe in kleinen Büscheln oder — nur selten — einzeln angelegt. Die ersten Blüten öffnen sich im Juni—Juli, bis in den Oktober hinein dauert die Blüte dann an.

Hypericum androsaemum. Das Mannsblut, heimisch von Europa bis zum Kaukasus und in Nordafrika, ist ein halbimmergrüner, bis 1 m hoher, vieltriebiger Strauch mit zweikantigen Trieben. Die eiförmig-elliptischen, bis 10 cm langen, oberseits stumpfgrünen und unten weißlichen Blätter duften gerieben aromatisch. Von Juni bis September öffnen sich die zahlreichen kleinen, hell- bis goldgelben Blüten. Schon gegen Ende der Blüte reifen die beerenartigen, zunächst rotbraunen, später glänzendschwarzen Früchte, die Sträucher bieten dann ein sehr lebhaftes Bild.
'Autumn Blaze', 'Orange Flair', 'Red Glory'. Neuerdings werden diese vegetativ vermehrte Sorten angeboten. Sie haben etwas größere Blüten und große, intensiv gefärbte Früchte, bei denen sich die Schwarzfärbung verzögert.

Hypericum calycinum. Das Kriechende Johanniskraut ist ein immergrüner, bis 30 cm hoher Strauch. Seine natürliche Verbreitung erstreckt sich von Südosteuropa bis zum Kaukasus. Mit zahlreichen queckenartigen Ausläufern breitet er sich stark aus. Er eignet sich deshalb sehr gut für flächenhafte Bepflanzungen. Über den derbledrigen, 5 bis 10 cm langen, mattglänzend dunkelgrünen Blättern werden die großen, 5 bis 6 cm breiten, schalenförmigen Blüten mit ihren zahlreichen roten Staubbeuteln angelegt. Nach der Hauptblütezeit im Juli dauert die Nachblüte bis zum September. Da die immergrünen oder nur wintergrünen Blätter häufig in den Wintermonaten Schaden leiden und dann häßlich aussehen, sollten die Triebe regelmäßig bis zum Boden zurückgeschnitten werden.

Hypericum forrestii (*H. patulum* var. *forrestii*) stammt aus China. Sie ist ein meist sommergrüner, aufrechter, bis 1 m hoher, dicht verzweigter Strauch mit 2 bis 4 cm langen Blättern. Unermüdlich werden von Juli bis August die 4 bis 6 cm breiten, schalenförmigen, goldgelben Blüten produziert, die in Büscheln an den Zweigenden sitzen.

Hypericum 'Hidecote'. Der wintergrüne, breitaufrecht wachsende Strauch kann etwas über 1 m hoch werden. Dunkelgrün sind die eilänglichen, 4 bis 5 cm langen Blätter. Von Juni bis in den Oktober öffnen sich große, 5 bis 7 cm breite, schalenförmige, goldgelbe Blüten mit den orange gefärbten Staubblättern. Durch die langandauernde, reiche Blüte gehört 'Hidecote' zu den schönsten Johanniskräutern.

Hypericum kouytchense (*H. patulum* 'Sungold'). In Westchina ist diese wintergrüne oder oft nur sommergrüne Art heimisch. Der etwa 50 cm hohe, locker verzweigte Strauch trägt rotbraune Triebe und eiförmige, 4 bis 6 cm lange, unterseits bläuliche und durchscheinend punktierte Blätter. Von Juni bis Oktober erscheint an den Zweigenden eine Fülle hell goldgelber, 4 bis 5 cm breiter Blüten, meist in dreiblütigen Ständen. Die Früchte sind zunächst hochrot gefärbt.

Hypericum × moserianum. Der halbimmergrüne, etwa 50 cm hohe, buschige Strauch trägt rötliche Triebe und eiförmige, 4 bis 5 cm lange, mattgrüne Blätter. Auch diese Hybride hat große, 4 bis 6 cm breite, leicht schalenförmige, goldgelbe Blüten mit rötlichen Staubblättern, die Blütezeit dauert von Juli bis Oktober.

Kalmia angustifolia, Schmalblättrige Lorbeerrose
Ericaceae

Zierlicher, immergrüner, bis 1 m hoher, schwach Ausläufer bildender Strauch mit purpurrosa Blüten, die gehäuft an den Zweigenden stehen.

In den Sümpfen und Torfmooren Nordamerikas — von Labrador und Manitoba südwärts bis Virginia, Georgia und Michigan — hat die Schmalblättrige Lorbeerrose ihre natürliche Verbreitung. Der straff-aufrecht wachsende, vieltriebige, aber nur wenig verzweigte Strauch trägt länglich-lanzettliche, 2 bis 6 cm lange, frischgrüne Blätter. Betrachtet man die tief rosaroten, schüsselförmigen Blüten genauer, stellt man zehn nach außen gebogene Aussackungen fest, in denen die zehn Staubblätter bis zum Aufspringen festgehalten werden. Zur

Kalmia angustifolia 'Rubra'

Reife reagieren die gespannten Staubfäden auf Berührungsreize, strecken sich, reißen die Staubbeutel aus ihren Halterungen heraus und überschütten die blütenbesuchenden Insekten mit Blütenstaub. Der reizende Strauch braucht im Garten einen frischen bis nassen, sauren, stark torfhaltigen Boden und sonnige bis halbschattige Plätze.
'Rubra'. In der Regel wird diese Form mit dunkelpurpurnen Blüten angeboten.

Lavandula angustifolia, Lavendel
Labiatae

Aromatisch duftender, immergrüner Kleinstrauch mit graugrünen Blättern und blauen bis violetten Blüten.

Von den 28 Arten kultivieren wir nahezu ausschließlich den Echten Lavendel; als Lieferant von Duftstoffen ist er weithin bekannt. Seine ursprüngliche Heimat hat er im westlichen Mittelmeergebiet, er wächst dort an vollsonnigen Plätzen und vorwiegend auf kalkhaltigen, nährstoff- und humusarmen Stein- und Lehmböden. Der Lavendel ist auch in Mitteleuropa völlig winterhart und gedeiht auf jedem durchlässigen Gartenboden. Wie bei vielen anderen sommerblühenden Arten sollten die Zweige regelmäßig im Frühjahr bis auf kurze Stummel zurückgeschnitten werden. So bleiben die Sträucher niedrig und kompakt, brechen nicht auseinander und blühen regelmäßig überreich.
In Kultur erreicht der Strauch kaum mehr als 50 cm Höhe. Er trägt an vierkantigen, dicht mit Sternhaaren besetzten Trieben lineal-lanzettliche, an den Rändern stark umgerollte, oberseits graugrüne, unten weißfilzige Blätter. An den Enden der diesjährigen Triebe öffnen sich im Juni–August die kleinen Lippenblüten in 10 bis 15 cm langen Scheinähren. Seit Jahren ist der Lavendel eine sehr begehrte Gartenpflanze, ein unentbehrlicher Begleiter von Beetrosen und allen Zwerggehölzen. Wer Wert auf schöne, dunkel gefärbte Blüten legt, muß vegetativ vermehrte Sorten wie 'Dwarf Blue', 'Hidecote' und 'Munstead' pflanzen.

Leucothoë walteri, Traubenheide
Ericaceae

Immergrüner, kaum mehr als 1 m hoher Strauch mit kurzen unterirdischen Ausläufern und bogig überhängenden Zweigen.

Von den rund 40 *Leucothoë*-Arten hat als Gartenpflanze nur diese eine Bedeutung. Sie ist aus dem östlichen Nordamerika zu uns gekommen. *Leucothoë walteri* hat eilanzettliche, 9 bis 15 cm lange, glänzend dunkelgrüne Blätter. Sie sind im Austrieb bronzefarben und im Herbst schön rot oder bronzerot getönt. Schon im Mai erscheinen die weißen, in der Knospe geröteten Blütenglöckchen in 4 bis 7 cm langen Trauben in den Blattachseln. Die Art erweist sich an zusagenden Standorten als ein sehr robuster Strauch. Sie braucht einen sauren, stark humosen, frischen bis feuchten Boden und einen licht beschatteten bis schattigen Platz, am besten in kühlen, luftfeuchten Lagen. Neben der Wildform sind einige schöne Auslesen und Hybridformen in Kultur:
'Carinella'. Wuchs breit und kompakt, Triebe weit und bogig überhängend. Blätter bei hellem Stand im Herbst rötlichbronze.
'Rainbow'. Im Wuchs etwas schwächer als die Art. Blätter leicht rosa marmoriert und weiß gepunktet.

'Scarletta'. Ein nur etwa 30 cm hoher und 80 bis 100 cm breiter, sehr winterharter Strauch. Blätter, schmal-lanzettlich, im Austrieb scharlachrot, später grün und im Herbst auffallend hell- bis bronzerot.

Lonicera, Heckenkirsche
Caprifoliaceae

Sehr zierliche, immergrüne, reichverzweigte, kleine Sträucher mit sehr kleinen, gegenständigen Blättern.

In größeren Gärten haben die beiden hier behandelten Arten eine große Bedeutung für flächige Begrünungen. Sie bilden mit ihren zahlreichen, dicht beblätterten und bogig abstehenden Zweigen einen dichten Bestand. Sie sind außerdem zur Begrünung schattiger Stellen in kleineren Gruppen sehr wertvoll. Sie gedeihen aber auch an sonnigen Plätzen, an den Boden stellen sie keine besonderen Ansprüche.

Lonicera nitida 'Elegant'. Bei dem dichttriebigen, oft über 1 m hohen, straff-aufrecht wachsenden Strauch stehen die Seitenzweige mehr oder weniger waagerecht ab. Nur 6 bis 12 mm lang sind die kleinen, ledrigen, glänzend dunkelgrünen Blätter. Sehr unscheinbar die rahmweißen, duftenden Blüten, hübsch dagegen die rundlichen, purpurvioletten Beerenfrüchte.

Lonicera nitida 'Maigrün' bleibt etwas niedriger und wirkt in ihrer ganzen Erscheinung etwas zierlicher. Sie baut sich mit übergeneigten Trieben sehr kompakt auf, verliert im Winter keine Blätter und baut sich nach Frostschäden von der Basis her wieder gut auf.

Lonicera pileata. Der immergrüne oder wintergrüne, bis 80 cm hohe Kleinstrauch stammt aus China. Er entwickelt dünne, flach ausgebreitete Zweige mit zweizeilig gestellten, eiförmigen, oberseits glänzend dunkelgrünen Blättern. Auch bei dieser Art sind die blaßgelben, 7 bis 8 mm langen, duftenden Blüten nicht sehr auffällig. Die rundlichen Früchte sind 5 mm dick und purpurviolett.

Pachysandra terminalis, Ysander, Schattengrün
Buxaceae

Immergrüner, staudenähnlicher, 20 cm hoher Halbstrauch mit unterirdischen Ausläufern und fleischigen, niederliegend-ansteigenden, unverzweigten Sprossen.

Kaum eine andere Pflanze hat als Bodendecker für schattige Gartenpartien eine so große Bedeutung wie das Schattengrün. Mit ihren unterirdischen Ausläufern, den zahlreichen aufsteigenden Sprossen und den großen, endständigen, etwas ledrigen Blättern vermag sie rasch Flächen dicht zu begrünen. Voraussetzung für ein optimales Wachstum ist ein lockerer, durchlässiger, frischer bis feuchter, schwach saurer bis schwach alkalischer Boden und ein Platz im lichten Schatten von Bäumen und Sträuchern. Wie kaum ein anderer Bodendecker verträgt das Schattengrün auch schattige Plätze. Es kann sehr gut herabfallendes Laub schlucken, das Entfernen der herabgefallenen Blätter ist eher schädlich, weil dadurch die wurzelnden Sprosse losgerissen werden könnten. Im April–Mai stehen über dem dichten Laub die weißen Blüten in aufrechten, endständigen Ähren, sie haben keine große Schmuckwirkung.
'Green Carpet'. Diese schwachwachsende Form wird kaum mehr als 15 cm hoch. Die Blätter leiden bei direkter Sonneneinstrahlung.

Pernettya mucronata, Torfmyrte
Ericaceae

Zierlicher, immergrüner, bis 50 cm hoher Strauch, der sich durch unterirdische Ausläufer schwach ausbreitet und der im Herbst durch seine bunten Früchte auffällt.

Die 20 *Pernettya*-Arten sind von Neuseeland und Tasmanien bis zum temperierten Südamerika verbreitet, nur die in Südchile und auf Feuerland heimische *Pernettya mucronata* ist bei uns in wintermilden Regionen ausreichend frosthart. Sie gedeiht nur auf frischen, sauren, sandig-humosen oder stark torfhaltigen Böden und braucht einen geschützten, leicht beschatteten Platz. Der kleine

Strauch hat lanzettliche, 1 bis 2 cm lange, dickledrige, glänzendgrüne, dornig zugespitzte Blätter. Seine weißen, rosa angehauchten Blüten fallen kaum auf, dafür haben die kugeligen, bis 12 mm dicken Beerenfrüchte einen besonderen Reiz. Sie sind bei der wilden Art rot, bei den zahlreichen Gartenformen aber auch weiß, dunkelpurpur oder lila. Sie bleiben bis weit in den Winter hinein haften.

Phyllodoce caerulea, Blauheide
Ericaceae

Immergrüner, niedriger, heidekrautähnlicher, dicht verzweigter, bis 15 cm hoher Zwergstrauch, der in arktisch-alpinen Gebieten von Europa, Nordamerika und Asien seine Heimat hat.

Phyllodoce caerulea ist in Kultur die häufigste der sieben Arten, die alle in arktischen und alpinen Regionen der nördlichen Hemisphäre zu Hause sind. Die Blauheide hat linealische, 4 bis 9 mm lange, glänzend dunkelgrüne Blätter. Sie blüht im April–Mai mit 7 bis 8 mm langen, purpurrosa Blüten, die über dem Laub in lockeren Köpfchen stehen. Der hübsche Zwergstrauch wächst am besten an kühlen, halbschattigen Plätzen auf frischen, nährstoffarmen, sauren Rohhumusböden. Er ist ein idealer Begleiter von kleinblättrigen *Rhododendron* und anderen strauchförmigen Ericaceen.

Nur sehr selten findet man andere Arten angeboten, etwa die in Nordamerika heimische *Phyllodoce empetriformis* oder die japanische *Phyllodoce tsugifolia*. Sie sind in Kultur meist schwieriger zu halten als *Phyllodoce caerulea*.

Potentilla fruticosa, Fingerstrauch
Rosaceae

Sommergrüner, dicht verzweigter Strauch mit zahlreichen Sorten und überwiegend gelben, aber auch weißen, rosa, kupfrig und rot gefärbten Blüten.

Potentilla fruticosa ist die einzige verholzende von insgesamt rund 300 Arten, die überwiegend in temperierten und kalten Zonen der nördlichen Halbkugel verbreitet sind. Der aufrechte, selten mehr als 1 m hohe Kleinstrauch ist dicht verzweigt. Er hat meist fünfzählig gefiederte, mehr oder weniger seidig behaarte Blätter. Bei der wilden Art sind die 2 bis 3 cm breiten Blüten gelb, bei den Gartenformen bis 4 cm breit und ebenfalls überwiegend gelb oder auch anders gefärbt. Nur selten sitzen die Blüten einzeln, meist an den Enden der Zweige in seitenständigen Büscheln. Die

Phyllodoce caerulea

Potentilla fruticosa 'Hachmanns Gigant'

Blütezeit dauert ungewöhnlich lange, sie beginnt mit einzelnen Sorten im Mai und dauert bis zum Oktober. *Potentilla*-Sorten gehören damit zu unseren wertvollsten Dauerblühern, sie werden vorwiegend in kleinen Gruppen oder niedrigen Blütenhecken gepflanzt. Sie sind robust, anspruchslos und wachsen auf jedem Gartenboden in sonnigen bis leicht beschatteten Lagen. Anhaltende Trockenheit vertragen am ehesten die graulaubigen Sorten, vor allem 'Primrose Beauty'.
Fingersträucher brauchen hin und wieder einen kräftigen Verjüngungsschnitt, bei dem man alle Zweige bis handhoch über dem Boden abschneidet. Die Blüte setzt im Jahr nach dem Schnitt deutlich später ein, fällt dafür aber reicher aus mit größeren Blüten. Von den zahlreichen *Potentilla*-Sorten sind bei einer Sichtung die folgenden als besonders wertvoll eingestuft worden:
'Abbotswood'. 60 bis 80 cm hoch. Große reinweiße Blüten, Mai bis Oktober. Zur Zeit die beste weiße Sorte.
'Elizabeth' (= 'Arbuscula'). 30 bis 50 cm hoch. Blätter grün, unterseits weiß behaart. Blüten gelb, bis 4 cm breit, blüht bis zum Herbst. Etwas anfällig gegenüber Mehltau.
'Farreri'. Wuchs zierlich, 60 bis 100 cm hoch. Blätter klein. Blüten goldgelb, im Juli bis August, sehr reichblühend.
'Goldfinger'. Wuchs breit aufrecht, bis 1,2 m hoch. Blätter dunkelgrün. Blüten groß, zahlreich, dunkelgelb, Juni bis Oktober.
'Goldstar'. Wuchs breit aufrecht, bis 80 cm hoch. Blätter frischgrün. Blüten leuchtendgelb, besonders groß, Juni bis Oktober.
'Goldteppich'. Wuchs breit, niederliegend, 50 bis 70 cm hoch. Blätter graugrün. Blüten sehr zahlreich, 3 bis 4 cm breit, leuchtendgelb, Mai bis Oktober.
'Hachmanns Gigant'. Wuchs breit-rundlich, bis 80 cm hoch. Blätter hellgrün. Blüten 4 bis 5 cm breit, tief goldgelb, Mai bis Oktober.
'Jolina'. Wuchs rundlich-ausgebreitet, bis 40 cm hoch. Blüten kräftig gelb, groß, Juli bis Oktober.
'Klondyke'. Wuchs breit-aufrecht, buschig, 70 bis 90 cm hoch. Blüten kräftig dunkelgelb, Juni bis September.
'Kobold'. Wuchs dicht und gedrungen, 50 bis 70 cm. Blüten goldgelb, sehr zahlreich, Juni bis September.
'Primrose Beauty'. Wuchs aufrecht, 100 bis 130 cm, Blätter grau behaart. Blüten blaßgelb, Juni bis September.
'Red Ace'. Wuchs breit aufrecht, 50 bis 60 cm hoch, sehr feintriebig. Blüten bei kühler Witterung innen rot, außen gelb, im Sommer oft nur kupferfarben.
'Sommerflor'. Wuchs gedrungen aufrecht, 60 bis 80 cm hoch. Blätter graugrün. Blüten groß, leuchtendgelb, Juni bis Oktober.

Prunus pumila var. depressa, Kriechende Sandkirsche
Rosaceae

Sommergrüner Spalierstrauch, dessen Zweige dicht dem Boden angepreßt sind.

In Nordamerika, im Gebiet der Großen Seen, ist die Kriechform der Sandkirsche verbreitet. Während die Stammform keine Bedeutung als Gartenpflanze hat, ist *Prunus pumila* var. *depressa* ein sehr wertvolles Zwerggehölz, das gerade erst von einigen Baumschulen »entdeckt« wird. Der niedergestreckte, flach dem Boden aufliegende, vieltriebige Spalierstrauch wird nur wenige Zentimeter hoch. Seine 3 bis 5 cm langen, stumpf spatelförmigen Blätter färben sich im Herbst bläulich bis scharlachrot mit einem silbrigen Schimmer; sie fallen schon zeitig ab. Im April–Mai ist der Strauch an den vorjährigen Zweigen dicht mit sehr kleinen, aber zahlreichen weißen Blüten bedeckt. Der kleine Strauch braucht einen durchlässigen Boden und einen sonnigen Platz. Im Steingarten schmiegen sich seine Zweige jeder Bodenbewegung ab. Besonders wertvoll ist er für die Bepflanzung von Trögen. Er hält sich in Pflanzgefäßen sehr gut und läßt seine Zweige an den Wänden herabwachsen.

Salix, Weide
Salicaceae

Als Zwerg- oder Kleinsträucher aufrecht und etwas knorrig wachsend oder mit ausgebreiteten Zweigen mehr oder weniger flachwachsende Arten und Formen.

Salix × boydii. Diese Zwergweide stammt aus dem schottischen Hochland und hat einen unverwechselbaren, bonsaiähnlichen Habitus. Mit straff aufrechtem Wuchs und kurzen Trieben wird die Form nach vielen Jahren etwa 70 cm hoch. Sie hat rundliche, 1 bis 2 cm breite, leicht herzförmige Blätter, die anfangs beiderseits weiß behaart, später auf der Oberseite dunkelgrün und runzelig sind, ein Erbe der Netzweide, *Salix reticulata*. Die Hybride ist nur in einer weiblichen Form bekannt. Sie blüht im Mai mit 1 bis 2 cm langen, eiförmigen Kätzchen. Der eigenartige Zwergstrauch steht am besten im Steingarten, in Pflanzgefäßen hält er nur bei ausreichend feuchtem Boden aus.

Salix hastata 'Wehrhahnii' wird mit ihren bogig aufgerichteten Ästen und ihrem lockeren Wuchs etwa 100 bis 120 cm hoch. Sie hat verkehrt-eiförmige, bis 8 cm lange, oben dunkelgrüne, unterseits blaugrüne Blätter mit einer weitmaschigen Nervatur. Die männliche Form blüht im Mai–Juni, kurz vor oder mit dem Blattaustrieb. Die sehr zahlreichen, dichtstehenden Kätzchen sind vor dem Aufblühen mit einem dichten, silbrig glänzenden Haarpelz besetzt, später strecken sie sich und werden goldgelb. 'Wehrhahnii' ist eine der schönsten unter den kleinstrauchigen Weiden. Sie braucht, wie alle Weiden, einen sonnigen Platz und einen frischen bis feuchten Boden.

Salix helvetica. Die Schweizer Weide hat ihre Heimat in den Alpen und in hohen Lagen der Karpaten und Abruzzen. Sie wächst zu einem bis 1 m hohen Strauch mit dicken, krummen Ästen und anfangs weißfilzig behaarten Trieben heran. Auch die verkehrt-eiförmigen bis lanzettlichen, bis 4 cm langen Blätter sind anfangs ganz weißfilzig, später findet sich der weiße Filz nur noch auf der Unterseite, während die Oberseite dunkelgrün ist. Kurz vor der Laubentfaltung, im Mai–Juni, werfen die Kätzchen ihre Schuppen ab, sie haben dann eine zylindrische Form und sind mit einer Länge von 3 bis 5 cm beachtlich groß. Die schöne, graulaubige Weide erweist sich in Kultur als viel unproblematischer als die ebenfalls graulaubige *Salix lanata*.

Prunus pumila var. depressa

Salix lanata

Salix lanata. Die Wollweide hat ihre Heimat in den Hochgebirgen vom südlichen Skandinavien bis zum Polarkreis, sie kommt vor allem auf feuchten Wiesen, an Wasserläufen und auf Schotterböden vor. Der kleine, gedrungene Strauch wird in Kultur kaum mehr als 1 m hoch. Seine jungen Triebe und Winterknospen sind dick weißwollig behaart. Auch die breit-elliptischen bis 7 cm langen Blätter sind anfangs beiderseits dicht und lang weißseidig behaart, später verkahlen sie und sind dann oberseits trübgrün. Schon im April öffnen sich die bis 5 cm langen, dicht goldgelb behaarten Knospen. Die auffallenden Blüten und das graue Laub machen *Salix lanata* zu einer bemerkenswert schönen Zwergweide, die ihren besten Platz am Ufer von Gewässern findet.

Salix purpurea 'Gracilis'. Die Zwergform der in Mitteleuropa heimischen Purpurweide baut mit zahlreichen feinen Zweigen einen kaum mehr als 1 m hohen, dichten, rundlichen Busch auf. Die feinen, schmal-lanzettlichen Blätter sind bläulich bis weißlichgrün, die Blüten klein und wenig auffällig. Die zierliche Weide verträgt von Zeit zu Zeit einen starken Rückschnitt.

Salix repens ssp. argentea. In den sandigen Küstengebieten von Atlantik und Ostsee ist die Sandweide verbreitet, ein 50 bis 80 cm hoher Strauch mit kriechenden Ästen und dünnen, aufstrebenden Zweigen. Die verkehrt-eiförmigen Blätter sind beiderseits dicht und lang seidig behaart. Im April erscheinen die kleinen, eiförmigen, anfangs silbrigen, später gelben Kätzchen. Diese Weide verträgt auch mäßig trockene Böden und kann in großräumigen Heide- und Steingärten gepflanzt werden.

Salix repens ssp. rosmarinifolia. Die Rosmarinweide ist von Mitteleuropa bis Sibirien verbreitet. Sie wächst zunächst aufrecht, wird später aber mit niederliegenden Ästen und bogig aufstrebenden Zweigen breitbuschig und bis 100 cm hoch. Ihre linealisch-lanzettlichen, 2 bis 5 cm langen Blätter, die an Rosmarinblätter erinnern, sind anfangs beiderseits seidenhaarig, später oben kahl und dunkelgrün. In der Blüte unterscheidet sich diese Unterart kaum von *Salix repens* ssp. *argentea*. Sie kann in gleicher Weise verwendet werden.

Santolia chamaecyparissus, Heiligenblume
Compositae

Immergrüner, stark aromatisch duftender, reichverzweigter, bis 50 cm hoher Strauch mit niederliegend-ansteigenden, grauweißfilzigen Sprossen.

Die Heiligenblume ist vom westlichen Mittelmeer bis nach Dalmatien ein Vertreter der küstennahen Blockmeervegetation. Sie wächst dort auf südexponierten Standorten zusammen mit anderen sonnenliebenden, hitze- und trockenresistenten Kleinsträuchern und Stauden. Sie braucht im Garten einen durchlässigen, eher nährstoffarmen Boden und einen vollsonnigen Platz in steppenartigen Gartenpartien, etwa in Steinbeeten und auf Trockenmauern. Dort ist sie mit ihren grauweißfilzigen, fein fiedrig geschnittenen Blättern und den 1 bis 2 cm breiten, tiefgelben Blütenköpfchen, die im Juli–August über dem Laub stehen, ein reizender, leider nicht ganz winterharter Zwergstrauch.

Skimmia, Skimmie
Rutaceae

Immergrüne, niedrige Sträucher mit lorbeerähnlichen, lederartig dicken, durchscheinend punktierten Blättern, weißen Blütenrispen und leuchtendroten, beerenartigen Steinfrüchten.

Von Ostasien bis zum Himalaja haben die sieben bis acht *Skimmia*-Arten ihr natürliches Verbreitungsgebiet. Diese seit langem geschätzten Gartenpflanzen sind in kalten Wintern aber etwas heikel. Sie gedeihen am besten in wintermilden Regionen und an geschützten, halbschattigen Plätzen auf gut gepflegten, frischen, sauren, humosen Böden. Ihre kleinen, weißen, vier- oder fünfzähligen Blüten können zwittrig oder eingeschlechtlich sein, nur aus zwittrigen oder weiblichen Blüten können sich Früchte entwickeln. Die Blüten sind schon im Herbst weit vorgebildet, sie öffnen sich dann meist schon im April. Da auch schon die Blütenknospen im Herbst recht dekorativ sein können und die leuchtendroten Früchte bis weit in den Winter haften, bieten die Skimmien über einen langen Zeitraum ein ansehnliches Bild.

Skimmia japonica. Die Japanische Skimmie kommt in Japan als Unterholz in höheren Lagen sommergrüner Wälder und in immergrünen Lorbeerwäldern vor. Sie kann bis 1,5 m hoch werden, bleibt in Kultur aber meist niedriger und bildet einen geschlossen, halbkugeligen Busch. Bis 12 cm lang sind die schmalen, hell- oder gelblichgrünen Blätter, die an den Zweigenden gedrängt stehen. Bei *Skimmia japonica* sind die gelblichweißen Blüten, die im April in 5 bis 8 cm langen Rispen über dem Laub stehen, zweihäusig. Die 8 mm dicken, leuchtendroten, lange haftenden Früchte sind also nur an weiblichen Pflanzen zu erwarten. Man kauft also am besten fruchtende Pflanzen.
'Rubella'. Diese männliche Form ist ein bis 100 cm hoher, breit aufrechter Strauch, dessen elliptische Blätter auf einem rötlichen Stiel sitzen. Die schon im Herbst voll entwickelten Blütenknospen sind im Winter tief bronzefarben bis braunrot gefärbt. Die weißen Blüten bekommen später einen rosafarbenen Saum.
Neben 'Rubella', der am häufigsten kultivierten Sorte, werden in Spezialbetrieben auch weitere Selektionen vegetativ vermehrt. Darunter finden sich auch weibliche Sorten, bei denen man mit Fruchtschmuck rechnen kann.

Skimmia reevesiana. Die Chinesische Skimmie ist ein 40 bis 70 cm hoher, breit-aufrecht wachsender, ziemlich lockerer Strauch mit lanzettlichen, bis 10 cm langen, dunkelgrünen Blättern. Die meist zwittrigen, weißen, fünfzähligen, duftenden Blüten öffnen sich im April—Mai in 5 bis 7 cm langen, kegelförmigen Rispen. Birnenförmig und dunkelrot sind die 10 mm dicken, lange haftenden Früchte.
'Ruby King' ist eine ziemlich hohe, reichblühende, männliche Sorte mit dünnen Zweigen und stumpf graugrünen Blättern. Im Winter sind die Blütenknospen bronze bis braunrot gefärbt. Die Blütenstiele sind schwach braunrot, rahmweiß die offenen Blüten.

Skimmia × rogersii. Der etwa 50 cm hohe Strauch trägt lanzettliche, dunkelgrüne Blätter. Die meist vierzähligen Blüten sind zwittrig, so daß bei dieser Form auf jeden Fall ein reicher Fruchtansatz erwartet werden kann.

Spiraea, Spierstrauch
Rosaceae

Sommergrüne, niedrig bleibende Arten und Sorten, Blüten überwiegend in großen, flachen Dolden an den Enden der diesjährigen Triebe, entweder im Juni—Juli (*Spiraea decumbens* und *Spiraea japonica*) oder langanhaltend von Juli bis September (*Spiraea*-Bumalda-Hybriden).

Niedrig bleibende *Spiraea*-Arten stellen die gleichen Standortansprüche wie die höher werdenden Blütensträucher (siehe Seite 165). Alle sind sehr hübsche Blütensträucher. Die ganz niedrig bleibenden Formen passen gut in den Steingarten oder in Pflanzgefäße, die etwas höheren Sorten von *Spiraea japonica* oder *Spiraea × bumalda* werden in der Regel in Gruppen, in größeren Anlagen auch flächig gepflanzt, oder man verwendet sie für kleine Blütenhecken. Gerade *Spiraea decumbens* bietet sich mit den zahlreichen unterirdischen Ausläufern für eine flächige Bepflanzung, auch auf engem Raum, geradezu an.

Spiraea bullata. Bei der aus Japan eingeführten Zwergform (ihre ursprüngliche Heimat ist nicht bekannt) handelt es sich um ein bis 40 cm hohes, dicht gedrungen wachsendes und etwas steif wirkendes Sträuchlein. Die rundlichen, bis 3 cm langen, etwas ledrigen Blätter sind stark runzelig und wirken etwas aufgetrieben. Erst im Juli erscheinen die kleinen, dunkelrosa Blütendolden. Eine eigenartige Pflanze für den Steingarten.

Spiraea-Bumalda-Hybriden. Die zahlreichen Sorten dieser Hybridgruppe entwickeln sich zu vieltriebigen, 50 bis 100 cm hohen Sträuchern. Sie sind wichtige Sommerblüher, die am Ende der diesjährigen Triebe ihre kleinen, meist dunkelrosa Blüten in flachen Dolden entfalten. Sie blühen unermüdlich von Juni bis zum September. Sie sind robust und anspruchslos und wachsen auf jedem Gartenboden in sonnigen bis halbschattigen Lagen. Ein regelmäßiger starker Rückschnitt im zeitigen Frühjahr hat eine reiche Blüte zur Folge.
'Anthony Waterer' hat scharf gesägte, im Austrieb rötliche Blätter, die teilweise weißbunt panaschiert sind und sich im Herbst orange bis bronzerot färben. Die Blüten sind kräftig karminrot.

Spiraea decumbens

'Crispa'. Schwachwachsende Sorte. Blätter am Rand wellig und tief eingeschnitten gesägt.
'Dart's Red'. Die sehr reichblühende, holländische Selektion entwickelt dunkel karminrote Blüten.
'Froebeli' ist eine alte, wertvolle Sorte. Ihre im Austrieb bronzefarbenen, später grünen Blätter sind virusfrei und stets ohne Flecken. Sie besitzt große, flache Dolden karminroter Blüten.
'Goldflame'. Blätter im Austrieb bronzeorange, später goldgelb, im Sommer grüngelb und im Herbst kupfrig-orange. Gegenüber dem farbigen Laub haben die kleinen, karminrosa Blütenstände keine große Bedeutung. Braucht einen halbschattigen Platz.
'Sapho'. Neuerdings wird diese virusfreie Selektion angeboten, deren Blätter nicht mehr weiß oder gelbbunt gefleckt sind. Sie ist eine wesentliche Verbesserung der 'Anthony Waterer'.

Spiraea decumbens. Die Weiße Polsterspiere hat ihre Heimat in den südöstlichen Alpen. Der bis 25 cm hohe Strauch breitet sich durch unterirdische Ausläufer stark aus und deckt rasch Flächen dicht ab. Die aufrechten Triebe sind drahtartig dünn. Über den kleinen, hellgrünen Blättern werden an den jungen Trieben im Juni zahlreiche weiße, 3 bis 5 cm breite Blütendolden angelegt. Im Gegensatz zu den Sorten der *Spiraea*-Bumalda-Hybriden dauert die Blütezeit nur kurz. Den wunderschönen Zwergstrauch kann man einzeln im Steingarten ebensogut pflanzen wie in Gruppen auf mehr oder weniger großen Flächen. Ein starker Rückschnitt im zeitigen Frühjahr hat eine verstärkte Triebbildung und reichen Blütenansatz zur Folge.

Spiraea japonica. Die in Japan heimische Wildform, ein bis 1,5 m hoher, steif aufrechter Strauch, ist in unseren Gärten nicht vertreten. Seine Gartenformen aber haben große Bedeutung. Sie verhalten sich in ihren Standortansprüchen, im Wuchs und in ihrem Blühverhalten wie die Sorten der *Spiraea*-Bumalda-Hybriden. Sie werden in gleicher Weise verwendet und behandelt.

'Albiflora' (= *Spiraea albiflora*). Etwa 50 cm Höhe erreicht der steif-aufrecht wachsende, trotzdem aber sehr zierliche Strauch mit hellgrünen, lanzettlichen Blättern. Zahlreiche weiße Blüten stehen von Juli bis Anfang September in dicht behaarten Dolden. Ist als einzige weißblühende Sorte dieser Gruppe von Bedeutung.

'Alpina' wächst als ein sehr kompakter, ungeschnitten bis 30 cm hoher Zwergstrauch mit 1 bis 2 cm langen Blättern und rosa Blüten in sehr zahlreichen Blütenständen im Juni–Juli. Ein sehr schöner Zwergstrauch für Stein- und Troggärten oder für kleinflächige Pflanzungen.

'Little Princess' ist die am häufigsten gepflanzte Sorte. Der etwa 60 cm hohe Strauch wächst gedrungen und dichtbuschig. Er trägt kleine, frischgrüne, spitz-eiförmige Blätter und hellrosa Blüten in sehr zahlreichen, 3 bis 5 cm breiten, flachen Ständen. Blütezeit Juni–Juli.

'Shirobana' ist in dieser Gruppe eine ganz ungewöhnliche Erscheinung: In ihren 3 bis 5 cm breiten Blütenständen stehen weiße und rosa Blüten in wechselnden Anteilen nebeneinander. Sie wird bei regelmäßigem Rückschnitt etwa 50 cm hoch, gleicht im Wuchs und Aufbau den *Spiraea*-Bumalda-Hybriden, wie diese blüht sie über viele Wochen lang.

Spiraea japonica 'Shirobana'

Vaccinium, Moosbeere, Preiselbeere
Ericaceae

Immergrüne, kriechende oder aufrechtwachsende Zwergsträucher mit sehr kleinen, glockigen oder krugförmigen Blüten und eßbaren Früchten.

Vaccinium macrocarpon. Die Großfrüchtige Moosbeere wird in Nordamerika zur Fruchtgewinnung auf großen Flächen angebaut. Ihre Früchte kommen auch hierzulande als Cranberries auf den Markt. Der immergrüne Strauch bildet mit fadenförmig dünnen, niederliegenden, weithin kriechenden Zweigen ganz flache Matten. Zwischen den sehr kleinen, dunkelgrünen Rollblättern findet man im Mai–Juni die kaum 10 mm langen, hell purpurnen Blüten. Im Spätsommer reifen die 1 bis 2 cm dicken, rundlichen, roten Früchte. Sie sind sehr haltbar und auch im Winter noch genießbar. Dieser Liebhaberstrauch benötigt im Heidegarten einen sonnigen Platz und einen frischen bis feuchten, sauren, sandig-humosen oder sehr torfreichen Boden.

Vaccinium vitis-idaea. Die immergrüne Preiselbeere hat im mittleren und nördlichen Europa und in Nordamerika eine weite Verbreitung. Sie kommt vorwiegend in Kiefernwäldern, Heiden und Mooren auf sauren, frischen bis trockenen Rohhumusböden vor. Sie entwickelt sich zu einem 15 bis 30 cm hohen Strauch mit kriechender Grundachse und aufrechten Sprossen. Von Mai bis September erscheinen die kleinen Blüten in vielblütigen Trauben. Auch die glänzendroten Früchte reifen über einen langen Zeitraum. Seit einiger Zeit werden selektierte, reichfruchtende Sorten wie 'Erntedank', 'Erntekrone' oder 'Koralle' angeboten. Sie sind nicht nur Fruchtsträucher, sondern im Heidegarten auch reizende Ziergehölze.

Vinca, Immergrün, Sinngrün
Apocynaceae

Immergrüne Zwergsträucher mit dünnen, mehr oder weniger dem Boden aufliegenden Sprossen, ledrigen Blättern und blauen Blüten.

Vinca major. Im westlichen und mittleren Mittelmeergebiet findet *Vinca major* ihre natürliche Verbreitung, im südlichen Mittel- und in Südosteuropa ist sie vielfach eingebürgert. Die starkwachsende Pflanze bildet mit aufrecht-übergebogenen Sprossen dichte Polster. Die eiförmigen, glänzendgrünen Blätter werden bis 7 cm lang. In den Blattwinkeln stehen von Mai bis September die großen, lebhaft blauen Blüten. *Vinca major* hält in Mitteleuropa zwar den Winter stand, die Sprosse frieren aber mehr oder weniger stark zurück, ein Rückschnitt ist dann notwendig. Sonst wird die Pflanze in gleicher Weise verwendet wie *Vinca minor*.

Vinca minor. Von Westeuropa bis zum Kaukasus finden wir das Immergrün in der Bodenflora von Wäldern und Gebüschen. Im Garten zeigt es sich sehr anpassungsfähig, es gedeiht an sonnigen bis schattigen Plätzen und auf allen lockeren, mäßig trockenen bis frischen Böden. Flächig gepflanzt, überzieht der 15 bis 20 cm hohe Strauch mit seinen dicht beblätterten, dünnen, niederliegenden Sprossen bald dicht den Boden. Nach der Hauptblüte im April–Mai erscheinen bis zum September vereinzelt die 3 cm breiten, blauvioletten Blüten mit den weit gespreizten Blütenblättern. Ein hervorragender, nicht aggressiver Bodendecker für schattige Gartenpartien.
'Atropurpurea' hat weinrote bis purpurfarbene Blüten.

Immergrüne Laubgehölze und Bambus

Immergrüne Laubgehölze stellen aus botanischer Sicht keine eigene Pflanzengruppe dar, wohl aber bilden sie eine abgrenzbare Gruppe in bezug auf ihre geographische Verbreitung und ihre Standortansprüche. Wie die sommergrünen Laubgehölze unterliegen auch sie einem Blattwechsel. Ihre Blätter haben nur eine begrenzte Lebensdauer: Die jeweils ältesten Blätter werden nach einigen Jahren abgeworfen. Bei den »nur« wintergrünen Arten überstehen die Blätter nur einen Winter, sie werden gleichzeitig mit dem Austrieb der neuen Blätter abgestoßen.
Mit Ausnahme der wenigen einheimischen immergrünen Arten wie Efeu, Immergrün und Stechpalme kommen die meisten großblättrigen immergrünen Laubgehölze aus wärmeren Regionen der Erde. Die meisten brauchen deshalb im Garten einen warmen, windgeschützten Platz. Sie gedeihen am besten in wintermilden Regionen mit einer hohen Luftfeuchtigkeit im Sommer. Je kontinentaler das Klima, desto sorgfältiger muß der Pflanzplatz gewählt werden. Immergrüne Laubgehölze bevorzugen leicht beschattete Plätze, vertragen teilweise aber auch schattige Lagen. Mit sonnigen Standorten kommen sie meist nur bei hoher Luftfeuchtigkeit zurecht. In der Regel brauchen sie gut gepflegte, lockere, tiefgründige, frische Böden.
Für alle Immergrünen ist eine ausreichende Wasserversorgung im Winter sehr wichtig. Ihre Blätter verdunsten zu jeder Zeit Wasser, auch wenn die Wurzeln bei gefrorenem Boden keines nachliefern können. Frosttrocknis ist häufig die Folge, ein Tod durch mangelnde Feuchtigkeit also, nicht so sehr durch tiefe Temperaturen bedingt. Schäden können im Winter auch durch den täglichen Wechsel zwischen dem Auftauen bei Tag und dem Gefrieren bei Nacht entstehen. Ein Schutz vor Wintersonne und Wind ist da sehr hilfreich.
Im vorigen Kapitel wurden schon einige immergrüne Gehölze vorgestellt. Hier folgen die höher wachsenden, ausreichend winterharten Arten und deren Sorten, außerdem alle *Rhododendron*, einschließlich der wenigen sommergrünen Arten, und schließlich die winterharten Bambusarten.

Abelia, Abelie
Caprifoliaceae

Zierliche, in unserem Klima nur wintergrüne Blütensträucher mit kleinen, glockigen oder röhrenförmigen Blüten, die sich erst im Sommer öffnen.

Die Gattung *Abelia* ist mit 30 Arten vom Himalaja bis Ostasien und in Mexiko verbreitet. Die sommergrünen Arten haben keine große gartenbauliche Bedeutung, in Kultur sind nur einige wintergrüne Arten und Hybriden. Sie sind wertvoll durch ihre späte und überaus reiche Blüte. In Mitteleuropa brauchen sie warme, geschützte Standorte und gepflegte, durchlässige Böden. Eine Laubdecke im Wurzelbereich und eine leichte Reisigdecke halten Frostschäden in Grenzen. Ein Zurückfrieren schadet nicht, die Pflanzen treiben nach einem Rückschnitt wieder aus und blühen oft noch im gleichen Jahr. Die Schnittmaßnahmen beschränken sich auf ein Auslichten und den Rückschnitt beschädigter Triebe im Frühjahr.

Abelia 'Edward Goucher'. Der herrliche Zierstrauch entstand 1911 in Nordamerika. In ihrer Belaubung erinnert die zierliche Hybride an *Abelia × grandiflora*, mit ihren lavendelrosa, im Schlund orange gezeichneten, glockigen Blüten an die rosa blühende *Abelia schumannii*. Über einen langen Zeitraum, von Juli bis September, öffnen sich die großen Blüten.

Abelia × grandiflora. Diese Hybride ist schon seit 1886 bekannt, sie stammt von einer Pflanze, die in einem Garten in Pallanza am Lago Maggiore stand. Der wintergrüne, schwachwachsende Strauch kann bei uns etwas über mannshoch werden. Er trägt an bogig übergeneigten Zweigen kleine, glänzend dunkelgrüne Blätter, die sich im Herbst bronzebraun bis purpurn verfärben. Vom Juli bis zum Oktober erscheinen die 2 cm langen, trichterförmigen, weißen, rosa getönten Blüten in den Blattachseln am Ende der Zweige. Diese sehr zierliche, reichblühende Art wird am Mittelmeer gelegentlich auch als dicht belaubte Hecke gezogen.

Aucuba japonica, Aukube
Cornaceae

Aufrechter, etwa mannshoher Strauch mit dicken Trieben und großen, oft bunt panaschierten Blättern.

Vom Himalaja bis Japan ist *Aucuba japonica* verbreitet. Sie bildet einen dichten, buschigen Strauch, der durch seine ledrigen, beiderseits glänzend dunkelgrünen Blätter auffällt, bei den meisten Gartenformen sind sie mehr oder weniger deutlich panaschiert. Die zweihäusigen Blüten sind nur klein und unscheinbar, um so auffallender sind die dicken, scharlachroten, meist lange haftenden Früchte.
Aucuba japonica ist nur im milden Westen ausreichend frosthart, in anderen Regionen wird sie nicht selten als langlebige und genügsame Kübelpflanze gehalten. Im Freiland braucht sie einen geschützten Platz, sie verträgt auch sehr schattige Plätze unter hohen Bäumen.
'Variegata' ist die am häufigsten gepflanzte Form. Ihre Blätter sind mit ungleich großen Flecken dicht gelb punktiert. Sie ist härter als die Wildart.

Berberis, Berberitze
Berberidaceae

Immergrüne, dicht verzweigte, dornige Sträucher mit kleinen, glänzendgrünen Blättern, gelben Blüten und blauschwarzen Beerenfrüchten.

Im Zusammenhang mit den sommergrünen Zier- und Blütensträuchern wurden schon einige sommergrüne *Berberis*-Arten vorgestellt. Die meisten der kultivierten Arten aber sind immergrün. Sie sehen während des ganzen Jahres dekorativ aus, nicht nur zur Blüte- und Fruchtzeit. Ihre Blätter sind am Rand oft gewellt und meist mit mehr oder weniger starken Dornen ausgestattet. Im Gegensatz zu den meist rotfrüchtigen sommergrünen Arten sind die Früchte bei den immergrünen überwiegend blauschwarz gefärbt und mehr oder weniger stark bereift. Im Vergleich zu den sommergrünen Arten sind alle etwas empfindlicher: Sie brauchen windgeschützte, sonnige bis halbschattige Plätze und gepflegte, humose, frische Böden. Nach Frostschäden vertragen alle einen kräftigen Rückschnitt.

Berberis candidula. Die westchinesische Art ist eine der zierlichsten unter den immergrünen Arten. Sie bildet einen kompakten, halbkugeligen, kaum 1 m hohen Kleinstrauch mit abwärts gebogenen Zweigen. Die elliptischen Blätter sind bis 3 cm lang, am Rand etwas eingerollt, oberseits dunkelgrün und stark glänzend und weiß an der Unterseite. Die großen, goldgelben Blüten verstecken sich im Mai etwas unter dem Laub.

Berberis × frikartii 'Verrucandi'. Diese sehr wertvolle Hybride entstand aus einer Kreuzung zwischen *Berberis candidula* und *Berberis verruculosa*. Sie ist frosthärter als andere immergrüne Berberitzen. Der langsamwüchsige Strauch wird etwas über 1 m hoch, er wächst kompakt mit dicht verzweigten, abwärts gerichteten Zweigen. Seine kleinen, elliptischen, derbledrigen Blätter sind oberseits glänzendgrün, unten grauweiß gefärbt. Auch hier sind die hellgelben Blüten weitgehend vom Laub bedeckt. Nur selten werden die blauweiß bereiften Früchte angesetzt. Andere Sorten dieser Hybridgruppe, etwa 'Amstelveen' und 'Telstar', werden nur selten angeboten.

Berberis gagnepeinii var. lanceifolia. Wie viele andere immergrüne Berberitzen stammt auch diese aus China. Sie ist ein etwa 1,5 m hoher Strauch mit locker stehenden, in Bögen übergeneigten Zweigen. Lanzettlich und 3 bis 10 cm lang sind die oberseits stumpfgrünen, unten glänzend gelbgrünen Blätter. Die goldgelben, recht großen Blüten stehen im Mai–Juni zu dritt bis zu sechst in Büscheln.

Berberis hookeri. Vom Himalaja bis nach China reicht das Verbreitungsgebiet von *Berberis hookeri*, einem steif-aufrecht wachsenden Strauch, der etwas mehr als 1 m hoch wird. Seine elliptisch-lanzettlichen, dünnledrigen Blätter sind 3 bis 7 cm lang, oben dunkelgrün und unten blauweiß. Im Mai–Juni erscheinen die sehr großen, gelbgrünen Blüten in Büscheln.

Berberis julianae. Die chinesische Art gehört zu den ganz robusten unter den immergrünen Arten. Sie kann eine Höhe von 2 bis 3 m erreichen und wächst als ein aufrechter, dicht verzweigter Strauch mit kantigen Trieben und elliptischen, 5 bis 9 cm langen, derbledrigen Blättern, die oben glänzend dunkelgrün und auf der Unterseite heller sind. Die reingelben Blüten sitzen im April–Mai zu acht bis zu 15 in dichten Büscheln. *Berberis julianae* ist sehr schnittverträglich und ist deshalb eine ausgezeichnete Heckenpflanze für undurchdringliche Hecken.

Berberis 'Klugowski'. Diese Hybride wird nicht selten zu *Berberis gagnepainii* gestellt. Sie bildet sehr dicht verzweigte, 1 bis 2 m hohe Büsche mit etwas abwärts geneigten Zweigen. Schmal-lanzettlich und bis 5 cm lang sind die oben glänzend dunkelgrünen, unten blaugrünen Blätter. 'Klugowski' gilt als sehr winterhart, sie blüht und fruchtet kaum.

Berberis linearifolia. Aus den chilenischen Anden kam diese Art in unsere Gärten. Der etwa 1,5 m hohe, locker aufgebaute Strauch hat sehr kleine, bis 2,5 cm lange, elliptisch-lanzettliche, ledrige Blätter, die an den Rändern stark eingerollt, oben dunkelgrün und unten weißlichgrün sind. Mit ihren orangeroten bis aprikotfarbenen Blüten weicht diese Art deutlich von den gelbblühenden ostasiatischen Sorten ab. Mit 2 cm Durchmesser sind die Blüten recht groß. Leider zeigt sich *Berberis linearifolia* vergleichsweise frostempfindlich, sie ist nur für den milden Westen vorbehaltlos zu empfehlen.
'Orange King' ist eine Selektion mit etwas stärkerem Wuchs, schmaleren, dunkleren Blättern sowie zahlreichen, großen dunkelorange gefärbten Blüten.

Berberis × lologensis. Die Naturhybride wurde am Lolog-See in Südargentinien entdeckt. Auch sie ist leider etwas frostempfindlich. Sie wächst locker aufrecht und wird bei uns kaum mehr als 1 m hoch. Rhombisch-elliptisch und 1 bis 4,5 cm lang sind die oberseits glänzendgrünen, unten blaugrünen Blätter. Im Mai öffnen sich die 1,5 cm breiten, tief orangegelben, außen rötlich gefärbten Blüten in hängenden Büscheln.
'Apricot Queen'. In Kultur befindet sich meist diese Sorte. Sie wächst straffer aufrecht und hat orangefarbene Blüten.

Berberis verruculosa. Die chinesische Art hat in ihrer ganzen Erscheinung Ähnlichkeit mit *Berberis candidula*. Sie wird aber im Alter deutlich höher, und ihre bogig übergeneigten Zweige sind dicht mit schwarzbraunen Warzen bedeckt. Die elliptischen, ledrigen, 2,5 cm langen, am Rand stark gewellten Blätter sind oberseits glänzend dunkelgrün, unten weißlichblau. Hellgelb sind die 2 cm breiten Blüten, die meist einzeln oder zu zweit sitzen; sie blühen im Mai auf. *Berberis verruculosa* ist robuster und frosthärter als *Berberis candidula*.

Buxus sempervirens, Buchsbaum
Buxaceae

Reichverzweigter Strauch oder kleiner Baum mit immergrünen, derbledrigen Blättern. Sehr schnittverträglich und deshalb oft für Beeteinfassungen und für Hecken verwendet.

Berberis × stenophylla

Berberis × media. Am Zustandekommen dieser wintergrünen Hybride war auch *Berberis thunbergii* beteiligt. Der lockere, rundliche, etwa 1 m hohe Strauch trägt länglich-eiförmige, 1,5 bis 3 cm lange, stark glänzende Blätter.
'Parkjuwel' und 'Red Jewel' sind die am häufigsten angebotenen Sorten. 'Parkjuwel' hat grünes Laub, bei 'Red Jewel' sind die Blätter zunächst bronzefarben bis braunrot, bevor sie sich dann mehr grün färben.

Berberis × stenophylla ist mit ihren weitbogig übergeneigten Zweigen die eleganteste unter den immergrünen Berberitzen. Eine Höhe von 2 bis 3 m kann der Strauch erreichen und auch die gleiche Breite. An seinen dünnen Trieben sitzen schmal-lanzettliche, 1 bis 2,5 cm lange, zierliche Blätter mit stark umgerollten Rändern. Ihre Oberseite ist glänzend dunkelgrün, die Unterseite bläulichweiß. Goldgelb bis orange, in der Knospe gelegentlich rötlich, sind die kleinen Blüten gefärbt, sie öffnen sich im Mai und sind zu vielblütigen Ständen vereint. Dieser äußerst attraktive, reichblühende Strauch benötigt einen geschützten, warmen Platz. Baumschulen mit umfangreichen Sortimenten bieten gelegentlich schwächer wachsende Sorten wie 'Crawley Gem' oder 'Irwinii' an.

Von Europa bis zum Kaukasus ist der Buchsbaum verbreitet, seit Jahrhunderten kultivieren wir ihn in unseren Gärten. An seinen natürlichen Standorten kommt er in Buchen- und Flaumeichenwäldern an sonnigen bis halbschattigen Plätzen auf lockeren, durchlässigen, meist kalkhaltigen und mäßig trockenen Steinschuttböden vor. In Kultur verträgt der Buchs sogar sehr schattige Standorte. Die wilde Form wird meist als *Buxus sempervirens* var. *arborescens* angeboten. Sie kann an günstigen Standorten bis zu 8 m hoch werden und sich zu einem unregelmäßig gewachsenen Kleinbaum entwickeln, meist bleibt sie aber strauchig. Zu den starkwüchsigen, vegetativ vermehrten Gartenformen gehören Sorten wie 'Bullata', 'Handsworthiensis' oder 'Rotundifolia'. Nur aus solchen Sorten lassen sich höhere Hecken erziehen. Aus ihnen werden auch die heute wieder beliebten strengen, geometrischen Formen gezogen, die regelmäßig, meist mehrfach im Jahr, geschnitten werden müssen. Der letzte Schnitt soll spätestens im Juli–August erfolgen, weil spätere Schnitte die Frosthärte mindern. Der Buchsbaum ist aber auch freigewachsen ein sehr wertvoller, immergrüner Strauch, er eignet sich gut für Unterpflanzungen und kann einen guten Sichtschutz liefern.
Für die klassischen Beeteinfassungen in Barock- und Bauerngärten wurden stets schwachwach-

sende Auslesen wie 'Suffruticosa' verwendet. Nun wird mit 'Blauer Heinz' eine sehr winterharte Sorte angeboten, die durch ihren blaugrünen Austrieb und die auch im Winter dunkelgrünen Blätter auffällt.

Cotoneaster, Felsenmispel
Rosaceae

Hohe, immergrüne oder wintergrüne, meist sehr ornamental gewachsene Sträucher mit überwiegend großen, ledrigen, glänzend dunkelgrünen Blättern und reichem Fruchtschmuck.

Cotoneaster franchetii. Die in Südwestchina heimische Art ist bei uns außerhalb des Weinbauklimas meist nur wintergrün. Bis 2 m hoch wird der elegante Strauch mit seinem lockeren Aufbau und den grazil überhängenden Zweigen. Seine elliptisch-eiförmigen, 2 bis 3 cm langen, etwas ledrigen Blätter sind im Austrieb graufilzig, später oberseits matt dunkelgrün und unterseits dicht gelb- bis silbrigfilzig. Im Mai–Juni stehen die weißen bis rosa Blüten zu fünft bis zu elft auf filzigen Stielen. Die zahlreichen Früchte sind leuchtend orangerot gefärbt. Der wärmebedürftige, hitzeverträgliche Strauch braucht einen entsprechenden Platz, um sich optimal entwickeln zu können.

Cotoneaster salicifolius var. floccosus. Die Weidenblättrige Felsenmispel stammt ebenfalls aus Südwestchina, auch sie bleibt nur unter günstigen Klimabedingungen immergrün. Sie wird bei der Anzucht in der Baumschule meist an Stäben hochgezogen, sie wächst dann anfangs schmal-aufrecht mit elegant und weit überhängenden Zweigen. Glänzend dunkelgrün sind die elliptisch-lanzettlichen, 4 bis 8 cm langen Blätter, durch die eingesenkten Nerven wirken sie oberseits stark runzelig, unterseits sind sie bleibend flockig-filzig behaart. Aus recht großen, weißen, streng riechenden Blüten entwickeln sich die sehr zahlreichen orangeroten Früchte. Auch die Weidenblättrige Felsenmispel ist nur mäßig frosthart, sie braucht entsprechend geschützte Plätze.

Cotoneaster sternianus stammt aus Tibet und wächst als ein wintergrüner, bis 3 m hoher, aufrechter Strauch mit locker abstehenden oder leicht überhängenden Zweigen. Die elliptischen, 3 bis 4 cm langen Blätter sind meist zweizeilig gestellt, sie sind derb, an der Oberseite glänzend dunkelgrün und unten dicht weißzottig behaart. Die überwiegend weißen Blüten sind an den Rändern der Kronblätter rötlich gefärbt, sie blühen im Mai–Juni auf. Bis 10 mm dick werden die rundlichen, hellroten Früchte, sie sitzen in dichten Büscheln und bleiben bis zum Winter haften.

Cotoneaster-Watereri-Hybriden nennt man eine Anzahl von Sorten, an deren Zustandekommen mehrere ostasiatische Arten beteiligt sind. Es handelt sich um meist wintergrüne, recht stark wachsende Formen, die Höhen von 3 bis 5 m erreichen können und die sich durch einen malerischen Wuchs mit schräg ansteigenden Ästen und weit ausgebreiteten Zweigen auszeichnen. Alle entfalten im Mai–Juni eine Fülle großer, streng riechender Blütenstände. Entsprechend reich und prachtvoll ist der Fruchtbehang mit den leuchtendroten, lange haftenden Früchten.

'Cornubia' wächst in milden Gegenden mit 3 bis 5 m Höhe fast baumartig. Von den schräg aufstrebenden Ästen stehen die Zweige weit ab oder hängen bogenförmig über. 7 bis 10 cm lang sind die stumpfgrünen, glatten, unten zuletzt fast kahlen Blätter, fast kugelig und leuchtendrot die überaus zahlreichen, großen Früchte. Die frostempfindliche Sorte entwickelt sich nur in milden oder geschützten Lagen zu ihrer vollen Schönheit.

'John Waterer' gilt als typischer Vertreter dieser Gruppe. Die Form wird 3 bis 4 m hoch und mit ihren waagerecht abstehenden, später übergeneigten Zweigen ebenso breit. Die stumpfgrünen, wenig runzeligen Blätter werden 7 bis 10 cm lang. Überreich ist der Fruchtschmuck mit den glänzend hellroten Früchten in breiten Ständen.

'Pendulus' wird häufig an Stäben hochgezogen, erreicht dann 2 bis 3 m Höhe und läßt die Seitenzweige schlaff herunterhängen. Die Sorte muß mindestens einige Jahre lang dauerhaft hochgebunden werden, weil die Pflanzen sonst unter der Last der zahlreichen Früchte umfallen. Ungebunden liegen Äste und Zweige dem Boden dicht auf. Dennoch eignet sich die Form als Bodendecker nicht besonders gut, weil sie sehr stark wächst und sich nicht ausreichend gut verzweigt.

Elaeagnus, Ölweide
Elaeagnaceae

Immergrüne oder wintergrüne, hohe Sträucher mit dunkelgrünen oder bunt panaschierten Blättern.

Neben den robusten sommergrünen Ölweiden lassen sich in wintermilden Klimazonen Mitteleuropas auch einige der immergrünen Ölweiden kultivieren. Es sind dekorative Sträucher, deren Blätter häufig farbig panaschiert sind. Alle sind wärmebedürftig, sie brauchen deshalb geschützte, sonnige bis leicht halbschattige Plätze.

Elaeagnus × ebbingei. Der wintergrüne, in milden Zonen immergrüne, bis 3 m hohe Strauch hat braunschülferige junge Zweige. Seine elliptischen Blätter sind oben dunkelgrün und auf der Unterseite silbergrau. Erst im Oktober–November erscheinen die weißen, duftenden Blüten. Wenn man veredelte Pflanzen bekommt, muß man darauf achten, daß die Unterlage nicht durchtreibt und die aufveredelte Hybride nicht überwächst. Statt der grünlaubigen Art werden gern auch Sorten mit gelbbunten Blättern gepflanzt.
'Costal Gold'. Die Blätter haben eine gelbe Mitte und einen schmalen, grünen Rand.
'Gilt Edge' hat große, glänzendgrüne Blätter mit einem goldgelben Rand.
'Limelight'. Die dunkelgrünen Blätter haben in der Mitte einen unregelmäßig großen, gelben Fleck.

Elaeagnus pungens. Die Dornige Ölweide ist in Nordchina und Japan heimisch. Dort kann der immergrüne Strauch bis 4 m hoch werden, bei uns bleibt er meist deutlich niedriger. Seine abstehenden Zweige sind dornig bewehrt. Die elliptischen, bis 10 cm langen, am Rand oft welligen und krausen Blätter sind oberseits glänzend dunkelgrün und auf der Unterseite grauweiß beschuppt. Weil sich die silbrigweißen, duftenden Blüten erst im September–November öffnen, kommt es nur selten zu einer Entwicklung der großen, im reifen Zustand roten Steinfrüchte. Der schöne Strauch ist nur für wintermilde Zonen zu empfehlen.
'Maculata' wird häufig anstelle der Art gepflanzt. Sie fällt durch ihre großen, gelb gezeichneten Blätter auf.

Ilex, Stechpalme, Hülse
Aquifoliaceae

Hohe, immergrüne Sträucher mit großen, am Rand bestachelten oder mit sehr kleinen Blättern, meist unscheinbaren Blüten und überwiegend roten, beerenartigen Steinfrüchten.

Rund 400 Arten umfaßt die Gattung, die meisten davon sind in den Tropen und Subtropen beider Erdhälften verbreitet, nur wenige in den gemäßigten Breiten von Nordamerika, Europa und Ostasien. Bei der Mehrzahl der kultivierten Arten handelt es sich um immergrüne Sträucher, alle sind mit ihrer schönen, glänzenden Belaubung und dem bei einigen Arten und Formen reichen Fruchtbehang sehr beliebte, dekorative Ziergehölze, die auch an schattigen Plätzen noch ihr Fortkommen finden. Alle vertragen sonnige bis schattige Plätze. Sie gedeihen am besten in wintermilden, küstennahen Regionen, je kontinentaler der Standort, um so eher sind beschattete Standorte wichtig. Der Boden soll gut gepflegt, locker, durchlässig und frisch sein.
Alle *Ilex*-Arten sind zweihäusige Pflanzen. Ein reicher Fruchtansatz ist nur dann gesichert, wenn männliche und weibliche Formen zusammengepflanzt werden. Ein guter Pollenspender, auch für *Ilex-aquifolium*-Sorten, ist *Ilex × meserveae* 'Blue Prince' mit ihren zahlreichen männlichen Blüten. Während *Ilex aquifolium*, *Ilex crenata* und *Ilex × meserveae* meist ausreichend frosthart sind, können *Ilex × altaclarensis*, *Ilex cornuta* und *Ilex perneyi* nur für sehr milde Klimazonen empfohlen werden.
Von allen Arten verträgt die kleinblättrige *Ilex crenata* am besten den Schnitt, man kann sie gut zu geometrischen Figuren schneiden oder als Heckenpflanze verwenden. Von den großblättrigen Arten eignet sich die frostharte *Ilex × meserveae* besser als Heckenpflanze als *Ilex aquifolium* und ihre Sorten.

Ilex × altaclarensis. Diese stattliche *Ilex*-Hybride zeigt sich in allen Teilen größer als *Ilex aquifolium*, eine ihrer Elternarten. Die elliptischen, bis 10 cm langen Blätter sind ziemlich dünn, am Rand kaum gewellt, aber regelmäßig und reich gezähnt. Auch Blüten und Früchte sind größer als bei *Ilex aquifolium*.

Ilex aquifolium 'Madame Briot'

'Belgica Aurea' ist ein etwa 3 m hoher Strauch mit eiförmigen Blättern, die einen unregelmäßig breiten, goldgelben Rand haben. Eine raschwachsende, ziemlich winterharte Sorte.

'Camelliifolia' besticht durch ihren regelmäßigen, kegelförmigen Wuchs, die länglichen, bis 13 cm langen, tiefgrünen, meist ganzrandigen Blätter, die im Austrieb etwas bräunlich sind, und durch ihre zahlreichen roten Früchte.

'Golden King' ist wohl die schönste gelblaubige *Ilex*-Form, leider aber auch recht empfindlich.

Ilex aquifolium. Die Stechpalme findet ihr bestes Auskommen in Klimazonen mit milden, feuchten Wintern und nicht zu trockenen Sommern. Sie ist in Mitteleuropa deshalb vor allem im westdeutschen Tiefland verbreitet, meist als strauchiger Unterwuchs in Wäldern verschiedener Zusammensetzung. An freien Standorten kann sie baumförmig wachsen und mehr als 10 m hoch werden, im Garten bleibt sie meist kleiner. Ihre dickledrigen, glänzend dunkelgrünen, bis 8 cm langen Blätter sind am Rand mehr oder weniger stark gewellt und stachelig gezähnt. Aus kleinen, aber recht ansehnlichen weißen Blüten im Mai entstehen die kugeligen, 7 bis 10 mm dicken, glänzendroten Früchte. Fruchtende Zweige sind häufig ein Bestandteil von Weihnachtsdekorationen. Die hohe Variabilität von *Ilex aquifolium* hat zur Selektion zahlreicher Gartenformen geführt:

'Alaska' ist eine schmal-aufrecht wachsende Form. Relativ winterhart. Blätter stark glänzend und kleiner als bei der Wildform.

'Argenteomarginata'. Alte Sorte mit breit-eiförmigen, weiß gerandeten Blättern und gutem Fruchtansatz.

'Golden van Tol'. Auslese aus der vorigen Form mit mattglänzenden, regelmäßig goldgelb gerandeten Blättern.

'I. C. van Tol'. Stark- und breitwachsender Strauch mit abstehenden Zweigen, fast stachellosen Blättern und einem überreichen Fruchtschmuck. Wohl die am häufigsten gepflanzte Sorte.

'Madame Briot'. Blätter mit ganz unterschiedlich breitem, goldgelbem Rand, zum Teil völlig gelb. Bewährte, winterharte Sorte.

'Myrtifolia'. Kleiner, dicht verzweigter Strauch. 2 bis 3 cm lange, lanzettliche, lang zugespitzte, am Rand feindornige Blätter. Eine ganz aparte Erscheinung.

'Pyramidalis'. Häufig kultivierte weibliche Form mit straff aufrechtem, dichtem, kegelförmigem Wuchs. Stark glänzende, wenig gezähnte Blätter. Sehr reicher Fruchtansatz.

'Rubicaulis Aurea'. Triebe dunkel violettbraun. Blätter ziemlich groß, matt dunkelgrün, der gelbliche Saum ganz schmal. Blätter nicht so bunt gefärbt wie bei anderen gelbbunten Formen, dafür aber frosthärter als diese. Reichfruchtend.

Ilex crenata. Die Japanische Hülse ist ein 2 bis 3 m hoher, dicht und sparrig verzweigter, unregelmäßig aufgebauter Strauch. Die elliptischen bis länglich-lanzettlichen Blätter sind nur 1,5 bis 3 cm lang und oberseits glänzend dunkelgrün. Unauffällig und ohne Schmuckwert sind die kleinen Blüten. Auch die kleinen, kugeligen, schwarzen Früchte besitzen keinen großen Zierwert. Die Japanische Hülse, vor allem ihre zahlreichen, meist schwachwachsenden Gartenformen, zieren allein durch Wuchs und Belaubung. Sie sehen nicht nur

freigewachsen sehr dekorativ aus, man kann sie sehr gut auch für kleine Hecken verwenden. Bei einer Sortimentsüberprüfung erhielten 'Convexa', 'Green Lacruste' und 'Stokes' die besten Bewertungen.
'Convexa'. Bis 1,5 m hoch, breit- und dichtwachsend. Blätter steifledrig, glänzendgrün, löffelförmig aufgewölbt. Sehr winterhart und schattenverträglich.
'Golden Gem'. Wuchs zwergig und breit ausladend, bis 80 cm hoch. Blätter zunächst fast alle goldgelb, später vergrünen sie. Hübsch, aber etwas empfindlich.
'Green Lacruste'. Wuchs dicht und halbkugelig, bis 1,2 m hoch. Blätter glänzend frischgrün. Attraktive, frostharte Sorte.
'Hetzii'. Wuchs aufrecht, 2 bis 3 m hoch. Blätter größer als bei 'Convexa', ebenfalls etwas löffelförmig aufgebogen.
'Stokes'. Zwergig, sehr kompakt und etwas steif wachsend, bis 80 cm hoch. Blätter klein, mattgrün. Sehr frosthart.

Ilex × meserveae. Die Hybride ist in den sechziger Jahren in Amerika entstanden, 1974 kamen die ersten Sorten nach Europa. Sie wurden erst zögernd aufgenommen, sind aber inzwischen in allen Baumschulen zu finden. Die neuen Hybriden überraschen durch die dunkel bräunlichpurpurn gefärbten Triebe und oberseits tief dunkelgrüne, glänzende Blätter, die unterseits deutlich heller gefärbt sind. Insgesamt erinnern die Hybriden an *Ilex aquifolium*, sie bleiben aber deutlich niedriger, wirken dunkler, haben kleinere Blätter und gelten als besonders winterhart.
'Blue Angel'. Weibliche Sorte mit kräftigem, dichtem, aufrechtem Wuchs. Die 3 bis 5 cm langen Blätter wirken durch ihre tiefgrüne Farbe und durch die bläulichpurpurne Farbe von Blattstiel und Mittelrippe dunkler als die der anderen Sorten. Die Früchte sind tiefrot, glänzend und ungewöhnlich groß.
'Blue Prince'. Männliche Sorte mit kompaktem, breit-kegelförmigem Habitus. Die 4 bis 6 cm langen, ovalen Blätter sind nur ganz leicht gewellt und gebuchtet. Sie setzt reichlich Blüten an und gilt als guter Befruchter für andere Stechpalmen.
'Blue Princess' wächst breitbuschig aufrecht und kann im Alter mehr als 3 m hoch werden. Sie ist mit ihren dornig gezähnten Blättern und dem reichen Fruchtansatz aus hellroten Beeren wohl die schönste der drei Formen.

Ilex pernyi. Die chinesische Art ist ein straff-aufrecht wachsender, locker aufgebauter Strauch oder kleiner Baum mit ganz eigenartigen Blättern, die sehr dicht an den Zweigen stehen. Sie sind im Umriß rhombisch oder fast quadratisch und 1,5 bis 3 cm lang. Auf beiden Seiten sind sie mit ein bis drei starren Stachelzähnen versehen, oberseits sind sie glänzend dunkelgrün, unten gelblichgrün. Aus gelblichen Blüten entwickeln sich die 6 bis 8 mm dicken, eirundlichen, roten Früchte. Diese sehr eigenwillige, dekorative Art braucht Schutz bei starkem Frost.

Kalmia latifolia, Berglorbeer
Rosaceae

Großer, immergrüner, rhododendronähnlicher, breitbuschiger Strauch mit großen, rosa Blütenständen an den Triebenden.

In seiner ursprünglichen Heimat wächst der Berglorbeer, auch Lorbeerrose genannt, als Unterholz in Kiefern- und Eichenwäldern auf flachgründigen, nährstoffarmen, sauren, mäßig trockenen bis frischen Böden. Er kann dort baumartig wachsen und dabei 10 bis 12 m hoch werden, begnügt sich in Kultur aber mit Höhen von 2 bis 3 m. Bei ausreichender Luft- und Bodenfeuchtigkeit verträgt der Berglorbeer auch sonnige Standorte, sonst steht er besser im Halbschatten. Er verträgt keinen Kalk und gedeiht deshalb nur auf sauren, frischen, sandig-humosen Böden.
Die prachtvollste Art der Gattung öffnet ihre Blüten im Mai–Juni in großen, vielblumigen Ständen. Die Einzelblüten sind mit ihrer schüsselförmigen Krone 2 bis 2,5 cm breit. In der Knospe sind die Blüten karminrot gefärbt, geöffnet hellrosa mit purpurnen Punkten. Der exzellente Blütenstrauch ist ein schöner Begleiter zu *Rhododendron*. Aus der variablen Art sind in Amerika zahlreiche Sorten ausgelesen worden, Spezialbetriebe kultivieren sie auch bei uns. Die meisten dieser Auslesen unterscheiden sich von der Art durch ihre mehrfarbigen oder überwiegend rosarot gefärbten Blüten.

Ledum palustre var. yedoense

'Carousell', 'Freckles' und 'Olympic Wedding' warten mit dunkleren Punkten und Bändern auf hellerem Grund auf.
'Sarah' hat sattrosafarbene Blütenknospen und später rosarote Blüten. Sie gilt als die beste der roten Sorten.
'Ostbo Red' ist in der Knospe glühendrot, später innen hellrosa bis rosigweiß, sie blüht nur langsam auf, und ihre Blüten halten sehr lange.
'Bullseye', 'Olympic Wedding', 'Sarah' und andere schmücken sich im Frühjahr für Wochen mit einem farbigen, rötlichbraunen oder bronzerötlichen Austrieb.

Ledum palustre, Sumpfporst
Ericaceae

Immergrüne Hochmoorpflanze, deren wechselständige Blätter intensiv nach Bohnerwachs und Kampfer riechen, die Zweige wurden deshalb früher als Abwehrmittel gegen Wanzen und Motten verwendet.

Der Sumpfporst, ein 1 bis 1,5 m hoher, locker verzweigter Kleinstrauch, kommt im mittleren und nördlichen Europa, in Nordasien und dem nördlichen Nordamerika unter anderem auf nassen, nährstoffarmen, sauren Torfböden und auf feuchten, rohhumusreichen Sandböden vor. Er gedeiht auch im Garten nur unter ähnlichen Standortbedingungen. Mit seinen kleinen, schmalen, olivgrünen und matt glänzenden, am Rand stark eingerollten Blättern paßt er gut in großräumige Heidegärten. Im Mai–Juni öffnen sich an den Triebenden zahlreiche weiße, bis 15 mm breite Blüten in gedrungenen Trauben.

Ligustrum ovalifolium, Wintergrüner Liguster
Oleaceae

Immergrüner oder nur wintergrüner, anfangs straff-aufrecht wachsender, 3 bis 5 m hoher, nicht ganz frosthartۀ Strauch, der vorwiegend als Heckenpflanze verwendet wird.

In Japan hat *Ligustrum ovalifolium* seine Heimat. Der reichverzweigte Strauch hat elliptisch-eiförmige, etwas ledrige, oberseits glänzend dunkelgrüne Blätter. Wie bei anderen Ligusterarten riechen die rahmweißen Blüten auch hier streng, sie stehen im Juni–Juli in gedrungenen Rispen. Die ab September reifenden, lange haftenden, erbsengroßen Früchte sind glänzendschwarz.
'Aureum'. Während man die Art selten als freiwachsenden Strauch heranzieht, ist 'Aureum' mit den goldgelb gerandeten oder völlig gelb gefärbten Blättern ein auffälliger Zierstrauch. Die Laubfärbung ist nur an sonnigen Plätzen gut ausgebildet.

Mahonia, Mahonie
Berberidaceae

Immergrüne Kleinsträucher mit großen, unpaarig gefiederten Blättern, gelben Blütenständen an den Zweigenden und meist dunkelblauen, oft bereiften, saftreichen Beerenfrüchten.

Mit 70 Arten ist die Gattung vom Himalaja bis Japan und Sumatra sowie in Nord- und Mittelamerika verbreitet. Die kultivierten Arten sind durch ihre immergrünen Blätter, die früh einsetzende Blüte, den reichen Blütenflor und den hübschen

Mahonia aquifolium

Fruchtschmuck sehr wertvolle, häufig gepflanzte Kleingehölze. *Mahonia aquifolium*, die wichtigste Art, wird meist in kleineren oder größeren Gruppen gepflanzt, die anderen Arten sind mit ihrem höheren Wuchs und den ornamentalen Blättern eher kleine Solitärgehölze. Alle fühlen sich im lichten Schatten oder im Halbschatten besonders wohl, *Mahonia aquifolium* verträgt schattige Standorte und – bei ausreichender Luft- und Bodenfeuchtigkeit – auch sonnige Plätze. Der Boden sollte gepflegt und frisch sein.
Während die etwas höher werdenden Arten wie *Mahonia bealei* und *Mahonia japonica* nur nach Frostschäden geschnitten werden, verträgt *Mahonia aquifolium* recht gut den Schnitt, wenn die Pflanzen zu hoch oder von unten her kahl werden. Man schneidet am besten unmittelbar nach der Blüte, denn dann blühen die Pflanzen schon im kommenden Jahr wieder.

Mahonia aquifolium hat ihre Heimat in den Nadelholzwäldern des westlichen Nordamerika. Der aufrechte, buschige Strauch wird selten mehr als 1 m hoch, mit wenigen, kurzen Ausläufern bildet er kleine Horste, die in flächigen Pflanzungen den Boden gut abdecken. Die bis 20 cm langen, gefiederten Blätter sind oberseits glänzend dunkelgrün, im Winter sind sie meist intensiv bronzerot gefärbt. Die Blättchen sind am Rand mehr oder weniger stark gewellt und mit Stachelzähnen versehen. Im April–Mai trägt jeder Zweig am Ende dichte Trauben aus gelben, mitunter etwas rötlich überlaufenden Blüten. Ab August färben sich die etwa 8 mm dicken, stark bereiften, saftigen Beeren schwarzpurpurn. Diese wertvolle Gartenpflanze erträgt sogar den Wurzeldruck größerer Gehölze. Seitdem auch bei Mahonien eine vegetative Vermehrung möglich ist, werden einige selektierte Sorten angeboten, sie zeigen natürlich ein einheitlicheres Erscheinungsbild als die sehr variable Art.

'Apollo'. Wuchs breit und niedrig. Blätter mattglänzend, im Austrieb und im Herbst bräunlichrot gefärbt. Blüten in sehr großen, zahlreichen, lockeren Trauben.

'Atropurpurea'. Vieltriebiger, breiter Busch. Blätter im Herbst lebhaft rotbraun. Blüten in zahlreichen kleinen Trauben. Wertvoll durch die gute Winterhärte und die schöne Laubfärbung.

'Smaragd' hat eine glänzendgrüne Belaubung, die sich auch im Winter nicht ändert. Blüten goldgelb, sehr zahlreich, in großen, dichten Trauben.

Mahonia bealei. Die chinesische Art ist ein dicktriebiger, nur sparsam verzweigter, steif-aufrecht wachsender Strauch, der in Mitteleuropa selten über 2 m hoch wird. Dekorativ und ornamental sind die 30 bis 40 cm langen, gefiederten, dunkelgrünen, etwas bläulich überlaufenen Blätter mit den neun bis 15 Blättchen, die 5 bis 12 cm lang werden können. Nicht selten öffnen sich die hellgelben, duftenden Blüten schon im Februar, bei ungünstiger Witterung erst im März–April. Sie stehen an den Zweigenden in bis 20 cm langen, mehr oder weniger aufgerichteten bis überhängenden Trauben zusammen. Von beachtlichem Schmuckwert sind auch die schweren Fruchtstände mit den blauschwarzen, bläulich bereiften Früchten. *Mahonia bealei* ist ein sehr schöner, etwas bizarrer Blütenstrauch für geschützte Plätze.

Mahonia japonica. Die nur aus der japanischen Gartenkultur bekannte Art unterscheidet sich von ihrer chinesischen Schwester nur in wenigen Details. Sie ist ebenfalls sehr attraktiv, wird aber seltener kultiviert. Ihre Blüten sind schwefelgelb, sie sitzen in 10 bis 20 cm langen, lockeren, nickenden Trauben zusammen.

Osmanthus, Duftblüte
Oleaceae

Immergrüne Sträucher mit gegenständigen, derbledrigen Blättern und meist auffallend duftenden Blütenbüscheln in den Achseln der Blätter.

Die meisten der 15 *Osmanthus*-Arten, die in Ost- und Südasien, in Polynesien und Nordamerika vorkommen, sind unter mitteleuropäischen Klimabedingungen nicht ausreichend frosthart. Auch die hier vorgestellten Arten sind nur für wärmere Klimazonen vorbehaltlos zu empfehlen. So findet man sie häufig in den Gärten am Mittelmeer. In unseren Breiten brauchen sie warme, windgeschützte, sonnige bis halbschattige Plätze und einen gut gepflegten, durchlässigen Boden.

Osmanthus × burkwoodii (*Osmarea × burkwoodii*) ist ein bis 2 m hoher und ebenso breiter, locker aufgebauter Strauch mit elliptischen, 2 bis 4 cm langen, dunkelgrünen Blättern. Im April–Mai öffnen sich die kleinen, weißen, duftenden Blüten, die zu fünft bis zu siebt in kleinen Büscheln in den Blattachseln stehen. Der schöne Strauch zeigt sich etwas frosthärter als *Osmanthus heterophyllus*.

Osmanthus heterophyllus. In Südjapan und auf Taiwan ist *Osmanthus heterophyllus* natürlich verbreitet, ein 2,5 bis 4 m hoher Strauch mit elliptisch-länglichen, 2 bis 4 cm langen, glänzend dunkelgrünen Blättern, die am Rand dornig gezähnt sind und eine dornige Spitze haben. In seinem ganzen Erscheinungsbild ähnelt er einer kleinblättrigen Stechpalme sehr, er unterscheidet sich von der Gattung *Ilex* aber durch die gegenständigen Blätter. Erst im September–Oktober entfalten sich die weißen, duftenden Blüten. Die Duftblüte kann wie *Ilex* verwendet werden, ist aber längst nicht so frosthart wie diese.

Pieris, Lavendelheide, Weißglockenstrauch
Ericaceae

Immergrüne Sträucher aus der Familie der Heidekrautgewächse mit glänzendgrünen, ledrigen Blättern und kleinen, krugförmigen Blüten in 5 bis 15 cm langen Rispen an den Zweigenden.

Nur zwei von den insgesamt zehn ostasiatischen und nordamerikanischen Arten kultivieren wir in unseren Gärten. Beide gehören mit ihrer Fülle weißer Blütenrispen und den frischgrünen, im Austrieb zum Teil leuchtend karminrot gefärbten Blättern zu den schönsten unter den immergrünen Sträuchern. Wenn sie auf passenden Standorten stehen, können sie sehr langlebig sein. Sie brauchen leicht beschattete bis schattige, luftfeuchte Plätze im Schutz größerer Gehölze und frische, saure, sandig-humose oder torfreiche Böden.

Pieris floribunda. Aus den Laubwäldern des östlichen Nordamerika stammt die Amerikanische Lavendelheide. Sie wird in Kultur kaum mannshoch und wächst als ein dicht verzweigter, buschiger Strauch. Die elliptischen, 3 bis 8 cm langen Blätter besitzen auf der Unterseite bräunliche Drüsenpunkte. Im April–Mai öffnen sich an den Enden der vorjährigen Triebe die weißen, nickenden Blüten in aufrechten, bis 10 cm langen Rispen. Die Art gedeiht am besten auf nährstoffarmen Sand- oder Humusböden.

Pieris japonica. Die Japanische Lavendelheide wird viel häufiger gepflanzt als ihre amerikanische Schwester. Sie kann bis 3 m hoch werden und bleibt trotzdem ein überaus zierlicher Strauch. Die glänzendgrünen, an den Zweigenden gehäuft stehenden Blätter sind im Austrieb oft bräunlich bis rot gefärbt. Schon im Herbst sind die Blüten weit vorgebildet, und Anfang März setzt dann die Blüte mit den kleinen, duftenden Blüten ein. Sie sitzen in 12 bis 15 cm langen, überhängenden Rispen über dem Blattschopf an den Zweigenden. Seit einigen Jahren finden sich Sorten auf dem Markt, die sich durch eine besonders reiche Blüte, rosa gefärbte Blüten und einen farbigen Austrieb auszeichnen:

Pieris japonica 'Flaming Silver'

'Debutante', 'Prelude', 'Sarabande', 'White Cascade' sind die schönsten Sorten mit normalem Laub und weißen Blüten.
'Rosalinda', 'Valley Rose'. Die Blüten sind hell- oder zartrosa gefärbt.
'Chaconne', 'Cupido', 'Rosalinda', 'Select', 'Splendens', 'Valley Rose'. Die Blütenknospen sind den Winter über auffällig bronzefarben oder braunrot gefärbt. Sie bilden so einen schönen Kontrast zu dem grünen Laub.
'Flaming Silver', 'Forest Flame', 'Havila', 'Mountain Fire', 'Red Mill' schmücken sich mit einem besonders gut ausgeprägten glänzendroten oder rotbraunen Austrieb. Nach drei bis vier Wochen nehmen die Blätter ihre normale grüne Färbung an.
'Flamig Silver' und 'Havila' zeigen zur Zeit des Austriebs eine besondere farbige Belaubung, weil ihre alten Blätter schön goldgelb gerandet sind.
'Variegata' bleibt im Wuchs deutlich niedriger als die Art. Ihre Blätter sind schmal weiß gerandet.

Prunus laurocerasus, Lorbeerkirsche
Rosaceae

Immergrüner, 2 bis 4 m hoher Strauch mit dickledrigen, glänzenden, lorbeerartigen Blättern, weißen, streng riechenden Blüten und schwarzen, saftigen Früchten.

Vom östlichen Balkan bis nach Vorderasien und zum Kaukasus ist die Lorbeerkirsche im Unterholz sommergrüner Laubwälder verbreitet. Sie ist damit an schattige Lagen angepaßt, gedeiht aber auch an sonnigen Plätzen, sofern der Boden nicht zu trocken ist. Sie wächst in allen gepflegten, lokkeren und durchlässigen, mäßig trockenen bis feuchten Böden und ist ein unentbehrlicher Strauch für die Begrünung schattiger Stellen in Hausnähe oder unter hohen Bäumen. Niedrig bleibende Sorten werden in Unterpflanzungen nicht selten flächig gepflanzt, Sorten mit aufstrebendem Wuchs sind dagegen wertvolle, schnittverträgliche Heckenpflanzen. Über dem ledrigen, meist glänzend dunkelgrünen Laub stehen im Mai die kleinen, weißen Blüten in dichten, 5 bis 12 cm langen Trauben. Die Früchte sind giftig.
Anstelle der Art sind zahlreiche Sorten in Kultur, die sich in Wuchsform, Blattgröße und Winterhärte unterscheiden. Die wichtigsten Sorten sind:
'Caucasia'. Wuchs kräftig, aufrecht, 3 bis 5 m hoch. Blätter länglich bis schmal-elliptisch, 13 bis 17 cm lang.
'Herbergii'. Wuchs dicht kegelförmig, bis 2 m hoch. Blätter länglich bis schmal-elliptisch, 9 bis 14 cm lang. Reichblühend, regelmäßige Nachblüte im September.
'Mischeana'. Wuchs breit und flach, bis 1,5 m hoch und doppelt so breit. Blätter breit-elliptisch, 9 bis 14 cm lang. Blütentrauben bis 25 cm lang, Hauptblüte im August–September.
'Mount Vernon'. Wuchs breit und flach, kompakt, kaum mehr als 30 cm hoch. Blätter schmal-elliptisch, 9 bis 11 cm lang, glänzend dunkelgrün.
'Otto Lyken'. Wuchs sehr dicht, breit und gedrungen, etwa 1 m hoch. Blätter länglich-lanzettlich, 7 bis 11 cm lang, alle ziemlich aufrecht stehend. Blütentrauben bis 20 cm lang. Sehr reichblühend, im Mai–Juni, Nachblüte im August–September. Sehr frosthart.
'Reynvaanii'. Wuchs dicht, aufrecht, bis 2 m hoch. Blätter länglich bis schmal-elliptisch, 9 bis 14 cm lang. Ältere Pflanzen blühen nur schwach.
'Schipkaensis'. Wuchs breit ausladend, nicht selten vasenförmig. Blätter länglich bis breit-elliptisch, 9 bis 14 cm breit. Blüten in zahlreichen, 6 bis 8 cm langen Trauben.
'Schipkaensis Macrophylla'. Wuchs lockerer, breitaufrecht. Blätter etwas länger. Blütentrauben bis 20 cm lang. Sehr reichblühend.
'Van Nes'. Wuchs breit und dicht, bis knapp 2 m hoch. Blätter länglich-elliptisch, 7 bis 11 cm lang, in einem sehr dunklen Grün. Blüten in zahlreichen, bis 20 cm langen Trauben. Sehr frosthat.
'Zabeliana'. Wuchs ganz flach, bis 1,5 m hoch und bis 3 m breit. Blätter länglich-lanzettlich, 9 bis 14 cm lang. Blüten in bis 18 cm langen Trauben, erscheinen spärlich im Mai, zahlreich im September. Sehr frosthart.

Pyracantha, Feuerdorn
Rosaceae

Immergrüne, aufrechte, unregelmäßig und sparrig wachsende, dornig bewehrte Sträucher mit reichem Fruchtschmuck aus leuchtendroten, orangefarbenen oder gelben Früchten.

Der Feuerdorn gehört mit seinem raschen Wuchs und dem reichen, farbkräftigen Fruchtschmuck zu den am häufigsten gepflanzten immergrünen Sträuchern. Er ist sehr anspruchslos und anpassungsfähig, verträgt jeden Schnitt und kann gleichermaßen gut als Solitärgehölz wie in Hecken oder an Fassaden als Spalierstrauch gepflanzt werden. Er verträgt sonnige bis halbschattige Plätze, ist hitzeverträglich, aber nicht ganz frosthart. In strengen Wintern kann es zu erheblichen Schäden kommen, die der Strauch aber meist rasch wieder überwachsen kann. Der Feuerdorn gedeiht auf jedem mäßig trockenen bis frischen Gartenboden.

Pyracantha coccinea ist von Italien bis Kleinasien verbreitet. Wir kultivieren aber längst nicht mehr die natürliche Art, sondern vegetativ vermehrte Formen, die nur wenig anfällig gegenüber dem Feuerdornschorf sind. Dies trifft tatsächlich nur für 'Red Column' zu. Sorten wie 'Bad Zwischenahn', 'Kasan', 'Koralle' und 'Praecox' sind zwar recht frosthart, aber empfindlich gegenüber den Feuerdornschorf.

'Red Column'. Straff-aufrecht wachsend, 2 bis 3 m hoch. Mittelgroße, leuchtendrote Früchte. Blüht und fruchtet erst nach einigen Standjahren reich, sehr frosthart.

Pyracantha-Hybriden. Die Mehrzahl der heute kultivierten Sorten lassen sich nicht mehr einer bestimmten Art zuordnen, an ihrem Zustandekommen sind mehrere Arten beteiligt. Folgende Sorten hat das Bundessortenamt positiv bewertet:

'Orange Charmer'. Wuchs aufrecht bis buschig, breiter als hoch. Blütenansatz mittel bis stark, entsprechend gut ist der Fruchtbesatz mit mittelgroßen, orangefarbenen Früchten. Eine frostharte, besonders gesunde Sorte.

'Orange Glow'. Wuchs schmal aufrecht, 1,5 bis 2 m hoch. Blütenansatz mittelstark. Früchte klein bis mittelgroß, orange. Weniger frosthart als andere Sorten.

'Soleil d'Or'. Wuchs buschig, 1,5 bis 2 m hoch, breiter als hoch. Blütenansatz mittel bis stark. Früchte mittelgroß, goldgelb gefärbt, lange haftend. Eine sehr empfehlenswerte, frostharte Sorte.

Neben diesen überprüften Sorten sind noch einige weitere in den Angeboten der Baumschulen zu finden, die frosthart und schorfresistent sein sollen:

'Navaho'. Kurztriebige, dicht- und breitwachsende, etwa 2 m hohe Sorte. Die leuchtend orangeroten Früchte färben sich ab Oktober, sie bleiben bis zum Frühjahr haften.

'Teton' baut sich mit straff aufrechten Haupttrieben und abstehenden Seitenzweigen auf und kann so bis 4 m hoch werden. Die ebenfalls spät reifenden und lange haftenden Früchte sind gelbrot. Eignet sich besonders gut für freiwachsende und geschnittene Hecken.

Quercus × turneri 'Pseudoturneri', Wintergrüne Eiche
Fagaceae

Unter den immer- und wintergrünen Eichen ist *Quercus × turneri* in Mitteleuropa als einzige ausreichend frosthart.

Die Wintergrüne Eiche ist ein aufrechter, meist vom Boden an verzweigter Strauch oder kleiner Baum, der an günstigen Standorten 5 bis 15 m hoch werden kann. Seine ledrigen, matt dunkelgrünen Blätter sind schmal-elliptisch bis verkehrteiförmig, an den Seiten buchtig gezähnt und 10 bis 12 cm lang. Sie werden nur selten schon im Herbst abgeworfen, in der Regel erst mit beginnendem Austrieb im Frühjahr. Die Wintergrüne Eiche ist ein interessanter Kleinbaum, denn kaum ein anderes immer- oder wintergrünes Gehölz unserer Gärten erreicht ähnliche Höhen. Sie braucht einen geschützten, sonnigen bis halbschattigen Platz und durchlässige Böden, die trocken bis feucht sein können.

Rhododendron, Alpenrose
Ericaceae

Überwiegend immergrüne, prachtvoll blühende Sträucher von ganz unterschiedlichem Charakter. Die zahllosen Arten und Sorten bieten uns in bezug auf Blütenfarbe und -größe eine überreiche Auswahl.

Mit etwa 1300 Arten bilden die *Rhododendron* eine der umfangreichsten Gehölzgattungen. Ihr Verbreitungszentrum haben sie in Ostasien, in Europa und Nordamerika kommen nur vergleichsweise wenige Arten vor. Von den zahlreichen Arten halten wir in unseren Gärten nur recht wenige. Die zahlenmäßig weitaus größere Gruppe stellen Sorten und Hybriden, sie übertreffen in ihrer Blütenpracht nicht selten die wilden Arten.

Rhododendron sind Gartenpflanzen mit sehr spezifischen Standortansprüchen. Sie gedeihen zufriedenstellend nur auf lockeren, durchlässigen, sandig- oder lehmig-humosen, sauren Böden mit einem pH-Wert von 4,2 bis 5,5. Der Boden muß frisch sein, darf aber keine stauende Nässe aufweisen. Hat der Boden nicht die geforderten Eigenschaften, sind mehr oder weniger hohe Gaben von Humus in Form von Torf oder kompostiertem Rindenhäcksel notwendig oder die Zufuhr strukturverbessernder Mittel wie Styropor, Blähton oder grobe Holzhäcksel. Unter ganz ungünstigen Bedingungen muß notfalls ein Bodenaustausch vorgenommen werden. Dazu ist es notwendig, den Boden entweder 20 bis 30 cm tief auszuheben oder, bei der Anlage von Bankbeeten, in mindestens gleicher Stärke zu überdecken.

Für die Herstellung der 20 bis 40 cm starken Substratschicht gibt es zahlreiche Rezepte. Gute Substrate haben einen hohen Humusanteil, weisen den oben genannten pH-Wert auf und besitzen eine möglichst hohe Strukturstabilität, die dauerhaft einen optimalen Luft- und Wasserhaushalt garantiert. Grundlage aller Mischungen ist möglichst grobfaseriger Torf, der etwa 50 Volumenprozent der Substratmischung ausmacht. Als Zuschlagstoffe dienen Nadel- oder Rindenkompost, Blähton und grob gehäckseltes Holz. Als Vorrats- und Grunddüngung werden je m³ 2 bis 3 kg eines langsamfließenden Volldüngers (Plantosan, Osmocote) eingemischt. Bei künstlichen Substraten ist mit einer starken Sackung (20 bis 30 Prozent) zu rechnen. Nicht selten müssen *Rhododendron* nach einigen Standjahren aufgenommen und nach dem Aufbringen einer neuen Substratschicht wieder gepflanzt werden.

Zur Düngung von *Rhododendron* dürfen keine kalkhaltigen Düngemittel verwendet werden. Man verwendet am besten organische Düngemittel wie Hornoska oder die im Handel angebotenen Rhododendrondünger. Für die mineralische Düngung werden chloridfreie Volldünger wie Nitrophoska Blau oder Superphosphat und schwefelsaures Ammoniak verabreicht. Die Aufwandmenge richtet sich nach Art und Größe der *Rhododendron*. Zwergige Arten sind sehr salzempfindlich und sollten möglichst nur mit organischen Düngemitteln versorgt werden. Eingewachsene großblumige *Rhododendron* erhalten nach de Witt (1983) im März–April je m² 100 g Volldünger oder 200 g Hornoska, danach im Juni–Juli und August–September jeweils die Hälfte der angegebenen Menge. Beim letzten Düngetermin darf kein Hornoska mehr gegeben werden.

Werden im Boden die angegebenen pH-Werte unterschritten, ist auch eine Kalkdüngung notwendig. Dazu eignet sich am besten Hüttenkalk. Die Kalkgabe beträgt 50 bis 100 g/m². Wo mit kalkhaltigem Wasser gegossen wird, erübrigt sich eine Kalkdüngung meist.

Alle *Rhododendron*-Arten gedeihen am besten im lichten Schatten an zeitweise besonnten Plätzen unter tiefwurzelnden Gehölzen. In stark beschatteten Lagen läßt die Blühwilligkeit nach, der Pflanzenaufbau wirkt locker, und die Pflanzen wachsen schief. In Regionen mit hoher Luftfeuchtigkeit vertragen *Rhododendron* etwas stärker besonnte Plätze leichter als in kontinentalen Klimazonen. *Rhododendron* brauchen im allgemeinen windgeschützte Plätze. Vor allem im Winter müssen scharfe Winde und starke Sonneneinstrahlung ferngehalten werden. Zum Schutz vor Frost und vor allem vor dem Wechsel zwischen täglichem Auftauen bei Sonnenschein und dem Gefrieren bei Nacht sollten empfindliche Arten im Winter einen Schutz aus einer leichten Decke aus Nadelholzreisig erhalten.

Unter optimalen Standortbedingungen und bei guter Pflege bleiben *Rhododendron* weitgehend von Krankheiten und Schädlingen verschont. Sie bauen sich so gleichmäßig und vollkommen auf, daß Schnittmaßnahmen völlig überflüssig sind. Nach Havarien ist aber auch ein Rückschnitt bis ins alte Holz durchaus möglich.

Im folgenden werden zunächst die natürlichen Arten vorgestellt und bei einigen Arten zugleich die nach ihnen benannten Hybriden. Später folgen einige Hybridgruppen: Großblumige Hybriden, Japanische Azaleen und sommergrüne *Rhododendron*-Hybriden. Es handelt sich dabei oft um Mehrfachkreuzungen, die man nicht mehr bestimmten Arten zuordnen kann.

Rhododendron-Arten

Wir kennen etwa 1300 natürliche *Rhododendron*-Arten, nur wenige davon sind in Kultur. Die kultivierten Arten werden überwiegend generativ vermehrt, ihre Nachkommen sind also nicht immer so einheitlich wie dies bei veredelten Pflanzen der Fall ist. In aller Regel haben die Arten zartere Blütenfarben als die Sorten, die ja auch auf die Leuchtkraft ihrer Blüten hin ausgelesen worden sind. Die Arten besitzen deshalb oft viel mehr Charme als die gelegentlich etwas protzig wirkenden Sorten. Hier werden die wichtigsten der kultivierten Arten in alphabetischer Reihenfolge vorgestellt, unabhängig von ihrer Wuchshöhe oder der Größe von Blatt und Blüte. Eingeschlossen sind einige Hybriden, die sich nur schwer einer der im Anschluß an die Arten beschriebenen Hybridgruppen zuordnen lassen.

Rhododendron albrechtii. Heimat Nord- und Mitteljapan. Sommergrüner, 1,5 bis 3 m hoher, lockerer, buschiger Strauch. Blätter an den Triebenden meist schirmförmig angeordnet, im Herbst leuchtendgelb. Blüten im April–Mai, zu dritt bis zu fünft, breit-glockig, rosarot bis hellpurpurn. Mit den zarten Blüten eine der schönsten unter den sommergrünen Arten.

Rhododendron brachycarpum. Heimat Japan und Korea. Immergrüner, dichter, breitbuschiger, 2 bis 3 m hoher Strauch mit dicken Trieben. Blätter im Austrieb weißfilzig, später oberseits glatt und kahl, unten grau- bis rehbraun filzig. Blüten im Juni–Juli, zehn bis 20 in hochgewölbten Ständen, weiß oder gelblich mit rosa Anflug und gelbbrauner bis grünlicher Zeichnung. Spätblühende, sehr winterharte Art.

Rhododendron calophytum. Heimat Westchina und Tibet. In Kultur 1 bis 2 m hoher Strauch mit dicken, im Austrieb weißfilzigen Trieben. Blätter 20 bis 30 cm lang, schirmförmig abwärts gerichtet. Blüten im April, bis zu 30 in 15 bis 20 cm breiten Ständen, weiß oder rosaweiß mit karminrotem Basalfleck. Imposante großblättrige Art für geschützte Plätze.

Rhododendron calostrotum. Heimat Westchina, Indien, Burma. Immergrüner, etwa 30 cm hoher, niederliegender bis breit aufrechter Zwergstrauch. Rundliche bis länglich-ovale, 3 cm lange Blätter. Blüten Ende April, die Blütenkrone schalen- bis radförmig, 2 bis 3 cm breit, rot, selten rosa oder purpurn gefärbt, oft mit dunkelroter Zeichnung. Schöner Zwergstrauch für Steingärten und Bankbeete.
Rhododendron calostrotum ssp. *keleticum* (*R. keleticum* und *R. radicans*). Heimat Westchina, Tibet, Burma. Immergrüner, nur 15 cm hoher, teppichbildender Zwergstrauch. Blätter nur 1,5 cm lang. Blüten im April, einzeln bis zu dritt, weit geöffnet, etwa 2,5 cm breit, purpurrot mit karminroter Zeichnung. Art und Unterart brauchen geschützte Plätze und im Winter Wind- und Sonnenschutz durch Nadelholzreisig.

Rhododendron camtschaticum. Heimat Kurilen, Kamtschatka, Sachalin, Japan. Sommergrüner, bis 30 cm hoher, breitwüchsiger Zwergstrauch. Die 1,5 bis 5 cm langen, am Rand bewimperten Blätter färben sich im Herbst schön gelb bis rot. Blüten im Mai, zu zweit an jungen Trieben, Krone offen trichterförmig, fast bis zur Basis eingeschnitten, 3 bis 4 cm breit, purpurrot mit schwacher, rotbrauner Zeichnung. Sehr hübsche, harte Steingartenpflanze, die man am besten in Verbindung mit Steinen pflanzt.

Rhododendron canadense. Heimat Kanada und Nordamerika. Sommergrüner, straff aufrechter, bis 1 m hoher Strauch. Blätter 2 bis 5 cm lang, matt bläulichgrün. Blüten im April–Mai, meist zu zweit bis zu sechst, die Blütenkrone zweilippig, die untere Lippe tief in zwei schmale Lappen geteilt, rosa bis hellpurpurn. Sehr harte Art mit eigenartigen Blüten. Bevorzugt feuchte Böden.

Rhododendron carolinianum. Heimat North Carolina. Immergrüner, 1 bis 1,5 m hoher Strauch. Blätter 5 bis 8 cm lang, beiderseits rostfarben geschuppt. Blüten im Mai–Juni, zu fünft bis zu zehnt, Krone breit-trichterförmig, 3 bis 4 cm breit, hell purpurrosa. Vor allem in der folgenden Sorte in Kultur:
'Dora Amateis'. Nach zehn Jahren etwa 40 cm hoch und 80 cm breit. Blätter glänzend dunkelgrün, würzig aromatisch duftend. Blüte Ende April–Anfang Mai, sieben bis zehn im Stutz, 4 bis 5 cm breit, im Aufblühen zartrosa, später weiß. Schöne, frostharte Zwergform, die schon als junge Pflanze zu blühen beginnt.
'P. J. Mezitt'. Locker aufrechter, 80 bis 100 cm hoher, sehr frosthartter Strauch. Blüten Ende April, zu dritt bis zu neunt, 4 bis 4,5 cm breit, dunkel purpurrosa. Sehr wertvolle Sorte.

Rhododendron catawbiense. Heimat östliches Nordamerika. Immergrüner, 2 bis 4 m hoher, dicht verzweigter, halbkugeliger Strauch. Blätter tiefgrün und glänzend. Blüten im Mai–Juni, 15 bis 20 in großen Ständen, Krone breit-glockig, 5 bis 6 cm breit, lilapurpur mit olivgrüner Zeichnung. Sehr harte und robuste Art, die besonders als 'Catawbiense Grandiflorum' sehr häufig gepflanzt wird. Ihr Erbgut findet sich in zahlreichen großblumigen Hybriden (siehe Seite 226).

Rhododendron degronianum. Heimat Nord- und Mitteljapan. Immergrüner, 1 bis 2 m hoher, dicht belaubter Strauch. Blätter am Rand eingerollt, oberseits glänzend dunkelgrün, unten dicht rötlichbraun behaart. Blüten im April–Mai, zu zwölft, Krone breit-trichterförmig, 4 bis 5 cm breit, zartrosa. Robuste, winterharte Art.

Rhododendron discolor. Heimat Westchina. Immergrüner, in Kultur kaum mehr als 2 m hoher, lockerer, buschiger Strauch mit dicken Trieben und spätem Austrieb. Blätter derb, schmal, 10 bis 20 cm lang, oben dunkelgrün, unten weißlich. Blüten im Juni–Juli, zu sechst bis zu zwölft, Krone trichterförmig-glockig, 6,5 bis 8 cm breit, zartrosa, später weiß. Spätblühende Art mit intensiv duftenden Blüten, braucht einen geschützten Platz.

Rhododendron ferrugineum, Rostblättrige Alpenrose. Heimat Alpen, Pyrenäen, nördliches Apennin. Immergrüner, bis 1 m hoher, breit aufrechter Strauch, Blätter 2 bis 4 cm lang, oben glänzend dunkelgrün, unten dicht rostbraun beschuppt. Blüten im Juni–Juli, fünf bis zwölf in lockeren Ständen, Krone schmal-röhrenförmig, purpurrosa. In Kultur etwas schwierig, verlangt sehr feuchten, steinigen Mineral- oder Humusboden.

Rhododendron forrestii (= *Rhododendron forrestii* var. *repens*). Heimat Westchina, Südosttibet, Oberburma. Immergrüner, 10 bis 15 cm hoher, teppichbildender Strauch. Blätter verkehrt-eiförmig bis rundlich, 1,5 bis 3 cm lang, oberseits glänzend dunkelgrün, unten mehr oder weniger blaugrün. Blüten im April–Mai, meist einzeln, Krone glockig, 3 bis 3,5 cm breit, dunkelkarmin bis scharlachrot. Die Varietät selbst wird bei uns nicht kultiviert. Sie hat aber eine große Bedeutung als Stammform der **Repens-Hybriden**. Dabei handelt es sich um winterharte Kreuzungen mit verschiedenen großblumigen Hybriden. Alle bisher erschienenen Sorten haben von *Rhododendron forrestii* den gedrungenen Wuchs, die leuchtendrote Blütenfarbe und den frühen Blühtermin (Ende April bis Ende Mai) geerbt. Die meisten sind nicht ganz frosthart und brauchen einen geschützten Platz, auch die Blüten sollten vor Spätfrösten geschützt werden.

'Bad Eilsen'. Wuchs aufrecht, dicht geschlossen, etwa 1,2 m hoch. Blätter gesund, dunkelgrün. Blüten leuchtend blutrot, glockenförmig, vier bis fünf in einem lockeren Stutz. Blüht regelmäßig und überreich.

'Baden-Baden'. Wuchs flachkugelig, geschlossen, etwa 60 cm hoch. Blätter dunkelgrün, etwas gedreht (typisch für diese Sorte). Blüten leuchtend dunkelscharlachrot, früh. Verträgt bei ausreichender Bodenfeuchtigkeit gut vollsonnige Standorte, blüht bei guter Ernährung sehr reich und ist eine der besten Sorten dieser Gruppe.

'Frühlingszauber'. Wuchs anfangs flach, später aufrecht kugelförmig. Blätter gesund; sie vertragen etwas Sonne. Blüten leuchtend scharlachrot, früh. An geschützten Standorten gute Winterhärte.

'Mannheim'. Wuchs dicht geschlossen, aufrecht kugelig, 80 cm hoch. Blüten dunkelrot, spät. Wertvoll wegen der späten Blüte und der guten Winterhärte.

'Scarlet Wonder'. Wuchs niedrig, 80 bis 100 cm hoch. Blätter dunkelgrün, ziemlich runzelig. Blütenknospen auffallend braunrot. Blüten sehr groß, scharlachrot mit schwacher brauner Zeichnung, früh. Recht gut winterhart.

Rhododendron fortunei. Heimat China. Immergrüner, 3 bis 4 m hoher und fast ebenso breiter Strauch. Blätter 10 bis 20 cm lang, oben matt dunkelgrün, unten hell blaugrün. Blüten im Mai–Juni, sechs bis zwölf in lockeren Ständen, Krone trichterförmig-glockig, 7 bis 9 cm breit, gelblichrosa getönt, duftend. Interessant wegen der eigenartigen Blütenfarbe und der porzellanartigen Struktur der Blüten. Im allgemeinen ausreichend frosthart.

Rhododendron hippophaeoides. Heimat China. Immergrüner, aufrechter bis 1 m hoher, fein und dicht verzweigter Strauch. Blätter lanzettlich, 1 bis 3 cm lang, oberseits silbrig graugrün und dicht beschuppt, unten bleichgrün und zerstreut beschuppt. Blüten im März–April, zu viert bis zu siebt, Krone breit-glockig, 2,5 cm breit, hellila bis purpurn. Zierliche Steingartenpflanze für feuchte Plätze.

Rhododendron hirsutum. Behaarte Alpenrose. Heimat mittlere und östliche Alpen, Nordwestslowenien. Immergrüner, 1 m hoher, dicht beblätterter Strauch. Blätter elliptisch-lanzettlich, 1 bis

Rhododendron impeditum 'Violetta'

3 cm lang, glänzend frischgrün, am Rand mit langen, abstehenden Wimpern. Blüten im Mai–Juni, zu dritt bis zu zehn, Krone trichterförmig-glockig, etwa 1,5 cm breit, purpurrosa. Kommt zwar in den Kalkalpen vor, wächst dort aber in der sauren Rohhumusauflage. In Kultur viel leichter zu halten als die Rostblättrige Alpenrose, *Rhododendron ferrugineum*. Beide finden ihren besten Platz in Steingärten.

Rhododendron impeditum. Heimat Westchina. Immergrüner, 30 bis 60 cm hoher, ausgebreiteter oder mehr aufstrebender, dicht und fein verzweigter Strauch. Blätter eilänglich, 8 mm bis 1,5 cm lang, oberseits dunkelgrün, unten hellgrün, beiderseits mit zahlreichen braunen Schuppen. Blüten im April–Mai, einzeln bis zu viert, Krone offen trichterförmig, etwa 2,5 cm breit, purpurviolett bis lavendelrosa.

In Kultur ist meist nicht mehr die natürliche Wildart, sondern die **Impeditum-Hybriden**. Bei ihnen handelt es sich entweder um Kreuzungen zwischen *Rhododendron impeditum* und dem ebenfalls blaublühenden *Rhododendron augustinii* oder um ausgelesene und vegetativ vermehrte, besonders reichblühende Typen von *Rhododendron impeditum*.

Alle zeichnen sich durch einen niedrigen Wuchs, kleine, zierliche Blätter sowie lila und blauviolette Blüten aus. Sie haben einen ganz anderen Charakter als etwa die großblumigen Hybriden und sollten nicht mit diesen zusammengepflanzt werden. Sie stehen am besten im Steingarten oder auf etwas erhöhten Beeten, zusammen mit anderen niedrigen oder kleinblättrigen Arten oder Sorten.

'Blue Tit Magor'. Wuchs gedrungen aufrecht, bis 1,2 m hoch. Blüten Ende April–Anfang Mai, leuchtend hellblau. Gut winterhart. Eine der bekanntesten Sorten dieser Gruppe.

'Gristede'. Wuchs breit, kompakt, 80 cm hoch und bis 1,5 m breit. Blätter dunkelgrün, leicht glänzend, aromatisch duftend. Blüten leuchtendlila, Ende April–Anfang Mai; sie stehen gehäuft in den Blattachseln am Triebende und bilden so mit drei bis neun Blüten annähernd ballförmige Blütenstände.

'Moerheim'. Wuchs dicht kissenförmig, 30 bis 50 cm hoch. Blüten Mitte bis Ende April, violett. Besonders reichblühend, aber auch etwas frostempfindlich.

'Violetta'. Wuchs breitkugelig, nach zehn Jahren 70 cm hoch und 1,2 m breit. Blüten Mitte bis Ende April, dichte Blütenstände mit 16 bis 22 Blüten, intensiv violett mit braunen Staubblättern.

Rhododendron insigne. Heimat Westchina. Immergrüner, 1 bis 1,5 m hoher, gedrungen kugeliger Strauch. Blätter derbledrig, schmal-elliptisch, 6 bis 13 cm lang, an der Oberseite dunkelgrün mit leicht eingesenkten Nerven, unten meist mit glänzendem, hellsilbrigem Filz. Blüten im Mai, acht bis 17 in dichten Ständen, Krone weit trichterförmig, 3 bis 4 cm breit, innen zartrosa, außen mehr oder weniger kräftig getönt. Nicht zuletzt wegen der auffallenden Blätter eine besonders dekorative, sehr langsam wachsende Art, die meist in ausgelesenen, besonders schönen Typen vegetativ vermehrt wird. *Rhododendron insigne* wurde in den vergangenen Jahren häufig für Züchtungen verwendet.

Bei den folgenden Sorten stellt *Rhododendron insigne* einen Elternteil:

'Berliner Liebe'. Wuchs kräftig, dicht geschlossen. 18 bis 22 Blüten in einem kompakten, hohen Stutz, der schön über den dunkelgrünen, lanzettlichen Blättern steht. Blüten leuchtendrot mit dunkelroter Zeichnung. Kann anfangs etwas blühfaul sein, ein Erbe von *Rhododendron insigne*.

'Brigitte'. Wuchs kompakt und breit, nach 15 Jahren 1,1 m hoch. Blätter schmal-elliptisch, glänzend dunkelgrün. 14 bis 18 Blüten in einem großen Stutz, weiß mit rosa Rand und auffallend gelbgrüner Zeichnung.

'Marianne von Weizsäcker'. Wuchs kompakt, breitrundlich, 1,2 m hoch und 1,8 m breit. Blüten leuchtend hellrot mit dunkelroter Zeichnung.

'Seestadt Bremerhaven' Wuchs breitrund, kompakt, bis 1,5 m hoch und 2,5 m breit. Elf bis 23 Blüten in einem hohen, kompakten Stutz, am Saum gewellt, hellrosa mit gelbgrüner Zeichnung.

Rhododendron japonicum (*R. molle, Azalea mollis*). Heimat Japan. Sommergrüner, 1 bis 2 m hoher, reichverzweigter Strauch. Blätter verkehrteiförmig, 6 bis 10 cm lang, oberseits stumpfgrün, unten bläulichgrün, im Herbst oft schön gelb bis leuchtendrot gefärbt. Blüten im Mai, zu sechst bis zu zwölft, Krone breit-trichterförmig, 5 bis 6 (8) cm breit, gelb bis dunkelrot, meist mit großem orangefarbenem Fleck. Wertvolle, reichblühende Art mit kräftigen Blütenfarben.

Aus Samen gezogene Pflanzen werden nicht selten nach Farben sortiert angeboten. Bei einem unsortierten Sämlingsgemisch muß man bei den Blütenfarben auf Überraschungen gefaßt sein. Die meisten blühen aber in angenehmen, zarten Pastelltönungen. Aus Kreuzungen mit *Rhododendron japonicum* sind zahlreiche Sorten hervorgegangen.

Rhododendron 'Lavendula'. Immergrüner, langsamwachsender, breit aufrechter, kompakter Strauch. Blätter an der Unterseite braun beschuppt, angenehm würzig duftend, im Winter bronze gefärbt. Blüten im Mai–Juni, drei bis fünf in einem lockeren Stutz, lavendelrosa. Eine wunderschöne, wüchsige Hybride, an deren Zustandekommen unter anderem *Rhododendron russatum* beteiligt war.

Rhododendron luteum. Heimat Mittel- und Westkaukasus, Nordtürkei, Polen. Sommergrüner, 1 bis 4 m hoher, locker verzweigter Strauch mit klebrigen Winterknospen und drüsig-zottigen Jungtrieben. Blätter länglich-lanzettlich, 6 bis 12 cm lang, im Herbst kräftig purpurrot gefärbt.

Blüten im Mai, zu siebt bis zu zwölft, Krone röhrig-trichterförmig, bis 5 cm breit, sattgelb gefärbt und außen stark drüsig-klebrig, stark und angenehm duftend. Robuste Art mit besonders intensivem Blütenduft, Stammform zahlreicher Gartensorten, etwa der Genter-Hybriden.

Rhododendron minus. Heimat westliches Nordamerika. Immergrüner, 1 bis 3 m hoher, reichverzweigter Strauch. Blätter schmal-elliptisch bis lanzettlich, 4 bis 10 cm breit, oberseits dunkelgrün und kahl, unten dicht bräunlich beschuppt. Blüten im Juni, zu sechst bis zu zehn, Krone schmal-trichterförmig, 3 bis 4 cm breit, purpurrosa, außen grünlich gezeichnet. Verträgt mehr Schatten als die meisten anderen immergrünen Arten.

Rhododendron orbiculare. Heimat Westchina. Immergrüner, 1 bis 1,5 m hoher, gedrungen wachsender Strauch. Junge Triebe dick, hellgrün, mit bläulichem Reif. Blätter oval bis rundlich, 7 bis 12 cm lang, an der Oberseite matt glänzendgrün, unten bläulichgrün. Blüten im April, zu fünft bis zu siebt, nickend, Krone breit-glockig, 5 bis 6 cm breit, karminrosa. Braucht einen geschützten Platz, Blüte und früher Austrieb können unter Spätfrösten leiden. Ist mit den nickenden Blüten und den rundlichen Blättern eine ganz auffallende Erscheinung.

Rhododendron 'Praecox'. Wintergrüner, 1 bis 1,5 m hoher Strauch. Blüten schon Ende März—Anfang April, in der Knospe karminrot, aufgeblüht leuchtend lilarosa. Eine der wichtigsten Vorfrühlingsblüher unter den *Rhododendron*, die Blüten leiden aber nicht selten unter Spätfrösten.

Rhododendron racemosum. Heimat Westchina. Immergrüner, 30 bis 50 cm hoher, ungleichmäßig verzweigter Zwergstrauch. Blätter eiförmig bis länglich, 1,5 bis 5 cm lang, oberseits stumpfgrün, unten blaugrün bis silbergrau, dicht mit dunkelbraunen Schuppen besetzt. Blüten im April—Mai, paarweise bis zu fünft in den Blattachseln entlang der vorjährigen Triebe, Krone trichterförmig, bis 2 cm berit, dunkelrosa bis weiß. Mit der ungewöhnlichen Blütenanordnung eine interessante, aber schutzbedürftige Steingartenpflanze.

Rhododendron 'Radistrotum'. Immergrüner, kompakter, dicht verzweigter, kaum mehr als 30 cm hoher Zwergstrauch mit kleinen Blättern. Blüte Mitte—Ende Mai, purpurrot. Schwachwüchsige Steingartenpflanze, die in Kultur weniger anspruchsvoll ist als ihre Eltern *(R. radicans × R. calostrotum)*.

Rhododendron 'Ramapo'. Immergrüner, etwa 60 cm hoher, breiter, gedrungener Zwergstrauch. Blätter etwa 2 bis 3 cm lang, im Austrieb auffallend blaugrün, später graugrün, aromatisch duftend. Blüten Anfang Mai, zu dritt bis zu fünft, leuchtend pastellila. Sehr wertvolle, frostharte Hybride.

Rhododendron russatum. Heimat Westchina. Immergrüner, 30 cm bis 1,5 m hoher, buschiger Strauch. Blätter länglich-lanzettlich, 2 bis 4 cm lang, oberseits graugrün und leicht beschuppt, unten dicht rotbraun beschuppt. Blüten im Mai, zu viert bis zu sechst, Krone breit-trichterförmig, etwa 2,5 cm breit, dunkelviolett. Besonders dankbare, ausreichend winterharte Art für den Steingarten, fällt vor allem durch die schöne Blütenfarbe auf. Neben der Art werden auch einige Hybriden kultiviert, an denen *Rhododendron russatum* beteiligt ist:
'Azurika'. Wuchs flach, bis 60 cm hoch, dicht belaubt. Blüten leuchtend dunkellila.
'Azurwolke'. Wuchs kräftig, dicht und kompakt, im Schatten ziemlich locker, nach 20 Jahren 2 m hoch. Blüten leuchtend lilablau.
'Gletschernacht'. Wuchs zunächst straff aufrecht, später kompakt, bis 1,1 m hoch. Blüten weit geöffnet, im Aufblühen blauviolett, später dunkelblau.

Rhododendron schlippenbachii. Heimat Nordostchina und Japan. Sommergrüner, 2 bis 4 m hoher, breit aufrechter Strauch. Blätter meist an den Triebenden dicht gehäuft, 4 bis 10 cm lang, frischgrün, im Herbst gelb bis karmin gefärbt. Blüten im Mai, zu dritt bis zu sechst, Krone breit-trichterförmig, 5 bis 8 cm breit, rosa mit rotbraunen Flecken. Gilt mit ihrem zarten Blütenflor als eine besonders elegante Erscheinung unter den sommergrünen Arten. Die Art ist in ihrer Heimat vollkommen winterhart.

Rhododendron smirnowii. Heimat Kaukasus. Immergrüner, 2 bis 4 m hoher, breit aufrechter Strauch. Zweige bis ins zweite Jahr dicht mit weißwolligem Filz bedeckt. Blätter länglich-lanzettlich, 8 bis 15 cm lang, an der Oberseite dunkelgrün und zuletzt kahl, unten dicht weiß bis hellbraun filzig. Blüten im Mai–Juni, zu siebt bis 15, Krone trichterförmig-glockig, bis 5 cm breit, am Rand gekraust, purpurrosa bis hell karminrosa. Eine sehr winterharte Art, die unter kontinentalen Klimabedingungen besser wächst als viele andere, prachtvollere Arten.

Rhododendron vaseyi. Heimat westliches Nordamerika. Sommergrüner, 2 bis 3 m hoher, locker und unregelmäßig verzweigter Strauch. Blätter elliptisch-länglich, 6 bis 15 cm lang, dunkelgrün. Blüten im April–Mai, zu fünft bis zu zehnt, Krone kreisel- bis glockenförmig, 3 cm breit, zartrosa bis purpurrosa. Sehr robuste, wüchsige und langlebige Art.

Rhododendron wardii. Heimat Südwestchina, Südosttibet. Immergrüner, 1 bis 3 m hoher, breit aufrechter Strauch. Blätter elliptisch, 6 bis 11 cm lang, oberseits dunkelgrün, unten blaugrün. Blüten im Mai, zu fünft bis zu zehnt, Krone etwas fleischig, schalenförmig, 3 bis 4 cm breit, gelb. Mit der seltenen gelben Blütenfarbe eine ganz ungewöhnliche Erscheinung. Ist leider nicht ganz frosthart, braucht deshalb einen geschützten Platz und bei strengem Frost zusätzlichen Schutz.

Rhododendron wardii

Die für Rhododendren ungewöhnliche Blütenfarbe hat natürlich die Züchter gereizt, *Rhododendron wardii* als Zuchtpartner zu verwenden. Wir verfügen heute über eine ganze Reihe von **Wardii-Hybriden** mit gelben Blüten, die meist härter sind als die Art. Sie blühen Mitte Mai–Anfang Juni.
'Belkanto'. Blüten im Aufblühen goldgelb und orangefarben getönt, geöffnete Blüten mit gelbem Grundton, an den gewellten Rändern zart orangerötlich getönt, im Innern kräftig olivfarben gezeichnet.
'Brasilia'. Blüten außen orange und rosa geflammt, innen orangegelblich, im Verblühen cremeorange.
'Ehrengold'. Blüten im Aufblühen aprikosenfarben, später hellgelb mit schwacher, bräunlicher Zeichnung, Saum schwach rosa getönt.
'Felicitas'. Blüten hellgelb mit zart lachsrosa Tönung und auffallend rotbrauner Zeichnung, Saum leicht rosa getönt.
'Goldbukett'. Blüten hellgelb, außen schwach rosa getönt, mit kräftiger, dunkelrosa Zeichnung und hellrotem Basalfleck.
'Goldika'. Blüten reingelb bis zitronengelb mit dunkelrotem Basalfleck.
'Goldkrone'. Blüten reingelb, mit kleinen dunkelroten Punkten gezeichnet.

Rhododendron williamsianum. Heimat Westchina. Immergrüner, 50 cm bis 1,5 m hoher, dicht verzweigter, breitkugeliger Strauch. Blätter breiteiförmig bis rundlich, 2 bis 4,5 cm lang, im Austrieb schön bronzefarben, später oberseits frischgrün, unten blau- bis weißgrün. Blüten im April, einzeln oder paarweise, nickend, Krone breitglockig, 3 bis 4 cm breit, reinrosa.
Schon in den zwanziger Jahren dieses Jahrhunderts wurde *Rhododendron williamsianum* als Kreuzungspartner benutzt. Man war bestrebt, die typischen Eigenschaften der Art (kompakter, rundlicher Wuchs, dekorative Belaubung und nickende, glockenförmige Blüten) auf winterharte Sorten zu übertragen. Für uns sind folgende **Williamsianum-Hybriden** besonders wertvoll:

'August Lamken'. Wuchs breit aufrecht, 1,5 bis 2 m hoch. Blätter kräftig, schön dunkelgrün. Blüten dunkelrosa, innen dunkelrot gezeichnet.
'Gartendirektor Glocker'. Wuchs rundlich, kompakt, 1,2 m hoch. Blüten rosarot, später aufhellend.
'Gartendirektor Rieger'. Wuchs breitkugelig, kompakt, 1,3 m hoch. Blüten cremeweiß, innen dunkelrot gezeichnet. Eine sehr reichblühende Sorte.
'Görlitz'. Wuchs breit aufrecht, 1,5 m hoch. Blüten leuchtendrosa mit weinroter Zeichnung. Sehr großblumige Sorte mit einer langen Blütezeit.
'Jackwill'. Wuchs schwach, kompakt, 1 m hoch. Blüten im Aufblühen zartrosa, später rosaweiß.
'Lissabon'. Wuchs kugelig, kompakt, 1,5 m hoch. Blätter im Austrieb auffallend bronzefarben. Blüten karminrot.
'Rothenburg'. Wuchs aufrecht, stark, 2 m hoch. Blüten im Aufblühen zitronengelb, später cremefarben, Blütenstutz sehr groß.
'Stadt Essen'. Wuchs breit aufrecht, kompakt, 1,5 m hoch. Blüten sehr groß, rosa, im Schlund heller.
'Stockholm'. Wuchs breit aufrecht, kompakt, 1,5 m hoch. Blüten zart lilarosa.
'Vater Böhlje'. Wuchs kugelig, kompakt, 1 m hoch. Blüten hellila. Eine sehr winterharte Sorte.

Rhododendron yakushimanun. Heimat ist die japanische Insel Yaku Shima. Immergrüner, 50 cm bis 1 m hoher, dichter, abgeflacht-kugeliger Strauch. Triebe dick, anfangs mit silbergrauem Filz bedeckt. Blätter schmal- bis breit-elliptisch, 8 bis 18 cm lang, im Austrieb silbrigfilzig, später derbledrig und oberseits glänzend dunkelgrün, unten dick weißlich bis gelbbraun filzig. Blüten im Mai, fünf bis zehn in lockeren Ständen, Krone trichterförmig-glockig, 5 bis 6 cm breit, in der Knospe zartrosa, später reinweiß. *Rhododendron yakushimanum* ist bei uns noch nicht allzu lange bekannt. Nach ihrer Einführung hat die Art dank ihrer reichen Blüte, der interessanten Belaubung und wegen des flachen, kompakten Wuchses rasch weite Verbreitung gefunden. Sie wurde sehr häufig für Kreuzungen benutzt. Heute verfügen wir über zahlreiche Sorten und Hybriden, denen leider häufig der einmalige Charme der Art fehlt. Aus der inzwischen fast unübersehbaren Fülle an **Yakushimanum-Hybriden** sind die folgenden besonders empfehlenswert:

Rhododendron-Yakushimanum-Hybride 'Barmstedt'

'Astrid'. Blätter dunkelgrün, oberseits glänzend. Blüten leuchtend reinrot, nicht verblassend. Erste farbbeständige Sorte dieser Gruppe.
'Barmstedt'. Blätter im Austrieb weißfilzig. Blüten im Aufblühen leuchtendrot, später hellrot, innen heller bis weiß gezeichnet. Blüht jährlich sehr reich.
'Edelweiß'. Keine Hybride, sondern eine Selektion aus der Art. Blätter oberseits bleibend weißwollig, unten mit dichtem, cremebraunem Filz. Blüten im Aufblühen hellrosa, später reinweiß. Sehr schöne, charmante Sorte.
'Emanuela'. Blätter dunkelgrün. Blüten hellrosa, mit gelblichbrauner bis gelbgrüner Zeichnung, am Saum gewellt, witterungsbeständig und von sehr langer Haltbarkeit.
'Flava'. Blätter frischgrün. Blüten cremerosa aufblühend, innen cremegelb und mit rotem Basalfleck.
'Kalinka'. Blätter dunkelgrün, schwach glänzend. Blüten außen hellrot, innen rubinrosa, später zartrosa mit gelbgrüner Zeichnung. Blüht sehr reich.
'Koichiro Wada'. Diese erste ausgelesene und vegetativ vermehrte Form der Art wurde 1947 in Großbritannien mit einem »First Class Certificate« ausgezeichnet. Blätter tief dunkelgrün, am Rand eingerollt, unten dicht mit hellbraunem Filz

bedeckt. Blüten zartrosa, später reinweiß, in dicht gedrängten Ständen. Wohl die schönste unter allen Formen der Art.

'Lampion'. Wuchs dicht kissenförmig, nach zehn Jahren nur 40 cm hoch. Blüten lachsrot, später aufhellend. Blüht sehr reich und lange.

'Marlis'. Blüten außen hellrosa, innen sternartig weiß geflammt, witterungsfest und von langer Haltbarkeit.

'Morgenrot'. Blüten leuchtend reinrot, später innen rosarot, zur Mitte zartrosa und rotbraun gezeichnet. Blüht schon als kleine Pflanze sehr reich.

'Polaris'. Blüten rubinrosa, innen zartrosa mit gelblicher Zeichnung. Blüht ebenfalls schon als kleine Pflanze sehr reich.

'Schneekrone'. Belaubung dicht und schön dunkelgrün. Blüten zartrosa, aufgeblüht reinweiß, innen goldbraun gezeichnet.

'Schneewolke'. Blüten hell rubinrosa, dann weiß werdend, Blütensaum gekräuselt.

'Silberwolke'. Blätter glänzend tiefgrün. Blüten hellrosa, später weiß mit fliederfarbenem Hauch. Sehr bewährte, mehrfach ausgezeichnete Sorte.

Großblumige Rhododendron-Hybriden

Zu den großblumigen *Rhododendron*-Hybriden gehören die prachtvollsten und farbenprächtigsten unter den immergrünen *Rhododendron*-Sorten. Es handelt sich um auffällig und reich blühende Züchtungen, deren oft schön gezeichnete Blüten zu großen Ständen zusammengefaßt sind, die stets über dem Laub stehen und sich so in ihrer vollen Schönheit präsentieren. Ihre großen, ledrigen, schmal-elliptischen bis breit-eiförmigen Blätter sind meist kräftig dunkelgrün gefärbt. Sie stehen an den Zweigenden, unterhalb der Blütendolden, meist dicht gedrängt. Die Sorten wachsen unterschiedlich stark und erreichen deshalb auch unterschiedliche Höhen (siehe Tabelle). Im freien Stand bilden sie meist geschlossene, mehr oder weniger halbkugelige Büsche.

Nicht selten werden die großblumigen *Rhododendron*-Hybriden in drei Gruppen eingeteilt: Zur ersten Gruppe gehören vier Hauptsorten, sie sind besonders starkwüchsig, robust, anpassungsfähig und winterhart: 'Catawbiense Boursault', 'Catawbiense Grandiflorum', 'Cunningham's White' und 'Roseum Elegans'.

Die Sorten der zweiten Gruppe, dem erweiterten Standardsortiment, wachsen meist etwas weniger stark, lassen sich aber immer noch relativ problemlos kultivieren. Hierher gehören: 'Alfred', 'Blue Peter', 'Caractacus', 'Catawbiense Album', 'Catharine van Tol', 'Dr. H. C. Dresselhuys', 'Everestianum', 'Gomer Waterer', 'Humboldt', 'Jacksonii', 'Lee's Dark Purple', 'Mrs. P. den Ouden', 'Nova Zembla', 'Old Port', 'Parsons Gloriosum', 'Progress' und 'Van Weerden Poelmann'.

In der dritten Gruppe wird ein sogenanntes Liebhabersortiment zusammengefaßt. Dazu gehören alle übrigen in der Tabelle aufgeführten Sorten. Es handelt sich dabei entweder um Neuzüchtungen, die noch nicht den Sprung in die Gruppe der altbewährten Sorten geschafft haben, oder um etwas empfindlichere, schwächer wachsende Sorten, die einen geschützten Standort brauchen.

Japanische Azaleen

Unter diesem Sammelbegriff werden Sorten zusammengefaßt, die ihrer Abstammung nach in verschiedene Gruppen unterteilt werden können. Japanische Azaleen werden selten mehr als 1 m hoch, es sind dichtbuschige, häufig flachwachsende, in unserem Klima meist nur wintergrüne Azaleen mit einer überaus reichen Blüte. Alle Sorten sind nicht so winterhart wie etwa die großblumigen Hybriden. Sie brauchen für eine optimale Entwicklung neben zusagenden Bodenverhältnissen einen vor Wind und starker Sonneneinstrahlung geschützten Platz. In klimatisch ungünstigen Lagen ist eine winterliche Abdeckung mit Nadelholzreisig zum Schutz vor Sonne und austrocknenden Winden notwendig.

Arendsii-Hybriden. Georg Arends (Ronsdorf) kreuzte die vergleichsweise winterharte Sorte 'Noordtiana' mit *Rhododendron kaempferi* und verschiedenen anderen Japanischen Azaleen, um möglichst winterharte Sorten zu erzielen. Nach über 15 Jahren Auslese wurden 1950 die ersten Sorten nach Flüssen des Bergischen Landes benannt. Die Pflanzen sind wintergrün, mittelhoch und flachwüchsig. Zu dieser Gruppe gehört auch 'Multiflorum', ein Findling von Arends, der wegen seines dichten, flachen Wuchses und der überreichen Blütenfülle besonders auffiel.

| Die schönsten großblumigen Rhododendron-Hybriden |||||
Sorte	Blütenfarbe	Blütezeit	Wuchshöhe in m	Bemerkungen
'A. Bedford'	blaulila mit auffallend dunklem Fleck	mittel–spät	2	Wuchs straff aufrecht, Blätter besonders groß
'Alfred'	lila mit grüngelber Zeichnung	mittel	2	Blütenrand stark gekräuselt
'Bernstein'	hell bernsteingelb, kupferbraun gezeichnet	spät	1,5	Sorte mit seltener Blütenfarbe, Winterschutz ratsam
'Bismarck'	purpurrosa, später weiß	mittel	2	wüchsig, aufrecht und kompakt wachsend
'Blinklicht'	in der Knospe dunkelrot, später kirschrot	spät	2	reichblühend, Wuchs aufrecht und kompakt
'Blue Peter'	hellblau mit schwarzrotem Fleck	mittel	2,5	Wuchs gedrungen, Blätter groß
'Caractacus'	purpurn mit heller Mitte und schwacher rotbrauner Zeichnung	spät	2,5	Blüten im Verblühen etwas bläulich
'Catawbiense Album'	weiß, im Aufblühen lilarosa, mit gelbgrüner Zeichnung	spät	3	alte Sorte mit kräftigem Wuchs
'Catawbiense Boursault'	hellila mit schwacher gelber Zeichnung	spät	3	alte, bewährte Sorte mit schöner, voller Belaubung
'Catawbiense Grandiflorum'	hellila mit gelbroter Zeichnung	mittel–spät	4	Blätter gesund und tiefgrün, sehr robust, besonders winterhart
'Catharine van Tol'	rubinrosa mit gelbgrüner Zeichnung	mittel	2,5	Wuchs gedrungen
'Constanze'	reinrosa mit kräftiger, dunkelroter Zeichnung	mittel	2	Wuchs kompakt, erst im Alter reichblühend
'Cunigham's White'	weiß mit zartgelber Zeichnung	früh	3–4	sehr robust und anpassungsfähig
'Dr. H. C. Dresselhuys'	purpurrot mit brauner Zeichnung	mittel–spät	3–3,5	Wuchs breit aufrecht, fast schirmförmig
'Everestianum'	hell purpurviolett mit gelbgrüner oder rotbrauner Zeichnung	spät	2–3	Wuchs breitkugelig geschlossen
'Furnivall's Daughter'	hell zartrosa mit auffallend dunkelroter Zeichnung	mittel	2,5	Wuchs locker, schöne Sorte für geschützte Plätze
'Germania'	rosarot	früh–mittel	2,5	breitwüchsig, auffallend großblättrig

Die schönsten großblumigen Rhododendron-Hybriden (Fortsetzung)				
Sorte	Blütenfarbe	Blütezeit	Wuchshöhe in m	Bemerkungen
'Goldfort'	im Aufblühen hellgelb und rosa getönt, später cremefarben mit grüner Zeichnung	früh–mittel	2,5	Wuchs sehr kräftig, breit und locker
'Goldsworth Yellow'	zitronengelb mit gelbgrüner Zeichnung	früh	1,5	bisher härteste gelbe Sorte, steht am besten im lichten Schatten
'Gomer Waterer'	weiß aus lilarosa Knospen, mit gelbgrüner Zeichnung	spät	2–3	eine der schönsten weißblühenden Sorten
'Hachmann's Feuerschein'	leuchtend reinrot mit sehr schwacher brauner Zeichnung	spät	2	Wuchs kompakt, blüht schon als kleine Pflanze reich
'Humboldt'	hell purpurviolett mit tief dunkelroter Zeichnung	mittel–spät	2,5	besonders frosthart und schön in der Blüte
'Jacksonii'	weiß, im Aufblühen rosa, mit gelber Zeichnung	sehr früh	1,5	Wuchs kugelig und geschlossen
'Kokardia'	rubinrosa mit schwarzrotem Fleck	mittel	2,5	Wuchs dicht, Blätter breitlanzettlich
'Lee's Dark Purple'	purpurviolett mit gelbbrauner Zeichnung	spät	2,5	besticht durch gesunde Belaubung und dunkle Blüte
'Mrs. P. den Ouden'	dunkel rubinrot mit hellgrüner oder brauner Zeichnung	spät	2	alte, verbreitete Sorte mit flachkugeligem Wuchs
'Nova Zembla'	dunkel rubinrot mit tief dunkelroter Zeichnung auf dem oberen Blütenblatt		3	Wuchs kräftig, eine der am häufigsten kultivierten rotblühenden Sorten
'Old Port'	dunkel purpurviolett mit tief dunkelbrauner Zeichnung	spät	2,5	Wuchs etwas locker und sparrig, neigt an ungünstigen Standorten zu Blattschäden
'Parson's Gloriosum'	zart purpurviolett mit gelbgrüner Zeichnung	spät	2,5	alte, bewährte Sorte
'Pink Pearl'	hellrosa mit purpurner Tönung und schwacher rotbrauner Zeichnung	mittel	2	sehr großblumig und schon als kleine Pflanze reich blühend, braucht einen windgeschützten Platz

Die schönsten großblumigen Rhododendron-Hybriden (Fortsetzung)				
Sorte	Blütenfarbe	Blütezeit	Wuchshöhe in m	Bemerkungen
'Progres'	hellrosa mit dunkelpurpurner Zeichnung	früh	1,5 m	Wuchs locker und etwas sparrig, Blütensaum gefranst
'Queen Mary'	dunkelrosa	mittel	3	Blüten in einem großem, geschlossenen Stutz
'Roseum Elegans'	rasalila mit schwacher rotbrauner Zeichnung	spät	3	hervorragende ältere Sorte mit besonders guter Winterhärte
'Scintillation'	reinrosa, innen goldbraun gefleckt	mittel	2	eine der schönsten reinrosa Sorten
'Susan'	zart weißblau mit violetter Zeichnung	mittel	2,5	schöne Sorte für geschützte Plätze
'Van Weerden Poelmann'	rubin bis purpurrot mit kräftiger brauner Zeichnung auf hellem Grund	mittel	1,5	Wuchs breitkugelig, später aufgelockert

Blütezeiten: sehr früh = Anfang bis Mitte April, früh = Ende April bis Anfang Mai, mittel = Mitte Mai, spät = Ende Mai bis Anfang Juni, sehr spät = Mitte bis Ende Juni

Die schönsten Japanischen Azaleen				
Sorte	Blütenfarbe	Blütezeit	Wuchs	Abstammung bzw. Züchter
'Anne Frank'	reinrosa	spät	breit, kompakt, niedrig	'Muttertag', 'Multiflora'
'Beethoven'	purpur mit rotbrauner Zeichnung	mittel	breit aufrecht	Vuykiana-Hybride
'Blaauw's Pink'	lachsrosa	früh	aufrecht	Kurume-Hybride
'Blaue Donau'	purpurviolett	spät	locker	A. van Hecke (Belgien)
'Diamant'	Sorten in den Farben lachs, purpurn, rosa, rot und weiß	mittel	sehr niedrig, kompakt	'Multiflorum' × R. kiusianum-Hybride
'Favorite'	rubinrot mit scharlachroter Zeichnung	früh	aufrecht	Kaempferi-Hybride
'Fedora'	lebhaft rosa mit scharlachroter Zeichnung	spät	aufrecht	Kaempferi-Hybride
'Georg Arends'	leuchtendrosa mit brauner Zeichnung, großblumig	sehr spät	breit aufrecht, locker	Eltern unbekannt

Die schönsten Japanischen Azaleen (Fortsetzung)

Sorte	Blütenfarbe	Blütezeit	Wuchs	Abstammung bzw. Züchter
'Hatsugiri'	rein purpurviolett	früh	niedrig, dicht und gedrungen	Kurume–Hybride
'Himomayo'	zartrosa, innen schwach punktiert	früh	breit bis aufrecht	Kurume-Hybride
'Hinocrimson'	leuchtend karminrot	mittel	breit, ziemlich geschlossen	Kurume-Hybride
'John Cairns'	scharlachrot mit schwacher, dunkler Zeichnung	früh–mittel	breit, gedrungen	Kaempferi-Hybride
'Kathleen'	dunkelrosa mit schwacher, rotbrauner Zeichnung	mittel	aufrecht	Kaempferi-Hybride
'Kermesina'	intensiv rosa mit schwacher Zeichnung, kleinblumig	spät	sehr kompakt	Arends, vor 1950
'Kermesina Rosé'	hell rubinrosa, am Saum reinweiß	spät	sehr kompakt	Sport von 'Kermesina'
'Multiflorum'	hellpurpurn	mittel	niedrig	Arendsii-Hybride
'Muttertag'	leuchtend dunkelrot	mittel	kompakt	Kurume–Hybride
'Orange Beauty'	hellrot mit schwacher braunroter Zeichnung, Blüten bleichen bei Sonne und Wind leicht aus	früh	gedrungen	Kaempferi-Hybride
'Palestrina'	weiß mit hellgrüner Zeichnung	mittel	aufrecht	Vuykiana-Hybride
'Rosalind'	tiefrosa mit schwacher bräunlicher Zeichnung	mittel	breit aufrecht	Hachmann, 1975
'Rubinetta'	leuchtend dunkelrosa mit schwacher rötlicher Zeichnung	spät	flach, breit kompakt	Hachmann, 1974
'Schneeglanz'	reinweiß mit grünlicher Zeichnung, Rand leicht gewellt	spät	halbaufrecht, etwas locker	Hachmann, 1978
'Signalglühen'	leuchtendrot mit schwacher, dunkelroter Zeichnung	früh	breit, flach	Hachmann, 1979

Rhododendron 'Hatsugiri'

Die schönsten Japanischen Azaleen				
Sorte	Blütenfarbe	Blütezeit	Wuchs	Abstammung bzw. Züchter
'Tornella'	karminrot mit kleiner weinroter Zeichnung, gefüllt	spät	breit	Hachmann, 1987
'Vuyk's Rosyred'	leuchtend rosarot, sehr großblumig	spät	breit, niedrig	Vuykiana-Hybride, nur für geschützte Plätze
'Vuyk's Scarlet'	großblumig	spät	breit, niedrig	Vuykiana-Hybride, nur für geschützte Plätze

Blütezeiten: früh = Ende April bis Anfang Mai, mittel = Mitte Mai, spät = Ende Mai bis Anfang Juni.

Diamant-Azaleen. Diese Kreuzungen erzielte C. Fleischmann (Wiesmoor) aus der Sorte 'Multiflorum' und Abkömmlingen von *Rhododendron kiusianum*. Sie zeichnen sich durch einen sehr gedrungenen, flachen Wuchs, durch kleine Blüten und großen Blütenreichtum aus. Die Sorten werden mit Farben bezeichnet.

Kaempferi-Hybriden. Ursprünglich entstanden sie bei P. M. Koster (Boskoop) aus Kreuzungen von *Rhododendron kaempferi* mit 'Malvaticum'. Später kreuzten andere Züchter mehrere Klone der zweiten und dritten Generation ursprünglicher Kaempferi-Hybriden mit anderen Sorten, so daß im Laufe der Jahre eine sehr heterogene Gruppe entstand. Die Sorten haben meist ziemlich große Blüten in orangefarbenen bis roten, purpurrosa, lilarosa und lila Tönen.

Kurume-Hybriden. Kurume-Hybriden sind aus Formen von *Rhododendron obtusum* und Naturhybriden zwischen diesen und der ebenfalls auf den japanischen Inseln vorkommenden Art *Rhododendron kiusianum* entstanden. Die Auslese begann Anfang des vorigen Jahrhunderts in Japan und wurde später in den USA und in den Niederlanden weitergeführt. Kurume-Azaleen wachsen sehr gedrungen, fast tafelförmig, sie werden 60 bis 80 cm hoch und sind wintergrün. Sie schmücken sich mit kleinen Blüten und blühen sehr reich.

Vuykiana-Hybriden. Hier handelt es sich um niederländische und später belgische Kreuzungen der Mollis-Hybride 'J.C. van Tol' mit Sorten von *Rhododendron kaempferi*. Durch spätere Einkreuzungen mit der frostempfindlichen Art *Rhododendron simsii* entstanden Sorten, bei denen eine wesentliche Verbesserung bei den Blütenfarben erzielt wurde. Vuykiana-Hybriden bleiben im allgemeinen niedrig, sie wachsen breit und locker und besitzen große Blüten mit leuchtenden Farbtönen in Weiß, Rosa und Rot.

Andere Hybriden. Mit der Züchtung Japanischer Azaleen haben sich in den letzten Jahren zahlreiche Züchter befaßt, etwa U. Schumacher (Kevelaer), W. Nagel (Bretten) und vor allem Heinz Hachmann (Barmstedt). Zuchtziele waren stets eine möglichst große Winterhärte, eine reiche, schon bei jungen Pflanzen einsetzende Blüte und leuchtende Blütenfarben. Die neuen Sorten lassen sich längst nicht mehr bestimmten Hybridgruppen zuordnen. In der Tabelle werden deshalb entweder die Züchter oder es wird die Abstammung der Sorte genannt.

Sommergrüne Rhododendron-Hybriden

In viel größerem Umfang als sommergrüne Arten werden in unseren Gärten sommergrüne *Rhododendron*-Hybriden gepflanzt. Man bezeichnet sie, im Gegensatz zu den immergrünen Arten und Sorten, häufig noch als Azaleen. Seit etwa 1820 haben belgische, niederländische und britische, später auch deutsche Gärtner versucht, durch die Kombination verschiedener Arten und später auch Sorten, neue Sorten zu erzielen, die in bezug auf Blütenfarbe, Blütengröße, Blühwilligkeit, Farbkonstanz der Blüten, Wüchsigkeit und Gesundheit ihre Eltern übertreffen. In vielen Fällen ist dies hervorragend gelungen, so daß wir heute aus einer Fülle von Sorten auswählen können, die verschiedenen Hybridgruppen zugeordnet werden. Sommergrüne *Rhododendron*-Hybriden stellen an Standort und Pflege die gleichen Ansprüche wie immergrüne *Rhododendron*. Weil sie im Winter ihre Blätter verlieren, leiden sie in kalten Wintern in der Regel weniger als immergrüne Arten und Sorten.

Zahlreiche sommergrüne *Rhododendron*-Hybriden zeichnen sich durch kräftige, leuchtende Blütenfarben in Gelb, Orange und Rot aus, die in dieser Intensität bei immergrünen Arten und Sorten kaum vorkommen. Die meist zarteren Farben immergrüner *Rhododendron* vertragen keine unmittelbare Nachbarschaft mit sommergrünen Azaleen, daher sollte man im Garten beide räumlich trennen.

Genter Hybriden. Von ihrem Ursprungsort, der belgischen Stadt Gent, haben diese Hybriden ihren Namen. Ab 1820 ist dort die kaukasische Art *Rhododendron luteum* mit verschiedenen amerikanischen Arten gekreuzt worden. Genter-Hybriden zeichnen sich durch große Winterhärte, Wüchsigkeit und Blühwilligkeit aus. Sie werden im Alter 2 bis 3 m hoch und entsprechend breit. Ihre Blüten

Die schönsten sommergrünen Rhododendron-Hybriden				
Sorte	Blütenfarbe	Blütezeit	Abstammung	Bemerkung
'Adrian Koster'	reingelb	mittel	Mollis	alte, bewährte Sorte
'Apple Blossom'	reinrosa	früh–mittel	Mollis	reichblühende, vieltriebige Sorte
'Cecile'	lachsrosa mit gelbem Fleck	mittel	Knap-Hill	Wuchs locker, aufrecht, Blätter im Austrieb schwach bräunlich
'Coccinea Speciosa'	dunkel orangerot	spät	Genter	Wuchs schwach, etagenförmiger Aufbau, kleinblumig und sehr reichblühend
'Daviesii'	weiß mit gelber Zeichnung	mittel	Genter	Blüten duften
'Fanal'	glühendrot, orange getönt	spät	Knap-Hill	Wuchs straff aufrecht, Blüten sehr farbbeständig
'Feuerwerk'	glühendrot, innen zart-orange getönt	spät	Knap-Hill	sehr große Blüten, schönste rote Neuzüchtung
'Fireball'	tieforange mit heller Tönung	spät	Knap-Hill	Laub im Austrieb bronzefarben
'Gibraltar'	orange, Saum stark gekräuselt	mittel	Knap-Hill	Wuchs kompakt, schönste orangefarbene Sorte
'Golden Sunset'	reingelb mit großem goldgelbem Fleck	mittel	Knap-Hill	Wuchs locker, großblumig
'Goldflamme'	goldorange, orange-rötlich geflammt	spät	Knap-Hill	Wuchs locker und aufrecht, sehr große Blüten
'Goldpracht'	goldgelb mit großem orangegelbem Fleck	spät	Knap-Hill	schöne Herbstfärbung, schönste gelbblühende Sorte, Blüten duften
'Klondyke'	goldgelb, lebhaft rötlich geflammt	spät	Knap-Hill	Wuchs mittelstark, breit aufrecht, Blätter im Austrieb braunrot
'Koster's Brillant Red'	zinnoberrot mit dunklerer Zeichnung	früh	Mollis	Wuchs breit aufrecht, Blüten mit stark leuchtender Farbe
'Nabucco'	tief dunkelrot, im Innern leicht orange-farben getönt	spät	Knap-Hill	Wuchs breit aufrecht, Sorte mit dem dunkelsten Rot
'Nancy Waterer'	goldgelb mit dunkel orangefarbener Zeichnung	früh–mittel	Genter	Blüten ziemlich groß

Die schönsten sommergrünen Rhododendron-Hybriden (Fortsetzung)				
Sorte	Blütenfarbe	Blütezeit	Abstammung	Bemerkung
'Pallas'	geraniumrot mit orangefarbener Zeichnung	früh	Genter	Wuchs aufrecht
'Parkfeuer'	glühend reinrot, im Innern orangerot, schwach duftend	spät	Knap-Hill	Wuchs stark und straff aufrecht
'Sarina'	rosa, lachsorange getönt mit großem goldorangefarbenem Fleck	spät	Knap-Hill	Wuchs breit und kompakt, schöne Herbstfärbung, sehr große Blüten
'Schneegold'	reinweiß mit goldgelbem Fleck, Saum leicht gekräuselt und leicht rosa getönt	spät	Knap-Hill	Wuchs sehr gleichmäßig, großblumig und sehr reich blühend
'Unique'	gelborange mit rosa Tönung und orangefarbener Zeichnung	mittel	Genter	Wuchs aufrecht

Blütezeiten: früh = Ende April bis Anfang Mai, mittel = Mitte Mai, spät = Ende Mai bis Anfang Juni.

sind relativ klein, sie blühen Mitte bis Ende Mai auf, sind einfach oder gefüllt und weisen eine breite Farbpalette auf.

Knap-Hill-Hybriden. Der Name dieser Hybridgruppe bezieht sich auf die Knap-Hill-Nurseries in Surrey, England. Dort begann Anthony Waterer ab 1870 mit seinen Kreuzungen zwischen amerikanischen und ostasiatischen Arten. 1945 kamen die ersten der später zahlreichen Knap-Hill-Hybriden zu uns. Sie zeichnen sich durch einen gesunden, kräftigen Wuchs, Anpassungsfähigkeit auch an weniger gute Böden, schöne, leuchtende Blütenfarben, neue Farbtöne, außergewöhnliche Farbenvielfalt, große Blüten und Widerstandsfähigkeit gegenüber Rote Spinne und Weichhautmilben aus.

Knap-Hill-Hybriden sind winterhart, sie wachsen meist stark und aufrecht. Ihre Blüten öffnen sich weit über einer langen, engen Röhre. Neben Sorten mit einfachen Blüten gibt es auch welche mit gefüllten Blüten. Bei zahlreichen Sorten stehen die Blüten in großen, lockeren oder kompakten, vielblumigen Ständen zusammen. Zur Zeit stellen die Knap-Hill-Hybriden die gärtnerisch wichtigste Gruppe der sommergrünen *Rhododendron*-Hybriden dar.

In Deutschland hat vor allem Heinz Hachmann die Knap-Hill-Hybriden züchterisch weiterentwickelt. In der tabellarischen Übersicht der sommergrünen *Rhododendron*-Hybriden stammen folgende Sorten von Hachmann: 'Cecile', 'Fanal', 'Feuerwerk', 'Goldflamme', 'Goldpracht', 'Nabucco', 'Parkfeuer', 'Sarina' und 'Schneegold'.

Mollis-Hybriden. Ihre Bezeichnung bezieht sich auf *Rhododendron japonicum*, das früher *Azalea mollis* genannt wurde. Die Züchtung von Mollis-Hybriden setzte 1870 in den Niederlanden und in Belgien ein, wichtigste Kreuzungspartner waren *Rhododendron japonicum* und *Rhododendron molle* (= *Azalea sinensis*). Mollis-Hybriden wachsen etwas schwächer als die Genter-Hybriden. Neben vegetativ vermehrten Pflanzen, die in Wuchs und Blütenfarben sehr einheitlich sind, werden auch Sämlingspflanzen mit Angabe der Blütenfarbe angeboten. Sie sind in der Regel robuster als vegetativ vermehrte Pflanzen, in ihren Blütenfarben aber nicht immer ganz einheitlich.

Occidentale-Hybriden. Die im westlichen Nordamerika heimische Art *Rhododendron occidentale* gab dieser Gruppe ihren Namen. Zwischen 1895 und 1900 wurden in Großbritannien und in den Niederlanden Mollis-Hybriden mit *Rhododendron occidentale* gekreuzt. Daraus entstanden winterharte, starkwüchsige, bis 2,5 m hohe, großblumige Sorten, deren Blütendurchmesser 5 bis 10 cm erreichen kann. Die Blüten duften angenehm und zeichnen sich durch einen von *Rhododendron occidentale* geerbten Fleck aus. Occidentale-Hybriden blühen etwas später als die bisher genannten Gruppen.

Stranvaesia davidiana, Lorbeermispel
Rosaceae

Immergrüner Strauch mit ledrigen Blättern, kleinen, weißen Blüten und kleinen, roten Apfelfrüchten.

Von den vier oder fünf ostasiatischen Arten ist in Mitteleuropa nur eine ausreichend winterhart. Der 2 bis 3 m hohe Strauch baut sich mit aufrechten Stämmen und ansteigenden Zweigen ziemlich locker und etwas sparrig auf. Seine länglich-lanzettlichen Blätter sind 6 bis 11 cm lang, die jeweils ältesten Blätter färben sich im Frühjahr kirschrot und fallen dann ab. Erst im Juni erscheinen die 8 mm breiten, weißen Blüten mit ihren roten Staubbeuteln in 5 bis 8 cm breiten, flachen Ständen. Die kugeligen Apfelfrüchte sind 5 bis 7 mm dick. Der zur Blüte- und Fruchtzeit sehr hübsche Strauch braucht einen geschützten Platz in sonnigen bis halbschattigen Lagen. Er wächst auf jedem gepflegten, frischen Gartenboden.

Ulex europaeus, Stechginster
Leguminosae

Stark bewehrter, sehr dicht verzweigter Strauch mit großen gelben Schmetterlingsblüten im Mai–Juni.

Der Stechginster hat seine ursprüngliche Heimat in den atlantischen Heidegebieten des westlichen Europa, wo er vor allem auf humosen Sandböden und nährstoffarmen, vorwiegend sauren Heideböden vorkommt. Er bildet mit seinen dunkelgrünen Zweigen sehr dichte, 1 bis 2 m hohe Büsche, bei denen alle Verzweigungen in kräftigen, stechenden Dornen enden. Seine Hauptblütezeit hat der Stechginster im Mai–Juni, nicht selten blüht er bis zum September nach. Als Kulturpflanze empfiehlt er sich nur für wintermilde, luftfeuchte Klimabereiche, er kann dort in größeren Heidegärten ein interessanter und eigenartiger Strauch sein. Außerhalb seines natürlichen Verbreitungsgebietes friert der Stechginster häufig zurück oder geht in strengen Wintern ganz ein. Durch Frost geschädigte Pflanzen bauen sich nach einem kräftigen Rückschnitt rasch wieder auf.

Viburnum, Schneeball
Caprifoliaceae

Immergrüne Sträucher mit kleinen, weißen, teilweise duftenden Blüten, die in flachen oder gewölbten Trugdolden über dem Laub stehen.

Die Mehrzahl der bei uns kultivierten Schneeballarten sind sommergrüne Sträucher, nur wenige immergrüne Arten oder Hybriden halten unseren Wintern stand, in bezug auf ihre Kälteempfindlichkeit gibt es aber große Unterschiede. Empfindliche, wärmebedürftige Arten wie *Viburnum davidii* oder gar *Viburnum tinus* brauchen geschützte Plätze und bei tiefen Temperaturen auch Winterschutz. Viel härter zeigt sich dagegen *Viburnum rhytidophyllum*, als recht hart erweist sich auch *Viburnum* 'Pragense'. Alle wachsen am besten in leicht beschatteten Lagen, vertragen aber auch schattige Standorte recht gut, sie gedeihen auf jedem gepflegten, frischen Gartenboden.

Viburnum × burkwodii. Der meist nur wintergrüne, 1 bis 2 m hohe Strauch wächst locker und etwas sparrig. Seine eiförmigen, 3 bis 7 cm langen Blätter sind oberseits glänzend tiefgrün, unten mit einem graugrünen Filz bedeckt. Schon im März–April öffnen sich die anfangs rosa angehauchten, später weißen Blüten, sie strömen einen sehr starken, heliotropartigen Duft aus. Im Herbst blüht der Strauch regelmäßig nach. Der hübsche Blütenstrauch wird meist auf eine sommergrüne Schneeballart veredelt. Deshalb entstehen aus der Veredlungsunterlage immer wieder Wildtriebe, die man rechtzeitig entfernen muß.

Viburnum davidii. Die chinesische Art ist ein wahres Kleinod unter allen immergrünen Ziersträuchern. Sie wird nur selten mehr als 50 cm hoch und bildet einen sehr dicht geschlossenen, gleichmäßigen, halbrunden Busch aus. Sehr dekorativ sind die derben, länglich-elliptischen, bis 14 cm langen, dunkelgrünen Blätter mit ihrer eigenartigen Nervatur; die drei Hauptnerven sind tief in die Blattfläche eingesenkt. Über der dichten Blattfläche stehen im Mai die 5 bis 10 cm breiten, rosaweißen Blütendolden. Aus ihnen entwickeln sich bemerkenswert schöne, stahlblaue Früchte, sofern mehrere Pflanzen zusammenstehen. Der exquisite Kleinstrauch eignet sich für warme, geschützte Plätze und humusreiche, saure bis neutrale Böden.

Viburnum 'Pragense'. In Prag ist dieser hübsche Strauch entstanden. Er wirkt viel eleganter als der Runzelblättrige Schneeball, der am Zustandekommen des Prager Schneeballs beteiligt ist. Der 2 bis 3 m hohe Strauch baut sich anfangs recht locker auf, später stehen die Zweige ab oder neigen sich elegant über. Glänzend dunkelgrün und etwas runzelig sind die unterseits dicht sternfilzigen Blätter. Aus hellrosa Knospen blühen im Mai die cremeweißen, leicht duftenden Blüten auf, die in 8 bis 15 cm breiten, lockeren, halbkugeligen Ständen sitzen. Die Sorte ist durch den zunächst etwas lockeren Aufbau keine Jugendschönheit und wird deshalb zu selten gepflanzt.

Viburnum rhytidophyllum. Der Runzelblättrige Schneeball kam aus China in unsere Gärten. Er ist ein sehr robuster, 3 bis 5 m hoher, anfangs straff-aufrecht wachsender Strauch, dessen Seitenzweige sich später bogig überneigen. Bis 20 cm lang sind die stark runzeligen, oberseits stumpf dunkelgrünen, unten stark filzigen, dekorativen Blätter mit ihrer ausgeprägten Nervatur. Schon im Herbst sind die nackt überwinternden Blüten weit vorgebildet, sie öffnen sich im Mai–Juni in 10 bis 20 cm breiten, flachen, weißen bis gelblichweißen Ständen. Höchst dekorativ sehen auch die anfangs roten, später glänzendschwarzen Früchte aus. Dieser häufig gepflanzte Strauch verträgt auch extrem kalkhaltige Böden und garantiert außerdem in schattigen Lagen einen guten Sichtschutz. (Foto auf der Umschlagrückseite)

Viburnum tinus. Aus Südeuropa und dem Mittelmeergebiet stammt der Lorbeerschneeball, ein dicht verzweigter, bis 3,5 m hoher Strauch mit länglich-eiförmigen bis elliptischen, 3 bis 10 cm langen, glänzend dunkelgrünen Blättern. Im März–April, in seiner Heimat von November–April, öffnen sich aus rosa Knospen die weißen, leicht duftenden Blüten in ihren gewölbten, 5 bis 7 cm breiten Dolden. Die eiförmigen Früchte sind anfangs tiefblau, später schwarz. Die lange Blütezeit hat nicht selten zur Folge, daß rosarote Blütenknospen, weiße Blüten und blaue Früchte gleichzeitig an einer Pflanze zu finden sind, woraus sich ein farbenprächtiges Bild zusammensetzt.
'Gwenllian'. Bei ihr ist diese Eigenschaft besonders ausgeprägt, sie wurde 1992 in Boskoop mit einer Goldmedaille ausgezeichnet.
'Eve Price' ist häufig in Kultur, weil bei ihr die Blüten mit ihrem stark karminroten Anflug besonders dekorativ wirken.
Viburnum tinus läßt sich in Mitteleuropa nur in Gebieten mit Weinbauklima im Freien kultivieren. Seit Jahrhunderten wird sie bei uns aber als Kübelpflanze gehalten.

Yucca filamentosa, Palmlilie
Agavaceae

Immergrüne, stammlose Holzpflanzen mit rosettig stehenden, schwertförmig spitzen Blättern und breit-glockigen, nickenden Blüten in hohen Rispen.

Von den rund 40 *Yucca*-Arten, die im südlichen Nordamerika, Mexiko und Westindien heimisch sind, ist *Yucca filamentosa* in Mitteleuropa die am häufigsten kultivierte Art. Ihre lanzettlichen, spitzen Blätter sind bis 75 cm lang, sie stehen steif aufrecht oder sind mehr oder weniger stark abgeknickt. Im Juli–August entwickeln sich aus dem Blattschopf die 1 bis 1,8 m hohen Blütenstände mit ihren 5 bis 7 cm langen, gelblichweißen Blüten. Die meist in Staudenbetrieben gezogenen Pflanzen finden ihren besten Platz in sonnig-trockenen, steppenartigen Gartenpartien oder in Verbindung mit Steinen. Die Palmlilie wächst auf jedem durchlässigen Gartenboden, der vor allem im Winter nicht staunaß sein darf. Da es von *Yucca fila-*

mentosa viele blühfaule Typen gibt, sollte man sich um ausgelesene, blühwillige und frostharte Sorten bemühen. Als besonders wertvoll gelten Sorten wie 'Eisbär', 'Elegantissima', 'Glockenriese', 'Schellenbaum', 'Schneefichte' und 'Schneetanne'.

Bambus

Unter den Gartengehölzen nimmt der Bambus eine Sonderstellung ein. Obwohl mit den Gräsern verwandt, handelt es sich doch um verholzende Pflanzen. Ihre Sprosse erreichen innerhalb einer Vegetationsperiode, meist im Verlauf weniger Wochen, ihre volle Länge und Halmstärke. Tropische Arten können dabei Höhen von 20 bis 30 m erreichen. In den folgenden Jahren nehmen nur der Verholzungsgrad der Halme und die Verzweigung zu.

Mit dem filigranen und eleganten Bambus können wir einen Hauch von Tropenzauber in den Garten bringen. In Mitteleuropa bleibt die Sehnsucht nach tropischem Flair aber begrenzt, denn nur wenige der über 1000 Bambusarten sind hier ausreichend frosthart. Als härteste Arten gelten *Arundinaria spathacea* (= *Arundinaria murilae*), *Pseudosasa japonica* und *Sinarundinaria nitida*, man kann sie nahezu überall in Mitteleuropa bedenkenlos pflanzen. Alle anderen Arten brauchen warme Standorte, die vor allem im Winter Schutz vor Wind und Sonne bieten.

Für alle Arten sollte der Boden frisch bis feucht, nährstoffreich und gut gepflegt sein. In sommerlichen Trockenperioden sind reichliche Wassergaben notwendig, sollen Blattverluste vermieden werden. Eine gute Bodenabdeckung im Winter hat die Aufgabe, den Frost möglichst lange von den Wurzeln fernzuhalten und so eine kontinuierliche Wasserversorgung der immergrünen Blätter zu ermöglichen. Das gilt vor allem für etwas empfindlichere Arten. In langen, trocken-kalten Wintern sind Blattverluste nicht zu vermeiden.

Alle Bambusarten haben die Eigenschaft, nur in oft sehr langen Intervallen zu blühen. Das erschwert ihre exakte Bestimmung, die nur an blühenden Exemplaren möglich ist, und damit auch die Namensgebung. Deshalb wird die Benennung verschiedener Arten sehr uneinheitlich gehabt. Wir richten uns hier nach der aktuellen Ausgabe von »The European Gardenflora«.

Arundinaria spathacea (*A. murilae, Fargesia spathacea, Thamnocalamus spathaceus, Sinarundinaria murilae*). Aus Mittelchina stammt dieser bis 4 m hohe, mit zahlreichen Halmen dicht horstartig wachsende Bambus. Die im Austrieb weiß bemehlten, später gelb mit Orange gefärbten Halme stehen zunächst straff aufrecht. Aus jedem Knoten bilden sich zehn oder mehr dünne Zweige, ihr Gewicht läßt die biegsamen Halme später grazil sich überneigen. Ihre Frosthärte, gepaart mit Eleganz, haben die Art zu dem bei uns am häufigsten gepflanzten Bambus gemacht.

Indocalamus tesselatus (*Bambusa tesselata, Sasa tesselata*). Die chinesische Art ist bei uns schon lange bekannt, sie kam schon 1845 nach Europa. Sie wird etwa 1 m hoch und bildet lockere Bestände mit dünnen Halmen, die durch das Gewicht der großen, 30 bis 50 cm langen, matt glänzenden, lichtgrünen Blätter heruntergebogen werden. Dieser Bambus verträgt auch schattige Standorte und eignet sich deshalb zur Unterpflanzung hochkroniger Bäume. Ihren schönsten Habitus entwickelt die Art aber im freien Stand, etwa an den Ufern von Gewässern. Sie hat von allen Bambusarten die größten Blätter und ist so eine unverwechselbare Erscheinung.

Phyllostachys aurea (*Bambusa aurea*) ist in China und Japan heimisch. Sie wächst straff aufrecht, wird 3 bis 4 m hoch und bildet kurze Ausläufer. Ihre dicht stehenden, grünen Halme färben sich in der Sonne leuchtendgelb. Wie bei allen *Phyllostachys*-Arten sind die Halme oberhalb der Knoten auf einer Seite abgeflacht oder rinnig vertieft.

Phyllostachys aureosulcata stammt aus Nordostchina, sie bildet Ausläufer und kann an günstigen Standorten bis 6 m hoch werden. Ihre lockerstehenden Halme sind in der Jugend mattgrün, später ganz gelb und manchmal stark zickzackförmig gebogen. Aus der imposanten Art lassen sich kleine Haine anlegen.

Phyllostachys flexuosa. Die in China heimische Art kann Höhen von 3 bis 7 m erreichen, sie

Sasa palmata

wächst ziemlich aufrecht bis weich überhängend. Ihre Halme sind grün, später gelb und mit schwarzen Punkten besetzt, die mit den Jahren immer größer werden. Dieser elegante Bambus breitet sich durch Ausläufer aus und eignet sich vor allem für die Anlage von Hainen und Windschutzpflanzungen.

Phyllostachys viridi-glaucescens (*Arundinaria auricoma, A. viridistriatus*). In Ostchina ist dieser 3 bis 4 m hohe Bambus verbreitet, der teilweise lange Ausläufer bildet. Seine lockerstehenden, gefleckten Halme sind deutlich hin und her gebogen, sie hängen im oberen Teil weit über. Diese Art gilt als härteste innerhalb der Gattung. Häufig sind die beiden folgenden Sorten in Kultur:

'Boryana'. Die aufrechtstehenden Halme sind anfangs grün, später dann gelblich und braun gefleckt.

'Henonis' hat aufrechtstehende bis weich überhängende, anfangs grünliche, später gelbliche Halme, die bei hoher Sommerwärme bemehlt sind.

Die Art und ihrer Sorten werden am besten in hainartigen Beständen gepflanzt.

Pleioblastus pygmaeus *(Arundinaria pygmaea, Sasa pygmaea).* Die bis 40 cm hohe Art breitet sich mit langen, kräftigen Ausläufern stark aus. In den sommergrünen Wäldern des japanischen Berglandes bildet sie teilweise dichte, fast undurchdringliche Bestände. Ihre kleinen, blaugrünen Blätter werden im Herbst an den Rändern oft weißtrokken. Diese Art läßt sich gut unter hochkronigen Bäumen ansiedeln, sie sollte ausreichend Platz für ihren Ausbreitungsdrang haben. In gepflegten Beeten können ihre queckenartigen Wurzeln sehr lästig werden.

Pseudosasa japonica *(Arundinaria japonica)* hat in Japan und Südkorea seine natürliche Verbreitung. Die Art ist mit langen Rhizomen ausgestattet und kann 3 bis 6 m hoch werden. Ihre grünen Halme sind vor allem im oberen Teil reich bezweigt, sie hängen zuletzt über. Die Verzweigung entwickelt sich erst im zweiten Jahr. Mit einer Länge von über 30 cm sind die ziemlich dicken Blätter vergleichsweise groß. So ist die Art nicht nur frosthart und robust, sondern auch sehr dekorativ.

Sasa palmata *(Bambusa palmata, Sasa paniculata).* Von den rund 200 ostasiatischen *Sasa*-Arten befindet sich vor allem *Sasa palmata* in Kultur, ein 1 bis 2 m hoher, stark wuchernder Bambus mit dünnen, grünen, weiß bemehlten Halmen. Die bis 30 cm langen und fast 10 cm breiten, derben, frischgrünen Blätter stehen mehr oder weniger rechtwinklig ab.

Semiarundinaria fastuosa *(Bambusa fastuosa, Arundinaria fastuosa, Phyllostachys fastuosa).* Insgesamt ist diese Gattung mit 20 Arten in Ostasien vertreten, bei *Semiarundinaria fastuosa* handelt es sich um die bei uns am weitesten verbreitete Art. Sie wird 3 bis 6 m hoch und wächst straff aufrecht.

Sinarundinaria nitida

Sinarundinaria nitida *(Fargesia nitida)* hat ihre Heimat in Mittel- und Westchina. Die zunächst aufrechtwachsenden, sehr unterschiedlich gefärbten, dunkelpurpurnen bis grauen Halme können 4 bis 6 m hoch und bis 5 cm dick werden. Vom zweiten Jahr an entwickeln sich aus jedem Knoten zahlreiche Zweige, durch ihr Gewicht neigen sich die Spitzen der Halme nahezu bis zum Boden. Die oberseits frischgrünen, unterseits graugrünen Blätter sind 5 bis 8 cm lang. Dieser horstig wachsende Bambus gehört erwiesenermaßen zu den härtesten Bambusarten.

Kletterpflanzen

Obwohl im strengen Sinn des Wortes nicht alle Lianen wirklich kletternde Pflanzen sind, werden sie häufig mit diesem Begriff beschrieben. Tatsächlich versuchen die verschiedenen Arten auf ganz unterschiedliche Art und Weise ihre langen, dünnen Sprosse ans lebensnotwendige Sonnenlicht zu bringen. An ihren natürlichen Standorten finden sie dazu vielerlei Möglichkeiten.

Verwenden wir Lianen als Kulturpflanzen, müssen wir den meisten von ihnen Klettergerüste zur Verfügung stellen. Nur die sogenannten Selbstklimmer kommen ohne Klettergerüst aus. Funktionale Kletterhilfen müssen nicht nur ästhetische Anforderungen erfüllen, sie müssen auch pflanzengerecht sein. Dabei ist es gleichgültig, aus welchem Material sie hergestellt sind. Verzinkte Metallgerüste sind ebenso brauchbar wie plastikummantelte Drahtgeflechte oder Holzkonstruktionen. Alle Schlingpflanzen bevorzugen senkrecht verlaufende Kletterhilfen, Spreizklimmer brauchen gitterartige Konstruktionen. Der Lattendurchmesser sollte bei Holzkonstruktionen nicht mehr als 5 cm, der Abstand der senkrecht und horizontal verlaufenden Drähte oder Latten nicht mehr als 30 bis 50 cm betragen, der Abstand der Konstruktion von der Wand sollte bei 10 bis 15 cm liegen. Nach ihrem Wuchsverhalten und der Ausbildung ihrer Klettervorrichtungen unterscheiden wir vier Lianengruppen:

Spreizklimmer. Kletterrosen, *Rubus*-Arten und *Jasminum nudiflorum* lassen an ihren natürlichen Standorten ihre langen, dünnen Sprosse den Stützpflanzen aufliegen und durchschlingen sie. Mit Stacheln oder kurzen Seitentrieben halten sie sich fest. Im Garten müssen wir ihnen weitmaschige Kletterhilfen zur Verfügung stellen.

Schlingpflanzen. Sie machen den größten Teil der Lianen aus. Ihre Sproßspitzen führen kreisende Bewegungen aus, mit der sie alles Erreichbare umschlingen, sofern der Durchmesser nicht zu groß ist. Zu den Schlingpflanzen, die auch als Windepflanzen bezeichnet werden und die natürlich auch eine Kletterhilfe benötigen, gehören *Actinidia, Akebia, Celastrus, Lonicera, Polygonum, Vitis* und *Wisteria*.

Wurzelkletterer entwickeln auf der Schattenseite ihrer Sprosse eine mehr oder weniger große Zahl von Haftwurzeln, mit denen sie sich an der Borke von Bäumen oder an rauhen Mauern anklammern. Zu dieser Gruppe gehören *Euonymus, Hedera, Campsis* und *Hydrangea anomala* ssp. *petiolaris*. Die stets unverzweigten Haftwurzeln, die keine Nahrung aufnehmen, haften keineswegs auf allen Unterlagen. Problematisch sind alle beschichteten, wasserabweisenden, stark sandenden, sehr hellen und sich stark erhitzende Oberflächen. Sollen sie mit Wurzelkletterern begrünt werden, empfiehlt sich das Überspannen der Fassadenfläche mit einem plastikummantelten Drahtgeflecht. Die Jasmintrompete, *Campsis*, entwickelt nur schwache Haftwurzeln, sie sollte stets zur Sicherheit angeheftet werden.

Rankenpflanzen. Hier lassen sich drei Untergruppen unterschieden:
— Sproßkletterer mit Sproßranken bilden an den Nodien der diesjährigen Sprosse Sproßfadenranken aus, mit denen sich die Pflanzen an allen Kletterhilfen anklammern. Zu dieser Gruppe gehören die *Ampelopsis*- und *Vitis*-Arten.
— Bei den Sproßkletterern mit Haftscheiben enden die an den Nodien angelegten Sproßranken in Haftscheiben, die sich auch an ziemlich glatten

Actinidia kolomikta

Unterlagen festsaugen können und so die Pflanzen sicher halten. Einziger Vertreter dieser Gruppe ist die Gattung *Parthenocissus*.
— Ein typischer Vertreter der Blattkletterer mit Blattstielranken ist die Gattung *Clematis*. Hier sind Blattstiele, Blattspindel und die Stiele der Fiederblättchen zu Ranken umgewandelt, mit denen sich die Pflanzen an allen ausreichend dünnen Unterlagen festklammern. Während im Herbst die Blätter abfallen, bleiben die Ranken erhalten und ausreichend elastisch.

Im folgenden Kapitel bleiben die Kletterrosen unberücksichtigt, sie sind schon auf den Seiten 154 behandelt worden. Die in Mitteleuropa nicht ausreichend frostharten Kletterpflanzen der mediterranen Gärten werden im Kapitel »Bäume und Sträucher in den Gärten am Mittelmeer« beschrieben.

Actinidia, Strahlengriffel
Actinidiaceae

Sommergrüne, linkswindende Lianen mit großen, einfachen Blättern, überwiegend weißen Blüten und saftig-fleischigen, teilweise eßbaren Beerenfrüchten.

Die 40 *Actinidia*-Arten haben ihre Hauptverbreitung in China. Einige von ihnen sind mit ihrer üppigen Belaubung und den achselständigen Blütendolden sehr dekorative Kletterpflanzen, die sich vor allem zur Begrünung von Pergolen und Lauben eignen. *Actinidia chinensis* liefert die bekannten Kiwi-Früchte, die Art ist in Weinbaugebieten inzwischen zu einer beliebten Obstart geworden. Einen ganz eigenartigen Reiz besitzen die schalenförmigen Blüten, ihre zahlreichen (15 bis 30) Griffel sind auf dem schon zur Blütezeit sehr dicken Fruchtknoten strahlig gespreizt, darauf bezieht sich der deutsche Name der Gattung. Die Blüten sind zwittrig oder eingeschlechtlich und teilweise zweihäusig verteilt. Zwittrige Blüten haben einen voll entwickelten Fruchtknoten und zahlreiche Staubblätter, bei den »eingeschlechtlichen« Blüten sind nur die Staubblätter funktionsfähig, der Fruchtknoten ist reduziert. Eine Fruchtbildung ist in der Regel nur zu erwarten, wenn Pflanzen mit Blüten dieser beiden Formen benachbart sind.

Die *Actinidia*-Arten stellen keine besonderen Ansprüche an den Boden, sie wachsen in jedem tiefgründigen, durchlässigen, frischen Gartenboden. Für die Kultur von Kiwis ist aber ein saurer Boden mit einem pH-Wert von 4,5 bis 5,5 notwendig. Der Standort sollte sonnig bis leicht beschattet sein. Kiwis gedeihen am besten in warmen, windgeschützten Südlagen. Die Früchte reifen erst im Oktober–November, sie bilden nur bei ausreichender Wärme genügend Fruchtzucker aus. Der Schnitt sollte sich auf ein Auslichten beschränken, denn nach einem kräftigen Rückschnitt bilden sich nur lange, blütenlose Schlingtriebe, die kurzen Blütentriebe werden meist aus vorjährigem Holz entwickelt.

Actinidia arguta hat ein weites Verbreitungsgebiet, es erstreckt sich von den Kurilen, Sachalin, der Mandschurei und Korea bis nach Japan. In ihrer Heimat schlingt sich diese Art in Bäumen bis 20 m hoch, bei uns begnügt sie sich mit Höhen von 8 bis 10 m. Die breit-eiförmigen, 8 bis 12 cm langen, dünnen Blätter sind beiderseits grün gefärbt, sie fallen im Herbst erst spät ab. Dekorativ wirken die Blätter durch ihre glänzende Oberseite, den rot gefärbten Blattstiel und den borstig gesägten Blattrand. Im Juni erscheinen in den Blattachseln die duftenden, 2 cm breiten Blüten, ihre Kronblätter sind reinweiß oder haben am Grund einen gelblichbraunen Fleck. Die stachelbeerähnlichen, kahlen, gelbgrünen, 2 bis 3 cm langen Früchte sind süßsauer und eßbar. Sie erinnern im Geschmack ein wenig an Stachelbeeren.
'Weiki' ist eine sehr ertragreiche und frostharte Sorte, die am Lehrstuhl für Obstbau in Weihenstephan ausgelesen worden ist. Man zieht sie am besten an einem Rankgerüst. Sie wird nur 2 bis 3 m hoch und hat glatte, walnußgroße, sehr vitaminreiche Früchte.

Actinidia chinensis wird in China seit 1200 Jahren als Obstgehölz kultiviert. Aber auch dort, wo die Kiwipflanze nicht als Obstgehölz angebaut werden kann, ist sie eine attraktive Schlingpflanze, die 8 bis 10 m hoch klettern kann. Ihre dicken Jungtriebe, vor allem die an der Basis entstehenden, sind auffallend rot oder rötlich behaart. Die herz-eiförmigen oder rundlichen, dicklichen, derben, bis 12 cm langen Blätter sind oberseits dunkelgrün und kahl, unten weißfilzig und auf den Rippen rötlich behaart. Im Juni entwickeln sich die 3 bis 5 cm breiten, bei Kultursorten noch größeren Blüten an kurzen Trieben. Sie stehen einzeln oder zu dritt in den Blattachseln und sind gelblichweiß, im Verblühen cremefarben bis gelbbraun gefärbt. Bei der Wildform sind die eiförmigen, dicht mit bräunlichen Haaren bedeckten Früchte 3 bis 5 cm lang, Fruchtsorten bilden wesentlich größere Früchte aus. Empfehlenswerte Fruchtsorten für mitteleuropäische Klimaverhältnisse sind 'Abbott', 'Hayward' und 'Starella'. Neben diesen weiblichen Sorten muß stets auch eine männliche Pflanze gesetzt werden.

Actinidia kolomikta hat ein ähnliches Verbreitungsgebiet wie *Actinidia arguta*. Sie wächst aber eher strauchig und wird nur 2 bis 3 m hoch. Sie braucht eine aus Pfählen gebaute Stütze oder muß als Spalierpflanze angeheftet werden. Ganz eigenartig und höchst dekorativ sind hier die breiteilänglichen, bis 15 cm langen Blätter gefärbt. Die ersten Blätter sind stets grün, bald aber folgen Blätter, die von der Spitze her mehr oder weniger weiß gefärbt sind, und zwar nur auf der Oberseite. Nach einiger Zeit färben sich die weißen Partien bis auf kleine Randbereiche rosa. Die Rosafärbung bleibt bis weit in den Sommer hinein erhalten und verschwindet dann vollständig. Die intensive Blattfärbung tritt an männlichen Pflanzen stärker auf als an weiblichen. Gleichzeitig mit der Weißfärbung der Blätter erscheinen im Mai die weißen, 10 bis 15 mm breiten, duftenden Blüten. Auch *Actinidia kolomicta* liefert wohlschmeckende, 2 cm lange, gelbgrüne Früchte.

Akebia quinata, Fünfblättrige Akebie
Lardizabalaceae

Sommergrüne, linkswindende Liane mit zierlichen, gefingerten Blättern, eigenartigen, violettbraunen und rosa gefärbten Blüten und großen, hellvioletten Balgfrüchten.

Mit Ausnahme der strauchig wachsenden *Decaisnea fargesii* gehören zur Familie der Lardizabalaceae, der Fingerfruchtgewächse, ausschließlich Lianen. Alle haben große Balgfrüchte, deren Samen von einem gallertartigen, eßbaren Fruchtmark umgeben sind. Von den fünf ostasiatischen *Akebia*-Arten befindet sich bei uns nur *Akebia quinata* in Kultur, sie ist von Mittelchina bis Japan und Korea verbreitet. Sie ist eine recht starkwachsende Schlingpflanze, die Höhen von 6 bis 10 m erreichen kann. Ihre fünffingrigen, derben, oberseits dunkelgrünen, unten blaugrünen Blätter treiben früh aus und bleiben in milden Wintern teilweise bis zum Frühjahr haften. Im Mai öffnen sich die langgestielten, duftenden Blüten in hängenden Trauben. Innerhalb des Blütenstandes sind die unteren Blüten weiblich und violettbraun gefärbt, die oberen sind männlich, viel kleiner und rosa gefärbt — eine ganz eigenartige Farbkombination. Meist entwickeln sich nur im Weinbauklima die gurkenähnlichen, 5 bis 10 cm langen, hellvioletten, bereiften Früchte. Sie klaffen zur Reife weit auseinander und zeigen die schwarzbraunen, glänzenden Samen. *Akebia quinata* ist eine völlig unkomplizierte Schlingpflanze, die auf jedem gepflegten, nährstoffreichen Gartenboden wächst und die sonnige bis halbschattige Plätze verträgt. Sind die Klettergerüste nicht hoch genug, bildet sie weit überhängende Schleppen.

Ampelopsis aconitifolia, Scheinrebe
Vitaceae

Mit den Weinreben verwandte Kletterpflanze mit sehr variablen, im Herbst schön gelb bis purpurn gefärbten Blättern und kleinen Beerenfrüchten.

Keine der 20 *Ampelopsis*-Arten, die im östlichen Nordamerika, in Mexiko und Ostasien verbreitet sind, gehört zum Standardsortiment unserer Baumschulen, obwohl sie durchaus dekorativ sind. *Ampelopsis aconitifolia* stammt aus Nordchina und der Mongolei, sie erreicht in Kultur Höhen von 6 bis 8 m. Die sehr variablen Blätter sind gefingert oder tief drei- bis fünfteilig gegliedert, auch der größere Mittellappen ist mehr oder weniger gefiedert, die Blättchen oder Seitenlappen oft stark zerteilt. Die Blätter treiben gelblich oder rötlich zottig aus, sind später beiderseits frischgrün und im Herbst schön bunt gefärbt. Aus sehr unscheinbaren Blüten entwickeln sich die 6 bis 8 mm dicken

Früchte, die ein hübsches Farbspiel durchmachen. Vor der Reife sind sie bläulich, später gelb bis orange gefärbt.
Scheinreben (einschließlich *Ampelopsis brevipedunculata* und *Ampelopsis megalophylla*) sind bemerkenswert schöne Schlingpflanzen. Sie eignen sich besonders gut zur Berankung von Lauben, Zäunen und Pergolen. Sie stellen an den Boden keine besondern Ansprüche und bevorzugen sonnige bis schattige Plätze.

Aristolochia macrophylla, Pfeifenwinde
Aristolochiaceae

Sommergrüne, tropisch anmutende, linkswindende Liane mit sehr großen Blättern und eigenartigen, pfeifenförmig gebogenen Blüten.

Von den fast 500 überwiegend tropischen Arten ist bei uns als Freilandpflanze fast nur *Aristolochia macrophylla (A. durior)* in Kultur. Sie hat von allen winterharten Kletterpflanzen die größten Blätter. Die ledrigen, tiefgrün gefärbten, herz-nierenförmigen Blätter können bis 30 cm lang werden, sie stehen dachziegelartig übereinander und bilden so einen sehr dichten Sichtschutz. Nur unscheinbar sind die 3 cm langen, gelbgrünen, pfeifenähnlichen Blüten, die im Mai einzeln oder paarweise in den Blattachseln stehen. Die als Kesselfallen eingerichteten Blüten sind am erweiterten Saum purpurbraun gefärbt und im Mund punktiert und gestreift. Durch die im Schlund auffallende Blütenfärbung werden kleine Insekten angelockt, die durch die Röhre in den Kessel gleiten. Reusenhaare in der Wandung des Kessels verhindern zunächst ein Entkommen der Insekten. Die Reusenhaare welken erst nach dem Ausschütten des Blütenstaubes, so kann nur ein mit Pollen beladenes Insekt aus der Röhre entkommen.
Die anfangs nur schwach wachsende Pfeifenwinde wächst später stark und bedeckt rasch Lauben, Pergolen und Fassaden. Sie wächst auf allen nährstoffreichen, frischen bis feuchten Böden und verträgt sonnige bis schattige Plätze. Sie braucht natürlich ein Klettergerüst, dessen Streben keine Durchmesser von mehr als 2 bis 3 cm haben sollten.

Campsis, Klettertrompete, Jasmintrompete
Bignoniaceae

Sommergrüne, in wintermilden und sommerwarmen Regionen recht üppig wachsende, mit Haftwurzeln kletternde Lianen, die mit besonders schönen, großen, trompetenförmigen Blüten aufwarten.

Die Gattung umfaßt nur zwei Arten, von denen je eine in Ostasien *(Campsis grandiflora)* und im östlichen Nordamerika *(Campsis radicans)* verbreitet ist. Hinzu kommt ein Kind dieser beiden, die Hybride *Campsis × tagliabuana*. Während die beiden zuletzt genannten in Mitteleuropa ziemlich hart sind, gedeiht *Campsis grandiflora* nur im Weinbauklima zufriedenstellend. Alle brauchen warme, sonnige, windgeschützte Plätze und tiefgründige, nährstoffreiche, frische Böden. Weil die Pflanzen erst im Sommer an diesjährigen Trieben blühen, können die Langtriebe im Frühjahr stark eingekürzt werden. Die Haftwurzeln sind nicht besonders kräftig entwickelt, deshalb ist für Fassadenbegrünungen ein Anheften an ein Klettergerüst notwendig.

Campsis grandiflora ist zwar die schönste, aber auch die empfindlichste Art. Sie kann 3 bis 6 m hoch klettern, ihre Haftwurzeln sind aber nur schwach entwickelt oder fehlen ganz. Über einer langen, engen Röhre öffnen sich die scharlach- bis karminroten Blüten zu einem 6 bis 8 cm breiten Trichter, sie erscheinen im August–September in reicher Fülle.

Campsis radicans gehört seit langem zu unseren wüchsigsten Schlingern, mit ihren zahlreichen Haftwurzeln kann sie rasch selbst hohe Fassaden begrünen. Wie alle anderen Arten hat auch diese dekorative, gefiederte Blätter. Mit einer langen Röhre sind die trichterförmigen, am Saum etwa 3,5 cm breiten Blüten ausgestattet, sie sind orange bis hellorange, am Saum scharlachrot und innen gelb gefärbt. Es handelt sich um eine harte und robuste Art.
'Flava'. Gelegentlich wird diese Sorte mit orange- bis reingelben Blüten angeboten. Die Blütezeit dauert von Juli bis September.

Campsis × tagliabuana 'Madame Galen'

Campsis × tagliabuana 'Madame Galen' klettert nur wenig; sie wächst mit langen Trieben meist strauchig und muß deshalb als Spalierstrauch angeheftet werden. Mit einer Länge bis 45 cm fallen die gefiederten Blätter besonders üppig aus. Die Blüten sind am Saum bis 7 cm breit, sie sind außen orange und innen jasperrot gefärbt und dabei entlang der Nerven dunkler schattiert. Diese Hybride ist bei uns häufiger als alle anderen Arten und Sorten in Kultur.

Celastrus orbiculatus, Baumwürger
Celastraceae

Sommergrüne, starkwachsende, linkswindende Liane mit einfachen, im Herbst schön gelb gefärbten Blättern, unscheinbaren Blüten und interessanten Früchten.

In Ost- und Südasien, in Amerika, auf Madagaskar und den Fidschi-Inseln sind 30 *Celastrus*-Arten verbreitet, nur eine Art ist ständiger Gast in unseren Gärten. Sie wächst rasch, kann an entsprechenden Gerüsten bis 10 m hoch winden und läßt dann ihre Zweige weit abstehen. Im Alter kann der Baumwürger auch stärkere Gerüste umschlingen. In seiner Heimat (Japan, Mandschurei, Sachalin und China) wird er schwächeren Bäumen öfter einmal zum Verhängnis; er umschlingt sie eng und stranguliert sie, wenn sie in die Dicke wachsen.

Celastrus orbiculatus hat rundliche bis breit-eiförmige, 5 bis 10 cm lange, beiderseits blaßgrüne Blätter, die sich schon früh im Herbst prachtvoll goldgelb verfärben. Nach dem Laubfall kommen die lange haftenden, 8 bis 10 mm dicken, dreifächerigen Kapselfrüchte besonders gut zur Geltung. Sie sind im geschlossenen Zustand gelb gefärbt, nach dem Öffnen der äußeren Fruchtschale wird der orangefarbene Samenmantel sichtbar, der die schwarzbraunen Samen umgibt. Der Baumwürger gedeiht in allen mäßig trockenen bis feuchten Böden und an sonnigen bis halbschattigen Stellen. An zu schattigen Plätzen ist keine reiche Fruchtbildung zu erwarten.

Clematis, Waldrebe
Ranunculaceae

Umfangreiche Gattung meist sommergrüner, prachtvoll blühender Lianen, von der nur einige Arten, aber dafür zahlreiche farbenprächtige, großblumige Hybriden in Kultur sind.

Vorwiegend in der nördlich gemäßigten Zone sind die 250 Arten der Gattung verbreitet, zehn davon allein in Europa. Nur wenige Arten gehören zu den Stauden, die meisten sind verholzende Lianen, deren Blattstiele, Blattspindeln und Stiele der Fiederblättchen kreisende Bewegungen ausführen und so dünne Zweige und Kletterhilfen fest umklammern. Die Blätter sind dreizählig oder gefiedert, die Blüten vielfältig geformt. Die Arten können glocken-, krug-, röhren- oder tellerförmige Blüten haben, die Blüten der zahlreichen Hybriden sind mit ihren weit ausgebreiteten Blütenblättern stets tellerförmig gestaltet. Bei allen ist die Blütenhülle einfach und nicht — wie bei vielen Pflanzengattungen — in Kelch- und Kronblätter gegliedert. Neben den Blüten erzielen die meist sehr zahlreichen, ballförmigen, fedrigen Fruchtstände eine beachtliche Wirkung. Sie entwickeln sich schon, solange die Pflanzen noch blühen und bleiben den ganzen Winter über erhalten. Die fedrigen Teile der Fruchtstände dienen den kleinen Samen als Flugorgan und sichern damit die Verbreitung der Art. Sie entstehen aus dem bleibenden Griffel, der zu einer langen, fädigen Granne mit abstehenden Haaren auswächst.

Die *Clematis*-Arten und vor allem die zahlreichen Hybriden gehören zu den prachtvollsten, aber auch anspruchsvollsten Lianen unserer Gärten. Sie gedeihen nur auf zusagenden Standorten zufriedenstellend. Als Waldpflanzen brauchen sie sonnige bis leicht beschattete, windgeschützte Plätze, an denen der Wurzelbereich auch im Sommer kühl und frisch bleibt. Man erreicht dies am besten, indem man gleich nach dem Pflanzen der *Clematis* den Wurzelbereich durch die Anpflanzung niedriger, möglichst immergrüner Sträucher oder durch größere Steine schützt. Der Boden muß locker, durchlässig, nährstoffreich, mäßig trocken bis frisch und schwach sauer bis alkalisch sein. In der Regel sind die Arten weniger anspruchsvoll als die großblumigen Hyriden, die unbedingt frische bis feuchte, auch im Sommer nicht austrocknende, aber gleichzeitig durchlässige Böden benötigen. Auf staunassen Böden versagen *Clematis* immer.

Die Arten kann man durch Bäume und Sträucher wachsen lassen, die Hybriden werden meist an Klettergerüsten gezogen, die an Mauern, Fassaden, Lauben und Pergolen angebracht werden und deren Verstrebungen möglichst nicht stärker als fingerdick sein sollen. Der Abstand der horizontal verlaufenden Drähte soll nicht mehr als 40 cm betragen.

Die Arten können, müssen aber nicht regelmäßig geschnitten werden. Die großblumigen Hybriden werden oft regelmäßig zurückgeschnitten. Dabei schneidet man alle frühblühenden Sorten unmittelbar nach der Blüte, alle sommer- und herbstblühenden im zeitigen Frühjahr bis auf eine Länge von 30 bis 50 cm zurück.

Die gefährlichste Clematiskrankheit ist die gefürchtete Welkekrankheit, bei der einzelne Partien oder die ganze Pflanze in der Vegetationszeit plötzlich absterben können. Plötzliche Welke- und Absterbeerscheinungen können durch Staunässe und Wassermangel bedingt sein, aber auch verursacht durch den Pilz *Coniothyrium clematidis-rectae*. Optimale Kulturbedingungen können die Schäden in Grenzen halten, verhindern können sie einen Befall nicht. Vorbeugend ist im Sommer eine mehrfache Gießbehandlung mit DuPont Benomyl (0,1prozentig) oder Derosal (0,1prozentig) möglich.

Bei der Stengel- und Blattfleckenkrankheit, verursacht durch den Pilz *Ascochyta clematidina*, treten an Stengeln und Blättern braune oder dunklere Flekken auf, die später zusammenfließen und die Stengel umfassen, Pflanzenteile welken und sterben oberhalb der Befallsstelle ab. Zur Bekämpfung sind ab Befallsbeginn mehrfache Spritzungen mit Antracol (0,2prozentig), Polyram-Combi (0,2prozentig) oder Saprol (0,15prozentig) möglich.

Clematis alpina. Vom Apennin bis zu den Karpaten kommt die Alpenwaldrebe in Höhen zwischen 300 und 2400 m vor, unter anderen in Alpenrosen-Legföhren-Gebüschen auf steinig-felsigen, durchlässigen Böden. In Kultur gedeiht sie am besten in halbschattigen Lagen. Mit ihren sehr dünnen Sprossen klettert sie kaum mehr als 2 bis 3 m hoch, am liebsten wächst sie über niedrige Büsche hinweg. Im Mai–Juni öffnen sich die 3 bis 4 cm langen, glockigen Blüten, die zwar einzeln in den Blattachseln von Kurztrieben stehen, aber in großer Fülle erscheinen. Sie sind in verschiedenen Schattierungen violettblau gefärbt. *Clematis alpina* gehört zu den zierlichsten unter den verholzenden Waldreben. Neben der Art werden gelegentlich vegetativ vermehrte Sorten angeboten:
'Frances Rivis'. Blüten besonders groß und tiefblau.
'Pamela Jackman'. Tief azurblaue Blüten mit schmalen Blütenblättern.
'Ruby'. Blüten weinrot.
Clematis alpina ssp. *sibirica*. Besonders schön ist diese in Ostsibirien verbreitete Unterart mit ihren großen weißen Blüten.

Clematis × jackmanii. Diese Hybride entstand schon um die Mitte des 19. Jahrhunderts in England und ist maßgeblich am Zustandekommen von zahlreichen großblumigen Hybriden beteiligt. Die sehr robuste Pflanze klettert 3 bis 4 m hoch. Ihre tellerförmigen, langgestielten, violettpurpurnen Blüten sind 10 bis 14 cm breit, sie öffnen sich

Clematis alpina

im Juli–August und sitzen meist zu dritt beisammen. Eine sehr reichblühende Hybride.
'Superba'. In der Regel wird diese Sorte mit dunkleren Blüten angeboten. Die vier Blütenblätter sind besonders breit.

Clematis macropetala. Die sehr zierliche Art ist von Nordchina bis Ostsibirien verbreitet. Sie wird nur 2 bis 3 m hoch und hat doppelt dreizählige Blätter. Sie gehört zu den frühblühenden Arten und öffnet ihre Blüten schon im Mai–Juni. Die Blüten stehen meist einzeln, sind glockenförmig, haben vier Blütenblätter und sind 5 bis 10 cm breit. Die nickenden, blau oder blauviolett gefärbten Blüten sind gefüllt, weil zahlreiche Staubblätter zu blütenblattähnlichen Stamminodien umgebildet sind.
'Markham's Pink'. Blüten kräftig purpurrosa mit lila Saum, Stamminodien grünlichweiß.
'Rosy o'Grady'. Blüten rosa, bis 7 cm breit.

Clematis maximowicziana. Die starkwachsende, ostasiatische Art blüht erst ab Ende September–Oktober und fällt damit ganz aus dem üblichen Rahmen. Ihre weißen Blüten sind zwar nur 3 cm breit, sie werden aber in sehr zahlreichen, vielblütigen Rispen angelegt, sie haben vier schmale Blütenblätter und verströmen einen strengen, weißdornähnlichen Geruch. Ihre dreizähligen oder gefiederten Blätter mit den ganzrandigen Blättchen (bei den meisten anderen Arten ist der Blattrand gesägt) bleiben bis zum Dezember haften. *Clematis maximowicziana* blüht nur nach warmen Sommern, sie sollte möglichst warm und sonnig stehen.

Clematis montana. Die Bergwaldrebe gehört zu den am häufigsten gepflanzten Arten. Zu ihrer Beliebtheit haben vor allem der starke, gesunde Wuchs und die überaus reiche Blüte mit den weißen, 3 bis 5 cm breiten, duftenden Blüten beigetragen. Ihre Heimat hat sie vom Himalaja bis West- und Mittelchina. Man muß dieser harten, robusten, bis 8 m hoch kletternden Art ausreichend Raum zur Entfaltung geben. Im Mai sind die Pflanzen in ein dichtes, weißes Blütenmeer getaucht. Ihre stets dreizähligen Blätter treiben rötlich aus, später sind sie mattgrün. Von den zahlreichen Sorten und Varietäten werden bei uns nur die beiden folgenden regelmäßig angeboten:
Clematis montana var. *rubens*. Blätter im Austrieb purpurrot, später dunkelgrün und im Herbst braunrot. Blüten rosarot, 5 bis 6 cm breit, Mitte Mai–Anfang Juni. Sehr reichblühend.
'Tetrarosa'. Blättchen mit zwei bis drei Lappen und grob gesägt. Blüten lilarosa, bis 8 cm breit, die Blütenblätter breit-elliptisch und am Rand oft ausgerandet. Starkwüchsig und sehr reichblühend.

Clematis orientalis. Die Orientalische Waldrebe ist in Südostrußland, der Ukraine, der Ägäis und Westasien verbreitet. Sie wird 3 bis 4 m hoch und wirkt mit ihren einfachen oder doppelt gefiederten, 15 bis 20 cm langen, blaugrünen Blättern sehr zierlich. Im August–September erscheinen die gelben, 3,5 bis 5 cm breiten, nickenden Blüten in reicher Fülle. Ihre vier Blütenblätter sind dick und fleischig, zunächst gespreizt und später zurückgebogen. Von großem Reiz sind auch die zahlreichen fedrigen, silbrigen Fruchtstände, die sich schon früh, noch zusammen mit den letzten Blüten, entwickeln. Aus der sehr variablen Art sind eine Reihe von besonders schönen Sorten hervorgegangen, die man aber meist nur in Spezialbaumschulen erhält.
'Bill MacKenzie'. Blüten zitronengelb, 2,5 bis 3 cm breit, Juli–September.

'Bravo'. Blüten hellgelb, bis 5 cm breit, weit geöffnet, Juli–September. Besonders reiche Ausbildung von Fruchtständen, wohl die schönste starkwachsende Sorte dieser Gruppe.
'Helios'. Aus Sämlingen der Orientalis-Gruppe selektierte Form. Blüten weit geöffnet, 6 bis 9 cm breit, reingelb, Mai bis Oktober. Wächst schwächer als die meisten anderen Sorten. Wertvolle Sorte, die nur wenig Platz beansprucht.
'Orange Peel'. Blüten besonders schön, tiefgelb, zuletzt orangegelb, mit sehr dickfleischigen Blütenblättern und braunen Staubblättern. Blüht bis in den Oktober hinein und bildet zahlreiche Fruchtstände aus.

Clematis tangutica. Die Mongolische Waldrebe ist von der Mongolei bis Nordwestchina verbreitet. Sie unterscheidet sich von der ähnlichen *Clematis orientalis* vor allem durch das glänzendgrüne Laub und durch größere Robustheit. Sie kann Höhen von 4 bis 6 m erreichen. Ihre leuchtendgelben, 4 bis 8 cm breiten, nickenden Blüten sind zunächst breit-glockig, später spreizen die vier Blütenblätter mehr oder weniger weit ab. Die Hauptblütezeit dauert von Juni bis August, die Nachblüte bis in den Oktober. Auch hier fallen die silbrigen Fruchtstände schon ab Ende August auf. Von der besonders reichblühenden, wertvollen Art wird als Sorte nur 'Aureolin' angeboten, eine Auslese mit größeren und kräftiger gefärbten Blüten.

Clematis texensis. Die Texaswaldrebe ist eine kostbare und nur selten kultivierte Art. Sie wächst halbstrauchig, klettert nur 1 bis 2 m hoch und sollte jährlich wie eine Staude zurückgeschnitten werden. Mit ihren krugförmigen, 2 bis 3 cm langen, nickenden, karmin- bis scharlachrot gefärbten Blüten, die sich von Juni bis September öffnen, ist sie eine ganz ungewöhnliche Erscheinung unter den Waldreben. An etwas geschützten Stellen ist sie bei uns ausreichend frosthart.
Clematis texensis ist in England mit großblumigen Arten und Sorten gekreuzt worden, die Hybriden werden oft unter dem Namen **Clematis × pseudococcinea** geführt. Alle zeigen noch ein wenig vom Charakter der Texaswaldrebe, ihre Triebe verholzen aber stärker. Sie werden gut mannshoch, und ihre Blüten sind größer und weiter geöffnet als bei *Clematis texensis*.

'Duchess of Albany'. Blüten glockenförmig, rosarot mit helleren Randstreifen.
'Étoile Rose'. Blüten offen glockenförmig, kirschrosa mit silberfarbenen Rändern.
'Gravetye Beauty'. Blüten offen glockenförmig, tiefrot.
'Pagode'. Blüten breit-glockenförmig, rosa.

Clematis vitalba. Die Gemeine Waldrebe ist ein Vertreter der europäischen und kaukasischen Auewälder, sie stockt an Waldrändern und Gebüschen und kann ganze Buschlandschaften mit dem Geflecht ihrer dünnen Sprosse überziehen. In Bäumen kann sie Höhen von 5 bis 10(30) m erreichen. Im Juni–Juli erscheinen ihre nur 2 cm breiten, sternförmigen, weißen, schwach duftenden Blüten in vielblütigen Rispen, die Nachblüte zieht sich bis zum September hin. Die fedrigen Blütenstände sind nicht so voll und groß wie etwa bei *Clematis tangutica*. *Clematis vitalba* braucht ausreichend Platz für ihre Entwicklung, sie eignet sich vor allem zum Verwildern in großen, naturnahen Gärten.

Clematis viticella. Die Italienische Waldrebe ist von Südeuropa über Kleinasien bis zum Iran verbreitet. Sie kann mit ihren dünnen Sprossen sehr dicht wachsen und 2 bis 4 m hoch werden. Sehr zart erscheinen die 3 bis 5 cm breiten, purpurrosa bis violett gefärbten Blüten mit ihren vier ausgebreiteten Blütenblättern. Trotz ihrer südlichen Herkunft ist die wärmeliebende Art in Mitteleuropa völlig frosthart.
Clematis viticella befindet sich ihrer »blauen« Blüten wegen schon seit dem 16. Jahrhundert in Kultur. Sie wurde im 19. Jahrhundert mit den neu eingeführten ostasiatischen Arten gekreuzt und ist so am Zustandekommen der großblumigen Hybriden beteiligt. Zu *Clematis viticella* gehören darüber hinaus aber auch noch einige Sorten mit vergleichsweise kleinen Blüten, die noch den Charme und den Charakter der Art behalten haben:
'Abundance'. Blüten weinrot mit etwas dunkler gefärbten Nerven.
'Kermesina'. Blüten tief weinrot, 5 cm breit. Die am häufigsten gepflanzte Sorte.
'Minuet'. Blüten cremeweiß, die Blütenblätter hellviolett umrandet.

Clematis-Hybriden haben mit ihren großen, meist tellerförmig ausgebreiteten, auffällig gefärbten Blüten die meisten natürlichen Arten aus der Gartenkultur verdrängt. Ihre Blüten haben in der Regel sechs bis acht Blütenblätter, die sich an der Basis mehr oder weniger stark überdecken. Mit ihrer großen Blütenfülle in meist pastellartigen, angenehmen Farben gehören sie zu den prachtvollsten Kletterpflanzen unserer Gärten. Am Zustandekommen der überaus zahlreichen Sorten sind neben den schon genannten *Clematis × jackmanii* und *Clematis viticella* auch noch andere ostasiatische Arten beteiligt: *Clematis florida*, *Clematis lanuginosa* und *Clematis patens*. Die Sorten werden oft in Gruppen eingeteilt, die nach derjenigen Elternart benannt sind, die sich in den Hybriden am deutlichsten wiedererkennen läßt. Bei modernen, aus Mehrfachkreuzungen entstandenen Sorten ist die Zuordnung nicht immer ganz einfach.
Florida-Gruppe: Blüten meist einzeln und achselständig an alten und ausgereiften jungen Trieben, oft mehr oder weniger gefüllt. Blütezeit (Mai–) Juli–September.
Jackmanii-Gruppe: Blüten an jungen Trieben über einen langen Zeitraum von (Juli–) August–September. Meist sehr wüchsige und robuste Sorten.
Lanuginosa-Gruppe: Blüten an kurzen Seitentrieben alter und junger Triebe, Blüten sehr groß, über die ganze Pflanze verteilt. Blütezeit Juni–Juli, bis Oktober nachblühend.
Patens-Gruppe: Blüten an alten und ausgereiften jungen Trieben, meist einzeln und endständig, Blütenblätter meist zugespitzt. Blütezeit (Mai–) Juni–September.
Viticella-Gruppe: Blüten an jungen Trieben, sehr zahlreich. Blütezeit sehr kurz, Juli–September (–Oktober).

Clematis 'Ville de Lyon' ▷

Clematis 'Blue Gem' ▷

Großblumige Clematis-Hybriden, eingeteilt nach Blütenfarben und Gruppen (dazu die durchschnittliche Wuchshöhe)

Blütenfarbe	Florida-Gruppe	Jackmanii-Gruppe	Languinosa-Gruppe	Patens-Gruppe	Viticella-Gruppe
reinweiß		'John Huxtable', 3,5 m	'Henry', 2 m, 'Madame Le Coultre', 3–4 m	'Miss Batemann' 2,5 m	
rahmweiß	'Dutches of Edinburgh', 3,5 m				
violettweiß			'Huldine', 3 m	'Dawn', 2,5 m 'Gladys Pickard' 2–3 m	
rosa		'Countess de Bouchaud, 3,5 m 'Hagley Hybrid', 2,5 m		'Margaret Hunt', 4–6 m	
dunkelrosa		'Twilight', 3 m		'Corona', 2 m	
rot	'Rouge Cardinal', 2–3 m				
dunkelrot		'Niobe', 2–3 m	'Crimson King', 3,5 m, 'Guiding Star', 2–3 m 'Kacper', 2–3 m	'Madame Julia Correvon', 2,5 m	
purpurrot		'Ernest Markham', 3,5 m, 'Victoria', 3 m		'Margot Koster', 4–6 m	'Royal Velours', 5–8 m, 'Venosa Violacea', 3–4 m 'Ville de Lyon', 3–5 m
hellpurpurn		'Kathleen Dunford', 2–3 m	'Dorothy Walton' 4–5 m		
purpurblau		'Vyvyan Penell' 3 m	'Lady Betty Balfour', 4–6 m	'Elsa Späth', 3 m 'Violet Charme', 2–3 m	

Großblumige Clematis-Hybriden, eingeteilt nach Blütenfarben und Gruppen (dazu die durchschnittliche Wuchshöhe) (Fortsetzung)

Blüten-farbe	Florida-Gruppe	Jackmanii-Gruppe	Languinosa-Gruppe	Patens-Gruppe	Viticella-Gruppe
hellblau		'Mrs. Cholmondely', 3 m	'Blue Gem', 2 m 'Hybrida Sieboldii', 3–4 m 'Lady Northcliff', 2 m, 'Lawsoniana', 2–3 m 'W. E. Gladstone', 3–4 m, 'William Kennet', 4–6 m	'Alice Fisk' 2,3 m 'Countess of Lovelance', 3,5 m 'H. F. Young', 3 m	
dunkel purpurblau		'Gipsy Queen', 4 m, 'Jackmanii Superba', 4–6 m 'Star of India' 3 m		'The President', 3 m	'Étoile Violette', 3,5 m
blau		'Haku Ookan', 3,5 m	'Perle de Azur', 4–5 m	'Lasurstern', 3 m	
rosaweiß, purpurrosa gestreift			'John Paul II', 3–4 m	'Bees Jubilee', 3 m 'Dr. Ruppel', 3,5 m 'Nelly Moser', 2–3 m	
violettweiß, purpurblau gestreift				'Barbara Jackman', 3,5 m, 'Marcel Moser', 3,5 m 'Mrs. N. Thompson', 3,5 m	
rosa, dunkelrosa gestreift		'Pink Fantasy', 4 m		'Lincoln Star' 2 m	'King Edward V', 3,5 m
hellrot, dunkelrot gestreift				'Barbara Dipley', 3 m	
gelblich				'Wada's Primrose', 2–3 m	

Fallopia aubertii, Schlingknöterich
Polygonaceae

Sommergrüner, besonders rasch, dicht und mattenartig wachsender Schlinger mit einfachen Blättern und weißen Blütenrispen von Juli bis Oktober.

Keine andere Liane unserer Gärten besitzt ein so unbändiges Wachstum wie der Schlingknöterich, seine Sprosse können in einer Vegetationsperiode 5 m lang werden, insgesamt wird eine Höhe bis 15 m oder mehr erreicht. Dazu muß ein Klettergerüst zur Verfügung stehen, das dicht und mattenartig überzogen wird. Die länglich-eiförmigen, am Rande meist gewellten Blätter wirken mit einer Länge von 3 bis 10 cm eher zierlich, sie treiben rötlich aus und sind später mattgrün. Ungewöhnlich lange dauert die Blütezeit mit den kleinen, weißen, im Verblühen hellrosa Blüten, die in großen, lockeren, reichverzweigten Rispen stehen. Der Schlingknöterich gedeiht auf jedem frischen

Gartenboden in sonnigen bis halbschattigen Lagen. Man sollte ihn nur dort pflanzen, wo er ausreichend Platz für seinen unbändigen Wuchs findet, denn in wenigen Jahren kann eine Pflanze ganze Dächer überwachsen. Der Schlingknöterich läßt sich unbedenklich auch stark zurückschneiden, falls dies notwendig wird.

Hedera, Efeu
Araliaceae

Immergrüne, mit langen Sprossen am Boden kriechende oder mit Haftwurzeln kletternde Lianen.

Mit 15 Arten ist die Gattung von den Kanarischen Inseln über Europa bis zum Kaukasus verbreitet. An allen Arten läßt sich eine starke Veränderung der Blattform beobachten. Bei jungen Pflanzen sowie an kriechenden oder kletternden Sprossen sind die Blätter stets deutlich gelappt, an älteren Pflanzen und fruchtbaren Trieben sind die Blätter dagegen einfach und ungelappt. Zum Klettern sind nur jugendliche Sprosse befähigt. Kommen die Pflanzen in ein blühfähiges Alter, klettern die Triebe nicht mehr weiter, sie stehen von der Unterlage ab oder hängen schleppenartig über. Nur an solchen Trieben entstehen Blüten und Früchte. Werden diese Altersformen vegetativ vermehrt, wachsen sie über viele Jahre langsam und strauchig. Gelegentlich entwickeln sich aber auch an Altersformen wieder jugendliche Triebe mit gelappten Blättern. Interessant am Efeu ist auch, daß sich die Blüten erst im Herbst, im September–Oktober, entwickeln, die schwarzen, beerenartigen Steinfrüchte reifen im Februar–April.

Alle Efeuarten vertragen sonnige bis schattige Lagen, sie gedeihen am besten in feuchten, wintermilden Lagen auf frischen, nährstoffreichen, lockeren, schwach sauren bis alkalischen Böden. Sie sind nicht nur wertvolle Kletterpflanzen, sondern auch ganz hervorragende Bodendecker für die Begrünung größerer Flächen im Schutz höherer Bäume und Sträucher.

Hedera colchica. Der Kolchische Efeu hat seine Heimat im Kaukasus und Nordanatolien. Er wächst etwas schwächer als *Hedera helix*, klettert kaum mehr als 10 m hoch und ist auch frostemp-

Hedera colchica 'Dentata Variegata'

findlicher als der Gemeine Efeu. Seine Blätter sind breit-eiförmig bis elliptisch, 10 bis 20 cm lang und meist ganzrandig, nur selten leicht gelappt, derbledrig und an der Basis herzförmig; gerieben duften sie leicht nach Sellerie. Vergleichsweise große, gelblichgrüne Blüten stehen in großen Büscheln zusammen. Die schwarzen Früchte reifen in Deutschland meist nicht aus. Der schöne, großblättrige Efeu eignet sich gut für warme, geschützte Plätze.

'Arborescens'. Gelegentlich wird diese Altersform von *Hedera colchica* angeboten. Sie ist ein etwa 1,5 m hoher, dichter, nicht kletternder Strauch.

'Dentata Variegata'. Sehr dekorativ, aber auch recht empfindlich ist diese kletternde Form mit rahmweiß gerandeten Blättern.

Hedera helix. Der Gemeine Efeu wächst von Europa bis Westasien bevorzugt in Buchen-, Eichen- und Auenwäldern, in Südeuropa in Kastanienwäldern. Er kann bis 20 m hoch klettern und fügt dabei gesunden Bäumen keinen Schaden zu. Sobald seine Zweige die lichteren Teile der Krone erreichen, hören sie auf zu klettern, blühen und fruchten, sie stehen dann ab oder hängen über. Die ledrigen, glänzend dunkelgrünen Blätter sind in Form und Größe sehr variabel. An sterilen Sprossen stehen sie zweizeilig, sie sind im Umriß stumpf dreieckig und deutlich drei- bis fünflappig. Fruchtbare Triebe tragen ungelappte und rauten- oder fast herzförmige Blätter. An den Blättern fällt die helle Aderung auf. Die zahlreichen unscheinbaren, grünlichgelben, streng riechenden Blüten werden sehr stark von Wespen und Fliegen angenommen. Von der sehr variablen *Hedera helix* gibt es eine unendliche Fülle von Sorten, die sich in bezug auf Wuchs, Blattgröße und Färbung unterscheiden:

'Arborescens'. Auch von *Hedera helix* kennen wir eine dichtbuschige, aufrechtwachsende Altersform mit ungelappten, glänzend dunkelgrünen Blättern.

'Remscheid' und 'Plattensee' werden sehr häufig angeboten, diese besonders winterharten Selektionen besitzen große, dunkelgrüne Blätter.

Interessant sind auch andere aufrecht- und noch schwächer wachsende Formen, die mit ihren sehr kleinen Blättern sehr zierlich wirken:

'Conglomertata' hat steife, anfangs aufrechtstehende Triebe und wird kaum 1 m hoch.

'Erecta' erreicht nur 30 bis 50 cm Höhe.

'Goldheart' wird gegenwärtig von allen gelblaubigen Efeusorten am häufigsten angeboten, eine langtriebige, wüchsige, ziemlich winterharte Form mit ungleich großen, fast dreieckigen, dunkelgrünen Blättern, die in der Mitte goldgelb gefärbt sind.

'Sagittifolia'. Besonders zierlich ist diese kletternde Sorte mit ihren kleinen, drei- bis fünflappigen Blättern, deren Lappen mehr oder weniger schmal und pfeilförmig sind.

Hedera hibernica. Der Irische Efeu kommt in Großbritannien und an den atlantischen Küsten des Festlandes vor, ein kräftigwachsender, 5 bis 20 m hoher Efeu mit besonders großen, 10 bis 15 cm breiten, fünflappigen, dunkelgrünen Blättern mit auffallender, weißlicher Nervatur. Diese Art wird häufiger als kriechender Bodendecker denn als Kletterpflanze eingesetzt.

Hydrangea anomala ssp. petiolaris, Kletterhortensie
Saxifragaceae

Sommergrüne, mit Haftwurzeln 10 bis 20 m hoch kletternde Liane mit großen, bis 25 cm breiten, flachen, weißen, 15 bis 25 cm breiten Doldentrauben mit fertilen Innen- und sterilen Randblüten im Juni–Juli.

Die Kletterhortensie, heimisch in Japan, gehört zu den ganz prachtvoll blühenden Kletterpflanzen. Sie ist aber nicht nur ihrer Blüten wegen interessant, dekorativ wirken auch die breit-eiförmigen bis rundlichen, 5 bis 10 cm langen, glänzendgrünen Blätter, die sich im Herbst schön gelb verfärben. Auch im Winter bietet die Kletterhortensie mit ihrem locker verteilten Astwerk und der an älteren Zweigen schichtweise abblätternden Borke einen hübschen Anblick. Anfangs wächst die Kletterhortensie nur langsam, erst wenn ein fester Kontakt mit der Unterlage hergestellt ist, wächst sie rasch und schiebt sich die Fassaden hoch hinauf. Ihre seitliche Verzweigung steht dann weit ab oder hängt locker über.

Die Kletterhortensie gedeiht am besten in feucht-kühlen, sonnigen bis schattigen Lagen, sie reagiert empfindlich auf Bodenverdichtungen und braucht einen lockeren, durchlässigen, nährstoffreichen, frischen bis feuchten, sauren bis neutralen Boden. An ihren natürlichen Standorten ist sie eine der häufigsten Lianen der sommergrünen Laubwälder. Mit bis zu armdicken Stämmen klettert sie dort bis in die Kronen hoher Bäume hinauf. Bei uns wird sie nicht selten an schattige Hausfassaden gepflanzt, eignet sich aber auch gut zur Bekleidung von Mauern oder zur Berankung alter Bäume.

Lonicera, Geißblatt
Caprifoliaceae

Sommer- und immergrüne, rechtswindende Lianen mit einfachen, gegenständigen Blättern und gelb bis rot gefärbten, röhrenförmigen Blüten.

Unter den rund 200, überwiegend strauchig wachsenden *Lonicera*-Arten befinden sich auch einige kletternde Arten und Hybriden. Während bei den strauchigen Arten die Blüten stets paarweise auf einem gemeinsamen Stiel in den Blattachseln stehen, sind bei den schlingenden Arten jeweils mehrere Blüten an den Sproßenden zu Quirlen zusammengefaßt, die oft etagenförmig übereinanderstehen. Die am Schlund zweilippigen Blüten haben eine auffallend lange Röhre. Die erbsengroßen, orangeroten oder schwarzen Früchte sind ungenießbar.

Alle schlingenden *Lonicera*-Arten wachsen nur mäßig stark, sie sollten an Klettergerüste gepflanzt werden. Zieht man sie an einzelnen Drähten oder Dachrinnen hoch, entsteht meist ein unschönes Gewirr von Zweigen. Die Geißblattarten wachsen in allen frischen Gartenböden, an sonnigen bis halbschattigen Plätzen.

Lonicera × brownii 'Dropmore Scarlet' wird kaum mehr als 2 bis 3 m hoch. Ihre früh austreibenden Blätter sind elliptisch bis eiförmig, oben mittelgrün und unten bläulich, die oberen Blattpaare sind zu kreisrunden Scheiben verwachsen. Dem obersten Blattpaar sitzen die lebhaft orangescharlach gefärbten Blütenquirle auf, die in Etagen übereinanderstehen. Die Blütezeit dauert ungewöhnlich lange, von Mai bis zum September. Die erbsengroßen Früchte sind orange gefärbt.

Lonicera caprifolium. Das einheimische Echte Geißblatt trägt auch den schönen Namen Jelängerjelieber. Der bis 5 m hohe Schlinger ist ein Bewohner lichter Wälder und Gebüsche. Er kann schwächer Stämme so eng umschlingen, daß er diese zu schraubenförmigen Stammverdickungen zwingt. Beim Echten Geißblatt sind die oberen Blattpaare scheibenförmig verwachsen. Dem obersten Blattpaar sitzt im Mai–Juni ein Blütenquirl aus sechs gelblichweißen, oft etwas geröteten Blüten unmittelbar auf, in den Achseln der nach unten folgenden Blattpaare sitzen häufig noch weitere Blütenquirle. Das Echte Geißblatt ist eine Nachtfalterblume, die von Schwärmern und Eulen besucht wird. Die Blüten öffnen sich erst am Abend und duften dann ganz besonders intensiv.

Hydrangea anomala ssp. petiolaris

Lonicera × brownii 'Dropmore Scarlet'

Lonicera × tellmanniana

Als Frucht entwickelt sich eine 8 mm dicke Beere, die sich ab August korallenrot färbt.

Lonicera × heckrottii. Der nur wenig windende, oft nur buschig wachsende Strauch kann an Klettergerüsten 2 bis 4 m hoch werden. Die derben, elliptischen Blätter sind bläulichgrün. Die langröhrigen Blüten sind im geschlossenen Zustand karminrot gefärbt, geöffnet außen purpurn und innen gelb. Sie sind zu entständigen Quirlen angeordnet und verströmen einen weitstreichenden Duft. Nach der Hauptblüte im Juni erscheinen bis zum September vereinzelt weitere Blüten. Nur selten setzen die Sträucher ihre erbsengroßen, roten Früchte an.

Lonicera henryi ist die einzige immergrüne Art unter den schlingenden *Lonicera*-Arten. An günstigen Standorten wächst sie recht stark und erreicht Höhen von 4 bis 6 m. An niedrigeren Lauben und Pergolen können die Zweige lang und schleppenartig herabhängen. Länglich-lanzettlich und 4 bis 9 cm lang sind die derben, mattgrünen Blätter. Nur ziemlich unscheinbar wirken die kleinen, gelben bis purpurroten Blüten, die im Juni–August erscheinen. Recht dekorativ sind die schwarzen, blau bereiften Beeren. Diese sehr empfehlenswerte Art eignet sich hervorragend zur Begrünung von Zäunen, Mauern, Pergolen und Lauben.

Lonicera periclymenum. Das Waldgeißblatt ist neben *Lonicera caprifolium* die zweite europäische Geißblattart, sie hat ihren Verbreitungsschwerpunkt im atlantischen Europa. Sie wird 4 bis 6 m hoch und hat eiförmige bis schmal-elliptische, 4 bis 6 cm lange, dunkelgrüne Blätter, die schon sehr früh austreiben und die an den Triebenden nicht scheibenförmig verwachsen sind. Die gelblichweißen, oft purpurn getönten, besonders nachts stark duftenden, sehr honigreichen Blüten sitzen in den Achseln der oberen Blätter zu mehreren in Köpfen; sie erscheinen im Mai–Juni. Die roten, kugeligen, 7 bis 8 mm dicken Früchte reifen im August–September.

Lonicera × tellmanniana zählt zu den schönsten Arten dieser Gruppe. Die Hybride wächst ziemlich stark, sie kann 4 bis 6 m hoch werden. Ihre elliptischen bis eiförmigen, 5 bis 10 cm langen Blätter sind oberseits tiefgrün, unten bläulich, die oberen Blattpaare sind scheibenförmig verwachsen. Die derben Blätter haften im Herbst sehr lange. Im Juni–Juli tragen die Pflanzen eine reiche Fülle leuchtender, orangegelber, 4 bis 5 cm langer Blüten, die an den Zweigenden meist in zwei Quirlen übereinanderstehen. Wie viele andere Hybriden setzt auch diese nur selten Früchte an.

Parthenocissus, Jungfernrebe
Vitaceae

Sommergrüne, starkwachsende, mit Haftwurzeln kletternde Lianen aus der Familie der Weinrebengewächse. Sie sind wertvoll als Selbstklimmer und dekorativ durch ihre prachtvolle Herbstfärbung.

Von den 15 nordamerikanischen und ostasiatischen Arten halten wir bei uns aus jedem Florengebiet jeweils einen Vertreter. Diese raschwachsenden Kletterpflanzen sind mit mehr oder weniger stark verzweigten Ranken ausgestattet. Diese tragen an ihren Enden Haftscheiben, mit denen sich die Pflanzen an nahezu allen Unterlagen anklammern können. Jungfernreben haben wechselständige, langgestielte Blätter, die gelappt oder fingerförmig gegliedert sind. Alle färben sich schon früh im Herbst in leuchtenden, gelben bis scharlachroten Farbtönen. Ihre kleinen, unscheinbaren Blüten haben keinen dekorativen Wert, die Früchte sind kugelige, dunkelblaue oder blauschwarze, bereifte, saftreiche Beeren. Jungfernreben geben sich in Kultur wenig anspruchsvoll, sie wachsen auf jedem mäßig trockenen bis frischen Gartenboden in sonnigen bis halbschattigen oder gar schattigen Lagen. An schattigen Standorten läßt die Herbstfärbung natürlich zu wünschen übrig.

Parthenocissus tricuspidata 'Veitchii'

Parthenocissus quinquefolia. Der Wilde Wein hat im östlichen Nordamerika seine ursprüngliche Heimat, bei uns ist er längst eingebürgert. Er erreicht mit seinem aufstrebenden, nur wenig in die Breite gehenden Astwerk Höhen von 10 bis 15 (20) m. Nicht selten bildet er mit seinen überhängenden Zweigen meterlange Schleppen. Die handförmig gegliederten Blätter sind meist fünfzählig, die Blättchen 4 bis 10 cm lang. Schon früh im Herbst färben sich die Blätter leuchtend karminrot, im Schatten allerdings nur gelb. Der Wilde Wein haftet an steilen, glatten Wänden nicht so gut wie sein ostasiatisches Pendant, weil die Haftscheiben nicht so kräftig entwickelt sind und die Grünmasse je Flächeneinheit wesentlich schwerer ist als bei *Parthenocissus tricuspidata*.
Parthenocissus quinquefolia var. *engelmannii* ist anstelle der Art häufig in Kultur. Sie unterscheidet sich vor allem durch ihre schmaleren, nur 3 bis 4 cm breiten Blättchen und die flammendrote Herbstfärbung. Die Haftscheiben sind hier wesentlich kräftiger entwickelt als bei der Art, was die Kletterfähigkeit um einiges verbessert.

Parthenocissus tricuspidata. Die Jungfernrebe ist in Japan, China und Korea weit verbreitet. Sie kann 20 bis 25 m hoch klettern, breitet ihre Zweige an Wandflächen fächerförmig senkrecht und waagerecht aus, so daß sie rasch große Flächen bedeckt. Ihre kurzen Ranken sind mit kräftigen, starkhaftenden Scheiben ausgestattet. Die langgestielten, sehr variablen Blätter sind entweder ungelappt, breit-eiförmig und 10 bis 20 cm lang oder dreilappig mit zugespitzten, grob gesägten Lappen oder dreizählig mit gestielten Blättchen. Die derben Blätter sind im Austrieb bronzefarben, später glänzendgrün und im Herbst prachtvoll orangegelb bis leuchtend scharlachrot.
'Veitchii'. Meist wird diese sehr starkwachsende Sorte angeboten. Sie unterscheidet sich von der Art durch die zierlicheren, 10 bis 20 cm breiten, eiförmigen, oft dreizähligen Blätter, die sich im Herbst orange und scharlachrot färben.

Vitis coignetiae, Japanische Rebe
Vitaceae

Sommergrüne, starkwüchsige Kletterpflanze mit ungewöhnlich großen, dekorativen Blättern, die sich im Herbst auffallend scharlach- bis karminrot verfärben.

Von den 70 *Vitis*-Arten der nördlichen Hemisphäre eignet sich keine andere als Gartenpflanze so gut wie diese. Ihre Heimat liegt in Japan, Korea und auf Sachalin. Die sehr starkwüchsige Art kann 8 bis 10 m hoch werden und hält sich, wie alle *Vi-*

Vitis coignetiae

tis-Arten, mit ihren Ranken fest. Mit 20 bis 30 cm Breite sind die rundlich-eiförmigen, an der Basis tief herzförmigen und am Rand mit kurzen, stachelspitzigen Zähnen versehenen Blätter besonders groß. Sie sind oberseits stumpfgrün und stark runzelig und unterseits auf den Nerven bleibend spinnwebenartig rostrot behaart, schon früh färben sie sich im Herbst in spektakulären Farben. Die schmalen, rostrot-filzigen Blütenrispen sind kein nennenswerter Schmuck, auch die schwarzpurpurnen, bereiften Früchte nicht. In ihrer Heimat benutzt *Vitis coignetiae* große Laubbäume als Stütze, in Kultur begrünt sie rasch Fassaden, Lauben und Pergolen, überzieht aber auch Bäume, wenn man sie ungehindert wachsen läßt. Mit ihren Ranken kann sie sich am besten an dünnen Spanndrähten anklammern. Die Japanische Rebe gibt sich in Kultur keineswegs anspruchsvoll, sie ist völlig frosthart und wächst auf jedem tiefgründigen, nährstoffreichen, frischen Gartenboden in sonnigen bis halbschattigen Lagen.

Wisteria, Glyzine, Wistarie, Blauregen
Leguminosae

Sommergrüne, starkwüchsige Liane mit gefiederten Blättern und blauen Schmetterlingsblüten in langen, hängenden, vielblütigen Trauben.

Mit ihren langen Blütentrauben sind die Glyzinen ganz exquisite Kletterpflanzen. Man sollte sie möglichst so pflanzen, daß ihre Trauben frei herabhängen können. An Lauben oder Pergolen finden sie daher ihren besten Platz, sie sind aber auch für Fassadenbegrünungen gut geeignet. Man muß nur darauf achten, daß sie mit ihren starken, eng windenden Ästen nicht Regenfallrohre zusammendrücken oder unter Dachziegel wachsen und diese anheben. Ihr unbändiges Wachstum läßt sich eindämmen, indem man im Hochsommer überzählige Triebe bis auf wenige Blätter einkürzt. Damit wird gleichzeitig die Bildung von Blütenknospen angeregt.

Die wärmeliebenden Glyzinen brauchen einen sonnigen Platz und einen tiefgründigen, nährstoffreichen, frischen, auch im Sommer nicht austrocknenden Boden. Glyzinen haben nur wenige, sparsam verzweigte, fleischige Wurzeln. Weil wurzelnackte Pflanzen nur schlecht anwachsen, werden sie heute nahezu ausschließlich in Töpfen und Containern gezogen. Man sollte auch bei den Arten nur vegetativ vermehrte Nachkommen reichblühender Typen pflanzen. Sämlingspflanzen blühen meist weniger reich und auch erst nach vielen Standjahren.

Wisteria floribunda. Die japanische Art ist eine rechtswindende Pflanze. Ihre Blätter setzen sich aus elf bis 19 Blättchen zusammen. Im Mai–Juni entfalten sich die 20 bis 50 cm langen Blütentrauben mit den violetten oder violettblauen Blüten, die von der Basis zur Spitze hin allmählich aufblühen. Zur Art gehören viele Sorten, die naturgemäß häufig in Japan entstanden sind.
'Macrobotrys' wird besonders häufig gepflanzt. Sie unterscheidet sich von der Art durch die größeren Blätter und die schlanken Blütentrauben, die an geeigneten Standorten bis 90 cm lang werden können. Die Fahnen der Schmetterlingsblüten sind kobaltblau, Kiel und Flügel dunkler gefärbt.

Wisteria sinensis. Im Gegensatz zu *Wisteria floribunda* windet diese in China heimische Art links herum. Die Blätter besitzen nur sieben bis 13 Blättchen. Außerdem sind die Blütentrauben kürzer (nur 10 bis 30 cm lang) und dichter. Die blauvioletten, etwas duftenden Blüten öffnen sich im Mai–Juni alle etwa gleichzeitig, also nicht nacheinander wie bei *Wisteria floribunda*. Wie bei allen Glyzinien muß man einige Jahre warten, ehe die Pflanzen voll blühen.

Wisteria floribunda 'Macobotrys'

Nadelgehölze und Ginkgo

Nadelgehölze bilden seit langem einen unverzichtbaren Bestandteil unserer Gartenkultur, sie geben einem Garten vor allem im Winter Halt und Rahmen. Wie überall, kann man aber auch hiermit des Guten zuviel tun. Eine zu starke Verwendung von immergrünen Nadelgehölzen, wie man sie leider gelegentlich beobachten kann, führt häufig zu monotonen Gartenbildern, die im Laufe des Jahres nur eine geringe Veränderung erfahren und damit nur wenig Abwechslung bieten. Nadelgehölze tragen nadel- oder wenigstens kleine, schuppenförmige Blätter. Die meisten Arten sind immergrün, nur die Arten einiger Gattungen verhalten sich wie sommergrüne Laubgehölze: Sie werfen jährlich im Herbst ihre Nadeln ab, dazu gehören neben der auch in Mitteleuropa heimischen Lärche zwei chinesische Arten – die Goldlärche, *Pseudolarix*, und das Rotholz, *Metasequoia*, sowie die im östlichen Nordamerika heimische Sumpfzypresse, *Taxodium*.

Das charakteristische Merkmal der Nadelgehölze sind aber nicht die nadel- oder schuppenförmigen Blätter, die wir auch bei anderen Pflanzengattungen finden, sondern ihre Blütenbiologie. Während alle bedecktsamigen Pflanzen ihre Samenanlagen in geschlossenen Fruchtknoten entwickeln, liegen bei den Nadelgehölzen die Samenanlagen nackt auf der Oberfläche von Fruchtblättern. Diese Eigenschaften haben sie mit dem Ginkgo gemein, der sonst durch seine flächigen Blätter und durch seinen Habitus deutlich vom Bild der Nadelgehölze abweicht. Die meisten Nadelgehölze entwickeln ihre Samen in einem verholzenden Zapfen. Von ihm leitet sich die wissenschaftliche Bezeichnung *Coniferae* (= Zapfenträger) ab, die zu dem Namen Koniferen geführt hat. Landläufig werden die Nadelgehölze häufig als Koniferen bezeichnet, was nicht ganz korrekt ist, denn Nadelgehölzgattungen wie *Cephalotaxus*, *Podocarpus*, *Taxus* und *Torreya* tragen keine verholzenden Zapfen, sondern eine fleischige Samenhülle.

Die Formenmannigfaltigkeit der Nadelgehölze bleibt weit hinter der der Laubgehölze zurück. Zwischen den verschiedenen Arten bestehen natürlich habituelle Unterschiede, doch wachsen viele baumförmige Arten in der Jugend geschlossen und mehr oder weniger schlank-kegelförmig. Lebensbaum, Zypresse und Scheinzypressen behalten bis ins hohe Alter ihren geschlossenen Habitus bei, Fichten und Tannen bleiben bei ihrem kegelförmigen Aufbau, sie öffnen ihre Kronen nur wenig. Nur Lärchen, Kiefern und Zedern öffnen im Alter ihre Kronen, die dann locker und unregelmäßig und in hohem Alter nicht selten ausgesprochen tafelförmig wirken.

Während die meisten Arten zu mehr oder weniger hohen Bäumen heranwachsen, weisen nur wenige Arten einen strauchigen Wuchs auf. Dazu gehören neben einigen Wacholderarten jeweils eine mitteleuropäische und ostasiatische Bergkiefer, *Pinus mugo* und *Pinus pumila*, sowie der Zwerglebensbaum, *Microbiota decussata*. Nicht wenige Arten werden in ihrer natürlichen Form für den kleinen Garten viel zu groß, sie liefern dann unerwünscht viel Schatten. Von zahlreichen Arten steht uns aber eine reiche Palette schwach- oder gar zwergig wachsender Gartenformen zur Verfügung. Diese durch Mutation oder aus Hexenbesen entstandenen Formen tragen gelegentlich ein abweichendes Nadelkleid. Während die natürlichen Arten meist nur Nadeln oder Schuppenblätter in verschiedenen Grüntönen tragen, können die Nadeln der Mutanten ausgesprochen silbrig und mehr oder weniger gelb gefärbt sein.

Im folgenden Kapitel werden neben den in Mitteleuropa ausreichend frostharten Nadelgehölzen auch diejenigen Arten behandelt, die nur südlich der Alpen frosthart sind. Es handelt sich dabei um folgende Arten: *Araucaria bidwillii* und *Araucaria heterophylla*, alle *Cupressus*-Arten, sowie um *Pinus halepensis*, *Pinus pinaster* und *Pinus pinea*.

Abies, Tanne
Pinaceae

Immergrüne, hohe, kegelförmig gewachsene Bäume, die erst im Alter eine abgeflachte Krone, eine sogenannte Storchennestkrone, entwickeln. Die Zapfen stehen aufrecht und zerfallen am Baum.

Die rund 40 *Abies*-Arten sind vorwiegend in den Gebirgen der nördlichen Hemisphäre verbreitet. Bei uns befindet sich kaum mehr als ein halbes Dutzend Arten in Kultur. Es sind prachtvolle, gleichmäßig kegelförmig wachsende Bäume, deren Äste in regelmäßigen Quirlen etagenförmig übereinanderstehen. Ihre oft etwas aromatisch duftenden Nadeln sind meist flach und ziemlich breit, oberseits meist dunkelgrün und auf der Unterseite mit zwei weißen oder hellen Streifen gezeichnet. Bei einigen Arten und Formen sind die Nadeln beiderseits silbriggrau oder bläulich gefärbt. Die männlichen und weiblichen Blüten werden meist nur im Spitzenbereich der Krone und erst an älteren Exemplaren angelegt. Bei Arten wie *Abies koreana* oder *Abies procera* 'Glauca' entwickeln sich aber oft rasch und noch in Augenhöhe die aufrechtstehenden, anfangs oft schön violettpurpurnen Zapfen. Sie reifen im ersten Jahr und zerfallen nach der Reife am Baum, während die Zapfenspindel noch einige Jahre stehen bleibt.

Wie zahlreiche andere baumförmige Nadelgehölze brauchen auch die Tannen von Jugend an einen freien Platz, wenn sie sich gleichmäßig und zu ihrer vollen Schönheit entwickeln sollen. Als Kulturpflanzen sollten sie deshalb an sonnigen oder nur leicht beschatteten Plätzen, am besten in luftfeuchten und kühlen Lagen und auf frischen, tiefgründigen, nährstoffreichen Böden stehen.

Abies balsamea 'Nana'. Die echte Balsamtanne, heimisch in Kanada und dem nördlichen Nordamerika, befindet sich außerhalb botanischer Gärten kaum in Kultur. 'Nana' ist eine kaum mehr als 50 cm hohe Zwergform von kugeligem Wuchs und mit sehr dicht stehenden, ausgebreiteten Ästen. Die kleinen, dunkelgrünen Nadeln sind nur 4 bis 10 mm lang, sie sind meist rings um den Zweig verteilt. Es handelt sich um eine der schönsten *Abies*-Zwergformen, die ihren besten Platz im Steingarten findet.

Abies concolor. Die Koloradotanne ist aus dem westlichen Nordamerika in unsere Gärten gekommen. Diese ganz prachtvolle Tanne kann Höhen von 20 bis 30 m erreichen, sie behält dabei eine regelmäßige, schmal-kegelförmige Krone mit waagerecht abstehenden, an den Spitzen aufwärts gebogenen Ästen. Mit einer Länge von 3 bis 8 cm sind die ungleich großen, beiderseits blau- oder graugrün gefärbten Nadeln ungewöhnlich lang, sie sind leicht aufwärts gebogen und auf der Zweigoberseite nur undeutlich gescheitelt. *Abies concolor* ist für den Garten eine der wertvollsten Tannen, sie verträgt von allen Tannen am besten Hitze und Trockenheit.

'Violacea'. Nur selten wird diese aufrechtwachsende Sorte angeboten, ihre Nadeln sind prachtvoll blauweiß gefärbt.

Abies koreana. Die Koreanische Tanne gehört zu den schwachwüchsigen Tannenarten, sie wird nur 10 bis 15 cm hoch und findet deshalb in jedem Garten Platz. Sie ist gegenwärtig sehr beliebt, dazu hat nicht nur der schwache Wuchs beigetragen, sondern auch die sehr dicht stehenden, kleinen, glänzend dunkelgrünen Nadeln und die auch an Sämlingspflanzen früh einsetzende Fruchtbarkeit. Die jungen Zapfen sind auffallend violettpurpurn gefärbt.

Nicht selten werden veredelte Pflanzen angeboten, sie wachsen meist sehr unregelmäßig, bleiben deutlich niedriger und fruchten schon nach wenigen Jahren überaus reich. Im Habitus wirken Sämlingspflanzen mit ihrem gleichmäßigen Aufbau aber eleganter als Veredlungen.

'Silberlocke' ist eine aufrechtwachsende Form mit stark sichelförmig aufwärts gekrümmten Nadeln, die dabei ihre silberweiße Unterseite zeigen. Leider krümmen sich nur die Nadeln junger Triebe, an älteren Zweigen stehen die Nadeln normal.

Abies lasiocarpa 'Compacta'. Diese eher schwachwachsende Form der nordamerikanischen Felsengebirgstanne hat einen sehr kompakten, schmal- bis breit-kegelförmigen Habitus mit sehr dicht stehenden, aufstrebenden Ästen. Die wunderschöne Form wächst zwar sehr langsam, erreicht aber sicher eine Höhe von 5 m. Sie hat sehr schöne, silberblaue, dicht stehende, 15 bis 25 mm lange Nadeln mit deutlichen weißen Spaltöffnungsbändern auf der Unterseite. Die ausgesprochen harte Kleinkonifere braucht saure Böden, auf kalkhaltigen Böden wird sie leicht chlorotisch.

Abies nordmanniana. In Kleinasien und im Kaukasus wächst die Nordmanns- oder Kaukasustanne als ein bis 50 m hoher Bergbaum, bei uns begnügt sie sich mit Höhen von 25 bis 30 m. Im Freistand bleibt der regelmäßig aufgebaute, dicht verzweigte, breit-kegelförmige Baum bis zum Bo-

Abies lasiocarpa 'Compacta'

den beastet. Er treibt spät aus und hat dichtstehende, 2 bis 4,5 cm lange, auf der Oberseite dunkelgrüne und stark glänzende Nadeln mit silberweißen Spaltöffnungsbändern auf der Unterseite. Die zylindrischen Zapfen werden 15 bis 20 cm dick. Die schöne, stattliche Art gehört zu den häufigsten Tannen unserer Parkanlagen. Sie ist stets leicht daran zu erkennen, daß sie neben den üblicherweise zwei Seitentrieben an den Spitzen der Äste noch einen dritten, nach unten gerichteten Trieb ausbildet, der als Sporn bezeichnet wird.

Abies pinsapo. Nur an wenigen Stellen in der Sierra de la Nieves Südspaniens kommt die Spanische Tanne in Lagen über 1100 m auf Kalkböden vor. Der 15 bis 20 m hohe Baum baut mit kräftigen, abstehenden Ästen eine aufgelockerte, breitkegelförmige Krone auf. Durch ihre Benadelung fällt sie unter allen anderen Tannen auf, ihre kurzen, dicken, starren Nadeln stehen dicht und fast gleichmäßig nach allen Seiten rechtwinklig vom Zweig ab. Sie sind dunkelgrün und haben auf der Unterseite zwei weiße Spaltöffnungsbänder. Die Spanische Tanne ist wertvoll, weil sie Hitze und kalkhaltigen Boden verträgt.

'Glauca' wird häufiger angeboten als die Art, ihre auffallend blaugrünen Nadeln haben einen wachsartigen Überzug. Sie ist nicht nur schöner, sondern auch deutlich frosthärter als die natürliche Art. Gleiches gilt auch für die blaunadelige 'Kelleriis', die in Dänemark ausgelesen worden ist. 'Horstmann' ist ebenfalls blaugrün benadelt, sie wächst langsam, sehr dicht und gedrungen und wird ohne Mitteltrieb fast so breit wie hoch – in 20 Jahren knapp 2 m.

Abies procera. Im Kaskadengebirge, von Washington aus südwärts und in Nordkalifornien, hat die Edle Tanne ihr Verbreitungsgebiet. Sie kann dort Höhen von 50 bis 60 m erreichen, wird bei uns aber kaum mehr als 20 bis 30 m hoch. Sie hat eine schlank-kegelförmige, im Alter aufgelockerte Krone. Nicht selten wird sie als schönste aller Tannen bezeichnet. Zu diesem Prädikat tragen vor allem die herrlich blaugrünen, bei Formen blauweiß gefärbten Nadeln bei. Sie stehen auf der Oberseite der Triebe dicht gedrängt und auf der Unterseite leicht gescheitelt, mit einer sichelartigen Krümmung biegen sie vom Zweig ab. Keine andere Tanne unserer Gärten hat so große und prächtige Zapfen, sie können bis 25 cm lang und bis 9 cm breit werden, zur Reife sind sie purpur- oder sattbraun gefärbt, die Deckschuppen ragen auffallend weit hervor. Die gedeiht am besten in luftfeuchten Lagen und auf frischen bis feuchten, sauren Böden.
'Glauca'. Neben der Art, deren Zweige ein ausgezeichnetes Schmuckreisig liefern, wird nicht selten diese veredelte Form gezogen. Sie wächst viel unregelmäßiger und lockerer als die Art und hat prächtig blauweiß gefärbte Nadeln. Schon junge Pflanzen bilden regelmäßig Zapfen aus, die man dann schon in Augenhöhe betrachten kann.

Abies veitchii. Veitch's Tanne ist in den Gebirgen Mitteljapans ein Baum von 15 bis 30 m Höhe, bei uns wird sie kaum mehr als 20 m hoch. Sie baut eine regelmäßige, schmal-kegelförmige Krone mit etagenförmig ausgebreiteten bis ansteigenden Ästen auf. Ihre 2,5 cm langen, oberseits tiefgrünen Nadeln stehen auf der Zweigoberseite sehr dicht, sie sind teilweise aufwärts gerichtet und zeigen so ihre auffallend kreideweiße Unterseite. Die prachtvolle Tanne gedeiht am besten in kühlfeuchten Lagen und auf frischen, kalkfreien Böden, in der Jugend steht sie gern etwas beschattet, später erträgt sie auch einen freien Stand.

Araucaria, Schmucktanne
Araucariaceae

Hohe, immergrüne, in ihrem Aufbau etwas starr wirkende Bäume mit regelmäßig quirlständigen Ästen und starren, dichtstehenden Nadeln, die entweder breit und flach oder mehr nadelförmig sind.

Mit 18 Arten ist die entwicklungsgeschichtlich sehr alte Nadelholzgattung in Neuguinea, Ostaustralien, Neuseeland, den Norfolk Inseln, Neukaledonien und von Südbrasilien bis Chile verbreitet. In Mitteleuropa ist nur *Araucaria araucana* aus den südamerikanischen Anden an klimatisch günstigen Standorten ausreichend winterhart, im Mittelmeergebiet sind nicht selten zwei weitere Arten in Kultur. Araukarien wirken mit ihrer eigenwilligen Tracht in unseren Gärten oft etwas fremd. Wer je die Chilenische Schmucktanne an den Andenpässen vor den schneebedeckten Vulkankegeln gesehen hat, muß feststellen, daß sie auch dort wie urzeitliche Relikte von einem anderen Stern wirken.

Araucaria araucana. Die Chilenische Schmucktanne hat ihre Heimat an den Westhängen der Küstenkordillere im südlichen Chile und in den Hochlagen der Anden, im Grenzgebiet zwischen Chile und Argentinien. In der Jugend wächst sie ganz regelmäßig kegelförmig, ihre Äste stehen in regelmäßigen Quirlen und in fast gleichen Abständen weit und starr ab. Im Alter entwickeln sich am natürlichen Standort phantastische Baumgestalten mit abgerundeten oder flachen, deutlich schirmförmigen Kronen. Während die Bäume an küstennahen Standorten ausgesprochen schlank sind und Höhen von 30 bis 35 m erreichen, bleiben sie in den Anden deutlich niedriger, wirken aber viel mächtiger. Bei uns überschreiten die Bäume selten Höhen von 10 m. Eigenartig wie der ganze Baum ist auch die Belaubung. Die steifen, stechenden, dreieckigen, glänzend dunkelgrünen Schuppenblätter sind bis 5 cm lang, sie stehen sehr dicht und dachziegelartig beieinander. Sie leben ungewöhnlich lange, zehn bis 15 Jahre lang, und fallen erst mit den abgestoßenen Ästen ab. In unserem Klima werden selten die kugeligen, bis 20 cm dicken Zapfen mit ihren scharf zugespitzten Schuppen ausgebildet. Die 3 bis 4 cm langen, eiweißreichen Samen waren früher eine wichtige Nahrungsquelle für die Araukaner, einem Indianerstamm, der seine Heimat in Chile und dem westlichen Argentinien hat.

Araucaria araucana entwickelt sich in Mitteleuropa nur in klimatisch günstigen Standorten zu schönen, regelmäßig aufgebauten Bäumen. Der wärmeliebende und hitzeverträgliche Baum braucht einen geschützten, sonnigen Platz und einen durchlässigen, frischen, sauren bis neutralen Boden. Junge Exemplare brauchen unbedingt einen Winterschutz, vor allem muß der Wurzelbereich vor Frost geschützt werden.

Araucaria bidwillii. Die Art wird auch mit dem Eingeborenennamen Banya-Banya-Baum bezeichnet, sie stammt aus den Küstengebieten von Queensland in Ostaustralien und wird dort bis 50 m hoch. Ausreichend frosthart ist der Baum nur im Mittelmeergebiet, bei Temperaturen bis –5 °C, dort erreicht er wohl kaum die halbe Wuchshöhe wie am natürlichen Standort. Der Banya-Banya-Baum wächst in der Jugend kegelförmig und bildet erst im Alter eine kugelige bis abgeflachte Krone aus, in der die kaum verzweigten, oft lang herabhängenden Äste in regelmäßigen Quirlen stehen. Die spiralig stehenden Blätter sind an sterilen Zweigen lanzettlich, bis 5 cm lang und tief dunkelgrün. Die elliptisch-eiförmigen Zapfen können bis 30 cm lang und 5 kg schwer werden. Sie enthalten bis zu 150 große, etwa 6 cm lange Samen, die ebenfalls eine wichtige Nahrungsquelle für die Eingeborenen, die Kabi, darstellen, deshalb dürfen die Bäume in bestimmten Zonen nicht zur Holzgewinnung eingeschlagen werden.

Araucaria heterophylla. Als »Zimmertanne« ist die auf den Norfolk Inseln heimische Norfolktanne allgemein bekannt. Als Topfpflanze sieht man ihr nicht an, daß sie zu stolzen, bis 70 m hohen Bäumen heranwachsen kann. Auch sie ist im Freiland nur in mediterranen oder tropischen Gärten ausreichend frosthart, sie erträgt etwa –4 °C und kann sich zu imposanten, bis 30 m hohen Bäumen entwickeln. Die Pflanzen wachsen in der Jugend sehr rasch und bilden ganz regelmäßig aufgebaute Bäume mit oft weit voneinander entfernten Astquirlen mit waagerecht abstehenden Ästen. Die Nadeln sind an jungen Pflanzen und Seitentrieben weich, pfriemförmig, hellgrün und 1,5 cm lang, an älteren Pflanzen und fertilen Trieben viel kürzer, derb und hornartig mit einwärts gekrümmter Spitze. Die Zapfen bleiben mit einer Länge von 12 cm viel kleiner als jene von *Araucaria bildwillii*. Die Art gedeiht auch gut in windexponierten Lagen und braucht frische, tiefgründige, nährstoffreiche Böden.

Calocedrus decurrens, Weihrauchzeder
Cupressaceae

Hoher, immergrüner, säulenförmiger bis schmalkegelförmiger Baum mit aufstrebenden Ästen und dicker, dunkel- oder rotbrauner Borke, die sich in langen Streifen löst.

In den ausgedehnten Nadelwaldgebieten des westlichen Nordamerika kommt die Weihrauchzeder nicht selten in niederschlagsarmen Tälern vor. Als schlanke, 30 bis 40 m hohe Säule steht sie dort neben Kiefern und Tannen. Nach vielen Jahrzehnten kann der Baum auch bei uns 20 bis 30 m hoch werden, stets behält er seine schlanke Gestalt bei. Er wächst nur mäßig schnell und könnte so noch in größeren Gärten seinen Platz finden. Typisch für ihn sind die in einer Ebene verzweigten, stark abgeflachten Triebe mit den schuppenförmigen, dem Zweig eng anliegenden Blättern, die beiderseits fast gleichfarben glänzend dunkelgrün sind und gerieben leicht nach Terpentin riechen. Der völlig winterharte Baum stellt an den Boden keine besonderen Ansprüche, er kommt mit mäßig trockenen bis frischen Böden zurecht und braucht einen sonnigen Platz.

Cedrus, Zeder
Pinaceae

Hohe, immergrüne Bäume, die mit ihrer aufgelockerten Krone und den weitschwingenden Ästen wohl die elegantesten Nadelgehölze sind.

Nur vier nahe verwandte, oft nicht leicht zu unterscheidende Arten umfaßt die Gattung, ihr Verbreitungsgebiet reicht vom westlichen Himalaja bis zum Mittelmeergebiet und nach Marokko. In der Jugend sind Zedern meist regelmäßig aufgebaute, breit-kegelförmige Bäume, im Alter entwickeln sie sich zu majestätischen Bäumen mit einer aufgelockerten, im hohen Alter oft weit ausladenden, schirmförmigen Krone. Man braucht schon einen ausreichend großen Garten, wenn man Zedern darin unterbringen will.

Das Sproßsystem der Zedern gliedert sich deutlich in Lang- und Kurztriebe. An Langtrieben stehen die Nadeln entfernt schraubig, an den Kurztrieben zu 30 bis 50 in dichten Büscheln. Zedern blühen stets erst im Herbst. Während die weiblichen Blüten sehr klein und unscheinbar sind, fallen die großen, zur Reife goldbraunen männlichen Kätzchen deutlich auf. Zwei bis drei Jahre brauchen die schweren, tonnenförmigen Zapfen für ihre Entwicklung, nach der Samenreife zerfallen sie am Baum.

Zedern lieben ein mildes, warmes Klima und im allgemeinen einen tiefgründigen, durchlässigen, mäßig trockenen bis frischen Boden, der Pflanzplatz soll sonnig sein. In der Jugend brauchen Zedern im Winter Schutz vor scharfen Winden, starker Sonneneinstrahlung und tiefen Temperaturen, das gilt vor allem für die empfindliche *Cedrus deodara*, die restlichen Arten sind deutlich härter als sie, können in sehr strengen Wintern aber auch alle Nadeln verlieren, die dann aber im folgenden Frühjahr wieder ersetzt werden.

Cedrus atlantica. In höheren Lagen des Atlasgebirges kommt die Atlaszeder vor. Sie wird dort 30 bis 40 m hoch, bleibt bei uns aber sicher um mehr als 10 m niedriger. Sie baut mit steil ansteigenden Ästen eine breit-kegelförmige Krone auf, die sich später zwar auflockert, aber in ihrem Umriß lange erhalten bleibt, erst in sehr hohem Alter flachen die Kronen ab oder werden schirmförmig. Die Nadeln der Bäume färben sich am natürlichen Standort sehr uneinheitlich, neben grünnadeligen Formen kommen auch solche mit stahl- oder silbrigblauen Nadeln vor, die schon lange vegetativ vermehrt werden.

'Aurea' ist eine schwachwüchsige, locker verzweigte Form mit goldgelben Nadeln, die im zweiten Jahr vergrünen. Die Sorte kann unter Sonnenbrand leiden und braucht einen geschützten, leicht beschatteten Platz.

'Glauca'. Nur selten befindet sich noch die natürliche Art in Kultur, meist wird die veredelte 'Glauca' angeboten. Sie wächst schon von Jugend an wesentlich lockerer als Sämlingspflanzen und entwickelt sich rasch zu malerischen, eindrucksvollen Baumgestalten. Von den unregelmäßig gestellten, weit abstehenden Ästen neigen sich die Zweige etwas nach unten. Sie tragen etwas stechende, schön grau- bis silbrigblau gefärbte Nadeln. Die Formen der Atlaszeder werden meist auf die wenig kalktolerante *Cedrus deodara* veredelt, sie gedeihen deshalb auf stark alkalischen Böden nur unbefriedigend. 'Glauca' verträgt mehr Hitze und ist frosthärter als die grünlaubige Normalform.

'Glauca Pendula'. Kaum ein anderes Nadelgehölz wächst zu solch malerischen Formen heran, wie wir sie von der Hängeform der Atlaszeder kennen. Der Mitteltrieb muß zunächst an einem Stab aufgebunden werden, die Seitenäste können dann in weiten, flachen Bögen abstehen, und von diesen hängen dann die Seitenzweige lang und mähnenartig herab; die Nadeln sind nicht ganz so silbrigblau wie bei 'Glauca'. Die Hängeform ist schon in der Jugend eine attraktive Erscheinung, werden dann noch ihre Seitenäste gestützt und somit weitergeleitet, kann ein Baum im Laufe von Jahrzehnten eine ausgedehnte Fläche bedecken.

Cedrus deodara. Im westlichen Himalaja kann die Himalajazeder zu mächtigen, bis 50 m hohen Bäumen heranwachsen. Unter mitteleuropäischen Klimabedingungen wird sie kaum halb so hoch, südlich der Alpen fühlt sie sich viel wohler, nur dort oder in sehr milden Lagen nördlich der Alpen entfaltet sie ihre volle Schönheit. Sie bildet anfangs eine kegelförmige Krone, in der Gipfeltrieb und Seitentriebe überhängen. Auch bei ausgewachsenen Exemplaren bleibt die Krone mit ihren mächtigen, aufstrebenden Ästen breit-kegelförmig und ziemlich geschlossen. Die Himalajazeder hat die längsten Nadeln aller Zedernarten, sie werden 3 bis 5 cm lang, sind weich und grün bis blaugrün gefärbt.

'Eisregen' und 'Kashmir' sind ebenfalls relativ winterharte Sorten mit schönen, blauen Nadeln.

'Golden Horizon' unterscheidet sich von allen anderen Formen durch ihren breiten, flachen Wuchs und die an der Sonnenseite gelben bis grünlichgelben, sonst graugrünen Nadeln. Sie wird bei einer

Höhe von 70 cm etwa 1,5 m breit. Eine sehr schöne, aber auch etwas empfindliche Form.
'Karl Fuchs'. In den letzten Jahren ist Saatgut aus der afghanischen Provinz Paktia (Höhenlagen der westlichen Ausläufer des Himalaja mit geringen Niederschlägen und Temperaturen unter −20 °C) zu uns gekommen. Aus diesen Herkünften wurde unter anderem die Sorte 'Karl Fuchs' ausgelesen. Sie hat eine schöne, silberblaue Benadelung und ist frosthärter als alle bisher bekannten Formen von *Cedrus deodara*. Mit dieser Sorte läßt sich die Himalajazeder nun auch in weniger günstigen Lagen halten.
'Pendula'. In mediterranen Baumschulen wird häufig diese Hängeform der Himalajazeder gezogen. Sie entwickelt sich zu einem 5 bis 10 m hohen Kleinbaum mit ziemlich geschlossener Krone, in der die Zweige in engen Bögen abwärts wachsen. Eine äußerst elegante Erscheinung, die auch mit einer schirmförmigen Krone erzogen werden kann, wenn sie hochstämmig veredelt wird.

Cedrus libani. In den Gebirgen des Taurus, Antitaurus und des Libanon ist die Libanonzeder zu Hause. Ihre Krone ist anfangs dicht und breitkegelförmig, im Alter entstehen wundervolle Baumgestalten mit breiten, ausladenden, oft deutlich schirmförmigen Kronen, die Höhen von 20 bis 30 m erreichen. Der Baum hat dunkelgrüne Nadeln, die etwas länger sind als bei der Atlaszeder; sie stehen an den Kurztrieben zu zehnt bis 15 zusammen. Die Libanonzeder stellt etwas höhere Ansprüche an den Standort als die Atlaszeder. Wir treffen sie vorwiegend im Weinbauklima, in Westdeutschland, Nordwestfrankreich und auf den britischen Inseln. Mit ihrer weit ausladenden Krone sprengt sie den Rahmen kleinerer Gärten.
Cedrus libani var. *stenocoma* ist eine ideale Form für kleinere Gärten. Die Varietät ist in Südwestanatolien heimisch, steigt dort bis zur Waldgrenze hinauf und bildet fast fichtenartig schlanke, lockere Kronen mit abstehenden Ästen. Da sie sich in den letzten Jahren als sehr frosthart erwiesen hat, kann man sie allgemein empfehlen. Leider findet man sie nicht in den Angeboten unserer Baumschulen.

◁ *Cedrus atlantica* 'Glauca Pendula'

Cephalotaxus harringtoniana, Kopfeibe
Cephalotaxaceae

Immergrünes, strauchartig wachsendes, den Eiben sehr ähnliches Nadelgehölz mit großen Nadeln und fleischigen, steinfruchtähnlichen, purpurn gefärbten Früchten.

Von den sechs sehr ähnlichen, ostasiatischen Arten wird in Mitteleuropa vorwiegend *Cephalotaxus harringtoniana* var. *drupacea* kultiviert. Sie wächst mit quirlig angeordneten, abstehenden Ästen strauchartig wie die Eiben, wird 3 bis 4 m hoch und ebenso breit. Sehr dekorativ sind die bis 4,5 cm langen, glänzend dunkelgrünen, zugespitzten Nadeln, die in zwei Reihen schräg aufrecht und ziemlich dicht an den Zweigen stehen. Die Kopfeibe braucht warme, geschützte, leicht beschattete bis schattige Lagen und einen gut gepflegten, frischen Gartenboden.
'Fastigiata' wächst mit zahlreichen, steif-aufrechten, kaum verzweigten Ästen meist breit-säulenförmig. Ihre Nadeln stehen nicht zweizeilig, sondern vielmehr in dichten Spiralen rings um den Zweig. Kopfeiben sind kein Muß für den Privatgarten, sie sind eher Liebhaberpflanzen für Besitzer großer Gärten. In kalten Wintern frieren sie gelegentlich zurück, regenerieren sich meist aber sehr rasch.

Chamaecyparis, Scheinzypresse
Cupressaceae

Immergrüne, hohe, kegel- oder säulenförmig wachsende Bäume mit überhängendem Gipfeltrieb, abstehenden Ästen und flächig in einer Ebene verzweigten Trieben.

Von den sechs Arten der Gattung sind zwei im pazifischen, eine im atlantischen Nordamerika, zwei in Japan und eine in Taiwan verbreitet. Unter den zypressenartigen Nadelgehölzen stellt sie die für uns wichtigste Gattung dar. Das gilt nicht so sehr für die Wildarten, vielmehr für die Fülle an Gartenformen, die in Wuchshöhe, Habitus und Belaubung häufig beträchtlich von der Stammart abweichen. Schon bei den Wildformen sind zwei Nadelformen zu beobachten: Während die Nadeln in der Jugend pfriemförmig sind, werden sie im Alter schuppenförmig und liegen den Zweigen dicht an. Zwar haben die meisten Formen überwiegend schuppenförmige Blätter, einige von ihnen aber weisen bleibend pfriemförmige Blätter auf. Die Mannigfaltigkeit der Formen eröffnet viele Verwendungsmöglichkeiten: die hohen, aufrechtwachsenden, oft streng wirkenden Formen eignen sich als Solitärgehölze, einzeln oder in Gruppen, die schmalen Säulenformen als immergrüne Hecke, die niedrigen Busch- und Zwergformen im Vorgarten, auf schmalen Rabatten, in Stein- und Troggärten.

An Klima und Boden stellen die Scheinzypressen keine besonderen Ansprüche. Alle behandelten Arten und Formen sind in Mitteleuropa ausreichend frosthart, sie lieben kühle, luftfeuchte Lagen, vertragen sonnige bis halbschattige Plätze und durchlässige, frische, nährstoffreiche, saure bis schwach alkalische Böden. Alle lassen sich ohne Probleme schneiden.

Chamaecyparis lawsoniana hat im pazifischen Nordamerika, an der Grenze zwischen Oregon und Kalifornien, nur ein ganz kleines Verbreitungsgebiet. In ihrer Heimat ein 20 bis 50 m hoher Baum, werden ihre Gartenformen kaum mehr als 15 m hoch. Die in unseren Gärten häufig vertretene Art wächst schmal-kegelförmig, sie hat im Alter eine tief purpurbraune Borke, die sich in rundlichen Schuppen löst. An den kurzen, abstehenden Ästen mit ihren überhängenden Spitzen sind die Triebe fächer- oder breit-federförmig in einer Ebene verzweigt. In vier Längsreihen sitzen die sich dachziegelartig deckenden Blätter dicht beieinander, sie tragen meist eine deutliche Öldrüse und auf der Unterseite eine undeutliche weiße Zeichnung. Von den mehr als 150 Gartenformen werden die folgenden besonders häufig kultiviert:

'Alumigold' wächst etwas gedrungener als 'Alumii' und hat außen eine reingelbe Belaubung, die zum Innern der Pflanze hin allmählich bläulich gelbgrün wird. Die Sorte kann, wie alle gelblaubigen Formen, unter Sonnenbrand leiden.

'Alumii' wächst in der Jugend schmal-säulenförmig, wird später etwas breiter und etwa 8 bis 10 m hoch. Die Schuppenblätter der dichtstehenden Zweige sind zunächst kräftig blau, später blaugrün gefärbt.

'Blom'. Die 2 bis 3 m hohe, säulenförmige Kleinkonifere besitzt aufrechte, dicht gestellte Äste mit blau bereiften Schuppenblättern.

'Blue Surprise' ähnelt im Habitus 'Elwoodii', wächst aber etwas rascher und ist auffallend und schön blaugrün benadelt.

'Columnaris'. Diese ganz schlanke, 5 bis 10 m hohe Säulenform entwickelt straff aufrechte Äste und dicht verzweigte, regelmäßig aufrecht stehende Zweige. Die Belaubung ist blau bereift, später grau- bis dunkelgrün. Mit ihrem zypressenhaft schlanken Wuchs ist sie eine der elegantesten Formen.

'Dart's Blue Ribbon' unterscheidet sich von 'Columnaris' durch die intensiver blau gefärbte Belaubung, durch stärkeren Wuchs und bessere Frosthärte.

'Ellwoodii' wächst mit aufrechtstehenden Zweigen kegelförmig und wird 2 bis 3 m hoch. Die blaugrauen, im Herbst stahlblauen Blätter sind nadel- bis pfriemförmig, die Zweiglein wirken damit etwas aufgelockert und fedrig.

'Ellwood's Pillar' unterscheidet sich von 'Elwoodii' durch einen schlankeren und niedrigeren Wuchs und die blaugrüne Benadelung.

'Erecta Viridis' ist eine ganz alte, stellenweise immer noch beliebte Form, die im Alter eine Höhe von 10 m und mehr erreichen kann. Sie wächst schlank-kegelförmig und hat im Alter eine deutlich spiralige Aststellung. Die Nadeln bleiben auch im Winter frischgrün.

'Fletcheri' gehört zu den etwas empfindlicheren Formen. Sie wächst säulen- bis kegelförmig und wird mit aufstrebenden Ästen und sehr dicht stehenden Zweigen 5 bis 8 m hoch. Die Blätter sind nadel- und schuppenförmig, gleichmäßig blaugrün gefärbt und im Herbst purpurn überlaufen.

'Forsteckensis' ist eine weit verbreitete, gut 1 m hohe, dicht verzweigte und mehr oder weniger breit-kugelförmig wachsende Form mit kurzen, kraus stehenden Zweigen und sehr kleinen, graublauen Nadeln.

'Golden Wonder'. Im Wuchs und Habitus ähnlich wie 'Lane', doch mit tiefer goldgelb gefärbten Blättern, die auch im Winter ihre Färbung behalten.

'Green Hedger' wächst kräftig aufrecht und dicht schmal-kegelförmig. Die Benadelung ist auffallend frischgrün. Wird als wertvolle Heckenpflanze empfohlen.

'Howarth's Gold' wächst gedrungen kegelförmig, die Verzweigungen liegen in einer Ebene. Die Benadelung ist hellgelb, im Innern der Pflanze hellgrün. Sie gilt als eine der besten gelblaubigen Formen, da sie unempfindlich für Sonnenbrand ist.

'Intertexta' gehört zu den ganz alten, bewährten Formen. Sie kann über 10 m hoch werden, wächst kegelförmig und verzweigt sich lockerer als die meisten anderen Formen. Die Zweige hängen an den Spitzen über. Die Blätter sind an Jungtrieben angedrückt, später stehen sie etwas ab, sind dann dick und blaugrün bereift.

'Kelleriis Gold' wächst schlank-säulenförmig und hat stumpf gelb gefärbte Nadeln. Die Sorte stammt aus Dänemark und gilt dort als härteste der gelblaubigen Formen.

'Lane' wird bei mäßig starkem Wuchs etwa 5 bis 7 m hoch, sie wächst zunächst dicht kegelförmig, wird später etwas gedrungener und breiter. Die Zweiglein sind dünn und fiederförmig, die Blätter oberseits goldgelb, unten mehr gelbgrün gefärbt. 'Lane' gehört zu den besonders häufig kultivierten gelblaubigen Formen.

'Minima Glauca'. Die bis 1,5 m hohe, stumpfkegelige, dicht verzweigte Form trägt stets aufrechte, etwas muschelförmig gedrehte Zweiglein und blaugrüne, weiß gezeichnete Nadeln.

'Pembury Blue'. Die mittelhohe, kegelig wachsende Form bildet dünne, ausgebreitete oder nickende Zweige aus und besitzt eine prachtvoll silberblau gefärbte Belaubung, die im zweiten Jahr mehr grünlich wird. Die Sorte gilt gegenwärtig als eine der besten blauen Formen, ist aber nicht ganz so frosthart wie andere blaulaubige Formen.

'Pixie' erinnert mit ihrem breitkugeligen Wuchs an 'Minima Glauca', wächst aber noch zierlicher als diese und hat eine feine, blaugrüne Benadelung.

'Pottenii'. Weil etwas frostempfindlich, wird diese sehr schmale, bis 10 m hohe Säulenform vor allem südlich der Alpen gepflanzt. Sie baut sich mit langen, dünnen, aufrechten Ästen und an den Spitzen nickenden Zweigen auf, die zahlreichen Zweiglein sind dünn und weich, die Nadeln schmal und etwas graugrün bereift.

'Rijnhof' stellt mit den flach ausgebreiteten Ästen und den überhängenden Zweigspitzen eine besonders hübsche Zwergform dar, die bei einer Höhe von 30 cm etwa 1 m breit ist. Sie hat eine dichte, fischgrätenartige Verzweigung und nadelförmige Blätter, die auch im Winter ihre dunkel grünblaue Färbung nicht verlieren.

'Robusta Glauca' gehört mit einer Höhe von 20 m zu den üppigsten Formen. Sie wächst breit aufrecht, hat kräftige, ansteigende Äste und überhängende Zweigspitzen, die kurzen, dicken Zweiglein sind graublau gefärbt und bereift.

'Spek'. Kegelförmig wachsende, 8 bis 10 m hohe Sorte mit ziemlich dicken, kräftigen Ästen und graublauen, sich etwas rauh anfühlenden, schuppenförmigen Blättern. Gilt als eine der schönsten blauen Formen.

'Stardust' wächst stark und breit-kegelförmig mit federförmigen Zweiglein. Die Nadeln sind auch im Innern der Pflanze schwefelgelb gefärbt.

'Stewartii' wächst ziemlich kräftig und bildet eine Kegelform aus, die bis 10 m Höhe erreicht, Äste und Zweige stehen ziemlich aufrecht. Die Zweiglein sind an den Spitzen goldgelb, zur Basis hin und im Winter eher gelbgrün gefärbt. Diese harte und robuste Sorte wird in der Färbung aber von anderen übertroffen.

'Tharandtensis Caesia' wächst zunächst kugelförmig, später aber breit-kegelförmig und wird bis 2 m hoch. Die zahlreichen, dichtstehenden Zweiglein sind kraus, die Nadeln sehr klein und stumpf blaugrün bereift. Bei der ähnlichen 'Tharandtensis' sind die Nadeln grün gefärbt.

'Van Pelt's Blue' wächst aufrecht und schlankkegelförmig. Die Benadelung ist tiefblau gefärbt.

'White Spot' ist eine etwa 5 m hohe, locker verzweigte Säulenform mit dünnen, abstehenden Ästen. Ein Teil der Blätter ist ganz weiß oder weiß marmoriert und im Austrieb rahmweiß. Im Laufe des Sommers vergrünen die hellen Spitzen weitgehend.

'Wisseli' wächst schmal-kegelförmig und wird bis 10 m hoch oder auch höher. Die Sorte trägt an ziemlich dicken, steifen Ästen dicht und nach allen Seiten abstehende Zweiglein, die farnartig verzweigt bis hahnenkammförmig gedreht sind. Die sehr feinen, dichtstehenden Nadeln sind blaugrün gefärbt.

Chamaecyparis nootkatensis. Das Verbreitungsgebiet der Nutka-Scheinzypresse reicht im Einflußbereich der pazifischen Küste von Oregon nordwärts bis nach Kanada. Sie entwickelt sich dort zu einem 20 bis 30 m hohen Baum mit gleichmäßig kegelförmiger Krone, ansteigenden bis abstehenden Ästen und überhängenden, fedrig verzweigten Zweigen. Die Blätter sind schuppenförmig, 2 bis 6 mm lang, dunkel blaugrün gefärbt und unterseits ohne weiße Zeichnung, gerieben riechen sie kräftig aromatisch. Ihrer Herkunft entsprechend brauchen die Nutka-Scheinzypressen kühle, luftfeuchte Lagen und frische bis feuchte Böden. Natürlich sind sie völlig frosthart. Obwohl die natürliche Art ein sehr eleganter Baum ist, hat sie keinen Eingang in die Gartenkultur gefunden; wir kultivieren nur zwei ausgelesene Formen:

'Glauca' gleicht im Wuchs der Art, doch sind die Zweige stärker und dicker, sie hängen oft schwer über. Die Schuppenblätter sind ausgeprägt blaugrün gefärbt.

'Pendula' ist die wichtigste Gartenform dieser Art. Sie wächst mit überhängendem Gipfeltrieb aufrecht und wird 10 bis 15 m hoch. Locker und weit ausgestellt sind die bogig ansteigenden Ästen, von denen die Zweige mähnenartig senkrecht herabhängen. Die schuppenartigen Blätter sind matt dunkelgrün gefärbt. Von allen winterharten Gartenformen aus der Familie der Cupressaceae ist sie die weitaus eleganteste. Sie wird stets veredelt und zeigt sich schon in der Jugend in ihrer vollen Schönheit. Im Alter entwickeln sich die Pflanzen so unterschiedlich, daß kaum ein Baum dem anderen gleicht.

Chamaecyparis obtusa. Ihre Hauptverbreitung hat die Hinoki-Scheinzypresse in Japan. Sie ist dort ein wichtiger Forstbaum, der Höhen von 40 m erreichen kann. Ihr helles Holz wird vor allem für den Bau von Tempeln verwendet. Das höchste schintoistische Heiligtum Japans, die Schreine von Ise, werden ausschließlich aus Hinoki-Holz gebaut. Sie werden alle 20 Jahre abgerissen und neu errichtet, denn das Holz bleibt nicht länger ganz hell und entspricht dann nicht mehr der Vorstellung vollkommener Reinheit. Zusammen mit vier anderen japanischen Nadelholzarten (wie *Sciadopitys verticillata*, *Thujopsis dolabrata*, *Thuja standishii* und *Chamaecyparis pisifera*) gehört die Hinoki zu den »fünf heiligen Bäumen von Kiso«.

Die Art selbst wird bei uns nur in botanischen Gärten kultiviert, wir verwenden in unseren Gärten nur einige meist sehr schwach wachsende Formen. Alle haben sie von der Wildform ihre muschelförmige Verzweigung und die dicklichen, oberseits dunkelgrünen und mattglänzenden, auf der Unterseite silberweiß gezeichneten Blätter geerbt. Mit ihrer eigenartigen Verzweigung sind sie höchst dekorative Zwerg- und Kleingehölze, deren Verwendung im Garten fast keine Grenzen kennt. Sie wachsen am besten in leicht beschatteten bis halbschattigen, luftfeuchten Lagen und auf frischen bis feuchten, sauren bis neutralen Böden. Von den überaus zahlreichen Formen gehören nur wenige zum Standardsortiment der Baumschulen:

'Crippsii' ist nicht überall ganz frosthart, aber höchst dekorativ. Die Form wächst breit-kegelförmig und kann mit abstehenden Ästen und Zweigen um 5 m hoch werden. Die Zweiglein sind fächerförmig, die Nadeln goldgelb und im Innern der Pflanze intensiv gelbgrün gefärbt.

'Draht' ist eine aufrechtwachsende, sicher etwa 4 bis 5 m hohe Form mit einem aufgelockerten, schlank-kegelförmigen Habitus. Die schuppenförmigen, auffallend frischgrün gefärbten Blätter sitzen sehr dicht und spiralig um den Zweig. Die wüchsige, sehr frostharte Form weicht vom Bild der muschelförmig verzweigten Form deutlich ab.

'Nana Gracilis' ist vielleicht die am häufigsten kultivierte, zwergige Nadelholzform, sie wächst sehr langsam und sieht nur in der Jugend wie eine echte Zwergform aus. Nach einigen Standjahren kann sie durchaus Höhen von 2 bis 3 m erreichen. Sie wächst zunächst rundlich, später unregelmäßig kegelförmig. Ihr besonderes Merkmal sind die muschel- bis tütenförmig gedrehten Zweiglein und die dicken, glänzend dunkelgrünen, schuppenförmigen Blätter. Formen wie 'Hage' und 'Kosteri' weichen nur wenig von 'Nana Gracilis' ab.

'Pygmaea' ist eine breitkugelige Form, die im Alter bis 1,5 m hoch und gleich breit werden kann. Die Äste stehen waagerecht ab, die Zweiglein sind fächerförmig ausgebreitet und auffällig rotbraun, aber im Winter mehr braun gefärbt. Die Nadeln sind frischgrün und im Herbst und Winter etwas bräunlich gefärbt.

'Rigid Dwarf' ist eine straff-aufrecht wachsende, schmal-kegelförmige, sehr regelmäßige Form, die in 25 Jahren nur etwa 90 cm hoch wird. Die schuppenförmigen Nadeln sind tief dunkelgrün gefärbt.

Chamaecyparis pisifera. In ihrer japanischen Heimat ist die Sawara-Scheinzypresse ein wichtiger Forst- und Zierbaum, der bis 50 m hoch werden kann, ihre Gartenformen werden bei uns höchstens 10 bis 20 m hoch. Die Wildform baut mit waagerecht abstehenden Ästen eine schmalkegelförmige Krone auf, im Alter bekommen die Bäume, auch die Gartenformen, eine auffallend rotbraune Borke, die sich in schmalen Streifen löst. Die Zweiglein breiten sich in einer Ebene aus und verzweigen sich feder- bis fächerförmig. Schuppenartig und scharf zugespitzt sind die anliegenden Blätter, die oberseits mattgrün gefärbt sind und auf der graugrünen Unterseite weiße Flecken haben.
Als Gartenpflanze hat die Art nur geringen Wert. Zu ihr gehören aber sehr viele Gartenformen mit ganz unterschiedlichen Zweig- und Blattformen. Bei den Filifera-Formen sind die überhängenden Zweiglein dünn und fadenförmig, die scharf zugespitzten Schuppenblätter zu gegenständigen Paaren geordnet. Die Plumosa-Formen haben federartig krause Zweiglein mit pfriemlichen, zugespitzten, etwas abstehenden Blättern. Bei den Squarrosa-Formen sind die Zweiglein moosartig kraus, die linealisch-nadelförmigen Blätter ganz weich. Von den zahlreichen Formen sind gegenwärtig nur wenige in unseren Baumschulen zu haben:
'Boulevard' gehört zu den Squarrosa-Formen. Sie wächst zunächst recht schwach und macht den Eindruck einer niedlichen Zwergkonifere. Im Alter erreicht sie aber sicher mehr als 5 m Höhe, wird dann häufig locker, so daß der Blick auf die zahlreichen trockenen Nadeln im Innern der Pflanze frei wird. Die weichen Nadeln sind im Sommer schön silberblau, im Winter mehr graublau gefärbt.
'Filifera Aurea' entwickelt sich breit-kegelförmig, wächst dicht und sehr langsam und erreicht erst nach Jahrzehnten eine Endhöhe von 4 bis 5 m. Ihre dünnen, fadenförmigen, hängenden Zweiglein sind gelb gefärbt.
'Filifera Nana' ist eine sehr schwachwüchsige, dichtbuschige Zwergform, die in 25 Jahren etwa 60 cm hoch und 90 cm breit wird. Ihre fadenför-

Chamaecyparis obtusa 'Pygmaea'

migen Zweiglein tragen grüne Nadeln und hängen nach allen Seiten gleichmäßig über.
'Nana' ist eine sehr schwach wachsende Zwergform (in 40 Jahren nur 60 cm hoch und 150 cm breit), die sich flachkugelig oder kissenförmig ausbreitet und fächerförmige Zweiglein mit etwas krausen Spitzen hat. Die Nadeln sind oberseits tiefgrün, unten mehr blaugrün gefärbt.
'Squarrosa' ist eine sehr alte Form, die schon 1843 aus Japan eingeführt worden ist. Sie kann 10 bis 20 m hoch werden und hat eine lockere, kegelförmige Krone mit abstehenden, etwas unregelmäßig verteilten Ästen. Die moosartig krausen Zweiglein fühlen sich weich an, die Nadeln sind schön silbergrau gefärbt. Unter den hochwachsenden ist sie eine der schönsten Formen. Sie benötigt unbedingt feuchte Böden. Bei zu trockenem Stand werden die Kronen lückig und im Innern braun.
'Sungold' hat fadenförmige, aber etwas gröbere Zweiglein als 'Filifera Aurea'. Die Nadeln sind nur gelbgrün gefärbt, aber viel sonnenbeständiger als bei anderen gelben Formen.

Cryptomeria japonica, Sicheltanne, Sugi
Taxodiaceae

Immergrüner, mit den Sumpfzypressen verwandter, hoher Baum, der einzige Vertreter seiner Gattung.

In ihrer japanischen Heimat ist die Sugi nicht nur ein überaus wichtiger Forstbaum (Sugibestände nehmen rund 50 Prozent der forstwirtschaftlich bewirtschafteten Fläche ein), sondern auch ein wichtiger Tempelbaum. Zahlreiche Schreine und Tempel sind von mächtigen, uralten Sugi umgeben. Die Sugi ist der Hauptlieferant von Baumaterial für die stets aus Holz gefertigten Heiligtümer. Mit sehr schlanken, geraden Stämmen und einer schmal-kegelförmigen Krone erreicht der Baum in seiner Heimat Höhen von 40 bis 50 m, bei uns wird er kaum mehr als halb so hoch. Er hat eine schöne dunkel- bis rotbraune Borke, die sich in langen Streifen löst. Die nadelförmigen, sichelartig gekrümmten Blätter sind dunkelgrün und stehen in fünf Längsreihen spiralig um den Zweig.
Die Art selbst hat bei uns nur als Wald- und Parkbaum eine Bedeutung, für den Garten eignen sich nur einige der zahlreichen Gartenformen. Alle gedeihen zufriedenstellend nur in wintermilden, luftfeuchten, sonnigen bis halbschattigen Plätzen und auf tiefgründigen, feuchten, nährstoffreichen, sauren bis neutralen Böden.
'Compacta' ist ein anfangs mehr langsamwachsender, dicht verzweigter, breit-kegelförmiger Busch, der erst in höherem Alter seine Endhöhe von 10 bis 15 m erreicht. 'Compacta' hat sehr zahlreiche, 10 bis 30 cm lange, nur wenig verzweigte Triebe und kurze, derbe, blaugrüne Nadeln.
'Elegans' wächst buschig oder zu einem kleinen, höchstens 10 m hohen Baum heran. Die Sorte zeichnet sich durch eine dichte, abstehende Verzweigung und dünne, weiche, etwas gewellte, locker stehende Nadeln aus, die im Sommer bläulichgrün, im Winter rotbraun oder etwas violett gefärbt sind. Sicher handelt es sich hier um die eleganteste Form, die aber etwas frostempfindlich ist und deshalb vor allem südlich der Alpen gezogen wird.

'Globosa Nana' bildet gedrungene, kugelige, etwa 1 m hohe Zwergformen mit sehr dicht und unregelmäßig gestellten Ästen. Die übergebogenen Zweiglein tragen kurze, dichtstehende, gelbgrüne Nadeln, die im Winter mehr blaugrün gefärbt sind.
'Lobbii' wächst mit einem schönen, geraden Stamm baumförmig wie die Art, hat aber eine dichtere Krone mit weniger überhängenden Ästen, die Nadeln sind länger und tiefgrün gefärbt. 'Lobbii' ist im Vergleich zur Art frosthärter und leidet bei uns weniger unter Schneedruck.
'Vilmoriniana'. Diese kaum 1 m hohe, unregelmäßig kugelige und sehr dicht wachsende Zwergform trägt kurze, steife Äste mit zahlreichen, 3 bis 5 cm langen Zweiglein und kurzen, hellgrünen, im Winter bräunlichen Nadeln.

Cunninghamia lanceolata, Spießtanne
Taxodiaceae

Immergrüner, in seiner chinesischen Heimat 30 bis 50 m hoher Baum mit schmal-kegelförmiger Krone, kastanienbraunem Stamm und sehr großen, nadelförmigen Blättern.

Kennt man die Spießtanne nur aus der Gartenkultur, kann man fast nicht glauben, daß sie an ihren natürlichen Standorten solche Höhen erreichen kann, bei uns wird sie selten mehr als 5 bis 10 m hoch. Nur in warmen, wintermilden Lagen entwickelt sie sich zu schönen Exemplaren, an ungünstigen Standorten wächst sie krüppelig und wird sehr unansehnlich. Der Pflanzplatz sollte windgeschützt und sonnig bis halbschattig sein, der Boden tiefgründig, frisch und sauer bis schwach alkalisch.
Ihrem Namen Spießtanne macht der Baum alle Ehre. Seine 5 bis 7 cm langen, ledrigen, steifen Nadeln sind schmal-lanzettlich und laufen in eine stechenden Spitze aus, an Seitenzweigen stehen sie deutlich zweizeilig und sehr dicht in einer Ebene. An jungen Pflanzen stehen die Äste regelmäßig in Quirlen, an älteren unregelmäßig. Von Haus aus wächst die Spießtanne baumförmig, friert sie einmal zurück, wächst sie auch mehrtriebig und mehr buschig.

× Cupressocyparis leylandii, Bastardzypresse
Cupressaceae

Gattungsbastard, an dessen Zustandekommen nicht, wie sonst üblich, zwei Arten der gleichen Gattung, sondern zwei Arten aus verschiedenen Gattungen beteiligt sind.

1911 wurde die Hybride in einem englischen Garten aus Samen von *Cupressus macrocarpa* gezogen, die neben einer *Chamaecyparis nootkatensis* stand. Zunächst fand die Hybride wenig Beachtung, in Mitteleuropa wurde sie erst nach 1945 richtig bekannt. Nun schätzt man sie als besonders raschwachsenden, ziemlich frostharten Nadelbaum, der nicht nur als Solitärpflanze, sondern auch für hohe Heckenwände von Bedeutung ist. Im Wuchs erinnert die bis 30 m hohe Hybride mit ihrer dichten, regelmäßigen, säulenförmigen Krone an eine schlanke Zypresse, ihre Blätter gleichen jedoch in Form und Anordnung denen von *Chamaecyparis nootkatensis*. Die Hybride stellt an den Boden keine besondern Ansprüche. Sie verträgt mäßig trockene bis feuchte sowie saure und alkalische Böden und sonnige bis halbschattige Plätze. Als Heckenpflanze läßt sie sich problemlos schneiden und in Form halten. Die in Großbritannien ausgelesenen Formen haben in Deutschland keine große Verbreitung gefunden. Südlich der Alpen wird die folgende Form aber häufig kultiviert:

'Castlewellan Gold' wächst straff aufrecht und bildet anfangs eine geschlossene, schmal- bis breitkegelförmige, später etwas breiter werdende Krone, sie bleibt aber wesentlich niedriger als × *Cupressocyparis leylandii*. Beliebt ist die Sorte wegen ihrer schönen gelben Belaubung. Die Form ist zwar nördlich der Alpen einigermaßen winterhart, färbt aber hier ihre Nadeln nicht deutlich gelb aus und wächst auch nicht zu schönen Exemplaren heran.

Cupressus, Zypresse
Cupressaceae

Immergrüne, hohe Nadelbäume, überwiegend mit besonders schlanken, säulenförmigen Kronen. Im Mittelmeergebiet prägen Zypressen stellenweise ganze Stadtlandschaften. Auf mediterranen Friedhöfen bewachen sie als Zeichen ewigen Lebens die Gräber.

Vom pazifischen Nordamerika, Mexiko und Guatemala über das Mittelmeergebiet, Kleinasien und Persien bis zum Himalaja sind die 15 Arten der Gattung verbreitet. In der Jugend wachsen alle schlank-säulenförmig, in hohem Alter entwickeln einige Arten ausladende, teilweise ausgesprochen tafelförmige Kronen. Sie haben sehr kleine, schuppenförmige Blätter, die sehr dicht den Zweigen anliegen und auf allen Zweigseiten gleich ausgebildet sind. Alle Zypressenarten haben ein hohes Wärmebedürfnis und sind empfindlich gegenüber tiefen Wintertemperaturen, nördlich der Alpen sieht man sie deshalb nur sehr selten in botanischen Gärten. Sie gedeihen am besten an sonnigen Plätzen und auf tiefgründigen, nährstoffreichen, frischen Böden. Bei Heckenpflanzen sollte sich der Rückschnitt nur im Bereich des jüngsten Zuwachses bewegen.

Cupressus arizonica. Von Südkalifornien bis Nordmexiko erstreckt sich das Verbreitungsgebiet der Arizonazypresse. In Kultur wird sie zu einem 8 bis 10 m hohen, prachtvollen, schlanken und dicht beasteten Baum mit einer rötlichbraunen Streifenborke. Die nur 2 mm langen, scharf zugespitzten Blätter sind graugrün gefärbt. *Cupressus arizonica* gilt als härteste aller Zypressen, sie eignet sich nördlich der Alpen trotzdem nur für sehr wintermilde Klimaregionen.

'Glauca' wächst dicht geschlossen und regelmäßig säulenförmig, die Nadeln sind intensiv silbergrau gefärbt.

Cupressus macrocarpa. Die Montereyzypresse besiedelt nur ein winziges Areal in der Montereybucht in Kalifornien, wenige Meilen südlich von San Francisco. Sie wächst dort nicht selten auf felsigen Standorten und an steilen Abhängen im unmittelbaren Küstenbereich. In der Jugend wächst sie schmal- oder breit-kegelförmig, im Alter bildet sie weit ausladende, teilweise auch ausgesprochen tafelförmige Kronen aus. Sie kann mehrere hundert Jahre alt und 10 bis 20 m hoch werden. Die feinen, rautenförmigen Nadeln sind dunkelgrün. Die Montereyzypresse bildet nicht nur am natürli-

chen Standort urige, knorrige Baumgestalten mit einer anfangs rotbraunen Borke aus, auch in den Gärten der britischen Inseln kann man alte, mächtige Bäume sehen, die sich oft vom Boden an mit starken, abstehenden Stämmen aufbauen. Diese Art gedeiht gut in küstennahen Bereichen und wird in windexponierten Lagen gelegentlich als Heckenpflanze verwendet. Als Solitärgehölz kommt ihr Charakter aber viel besser zur Geltung. 'Goldcrest' ist eine säulenförmige Sorte mit goldgelben, nadelförmigen Blättern. Sie wird bei uns häufig als Topfpflanze angeboten.

Cupressus sempervirens. Die Echte Zypresse beherrscht im Mittelmeerraum mit ihren schlanken, hoch aufragenden Säulen stellenweise ganze Landschaften und Stadtbilder. Sie war ursprünglich vom östlichen Mittelmeergebiet bis Nordpersien verbreitet, wurde aber schon im Altertum nach Italien eingeführt und gehört, neben dem Ölbaum, längst zu den Charakterpflanzen des Mittelmeergebietes. In vielen Ländern hat die Zypresse eine hohe symbolische Bedeutung. Sie galt der iranischen Religion als ein Bild der heiligen Feuerflamme, in der biblischen Symbolik war sie Sinnbild des Hohen, Erhabenen und Unvergleichlichen. Sie war aber auch den Göttern der Unterwelt geweiht und galt als Symbol des Todes.
Der 15 bis 20 m hohe Baum begegnet uns in zwei Formen: Entweder bildet er mit sehr eng anliegenden, straff aufrechten Ästen dichte, schlanke Säulen oder baut aus mehr oder weniger waagerecht abstehenden Ästen aufgelockerte, eher zedernartige Kronen auf. In den Baumschulen findet man nur Formen mit streng geschlossenen, schmal-säulenförmigen Kronen, die als 'Pyramidalis' oder 'Stricta' bezeichnet werden, die botanisch korrekte Bezeichnung lautet *Cupressus sempervirens* var. *sempervirens*. Bei Bäumen mit aufgelockerten Kronen, wie man sie im Mittelmeergebiet vorfindet, handelt es sich oft um verwilderte, aus Samen herangewachsene Exemplare, die der Botaniker als *Cupressus sempervirens* var. *horizontalis* bezeichnet. Nur aus vegetativ vermehrten Pflanzen erwachsen garantiert schlanke, geschlossene Säulen.
'Aurea'. Unter diesem Sortennamen werden auch gelblaubige Formen angeboten.

Cupressus arizonica 'Glauca'

Ginkgo biloba, Ginkgo
Ginkgoaceae

Prachtvoller, hoher, sommergrüner Baum mit vergleichsweise breiter Krone und großen, flächigen Blättern, die sich im Herbst auffallend goldgelb verfärben.

Ginkgo biloba ist nicht nur eine der schönsten Gestalten unserer Baumwelt, sondern auch eine der eigenartigsten. Er stellt den einzigen Vertreter einer ganzen Pflanzenordnung und seiner Familie, der Ginkgoaceae, dar. Er steht in der pflanzlichen Systematik nicht, wie oft angeführt, zwischen Laub- und Nadelgehölzen, sondern er gehört, wie die Nadelgehölze und Palmfarne zu den nacktsamigen Pflanzen, den Gymnospermen, hat aber flächige Blätter wie die meisten Laubgehölze. Der Ginkgo gilt als ein Relikt prähistorischer Baumarten, die vor etwa 180 Millionen Jahren weit verbreitet waren, auch auf dem europäischen Kontinent. Vor etwa 50 Millionen Jahren nahm unser Baum seine heutige Gestalt an, und ist damit wohl die älteste lebende Pflanzenart der Erde und trägt damit zu Recht die von Darwin geprägte Bezeichnung »lebendes Fossil«.

Heimisch ist der Ginkgo im Grenzgebiet der chinesischen Provinzen Anhui und Zhejian, südlich des unteren Yangtsekiangflusses sowie im Nordteil der Provinz Guizhou am oberen Yangtsekiang. Mit dem Buddhismus kam der Baum schon im 6. Jahrhundert nach Japan, dort entdeckte ihn der deutsche Arzt und Botaniker Engelbert Kaempfer. 1730 gelangten die ersten Samen in den Botanischen Garten in Utrecht, dort steht noch ein Baum aus dieser Zeit. In Japan und China ist der Ginkgo kein häufiger Tempelbaum, wie oft behauptet wird. In Japan findet man gelegentlich mehrere hundert Jahre alte, »tausendjährige« Bäume, die als Fruchtbarkeitssymbol früher hoch verehrt wurden.

Ginkgo biloba kann Höhen von 20 bis 30 m erreichen. Der Baum wächst aber häufig so langsam und bildet später so lockere Kronen aus, daß man ihn auch in kleinere Gärten pflanzen kann. Zunächst wächst er straff aufrecht, bildet später aber sehr unregelmäßige lichte Kronen mit lockerstehenden, mäßig verzweigten Ästen. Das Sproßsystem ist auffallend in Lang- und stark gestauchte Kurztriebe gegliedert. Die derben, ledrigen, fächerförmigen Blätter weichen mit ihrer nahezu parallel verlaufenden Nervatur deutlich von denen anderer Laubgehölze ab. An Langtrieben stehen die Blätter weit entfernt voneinander, sie sind keilförmig, bis 10 cm lang und am oberen Rand sehr unregelmäßig tief gespalten. An Kurztrieben stehen die Blätter sehr dicht beieinander. Ihre Spreite ist breit-fächerförmig und am oberen Rand ohne Spalt und fast ganzrandig. Die spät austreibenden, den Sommer über mattgrünen Blätter färben sich erst spät im Jahr ganz prachtvoll goldgelb, wenn durch früh einsetzende Fröste die Blätter nicht schon vorher abfallen. Der zweihäusige Ginkgo hat ganz unscheinbare Blüten. Ältere weibliche Bäume tragen mirabellenähnliche, gelbe Samen, deren saftig-fleischige Samenschale zur Vollreife unangenehm nach Buttersäure riecht. Die Samenkerne werden in Ostasien geröstet und gegessen.

In Kultur zeigt sich der Ginkgo ziemlich genügsam. Nur in rauhen Lagen ist er anfangs etwas frostempfindlich, später völlig frosthart. Er gedeiht auf jedem mäßig trockenen bis frischen, sauren bis alkalischen Boden in sonnigen bis halbschattigen Lagen. Er kommt auch mit dem Stadtklima zurecht und ist stets frei von Krankheiten.

Seine zahlreichen Gartenformen werden nur in wenigen Baumschulen kultiviert. Für kleinere Gärten sind säulenförmige Sorten wie 'Fastigiata' und 'Tremonia' interessant. Eine besonders attraktive Herbstfärbung hat 'Autumn Gold'.

Juniperus, Wacholder
Cupressaceae

Immergrüne, artenreiche Gattung mit zahlreichen kultivierten Arten und Gartenformen, aus einer vielgestaltigen Palette von kriechenden, strauchigen und aufrechten Formen.

Auf der nördlichen Halbkugel, von der Arktis bis in die Tropen, sind die rund 60 Arten der Gattung verbreitet. Bis auf wenige Ausnahmen werden bei uns nicht die natürlichen Arten kultiviert, sondern vielmehr eine Fülle von Sorten nur weniger Arten. Sie zeigen in Habitus und Benadelung große Unterschiede. Ihre äußere Form reicht von den ganz flach wachsenden, kriechenden Sorten des *Juniperus horizontalis* über die strauchigen, breit ausladenden Sorten von *Juniperus communis* und *Juniperus chinensis* bis zu den schlanken Säulenformen von *Juniperus virginiana*. Die Blätter können nadel- oder schuppenförmig sein, ihre Färbung grün, silbrigblau oder gelb. Formen mit schuppenförmigen Blätter haben oft einen streng aromatischen Geruch, Formen mit nadelförmigen Blättern riechen meist weniger streng. Während die Blüten der ein- oder zweihäusigen Pflanzen sehr unscheinbar sind, tragen einige Formen durchaus attraktive grau oder blau gefärbte Beerenzapfen, die uns als Wacholderbeeren unter anderem im Sauerkraut begegnen.

Alle Arten und Formen sind dank ihrer bescheidenen Größe ideale Nadelgehölze für kleinere Gärten, für den Heidegarten sind sie unentbehrlich. Alle brauchen unbedingt einen sonnigen Platz, sonst verlieren sie ihren typischen Habitus, werden schütter und unansehnlich. Der Boden muß locker, durchlässig und eher nährstoffarm und trocken sein. Wenn notwendig, lassen sich alle Wacholderarten recht gut stutzen.

Juniperus chinensis. Als natürliche Art wird der Chinesische Wacholder, heimisch in Japan, China und der Mongolei, zu einem bis 20 m hohen Baum mit kegelförmiger Krone. In chinesischen Palast- und Tempelgärten kann man uralten, knorrigen und bizarren Exemplaren begegnen, bei uns ist dieser Wacholder nur in zahlreichen Gartenformen vertreten, die säulenförmig aufrecht oder breit strauchig wachsen. Teilweise werden die hier zu *Juniperus chinensis* gestellten Sorten auch als Sorten von *Juniperus × media* angesehen.

'Blaauw' ist eine kaum mannshohe, graublau benadelte Form, deren Hauptäste meist nach einer Seite stehen. Eine sehr wertvolle, häufig gepflanzte Form aus japanischen Gärten mit federförmigen Zweigen und sehr dicht stehenden, schuppenförmigen Blättern.

'Gold Coast' wächst kompakt, breit und abgeflacht tafelförmig mit leicht übergeneigten Zweigspitzen. Die Sorte wird viel breiter als hoch. Die Benadelung ist an den locker verzweigten Triebspitzen goldgelb, sie wird im Spätherbst dunkelgelb.

'Hetzii'. Mit schräg ansteigenden bis trichterförmig ausladenden und nach allen Seiten strebenden Ästen wird 'Hetzii' ein 2 bis 4 m hoher Strauch mit kleinen, überwiegend schuppenförmigen, intensiv blaugrünen Blättern. Die weibliche Form trägt zahlreiche kleine, blaue Beeren. Eine sehr gesunde, wüchsige Form.

'Mint Julep' baut sich mit leicht ansteigenden, gleichmäßig nach allen Seiten strebenden Ästen zu einem breiten, abgeflachten Busch auf, der deutlich breiter ist als hoch. Die Sorte erinnert im Aufbau etwas an 'Pfitzeriana', wächst aber etwas schwächer, wirkt nicht ganz so wuchtig und hat auffallend frischgrüne, überwiegend schuppenförmige Blätter.

'Mordigan Gold'. Diese breitwüchsige Form entwickelt schräg und gleichmäßig nach allen Seiten ansteigende Äste, die zunächst lockere Verzweigung wird später dichter. Die überwiegend schuppenförmigen Blätter sind an den Spitzen schön goldgelb, im Innern frischgrün gefärbt. Insgesamt wirkt diese Sorte heller und freundlicher als die etwas flacher wachsende 'Gold Coast'.

'Obelisk' ist eine der wenigen aufrechten Formen dieser Art, sie wächst mit einer lockeren, unregelmäßigen Oberfläche und kurzen, ansteigenden Ästen zu einer 3 bis 4 m hohen Säule heran. Die nadelförmigen, lang und scharf zugespitzten Blätter tragen auf der Oberseite zwei blauweiße Bänder und sind unten blau bereift. Diese sehr dekorative Säulenform sollte nicht geschnitten werden; sie sieht nicht so glatt aus wie verschiedene Formen von *Juniperus communis*.

'Old Gold' erinnert im Aufbau etwas an 'Pfitzeriana Aurea' bleibt aber flacher als diese. Die schuppenförmigen Blätter sind bronzegelb gefärbt, sie behalten diese Farbe auch den Winter über.

'Pfitzeriana' ist eine der weltweit bekanntesten Wacholderformen. Der sehr wüchsige, breit ausladende, 3 bis 4 m hohe und noch etwas breiter werdende Strauch baut sich mit unregelmäßig verteilten, teilweise etagenförmig übereinanderstehenden Ästen auf. Die Blätter sind meist schuppenförmig und hellgrün, im Innern der Pflanze jedoch nadelförmig und oben bläulich gestreift. Diese Sorte braucht viel Platz, kann notfalls aber auch stark zurückgeschnitten werden.

'Pfitzeriana Aurea' ähnelt in der Wuchsform 'Pfitzeriana', wächst aber schwächer. Die jungen Triebe sind gelb, vergrünen aber im Laufe des Sommers und sind im Winter gelbgrün.

'Pfitzeriana Compacta' wächst gedrungen und flach und wird bei einer Höhe von 60 cm etwa 2 m breit.

'Pfitzeriana Glauca' unterscheidet sich von 'Pfitzeriana' durch eine dichtere Verzweigung und die silbrigblauen bis graublauen Blätter.

'Plumosa Aurea'. Die mehr als 100 Jahre alte Zwergform wird mit ihren unregelmäßig gestellten, ansteigenden Ästen und den kurzen, dichtstehenden Zweigen etwa 1 m hoch. Die überwiegend schuppenförmigen Blätter sind im Frühjahr schön goldgelb, im Winter mehr bronzegelb.

'Spartan'. Die amerikanische Selektion mit aufrechtem, breit-gedrungenem Wuchs zeichnet sich durch eine reingrüne Benadelung und große Winterhärte aus.

'Stricta'. Die schmale, regelmäßig gebaute, sehr dicht verzweigte Kegelform baut sich aus ansteigenden Ästen und sehr kurzen Trieben auf. Die weichen, nadelförmigen Blätter sind oberseits blaugrün und unten bereift, im Winter stahlblau.

Juniperus communis. Der Gemeine Wacholder hat in Mittel- und Nordeuropa, im westlichen Nordafrika und im nördlichen Nordamerika ein sehr weites Verbreitungsgebiet. Die sehr vielgestaltige Art kann sich zu mehrstämmigen Sträuchern, aber auch zu 10 bis 15 m hohen Bäumen entwickeln. Ihre Blätter sind stets nadelförmig und stechend zugespitzt, sie stehen in dreizähligen Wirteln zusammen. Die Früchte reifen erst im zweiten oder dritten Jahr, sie sind dann schwarzblau und etwas bereift. Noch zahlreicher als bei *Juniperus chinensis* sind hier die Gartenformen, von denen folgende häufiger angeboten werden:

'Barmstedt' ist eine besonders schlanke, ziemlich langsam wachsende Säulenform, die in 25 Jahren etwas mehr als 2 m hoch werden kann und dabei nur eine Breite von 30 cm erreicht.

'Depressa Aurea' ist eine der attraktivsten Formen. Sie wächst mit ansteigenden Ästen und ausgebreiteten Zweigen ziemlich flach, sie wird kaum mehr als 1 m hoch. Im Austrieb sind die Nadeln auffallend goldgelb, später mehr bronzegelb gefärbt.

'Hibernica'. Der Irische Säulenwacholder ist eine alte, weit verbreitete Form. Er wächst mit seinem straff aufrechten Wuchs und den aufrechten Triebspitzen zu dicht geschlossenen, 3 bis 4 m hohen Säulen heran. Die spitzen, nicht stechenden Nadeln sind bläulichgrün gefärbt. 'Hibernica' kann unter Schneedruck leicht auseinanderfallen und muß dann zusammengebunden werden.

'Hornibrookii' ist ebenfalls eine sehr alte, kriechende Zwergform, die bei einer Breite von 2 m nur etwa 50 cm hoch wird. Die Äste liegen dem Boden dicht auf, die Zweigspitzen steigen leicht an. Die dichtstehenden Nadeln sind mit silberweißen Bändern gezeichnet, im Winter färben sich die Nadeln etwas bräunlich.

'Horstmann'. Diese ganz bizarr wachsende Form entdeckte Horstmann in der Lüneburger Heide. Ihr stark hängender Wuchs zwingt zum Aufbinden des Haupttriebes, von den wenigen, in aufsteigenden Böden wachsenden Seitenästen hängen die Zweige lang und mähnenartig herab. Ein ganz unverwechselbarer, eleganter Wacholder.

'Oblonga Pendula' wächst als Hängeform viel geschlossener als 'Horstmann', sie bildet breite, bis 5 m hohe Säulenformen mit aufstrebenden Ästen und zierlich überhängenden Zweigen. Eine sehr dekorative, grün benadelte Form.

'Repanda'. Die in Irland gefundene und 1934 eingeführte Zwergform ist heute eine der wichtigsten Kriechformen. Sie bildet mit rundum abstehenden Ästen und dünnen, dichtstehenden Zweigen bis 1,5 m breite und 30 bis 40 cm hohe Büsche. Die dichtstehenden grünen, silbrig gestreiften Nadeln sind ganz weich. Diese besonders harte, schöne Form kann auch als Bodendecker verwendet werden.

'Schneverdinger Goldmachangel'. In Norddeutschland bezeichnete man den Wacholder früher häufiger als Machangel, darauf und auf den Wohnort des Finders bezieht sich der Name dieses säulenförmig wachsenden Wacholders, der in seinem Habitus an 'Hibernica' erinnert. Er hat aber leuchtend goldgelbe Zweigspitzen, die noch lange nach dem Austrieb gut gefärbt sind. Die Nadeln sind üppig, mit einer Länge von 11 mm ungewöhnlich groß und im Winter grüngelb gefärbt. Eine gegen Sonnenbrand sehr unempfindliche Form.

'Sentinel' ist eine extra schmale, lang zugespitzte, ziemlich schwachwüchsige Säulenform aus Kanada.

'Sibirica'. Die Auslese aus der Gebirgsform des Gemeinen Wacholders baut sich wie dieser mit niederliegenden, dichtstehenden Ästen und kurzen, dicken Zweigen auf, sie wird kaum mehr als

20 cm hoch. Besonders auffallend sind ihre stark silbrig gezeichneten Nadeln, die sie zu einer der schönsten schwachwachsenden Form machen.
'Suecica' kann zu 5 bis 10 m hohen, breiten Säulen heranwachsen. Im Gegensatz zu 'Hibernica' hat der Schwedische Säulenwacholder überhängende Zweigspitzen und bläulichgrüne, stechende Nadeln. Auch diese Form fällt im Alter gern auseinander, muß dann gestäbt und aufgebunden oder rechtzeitig durch junge Pflanzen ersetzt werden.
'Suecica Nana' wächst deutlich schwächer als die vorige Form, sie wird kaum mehr als 1,5 m hoch und 30 cm breit. Sie wächst dicht, an der Oberfläche aber etwas aufgelockert und hat kurze Nadeln, die oberseits blauweiß gestreift, unten bläulichgrün sind.

Juniperus horizontalis. Der Kriechwacholder hat seine Heimat in Nordamerika, von Neuschottland bis British Columbia, er wächst im Gebirge und an den Ufern der Großen Seen und breitet sich dort mit langen, dünnen, dem Boden dicht angeschmiegten Ästen weit aus, die zahlreichen Zweige sind kurz und dicht. An Kulturpflanzen sind die Blätter überwiegend nadelförmig, stehen oft zu dritt und sind mehr oder weniger blaugrün gefärbt. Die Art und ihre Gartenformen sind nicht nur schöne Einzelpflanzen für Stein- und Troggärten, sie lassen sich an offenen, sonnigen Stellen auch gut als Bodendecker und für Böschungsbegrünungen verwenden.
'Andorra Compact'. Die amerikanische Selektion hat Ähnlichkeit mit der alten 'Plumosa', unterscheidet sich von ihr aber durch den dichteren, mattenförmigen Wuchs. Mit den von der Mitte der Pflanze her leicht ansteigenden Ästen wird eine Höhe von 30 cm bei einer Breite von etwa 1 m erreicht.
'Blue Chip'. Mit flach ausgebreiteten Ästen und ansteigenden Zweigen wird 'Blue Chip' 40 bis 50 cm hoch. Die Form besticht durch ihre schöne, silberblaue Benadelung, die sich auch im Winter nicht verfärbt.
'Glauca' ist die am häufigsten kultivierte Form. Sie wächst mit flach dem Boden aufliegenden Ästen dicht mattenförmig. Obwohl sich später in der Mitte der Pflanze die Äste übereinander schieben, wird eine Wuchshöhe von 30 cm kaum überschritten. Die zahlreichen Zweiglein wirken durch die dicht anliegenden, stahlblauen, sich im Winter nicht verfärbenden Blätter fadenförmig.
'Jade River' wächst mattenförmig wie 'Glauca'. Die Nadeln sind im Sommer silbrig graublau, im Winter leicht purpurn gefärbt.
'Wiltonii' besticht durch den zwergigen, kaum mehr als 10 cm hohen Wuchs und die schöne, silberblaue Benadelung mit den sehr kleinen, meist pfriemförmigen Blättern.

Juniperus procumbens 'Nana'. Von der japanischen Art ist nur diese zwergig wachsende Sorte in Kultur. Ihre kurzen, vergleichsweise dicken Äste liegen dicht dem Boden auf, die Pflanzen breiten sich mit einem Jahreszuwachs von 10 bis 15 cm nur sehr langsam aus. Die Äste sind dicht mit kurzen Zweigen besetzt. Die breiten, nadelförmigen Blätter liegen dicht den Zweigen an, sie sind an der Unterseite bläulichgrün und oberseits mit blaugrünen Bändern gezeichnet. 'Nana' eignet sich mit ihrem schwachen Wuchs besonders gut für die Bepflanzung von kleineren Trögen.

Juniperus sabina. Von den Alpen bis Westasien hat der Sadebaum als Gebirgspflanze eine sehr weite, aber meist inselartige Verbreitung. Er ist ein meist 1 bis 2 m hoher, selten bis 5 m hoher, dichtbuschig verzweigter Strauch oder kleiner Baum mit niederliegenden oder schräg ansteigenden Ästen. Seine gegenständigen Blätter sind als Jugendblätter nadelförmig, später treten an älteren Zweigen auch schuppenförmige Blätter auf. Weil die Blätter beim Zerreiben unangenehm riechen, trägt *Juniperus sabina* auch den Namen Stinkwacholder. Der Sadebaum ist in allen Teilen sehr giftig. Hauptwirkstoff ist ein ätherisches Öl, von dem bereits sechs Tropfen tödlich wirken können. Weil dieses ätherische Öl Gebärmutterkrämpfe auslöst, wurde der Sadebaum schon im Altertum als Abortivum benutzt. Nur wenige Formen des Sadebaumes werden gegenwärtig als Zierpflanzen kultiviert:
'Cupressifolia' ist eine sehr niedrige, gedrungene Form mit meist waagerecht ausgebreiteten Ästen und blaugrünen, schuppenförmigen Blättern. Die weibliche Form fällt durch ihren reichen Fruchtansatz auf. Die kugeligen Früchte werden 5 bis 7 mm dick, sie sind schwarzblau gefärbt und blau bereift.

'Hicksii' wächst kräftig und wird mit ansteigend-niederliegenden Ästen bis 1,3 m hoch. Die Blätter sind meist nadelförmig und ausgeprägt blaugrau gefärbt, im Winter bekommen sie einen lila Anflug.

'Mas' wird als männliche Form angesehen, obwohl an alten Pflanzen gelegentlich auch Früchte zu finden sind. Die Sorte wird mit ansteigenden, später übergeneigten Ästen bis 1,3 m hoch. Die Blätter sind überwiegend nadelförmig, oben bläulich, unten grün und im Winter leicht purpurn gefärbt.

'Tamariscifolia' ist die schönste und beliebteste Form des Sadebaumes. Mit ihren waagerecht abstehenden, an erhöhten Standorten auch schirmartig abwärts geneigten Ästen werden die Pflanzen nicht mehr als 1 m hoch, aber deutlich breiter. Die Äste stehen in mehreren Etagen dicht übereinander, sie tragen kurze, dicht gedrängte, abstehende Zweiglein und sehr kurze, abstehende, hell bläulichgrüne Nadeln. 'Tamariscifolia' wird leider häufig von einem Zweigsterben befallen. Die Krankheit läßt sich auch durch ein sofortiges Ausschneiden befallener Zweige kaum aufhalten.

Juniperus scopulorum. Das Verbreitungsgebiet der Westlichen Rotzeder reicht von British Columbia und Alberta südwärts bis nach Texas und New Mexico. Sie stockt oft an trockenen, felsigen Standorten unter anderen in den Vorbergen der Rocky Mountains. Die natürliche Art ist ein bis 12 m hoher, meist vom Boden an verzweigter Baum, der mit abstehenden Ästen eine breite Krone bildet. Die schuppenförmigen Nadeln sind dunkel- oder bläulichgrün gefärbt. Von den mindestens 40 amerikanischen Gartenformen haben bei uns nur wenige eine größere Bedeutung erlangt. Die gelegentlich zu *Juniperus scopulorum* gestellte 'Skyrocket' gehört zu *Juniperus virginiana*.

'Blue Haven' wächst locker und kegelförmig aufrecht und wird sicher 2 bis 3 m hoch. Ihre Nadeln sind bleibend blaugrün gefärbt. Die Sorte fällt durch ihren reichen Fruchtschmuck aus kleinen, dunkelblauen Beerenzapfen auf. Sie gedeiht am besten auf eher trockenen Böden und in sonnenreichen, warmen Lagen.

Juniperus squamata. Vom Himalaja über West- und Mittelchina bis nach Taiwan reicht das Verbreitungsgebiet dieser strauchig wachsenden Art,

Juniperus sabina 'Tamariscifolia'

die sich bei uns nur in einigen Formen in Kultur befindet. Sie hat nadelförmige, sehr dicht stehende Blätter, die oberseits weiß, unten grün gefärbt sind. Abgestorbene Blätter sind braun und bleiben jahrelang sitzen.

'Blue Carpet' ist eine wüchsige, sehr dicht verzweigte Form, deren Äste flach dem Boden aufliegen. Sie wird kaum mehr als 30 bis 40 cm hoch, aber wohl an die 2 m breit. Die scharf zugespitzten Nadeln sind wie bei 'Meyeri' silbrigblau gefärbt. Diese schöne Form kann an sonnigen Stellen auch als Bodendecker verwendet werden.

'Blue Star' ist aus einem Hexenbesen an 'Meyeri' entstanden und bleibt im Gegensatz zu dieser ausgesprochen zwergig. Die Sorte wächst zu einem kompakten, dicht verzweigten, kaum mehr als 50 cm hohen, aber annähernd doppelt so breiten Busch heran. Die Nadelfärbung entspricht der von 'Meyeri'. Eine ideale Zwergform für die Bepflanzung von Trögen.

'Meyeri' sieht anfangs wie eine zwergig wachsende Form aus, kann im Alter aber Höhen von 4 bis 5 m erreichen. Das Gehölz baut sich anfangs meist mit einem Hauptstamm und aufstrebenden Ästen kegelförmig auf und wird im Alter aber mit unregelmäßig und locker gestellten Ästen annähernd trichterförmig. Die sehr dicht stehenden Zweiglein sind sehr dicht mit schmalen, stechendspitzen, ausgeprägt silbrigblauen Nadeln besetzt. 'Meyeri' ist eine Jugendschönheit, die im Alter durch ihre zahlreichen braunen Nadeln meist recht unschön aussieht. Man muß sie rechtzeitig durch junge Pflanzen ersetzen.

Juniperus virginiana. Östlich der Rocky Mountains, von Kanada südwärts bis Florida, kommt die Rotzeder an trockenen, kiesigen Hängen und auf felsigen Rücken vor. Sie und ihre Formen brauchen auch in Kultur gut dränierte, eher trockene Böden. Die Wildart kann als Baum an günstigen Standorten Höhen von 30 m erreichen. Der Name Rotzeder bezieht sich auf das rötliche Holz, das unter anderem zur Herstellung von Bleistiften benutzt wird. Die Rotzeder hat meist schuppenförmige, an alten Bäumen auch nadelförmige Blätter, die dann stechend zugespitzt sind. Die Früchte sind meist klein, dunkelblau und glänzend oder bereift. In unseren Gärten finden wir einige ältere und neuere Formen:

'Blue Arrow' erinnert mit ihrem bleistiftschlanken Aufbau an 'Skyrocket', stellt aber eine wesentliche Verbesserung dar, weil die Pflanzen in der Baumschule besser wachsen, sich geschlossener aufbauen (es gibt keine abstehenden Seitenzweige mehr, die bei 'Skyrocket' immer wieder vorkommen), weniger unter Schneedruck leiden und weniger vom Zweigsterben befallen werden. 'Blue Arrow' wurde auf der Herfstweelde 1990 in Boskoop als »beste Neuheit« ausgezeichnet.

'Burkii' wächst breit-säulenförmig bis mehr kegelförmig und wird mit dicht- und aufrechtstehenden Ästen etwa 3 m hoch. Die schmalen, pfriemlichen Nadeln sind an der Oberseite mattblau gestreift und unten grün gefärbt, im Herbst färben sich die Nadeln stahlblau, im Winter sind sie purpurn überlaufen.

'Canaertii'. Die weibliche Form fällt im Herbst durch ihre zahlreichen, blauweißen Beerenzapfen auf. Die breit-säulenförmige bis kegelförmige Sorte wird 5 m hoch, ihr Habitus wird durch dicke, ansteigende Äste und kurze, dicht gedrängt stehende Zweige geprägt. Die meist schuppenförmigen Nadeln sind dunkelgrün gefärbt.

'Glauca' ist eine raschwachsende Auslese mit matt silbrigblauen Nadeln. Sie wächst zunächst schmalsäulenförmig, wird später aber mit bogig aufstrebenden Ästen locker kegelförmig und 6 bis 10 m hoch.

'Grey Owl' erinnert im Habitus etwas an *Juniperus chinensis* 'Pfitzeriana', erreicht mit einer Höhe von 2 bis 3 m aber nicht deren Ausmaße. Die kräftigen Äste stehen mehr oder weniger waagerecht ab, die Zweiglein sind ziemlich dünn. Die meist schuppenförmigen Blätter sind graublau gefärbt.

'Skyrocket'. Kaum ein anderer Wacholder wurde mit einem ähnlich treffenden Namen (Himmelsrakete) benannt wie dieser, die straff aufrechten, zypressenartigen Säulen können eine Höhe von 6 bis 8 m erreichen. Alle Äste und Zweige streben senkrecht aufwärts. Die nadel- und schuppenförmigen Blätter sind lebhaft bläulichgrün gefärbt.

Larix, Lärche
Pinaceae

Hohe, sommergrüne Nadelbäume, deren Kronen anfangs regelmäßig kegelförmig, im Alter aufgelockert und weit ausladend sind. Die weichen, nadelförmigen Blätter färben sich im Herbst prachtvoll goldgelb.

In den kühleren Zonen der nördlichen Halbkugel, vorwiegend in Gebirgslagen, sind die zwölf Lärchenarten verbreitet. Von allen sommergrünen Nadelgehölzen kennen wir sie am besten. In der Jugend sind sie elegante, schlanke Bäume mit meist schmal-kegelförmigen Kronen und regelmäßig in Quirlen stehenden, mehr oder weniger waagerecht abstehenden Ästen. Mit ihrem im Austrieb frischgrünen Nadelkleid, das sich im Herbst leuchtend goldgelb verfärbt, sind die Lärchen prachtvolle Parkbäume, aber für den durchschnittlichen Garten werden alle Arten zu groß. Wie bei den Zedern sind auch hier die Nadeln ganz verschieden angeordnet, an den Langtrieben stehen sie locker und spiralig um den Zweig, an den Kurztrieben zu 15 bis 50 in dicht gedrängten Büscheln. Nicht ohne Reiz sind im zeitigen Frühjahr die oft auffallend rötlich oder purpurn gefärbten, weiblichen Blütenstände, die sich später zu eiförmigen, kugeligen oder zylindrischen Zapfen auswachsen. Sie bleiben oft lange am Baum hängen und fallen später mit den Zweigen ab.

Alle Lärchen gehören zu den lichtbedürftigen Bäumen, brauchen im Garten also einen vollsonnigen Platz. Sie gedeihen auf allen tiefgründigen, durchlässigen frischen Böden. Boden- und Lufttrockenheit hat meist einen kümmerlichen Wuchs und das Auftreten von Läusen zur Folge.

Als Wald- und Parkbäume haben nur die Europäische und die Japanische Lärche eine Bedeutung. Von der Japanischen Lärche sind in jüngster Zeit einige wenige schwachwachsende Buschformen bekannt geworden. Da beide Arten aber gut schnittverträglich sind, kann man sie als Heckenpflanzen verwenden. Sie werden am besten im Juni–Juli, nach Abschluß des Triebwachstums, geschnitten.

Larix decidua. Die Europäische Lärche ist ein Vertreter der europäischen Gebirgsflora, sie bestimmt dort mit ihrem farbigen Herbstkleid stellenweise das Gesicht ganzer Landschaften. Von ihrer japanischen Schwester unterscheidet sie sich durch ihre waagerecht bis bogig ansteigenden Äste, durch die schlaff herabhängenden, strohgelben Zweige, die hellgrünen Nadeln und die großen, eiförmigen Zapfen.

Larix kaempferi. In höheren Gebirgslagen der japanischen Hauptinsel Honshu hat die Japanische Lärche ihre Heimat. Sie bleibt mit Höhen von 25 bis 30 m etwas niedriger als *Larix decidua*. Sie läßt sich leicht an ihren waagerecht abstehenden Ästen, den auffallend rötlichbraunen bis orangeroten Trieben, den bläulichgrünen Nadeln und den zur Reife rosettenartigen Zapfen erkennen. Sie braucht frische bis feuchte Böden und kühle, luftfeuchte Lagen.

In den letzten Jahren sind einige deutlich schwächer und buschförmig wachsende Formen in den Handel gekommen, die Namen wie 'Blue Ball', 'Blue Dwarf' oder 'Little Blue Star' tragen. Nicht selten werden sie, einem Modetrend folgend, auf kleine Stämmchen veredelt. Sie bilden dann, wenigstens anfangs oder nach häufigerem Rückschnitt, mehr oder weniger kugelförmige Kronen. Ihre Nadeln sind stark blau gefärbt.

'Diana' hat dagegen einen ganz anderen Habitus. Sie wächst aufrecht, aber deutlich schwächer als die Art, und ihre Zweige sind deutlich korkenzieherartig gedreht. Sie ist dadurch eine interessante Form für Liebhaber skurriler Pflanzenformen.

'Pendula'. Bei dieser sehr malerischen, bis 10 m hohen Hängeform wird der Haupttrieb meist aufgebunden, bis er sich dann, wie die zunächst ansteigenden Seitenäste, an der Spitze neigt und schließlich überhängt, die Zweige hängen zum Teil schleppenartig herab.

Metasequoia, Chinesisches Rotholz
Taxodiaceae

Hoher, sommergrüner, mit den Sumpfzypressen nahe verwandter Nadelbaum, der stets streng kegelförmig wächst und dessen fuchsroter Stamm häufig typische Kehlungen aufweist.

Kaum eine andere Baumart hat in Fachkreisen nach dem Zweiten Weltkrieg ein so großes Aufsehen erregt wie das Chinesische Rotholz. Nachdem ein japanischer Botaniker einigen tertiären Pflanzenfunden in Japan den Namen *Metasequoia* gegeben hatte, kam der Chinese T. Kan 1941–1942 erstmalig mit einigen Bäumen in Berührung, die im Grenzgebiet der beiden chinesischen Provinzen Hubei und Sichuan wuchsen. 1944 brachte T. Wang Herbarmaterial nach Nanking, wo sich bald herausstellte, daß das mitgebrachte Material mit dem fossilen Gehölz identisch war, man hatte ein »lebendes Fossil« entdeckt. Nachdem 1946 durch Prof. Hu Herbarmaterial an das Arnold Arboretum in Jamaica Plain (USA) gekommen war, rüstete man von dort eine Expedition aus, die 1947 in größeren Mengen keimfähigen Samen mitbrachte. Dieser wurde sofort an viele botanische Gärten in der ganzen Welt geschickt. Von dort kam das neue Gehölz rasch in die Baumschulen und gehört nun längst zum üblichen Sortiment.

Metasequoia glyptostroboides ist ein sehr gesunder, starkwachsender Baum, der Höhen von 20 bis 35 m erreichen kann. Er wächst mit bogig ansteigenden Ästen streng kegelförmig, bildet aber trotzdem elegante Bäume mit einer aufgelockerten, lichten Oberfläche. Der oft an der Basis stark verbreiterte Stamm hat eine auffallend fuchsrote oder graubraune Rinde, die sich in langen Streifen löst. Auch hier sind die weichen, hellgrünen, sehr früh austreibenden Nadeln ganz unterschiedlich angeordnet: an den Langtrieben stehen sie schraubig, an den Kurztrieben in zwei Reihen und sich fast genau gegenüber. Nachdem sie ihre kupferfarbene bis rötliche Herbstfärbung angenommen haben, werden die Blätter mitsamt den Kurztrieben abgeworfen.

Das Chinesische Rotholz stellt keine besondern Ansprüche, es wächst am besten an sonnigen bis leicht beschatteten Plätzen und auf tiefgründigen, frischen bis feuchten Böden. In ihrer chinesischen Heimat stehen die Bäume häufig an Stellen mit einem sehr hohen Grundwasserstand. Der Baum ist schnittverträglich und deshalb gut für hohe Hecken geeignet. Mit seiner vergleichsweise schmalen, lichten Krone eignet er sich als Solitärbaum auch für kleinere Gärten.

Microbiota decussata, Zwerglebensbaum
Cupressaceae

Immergrüner, niederliegender, dicht verzweigter, kaum mehr als 30 cm hoher Strauch mit schuppenförmigen, kreuzweise gegenständigen Blättern.

Microbiota decussata stammt aus dem Sichote-Alinja-Gebirge in Südostsibirien, die Art wächst dort oberhalb der Waldgrenze in der *Pinus-pumila*-Zone. Erst 1923 wurde *Microbiota* beschrieben und kam über die damalige CSSR 1968 nach Westeuropa. Der kleine Strauch hat sich hier als äußerst frosthart und anspruchslos erwiesen, er gedeiht an sonnigen bis leicht beschatteten Plätzen und auf allen gepflegten Gartenböden. Er hält auch in Pflanzgefäßen sehr gut aus, dort kommt er mit seinen übergeneigten Zweigen besonders gut zur Geltung. Er wird nur deshalb nicht häufiger gepflanzt, weil sich die im Sommer hellgrünen Zweiglein zu Beginn der kalten Jahreszeit kupfern verfärben. Viele Käufer lehnen derartige Pflanzen ab. Für den Kenner ist der Zwerglebensbaum eine der ganz wenigen natürlichen Zwergformen unter den Nadelgehölzen. Dieser hübsche Strauch steht am besten im Steingarten oder an anderen erhöhten Plätzen, weil er sich dort mit seinen fächerförmigen Zweigen am besten ausbreiten kann.

Picea, Fichte
Pinaceae

Hohe, immergrüne Nadelgehölze mit meist ziemlich kurzen, regelmäßig quirlig gestellten Ästen und stets gleichmäßigem, schmal- bis breitkegelförmigem Wuchs.

Das Verbreitungszentrum der 50 Fichtenarten liegt in China, aber auch in Europa und Nordamerika kommen Fichten vor. Sie lassen sich von den habituell ähnlichen Tannen recht leicht unterscheiden: Ihre Nadeln sitzen einem kurzen Nadelkissen auf, das nach dem Abfallen der Nadeln sitzenbleibt und den Zweig raspelartig rauh macht. (Tannenzweige sind stets glatt.) Die Zapfen hängen oder stehen seitwärts ab, sie fallen als Ganzes vom Baum. (Bei den Tannen stehen die Zapfen aufrecht und zerfallen am Baum.) Fichtennadeln sind mehr oder weniger vierkantig, sie tragen dann auf allen vier Seiten helle Spaltöffnungslinien; oder sie sind flach wie bei den Serbischen Fichten, sie sind dann auf der nach oben gerichteten Seite reingrün, während die nach unten gerichtete Seite Spaltöffnungslinien trägt.

In Europa kultivieren wir kaum mehr als ein halbes Dutzend Fichtenarten, aber es steht ein Vielfaches an Gartenformen zur Verfügung. Die meisten von ihnen bleiben wesentlich kleiner als ihre Stammformen und sind damit für den Hausgarten viel besser zu gebrauchen als die oft 30 bis 40 m hohen Wildarten.

Bis auf die heimische Rotfichte, *Picea abies*, eignen sich alle hier genannten Arten auch für den kleineren Garten. Das gilt vor allem für die schlanke Serbische Fichte, *Picea omorika*, für die elegante Mähnenfichte, *Picea breweriana*, für die blaunadeligen Formen der Stechfichte, *Picea pungens*, sowie für die Orientalische Fichte, *Picea orientalis* mit ihren kleinen, glänzend dunkelgrünen Nadeln. Die natürlichen Arten und ihre hochwachsenden Formen sind ausgesprochene Solitärgehölze, die einzeln oder in kleinen Gruppen gepflanzt werden. Die Strauch- und Zwergformen finden ihren Platz

Picea abies 'Inversa'

in Heide-, Stein- und Troggärten, in schmalen Vorgärten oder in Atriumgärten.

Im Vergleich zu den Tannen zeigen sich die Fichten etwas weniger anspruchsvoll. Die meisten bevorzugen sonnige bis leicht beschattete Standorte in kühlen, luftfeuchten Lagen und auf durchlässigen, frischen Böden. Ihre flachstreichenden Wurzeln sind empfindlich gegenüber Bodenverdichtungen und gegen einen Bodenauftrag. Mehr Wärme, trockenere Luft und einen mäßig trockenen Boden vertragen Serbische Fichte, Orientalische Fichte und die Blaufichte.

Picea abies. Die Rotfichte, heimisch in den Gebirgen von Nord-, Mittel- und Südosteuropa, ist heute weit über die Grenzen ihrer natürlichen Verbreitung einer der wichtigsten Forstbäume. Der 30 bis 50 m hohe Baum wird für den durchschnittlich großen Garten viel zu mächtig, außerdem wirkt er als natürliche Art nicht ausreichend attraktiv. Da er aber sehr schnittverträglich ist, kann er in kühl-feuchten Gebirgslagen eine sehr brauchbare Heckenpflanze abgeben. Von den überaus zahlreichen Formen werden die folgenden häufiger kultiviert:

'Acrocona' ist ein breit-kegelförmiger, 4 bis 6 m hoher, unregelmäßig aufgebauter Baum mit einer ganz ausgefallenen Eigenschaft: Schon als junge Pflanze trägt er an den Zweigspitzen zahlreiche Zapfen; sie sind zur Blütezeit auffällig rot gefärbt und dann besonders dekorativ. Die ausgewachsenen Zapfen tragen an der Spitze nicht selten ein Nadelbüschel.

'Acrocona Pusch' ist noch wenig verbreitet. Die zwergig wachsende Fichte stammt aus der ehemaligen DDR. Ihre Zapfen sind nur 2 bis 4 cm lang und damit wesentlich kleiner als bei 'Acrocona'.

'Echiniformis'. Als Igelfichte wird diese besonders schwachwüchsige Form bezeichnet. Sie wächst kugelig oder kissenförmig und bildet dichte, etwas unregelmäßige Formen mit sehr kurzen, oft gebündelten Jahrestrieben und dünnen, feinen Nadeln. Charakteristisch ist das Hervorbrechen stärkerer Triebe aus der sonst geschlossenen Form.

'Inversa' kann sich als Hängeform zu phantastischen Gestalten entwickeln. Wird der Haupttrieb aufgebunden, kann 'Inversa' Höhen von 6 bis 8 m erreichen. Im oberen Bereich neigt sich der Stamm dann bogenförmig über. Die Zweige hängen schleppenartig, meist dicht am Stamm herab, berühren sie den Boden, wachsen sie mattenförmig weiter. Sicher ist sie eine der interessantesten Formen der Rotfichte.

'Little Gem' ist eine ganz zwergig wachsende Form, die aus einer Mutation an 'Nidiformis' hervorgegangen ist. Wie diese wächst sie abgeflacht-kugelig mit einer nestartigen Vertiefung in der Mitte, insgesamt aber schwächer als ihre Stammform.

'Maxwellii'. Die rundlich-kissenförmige Zwergfichte hat an der Spitze zahlreiche sehr kurze, dicke Triebe und frischgrüne, radial gestellte Nadeln. Sie wird bei einem jährlichen Zuwachs von bloß 2 bis 3 cm nur langsam 50 bis 100 cm hoch.

'Nana Compacta'. Die sehr gedrungen wachsende, dicht beastete Form wächst anfangs flachkugelig und erreicht im Alter bis 2,5 m Höhe. Sie trägt dicke, schräg aufsteigende Äste und dichtstehende, steife, frischgrüne Nadeln, die auch an Seitenzweigen radial stehen.

'Nidiformis'. Die Nestfichte ist eine der am häufigsten kultivierten Formen. Sie wächst anfangs kissenförmig mit einer auffallend nestförmigen Vertiefung in der Mitte, wird später mehr rundlich und nach Jahrzehnten bis 1,5 m hoch und 2 bis 3 m breit. Ihre hellgrünen Nadeln haben am Rand acht bis zehn scharfe, mehr oder weniger angedrückte Zähne, dadurch lassen sie sich gut von allen anderen Formen unterscheiden.

'Ohlendorffii' ist eine breit-kegelförmige Zwergform mit ansteigenden und ausgebreiteten, dicht bezweigten Ästen. Die Zweige sind nicht flach ausgebreitet, sondern unregelmäßig gestellt. 'Ohlendorffii' wächst anfangs kugelig, später jedoch breit-kegelförmig. Bei einem Jahreszuwachs von 3 bis 6 cm dauert es Jahrzehnte, ehe Höhen von 6 m erreicht werden. An jungen Pflanzen und an Leittrieben stehen die hellgrünen, glänzenden Nadeln radial, sonst mehr oder weniger gescheitelt.

'Pumila Glauca'. Die gedrungene, flachkugelige Zwergform wird bis etwa 60 cm hoch und doppelt so breit, ihre dünnen Äste stehen in dichten Etagen übereinander. Die sehr dicht stehenden, steifen Nadeln sind an den Triebspitzen dunkel bläulichgrün gefärbt.

'Pygmaea'. Als eine der ältesten bekannten Zwergfichten – sie wird seit 170 Jahren kultiviert – ist die Gnomenfichte ein echter Zwerg, der kaum mehr als 1 m Höhe erreicht. Die Form ist breit-kegelförmig, sehr dicht und gestaucht, der Jahreszuwachs beträgt nur 1 bis 3 cm. Die frischgrünen, geraden Nadeln stehen sehr dicht und sind teilweise sehr deutlich gedreht.

'Remontii'. Die häufig kultivierte Form wird mit ihrem sehr dichten, gleichmäßigen, kegelförmigen Wuchs bis 3 m hoch. Die Äste stehen spitzwinklig ab, die Nadeln sind frischgrün und stehen unvollständig radial. 'Remontii' gehört zu den ganz alten Formen und war bereits vor 1874 bekannt.

'Virgata'. Als Schlangenfichten bezeichnete Formen treten in ganz unterschiedlicher Gestalt nicht selten in Fichtenkulturen auf. Von den Baumschulen wird meist eine aufrechtwachsende, über 10 m hohe Form gezogen, deren Hauptäste in sehr unregelmäßigen Quirlen stehen. Die oberen Kronenäste sind meist aufwärts gerichtet, die unteren hängen mehr oder weniger stark, Seitenäste und Zweige sind nur wenig oder überhaupt nicht verzweigt, sie hängen oft lang und schlangenförmig herab. Die dicken, langen Nadeln stehen rings um den Zweig und sind meist aufwärts gerichtet. Eine eigenartige Liebhaberform.

'Will's Zwerg'. Die zwergig wachsende Form wird in 30 Jahren etwa 2 m hoch, sie wächst unregelmäßig und sehr dicht kegelförmig. Interessant wirkt der Farbunterschied zwischen den hellgrünen Nadeln des Johannistriebes und den dunkelgrünen alten Nadeln.

Picea breweriana. Die Siskiyoufichte wird auch Mähnenfichte genannt und ist durch diese Bezeichnung deutlich charakterisiert, denn von ihren lockerstehenden, waagerecht ausgebreiteten, an den Spitzen ansteigenden Ästen hängen die Zweige locker und dicht mähnenartig herab. Die langen, oberseits glänzend dunkelgrünen, auf der Unterseite mit zwei hellen Spaltöffnungslinien gezeichneten Nadeln stehen locker rings um den Zweig. Die Siskiyoufichte hat im pazifischen Küstengebirge von Oregon und Kalifornien nur ein ganz kleines Verbreitungsgebiet, 1891 kam sie nach England, bald darauf war sie in ganz Europa verbreitet. Am natürlichen Standort erreicht sie Höhen von 20 bis 25 m, bei uns wird sie kaum mehr als 15 m hoch. Mit ihrem eleganten, unverwechselbaren Wuchs ist sie sicher eine der schönsten aller Fichtenarten. Sie wird stets als veredelte Pflanze geliefert, nur dann entwickelt sie sich zu einem wirklich schönen Exemplar. *Picea breweriana* ist empfindlich gegenüber Hitze, Boden- und Lufttrockenheit, sie braucht durchlässige, frische bis feuchte Böden.

Picea glauca. In den kühleren und kälteren Lagen des östlichen Nordamerika und Kanada ist die Kanadische oder Schimmelfichte weit verbreitet. Die Art wird außerhalb botanischer Gärten kaum kultiviert, einige ihrer Formen werden dagegen häufig gepflanzt:

'Alberta Globe' ist als Mutation an der weit verbreiteten Zuckerhutfichte entstanden. Sie wächst mit regelmäßiger, geschlossener Oberfläche mehr oder weniger kugelig bis breit-kegelförmig. Die dünnen Nadeln sind grün gefärbt.

'Conica'. Die Zuckerhutfichte gehört mit ihrem regelmäßigen, streng kegelförmigen Wuchs zu den bekanntesten Fichtenformen. Sie wächst zunächst sehr langsam, kann im Alter aber Höhen von 3 bis 4 m erreichen und bleibt dabei stets gleichmäßig in ihrem Aufbau. Leider ist sie etwas empfindlich für Rote Spinne.

'Echiniformis'. Der kaum mehr als 50 cm hohe und etwa 1 m breite, dicht kissenförmige bis flachkugelige Zwergstrauch besitzt zahlreiche kurze, sehr dicht stehende Zweige mit feinen, kurzen, blaugrünen Nadeln. Durch die lebhafte Nadelfärbung ist 'Echiniformis' eine bemerkenswert schöne Form.

'Laurin' gleicht in Habitus und Aufbau der Zuckerhutfichte, wächst aber viel schwächer als diese, der jährliche Zuwachs beträgt nur 2 bis 3 cm.

Picea omorika. Im Taragebirge des mittleren und oberen Drinagebietes in Slowenien hat die Serbische Fichte nur ein ganz kleines Verbreitungsgebiet. Sie wächst dort nicht selten an steilen, felsigen Hängen und entwickelt sich zu überaus schlanken, schmal-kegelförmigen bis säulenförmigen, 30 bis 35 m hohen Bäumen. In Kultur begnügt sich der Baum meist mit Höhen von 20 bis 25 m. Der schlanke, elegante Aufbau mit den etwas durchhängenden, an den Spitzen ansteigenden Ästen hat den Baum bei uns zur beliebtesten Gartenfichte gemacht. Dazu hat auch die auffällige Benadelung mit den flachen, oberseits glänzend dunkelgrünen, unten mit zwei breiten, weißen Spaltöffnungsbändern gezeichneten Nadeln beigetragen. Nicht ohne Schmuckwert sind auch die rötlichen, weiblichen Blüten und die zunächst violettpurpurnen, zur Reife glänzend dunkelbraunen Zapfen.

In Kultur zeigt sich die Serbische Fichte anspruchslos und anpassungsfähig. Nur auf stark sauren Böden leidet sie unter dem »Omorikasterben«, einer mehr oder weniger starken Gelbfärbung der Nadeln. Dagegen hilft eine ausreichende Versorgung der Böden mit Magnesiumsulfat (Bittersalz), je nach Größe der Pflanze werden im Frühjahr 50 bis 200 g verabreicht und in den Boden eingearbeitet.

'Nana' ist eine Zwergform, die bei einem breitkegelförmigen, besonders dichten, etwas ungleichmäßigen Wuchs sicher mehr als 3 m hoch wird.

Picea orientalis. In ihrer kaukasischen und kleinasiatischen Heimat entwickelt sich die Orientalische oder Kaukasische Fichte zu mächtigen, 40 bis 50 m hohen Bäumen, in Kultur wächst sie langsam zu Höhen von 20 bis 25 m heran. Sie bildet dabei dicht und regelmäßig verzweigte, schmalkegelförmige bis fast säulenförmige Bäume mit einer dunkelbraunen, dünnen, schuppigen Borke. Auffallend sind ihre vergleichsweise sehr kurzen, stark glänzenden, im Querschnitt fast quadratischen Nadeln, die auf allen vier Seiten weiße Spaltöffnungslinien tragen, sie sind ziemlich steif und stehen dicht an den Zweigen. *Picea orientalis* hat sich wie kaum eine andere Fichte auch im trockenen, warmen Kontinentalklima bewährt und sollte viel häufiger gepflanzt werden.

'Aurea' ist der Wildform im Habitus ganz ähnlich, bleibt aber etwas niedriger als diese. Man erkennt sie nur im Frühjahr, wenn die jungen Triebe auffallend hell- bis goldgelb gefärbt sind.

Picea pungens. Der Stechfichte und ihren zahlreichen Formen kommt im Garten und Park fast die gleiche Bedeutung zu wie der Serbischen Fichte, beide werden jährlich in großen Stückzahlen herangezogen. Ihre Heimat hat die Stechfichte in den Gebirgen des westlichen Nordamerika. Sie ist dort ein bis 30 m hoher, in Kultur bis 20 m hoher Baum mit einer sehr unterschiedlichen Nadelfärbung. Die starren, 2 bis 3 cm langen, abstehenden und stechend zugespitzten Nadeln können matt dunkelgrün oder silbergrau sein. Bei Gartenformen sind die Nadeln nicht selten schön blauweiß gefärbt. Neben den durch Veredlung vermehrten, gleichmäßig gefärbten Sorten werden oft unter der Bezeichnung *Picea pungens* f. *glauca* alle nicht selektierten Sämlingspflanzen mit einer mehr oder weniger deutlichen bläulichen Nadelfärbung angeboten. Der Aufbau der breit-kegelförmig wachsenden Bäume ist durch waagerecht abstehende, in einer Ebene verzweigte Äste geprägt, die in Etagen regelmäßig übereinander stehen. Die veredelten, aufrechtwachsenden Formen wirken dadurch nicht selten etwas steif. Die Stechfichte und ihre Formen zeigen sich in Kultur recht anspruchslos an Boden und Lage, sie wachsen auf allen durchlässigen, mäßig trockenen bis frischen Böden, auch in lufttrockenen Lagen und an sonnigen bis leicht beschatteten Plätzen.

Von der Stechfichte sind zahlreiche aufrechtwachsende Sorten bekannt, von denen aber nur wenige regelmäßig abgeboten werden. Alle veredelten, aufrechten Formen wachsen in den ersten Jahren mit etwas unregelmäßig gestellten und ungleich langen Ästen. Nachdem sie in der Baumschule aufgebunden und in Form gebracht worden sind, wachsen sie nach einigen Standjahren zu regelmäßig aufgebauten Bäumen heran. Neben den aufrechten Formen kennen wir auch einige zwergig wachsende Sorten, von denen einige aber nur durch Seitentriebveredlungen zustande gekommen sind. Nach einigen Jahren bilden alle flachwachsenden Formen einen aufstrebenden Gipfeltrieb, der rechtzeitig entfernt werden muß, wenn die Zwergform erhalten bleiben soll.

'Glauca Globosa' wächst anfangs locker und unregelmäßig, bald aber flachkugelig und dicht, im Alter gedrungen und breit-kegelförmig, wobei sie dann 2 bis 3 m Höhe erreicht. Die Äste stehen dann waagerecht ab oder sind etwas abwärts geneigt. Die kurzen, dichtstehenden Nadeln sind weißblau. Diese schöne, langsamwachsende Form schlägt nicht in ihre Stammform zurück.

'Glauca Procumbens'. Die strauchig und sehr unregelmäßig wachsende, breit niedergestreckte Form kann im Alter mehrere Quadratmeter Fläche bedecken. Im Steingarten schmiegen sich die Äste den Geländebewegungen an oder wachsen über Felsen hinweg. Die Nadeln sind silberblau gefärbt, sie verlieren auch im Winter ihre frische Farbe nicht. Man muß bei dieser aparten Form auf aufstrebende Gipfeltriebe achten.

'Hoopsii'. Die kräftigwachsende, sehr dichte, 10 bis 12 m hohe, breit-kegelförmige und aufrechte Form entwickelt breit abstehende Äste mit sehr dicht stehenden, stark blauweiß bereiften Nadeln.

'Koster' ist eine der bekanntesten und ältesten Blaufichten. Sie wächst ganz regelmäßig mit etagenförmig angeordneten Ästen zu einem breitkegelförmigen, 10 bis 15 m hohen Baum heran. Die silberblaue Nadelfärbung bleibt auch während der Wintermonate konstant erhalten.

'Oldenburg' entwickelt sich rasch zu sehr gleichmäßig aufgebauten Bäumen. Die langen Nadeln sind stahlblau gefärbt.

Picea glauca 'Alberta Globe' ▷

Pinus, Kiefer
Pinaceae

Immergrüne, überwiegend aufrechtwachsende Bäume mit anfangs regelmäßig quirlig stehenden Ästen, im Alter mit aufgelockerten, oft malerischen Kronen.

Mit den etwa 100 Arten bilden die Kiefern die umfangreichste Gattung unter den Nadelgehölzen. Alle haben ihr natürliches Verbreitungsgebiet auf der nördlichen Halbkugel, sie kommen vom hohen Norden südwärts bis Nordafrika, Westindien, Guatemala und Indonesien vor. Wir finden in der Gattung sowohl mächtige Bäume als auch strauchig wachsende Arten. Von einigen Arten verfügen wir über ein reiches Sortiment an Gartenformen ganz unterschiedlicher Gestalt. Hier reicht die Palette etwa von schmalkronigen Säulenformen bis zu kugeligen oder kissenförmigen Zwergformen.
Kiefern sind mit Lang- und Kurztrieben ausgestattet. An den Langtrieben sind die Blätter zu trockenhäutigen Schuppen reduziert. In deren Achseln entstehen die Kurztriebe, die nur aus zwei, drei oder fünf langen Nadeln bestehen. Das Nadelbüschel bildet am Grunde einen Kreis, die einzelnen Nadeln sind als Kreissegmente dreikantig oder halbrund. Von den einhäusigen Blüten der Kiefern sind die männlichen kätzchenartig und stehen in Büscheln am Grunde der diesjährigen Triebe, nicht selten sind sie auffällig gelb, orange oder scharlachrot gefärbt. Die zapfenähnlichen weiblichen Blütenstände stehen meist an den Triebenden. Die holzigen Zapfen können kugelig-, ei- oder walzenförmig sein, sie reifen im zweiten oder dritten Jahr und können jahrelang am Baum hängen bleiben.
Die meisten Kiefern sind Park- oder Waldbäume, nur wenige baumförmige Arten lassen sich auch in kleineren Hausgärten unterbringen. Gegenüber den meist etwas steifen Tannen und Kiefern sind sie viel lockerer und und gefälliger aufgebaut, vor allem im Alter, wenn sich die regelmäßige Beastung auflöst und sich malerische Kronen entwickeln. Zur dekorativen Wirkung von älteren Kiefern tragen auch die Stämme mit ihrer dicken, tief rissigen oder schuppig abblätternden Borke bei. Gründe genug, warum die Kiefern heute nahezu allen anderen Nadelholzgehölzen vorgezogen werden.
Kiefern zeigen sich in Kultur viel robuster und anpassungsfähiger als Tannen und Fichten. Sie sind ausgesprochene Tiefwurzler und gedeihen in allen Substraten, auch in nährstoffarmen, mäßig trockenen bis trockenen Böden und in rauhen, windexponierten Lagen. Dabei zeigen sich die zwei- und dreinadeligen Arten meist anpassungsfähiger als die fünfnadeligen, die außerdem alle vom Blasenrost befallen werden können.
Alle Kiefern sind ausgesprochene Lichtholzarten, die deshalb stets einzeln oder in lockeren Gruppen gepflanzt werden. Dank ihrer tiefreichenden Wurzeln verhalten sie sich sehr verträglich gegenüber benachbarten Pflanzen, sie gelten als ideale Schattenspender für *Rhododendron* und andere Ericaceen. Ihre Zwergformen werden heute oft denen von Fichte, Tanne, Lebensbaum und Scheinzypresse vorgezogen. Sie sind häufig anspruchsloser als diese, wirken interessanter im Habitus und lassen sich deshalb leichter verwenden, etwa in alpinen Anlagen oder auf schmalen Rabatten, in Heide- und Troggärten, in großen, geschlossenen Pflanzungen an Böschungen oder als freiwachsende Hecke. Durch einen regelmäßigen Rückschnitt der jungen Triebe läßt sich das Höhen- und Breitenwachstum einer Hecke oder auch von Einzelpflanzen leicht begrenzen.

Pinus aristata. In den Hochlagen der Rocky Mountains, von Colorado bis New Mexico und Arizona hat die Grannenkiefer ihre Heimat. Selbst am natürlichen Standort werden die langsamwachsenden Bäume selten mehr als 10 bis 15 m hoch, in Kultur bleiben sie noch niedriger. In der Jugend verzweigen sich die Bäume regelmäßig, locker und kandelaberähnlich, im Alter bilden sie am natürlichen Standort vom Wind geformte, bizarre Baumgestalten. Besonders auffallend sind ihre dunkelgrünen, sehr langlebigen, zu fünft stehenden Nadeln mit ihren weißen Harzflocken. Die Bäume sehen aus, als ob sie von Schmierläusen befallen seien. Dieser interessante, nur selten angebotene Baum braucht im Garten einen warmen, sonnigen Platz und einen eher trockenen Boden.
Die ganz ähnliche, ebenfalls in Hochlagen des westlichen Nordamerika heimische Art *Pinus lon-*

gaeva kann an ihrem natürlichen Standort besonders alt werden. Man hat Bäume gefunden, die mehr als 4000 Jahre lang allen Unbilden des rauhen Gebirgsklimas widerstanden haben. Diese Art unterscheidet sich von *Pinus aristata* im wesentlichen nur durch das Fehlen der Harzflocken auf den Nadeln.

Pinus cembra. Die Zirbelkiefer kommt in den Hochgebirgen Mitteleuropas von den Alpen bis zu den Karpaten vor. Wie alle Hochgebirgsbäume kann sie sich im Alter zu eindrucksvollen, bizarren Baumveteranen entwickeln. In Kultur wächst der 10 bis 20 m hohe Baum mit bogig aufstrebenden Ästen und Zweigen gleichmäßig und ziemlich geschlossen schmal-kegelförmig, erst im Alter lokkert sich die Krone auf. Für den kleinen Garten ist diese fünfnadelige Kiefer mit ihrem langsamen Wuchs und mit der schmalen, regelmäßigen, bis zum Boden beasteten Krone eine der wichtigsten baumförmigen Kiefernarten. Die ziemlich steifen, 5 bis 10 cm langen, blaugrünen Nadeln liegen den Zweigen dicht an, an den Zweigenden stehen sie in pinselartigen Büscheln. Erst in hohem Alter trägt der Baum seine eiförmigen Zapfen, die großen, bis 14 mm langen Samen sind eßbar.
'Compacta Glauca' bildet mit kurzen, dicken Ästen eine gedrungene und geschlossene Kegelform, sie gleicht im Habitus der Art, wächst aber viel langsamer als diese. Die Nadeln sind bläulichweiß gefärbt.
'Glauca' ist eine normalwüchsige Form mit einer schönen, silbrigblauen Benadelung.

Pinus contorta. Von Alaska südwärts bis Colorado und Niederkalifornien ist die Drehkiefer in verschiedenen Rassen verbreitet. Sie entwickelt sich zu kleinen, gelegentlich auch mehrstämmigen, 10 bis 15 m hohen, breit-kegelförmigen Bäumen mit bogenförmig aufstrebenden Ästen. Im Alter werden aufgelockerte, unregelmäßige, oft malerische Kronen geformt. Die mittel- bis dunkelgrünen Nadeln stehen zu zweit, sie sind 4 bis 8 cm lang, steif und stets um die eigene Achse gedreht. In auffallender Fülle erscheinen meist die gelb gefärbten, männlichen Blütenstände. Schon ziemlich junge Pflanzen tragen kleine, glänzend gelbbraune Zapfen, die in der Regel jahrelang geschlossen am Baum sitzen bleiben. Die kleine Kiefer ist ganz besonders anspruchslos und anpassungsfähig, sie gedeiht auch auf ärmsten Sandböden.

Pinus densiflora 'Umbraculifera'. In ihrer japanischen Heimat ist die Japanische Rotkiefer ein wichtiger Wald- und Gartenbaum. In Tempelgärten wird er zu phantasievollen Gestalten geformt. In Europa kultivieren wir nur eine seiner schwachwachsenden Buschformen.
'Umbraculifera' wächst anfangs dicht, kompakt und breit-kegelförmig, im Alter formt sie eine ausladende, flach-schirmförmige Krone, die meist breiter als hoch ist. Bis eine Höhe von 3 bis 4 m erreicht ist, vergehen meist einige Jahrzehnte. Typisch für die japanische Rotkiefer sind die zu zweit stehenden, dünnen und weichen, hellgrünen Nadeln und die rötliche Stammborke, die sich in dünnen Schuppen löst. Die aus Japan eingeführte Form gehört zu unseren schönsten strauchigen Kiefernformen. Gelegentlich wird sie auch unter dem Sortennamen 'Pumila' angeboten.

Pinus halepensis. In einem stark zersplitterten Areal kommt die Aleppo- oder Seekiefer vom östlichen Mittelmeer bis zur Südtürkei, Syrien und dem Libanon vor. Sie ist ein 15 bis 20 m hoher Baum mit im Alter unregelmäßiger, oft fast schirmförmiger Krone und einem silbergrauen bis rötlichbraunen Stamm. Die Nadeln stehen zu zweit, sie sind 5 bis 10 cm lang, weich und frischgrün gefärbt. Die breit-eiförmigen oder kegelförmigen Zapfen bleiben noch jahrelang am Baum hängen. *Pinus halepensis* ist nur südlich der Alpen ausreichend frosthart, der besonders anspruchslose, genügsame Baum eignet sich vor allem für Aufforstungen von Dünen, Sand- und Karstflächen. Er verträgt Wind und sommerliche Dürre, braucht aber ein ausgeglichenes Klima und viel Licht.

Pinus heldreichii. Die Panzerkiefer hat ihren Arealschwerpunkt in Nordalbanien sowie in den angrenzenden Gebieten von Montenegro und Kosowo. Sie kommt außerdem inselartig in anderen Teilen der Balkanhalbinsel sowie in Süditalien vor. Sie besiedelt vorwiegend felsige Gebirgsstandorte auf kalkhaltigen Böden. Nach neuerer Auffassung muß die Schlangenhautkiefer, *Pinus leucodermis*, in

Pinus heldreichii einbezogen werden, weil es zwischen beiden Arten keine hinreichenden Unterschiede gibt.

Pinus heldreichii, ein 10 bis 20 m hoher Baum, gehört mit ihrem regelmäßigen, schmal-kegelförmigen Aufbau und den dunkelgrünen Nadeln zu den schönsten und gleichzeitig anspruchslosesten Kiefern. Der recht langsam wachsende Baum findet auch in kleinen Gärten ausreichend Platz. Der Stamm ist bei jungen Bäumen fein und gleichmäßig dunkelbraun schuppig, an älteren Stämmen ist die Borke hell aschgrau, sie zerspringt in kleine, eckige Felder, die bräunlichen Triebe sind meist blaugrau bereift. Glänzend dunkelgrün sind die steifen, stechenden, zum Zweig hin gekrümmten Nadeln. Auffallend goldgelb und groß sind die männlichen Blütenstände, die jungen Zapfen sind dunkel- bis graublau gefärbt. *Pinus heldreichii* ist ein ausgesprochen hitze- und trockenresistenter Baum, der auch auf stark kalkhaltigen Böden gut gedeiht. So wertvoll wie die Wildart sind auch die wenigen Gartenformen:

'Aureospicata' wird wegen ihrer beständig gelben Nadelspitzen »Meckikiefer« genannt, sie baut sich breit-kegelförmig auf und wächst langsamer als die Wildart.

'Compact Gem' wächst deutlich langsamer und kompakter als die Art, wird im Alter aber wohl auch einige Meter hoch.

'Smidtii' ist eine echte Zwergform, die sehr dicht, anfangs kugelig, später mehr bienenkorbförmig wächst. Die Originalpflanze ist in 80 Jahren nur etwa 100 cm hoch geworden. Ein hübscher Zwerg für Stein- und Troggärten.

Pinus mugo. In den Gebirgen des Apennin, von Mitteleuropa und dem Balkan ist die Berg- oder Krummholzkiefer weit verbreitet, stellenweise bildet sie mit ihrem niederliegend-aufstrebenden Wuchs ausgedehnte Bestände. Die äußerst vielgestaltige Sippe tritt nicht nur in strauchigen, sondern auch in aufrechten Formen auf. Diese als Spirke bezeichnete Rasse wird heute meist als eigene Art, *Pinus uncinata*, geführt. *Pinus mugo* und ihre Formen gelten als härteste und anpassungsfähigste Kieferart. An ihren natürlichen Standorten kommen sie sowohl auf sauren Moorböden als auch auf trockenen Kalkböden vor. Im Garten gedeihen sie auf den verschiedensten Bodenarten, sie akzeptieren selbst ärmste Sandböden. Sie brauchen unbedingt freie, sonnige Plätze, lassen sich aber durchaus in größeren arteigenen Gruppen pflanzen.

In der Jugend vermitteln Bergkiefern den Eindruck, als seien sie schwachwachsende Zwerggehölze, nach einigen Standjahren wachsen sie aber meist etwas rascher und können Höhen von 2 bis 3 m erreichen. Ihr Höhenwachstum läßt sich aber gut in Grenzen halten, wenn man im Frühjahr die jungen, noch nicht verholzten Triebe um die Hälfte oder um zwei Drittel zurücknimmt oder den starken Mitteltrieb ausbricht und nur die schwächeren Seitentriebe stehen läßt. Neben den beiden folgenden geographischen Rassen, die meist aus Samen vermehrt werden und sich deshalb nicht immer sehr gleichmäßig entwickeln, stehen uns auch einige vegetativ vermehrte, in ihrem Aussehen sehr einheitliche Formen zur Verfügung.

Pinus mugo ssp. *mugo*. Die Krummholzkiefer ist eine Lokalrasse der Ostalpen und des Vorlandes. Sie wird mit niederliegenden bis aufstrebenden Stämmen 2 bis 3 m hoch und im Alter 3 bis 5 m breit, der anfangs sehr dichte Wuchs lockert sich mit zunehmender Höhe auf. Wie bei allen Formen stehen die 3 bis 4 cm langen Nadeln zu zweit und zuletzt fast rechtwinklig vom Zweig ab. Von der Unterart *Pinus mugo* ssp. *pumilio* unterscheidet sie sich durch den höheren Wuchs und die nicht bereiften Zapfen.

Pinus mugo ssp. *pumilio*. Die Kriechkiefer hat ihre Hauptververbreitung in den Gebirgen Mitteleuropas, Italiens und des Balkans. Sie baut sich mit niedergestreckten Ästen und aufstrebenden Zweigen auf, ist meist bleibend dicht verzweigt, bleibt gedrungen und wird meist nicht mehr als 1 bis 2 (3) m hoch. Der Zapfen ist im ersten Jahr bläulich bis violett bereift.

'Gnom' gehört zu den häufiger kultivierten Formen. Sie wächst anfangs dicht und mehr oder weniger kugelig, wird später aber ei- bis kegelförmig und schließlich etwas mehr als mannshoch. Ihre kurzen, dunkelgrünen Nadeln stehen dicht gedrängt an den Zweigen.

'Humpy' wächst besonders langsam, sehr gedrungen und dicht verzweigt. Mit ihren kurzen Trieben ist sie eine der zierlichsten Formen von *Pinus mugo*.

Pinus densiflora 'Umbraculifera'

'Knapenburg' ist eine Auslese aus *Pinus mugo* ssp. *pumilio*. Sie wächst wie diese mit niederliegenden, sehr dicht gestellten Ästen und baut sich zu einem etwa 1 m hohen, kompakten, etwas unregelmäßigen Busch mit tiefgrünen Nadeln auf.

'Mops'. Mit zahlreichen kurzen Ästen und einer dichten Verzweigung wächst 'Mops' zu einem flachkugeligen, kaum mehr als 50 bis 100 cm hohen Zwergstrauch heran.

'Pal Maleter' ist dicht verzweigt, wächst flach und breit und wird nach 20 Jahren etwa 80 cm hoch und 1,5 m breit. Im Austrieb sind die Nadeln gelb gefärbt, mit Ausnahme der Spitzen vergrünen sie später.

'Wintergold'. Bei der locker aufgebauten, 50 bis 100 cm hohen Kiefer verfärben sich die Nadeln im Winter leuchtend goldgelb, sonst sind sie normal grün gefärbt.

Pinus nigra ssp. nigra. Die Österreichische Schwarzkiefer ist mit ihren regelmäßig gestellten Astquirlen und dem gleichmäßigen Aufbau schon als Baumschulpflanze eine ganz attraktive Erscheinung. Sie baut sich zunächst breit-kegelförmig mit kandelaberartig abstehenden Ästen auf, bleibt lange bis zum Boden beastet und formt im Alter eine unregelmäßig ausladende, zuweilen schirmförmige Krone. Ältere Bäume fallen durch ihre dicke, dunkelgraue bis schwarzbraune Borke auf, die grob in schuppige Platten gefurcht ist und bei der sehr eindrucksvolle Muster entstehen können. Die Nadeln der Schwarzkiefer stehen zu zweit, sie sind 8 bis 18 cm lang, steif, gerade oder gebogen, manchmal etwas gedreht und dunkelgrün gefärbt. In ihrer Heimat kommt die Schwarzkiefer vorwiegend auf trockenen Kalkböden vor. In Kultur zeigt sie sich äußerst anpassungsfähig, sie gedeiht auf allen durchlässigen Böden, die nicht unbedingt kalkhaltig sein müssen, ist resistent gegenüber Hitze und Trockenheit, braucht aber unbedingt einen freien, sonnigen Platz. Die in der Jugend sehr raschwüchsige Kiefer erreicht Höhen von 20 bis 30 (50) m, man sollte sie nur dort pflanzen, wo ausreichend Platz vorhanden ist.

Die anderen Rassen der Schwarzkiefer, etwa die Korsische, Taurische oder Kalabrische Schwarzkiefer haben als Park- und Gartenbäume keine nennenswerte Bedeutung. Die folgende Form hat sich dagegen seit einigen Jahren gut eingeführt.

Pinus nigra var. *pyramidata*. Die säulenförmige Varietät der Schwarzkiefer ist erst 1955 im Tavschali-Gebiet in der Türkei entdeckt worden. Im natürlichen Bestand werden die Bäume mit ihrem schlanken, säulenförmigen Wuchs 20 bis 25 m hoch. Inzwischen werden ausgelesene Formen mit besonders schlankem, geschlossenem Wuchs und straff aufstrebenden Ästen vegetativ vermehrt und stellenweise unter eigenen Sortennamen verkauft. Diese sehr interessante Form eignet sich auch für kleinere Gärten.

Auch von der Schwarzkiefer sind einige schwachwachsende Formen bekannt:

'Helga' gilt als die schönste aller Schwarzkiefern-Zwergformen. Sie wächst sehr langsam und kompakt, wirkt aber keineswegs steif, sondern mit den dunkelgrünen Nadeln, den auffallend hellen Knospen und weißlichen Nadelscheiden sehr lebhaft.

'Jeddeloh' wächst baumförmig, unterscheidet sich von der normalen Schwarzkiefer aber durch einen schwächeren, kompakten Wuchs mit kürzeren Zweigen und Ästen und kurzen, stechenden Nadeln.

Pinus parviflora. In den japanischen Gebirgen hat die Mädchenkiefer ihre Heimat. Während sie dort zu einem stattlichen Baum heranwächst, ist sie in unseren Gärten mit Höhen von 10 bis 15 m nur ein Kleinbaum. Dessen Krone wächst anfangs locker kegelförmig, später breit ausladend und sehr unregelmäßig. Die zu fünft stehenden, an den Zweigenden pinselartig gehäuften Nadeln sind ziemlich dick, oft gedreht und gekrümmt und tiefbis bläulichgrün gefärbt. In der Regel werden bei uns nicht aus Samen gezogene Wildpflanzen, sondern selektierte Formen kultiviert:

'Glauca' ist mit ihrem von Jugend an unregelmäßigem, oft bizarrem Aufbau die schönste der hochwachsenden Formen. Ihre dicken, stark gedrehten und sichelförmig gekrümmten Nadeln sind schön silbrig blaugrün gefärbt. Schon junge Bäume setzen reichlich die eiförmig-zylindrischen, anfangs blaugrünen, bei der Reife samtbraunen, weit klaffenden Zapfen an, die jahrelang am Baum hängen bleiben. Der langsame Wuchs und die geringe Wuchshöhe (eine Höhe von 10 m wird selten überschritten) machen 'Glauca' zu einer idealen Kiefer für kleine Gärten.

'Negishi' ist eine japanische Sorte mit eher strauchigem, kaum mehr als mannshohem, breit-kegelförmigem und unregelmäßigem Wuchs. Ihre moosgrünen, gedrehten Nadeln sind auf der Innenseite mit hell silbrigen Spaltöffnungsbändern gezeichnet.

'Tempelhof' erinnert mit ihrem aufstrebenden Habitus und dem starken Wuchs an die Wildform. Ihre Nadeln sind blaugrau gefärbt.

Pinus peuce. Die Rumelische oder Mazedonische Kiefer kommt in Südosteuropa in einem stark zersplitterten Areal in hochmontanen bis subalpinen Lagen vor. Sie erreicht Höhen von 15 bis 20 m und behält zeitlebens ihre schmal-kegelförmige Krone mit den aufsteigenden oder ausgebreiteten und an den Spitzen ansteigenden Ästen. Im Habitus ist die ebenfalls fünfnadelige Kiefer der Zirbelkiefer, *Pinus cembra*, recht ähnlich, wächst aber deutlich rascher als diese. Ihre ziemlich steifen, geraden, pinselartig nach vorn gerichteten Nadeln sind frisch- bis dunkelgrün gefärbt. Schon vom zehnten Jahr an tragen die Bäume reichlich ihre 8 bis 12 cm langen, hellbraunen Zapfen. Die sehr anspruchslose und anpassungsfähige Kiefer eignet sich mit ihrem schlanken Wuchs auch für kleinere Gärten. Sie wird weit weniger vom Blasenrost befallen als andere fünfnadelige Kiefern.

Pinus pinaster. Im westlichen Mittelmeergebiet ist die Strandkiefer zu Hause, sie kommt dort in Meeresnähe in milden, ausgeglichenen Lagen auf gut dränierten, nährstoffarmen Sandböden vor und erreicht Höhen von 20 bis 30 m. Anfangs wächst sie kegelförmig, später bildet sie eine dichte, abgeflachte Krone und eine tiefrissige, grau- bis rötlichbraune, längsgefurchte Schuppenborke. Ihre steifen, fast geraden und stechend zugespitzten, dunkel- bis graugrünen Nadeln stehen zu zweit. Die Zapfen sind 10 bis 20 cm lang und glänzend hellbraun gefärbt, sie bleiben jahrelang am Baum sitzen. Die Strandkiefer ist nördlich der Alpen nur dort ausreichend frosthart, wo die mittlere Wintertemperatur nicht wesentlich unter +6 °C absinkt. Im Mittelmeergebiet wird sie weit über ihr ursprüngliches Areal hinaus aufgeforstet. In den »Landes« Südwestfrankreichs wurde sie zu Beginn dieses Jahrhunderts zur Holznutzung und zur Gewinnung von Terpentin großflächig gepflanzt.

Pinus pinea. Die Pinie gehört mit ihren schirmförmigen bis rundlichen Kronen neben dem Ölbaum und der Zypresse zu den landschaftsprägenden Bäumen des mediterranen Raumes. Sie bildet oft sehr lichte Bestände, die Platz für eine reiche Strauchschicht lassen. Ihre natürliche Verbreitung reicht von Südeuropa bis Westasien, vor allem im Mittelmeergebiet wird sie seit Jahrhunderten gepflanzt. Die Kronen junger Bäume sind zunächst breit-kegelförmig, dann fast kugelrund und dicht geschlossen, im Alter, bei 20 bis 25 m Höhe, schließlich aufgelockert und ausgesprochen schirmförmig. Der Stamm hat eine längsrissige Schuppenborke, die äußeren Schichten lösen sich in schmalen Platten und legen die jüngeren, rötlich gefärbten Borkenschichten frei. Die zu zweit stehenden Nadeln sind 10 bis 17 cm lang, gerade oder schwach gebogen und dunkelgrün gefärbt. Die 10 bis 15 cm langen, ei- bis kugelförmigen, zur Reife glänzendgelb bis rotbraun gefärbten Zapfen haben große, bis 2 cm lange, wohlschmeckende Samen, die man als Piniennüsse bezeichnet. *Pinus pinea* ist nördlich der Alpen nicht ausreichend winterhart, denn schon bei Temperaturen von −10 °C treten größere Frostschäden auf.

Pinus ponderosa. Die Gelbkiefer wächst an ihren natürlichen Standorten im westlichen Nordamerika oft an heißen, trockenen Standorten, sie entwickelt sich dort zu mächtigen, 30 bis 50 m hohen Bäumen. Bei uns begnügt sich die dreinadelige Kiefer mit Höhen von 20 bis 25 m. Sie wächst anfangs schmal-kegelförmig und sehr regelmäßig, später bildet sie mit kurzen, starken, kandelaberartig durchgebogenen Ästen aufgelockerte Kronen. Die dicke, tief gefurchte, rot- bis schwarzbraune Borke löst sich in großen Platten ab. Mit einer Länge von 12 bis 25 cm sind die dicken, steifen, dunkelgrünen Nadeln ungewöhnlich lang. Bis 15 cm Länge erreichen die glänzend hellbraunen, eiförmig-länglichen Zapfen. Die imposante, trocken- und hitzeresistente Kiefer braucht als Solitärbaum ausreichend Platz.

Pinus pumila. Die heimische Bergkiefer besitzt in *Pinus pumila* ihr ostasiatisches Pendant. Wie die europäische ist auch die Ostasiatische Zwergkiefer eine weit verbreitete Art von sehr unterschiedlichem Habitus. Sie wächst mit mehr oder weniger niederliegenden, an den Spitzen aufstrebenden Ästen strauchig und erreicht Höhen und Breiten von 1 bis 5 m. Wie bei der Zirbelkiefer sind die Zweige kurz und dicht behaart. Die zu fünft und sehr dicht stehenden, 4 bis 7 cm langen Nadeln liegen dem Zweig ziemlich dicht an, sie sind außen dunkelgrün und innen durch die fünf bis sechs deutlichen Spaltöffnungslinien stark blaugrün gefärbt. Mit ihrer tiefroten Farbe fallen die männlichen Blüten an der Basis der jungen Triebe ungewöhnlich stark auf. Die relativ kleinen Zapfen sind zunächst purpurviolett, zur Reife dunkelbraun gefärbt. Die wohl schönste aller Zwergkiefern wird im Garten wie die heimische Bergkiefer verwendet. Sie braucht unbedingt durchlässige Böden und eher kühle, luftfeuchte Lagen. Auf zu schweren und zu stark alkalischen Böden bekommen die Pflanzen chlorotische Nadelverfärbungen. Die bei den natürlichen Arten auftretenden Unterschiede im Habitus sowie in der Länge und Färbung der Nadeln hat zur Auslese von Gartenformen geführt, die heute meist anstelle der natürlichen Art angeboten werden:

'Barmstedt' wächst vergleichsweise stark und aufrecht. Sie fällt durch ihre sehr langen, stark gedrehten, silbrigblauen Nadeln auf. Es sind Nachkommen einer Pflanze aus dem Forstbotanischen Garten in Hannoversch Münden, die aus Samen gezogen wurde, die 1928 aus Sapporo kamen.

'Glauca'. Die im Alter mehr als mannshohe, anfangs dicht kissenförmig wachsende, später aufstrebende und etwas aufgelockerte Form trägt graublaue Nadeln, an denen die weißen Spaltöffnungslinien auffallen. Sie wird von allen Formen am häufigsten kultiviert.

'Jeddeloh'. Die sehr wüchsige und gesunde Form wächst breit ausladend, mit schräg ansteigenden Zweigen und dicht benadelten Trieben. Die frischgrünen Nadeln sind auf den Innenseiten blauweiß.

Pinus radiata. Die Montereykiefer besiedelt nur ein sehr kleines Areal auf der Monterey-Halbinsel südlich von San Francisco. Sie erreicht dort auf ihren felsigen Standorten kaum größere Höhen, kann aber an günstigeren Standorten sehr rasch wachsen und bis 30 m hoch werden. In mediterranen und britischen Gärten entwickelt sich die in Mitteleuropa nicht ausreichend frostharte *Pinus radiata* zu mächtigen Bäumen mit starken, abstehenden Ästen und unregelmäßigen, rundlichen Kronen. Die Stämme alter Bäume haben eine sehr dicke, tiefrissige, dunkelbraune Borke. Zu dritt stehen die 10 bis 14 cm langen, ziemlich dünnen, frischgrünen Nadeln. Sehr schief und unregelmäßig geformt sind die Zapfen, die jahrelang geschlossen am Baum bleiben.

Pinus × schwerinii. Mit ihren langen Nadeln und langen Zapfen erinnert diese Hybride etwas an die Tränenkiefer, *Pinus wallichiana*, im Aufbau unterscheidet sie sich aber deutlich von ihr. Während bei nahezu allen Kiefern die Äste innerhalb eines Quirles gleich lang sind, sind sie hier stets sehr ungleich lang – ein Ast ist meist deutlich länger als die übrigen. So entsteht eine malerische, aufgelockerte Krone mit weit ausgebreiteten, waagerecht abstehenden Ästen. Die zu fünft stehenden Nadeln sind etwa 10 cm lang und dünn, sie hängen schlaff herab. Schon an jungen Pflanzen werden die 8 bis 15 cm langen, walzenförmigen, sehr harzigen Zapfen ausgebildet. *Pinus × schwerinii* ist schon in jungen Jahren eine sehr dekorative Kiefer, die aber leider stark unter dem Befall von Blasenrost leidet.

Pinus strobus. Die im östlichen Nordamerika heimische Strobe oder Weymouthkiefer erreicht auch in Kultur Höhen von 20 bis 30 m und wird damit für den kleineren Garten viel zu groß. In der Jugend wächst sie regelmäßig kegelförmig, im Alter wird die Krone oft sehr unregelmäßig und locker. Die dünne, graugrüne Borke bleibt sehr lange glatt, später ist sie dick, dunkel und tief gefurcht. An den dünnen, biegsamen Zweige stehen die sehr dünnen und weichen, biegsamen, blaugrünen Nadeln zu fünft. Schmal-zylindrisch sind die 8 bis 20 cm langen Zapfen. Die Strobe verträgt mehr Schatten als jede andere Kiefer, sie bevorzugt kühle, luftfeuchte Lagen, in bezug auf den Boden ist sie nicht anspruchsvoll. Sie hat als einzige fremdländische Kiefer bei uns eine forstliche Bedeutung erlangt. Leider ist die Strobe recht anfällig für den Blasenrost. Als Gartenpflanzen sind einige Formen wichtiger als die Art:

'Krüger's Liliput' entstand als Mutation an 'Radiata'. Sie wächst anfangs dicht kissenförmig und deutlich schwächer als 'Radiata'. Nach einigen Standjahren auf nährstoffreichen Böden verschwinden die Unterschiede weitgehend, der zunächst geschlossene Aufbau lockert sich auf.

'Radiata' wächst anfangs mehr oder weniger kugelig und dicht geschlossen, später mehr breit-kegelförmig und sehr unregelmäßig. Obwohl sehr langsamwachsend, erreichen die Pflanzen im Alter Höhen von 2 bis 3 m.

Beide Formen sind mit ihren feinen, aufwärts gerichteten und sehr dicht stehenden, blaugrünen Nadeln sehr dekorative Kleinkoniferen. Sie wirken viel zarter und eleganter als die grobnadeligen Formen von *Pinus nigra* und *Pinus sylvestris*.

Pinus sylvestris. Die Gemeine Kiefer hat in Europa, Nord- und Vorderasien ein sehr ausgedehntes Verbreitungsgebiet. Ihre Verbreitung reicht von Nordportugal und Zentralspanien bis zum 70.

Breitengrad in Skandinavien und in Sibirien vom 50. bis zum 65. Breitengrad. Sie verträgt extrem tiefe Temperaturen, ist gleichzeitig aber auch hitzeverträglich. Sie gedeiht auf allen Böden, gleichgültig ob naß oder trocken und besonders nährstoffarm. Der 20 bis 35 m hohe Baum wächst anfangs regelmäßig und locker kegelförmig, im Alter ist die Krone meist asymmetrisch, abgerundet, flach oder fast schirmförmig ausgebreitet. Stamm und Äste fallen mit ihrer rötlichen, fuchsroten oder orangefarbenen Spiegelrinde auf, nur der untere Stammteil trägt eine dicke, längsgefurchte Borke. Zu zweit stehen die steifen, meist deutlich gedrehten, 3 bis 7 cm langen, blau- oder graugrünen Nadeln, die innen deutliche Spaltöffnungsbänder tragen. Als Parkbaum ist die Gemeine Kiefer mit ihren tiefreichenden Wurzeln sehr wertvoll, denn sie verhält sich tolerant gegenüber benachbarten Stauden und Gehölzen. Für kleinere Gärten sind einige der zahlreichen Gartenformen wichtiger als die Art:

'Fastigiata'. Die Säulenform der Gemeinen Kiefer ist ein straff-aufrecht wachsender, schmal-säulenförmiger Kleinbaum von etwa 6 bis 10 m Höhe mit senkrecht aufstrebenden Ästen und kurzen Zweigen. Werden die Kronen durch nassen Schnee nicht auseinandergedrückt, bleiben sie lange dicht geschlossen. Die Nadeln sind blaugrün gefärbt wie bei der Art.

'Globosa Viridis' wird mit anfangs kugeligem, später mehr eiförmigem Wuchs kaum mehr als 1,5 m hoch, Äste und Zweige stehen dicht gedrängt und bilden so einen gedrungenen und geschlossenen Busch. Die 10 cm langen, ziemlich steifen, gedrehten Nadeln sind dunkelgrün gefärbt.

'Hibernica' fällt im Winter durch ihre rotbraun gefärbten Knospen auf. Die zwergige Form wächst dicht und eirundlich und wird sicher nicht höher als 'Globosa Viridis'. Ihre steifen Nadeln sind vergleichsweise kurz und schön blau gefärbt.

'Norske Typ' wird auch als 'Typ Norwegen' bezeichnet. Diese Selektion skandinavischer Herkunft wächst schwächer als die Normalform und wird nur 10 bis 15 m hoch. Sie ist dicht verzweigt und bildet malerische, unregelmäßige Kronen.

'Watereri' ist die am häufigsten gepflanzte Form der Gemeinen Kiefer. Es handelt sich beileibe nicht um eine Zwergform, sondern um einen Großstrauch von mindestens 5 m Höhe und Breite. Zunächst wachsen die Pflanzen aufrecht und breit-kegelförmig, im Alter ist die Krone aufgelockert und nahezu kugelrund, schließlich mehr oder weniger schirmförmig. Dann wird auch die schöne rötliche Spiegelrinde der Äste sichtbar. Die kurzen Nadeln sind schön stahlblau und damit intensiver als bei der Wildart gefärbt. Diese wunderschöne Form beansprucht mehr Platz, als man bei kleinen Pflanzen zunächst vermuten würde.

Pinus uncinata. Die Hakenkiefer wird gelegentlich auch als Rasse der Bergkiefer eingestuft, wächst aber im Gegensatz zu dieser baumförmig und kann 10 bis 15 m hoch werden. Ihre Hauptverbreitung hat sie in den Pyrenäen, im französischen Zentralmassiv, dem Schweizer Jura sowie in den West- und Schweizer Zentralalpen. Sie baut sich mit einem dicken, schwarzgrau berindeten Stamm und regelmäßig quirlständigen, waagerecht ausreizenden Ästen auf. Ihre Nadeln gleichen denen von *Pinus mugo*. Die Zapfen sind deutlich asymmetrisch geformt, ihre Schuppenschilde tragen auf der dem Zweig abgewandten Seite stumpfe oder zugespitzte, zurückgekrümmte Haken. *Pinus uncinata* ist ein interessanter Kleinbaum, der auf allen durchlässigen und auch auf kalkhaltigen Böden wächst.

'Grüne Welle' und 'Paradekissen'. In jüngster Zeit sind aus der Zwergkoniferensammlung G. Horstmann diese beiden Hexenbesen-Abkömmlinge in den Handel gekommen. Sie bilden ganz dichte, kompakte, sehr langsam wachsende, kurznadelige Formen und sind sicher die kleinsten Zwergformen aller Kiefernarten.

Pinus wallichiana. Die im Himalaja heimische Tränenkiefer ist wohl die schönste und eleganteste unter den in Europa kultivierten Kiefern. Sie entwickelt sich zu 20 bis 30 m hohen, locker aufgebauten, breit-kegelförmigen Bäumen mit waagerecht ausgebreiteten, im oberen Kronenbereich ansteigenden Ästen. Der Stamm bleibt lange glatt, später hat er eine grau- bis schwarzbraune, längsrissige, kleinschuppige Borke. Bis 20 cm lang sind die feinen, zu fünft stehenden, grau- bis blaugrün gefärbten Nadeln, sie hängen schleierartig schlaff von den dünnen Zweigen. Schon früh entwickeln sich die auffallend großen, 15 bis 25 (30) cm langen, schlanken, bananenförmig gebogenen, an-

Sciadopitys verticillata

fangs grünlich-violetten Zapfen, die zur Reife im zweiten Jahr mit zahlreichen Harztropfen bedeckt sind. Der wärmebedürftige, nur mäßig frostharte Solitärbaum braucht einen geschützten Platz, der vor allem im Winter Schutz vor trockenen Winden und starker Sonneneinstrahlung bietet. Der Boden muß tiefgründig, mäßig trocken bis frisch und sauer bis neutral sein.

Pseudolarix amabilis, Goldlärche
Pinaceae

Sommergrüner Nadelbaum mit langen, weichen Nadeln, die sich im Herbst prächtig goldgelb verfärben.

Die Goldlärche, heimisch im östlichen China, ist die einzige Art ihrer Gattung. Der ganz exquisite, in unseren Gärten nur selten kultivierte Baum erreicht in seiner Heimat Höhen von 30 bis 40 m, bei uns aber wird er kaum mehr als 15 bis 20 m hoch. Der lärchenartige Baum wächst nur langsam, er hat eine breit-kegelförmige Krone mit weit ausgreifenden, lockerstehenden Ästen. Seine rotbraune, gefurchte Borke löst sich in kleinen Platten. Viel länger als bei den Lärchen sind die 3 bis 6 cm langen und bis 3 mm breiten, weichen Nadeln. Sie sitzen an den Langtrieben entfernt schraubig, an den Kurztrieben aber zu 15 bis 30 gehäuft und schirmartig ausgebreitet. Aus dem frischen Grün der Nadeln wird im Herbst ein prachtvolles Goldgelb. Nur an zusagenden Standorten entwickelt sich die Goldlärche zu gesunden, schönen Bäumen. Sie braucht einen sonnigen, geschützten Platz und einen durchlässigen, frischen bis feuchten, sauren bis neutralen Boden. In der Jugend braucht sie in strengen Wintern Schutz, später ist sie ausreichend frosthart.

Sciadopitys verticillata, Schirmtanne
Taxodiaceae

Immergrüner Nadelbaum mit schmal-kegelförmiger Krone und ganz eigenartigen, fingerlangen Nadeln.

Wie die Goldlärche ist die Schirmtanne die einzige Art ihrer Gattung. Sie kommt in den Gebirgen Japans vor und kann dort im Alter Höhen von 20 bis 30 m erreichen. Bei uns aber bleibt sie ein Kleinbaum von 10 bis 15 m Höhe. Der sehr langsamwachsende, in unseren Gärten recht seltene Baum baut mit kurzen, dünnen, waagerecht abstehenden und im Alter hängenden Ästen eine schmal-kegelförmige, bis zum Boden beastete Krone auf. Die Borke bleibt lange glatt, im Alter nimmt sie eine schöne rotbraune Färbung an. Das charakteristische Merkmal der Schirmtanne sind ihre bis 15 cm langen und 3 bis 4 mm breiten, glänzend dunkelgrünen Nadeln, die am Ende der Zweige dicht beieinanderstehen und schirmspeichenartig angeordnet sind. Sie werden als »Doppelnadeln« gedeutet, die aus der Verwachsung der beiden Blattorgane eines Kurztriebes entstanden sind. In unseren Gärten ist die Schirmtanne eine eher trägwüchsige Konifere. In Japan ist sie gelegentlich als Tempelbaum zu sehen, sie kann sich dort in Jahrhunderten zu kapitalen Bäumen entwickeln. Als jüngere Pflanze bevorzugt die Schirmtanne leicht beschattete Plätze, in luftfeuchten Lagen verträgt sie auch einen sonnigen Standort. Der Boden muß unbedingt frisch bis feucht, saurer bis neutral und sandig- bis lehmig-humos sein. Sagt ihr der Standort nicht zu, wächst die Schirmtanne eher krüppelig, bekommt gelbliche Nadeln und geht schließlich ein.

Sequoia sempervirens, Küstensequoie, Redwood
Taxodiaceae

Immergrüner Nadelbaum, der mit Höhen von 80 bis 100 m zu den höchsten Bäumen der Welt gehört.

Die einzige Art der Gattung besiedelt nur einen schmalen Streifen an den Küsten von Oregon und Washington. Sie bildet dort sehr dichte Urwälder mit turmhohen Bäumen, deren Alter zwischen 400 und 800 Jahren liegt. Einzelbäume erreichen ein Alter von 2000 Jahren und Stammdurchmesser von über 3 m. Die Bäume formen eine schlanke, kegelförmige Krone und einen geraden Stamm mit einer dicken, weichen, schwammigen, tief gefurchten Borke, die sich in Streifen löst. Die 6 bis 20 mm langen, abgeflachten, weichen, dunkel- bis bläulichgrünen und unten mit zwei weißen Spaltöffnungsbändern gezeichneten Nadeln stehen nicht oder nur unregelmäßig gescheitelt, an den Kurztrieben regelmäßig gescheitelt. Die Küstensequoie, schon 1843 nach Europa eingeführt, ist in Deutschland nur an wenigen, klimatisch besonders begünstigten Standorten einigermaßen winterhart. In Westeuropa und südlich der Alpen entwickelt sie sich zu wunderschönen, 20 bis 30 m hohen Bäumen.

Sequoiadendron giganteum, Mammutbaum
Taxodiaceae

Immergrüner, in seiner Heimat 50 bis 80 m hoher Nadelbaum, gerühmt als »imponierendstes Lebewesen der Erde, bewundernswert in Größe und Alter«.

Mit seiner Wuchshöhe und vor allem mit seinen gewaltigen Stammdurchmessern gilt der Mammutbaum als das größte Lebewesen der Erde. Stammdurchmesser von 5 bis 8 m sind nicht selten, die stärksten Bäume sind noch etwas dicker. Die Stämme alter Bäume können bis in Höhen von 50 m astfrei sein, sie ragen wie mächtige Säulen hoch in den Himmel. Ihre weiche, schwammige Borke kann 30 bis 60 cm dick sein, sie ist längsrissig gefurcht und schön rotbraun bis fuchsrot gefärbt. Mit kräftigen, waagerecht abstehenden Ästen baut der Baum eine kegelförmige Krone mit hängenden Zweigen auf. Die bis 12 mm langen, pfriemförmigen bis lanzettlichen Nadeln liegen den Zweigen dicht an.
Der Mammutbaum hat seine Heimat im pazifischen Nordamerika, in einigen Talschluchten an den Westhängen der Sierra Nevada in Kalifornien. Er wächst dort auf tiefgründigen, nährstoffreichen basischen oder sauren Böden. Seit 1841 sind die Bestände der Mammutbäume bekannt, 1852 kamen erste Samen nach Europa. In Deutschland haben die ältesten Bäume inzwischen Höhen von etwa 50 m erreicht, der Mammutbaum sprengt also leicht den Rahmen eines Hausgartens. Er ist zwar wärmeliebend, aber auch bei uns fast überall ausreichend frosthart.
Wie von vielen monotypischen Gattungen her bekannt, kennen wir auch vom Mammutbaum nur wenige Formen mit abweichendem Habitus: 'Barabit's Requiem' ist eine interessante, noch wenig verbreitete Form mit kräftigem, geradem Mitteltrieb und locker und elegant überhängenden Seitenzweigen.

Taxodium distichum, Sumpfzypresse
Taxodiaceae

Sommergrüner, hoher Nadelbaum mit einer hellgrünen, fast fedrigen, im Herbst rotbraun gefärbten Benadelung und eigenartigen Auswüchsen aus den flachstreichenden Wurzeln, die als Atemknie bezeichnet werden.

Die Sumpfzypresse aus dem südöstlichen Nordamerika behält sehr lange ihren kegelförmigen bis zylindrischen Habitus mit einer aufgelockerten,

Taxodium distichum

lichten Krone, erst in hohem Alter werden abgerundete Kronen entwickelt. Der abholzige Stamm hat eine dünne, längsrissige, rot- bis graubraune Borke. Das besondere Merkmal der Sumpfzypresse sind die oft sehr zahlreichen, senkrecht aus dem Boden ragenden Ausstülpungen, die als Atemknie bezeichnet werden. An den sumpfigen Standorten der Heimat ragen sie hoch und spitz aus dem schlammigen Boden, in Kultur werden selten Höhen bis 1 m erreicht. Diese Ausstülpungen setzen sich im Boden pfahlartig fort und dienen so der Stabilisierung des Baumes auf dem weichen Untergrund. Das Sproßsystem der Sympfzypresse ist in Lang- und Kurztriebe gegliedert. Während die Langtriebe verholzen und Knospen tragen, bleiben die Kurztriebe krautig, sie werden im Herbst mit den abgeflachten, bis 20 mm langen, hellgrünen, nur scheinbar gegenständigen

Blättern abgeworfen. Der Größe wegen ist die Sumpfzypresse eher ein Park- als ein Gartenbaum. Sie steht am besten am Rande von Gewässern, denn sie verträgt hohe Grundwasserstände und eine zeitweilige Überschwemmung, sie wächst sogar unmittelbar im flachen Wasser. Der Boden muß aber nicht unbedingt feucht oder naß sein, die Sumpfzypresse kommt auch mit einem mäßig trockenen Boden zurecht. Der sollte sauer bis neutral sein, denn auf kalkhaltigen Böden kümmern die Pflanzen und bekommen gelbe Nadeln. Der Pflanzplatz muß sonnig sein. Die Sumpfzypresse ist der Charakterbaum der Swamps in den Everglades von Florida, einem Flachwassergebiet.

Taxus, Eibe
Taxaceae

Immergrüne, mittelhohe oder mehr strauchig wachsende Nadelgehölze, von denen es zahlreiche Gartenformen von sehr unterschiedlicher Gestalt und Nadelfärbung gibt.

In der gemäßigten Zone der nördlichen Hemisphäre kommen sechs oder sieben nahe verwandte und einander sehr ähnliche Eibenarten vor. Es sind reichverzweigte Kleinbäume oder Sträucher mit fast waagerecht abstehenden oder aufsteigenden Ästen und einer dünnen, glatten, rötlichbraunen Borke, die in dünnen Schuppen abblättert. Die nadelförmigen, etwa 2 bis 3 cm langen Blätter sind an aufrechten Trieben schraubig angeordnet, an Seitenzweigen stehen sie meist zweizeilig. Sie sind oberseits meist glänzend dunkelgrün, auf der Unterseite deutlich heller. Eiben sind überwiegend zweihäusige Pflanzen mit sehr unscheinbaren Blüten. Auffälliger sind dagegen die meist leuchtendrot gefärbten und leicht bläulich bereiften Früchte. Ein einziger Samen wird von einem etwas schleimigen und süß schmeckenden, eßbaren, oben becherförmig geöffneten Samenmantel (Arillus) umgeben. Mit Ausnahme dieses Samenmantels sind alle Teile der Eibe sehr giftig. Wir kultivieren in unseren Gärten überwiegend die in Mitteleuropa heimische *Taxus baccata* mit ihren zahlreichen Sorten, dazu eine Form der japanischen Eibe, *Taxus cuspidata*, und eine Hybride zwischen diesen beiden Arten, *Taxus × media*.

Taxus baccata 'Fastigiata Aurea'

Taxus baccata. Die Gemeine Eibe ist von Europa bis zum Nordkaukasus und bis nach Persien sowie im Atlasgebirge Nordafrikas verbreitet. Sie wächst meist vereinzelt im Unterholz lichter Wälder auf lockeren, tiefgründigen, mäßig trockenen bis feuchten, meist alkalischen Böden. Sie verträgt mehr Schatten als jedes andere Nadelgehölz, baut sich in schattigen Lagen aber sehr locker auf. Am besten geeignet sind sonnige bis halbschattige Plätze. Als Waldbaum entwickelt sich die Eibe zu 10 bis 15 m hohen, locker aufgebauten Bäumen mit unregelmäßig stehenden Ästen. Die anfangs breit-kegelförmige Krone ist im Alter mehr oder weniger rundlich. Oft sind die Bäume vom Boden an mehrstämmig, nicht selten verwachsen die

Stämme so miteinander, daß sie wie ein einziger Stamm aussehen. Baumschulpflanzen zeigen selten den natürlichen Wuchscharakter der Art. Sie werden von Jugend an beschnitten, damit sie zu dicht verzweigten Pflanzen heranwachsen.

Die Eibe wird nicht nur als Solitärgehölz oder zum Sichtschutz im Schatten lichter Baumgruppen eingesetzt, sie ist dank ihrer außerordentlich hohen Schnittverträglichkeit eine hervorragende Heckenpflanze. Sie läßt sich außerdem willig in jede Form schneiden und kann dabei ein sehr hohes Alter erreichen. Sie ist ohnedies wohl das langlebigste Gehölz unserer Breiten.

Die Eibe ist ein außerordentlich formenreiches Gehölz. Es gibt heute unzählige Formen mit ganz flachem bis schlank-kegelförmigem Wuchs und mit tiefgrünen bis gelben Nadeln:

'Amersfoort' ist ein kleiner, schwachwachsender, locker und unregelmäßig verzweigter Strauch, der in seiner Tracht eher an eine Steineibe erinnert. An ziemlich steifen, dicken Trieben sitzen dicht gedrängt sehr kurze, breite Nadeln. Sicher die eigenartigste unter allen Eibenformen.

'Aureovariegata'. Der 3 bis 5 m hohe, aufrechte bis breitbuschige Strauch hat dichtstehende, ausgebreitete Äste mit sattgelben Nadeln, die später mehr gelbgrün werden. Sie gedeiht am besten in halbschattigen Lagen.

'Dovastoniana'. Wenn die Sorte aus Spitzentrieben vermehrt und aufrecht gezogen wird, baut sie sich zu 6 bis 10 m hohen, sehr breit und unregelmäßig kegelförmigen Kleinbäumen auf. Vom durchgehenden Hauptstamm stehen die Äste weit und waagerecht ab, die Seitenzweige hängen mähnenartig herab. Diese wohl stattlichste Form der Eibe ist ein ganz prachtvoller Solitärbaum. Gelegentlich wird 'Dovastoniana' auch in einer flachen Form gezogen. Sie wird dann mit schräg aufstrebenden, an den Spitzen nickenden Ästen nur 2 bis 4 m hoch, aber doppelt so breit.

'Dovastoniana Aurea' gleicht in Form und Aufbau der grünnadeligen 'Dovastoniana', wächst aber langsamer, bleibt deutlich kleiner, hat goldgelbe Triebe und gelbgrüne Nadeln mit gelbem Rand.

'Fastigiata' wächst anfangs aufrecht und geschlossen säulenförmig. Mit zunehmendem Alter löst sich die strenge Säulenform aber auf, bei einer Wuchshöhe von 3 m sind die Pflanzen meist schon mehr als 1 m breit, im Alter werden bei Höhen von 5 bis 7 m Breiten von 3 bis 5 m erreicht. Die Pflanzen entwickeln dabei entweder vasenähnliche Formen, oder sie werden sehr breit säulenförmig. Weil die Nadeln bei trocken-kalter Witterung leicht braun werden, sollte man lieber 'Fastigiata Robusta' pflanzen.

'Fastigiata Aureomarginata' wächst anfangs schmalsäulenförmig, wird aber im Alter breiter und dann vasenförmig oder breit-säulenförmig. Bei einer Höhe von 2 bis 4 m können die Pflanzen 2 (3) m breit werden. Im Gegensatz zu den goldgelb gefärbten Nadeln von 'Fastigiata Aurea' sind hier die Nadeln nur goldgelb gerandet, sie werden im Laufe des Jahres allmählich hellgrün. Da die Zahl der kräftigen jungen Triebe mit zunehmendem Alter nachläßt, geht auch die Gelbfärbung der Nadeln zurück. Diese weibliche Form befindet sich nun schon mehr als 100 Jahre in Kultur.

'Fastigiata Robusta' wächst schmal-säulenförmig und bleibt auch im Alter deutlich schlanker als 'Fastigiata'; bei einer Höhe von 3 bis 5 (8) m werden die Pflanzen nur 1 bis 2 m breit. Sehr dicht stehende Äste und Zweige und dicht benadelte Triebe bilden eine sehr dichte Krone. Die Nadeln sind zwar etwas heller als bei 'Fastigiata', aber viel weniger anfällig gegenüber tiefen Temperaturen und winterlicher Sonneneinstrahlung. Im Alter lassen sich beide Formen durch ihren Habitus leicht unterscheiden, bei jüngeren Exemplaren fällt die Unterscheidung schwer.

'Hessei' ist eine sehr dicht verzweigte, breit-aufrecht wachsende, 3 bis 5 m hohe Form mit auffallend langen und breiten (bis 35 mm lang und 4 mm breit), teilweise sichelförmig gebogenen, tiefgrünen Nadeln, die auch im Winter ihre sattgrüne Farbe nicht verlieren. Sie gilt als eine der härtesten aller *Taxus*-Formen.

'Ingeborg Nellemann' gehört zu den schwachwachsenden Formen, sie wächst mit überhängenden Zweigspitzen breit und kompakt und wird in 10 Jahren etwa 1 m hoch und 1,3 m breit. Die jungen Triebe sind für lange Zeit intensiv goldgelb gefärbt, die älteren Nadeln sind goldgelb gerandet. Diese wertvolle Selektion einer dänischen Baumschule weist eine sonnenbeständige Benadelung auf.

'Nissen's Corona' ist eine von mehreren »Aprather Typen«, vegetativ vermehrten, robusten und anspruchslosen Eibenklonen mit besonders schönen,

dekorativen Wuchsformen. 'Nissens Corona' ist ein bis 3 m hoher, aber mehr als doppelt so breiter Strauch mit weit abstehenden, waagerechten bis schräg ansteigenden, locker und etwas unregelmäßig verzweigten Ästen und hellgrünen Nadeln.
'Nissen's Präsident'. Der starkwüchsige Klon wächst breit ausladend mit trichterförmig ansteigenden Ästen, nickenden Zweigspitzen und dunkelgrünen Nadeln. Die Pflanzen erreichen Höhen bis 3 m und werden doppelt so breit.
'Overeynderi'. Die sehr schöne, robuste Form wurde schon 1860 von Overeynder in Boskoop als Sämling von 'Fastigiata' gefunden. 'Overenderyi' wächst straff aufrecht und breit-kegelförmig, sie ist dicht verzweigt, wird 5 bis 7 m hoch und dabei kaum mehr als 2 bis 3 m breit. Obwohl anfangs viel breiter als 'Fastigiata', bleibt sie im Alter schmaler als diese. Ihre zahlreichen, dichtstehenden Zweige tragen kurze, 2 cm lange, dunkelgrüne Nadeln.
'Repandens' erreicht mit ihren ganz flach ausgebreiteten Ästen nur Höhen von 50 bis 70 cm, aber Breiten von 2 bis 4 m. Sehr dicht stehen die ziemlich steifen, übergebogenen Zweige. Die sichelförmigen, glänzend dunkelgrünen Nadeln sind ziemlich lang. Die sehr robuste, winterharte Form gilt unter den zwergigen Sorten heute als die wichtigste.
'Schwarzgrün' nennt sich eine holsteinische Selektion. Der sehr dicht verzweigte, aufrechte, breitbuschige und ziemlich geschlossene, 2 bis 3 m hohe Strauch trägt auffallend dunkelgrüne Nadeln. Gilt als besonders frosthart und robust.
'Semperaurea' wird als beste gelblaubige Form bezeichnet. Sie wächst mit aufrechten Ästen breitbuschig aufrecht, ist dicht verzweigt und wird 2 bis 3 m hoch. Die etwas sichelförmig gebogenen Nadeln sind im Austrieb leuchtend goldgelb, auch später verblaßt die Färbung nur wenig.
'Summergold' wächst mit schräg ansteigenden Ästen breit und flach, sie ist dicht verzweigt, wird im Alter etwa 2 m hoch und wohl doppelt so breit. Die ziemlich langen Nadeln haben anfangs einen breiten gelben Rand, den Sommer über sind sie meist ganz gelb. Bei der sehr sonnenbeständigen Sorte verbrennen die Nadeln auch in voller Sonne nicht.
'Washingtonii' ist eine weibliche Form, die locker und gedrungen wächst und dabei 1,5 bis 2 m hoch und 2 bis 3 m breit wird. An den schräg trichterförmig ausgebreiteten Ästen hängen die Zweige locker über. Die sichelförmig aufwärts gebogenen Nadeln sind gelbgrün, im Sommer grünlichgelb mit schmalem gelben Rand und im Winter mehr bronzegelb gefärbt.

Taxus cuspidata 'Nana'. Die Japanische Eibe, heimisch in Japan, Korea und der Mandschurei, ist bei uns vor allem durch die Form 'Nana' vertreten. Sie ist ein niedriger, 1 bis 2 m hoher und 3 bis 5 m breiter, gedrungener Strauch mit weit ausgebreiteten, steifen Ästen und zahlreichen kurzen, dichtstehenden Trieben. Die 20 bis 25 mm langen, meist radial stehenden Nadeln sind stumpfgrün und im Winter bronzegrün überlaufen. Diese sehr wertvolle Form ist frosthärter als die Formen von *Taxus baccata*.

Taxus × media. Zu *Taxus × media* gehört eine Gruppe von Hybriden zwischen *Taxus baccata* und *Taxus cuspidata*. Die Formen haben von *Taxus cuspidata* ihre hohe Winterhärte mitgebracht, die sie deshalb für kältere und kontinentale Regionen besonders wertvoll macht. Die meisten wachsen kräftiger als *Taxus baccata*. Ihre Triebe sind olivgrün und an der Sonnenseite oft gerötet. Nadelform und -stellung erinnern an *Taxus cuspidata*, die kurz zugespitzten Nadeln sind breiter und steifer als bei *Taxus baccata*, sie stehen an aufrechten Trieben radial und an den Seitentrieben meist zweizeilig.
'Hicksii' wächst anfangs breit-säulenförmig mit langen aufstrebenden, lockerstehenden Ästen. Später streben die Äste oben auseinander und bilden dann schmal-trichterförmige Sträucher mit einer Höhe von 3 bis 5 m und einer Breite von 2 bis 3 m. Die Nadeln sind 25 bis 30 mm lang, an der Oberseite glänzend dunkelgrün und unterseits hellgrün. Eine sehr harte und anspruchslose, sehr reich fruchtende Form für freiwachsende Hecken.
'Hillii'. Mit aufrechten Ästen und kurzen, sehr dicht und aufrecht stehenden Zweigen wächst 'Hillii' zu einem 3 bis 5 m hohen und 2 bis 4 m breiten, breit-kegelförmigen bis mehr rundlichen Strauch heran. Die Nadeln sind an der Oberseite glänzend hellgrün, unterseits graugrün.
'Strait Hedge' wächst mit straff aufrechten, dichtstehenden kurz verzweigten Ästen schmal-säulen-

förmig, wird bis 5 m hoch und 1 bis 2 m breit. Die Sorte bildet im Vergleich zu den 'Fastigiata'-Formen von *Taxus baccata* etwas aufgelockerte Säulen, die auch an der Basis stets gut verzweigt und geschlossen sind. Die sehr dicht stehenden Nadeln sind tiefgrün. Die weibliche Form fruchtet schon als junge Pflanze reich; sie ist besonders gut für freiwachsende Hecken geeignet.

Thuja, Lebensbaum
Cupressaceae

Immergrüne, meist baumförmig wachsende, dicht und kegelförmig aufgebaute Nadelgehölze mit schuppenförmigen, sehr dicht dachziegelartig angeordneten und den Zweigen dicht angedrückten Blättern, die kräftig aromatisch riechen.

Von den sechs *Thuja*-Arten sind zwei in Nordamerika und vier in Ostasien heimisch. Im allgemeinen werden bei uns nur die beiden nordamerikanischen Arten *Thuja occidentalis* und *Thuja plicata* kultiviert, in wärmeren Regionen auch der Morgenländische Lebensbaum, *Thuja orientalis*. Hinzu kommen die zahlreichen Gartenformen, die überwiegend zu *Thuja occidentalis* gehören. Alle aufrechtwachsenden Arten und Formen wachsen zu sehr gleichmäßig geformten, kegelförmigen Bäumen heran. Mit ihren abstehenden oder ansteigenden Ästen und den mehr oder weniger abgeflachten, in einer Ebene verzweigten Trieben werden dichte, geschlossene Kronen aufgebaut. Unter den zahlreichen Gartenformen finden wir Sorten mit schlankem, säulenförmigem Wuchs, aber auch aufrechte Sorten mit hängenden Zweigen, ausgesprochen zwergig wachsende Sorten und schließlich solche mit einer abweichenden Laubfärbung. Die hochwachsenden Formen können sich im Freistand zu schönen Solitärbäumen oder Gruppen entwickeln, sie sind nicht zuletzt hervorragende Hecken-, Wind- und Sichtschutzpflanzen. *Thuja occidentalis* zählt sicher immer noch zu den am häufigsten gepflanzten immergrünen Heckenpflanzen. Sie hat ein hohes Regenerationsvermögen und läßt sich mühelos schneiden. Ein Rückschnitt ins alte Holz ist im Gegensatz zu *Taxus baccata* allerdings nicht möglich. Die Zwergformen der *Thuja*-Arten finden ihren Platz vor allem auf Friedhöfen, in Vorgärten, auf schmalen Rabatten und in Steingärten.

Alle Arten und Formen vertragen auch halbschattige Plätze, sie lieben kühle, luftfeuchte Lagen und sind empfindlich gegenüber Hitze und Trockenheit. Sie wachsen auf allen tiefgründigen, nährstoffreichen, frischen bis feuchten, sauren bis alkalischen Böden.

Thuja occidentalis. Schon sehr früh, vermutlich 1534, kam der Abendländische Lebensbaum als eine der ersten Pflanzen aus seiner ostamerikanischen Heimat nach Europa. Weil sich der Baum leicht vermehren ließ, fand er rasch eine weite Verbreitung. Er wächst mit durchgehendem, oft mehrtriebigem Hauptstamm und aufrechten oder aufsteigenden Ästen zu dichten, kegelförmigen, bis zum Boden beasteten Bäumen heran. Die aufrechtstehenden Zweige sind fächerartig in einer Ebene verzweigt. Die dicht anliegenden, schuppenförmigen Blätter tragen im oberen Drittel markante Drüsen, sie sind glanzlos mattgrün gefärbt, den Winter über verfärben sie sich olivgrün bis bronzefarben. Die einhäusigen Blüten sind klein, grünlichgelb und unscheinbar. Die kleinen Zapfen haben zur Reife braune, weit klaffende Schuppen. Die natürliche Art erreicht Höhen von 15 bis 20 m, sie ist vor allem eine wichtige und häufig gepflanzte Heckenpflanze. Die große Variabilität der Art hat zur Selektion zahlreicher Formen geführt, von denen die folgenden häufiger angeboten werden:

'Brabant' unterscheidet sich von der natürlichen Art durch einen kräftigeren Wuchs, durch ihre dichte Verzweigung und durch eine frischgrüne Benadelung, die sich auch im Winter nicht verfärbt.

'Columna' wächst auch ohne Schnitt zu geschlossenen, schmal-säulenförmigen, bis 8 m hohen Kleinbäumen heran, die selbst im Alter nicht auseinanderfallen. Die fächerförmigen, glänzend dunkelgrünen Zweiglein behalten ihre Farbe im Winter bei. 'Columna' ist ein schöner Solitärbaum, aber auch eine wichtige Heckenpflanze, an der sich jeder Schnitt erübrigt.

'Europe Gold' wächst kegelförmig aufrecht, wirkt vom Habitus her etwa wie 'Smaragd' und wird etwa 2 bis 4 m hoch. Ihre Benadelung ist schön goldgelb, im Winter orangegelb.

'Holmstrup'. Die dänische Selektion bildet dichte, regelmäßig kegelförmige, mindestens 3 bis 4 m hohe Kleinbäume. Die senkrecht in einer Ebene stehenden Triebe sind sehr dicht mit grünen Schuppenblättern bedeckt, die ihre frische Farbe zum großen Teil auch während des Winters behalten.
'Little Champion' ist eine langsamwachsende, kaum 1 m hohe, mehr oder weniger kugelige Zwergform mit einer lockeren, aufrechten oder abstehenden Verzweigung. Die grünen Nadeln verfärben sich im Winter bräunlich.
'Lori' gleicht im Wuchs der Wildform, unterscheidet sich von dieser aber durch ihre hellgrüne Nadelfärbung, die auch den Winter über konstant bleibt. 'Lori' wird als besonders wüchsige und robuste Heckenpflanze empfohlen.
'Malonyana'. Die vor 1913 im Park von Malonya, in der heutigen Slowakei gefundene Form bildet ganz schmale, spitze, 10 bis 15 m hohe Säulenformen aus, die kaum mehr als 50 bis 60 cm breit werden. Sie ist dicht beastet, hat kurze, dichtgedrängt stehende Zweige und glänzendgrüne Schuppenblätter. Wertvoll als Gruppenpflanze, aber auch für schmale, hohe Heckenwände.
'Mecki'. Die schwachwachsende Zwergform zeigt einen gedrungenen, gleichmäßig kugeligen Wuchs und besitzt eine sehr gesunde, frischgrüne Benadelung.
'Rheingold'. Breit-kegelförmig und spitz wächst der weit über mannshohe, dicht verzweigte Strauch mit flachen, aufrechten Zweiglein. Die Blätter sind teilweise schuppenförmig, zum Teil aber auch nadelförmig, sie sind goldgelb bis orangegelb und den Winter über kupfriggelb gefärbt. Die sehr lebhaft wirkende Form kann im Alter Tochterstämme bilden und wächst dann zu ganz eigenwilligen Formen heran.
'Smaragd'. Bei dem gedrungen-kegelförmigen, 3 bis 5 m hohen, locker verzweigten Strauch stehen die flachen Zweige mehr oder weniger deutlich senkrecht übereinander. Die Schuppenblätter wirken im Sommer und Winter gleichermaßen glänzend frischgrün. Heute eine der am häufigsten kultivierten Formen.
'Tiny Tim'. Die sehr langsam wachsende, kugelige und sehr fein verzweigte Form wird in zehn Jahren etwa 40 cm hoch und 30 cm breit. Die grünen Nadeln werden den Winter über etwas braun.

Thuja orientalis. Das Verbreitungsgebiet des Morgenländischen Lebensbaumes reicht von Nordpersien bis nach Nordchina und der Mandschurei. Er ist wärmebedürftiger und empfindlicher gegenüber tiefen Wintertemperaturen als *Thuja occidentalis* und deshalb bei uns selten zu sehen. Im westlichen Europa und südlich der Alpen werden seine Gartenformen aber häufig kultiviert. In seiner chinesischen Heimat findet man den Baum häufig in den kaiserlichen Gärten, an Tempeln und Gräbern in uralten, eindrucksvollen Exemplaren.
In Europa wird der Morgenländische Lebensbaum kaum mehr als 10 bis 15 m hoch, er bildet einen vom Boden an mehrstämmigen Baum mit einer dichten, kegelförmigen Krone. Die dünne, grau- bis rotbraune Borke löst sich in dünnen Streifen. Die aufrechtstehenden Zweige sind in einer Ebene flach ausgebreitet. Die schuppenförmigen, dunkelgrünen Blätter liegen den Zweigen dicht dachziegelig an, sie tragen – im Gegensatz zu *Thuja occidentalis* – nur unauffällige Drüsen und verströmen beim Zerreiben bloß einen schwach wahrnehmbaren Harzduft.
'Aurea Nana'. Die meist eiförmig wachsende und sehr dicht verzweigte Zwergform wird kaum mehr als 1 m hoch. Ihre Zweige stehen alle senkrecht und fast parallel zueinander. Die schuppenförmigen Blätter sind hell gelbgrün, später mehr hellgrün und den Winter über bräunlichgelb. 'Aurea Nana' erweist sich als deutlich härter als die natürliche Art.
'Elegantissima' ist eine breit-säulenförmige, bis 5 m hohe Form mit steifen, aufrechten Ästen und fächerförmig verzweigten, senkrecht stehenden Zweigen. Die schuppenförmigen Blätter sind im Frühjahr goldgelb, später grünlichgelb und im Winter bräunlich gefärbt. (Abbildung Seite 2)
'Magnifica'. In südeuropäischen Baumschulen wird die schmal-kegelförmige, 2 bis 3 m hohe, sehr dicht und regelmäßig verzweigte Sorte häufig kultiviert. Sie unterscheidet sich von 'Elegantissima' dadurch, daß ihre Blätter länger gelb bleiben. Sie färben sich aber auch hier später gelbgrün und im Winter bräunlich.
'Semperaurea'. Auch dies ist eine in Südeuropa häufiger gezogene, bis 3 m hohe Sorte mit dichtem, eiförmigen Wuchs und straff-aufrecht stehenden Ästen und Zweigen. Nur an den Zweigspitzen

sind die Blätter beständig goldgelb, die übrigen sind nur gelbgrün.

Thuja plicata. Im pazifischen Nordamerika, in den Küstenregionen von Südalaska südwärts bis Nordkalifornien, ist der Riesenlebensbaum zu Hause. Er erreicht dort stattliche Höhen von 30 bis 50 m; an günstigen Standorten, auf nährstoffreichen, tiefgründigen, gleichmäßig feuchten Böden und bei hoher Luftfeuchtigkeit kann er auch bei uns Höhen von 20 bis 30 m erreichen. *Thuja plicata* ist ein schmal-kegelförmiger, im Freistand bis zum Boden beasteter Baum mit abstehenden oder überhängenden Ästen und einer dünnen, längsstreifigen Borke, die auffallend zimt- bis dunkel rotbraun gefärbt ist. Die schuppenförmigen Blätter glänzen auf der Sproßoberseite und bleiben auch den Winter über unverändert dunkelgrün, auf der graugrünen Unterseite sind die Spaltöffnungen als silbergraue, fast dreieckige Felder sichtbar. Die Blätter tragen eine deutlich ausgeprägte Drüse, zerrieben duften sie aromatisch.
Thuja plicata ist bei uns vor allem ein prachtvoller Parkbaum. Er bleibt im Freistand für Jahrzehnte bis zum Boden beastet. Nicht selten bewurzeln sich dann die dem Boden aufliegenden Äste, richten sich an der Spitze auf und bilden einen Kranz von Tochterstämmen, die gelegentlich ihrerseits wieder einen weiteren Kranz von Tochterstämmen bilden. So können ganz eindrucksvolle Baumgestalten entstehen. Weil ihre Blätter auch während der Wintermonate unverändert grün bleiben, wird die Art aber ebenso als wertvolle Heckenpflanze empfohlen.
'Atrovirens' unterscheidet sich von der Art nur durch die besonders tief dunkelgrünen Blätter.
'Aurescens' bleibt etwas niedriger als die Art, baut sich sonst aber in gleicher Weise auf. Ihre Triebspitzen sind im Austrieb gelblich, später verfärben sie sich grüngelb, ältere Nadeljahrgänge sind hellgrün gefärbt.
'Excelsa' wächst locker schmal-kegelförmig und wird annähernd so hoch wie die Art, die Äste stehen waagerecht ab, die Zweige sind locker angeordnet. Derber und größer als bei der Art sind die glänzend dunkelgrünen Zweiglein.
'Zebrina' ist eine 12 bis 15 m hohe, kegelförmig wachsende Sorte, deren Zweige zebraartig gelblich oder weißlich gestreift sind.

Thujopsis dolabrata, Hibalebensbaum
Cupressaceae

Immergrüner, mit den Lebensbäumen nahe verwandter Nadelbaum aus Japan, die einzige Art ihrer Gattung.

Wie viele andere hier behandelte Nadelgehölze ist auch der Hibalebensbaum eine »monotypische Gattung«, das heißt die ganze Gattung besteht nur aus dieser einen Art. In den Gebirgstälern ihrer japanischen Heimat wird sie zu einem bis 35 m hohen Baum. Bei uns wächst sie oft mehrstämmig und nur strauchig, selten wird sie mehr als 5 bis 10 m hoch. Mit abstehenden oder bogig aufsteigenden Ästen werden breit-kegelförmige, bis zum Boden beastete Bäume gebildet. Ihre abgeflachten, fächerförmig ausgebreiteten Triebe sind völlig von den schuppenförmigen, kreuzweise gegenständigen, ledrigen und sich dachziegelartig deckenden, glänzend frischgrünen Blättern bedeckt. Die Flächenblätter tragen auf der Unterseite zwei schmale, silberweiße Spaltöffnungsflecken. Der Hibalebensbaum gedeiht nur in kühlen, luftfeuchten Lagen und auf tiefgründigen, frischen bis feuchten Lagen zufriedenstellend, er verträgt recht gut auch halbschattige Plätze. Gelegentlich sind in Sammlungen zwei Formen zu sehen:
'Nana' wächst dichtbuschig und stets ohne Mitteltrieb.
'Variegata' besitzt weißbunte Zweige.

Tsuga, Hemlocktanne
Pinaceae

Immergrüne Nadelgehölze, die mit ihrer lockeren, grazilen Tracht und den feinen dunkelgrünen Nadeln zu den elegantesten aller Nadelgehölze gehören.

Die 15 Arten der Gattung haben ihre Heimat im Himalaja, in Japan, China und in Nordamerika. Es sind meist hohe Bäume mit locker und waagerecht abstehenden, oft etwas hängenden Ästen und dünnen, an den Spitzen meist hängenden Zweigen. Die nadelförmigen, schmal-linealischen Blätter stehen an aufrechten Trieben schraubig, an

Seitentrieben meist gescheitelt, sie sind oberseits meist glänzend dunkelgrün und unten mit zwei Spaltöffnungsbändern gezeichnet. Klein und ohne großen Zierwert sind die hängenden oder nickenden Zapfen. In der Jugend vertragen die meisten *Tsuga*-Arten recht schattige Standorte, später sollen sie sonnig oder halbschattig stehen, an zu schattigen Plätzen werden sie sehr locker und unansehnlich. Als Gebirgsbäume gedeihen sie am besten in kühlen, luftfeuchten Lagen und auf tiefgründigen, frischen bis feuchten, sauren bis neutralen Böden.

Tsuga canadensis. Die Kanadische Hemlocktanne ist in Nordamerika von der Hudson Bay bis Carolina verbreitet und bildet einen Bestandteil der Buchen-Zuckerahorn-Wälder. Sie hat von Jugend an eine lichte, lockere, anfangs breit-kegelförmige Krone. Im Alter wird die Krone unregelmäßig und meist sehr malerisch, oft sind die 15 bis 20 m hohen Bäume vom Stammgrund an mehrstämmig und bis zum Boden beastet. Von den waagerecht abstehenden Ästen hängen die Zweige zierlich über. Bis 18 mm lang sind die zur Spitze hin allmählich schmaler werdenden, regelmäßig zweizeilig stehenden, oberseits glänzend dunkelgrünen, unten weiß gestreiften Nadeln. Obwohl der Baum ansehnliche Höhen und Kronenbreiten von 4 bis 8 m erreicht, gehört er zu den zierlichsten Nadelbäumen unserer Gärten, man kann ihn noch in kleinen Gärten ertragen. Von seinen zahlreichen Gartenformen sind vor allem die zwergig wachsenden beliebt:

'Gracilis' ist eine zwergig wachsende, halbkugelige Form mit sehr kurzen Trieben und überhängenden Spitzen, ihre Äste bilden anfangs in der Mitte der Pflanze eine nestförmige Vertiefung aus. Die feinen Nadeln sind nur 6 bis 10 mm lang und tiefgrün gefärbt. Die sehr schwach wachsende Form wird in zehn Jahren etwa 25 cm hoch und 40 cm breit, im Alter kann sie allerdings mannshoch werden.

'Jeddeloh'. Halbkugelig wächst diese Zwergform. Betrachtet man sie von oben, wird die eigenartige spiralige Zweigstellung sichtbar, die eine trichterförmige Vertiefung zur Folge hat. Die Nadeln sind derb und 8 bis 16 mm lang, 'Jeddeloh' wirkt deshalb nicht so zierlich wie die im Habitus ähnliche 'Gracilis'. In Deutschland ist sie wohl die am weitesten verbreitete Zwergform von *Tsuga canadensis*.

Tsuga canadensis 'Gracilis'

'Nana'. Diese nur 1 m hohe Zwergform besitzt lange, waagerecht ausgebreitete Äste und kurze, sparrig abstehende Zweige. Die Nadeln unterscheiden sich nicht von denen der Art.

'Pendula' kann im Alter 3 bis 4 m hoch werden. Sie wird anfangs meist aufrecht gezogen, breitet dann die Äste mehr oder weniger waagerecht aus und läßt die Zweige kaskadenartig senkrecht herabhängen. Ein sehr malerischer, kleiner Solitärbaum.

Tsuga diversifolia. Die Japanische Hemlocktanne ist ein ausgesprochener Hochgebirgsbaum, der, mit Ausnahme von Hokkaido, auf allen großen japanischen Inseln in Höhen von 2000 bis 2500 m verbreitet ist und dort in großen Reinbeständen vorkommt. An ihren natürlichen Standorten entwickelt sich die Japanische Hemlocktanne zu etwa 25 m hohen Bäumen, die im Alter eine breite, gewölbte Krone mit waagerecht abstehenden Ästen bekommen, in Mitteleuropa wird sie kaum mehr als 10 m hoch. Für uns ist sie als Gartengehölz sehr wertvoll, sofern wir ihre Standortansprüche befriedigen können. Sie wächst nur gemächlich und bildet einen meist mehrstämmigen Kleinbaum. Die sehr dicht und gescheitelt stehenden Nadeln sind 5 bis 15 mm lang, oben dunkelgrün und stark glänzend sowie unterseits mit zwei kreideweißen Spaltöffnungsstreifen gezeichnet.

Tsuga mertensiana. Wenn man die schwachwachsende, bei uns selten mehr als 10 m hohe Berghemlocktanne als Kulturpflanze kennt, ist man schon sehr überrascht, sie an ihren natürlichen Standorten, in den hohen Gebirgslagen des westlichen Nordamerika, als Großbäume mit Höhen von 30 m und mehr zu sehen. Sie bildet dort meist eigenartig grau wirkende Reinbestände mit überaus schlanken, schmal-kegelförmigen Kronen, deren dünne Äste leicht überhängen. Auch bei uns entwickelt die Berghemlocktanne sehr schmale, spitz zulaufende Kronen mit nickender Spitze. Ihre bis 25 mm langen Nadeln stehen alle schraubig um den Zweig, sie sind blaugrün gefärbt und auch oberseits im vorderen Teil mit Spaltöffnungslinien versehen.

'Glauca'. Bei uns befindet sich meist diese Form in Kultur. Die vegetativ vermehrte Selektion trägt ausgeprägt blaugrüne Nadeln. Insgesamt ein kleiner Nadelbaum von einzigartiger Wirkung.

Tsuga sieboldii. Die Südjapanische Hemlocktanne kann in ihrer Heimat Höhen von 30 m erreichen, bleibt bei uns aber wesentlich niedriger. Sie wächst mit waagerecht ausgebreiteten Ästen und überhängenden Zweigspitzen oft nur strauchig. Ihre Nadeln stehen locker und nicht streng zweizeilig; sie sind linealisch, 6 bis 22 mm lang und an der Spitze ausgerandet, auf der Unterseite haben sie nur wenig auffallende Stomatabänder. Die in Südjapan in feuchten Bergwäldern verbreitete Art ist in unseren Gärten nur selten vertreten. Sie wird nicht selten mit *Tsuga diversifolia* verwechselt, die sich aber durch behaarte Jungtriebe und die unterseits weißen Nadeln gut von ihr unterscheidet.

Bäume und Sträucher in den Gärten am Mittelmeer

Zahllose Urlauber zieht es jährlich über die Alpen in südliche Gefilde. Sie finden dort nicht nur Wasser, Sonne und Wärme, sondern auch eine üppige Vegetation aus vielfach unbekannten Pflanzenarten. Neben den für den Mittelmeerraum charakteristischen Zypressen, Ölbäumen und Pinien werden am Mittelmeer auch zahlreiche Pflanzenarten kultiviert, die ihre Heimat in anderen warmen Regionen der Erde haben, etwa in Südafrika, Neuseeland, Australien oder dem südlichen Amerika. Einige davon werden schon seit Jahrhunderten am Mittelmeer kultiviert, sie haben sich längst eingebürgert und bereichern die mediterrane Gartenflora.

Viele südländische Baum- und Straucharten sind hierzulande nicht ausreichend frosthart. Nur in wenigen günstigen Klimainseln, etwa in der Pfalz oder im wintermilden Westen, lassen sich einige der hier vorgestellten Arten dauerhaft oder wenigstens bis zum nächsten extrem kalten Winter im Freien halten. Noch günstigere Klimaverhältnisse für die Kultur südländischer Arten finden sich im westlichen und südwestlichen Europa, in wintermilden französischen Landschaften wie um Anjou oder in der Bretagne, der Côtes du Nord, dem Loire- und Rhônetal sowie im ganzen südenglischen Raum.

Als Mitteleuropäer kann man die meisten der hier vorgestellten Arten nur als Kübelpflanze halten. Sie werden im Sommer an sonnigen, warmen Stellen im Freien aufgestellt und müssen unter Glas, hell und relativ kühl, überwintern. Wenn für die Überwinterung keine geeigneten Räume zur Verfügung stehen (beheizte Wintergärten sind dafür oft zu warm), kann man seine Kübelpflanzen heute vielfach in benachbarten Gärtnereien überwintern lassen.

Im folgenden Kapitel werden ausschließlich solche sommer- und immergrünen Laubgehölze vorgestellt, die nördlich der Alpen in der Regel nicht ausreichend frosthart sind. Die vergleichsweise wenigen südländischen Nadelgehölze sind schon im vorigen Kapitel behandelt worden. In den Gärten am Mittelmeer werden aber nicht nur die Gehölze dieses Kapitels kultiviert, sondern auch zahlreiche Arten, die auch in unseren Gärten zu finden sind. Das macht den beneidenswerten Reichtum der mediterranen Gärten aus.

Abutilon, Schönmalve
Malvaceae

Immergrüne Sträucher mit weichen, ahornähnlichen Blättern und großen, farbenprächtigen, malvenähnlichen Blüten.

Mit rund 100 Arten ist die Gattung in tropischen und subtropischen Regionen der Erde verbreitet. Es sind überwiegend Sträucher mit wechselständigen, teilweise bunt gefärbten Blättern und ansehnlichen Blüten, die einzeln in den Achseln der Blätter oder zu wenigen in Rispen stehen. Als Freilandpflanze brauchen sie einen warmen, windgeschützten, sonnigen bis halbschattigen Platz, einen frischen, gepflegten, gut dränierten, nährstoffreichen Boden und eine ausreichende Bewässerung in Trockenzeiten.

Abutilon × suntense

Abutilon megapotamicum. Der knapp mannshohe Strauch mit zahlreichen dünnen, langen, überhängenden Zweigen hat seine Heimat im brasilianischen Staat Rio Grande. Der grazile Wuchs kommt am besten zur Geltung, wenn die Pflanzen als Hochstämme gezogen werden. Von Mai bis August entwickeln sich in den Blattachseln einzelne, an langen, dünnen Stielen hängende, 1 bis 2 cm lange Blüten. Sie sind ganz eigenartig gebaut und gefärbt: ihre mimosengelben Kronblätter sind bis über die Hälfte von einem aufgeblasenen, fünfkantigen, purpurroten Kelch umgeben. Besonders auffällig an den Blüten ist auch das weit herausragende, tiefviolett gefärbte Staubblattbündel. Der Strauch wird auch bei uns häufig in Sommerblumenbeeten ausgepflanzt, dann im Herbst eingetopft, stark zurückgeschnitten und bei etwa 10 °C überwintert.
'Variegatum'. Diese Sorte mit gelb gefleckten Blättern ist oft in Kultur.

Abutilon pictum (*Abutilon striatum*) stammt ebenfalls aus Brasilien und ist ein Strauch mit krautigen Zweigen und langgestielten, drei- bis fünflappigen, grob gesägten Blättern. Vom Spätsommer bis zum Winter entwickeln sich die zierlichen Blüten einzeln an langen Stielen. Sie sind 2 bis 4 cm breit und gelb oder gelborange gefärbt, die Blütenblätter sind von karminroten Adern durchzogen, auch hier ist die Staubblattsäule purpurrot gefärbt.
'Thompsonii' ist eine häufig kultivierte Sorte mit aufrechtem, kompaktem Wuchs und ahornähnlichen, tief geteilten, siebenlappigen, stark goldgelb gefleckten Blättern.

Abutilon × suntense ist ein hoher, starkwüchsiger, wenig verzweigter Strauch mit zahlreichen zarten Blüten, die sich von Mai bis Juli öffnen. Wird vor allem in England häufig in mehreren Formen kultiviert.
'Jermyns', Blüten rein dunkel malvenfarbig.
'Violetta', Blüten tief violettblau.
'White Charm', Blüten weiß.

Abutilon-Hybriden. Am Zustandekommen der *Abutilon*-Hybriden sind zahlreiche Arten beteiligt, vor allem *Abutilon darwinii* und *Abutilon pictum*. In der Regel werden selektierte Sorten vegetativ vermehrt, man erhält dann einheitlich blühende Pflanzen. Vermehrt man durch Samen, blühen die Pflanzen in verschiedenen Farben. Die Hybriden entwickeln sich zu etwa 2,5 m hohen Sträuchern mit ganz verschieden gestalteten Blättern: Sie können einfach, aber auch drei- bis fünflappig sein. Bis 5 cm breit werden die langgestielten Blüten, die, je nach Sorte, weiß, rot, gelb oder orange gefärbt sind.

Acacia, Akazie
Leguminosae

Immergrüne oder sommergrüne, oft bewehrte Bäume mit doppelt gefiederten Blättern und zahlreichen, meist gelben Blüten, die entweder zu runden Köpfchen oder walzigen Ähren vereint sind.

Von den 750 bis 800 Arten der Gattung sind weit über die Hälfte in Australien heimisch, sie treten hier vor allem im ausgedehnten Buschwald des Landesinnern auf. Einen anderen Verbreitungsschwerpunkt bilden die Tropen und Subtropen Afrikas, in den Halbwüsten und Trockensavannen sind die Akazien oft die einzigen Bäume und haben deshalb große landschaftsprägende Bedeutung. Einige Arten sind im Mittelmeergebiet sehr beliebte Blütengehölze. Wir kennen sie als »Mimosen« im winterlichen Schnittblumenangebot. In Kultur zeigen sich Akazien extrem trockenresistent und hitzeverträglich. Sie brauchen gut dränierte, eher trockene Böden und vollsonnige Standorte. Die meisten Arten können nur in beständig frostfreien Gebieten gepflanzt werden, nur *Acacia dealbata, Acacia longifolia* und *Acacia melanoxylon* überstehen leichte Fröste ohne große Schäden.

Acacia baileyana. Die Goldakazie, heimisch in Südostaustralien, wächst baum- oder strauchförmig und wird bis 8 m hoch. Ihre zierlichen, bis 5 cm langen, doppelt gefiederten Blätter sind silbergrau bis graugrün gefärbt. Schon im Februar–März erscheinen die leuchtend goldgelben, bis 7,5 cm langen Blütenähren. Sie gilt als eine der schönsten aller Akazien, gedeiht aber nur auf sauren Böden.

Acacia cardiophylla. Diese Art aus Südostaustralien entwickelt sich zu einem Strauch oder kleinen, bis 5 m hohen Baum mit überhängenden Ästen und grau behaarten Zweigen. Die doppelt gefiederten, grünen Blätter haben eine zierliche, farnartige Struktur. Im Frühjahr öffnen sich die 5 mm breiten, kugeligen, gelben Blütenköpfchen, die zu 20 bis 30 in einfachen oder verzweigten Trauben sitzen.

Acacia dealbata. Die Silberakazie erreicht in ihrer tasmanischen Heimat Höhen von 30 m, in Kultur wird sie kaum mehr als 10 bis 15 m hoch. Der Name Silberakazie bezieht sich auf die kantigen, dicht- und feinsilbrig behaarten Triebe und auf die bis 12 cm langen, doppelt gefiederten, bläulichgrünen bis mittelgrünen, silbrig behaarten Blätter. Vom Winter bis zum zeitigen Frühjahr erscheinen die gelben, duftenden Blütenköpfchen, die in langen Trauben zusammenstehen. *Acacia dealbata* ist die bekannteste »Mimose«, die an der Riviera wächst, sie gedeiht zufriedenstellend nur auf sauren Böden.

Acacia farnesiana. Die Heimat der Süßen Akazie ist nicht sicher bekannt, sie stammt vermutlich aus dem tropischen Amerika. Der kleine, bis 6 m hohe Baum hat braune, zickzack-förmig gebogene Triebe mit dünnen Dornen und doppelt gefiederten Blättern. Von Februar bis April erscheinen die goldgelben, duftenden, bis 2 cm breiten Blütenköpfchen zu zweit oder zu dritt in den Blattachseln. Die Art wird seit langem in allen tropischen und subtropischen Regionen, auch an der französischen Riviera, gepflanzt. Aus ihren Blüten wird ein Duftstoff gewonnen.

Acacia retinodes. Weil sie vom Februar bis zum Herbst blüht, wird diese tasmanische Art in Frankreich als »Mimose de quatre Saisons« bezeichnet. Sie ist ein kleiner, bis 6 m hoher Baum mit kantigen Trieben und lanzettlichen, ziemlich dünnen, etwas gebogenen, 7 bis 15 cm langen, grünen Phyllokladien. (Darunter versteht man abgeflachte, einem Blatt ähnliche Kurztriebe.) Die hellgelben, duftenden, 5 mm breiten Blütenköpfchen stehen zu sechst bis zu zwölft in kurzen, achselständigen Trauben. *Acacia retinodes*, oft auch als *Acacia longifolia* bezeichnet, ist kalkverträglich und wird deshalb auch als Veredlungsunterlage für kalkmeidende Arten verwendet.

Acca sellowiana, Ananasguave
Myrtaceae

Immergrüner, mit den Guaven nahe verwandter Strauch, mit 5 bis 7 cm langen, eiförmigen, gelbgrünen, eßbaren Früchten.

Acca sellowiana, oft auch als *Fejowa sellowiana* bezeichnet, hat ihre ursprüngliche Heimat in Südbrasilien, Uruguay und Argentinien. Sie wird in den Gärten am Mittelmeer nicht nur als Fruchtbaum, sondern auch als Zierstrauch gehalten. An dem bis 6 m hohen Strauch sind Triebe, Knospen und Blattunterseiten kurz weißfilzig behaart. Die elliptischen, oberseits glänzend dunkelgrünen Blätter sind 3 bis 7 cm lang. Im Juni–Juli öffnen sich die 3 bis 4 cm breiten Blüten; ihre vier fleischigen, breit-elliptischen und löffelförmig gebogenen Blütenblätter sind außen weißfilzig, innen weiß gefärbt und rot geadert; das auffälligste Merkmal der Blüten sind die zahlreichen langen, dunkelroten Staubblätter. 20 bis 26 Wochen nach der Blüte reifen die beerenartigen Früchte, deren weiche Samen in einem gallertartigen Fruchtfleisch eingebettet sind. Die Früchte werden vorwiegend roh gegessen. Nicht nur die Früchte, auch die fleischigen Blüten sind eßbar, sie sind eine köstliche, exotische Beilage zu Salaten.

Acca sellowiana braucht einen gut dränierten, sandig-lehmigen Boden und einen sonnigen Platz, der aber an heißen Sommertagen etwas Schatten bieten soll. Damit der Boden nicht zu sehr austrocknet, wird eine Mulchdecke im Wurzelbereich empfohlen. Weil der Strauch salzige Seewinde toleriert, wird er in milden Klimabereichen, auch auf den Britischen Inseln, in Nähe der Küste als Windschutzhecke gepflanzt.

Agave americana, Amerikanische Agave
Agavaceae

Immergrüner Strauch mit einer großen Rosette aus dicken, sukkulenten Blättern und einem 5 bis 8 m hohen Blütenstand.

Die Amerikanische Agave, auch als »Hundertjährige Aloë« bezeichnet, kam bereits 1561 nach Europa. Sie wird seit Jahrhunderten in warmen Regionen weltweit kultiviert, ihre ursprüngliche Heimat ist nicht mehr feststellbar. Jeder Mittelmeerurlauber begegnet ihr in Strandnähe, in oft verwilderten Beständen. Mit ihren riesigen Rosetten aus graugrün bis hellgrau gefärbten, bis 1,5 m langen, am Rand mit starken Zähnen versehenen Blättern und mit dem riesigen Blütenschaft sind die Pflanzen unübersehbar. Der Blütenstand stellt eine Rispe mit 25 bis 30 Ästen dar, an denen bis zu 9 cm lange, grüne Blüten mit gelben Staubblättern zusammenstehen. Die Blütezeit liegt im Juni–August. *Agave americana* ist auch bei uns häufig als robuste Kübelpflanze in Kultur, nicht selten in der Form 'Marginata', bei der die Blätter am Rand gelblichweiß bis tief goldgelb gefärbt sind.
Agaven gehören zu den sogenannten hapaxanthen Pflanzen, sie blühen nur einmal in ihrem Leben und sterben dann ab. Die Dauer bis zum Erreichen des blühfähigen Alters kann bei den einzelnen Individuen innerhalb einer Gattung sehr verschieden sein.

Albizia julibrissin, Seidenbaum
Leguminosae

Kleiner, sommergrüner Baum mit einer weit ausladenden, schirmförmigen Krone, doppelt gefiederten Blättern und flaschenbürstenförmigen Blüten.

Von den 100 bis 150 Arten der Gattung, die überwiegend in den Tropen und Subtropen der Alten Welt verbreitet sind, wird im allgemeinen nur *Albizia julibrissin* kultiviert. Sie ist ein raschwüchsiger, 6 bis 10 m hoher Baum, der mit wenigen Ästen eine breit ausladende, flach gewölbte Krone bildet. Die kantigen Triebe tragen 20 bis 30 cm lange Blätter mit zehn bis 25 Fiedern, die jeweils 40 bis 60 Blättchen besitzen. Die Blätter haben die eigenartige Eigenschaft, sich nachts zusammenzufalten und so in »Schlafstellung« zu gehen. Aufrecht über dem Laub stehen im Juli–August die zahlreichen hellrosa Blüten in etwa 3 cm breiten Köpfchen, das Aussehen der zarten Blüten wird durch zahlreiche lange Staubblätter bestimmt.
Der Seidenbaum hat eine weite Verbreitung, die von Abessinien über den Iran bis nach Japan und

Mittelchina reicht. Er ist nicht nur am Mittelmeer ausreichend hart, sondern kann in warmen Klimazonen auch nördlich der Alpen kultiviert werden. *Albizia julibrissin* braucht vor allem in kühleren und feuchteren Klimabereichen geschützte und vollsonnige Plätze und gut dränierte, aber frische Böden. Werden die Zweige durch Frost geschädigt, treiben die Pflanzen aus der Basis wieder aus. 'Ernest Wilson'. Besonders diese Form ist deutlich frosthärter als die Art.

Arbutus unedo, Erdbeerbaum
Ericaceae

Immergrüner, 5 bis 10 m hoher Baum, der von Südwestirland bis Kleinasien verbreitet ist und der im Mittelmeergebiet häufig in der als Macchie bezeichneten Strauchvegetation auftritt.

Von den insgesamt 20 *Arbutus*-Arten wird am Mittelmeer ganz überwiegend der heimische Erdbeerbaum gepflanzt. Er wächst aufrecht und bildet kegelförmige Sträucher oder bis zum Boden beastete Bäume mit einer rauhen, schuppigen, mattbraunen Borke. Seine elliptisch-länglichen, ledrigen, glänzend dunkelgrünen, lorbeerartigen Blätter sind 5 bis 10 cm lang. Von Oktober bis Dezember erscheinen in den Blattachseln an den Triebenden die weiß bis hellrosa gefärbten, krugförmigen Blüten zu 15 bis 30 in bis 5 cm langen, nickenden Rispen. Gleichzeitig trägt der Strauch auch seine 2 cm dicken, kugeligen, beerenartigen, orange oder rot gefärbten Früchte mit der dicht warzigen Außenhaut. Sie sind mit ihrem mehligen Fleisch zwar eßbar, schmecken aber sehr fad.
Der ganzjährig attraktive Strauch gedeiht an sonnigen bis halbschattigen Plätzen und als eine der wenigen Ericaceen auch auf kalkhaltigen Böden, die frisch und gut dräniert sein müssen. Der Erdbeerbaum wird bei uns sehr häufig als Kübelpflanze gehalten und auch auf Stämmchen gezogen.

Viel seltener in Kultur ist **Arbutus andrachne**, der Zyprische Erdbeerbaum. Er wächst in seiner Heimat baumartig, entwickelt im Kübel aber nur eine Strauchform. Auffallend ist der rotbraune Stamm mit der abblätternden Rinde.

Atriplex halimus, Strauchmelde
Chenopodiaceae

Halbimmergrüner, aufrechter, bis 2,5 m hoher Strauch mit grauweiß beschuppten und stark bemehlten Ästen und Zweigen und silbrigweißen Blättern.

Nicht die grünlichen, im Juli–September erscheinenden Blüten machen die Attraktivität der Strauchmelde aus, sondern ihre ledrigen, eiförmig-rhombischen, silbrigweißen, 2 bis 5 cm langen Blätter. Der Strauch ist an den Küsten des Mittelmeeres heimisch, er wächst dort auf Dünen, im Strandgeröll und auch auf salzhaltigen Böden. In küstennahen Gärten wird er deshalb häufig als Heckenpflanze gehalten.

Bougainvillea, Drillingsblume
Nyctaginaceae

Starkwachsende, überaus reichblühende Kletterpflanzen mit leuchtenden Blüten in verschiedenen Farben.

Vom Mittelmeergebiet bis in tropische Bereiche in aller Welt sind die Bougainvilleen die am häufigsten angepflanzten Kletterpflanzen. Mit ihren langen, dornigen Zweigen können sie rasch Fassaden, Laubengänge oder Sitzplätze beranken und den oft ersehnten Schatten spenden. Was wir an ihnen als leuchtende »Blüten« bewundern, sind in Wirklichkeit sogenannte Hochblätter, sie umgeben wie ein dreiblättriger, farbenprächtiger Kelch die kleinen, mattgelben, röhrenförmigen, zu dritt stehenden Blüten. Bougainvilleen gedeihen am besten an sonnigen Plätzen, sie brauchen einen sehr nährstoffreichen, gut dränierten, aber ausreichend feuchten Boden. Werden sie zu üppig, können sie auch stark zurückgeschnitten werden.

Bougainvillea glabra. Die Kahle Bougainvillee ist eine bis 10 m hoch kletternde und sparrig verzweigte, unterschiedlich stark bedornte Pflanze mit elliptischen, bis 13 cm langen, beiderseits kahlen Blättern. Ihre kleinen, cremefarbenen Blüten sind von drei, meist intensiv violett gefärbten Hochblättern umgeben. Die Blütezeit kann von

Februar bis Oktober dauern. Neben der aus Brasilien stammenden, im Mittelmeergebiet häufig gepflanzten Wildart werden auch zahlreiche Sorten mit weißen, rosa, purpurnen, scharlachroten oder gelborangen Blüten gepflanzt.

Bougainvillea spectabilis. Die Triebe dieses starkwachsenden Kletterstrauches sind mit starken, hakenförmigen Dornen versehen. Die Blätter sind eiförmig, bis 10 cm lang und auf beiden Seiten dicht filzig behaart. Die Hochblätter sind bei der Wildart purpurn gefärbt. Aber auch hier gibt es einige Sorten mit rotbraunen oder orange bis scharlachrot gefärbten Blüten. Die Blütezeit dauert von März bis Juni.

Callistemon, Zylinderputzer
Myrtaceae

Immergrüne Sträucher mit schmalen Blättern, die mit Öl- und Harzdrüsen versehen sind und die beim Zerreiben duften. Die Blüten stehen in dichten, walzenförmigen Ähren zusammen.

Mit rund 25 Arten ist die Gattung in den trockenen Savannen von Australien und Neukaledonien verbreitet. Alle sind mit ganz eigenartigen Blüten ausgestattet. Die Blüten sitzen dicht gedrängt in walzenförmigen, an Zylinderputzer erinnernden Ähren und rings um den Zweig. Oberhalb des Blütenstandes setzt der Sproß sein Wachstum fort. Während bei den meisten Blüten im Pflanzenreich die farbigen Blütenblätter für die Schmuckwirkung der Blüten sorgen, sind es hier die sehr zahlreichen langen, leuchtend scharlach- oder karminrot gefärbten Staubblätter. Die kleinen Fruchtkapseln entwickeln sich nur langsam, sie sind noch nicht ausgereift, wenn am Sproß darüber sich wieder die Blüten entfalten. In der Regel sitzen mehrere Jahrgänge von Fruchtzonen an den Zweigen. Die *Callistemon*-Arten gehören zu den sogenannten Pyrophyten, zu Pflanzen, die an Brände angepaßt sind. Ihre Früchte bleiben jahrelang geschlossen, sie öffnen sich erst, wenn ein Feuer durch den Busch gezogen ist. Erst nach einem Brand finden die Samen in dem von der dicken, trockenen, organischen Schicht entblößten Boden ein günstiges Keimbett. Die höchst dekorativen Blütensträucher gedeihen am besten an vollsonnigen Plätzen und auf nährstoffreichen, gut dränierten, aber stets frischen Böden.

Callistemon citrinus (= *Callistemon lanceolatus*). Der reichverzweigte, bis 3 m hohe Strauch entwickelt ausgebreitete oder überhängende Zweige, die in der Jugend rosa oder rot seidig behaart sind. Die lanzettlichen Blätter sind bis 10 cm lang. Im Juni–August öffnen sich die Blüten in 6 bis 12 cm langen, lockeren Ähren, ihre Staubblätter sind dunkel scharlachrot gefärbt. Einige Sorten haben karmin- oder orangerote Blüten.
'Prostratus' ist eine gedrungene, ganz flach wachsende Sorte mit weit und waagerecht abstehenden Zweigen. Sie kann leicht eine Fläche von 3 m^2 bedecken und blüht überreich im Mai–Juni.

Callistemon viminalis. In ihrer australischen Heimat entwickelt sich die Art zu einem kleinen, aufrechten Baum mit stark hängenden Zweigen und lanzettlichen, bis 6 cm langen, stark mit Öldrüsen besetzten Blättern. An den Spitzen der Zweige entfalten sich im Mai–Juni die bis 20 cm langen Blütenähren mit ihren leuchtendroten Staubblättern. In Habitus und Blüte eine bemerkenswert schöne Art.

Camellia, Kamelie
Theaceae

Immergrüne, mit der Teepflanze nahe verwandte Sträucher mit derben, ledrigen Blättern und großen, einfachen oder gefüllten Blüten in zahlreichen Farben und Größen.

Von den 80 Gattungen immergrüner Bäume und Sträucher, die im tropischen und subtropischen Südostasien, in China, Japan und Indien heimisch sind, haben für uns als Kulturpflanzen nur zwei Arten Bedeutung: die im zeitigen Frühjahr blühende *Camellia japonica* und die erst im Herbst blühende *Camellia sasanqua*. In Mitteleuropa sind beide nur in wenigen begünstigten Klimainseln frosthart, wenigstens solange keine Extremwinter auftreten. Südlich der Alpen, in Westeuropa und in Südengland sind die Kamelien häufig gepflanzte Blütensträucher, die schon sehr früh im

Jahr ihre Blüten öffnen, bei einer Kultur unter Glas blühen sie in der Zeit zwischen Spätherbst und Frühjahr.

In der Freilandkultur benötigen Kamelien unbedingt gut durchlässige und leicht saure, mineralische Böden mit einem pH-Wert zwischen 4,5 und 5. Ihre hohen Wärmeansprüche lassen eine erfolgreiche Kultur in Mitteleuropa nur in geschützten Lagen des Weinbauklimas oder in wintermilden, küstennahen Zonen zu. Stets benötigen die Sträucher leicht beschattete, vor Wind und Wintersonne geschützte Plätze. Eine Mulchdecke im Wurzelbereich hält den Boden im Sommer ausreichend feucht, im Winter verhindert sie ein zu tiefes Eindringen des Frostes in den Boden. Peter Fischer, der in Winst bei Hamburg mehr als 100 Sorten von *Camellia japonica* kultiviert, schützt seine Kamelien im Winter folgendermaßen: Die Pflanzen werden mit einer Riedmatte umstellt, der Innenraum dann völlig mit frischem, trockenen Laub gefüllt, die Matte wird oben zeltförmig zugebunden. Die Temperatur soll auch bei strengem Frost stets um 5 °C höher sein als im Freiland. Laub und Blütenknospen überstehen diese monatelange Verdunkelung ohne Schaden.

Camellia japonica. In ihrer Heimat, den immergrünen Lorbeerwäldern Japans und Chinas, wächst die Japanische Kamelie zu einem 7 bis 10 m hohen, dicht verzweigten Baum heran. Seine 5 bis 10 cm langen, breit-elliptischen ledrigen Blätter sind an der Oberseite dunkelgrün getönt und glänzen stark, die Unterseite ist mit zerstreuten, braunen Korkwarzen bedeckt. Bei der Wildform sind die schalenförmigen, 3 bis 4 cm breiten Blüten einfach und rot gefärbt. Sie enthalten reichlich Nektar und öffnen sich von Januar bis April.

Von *Camellia japonica* sind über 200 Sorten bekannt. Ihre Blüten sind einfach oder mehr oder weniger gefüllt, sie können Durchmesser von 5 bis 15 cm erreichen. Man unterteilt die Sorten nach der Form ihrer Blüten: einfache Blüten haben höchstens acht Blütenblätter und freistehende Staubblätter; halbgefüllt sind Blüten mit zwei oder mehr Reihen gleich- oder ungleichgroßer Blütenblätter und sichtbaren Staubblättern; anemonenblütige Sorten haben außen eine Reihe großer Blütenblätter, die Staubblätter sind zu teilweise kleinen, blütenblattähnlichen Gebilden (Petaloiden) umgewandelt; päonienförmige Blüten haben außen zahlreiche lockerstehende und ungleichgroße Blütenblätter, die Mitte ist unregelmäßig gefüllt mit Blütenblättern, Petaloiden und Staubblättern; rosenförmig gefüllte Blüten haben zahlreiche dachziegelartig angeordnete Blütenblätter und sichtbare Staubblätter; vollständig gefüllte Blüten haben keine Staubblätter mehr, die Größe der dachziegelartig angeordneten Blütenblätter nimmt zur Mitte hin kontinuierlich ab. Die wichtigsten Sorten für die Freilandkultur:

'Adolphe Audusson', rot, halbgefüllt.
'Alba Simplex', weiß, einfach.
'Debbie', rosa, päonienblütig.
'Donckelarii', rosa mit weißen Streifen und Flecken, halbgefüllt.
'Elegans', rosa, anemonenblütig.
'St. Ewe', rosarot, einfach.

Camellia sasanqua ist ein immergrüner Strauch oder kleiner Baum, der in Südjapan, auf Kyushu und den Riukiu-Inseln heimisch ist. Seine ledrigen, glänzendgrünen Blätter sind elliptisch und bis 5 cm lang. Zu einer ganz eigentümlichen Zeit, von Oktober bis Dezember, öffnen sich die einfachen, 4 bis 7 cm breiten, weißen Blüten mit ihren ziemlich schmalen, sternförmig stehenden Blütenblättern und den auffallend goldgelb gefärbten Staubblättern. Die Blüten haben einen feinen, herben Duft, halten sich aber nur wenige Tage. Sehr interessant ist diese Art schon ihrer ungewöhnlichen Blütezeit wegen, sie stellt etwa die gleichen Standortansprüche wie *Camellia japonica* und gilt sogar als etwas frosthärter.

Ceanothus, Säckelblume
Rhamnaceae

Immergrüne, frostempfindliche Arten mit kleinen, glänzend dunkelgrünen Blättern und einer Fülle leuchtendblauer Blüten.

Unter den 55, vorwiegend im westlichen Nordamerika heimischen Arten gibt es einige immergrüne Arten mit auffallend schönen blauen Blüten. Sie sind in Mitteleuropa leider nicht ausreichend frosthart, werden aber am Mittelmeer und in England sehr gern gepflanzt. Sie brauchen warme, sonnige bis leicht beschattete Plätze, deshalb sieht man sie in England nicht selten als Spalierpflanzen an Mauern gezogen oder freigewachsen vor einer Mauer stehen. Alle bevorzugen durchlässige, saure bis leicht alkalische Böden.

Ceanothus 'Autumnal Blue'. Am Zustandekommen dieser Hybride ist unter anderem *Ceanothus thyrsiflorus* beteiligt. Der aufrechte, bis 1,5 m hohe Strauch hat vergleichsweise große, deutlich dreinervige, elliptische, stark glänzende, dunkelgrüne Blätter, von denen sich die großen, hell- bis chinablauen Blütenrispen schön abheben. Blüht vom Sommer bis zum Herbst und gilt als die härteste unter den immergrünen Hybriden.

Ceanothus impressus. Die Santa-Barbara-Säkkelblume ist ein 1 bis 1,5 m hoher, breit und dicht verzweigter Strauch mit biegsamen Trieben. Die 6 bis 12 mm langen, grünen, stark glänzenden Blätter erscheinen durch tief eingesenkte Nerven runzelig, ihr Rand ist eingerollt. Im März—April öffnen sich die kleinen, tiefblauen Blüten in großen, endständigen Rispen. Sie tauchen die Sträucher in ein einziges blaues Blütenmeer.

Ceanothus thyrsiflorus stammt ebenfalls aus dem Küstenbereich Kaliforniens und entwickelt sich zu einem niedrigen Strauch oder kleinen, bis 6 m hohen Baum. An grünen, kantigen Zweigen sitzen die 1 bis 5 cm langen, länglich-eiförmigen und dreinervigen, dunkelgrünen Blätter. Im Mai—Juni erscheinen die hell- oder dunkelblauen Blüten in rundlichen, achselständigen, 3 bis 7 cm langen Rispen. *Ceanothus thyrsiflorus* blüht sehr reich und gilt als eine der härtesten immergrünen Arten der Gattung. *Ceanothus thyrsiflorus* var. *repens* wird gar nicht so selten gepflanzt. Sie zeichnet sich durch einen kriechenden Wuchs aus.

Ceratonia siliqua, Johannisbrotbaum
Leguminosae

Immergrüner, walnußähnlicher Baum mit gefiederten Blättern, unscheinbaren Blüten und eßbaren Fruchthülsen.

Ceratonia siliqua ist die einzige Art ihrer Gattung. Sie ist im östlichen Mittelmeer heimisch, wird aber seit langem im ganzen mediterranen Raum angebaut. Der bis 8 m hohe, breitkronige Baum hat bis 20 cm lange, glänzend dunkelgrüne Fiederblätter, die auf der Unterseite rostbraun behaart sind. Aus wenig ansehnlichen, eingeschlechtlichen Blüten, die vom Mai bis in den Spätherbst aufblühen, entwickeln sich die bis 20 cm langen und etwa 3 cm breiten, flachen, oft hornartig gekrümmten, ledrigen, zur Reife braunvioletten bis schwarzbraunen Früchte. Sie haben anfangs ein weiches, süß schmeckendes, eßbares Fruchtfleisch, das später aber verhärtet.

Die eßbaren Fruchthülsen werden auch heute noch gelegentlich als Johannisbrot angeboten, sie stammen meist von ausgelesenen großfrüchtigen Formen. Minderwertige Früchte dienen als Viehfutter. Der eingedickte Fruchtsaft war als »Kaftanhonig« bekannt. Die harten, glänzendbraunen Samen sind so einheitlich in der Größe, daß sie früher von Juwelieren, Apothekern und Gewürzhändlern als Gewichtseinheit (Karat) verwendet wurden. Der Johannisbrotbaum gedeiht nur in milden Lagen, in denen die Temperaturen nicht unter –5 °C absinken, der Standort soll frei und sonnig sein, der Boden gut dräniert.

Cestrum, Hammerstrauch
Solanaceae

Immergrüne Sträucher mit einfachen, wechselständigen Blättern und schönen, röhrenförmigen, duftenden Blüten, die viele Monate lang blühen.

Mehr als 200 *Cestrum*-Arten sind in den Tropen und Subtropen Amerikas, südlich von Mexiko, verbreitet. Ihre fünfzähligen Blüten sind meist an den Triebenden oder in den Blattachseln zu mehr oder weniger großen Trauben vereint. Die hier vorgestellten Arten sind bei uns nur als Kübelpflanzen zu halten, in südländischen und englischen Gärten sieht man sie häufig als Blütensträucher gepflanzt, die zum Teil auch als Spaliersträucher an Mauern gezogen werden. Sie brauchen in warmen, sonnigen Regionen einen leicht beschatteten Platz, einen nährstoffreichen, frischen Boden und in Trockenzeiten eine ausreichende Bewässerung. Ist ein Schnitt notwendig, sollte er unmittelbar nach der ersten Blüte erfolgen.

Cestrum aurantiacum. Der bis zu 2 m hohe, aufrechte oder etwas kletternde, fast immergrüne Strauch trägt dünne Zweige mit eiförmigen bis lanzettlichen, 6 bis 9 cm langen Blättern. Die bis 3 cm langen, leuchtendorange gefärbten Blüten sitzen in bis 10 cm breiten, end- oder achselständigen Trauben zusammen. Die in Guatemala heimische Art blüht den ganzen Sommer über.

Cestrum elegans. In Mexiko ist der bis 3,5 m hohe Strauch heimisch. Mit seinen elegant überhängenden Zweigen baut er sich locker auf. Seine Blätter sind lanzettlich, 7 bis 10 cm lang und stumpfgrün. Auch er produziert den ganzen Sommer über seine röhrenförmigen, zum Saum hin etwas erweiterten und umgeschlagenen, purpurroten Blüten, die an den Zweigenden in bis 10 cm langen Rispen stehen. Zur Hauptblütezeit im Frühjahr ist der Strauch eine sehr attraktive Erscheinung.

Cestrum fasciculatum hat große Ähnlichkeit mit *Cestrum elegans*, unterscheidet sich aber durch die größeren, mehr krugförmigen, leuchtend scharlachroten und außen behaarten Blüten, die in endständigen, bis 8 cm breiten Büscheln stehen. Der immergrüne, in Mexiko heimische Strauch wird mit dünnen, wenig verzweigten Ästen etwa 2 m hoch, auch er blüht von Juni bis weit in den Oktober hinein.

Cestrum 'Newellii'. Die Herkunft dieser Form ist nicht genau bekannt. Sie wächst straff aufrecht und wird etwa mannshoch. Ihre krugförmigen, etwa 2,5 cm langen Blüten sind kräftig karminrot und damit intensiver gefärbt als die der oben genannten Arten. Blüten werden den ganzen Sommer über angelegt; sie sitzen in großen, dichten Trauben zusammen.

Cestrum parqui. Der sommergrüne, etwa 2 bis 3 m hohe Strauch hat seine Heimat in Chile. Seine lanzettlichen Blätter sind 5 bis 12 cm lang. Im Juni-Juli öffnen sich gelbgrüne, duftende Blüten mit röhrenförmiger Krone in 10 bis 15 cm langen Rispen. Die Blüten duften vor allem nachts besonders stark.

Chamaerops humilis, Zwergpalme
Palmae

Nur 3 bis 5 m hohe, ein- oder mehrstämmige Palme mit einem Blattschopf aus fast kreisrunden, 50 bis 60 cm langen Blättern, die bis zur Basis in zahlreiche schmale Segmente geteilt sind.

Die Gattung *Chamaerops* ist nur mit dieser einen Art im westlichen Mittelmeergebiet beheimatet. Neben einem kleinen, inselartigen Vorkommen von *Phoenix theophrastii* in der südlichen Türkei, ist sie die in Europa am häufigsten vorkommende Palmenart. Sie wächst an ihren natürlichen Standorten oft an nährstoffarmen, sandigen oder felsigen Plätzen in Höhen um 1000 m. In mediterranen Gärten wird sie häufig kultiviert, bei uns ist sie als Kübelpflanze weit verbreitet. Sie wächst häufiger mehrstämmig und damit buschig. Ihre Stämme sind dicht mit den Resten der Blattscheiden bedeckt. Die Blätter sind grau- oder blaugrün gefärbt. Zwischen den bis 1 m langen, stark bedornten Blattstielen brechen etwa im Mai die gedrungenen, reichverzweigten, leuchtendgelben Blütenstände hervor. Die weiblichen Blüten sind von drei dickfleischigen Fruchtblättern umschlossen, aus denen sich die kugeligen bis eiförmigen, gelben oder braunen, beerenartigen Früchte entwickeln.
Die Zwergpalme verträgt in Kultur sonnige bis leicht beschattete Plätze und mehr Kälte als die meisten anderen Palmen, die Temperaturen dürfen kurzzeitig bis –10 °C absinken.

Choisya ternata, Orangenblume
Rutaceae

Immergrüner Strauch mit glänzend dunkelgrünen Blättern und einer Fülle von weißen, stark nach Orangen duftenden Blüten.

Von den sechs Arten der Gattung, die im südlichen Nordamerika und in Mexiko heimisch sind, befindet sich in Europa nur die mexikanische *Choisya ternata* in Kultur. Sie wächst dichtbuschig und erreicht Höhen von 1 bis 3 m. An ihren dreizähligen, ledrigen, aromatisch duftenden Blättern sind die durchscheinend punktierten Blättchen 3 bis 7 cm

Choysia ternata

lang. Oberhalb der Blätter – und damit gut sichtbar – öffnen sich im April–Mai die 2,5 bis 3 cm breiten Blüten, die zu dritt bis zu sechst in Trugdolden stehen. Die Blüte wird den ganzen Sommer über fortgesetzt. Mit ihren stark glänzenden Blättern und den intensiv duftenden Blüten ist die Orangenblume in südlichen und englischen Gärten ein sehr beliebter Zierstrauch, der an sonnigen und schattigen Plätzen gleich gut wachsen kann und der nicht selten als freigewachsene Hecke gezogen wird. Der Wuchs läßt sich durch einen Rückschnitt nach der ersten Blüte im Zaum halten. Die Orangenblume liebt einen gut durchlässigen, aber ausreichend frischen Boden ohne stauende Nässe. Die Orangenblume befindet sich in ihrer Heimat seit langem in Kultur, wurde wild aber nur selten gefunden.

Cistus, Zistrose
Cistaceae

Immergrüne, niedrige, stark aromatisch duftende Sträucher mit einer dichten Belaubung aus filzig behaarten Blättern und großen, weit geöffneten, weiß bis purpurn gefärbten Blüten.

Die Zistrosen sind eine ausgesprochen mediterrane Gattung, denn die meisten der 20 Arten sind im östlichen Mittelmeergebiet verbreitet. Sie bilden einen wesentlichen Bestandteil der Macchie, einer überwiegend strauchförmigen Vegetationsform aus hitze- und trockenresistenten, sehr regenerationsfreudigen, häufig aromatisch duftenden Arten. Zur Blütezeit können die Zistrosen ganze Landstriche prägen. Ihre Hauptblütezeit liegt im

Mai–Juni, danach werden bis zum Herbst ständig einzelne Blüten gebildet. Die zarten Einzelblüten halten nur einen Tag lang, ihre Blütenblätter wirken wie zerknittert. An den stets einfachen bis 7 cm breiten Blüten fallen die zahlreichen, leuchtendgelb gefärbten Staubblätter auf. Der aromatische Duft der Zistrosen macht sich ganz besonders an heißen Sommertagen bemerkbar. Er entströmt den zahlreichen Öldrüsen, die für die klebrige Oberfläche der Blätter verantwortlich sind.

In Kultur brauchen die Zistrosen freie, vollsonnige Plätze auf gut dränierten, eher trockenen, möglichst kalkarmen Böden, sie finden ihren besten Platz in Steingärten oder in Verbindung mit Trockenmauern. Nur wenige Arten können in Mitteleuropa an ganz günstigen Standorten und unter Winterschutz im Freien gehalten werden. Sie tolerieren nur Temperaturen bis etwa –7 °C, deshalb hält man sie besser als Kübelpflanzen.

Cistus albidus. Die Weiße Zistrose kommt im westlichen Mittelmeergebiet sehr häufig vor. Der gedrungene, kaum mehr als 1 m hohe Strauch ist in allen Teilen weiß behaart. Die 5 bis 6 cm breiten Blüten sind hellrosa gefärbt, ihre Blütenblätter weisen am Grund einen gelben Fleck auf.

Cistus × cyprinus kann 1 bis 2 m hoch werden. Die 3 bis 10 cm langen Blätter sind oben dunkel graugrün, unterseits grau behaart. Die weißen, bis 7 cm breiten Blüten haben einen karminroten Basalfleck, sie stehen zu dritt bis zu sechst in langgestielten Büscheln zusammen. Die Herkunft dieser Hybride ist unbekannt.

Cistus × hybridus. Der sehr buschige, 40 bis 70 cm hohe Strauch trägt dunkelgrüne, 2,5 bis 5 cm lange Blätter und weiße, an der Basis gelb gefleckte Blüten. Die in Südfrankreich gefundene Naturhybride ist eine der frosthärtesten Zistrosen.

Cistus ladanifer. Die Lackzistrose ist mit ihren 7 bis 10 cm breiten, weißen Blüten, deren Blütenblätter an der Basis einen großen, rotbraunen, auffälligen Fleck tragen, eine der schönsten Zistrosen. Sie ist von Südwesteuropa bis Nordafrika verbreitet und wächst zu einem 1,5 m hohen Strauch heran, der schmale, 4 bis 8 cm lange, oberseits

Cistus ladanifer

glatte, glänzendgrüne und unterseits grau behaarte Blätter trägt. Zu *Cistus ladanifer* gehört eine Reihe von Sorten und Hybriden mit sehr großen Blüten.

Cistus laurifolius. Die Lorbeerblättrige Zistrose ist die wohl bekannteste und härteste Art. Sie hat eilängliche, 7 bis 10 cm lange, oberseits kahle, dunkelgrüne und unterseits graufilzige Blätter. Die weißen, 5 bis 7 cm breiten Blüten besitzen einen gelben Basalfleck.

Cistus × purpureus. Von *Cistus incanus* hat diese Hybride ihre 5 bis 7 cm breiten, rosa Blüten, von *Cistus ladanifer* den dunkelroten Basalfleck. Der rundliche Strauch wird knapp 1 m hoch. Er trägt 3 bis 5 cm lange, eiförmig-lanzettliche, oberseits graugrüne, unterseits grau behaarte Blätter.

Citrus, Zitrone, Apfelsine, Mandarine
Rutaceae

Immergrüne, aromatische Kleinbäume mit dunkelgrünen, glänzenden Blättern, stark duftenden Blüten und den bekannten Zitrusfrüchten.

Die verschiedenen Zitrusgewächse werden am Mittelmeer nicht nur in Plantagen als Obstgehölze kultiviert, sie sind mit ihren dekorativen Blättern, den weißen Blüten und den gelben Früchten auch begehrte Ziergehölze. Die kleinen, oft dicht verzweigten Bäume haben glatte oder bedornte Zweige und einfache, ledrige Blätter, die durch eingelagerte Öldrüsen aromatisch duften. Auch die Blüten besitzen einen starken, angenehmen Duft. Bei den Früchten handelt es sich um Beerenfrüchte besonderer Art: die Schale besteht aus einer mehr oder weniger dicken äußeren, gelb gefärbten und einer dünnen inneren, weiß gefärbten Schicht. Das saftige Fruchtfleisch ist in Segmente unterteilt, die von einer dünnen Haut umgeben sind.

Das natürliche Verbreitungsgebiet der Zitrusfrüchte liegt in Südostasien. Die Ursprünge der einzelnen Arten lassen sich kaum noch nachweisen, denn Zitrusfrüchte gehören zu den ältesten Obstarten: sie wurden in China schon im 2. Jahrtausend vor Christus kultiviert.

Alle Zitrusfrüchte lieben einen tiefgründigen, frischen Boden, der aber gut dräniert sein muß, stauende Nässe bedeutet den Tod der Pflanzen. In »The Mediterranean Gardener« (Latymer 1990) wird empfohlen, die Pflanzen vom zeitigen Frühjahr bis zum Sommer täglich zu wässern. Dazu sollen in Stammnähe und im Bereich der Kronentraufe flache Gräben gezogen werden, die man täglich füllt. Das Wasser soll jeweils nur für wenige Minuten in den Gräben stehen. Später werden die Wassergaben reduziert. Der Boden muß sauer bis neutral sein. Da die Wurzeln im allgemeinen eine geringe Salztoleranz aufweisen, dürfen nicht zu starke Mineraldüngergaben verabreicht werden. Alle Zitrusgewächse brauchen einen warmen, sonnigen Platz. Nur zur Zeit der Vegetationsruhe vertragen sie leichte Kältegrade bis etwa −2 °C. Zitrusbäume treiben und blühen mehrmals jährlich. Nach dem Haupttrieb und der Hauptblüte im Frühjahr folgt ein zweiter und dritter Trieb, der oft noch mit einer schwächeren Blüte verbunden ist.

Citrus aurantium. Die Pomeranze ist ein 4 bis 6 m hoher, rundkroniger, regelmäßig verzweigter Baum, dessen Zweige mit langen, stumpfen Dornen ausgestattet sind. Die elliptischen, 4 bis 7 cm langen Blätter haben breit geflügelte Stiele. Einzeln oder in achselständigen Büscheln sitzen die weißen, sehr wohlriechenden Blüten. Die 5 bis 7 cm breiten, rundlichen Früchte sind leuchtendorange gefärbt. Die dicken Fruchtschalen werden zur Herstellung von Orangeat und für die Liköre Curaçao und Cointreau verwendet. Das saure Fruchtfleisch ist ungenießbar.

Citrus bergamia, Bergamotte. Aus den Fruchtschalen dieser, mit der Pomeranze nahe verwandten Art wird in Süditalien Bergamottöl gewonnen. Ihre Heimat hat die Bergamotte am Südabfall des Himalaja, sie befindet sich seit langem in Kultur, nicht nur am Mittelmeer.

Citrus limon. Die Zitrone wächst zu einem 5 bis 7 m hohen Baum heran, dessen Zweige kurze, dicke, steife Dornen und länglich-eiförmige Blätter tragen. Auch hier sitzen die Blüten einzeln oder in kleinen Büscheln in den Blattachseln. Die 7 bis 15 cm langen, ovalen, zitronengelben, drüsig punktierten Früchte sind an der kurzen, breiten, aufgesetzten Spitze zu erkennen. Die in Nordwestindien heimische Zitrone wird in über 1000 Sorten unter anderem auch im Mittelmeergebiet angebaut. Von allen angebauten Zitrusfrüchten nimmt sie nach Orange und Mandarine die dritte Stelle in der Weltproduktion ein.

Citrus maxima. Im Gegensatz zu allen anderen Zitrusarten hat die Pampelmuse behaarte Zweige, die Zweigdornen sind nur schwach ausgebildet oder fehlen ganz. Die Blätter sind vergleichsweise groß, bis 20 cm lang, eiförmig-elliptisch und beiderseits behaart, der Blattstiel ist breit geflügelt. Aus kleinen, weißen Blüten entwickeln sich die bis 25 cm breiten und 2 bis 3 kg schweren, zitronengelben Früchte mit ihrer dicken, weichen Schale und dem mildsäuerlichen Fruchtfleisch.

Citrus medica. Die Zitronatzitrone ist ein 4 bis 5 m hoher Baum mit kurzen, dicken, steifen Zweigdornen und länglichen, 10 bis 18 cm langen Blättern. Ihre Blüten sind in der Knospe oft purpurn getönt. Die duftenden, eiförmig-länglichen Früchte werden 15 bis 30 cm lang, sie haben eine dicke, zitronengelbe Schale und ein weißes, saures Fruchtfleisch. Die Schalen werden kandiert und kommen als Zitronat in den Handel. *Citrus medica* ist mit einigen Varietäten in Westasien und im Mittelmeergebiet, in Vorderasien sowie in Süd- und Südostasien verbreitet. Sie hat in Japan eine große mythologische Bedeutung, zusammen mit dem Pfirsich und dem samenreichen Granatapfel zählt sie zu den »drei Glücksfrüchten«.

Citrus × paradisi. Die Grapefruit ist auf den Westindischen Inseln aus den Pampelmusen entstanden. Sie unterscheidet sich von diesen durch ihre etwas geringere Fruchtgröße, die dünnere Schale und das hellgelbe bis rötliche, sehr saftige Fruchtfleisch.

Citrus reticulata. Die Mandarine stammt aus Südostasien und den Philippinen. Sie ist ein etwa 4 m hoher, sehr dorniger Kleinbaum mit lanzettlichen, nur 3 bis 4 cm langen Blättern. Die weißen Blüten sitzen zu 18 bis 24 in dichten, achselständigen Büscheln. Die fast kugeligen Früchte sind an beiden Enden abgeplattet, klein bis mittelgroß und orange gefärbt. Ihre locker sitzende Schale läßt sich leicht schälen.

Citrus sinensis. Die Orangen oder Apfelsinen entwickeln sich meist zu mittelgroßen, 8 bis 13 m hohen, oft dornenlosen Bäumen. Die mittelgroßen Blätter sind kaum aromatisch, die Blüten duften dagegen stark. Die Früchte sind kugelig bis länglich und orange gefärbt, sie haben ein süßes Fruchtfleisch. *Citrus sinensis* ist die bei weitem wichtigste Zitrusfrucht. Die Weltproduktion beträgt mehr als das Fünffache der Mandarinen und mehr als das Siebenfache der Zitronen. Die Hauptsortengruppen der mehr als 1000 Sorten stellen neben der gewöhnlichen Orange die Nabel-, Blut- und Zuckerorangen. Sie werden in den entsprechenden Klimazonen heute weltweit angebaut, im Mittelmeergebiet vor allen in Spanien und Italien. Orangen waren die ersten Zitrusfrüchte, die ins Mittelmeergebiet kamen, seit etwa 1500 werden sie dort kultiviert.

Colletia paradoxa, Ankerpflanze
Rhamnaceae

Immergrüner, ganz eigenartig verzweigter Strauch mit großen, dreieckigen Zweigdornen und kleinen, gelblichweißen Blüten.

Zu den Kreuzdorngewächsen gehören die 17 Arten der Gattung, die alle in Südamerika zu Hause sind. Es sind sehr starre, meist blattlose Dornensträucher mit einer kreuzweise gegenständigen Verzweigung. Die in südländischen Gärten am häufigsten kultivierte *Colletia paradoxa* (= *Colletia cruciata*) wird etwa 2 m hoch und ebenso breit. Sie hat zwei Arten von Dornen: neben den großen, flachen, dreieckigen Zweigdornen besitzt sie noch dünnere und mehr rundlich geformte Dornen. Alle sind gegenständig und blaugrün gefärbt. Sie übernehmen alle Funktionen, die sonst den Blättern zukommen. Die kleinen, gelblichweißen Blüten öffnen sich schon im Herbst und im Winter. Die Frucht ist eine dreiteilige Kapsel. Der in Uruguay und Südbrasilien heimische Strauch gehört sicher zu den eigenartigsten Ziersträuchern mediterraner Gärten. Die duftenden Blüten bilden sich meist nur nach warmen Sommern aus. Die Ankerpflanze gedeiht am besten an warmen, vollsonnigen Plätzen und auf gut dränierten Böden.

Cycas revoluta, Japanischer Palmfarn
Cycadaceae

Immergrüne, niedrige Sträucher mit einer dichten Krone aus palmenähnlichen, einfach gefiederten Blättern, die in der Jugend wie bei den Farnen schneckenartig eingerollt sind.

Der Japanische Palmfarn stammt aus Südostasien, unter den 20 Arten der Gattung ist er die härteste Art und wird deshalb am häufigsten gepflanzt. Die Pflanze wird maximal 3 m hoch und hat im Alter einen dicken, walzenförmigen Stamm, der von einem dicken Schuppenpanzer umgeben ist. Dicht gedrängt stehen die 50 bis 100 cm langen Blattwedel mit ihren sehr dicht gestellten, glänzend dunkelgrünen Fiedern. Die Blüten sind zweihäusig verteilt, die männlichen stehen in großen, endständigen, meist länglichen Zapfen, bei den weiblichen Blüten sind die Fruchtblätter um die Spitze des Stammes gedrängt, der später wieder Blätter bildet und die Fruchtblätter absprei0t. Der Fruchtstand besteht aus großen, walnußähnlichen, orangeroten Samen, die von den braunen, geschlitzten Fruchtblättern überragt werden. Der sehr langsamwachsende Palmfarn gedeiht am besten in luftfeuchten, leicht beschatteten Lagen und auf einem leichten, sandig-humosen Boden.

Datura, Stechapfel, Engelstrompete
Solanaceae

Sommergrüne Sträucher mit sehr großen, weichen Blättern und zahlreichen prachtvollen, langtrichterförmigen, nickenden Blüten.

Mit etwa 25 Arten ist die Gattung *Datura* in den wärmeren Teilen der Erde verbreitet. Die verholzenden Arten werden auch in der Gattung *Brugmansia* zusammengefaßt. Alle haben große, wechselständige, ungeteilte Blätter und große, einzelstehende Blüten mit einer trichterförmigen Krone und einem breiten Schlund mit fünf langen, zurückgeschlagenen Zipfeln. Die vor allem am Abend stark duftenden Blüten können weiß, gelb, pfirsichfarben oder rot sein. Die Frucht ist eine große, meist zweifächerige, glatte oder stachelige Kapsel. Alle Arten sind giftig. Bei uns sind *Datura*-Arten und deren zahlreiche Sorten und Hybriden beliebte Kübelpflanzen, die frostfrei überwintern müssen. Im Mittelmeergebiet wachsen sie mit ihrer großen Blütenfülle zu auffallenden Ziersträu-

Datura × candida

chern heran. Sie brauchen einen nährstoffreichen, ausreichend feuchten Boden und einen windgeschützten Platz. In der Regel werden die Pflanzen im Frühjahr kräftig zurückgeschnitten.

Datura arborea. Die Andenregionen von Ecuador, Nordchile und Bolivien sind die Heimat von *Datura arborea*. Verglichen mit anderen Arten hat sie nur kleine, 12 bis 17 cm lange, weiße oder cremeweiße, trompetenförmige Blüten, die am Saum deutlich verbreitert und zwischen den zurückgebogenen Spitzen herzförmig eingebuchtet sind.

Datura aurea. Diese Art hat von allen Engelstrompeten die imposantesten Blätter – sie können bis 60 cm lang werden. Auch die weißen oder goldgelben bis apricotfarbenen Blüten sind mit einer Länge von 18 bis 25 cm auffallend groß. Auch hier ist der Saum zwischen den 4 bis 6 cm langen, spiralig zurückgebogenen Spitzen herzförmig eingebuchtet. *Datura aurea* stammt aus Nordkolumbien, Venezuela und Ecuador, sie wächst in Höhenlagen von 2000 bis 3000 m. Bei den Indianern war und ist sie eine wichtige Heilpflanze, die aber auch ihrer halluzinogenen Wirkung wegen geschätzt wird.

Datura × candida. Wertvoll ist diese Hybride durch ihre besonders großen, bis über 30 cm langen, weißen, trompetenförmigen Blüten. Die länglich-elliptischen Blätter sind bis 25 cm lang. Eine Besonderheit innerhalb der *Datura × candida*-Formen stellen gefülltblühende Sorten wie 'Plena', 'Double White' oder 'Knightii' dar, deren Blüten die doppelte Anzahl von Blütenblättern aufweisen. Die sehr anpassungsfähige *Datura × candida* hat eine weite Verbreitung, die von Nordchile bis weit nach Zentralamerika und Mexiko reicht.

Datura sanguinea. Im Gegensatz zu den anderen Arten sind die Blüten ohne Duft, die außerdem nicht weiß oder gelblich, sondern rot, orange, goldgelb oder gelb gefärbt sind. Die Blüten werden 15 bis 23 cm lang und sind röhrenförmig, der zurückgebogene Blütensaum endet in 1 bis 2 cm langen Saumspitzen. *Datura sanguinea* ist von Ecuador bis Nordchile und Bolivien in Höhen zwischen 2000 und 3000 m verbreitet. Sie war in ihrer Heimat nicht nur als Zierpflanze von Bedeu-

Diospyros kaki

tung, sie hatte als eine heilige Pflanze der Priester eine besondere Stellung. Ihr Pflanzensaft diente zur Herstellung eines stark bewußtseinsverändernden Getränkes, unter dessen Einfluß die Priester mit den Göttern kommunizieren konnten.

Datura versicolor. Von allen *Datura*-Arten hat sie die längsten Blüten, sie können 32 bis 50 cm lang werden. Zur außergewöhnlichen Wirkung der Art trägt auch die Tatsache bei, daß zahlreiche Blüten gleichzeitig aufblühen. Die trompetenförmigen Blüten sind am Saum stark erweitert mit gebogenen Saumspitzen von 4 bis 6 cm Länge. In der Knospe sind die Blüten grün bis grüngelb, während des Erblühens färben sie sich zunächst weiß, bevor sie ihre endgültige Färbung annehmen, die, je nach Sorte, apricot- oder pfirsichfarben, rosa oder weiß sein kann. Die ursprüngliche Heimat von *Datura versicolor* ist Ecuador. Ihres hohen Zierwertes wegen wurde sie schon früh in Südamerika weit verbreitet.

Diospyros kaki, Kakipflaume
Ebenaceae

Sommergrüner Kleinbaum aus der Familie der Ebenholzgewächse mit glänzend dunkelgrünen Blättern und großen, tomatenähnlichen, eßbaren Früchten.

Der bis 10 m hohe, rundkronige Baum hat seinen Ursprung in Japan und China. In ganz Ostasien ist er eine sehr alte Kulturpflanze mit zahlreichen Sorten, die heute in den Subtropen und Höhenlagen der Tropen weltweit angebaut werden. Die Früchte der Kakipflaume werden seit Jahren auch bei uns angeboten. Die merkwürdig viereckigen, von einem großen Kelch gekrönten Früchte reifen im Herbst oder Anfang des Winters, sie können bis 7 cm dick werden, ihre Farbe variiert von Goldgelb über Orangerot zu Tomatenrot. Die Früchte sind reich an Gerbstoffen und Zucker und schmecken erst in vollreifem Zustand gut. Getrocknete Früchte werden in Ostasien als Kakifeigen gegessen. Die Früchte reifen auch am Mittelmeer aus. Dort ist der Baum mit seinen glänzend dunkelgrünen, im Herbst orangerot gefärbten Blättern und den leuchtendgelben Früchten auch als Zierpflanze begehrt. Die Kakipflaume braucht einen nährstoffreichen, tiefgründigen Boden und eine warme, sonnige Lage.

Erica arborea, Baumheide
Ericaceae

Immergrüner, im Mittelmeergebiet, in Portugal und auf den Kanarischen Inseln verbreiteter, bis 5 m hoher Strauch.

Die Baumheide ist ein typischer Vertreter der immergrünen Macchie, sie tritt aber auch im Unterholz der früher weit verbreiteten Steineichenwälder auf. Der reichverzweigte Strauch hat sehr dicht stehende, 3 bis 4 mm lange, nadelförmige Blätter, die zu dritt in Quirlen angeordnet sind. Im März–April erscheinen die kleinen, rundlich-glockigen, grauweiß gefärbten Blüten. Sie stehen an kurzen Seitentrieben, die zu 20 bis 40 cm langen, rispigen Ständen geordnet sind. Am Mittelmeer ist *Erica arborea* ein beliebter Zierstrauch, der, wie die meisten *Erica*-Arten, einen lockeren, durchlässigen, sauren Boden und einen sonnigen bis leicht beschatteten Platz braucht. Aus dem harten, schön gemaserten Holz der Baumheide werden die echten Bruyèrepfeifen hergestellt.

Erica arborea var. *alpina*. Die kaum 1 m hoch werdende Varietät ist etwas frosthärter als die Art, an sehr günstigen Standorten hält sie es auch in Mitteleuropa aus.

Eriobotrya japonica, Japanische Wollmispel
Rosaceae

Immergrüner, 5 bis 7 m hoher Strauch mit großen, derben Blättern und gelben, eßbaren Früchten.

Von den zehn ostasiatischen Arten ist im Mittelmeerraum nur die in Japan und China heimische *Eriobotrya japonica* in Kultur. Bei uns ist sie als Kübelpflanze gut bekannt. Sie fällt durch ihre dicken, anfangs weißwolligen Zweige und ihre bis 25 cm langen Blätter auf, die oberseits tiefgrün, unten dicht bräunlichfilzig sind. Die weißen, 1 bis 2 cm breiten Blüten erscheinen im September in aufrechten Ständen. Im Herbst oder im Winter reifen die rundlichen oder birnenförmigen, bis 4 cm dikken, gelben Früchte mit ihren beiden großen, haselnußartigen Samen. Die Früchte haben ein festes, saftiges, angenehm süßsäuerliches Fruchtfleisch, sie werden in der Regel zur Vollreife frisch gegessen. *Eriobotrya japonica* ist innerhalb der Gattung die einzige Art mit eßbaren Früchten, sie wird heute mit einigen Sorten weltweit in den Höhenlagen der Tropen, in den Subtropen und im Mittelmeergebiet als Fruchtbaum angebaut. Sie braucht einen nährstoffreichen, tiefgründigen, gut dränierten Boden und eine windgeschützte, sonnige bis leicht beschattete Lage.

Erythrina crista-galli, Korallenstrauch
Leguminosae

Sommergrüner, breit ausladender Strauch oder kleiner Baum mit bedornten Zweigen und großen, dunkel scharlachroten Blütentrauben.

Erica arborea

Die rund 30 *Erythrina*-Arten sind in den warm gemäßigten Zonen und in den Tropen der ganzen Welt verbreitet. Viele von ihnen gehören mit ihren großen, meist leuchtendrot gefärbten Blüten zu den besonders häufig kultivierten Ziergehölzen. (Große, leuchtendrot gefärbte Blüten tropischer Arten werden oft von Vögeln bestäubt.) Die bei uns als Kübelpflanze und im Mittelmeer als Freilandpflanze am besten bekannte Art ist *Erythrina crista-galli*, eine meist strauchig gezogene Art mit dreiteiligen Blättern, deren derbe, eilängliche bis länglich-lanzettliche Blättchen 10 bis 15 cm lang sind. Im August–September öffnen sich die großen, auffällig gefärbten Blüten in langen, endständigen Trauben. Seine ursprüngliche Heimat hat *Erythrina crista-galli* im östlichen Brasilien, in Bolivien, Paraguay, Argentinien und Uruguay. Sie braucht in Kultur einen mäßig nährstoffreichen, durchlässigen Boden und einen vollsonnigen Platz. Bei der Kultur als Kübelpflanze erfolgt jährlich ein starker Rückschnitt.

Escallonia, Escallonie
Saxifragaceae

Immergrüne, meist niedrige, buschige Sträucher mit wechselständigen Blättern und kleinen, röhrenförmigen Blüten in endständigen Rispen oder Trauben.

Die 50 bis 60 *Escallonia*-Arten sind überwiegend in den südamerikanischen Anden zu Hause. Wir kultivieren in Europa meist nur *Escallona rubra* und die Hybride *Escallonia* × *langleyensis*, an deren Zustandekommen ebenfalls *Escallonia rubra* beteiligt ist. Obwohl diese beiden zu den härtesten Arten gehören, sind sie in Mitteleuropa nur an wenigen Stellen ausreichend frosthart, in mediterranen Gärten und in England sind sie dagegen beliebte und weit verbreitete Ziersträucher. Sie benötigen einen leichten, humosen, sauren, ausreichend feuchten, aber durchlässigen Boden und einen sonnigen bis leicht beschatteten Platz. Sie werden einzeln, in kleinen Gruppen oder als Hecken verwendet.

Escallonia × langleyensis. Am häufigsten wird diese Hybride kultiviert, ein halbimmergrüner, bis 3 m hoher Strauch mit bogig abstehenden Zweigen und eiförmigen, bis 2,5 cm langen Blättern. Im Juni–Juli öffnen sich die rosa oder rot gefärbten Blüten, sie stehen einzeln oder in kleinen Ständen an kurzen Seitenzweigen. Zu dieser Hybridgruppe gehören einige Sorten mit niedrigem, kaum mannshohem Wuchs und leicht abweichenden Blütenfarben.
'Pride of Donard' wächst dichtbuschig aufrecht und hat besonders große, hellrote Blüten und glänzend tiefgrüne Blätter.

Escallonia rubra var. macrantha. Diese starkwüchsige Varietät entwickelt sich zu einem dichten, rundlichen, 1,5 bis 4 m hohen Strauch. Die eiförmigen, bis 7 cm langen Blätter sind oberseits glänzend dunkelgrün und unten harzdrüsig punktiert. Von Juni bis September öffnen sich die kleinen, hell karminroten Blüten in endständigen, 5 bis 10 cm langen Rispen. Es handelt sich nicht nur um einen schönen Zierstrauch, sondern auch um eine wichtige Heckenpflanze an küstennahen Plätzen.

Eucalyptus, Eukalyptus
Myrtaceae

Immergrüne, hohe, fast ausschließlich in Australien heimische Bäume mit derbledrigen Blättern, die ätherische Öle enthalten und deshalb stark aromatisch duften.

Die sehr große Gattung umfaßt 500 oder 600 nur schwer voneinander unterscheidbare Arten. Sie sind in ihrer australischen Heimat die dominierende Baumgattung, die bis zu 90 Prozent an der Baumvegetation des Landes beteiligt ist. Einige besonders rasch wachsende Arten werden heute in tropischen Gebirgen, in den Subtropen und am Mittelmeer zur Holzgewinnung angebaut. Sie haben teilweise nur eine Umtriebszeit von wenigen Jahren. Eukalyptusbäume sind aber nicht nur Holzlieferanten, sondern mit ihrem raschen Wuchs, den interessanten Stämmen, mit der oft bunten, sich in langen Streifen ablösenden Borke und den meist graugrün oder blaugrau gefärbten Blättern auch geschätzte Zierbäume. Sie gedeihen in Kultur am besten auf mäßig nährstoffreichen, ausreichend feuchten, aber gut dränierten, schwach sauren bis neutralen Böden und an sonnigen Plätzen.
Bei allen *Eucalyptus*-Arten sehen Jugend- und Altersblätter meist sehr verschieden aus. Die Blätter sind in der Jugend meist breit-eiförmig und gegenständig, im Alter in der Regel wechselständig und lanzettlich und meist sichelförmig gebogen. Bei starker Sonneneinstrahlung drehen sie ihre Schmalseite in Richtung des größten Lichteinfalls, sie reduzieren damit deutlich ihre Verdunstungsrate. Bei den Blüten sind die Kelch- und Kronblätter zu einer deckelartigen Haube verwachsen, die von den zahlreichen langen Staubblättern abgestoßen wird. Die Staubblätter sind überwiegend weiß gefärbt, können aber auch ein schönes Rot aufweisen wie zum Beispiel bei *Eucalyptus ficifolia*.

Eucalyptus ficifolia gehört mit einer Höhe von etwa 10 m zu den schwachwachsenden Arten. Sie hat eiförmige bis kreisrunde, bis 10 cm lange Jugendblätter und eiförmige bis breit-lanzettliche, glänzend dunkelgrüne Altersblätter. Besonders auffällig sind die im August blühenden, bis 2,5 cm großen Blüten mit ihren scharlachroten Staubblättern. Die Blüten stehen in großen, endständigen Büscheln zusammen.

Eucalyptus gunnii. Am Mittelmeer erreicht diese Art Höhen von 20 bis 25 m. Die Triebe sind bläulichweiß bereift, die blaugrünen Jugendblätter kreisrund und 2 bis 5 cm breit. Die grünlichen, lanzettlichen Altersblätter erreichen bis 10 cm Länge. Gelblichweiß sind die Staubblätter der Blüten, die sich im Oktober–Dezember öffnen.

Eucalyptus niphophila wird nur etwa 6 m hoch oder bleibt strauchig. Sie hat blaugrüne Jugendblätter und silbrig bereifte Jungtriebe, die im Winter dunkel- bis orangerot gefärbt sind und bei Beginn des neuen Austriebes bläulichweiß werden. Die Altersblätter sind bis 10 cm lang, breit-lanzettlich und grün bis blaugrün gefärbt. Die zahlreichen weißen Blüten sind bis 2,5 cm breit. Der schöne grüne Stamm ist grau und cremeweiß gefleckt und ähnelt deshalb der Haut einer Pythonschlange. Die kälteresistente Art hält auch in England recht gut den Wintern stand.

Euonymus japonica, Japanischer Spindelbaum
Celastraceae

Immergrüner, etwa mannshoher Strauch mit dicken, dunkelgrünen, vierkantigen Zweigen und derbledrigen, glänzend dunkelgrünen Blättern.

Der in Japan und Korea heimische Spindelstrauch wird bei uns häufig als Kübelpflanze gezogen. In den Gärten am Mittelmeer wird die dichtbuschige Art mit ihren verkehrt-eiförmigen bis länglichen, 3 bis 7 cm langen Blättern oft als Gruppen- oder Heckenpflanze verwendet. Sie blüht im Juni–Juli grünlichweiß und hat rosa Früchte, deren weiße Samen von einem orangefarbenen Mantel umgeben sind. Die Art verträgt mehr Hitze und Trockenheit als die meisten anderen immergrünen Sträucher, sie kann an sonnigen bis schattigen Plätzen gepflanzt werden. Neben der Art befindet sich eine Fülle von Sorten in Kultur. Die meisten wachsen breit aufrecht und haben einfarbig dunkelgrüne oder weiß und gelb gefleckte oder gerandete Blätter.

Fatsia japonica, Zimmeraralie
Araliaceae

Immergrüner, 2 bis 5 m hoher, sehr breiter Strauch mit dicken, meist unverzweigten Ästen und sehr großen, handförmig geteilten, sieben- bis neunlappigen Blättern.

Fatsia japonica ist die einzige Art ihrer Gattung. Sie hat ihre Heimat in Südjapan, auf den Riukiu-Inseln und in Südkorea. Bei uns als Zimmerpflanze gut bekannt, wird sie am Mittelmeer als Freilandpflanze gehalten. Mit ihren glänzend dunkelgrünen, glatten, bis 40 cm langen Blättern ist sie eine sehr dekorative Art. Ihre gelblichweißen Blüten öffnen sich erst im September–Oktober, sie stehen in kugeligen, langgestielten Köpfchen zusammen, die zu verzweigten Rispen geordnet sind. Im Spätwinter reifen die purpurschwarzen Früchte. *Fatsia japonica* verträgt sehr gut schattige Plätze, der Boden muß nährstoffreich und vor allem im Sommer ausreichend feucht sein.

× **Fatshedera lizei.** Aus einer Kreuzung zwischen *Fatshedera japonica* 'Moseri' und *Hedera hibernica* wurde Anfang dieses Jahrhunderts in Frankreich diese Arthybride erzielt. Der immergrüne, aufrechte Strauch hat dicke, warzige, bis 2 m lange, meist unverzweigte Triebe mit 10 bis 15 cm breiten, langgestielten glänzend tiefgrünen, drei- bis fünflappigen Blättern. Sie wird in gleicher Weise verwendet wie *Fatshedera*.

Ficus carica, Feige
Moraceae

Sommergrüner, dicktriebiger Strauch oder kleiner Baum mit langgestielten, 10 bis 20 cm langen, tief eingeschnittenen, drei- bis fünflappigen Blättern und eßbaren Sammelfruchtständen, die als Feigen allgemein bekannt sind.

Der Feigenbaum ist mit seinen stattlichen Blättern nicht in erster Linie ein Zierstrauch, sondern ein wichtiger Fruchtbaum, der in zahlreichen Sorten im Mittelmeergebiet, in Südafrika, Kalifornien und Australien angebaut wird. In einigen Ländern bilden getrocknete Feigen einen wichtigen Be-

standteil der menschlichen Ernährung. Die ursprüngliche Heimat des Feigenbaumes liegt in Vorderasien, er kam aber schon lange vor Christi Geburt in den Mittelmeerraum. Seine eigenartigen Befruchtungsverhältnisse, die notwendige Symbiose zwischen Feigenblüte und bestimmten Insekten, ist von Aristoteles schon 350 v. Chr. beschrieben worden. Die heutigen Gartenfeigen sind alle weiblich und selbstbefruchtend, die Smyrnafeigen brauchen zur Befruchtung dagegen die männlichen Blüten der Caprifeigen.
Feigen benötigen einen tiefgründigen, nährstoffreichen, frischen Boden und einen warmen, sonnigen Platz. In klimatisch günstigen Regionen sind die Feigen auch in Mitteleuropa ausreichend frosthart, an kritischen Standorten pflanzt man sie am besten an die Südseite einer Mauer und zieht sie als Spalier.

Von den rund 800 *Ficus*-Arten wird am Mittelmeer nicht selten auch der bei uns als Topfpflanze gut bekannte »Gummibaum«, **Ficus elastica**, gepflanzt. Als immergrüne Kletterpflanze sieht man im Mittelmeerraum an Mauern und Fassaden häufig **Ficus pumila** mit ihren kleinen, eiförmigen, 2 bis 4 cm langen Blättern, die an Fruchttrieben aber viel größer, 5 bis 10 cm lang und länglich-elliptisch werden können.

Fortunella margarita, Kumquat
Rutaceae

Kleiner, immergrüner, dicht verzweigter Strauch mit schmal-elliptischen, tiefgrünen, 4 bis 8 cm langen Blättern und runden bis elliptischen, 2,5 bis 4 cm langen, orangefarbenen Zitrusfrüchten.

Die Gattung *Fortunella* gehört mit ihren vier ostasiatischen und malayischen Arten zu den Zitrusfrüchten. Ihre kleinen, duftenden Früchte werden auch bei uns angeboten. Ihr Fruchtfleisch ist zwar recht sauer, die Früchte werden aber mitsamt der dünnen, süßen Schale gegessen. Als Zierpflanzen hält man die Kumquat ebenso wie die großfrüchtigen Zitrusarten. Da sie weitaus kälteresistenter ist als diese, wird die Kumquat häufig als Veredlungsunterlage verwendet.

Fremontodendron californicum, Flanellstrauch
Sterculiaceae

Immergrüner, locker aufgebauter Strauch mit dickledrigen leicht gelappten Blättern und großen, weit geöffneten, lackartig glänzenden, gelben Blüten.

Kalifornien ist die Heimat des Flanellstrauches, dessen Name sich auf die sternförmige Behaarung der jungen Triebe und der Blattunterseiten bezieht. In seiner Heimat erreicht er Höhen bis 6 m, an günstigen Standorten in südländischen und englischen Gärten erreicht er ähnliche Höhen, besonders dann, wenn der Strauch als Spalier an Wänden gezogen wird. Seine 5 bis 10 cm langen, oberseits stumpfgrünen Blätter sind nur an Langtrieben fünf- bis siebenlappig. Im Mai–Juni öffnen sich an den Zweigenden die goldgelben, breitschalenförmigen Blüten. Als Schauapparat dienen hier nicht, wie sonst allgemein üblich, die Kronblätter, sondern stark vergrößerte Kelchblätter, die im Verblühen ihre Farbe von Goldgelb nach Orangebraun ändern. Der Flanellstrauch wird auch deshalb häufig an sonnigen Stellen in Mauernähe gepflanzt, weil die Wurzeln vom späten Frühjahr bis zum Herbst möglichst wenig Wasser bekommen sollen. Der Boden sollte eher nährstoffarm und sehr gut dräniert sein, kalkhaltiger Boden wird toleriert.

Frementodendron 'California Glory'. Meist wird diese Hybride, entstanden aus einer Kreuzung mit *Fremontodendron mexicanum*, kultiviert. Der sehr starkwüchsige und reichblühende Strauch hat flach-schalenförmige, 4 bis 6 cm breite, zitronengelbe Blüten, die im Verblühen außen gerötet sind.

Gardenia jasminoides, Gardenie
Rubiaceae

Immergrüner, kleiner, dicht verzweigter Strauch mit derben, glänzend dunkelgrünen Blättern und stark duftenden, weißen Blüten.

Japan und China sind die Heimat der Gardenie, die man wegen ihrer schönen, angenehm duftenden Blüten von den Tropen bis zum Mittelmeerraum gerne als Zierstrauch hält. Die Gardenie wird kaum mehr als 1,5 m hoch und präsentiert ihre weißen, wachsartigen, tellerförmigen Blüten an den Spitzen der Triebe über dem glänzendgrünen Laub. Statt der einfachblühenden Wildform werden in der Regel gefülltblühende Sorten wie 'August Beauty', 'Fortunei' oder 'Plena' gezogen. Die Blüten erscheinen über einen langen Zeitraum hinweg – von Mai–Juni bis in den Oktober hinein. Der Strauch gedeiht am besten in luftfeuchten Lagen und an hellen, indirekt beleuchteten Plätzen. In der Vegetationszeit sind hohe Wassergaben notwendig, die sonst stark reduziert werden. Der Boden soll leicht, humos und sauer sein. *Gardenia thunbergia* wird gelegentlich in Mittelmeergärten gepflanzt. Diese südafrikanische Art wächst zu einem bis 2,5 m hohen Strauch heran. Seine wunderschönen weißen, trompetenförmigen und bis 8 cm langen Blüten besitzen einen abstehenden Saum.

Garrya eliptica, Becherkätzchen
Garryaceae

Immergrüner, bis 4 m hoher Strauch mit derbledrigen, glänzend graugrünen bis matt dunkelgrünen Blättern und langen Fruchtkätzchen im Januar–März.

Aus dem westlichen Nordamerika stammt *Garrya elliptica*, meist ein Strauch, gelegentlich auch ein kleiner Baum mit anfangs dicht behaarten Zweigen und dicht wolligen Blattunterseiten. Die männlichen Blütenkätzchen der zweihäusigen Pflanzen werden 10 bis 20 cm lang, sie sitzen in dichten, silbergrauen Büscheln an den Zweigenden. Die männlichen, etwa 10 bis 20 cm langen Kätzchen sind grünlich-bräunlich gefärbt; sie erscheinen in büscheligen Trauben an den Triebenden. Die weiblichen Kätzchen sind nur etwa 10 cm lang, im Gegensatz zu den männlichen Blüten haben sie keine Blütenhülle. Die kugeligen, ledrigen und ziemlich trockenen Früchte sind weißfilzig. Das Becherkätzchen gedeiht auf jedem gut dränierten, mäßig nährstoffreichen Boden an sonnigen bis schattigen Plätzen, aber nur an gut belichteten Plätzen ist mit einer vollen Blüte zu rechnen.

Hebe, Strauchveronica
Scophulariaceae

Immergrüne, großblättrige Hybriden, die in mitteleuropäischen Gärten nicht ausreichend frosthart sind.

Neben den natürlichen Arten werden in mediterranen, englischen und irischen Gärten auch eine Reihe von Gartenformen gezogen, die aus Züchtungen hervorgegangen sind. Sie haben in der Regel viel besser gefärbte Blüten und größere Blütenstände als die in Mitteleuropa harten, meist weißblühenden Arten. Die Blütenstände stehen in der Regel gut sichtbar an den Zweigenden. Die Hauptblütezeit dauert von Juni bis August. Alle brauchen windgeschützte, warme, sonnige Plätze und gut dränierte Böden. Die wichtigsten Sorten sind:
'Andersonii'. 1,5 m hoch. Violette Blüten in 10 cm langen Trauben.
'Autumn Glory'. 80 cm hoch. Violettblaue Blüten in langen, verzweigten Trauben.
'Bowles Hybrid'. 50 cm hoch. Lila Blüten in lockeren, verzweigten Trauben.
'Midsummer Beauty'. 1 bis 2 m hoch. Purpurblaue oder lila Blüten, oft zu Hellrosa verblühend, in langen dünnen Trauben.

Hibiscus, Eibisch
Malvaceae

Sommergrüne, in Mitteleuropa nicht ausreichend frostharte Arten mit großen, breit-glockigen Blüten in leuchtenden Farben. Bei allen Blüten sind die Staubblätter zu einer langen, teilweise weit herausragenden Säule verwachsen, die den Blüten einen besonderen Reiz verleiht.

In Mitteleuropa läßt sich im Freien nur die Art *Hibiscus syriacus* mit ihren zahlreichen Sorten halten. Andere Arten, vor allem *Hibiscus rosa-sinensis*, sind prachtvolle Kalthauspflanzen, in südlichen Gärten prächtige Freilandpflanzen mit einer langandauernden Blüte. Alle *Hibiscus*-Arten werden am besten in humus- und nährstoffreichen, gut dränierten Böden und an vollsonnigen Plätzen kultiviert. Sie lieben eine Mulchdecke im Wurzelbereich und in der Wachstumsphase reichliche Wassergaben. Da die Blüten an diesjährigen Trieben erscheinen, werden die Sträucher nicht selten regelmäßig zurückgeschnitten.

Hibiscus mutabilis. Heimisch ist die Art in den subtropischen Zonen Südchinas. Der bis 3 m hohe Strauch oder kleine, bis 5 m hohe Baum trägt sternhaarige Zweige und handförmig gelappte, fast 20 cm breite, dunkelgrüne, behaarte Blätter. Meist einzeln oder zu wenigen beisammen öffnen sich den Sommer über in den Blattachseln die 7 bis 10 cm breiten Blüten mit ihrer weit geöffneten Krone. Sie sind am Morgen weiß gefärbt und ändern ihre Farbe im Laufe des Tages über Rosa bis Tiefrot. In mediterranen Gärten ist die Art ausreichend hart.

Hibiscus rosa-sinensis. Ursprünglich wohl in China heimisch, ist der Chinesische Roseneibisch heute weltweit eine der prachtvollsten Topf- und Freilandpflanzen. Im Freiland entwickelt er sich zu einem locker verzweigten, 3 bis 5 m hohen Strauch oder kleinen Baum mit eiförmigen bis elliptischen, 6 bis 10 cm langen, glänzendgrünen Blättern. Überaus dekorativ sind die 10 bis 15 cm breiten Blüten mit den weit ausgebreiteten Blütenblättern und der weit herausragenden Staubblattsäule. Bei der Wildart sind die Blüten einfach und rosa gefärbt. Die zahlreichen Kulturformen haben einfache und gefüllte Blüten in den verschiedensten Farbtönen, von Tiefrot über Karminrosa, Aprikosenfarben hin zu Orange-, Gold- und Zitronengelb. Der Roseneibisch ist die Staatsblume von Hawaii und Malaysia. Er hat vor allem in seiner ostasiatischen Heimat eine hohe mythologische Bedeutung, in hinduistischen Tempeln gehört er zu den häufigsten Blumenopfern.

Hibiscus schizopetalus ist im tropischen Afrika beheimatet. Dieser Hibiskus besticht vor allem durch die an langen, dünnen Stielen hängenden, roten oder orangeroten Blüten mit den zurückgeschlagenen, wild gekrausten Blütenblättern und der lang herausragenden Staubblattsäule.

Jasminum, Jasmin
Oleaceae

Immergrüne oder sommergrüne Sträucher und schwach windende Kletterpflanzen mit dünnen, grünen, zuweilen vierkantigen Trieben und meist gelben Blüten, die über einer langen, dünnen Röhre einen tellerförmigen Saum haben.

Jasminum beesianum stammt aus dem westlichen China und entwickelt sich zu einem etwa 1,5 m hohen, schwach windenden Strauch. Er hat dünne, gerillte Zweige und einfache, eiförmig-lanzettliche, bis 5 cm lange und beiderseits stumpfgrüne Blätter. Im Mai öffnen sich die duftenden, 1,5 cm breiten, hell- bis dunkelrosa Blüten, die einzeln oder zu dritt stehen. Der Strauch blüht nicht sehr reich, hat aber für die Gattung eine ungewöhnliche Blütenfarbe.

Jasminum fruticans ist in Südeuropa, Nordafrika und Westasien heimisch. Der Strauch wird kaum mehr als 1 m hoch und wächst im Gegensatz zu den anderen erwähnten *Jasminum*-Arten aufrecht. Er hat grüne, rutenförmige, kantige Zweige und immergrüne oder nur wintergrüne, meist dreizählige, dunkelgrüne Blätter. Von Juli bis September erscheinen an den Enden kurzer Seitentriebe die duftlosen, zu fünft stehenden, gelben Blüten.

Jasminum mesnyi

Jasminum nudiflorum. Aus China kam der Winterjasmin zu uns. Der sommergrüne Spreizklimmer trägt an seinen schlanken, grasgrünen Trieben kleine, dreizählige, dunkelgrüne Blätter und gelbe, etwa 2,5 cm breite Stieltellerblüten. Die ersten Blüten öffnen sich meist schon im Dezember, nach einer Winterpause folgt die Hauptmasse der Blüten im Februar–März. Er ist ausreichend frosthart, verträgt, wie alle anderen *Jasminum*-Arten, sonnige bis halbschattige Plätze und stellt an den Boden keine besonderen Ansprüche.

Jasminum mesnyi. Der Primeljasmin, heimisch in Westchina, ist ein immergrüner, bis 2 m hoher, sehr reichblühender, dicht belaubter Strauch, der mit seinen dünnen Trieben Klettergerüste durchschlingen kann oder die Triebe weit überhängen läßt. Seine vierkantigen Zweige tragen dreizählige, länglich-lanzettliche, bis 7 cm lange Blätter und im März–April gelbe, bis 5 cm breite, leuchtendgelbe Blüten. Die Art erinnert in ihrer Tracht etwas an *Jasminum nudiflorum*, ist aber attraktiver als diese und gilt als schönste gelbblühende Art.

Jasminum officinale. Von Persien bis zum Himalaja erstreckt sich das ursprüngliche Verbreitungsgebiet des Echten Jasmins, in Südeuropa ist er seit langem eingebürgert. Der sommergrüne Strauch kann, an Spalieren angeheftet, bis 10 m hoch klettern. Seine dünnen, grünen Zweige sind vierkantig, sie tragen gefiederte Blätter mit meist fünf bis sieben elliptischen bis länglich-eiförmigen Blättchen. Die stark duftenden, weißen, etwa 2,5 cm breiten Blüten stehen im Juni–September zu fünft in Büscheln zusammen.

Jasminum polyanthum stammt aus China und gilt als eine der schönsten, aber auch anspruchsvollsten Arten. Der immergrüne Kletterstrauch hat gefiederte, im Austrieb bräunliche Blätter mit fünf bis sieben lanzettlichen Blättchen. Den ganzen Sommer über produziert er seine zahlreichen, stark duftenden, innen weißen, außen geröteten Blüten, die in Büscheln zu 30 bis 40 in den Blattachseln stehen.

Jasminum sambac. Der Arabische Jasmin, heimisch in Indien, hat, wie *Jasminum polyanthum* hohe Wärmeansprüche, er gedeiht nur in völlig

Lagerstroemia indica

frostfreien Gebieten. Der immergrüne Kletterstrauch trägt kantige Triebe und derbe, glänzendgrüne, dreizählige Blätter. Seine stark duftenden, weißen, im Verblühen rosa gefärbten Blüten stehen zu dritt bis zu zwölft in Büscheln, sie erscheinen in ununterbrochener Folge.

Lagerstroemia indica, Lagerstroemie
Lythraceae

Sommergrüner, 5 bis 7 m hoher Kleinbaum mit einem ganz glatten, rosabraun gefärbten Stamm und einer Fülle von Blüten an den Enden der jungen Triebe.

Mit 53 Arten ist die Gattung vom tropischen Asien bis Australien verbreitet. Die ursprüngliche Heimat von *Lagerstroemia indica* liegt in China, Indochina, Japan und dem Himalaja. Seit langem wird sie in allen tropischen, subtropischen und mediterranen Gärten (schon im Tessin) als Ziergehölz im Freien kultiviert. Man findet sie als Solitärpflanze, in Hecken und als Straßenbaum. Weil sich die Blüten an den diesjährigen Trieben entwickeln, werden die Pflanzen meist regelmäßig stark zurückgeschnitten. Sie bauen sich dann mit langen, emporstrebenden Ästen fast besenartig auf. Die sehr ansehnlichen Blüten sind weiß, rosa oder purpurn gefärbt, sie sind mit gekräuselten Blütenblättern und zahlreichen Staubblättern ausgestattet und sitzen in 15 bis 20 cm langen, endständigen Rispen zusammen. Mehrere Wochen lang, von Juli bis September, hält die Blüte an. Die Lagerstroemie gedeiht in jedem gut dränierten Boden und am besten an sonnigen Plätzen. Da im Frühjahr nach einem Rückschnitt die Entwicklung möglichst vieler und vor allem kräftiger Triebe erwünscht ist, sind zusätzliche Düngergaben notwendig.

Lantana camara, Wandelröschen
Verbenaceae

In frostfreien Zonen immergrüne Sträucher mit oft sehr runzeligen Blättern und einer langen Blütezeit mit farbenprächtigen Blüten in endständigen, halbkugeligen Köpfchen.

Von den etwa 150 Arten, die im tropischen Amerika, in Westindien sowie im tropischen und südlichen Afrika ihre Heimat haben, hat bei uns als Zierpflanze nur *Lantana camara* mit ihren Hybriden eine Bedeutung. Bei uns sieht man sie häufig als Kübelpflanze oder auf Sommerblumenbeeten ausgepflanzt und nicht selten als Hochstämmchen gezogen. In den Gärten am Mittelmeer sind die Wandelröschen ausreichend hart, sie werden dort oft als Beet- oder Heckenpflanze gezogen, die sich im Frühjahr auch einen starken Rückschnitt gefallen lassen. Sie stehen am besten sonnig und auf durchlässigen, lehmhaltigen Böden.
Der Name Wandelröschen bezieht sich auf die im Blühverlauf sich ändernde Farbe der Einzelblüten. Alle Blütenfarben werden im Laufe der Blütezeit immer dunkler, im gleichen Blütenstand stehen daneben jüngere Blüten mit helleren Farben. Wir verfügen heute über zahlreiche Sorten, den sogenannten *Lantana*-Camara-Hybriden, die mit einer langandauernden Blütezeit – vom Frühjahr bis zum Herbst – und mit Blütenfarben in Weiß, Gelb, Orange, Rot und Violett aufwarten.

Laurus, Lorbeer
Lauraceae

Im Mittelmeergebiet seit langer Zeit eingebürgerter, immergrüner, aromatisch duftender Strauch, dessen Blätter als Speisegewürz und Heilmittel verwendet werden.

Der Lorbeer ist ein dicht belaubter, kegelförmig wachsender Baum oder Strauch, der Höhen von 7 bis 15 m erreichen kann. Seine schmal-elliptischen, 5 bis 10 cm langen, am Rand gewellten Blätter sind steifledrig und glänzend dunkelgrün gefärbt, sie enthalten, wie die Früchte, ätherische Öle. Die zwittrigen oder zweihäusig verteilten Blüten, die sich im März öffnen, sind klein, grünlichgelb gefärbt und wenig ansehnlich, sie sitzen in kleinen, achselständigen Büscheln zusammen. Die Frucht ist eine glänzendschwarze, kugelige Beere.
Der Lorbeer ist in Kultur wenig anspruchsvoll. Er gedeiht an sonnigen bis schattigen Plätzen und nahezu auf allen Böden. Er läßt sich gut schneiden und wird deshalb oft als Heckenpflanze verwendet, die auch salzhaltigen Seewinden standhält. Bei uns ist er eine sehr wichtige Dekorationspflanze. Seit alters hat der Lorbeer eine praktische, aber auch eine mythologische Bedeutung. Früchte, Blätter und ätherische Öle setzte man bereits im Altertum als Heilmittel ein. Aus den Früchten wird das fette Lorbeeröl gepreßt, das für Salben, in Seifen und zur Herstellung von Likören verwendet wird. Im Altertum war der Lorbeer bei den Griechen dem Apollo geweiht. Erst bei den Römern galt der Lorbeerkranz als Zeichen des Sieges und schmückte das Haupt der Poeten.

Lavatera, Strauchmalve
Malvaceae

Sommergrüne, weichholzige Sträucher mit weichen, behaarten und gelappten Blättern und prachtvollen großen, malvenähnlichen Blüten, die einzeln in den Blattachseln oder in Büscheln an den Triebenden stehen.

Unter den rund 25 Arten der Gattung, die vom Mittelmeer bis zum nordwestlichen Himalaja, in

Lavatera olbia 'Rosea'

Zentralasien, Ostsibirien, Australien und Kalifornien verbreitet sind, befinden sich nur wenige verholzende Arten. Die beiden folgenden werden in Mittelmeergärten oft als ausdauernde Freilandpflanzen, bei uns nicht selten als einjährige Beetpflanzen kultiviert. Ihre großen Einzelblüten haben nur eine kurze Lebensdauer, es werden aber vom Sommer bis zum Herbst ständig zahlreiche Blüten produziert. Strauchmalven lieben vollsonnige Plätze und leichte, durchlässige, mäßig nährstoffreiche Böden. Weil die Blüten an diesjährigen Trieben angelegt werden und das Holzgerüst nicht besonders stabil ist, sollten die Pflanzen im Frühjahr stark zurückgeschnitten werden.

Lavatera arborea. Die Baummalve ist ein bis 3 m hoher, baumartiger Strauch mit dicken, in der Jugend filzig behaarten Trieben. Auch die bis 20 cm langen und breiten, fünf- bis siebenlappigen Blätter sind beiderseits dicht und weich behaart. Die Blüten erscheinen von Mai bis September, sie sind bis 5 cm breit, blaß purpurrot und dunkler geadert. Der sehr reichblühende Strauch ist in Südeuropa und an den atlantischen Küsten verbreitet.

Lavatera olbia. Die südfranzösische Strauchmalve besiedelt im westlichen Mittelmeergebiet küstennahe Sand- und Kalkfelsen. Sie ist ein bis 2 m hoher, vom Boden an reichverzweigter Strauch mit weichen, graufilzigen, drei bis fünflappigen Blättern und bis 3 cm breiten, rosa bis purpurn gefärbten Blüten. Die Blütezeit dauert von März bis Juni.
'Rosea' hat rosa gefärbte Blüten.

Ligustrum, Liguster, Rainweide
Oleaceae

Immergrüne, baumförmig wachsende, in Mitteleuropa nicht ausreichende harte Arten mit derben, glänzend dunkelgrünen Blättern und weißen Blüten in großen, endständigen Rispen.

Winterharte Ligusterarten sind schon an anderen Stellen behandelt worden. Hier werden drei Arten vorgestellt, die man am Mittelmeer nicht selten als Garten- oder Straßenbäume sieht, aber ebenso als Heckenpflanze oder zu ornamentalen Figuren geschnitten. Alle vertragen sonnige bis schattige Plätze und stellen an den Boden keine besonders Ansprüche.

Ligustrum delavayanum. Aus der westchinesischen Provinz Yunnan stammt der bis zu 2 m hohe, breit verzweigte Strauch mit eiförmig-elliptischen, 1 bis 3 cm langen, glänzendgrünen Blättern. Seine weißen Blüten in 3 bis 5 cm langen, walzenförmigen Rispen erscheinen im Juni. Diese Art wird gegenwärtig bei uns auf Stämmchen veredelt und als Kübelpflanze angeboten.

Ligustrum japonicum. In Japan und Korea hat der Japanische Liguster seine Heimat. Der 3 bis 6 m hohe Strauch oder einstämmig gezogene Baum trägt ledrige, breit-eiförmige, 4 bis 10 cm lange und glänzend dunkelgrüne Blätter. Von Juni bis September erscheinen die weißen Blüten an den Zweigenden in 8 bis 15 cm langen, kegelförmigen Rispen. In ausreichend milden Zonen ist dies eine wichtige Art für Hecken und Windschutzpflanzungen.
'Argentum' ist eine Form mit weiß panaschierten Blättern.
'Texanum' gilt mit den großen, glänzend dunkelgrünen Blättern und den großen, duftenden, reinweißen Blütenrispen als schönste Form.

Ligustrum lucidum ist in China und Korea heimisch und entwickelt sich zu einem bis 10 m hohen, rundkronigen Baum. Die eiförmigen, lang zugespitzten, glänzend dunkelgrünen Blätter sind 6 bis 12 cm lang. Mit den 10 bis 20 cm langen und ebenso breiten, weißen Blütentrauben, die sich im August–September entwickeln, gilt *Ligustrum lucidum* als schönste und stattlichste unter den immergrünen Arten. Sie wird nicht selten auch als Straßenbaum verwendet.

Magnolia grandiflora, Großblütige Magnolie
Magnoliaceae

Immergrüner, stattlicher, 20 bis 25 m hoher Baum mit lackartig glänzenden, dunkelgrünen, unterseits rostbraun filzigen, bis 20 cm langen Blättern und 20 bis 30 cm breiten, schalenförmigen, duftenden, rahmweißen Blüten.

Im südöstlichen Nordamerika liegt die Heimat dieses stattlichen, im Freistand bis zum Boden beasteten Baumes, der mit seinen großen Blättern eine sehr dichte, regelmäßig kegelförmige Krone entwickelt. Seine großen, eiförmig-elliptischen Blätter tragen auf der Unterseite einen dichten rostbraunen Filz. Der Baum hat keine schlagartig einsetzende Vollblüte, wie sonst bei Magnolien üblich, die Blüten erscheinen vielmehr über einen langen Zeitraum hinweg, von Mai bis August. In Deutschland hält der Baum nur an ganz wenigen Stellen aus. Südlich der Alpen sieht man ihn in vielen küstennahen Gärten. Er liebt hohe Luftfeuchtigkeit, einen sonnigen, freien Platz, einen tiefgründigen, nährstoffreichen, frischen und gut dränierten Boden, der auch kalkhaltig sein kann, und eine Mulchdecke im Wurzelbereich.
'Gallisoniensis' ist eine häufig angebotene, sehr großblütige Form, die frosthärter ist als die Art.

Mahonia lomariifolia, Chinesische Mahonie
Aquifoliaceae

Mit ihren 30 bis 70 cm langen, zehn- bis 20fach gefiederten Blättern und den duftenden, hellgelben Blüten, die sich von November bis März öffnen, eine der schönsten Mahonien.

Aus dem nordwestlichen Yunnan stammt diese prachtvolle, in ihrer Heimat 7 bis 10 m hohe Art. In den Gärten am Mittelmeer bildet sie mit dikken, steifen, aufrechten Zweigen breite, 2 bis 4 m hohe Büsche mit starren, ledrigen, gezähnten Blättchen. Im Austrieb sind die Blätter schön bronzerot gefärbt. Den Winter über blüht der ornamentale Strauch mit aufrechten, kerzenartigen, 10 bis 20 cm langen Ähren, die über dem Laub zu 18 bis 20 in großen Büscheln zusammenstehen. Sehr ansehnlich sind auch die 1 cm dicken, eiförmigen, blauschwarz bereiften Früchte. Die Chinesische Mahonie gedeiht am besten in halbschattigen Lagen auf gepflegten, tiefgründigen, frischen Böden.

Melia azedarach, Zedrachbaum
Meliaceae

Sommergrüner, mittelhoher Baum mit einer offenen, sparrigen, wenig verzweigten Krone, bis 35 cm langen, gefiederten Blättern, zarten lila Blüten und hellgelben Früchten.

Im südlichen Himalaja hat der Indische Zedrachbaum seine ursprüngliche Heimat, seit Jahrhunderten wird der bis 15 m hohe, raschwüchsige Baum als Zier- und Tempelbaum gepflanzt. Er findet auch in mediterranen Gärten ausreichend gute Lebensbedingungen. Noch vor der Laubentfaltung, im März–April, erscheinen die kleinen Blüten in ihren duftigen, lockeren, 20 bis 25 cm langen Rispen an den Triebenden. In den lila gefärbten, angenehm nach Flieder duftenden Blüten sind Griffel und Staubblättröhre violett gefärbt. Von hohem dekorativen Wert sind auch die kugeligen, bis 1,5 cm dicken Früchte. Die harten Samen werden nicht selten zu Halsketten und Rosenkränzen verarbeitet. Der sehr trocken- und hitzeverträgliche Baum braucht einen sonnigen Platz und gut dränierte Böden, die auch kalkhaltig sein können. Da Zweige und Äste leicht brechen, sollte der Pflanzplatz windgeschützt sein. Vögel fressen die giftigen Früchte gern und scheiden die Samen wieder aus, sie sorgen damit für eine unkontrollierte und nicht immer gern gesehene Verbreitung der Art.

Myrtus communis, Gemeine Myrte
Myrtaceae

Immergrüner, sehr dicht verzweigter, kleinblättriger Strauch, der als Charakterpflanze des mediterranen Raumes oft an sonnigen, steinigen Abhängen vorkommt.

Die Zweige der Myrte sind als Brautschmuck allgemein bekannt und seit langer Zeit im Gebrauch. In südlichen Gärten ist die Myrte ein häufig gepflanzter Zier- und Heckenstrauch. Freigewachsen werden die Sträucher 3 bis 5 m hoch. Sie haben bis 5 cm lange, glatte und lederartig glänzende, durchscheinend punktierte Blätter, die gerieben aromatisch duften. Als Brautmyrte werden meist die Zweige der *Myrtus communis* var. *tarentina* verwendet. Mit 2 cm Länge sind sie viel feiner und zierlicher als die der Wildform. Im Juli–August entwickeln sich einzeln in den Achseln der Blätter die zahlreichen weißen, etwa 2 cm breiten Blüten, die durch ihre zahlreichen langen Staubblätter besonders zierlich wirken. Als Freilandpflanzen brauchen Myrten luftfeuchte, leicht beschattete Lagen und lockere, durchlässige, frische Böden. Schon im ägyptischen, persischen, griechischen und römischen Altertum wurde die Myrte für kultische Zwecke verwendet. In der griechischen und römischen Mythologie war sie eine heilige Pflanze der Aphrodite und der Venus, Myrten galten als Symbol der Jungfräulichkeit, Jugend und Schönheit.

Nandina domestica, Nandina
Berberidaceae

Mit den Mahonien und Berberitzen nahe verwandter, immergrüner, steif-aufrecht wachsender Strauch mit doppelt bis dreifach gefiederten Blättern und hochroten, sehr lange haftenden Früchten in großen, endständigen Rispen.

Nandina domestica, gelegentlich als »Himmlischer Bambus« bezeichnet, ist als einzige Art ihrer Gattung von Indien bis Japan verbreitet. Sie wird schon seit Jahrhunderten in Japan kultiviert, dort dienen die Fruchtzweige im Winter zum Schmuck der Wohnungen und Altäre. *Nandina domestica* baut sich vom Boden an mit mehreren, meist unverzweigten Ästen zu einem etwa 2,5 m hohen Strauch auf. An den Zweigenden gehäuft sitzen die 30 bis 50 cm langen Fiederblätter mit ihren ledrigen, frischgrünen Blättchen, die sich im Herbst schön purpurn verfärben. Im Juni–Juli öffnen sich die kleinen, weißen Blüten in 20 bis 35 cm langen, aufrechten Rispen. Einen weit höheren Schmuckwert als die Blüten haben die zur Reife überhängenden, roten Fruchtstände. Die Nandina braucht in Kultur unbedingt vor kalten Winden geschützte, sonnige bis leicht beschattete Plätze und einen humusreichen, feuchten, aber gut dränierten Boden. In sehr warmen Regionen ist sie sogar bei uns einigermaßen winterhart.

Nerium oleander, Oleander
Apocynaceae

Weithin bekannter, immergrüner, buschiger Strauch mit schmalen, ledrigen Blättern und farbenprächtigen, trichterförmigen Blüten in endständigen Trugdolden.

Nur diese eine Art hat die Gattung, aber einige hundert Formen. Die Art ist vom Mittelmeergebiet bis nach Westchina verbreitet. Sie entwickelt sich zu einem 2 bis 6 m hohen Strauch, der in allen Teilen sehr giftig ist. Die 10 bis 20 cm langen, lanzettlichen, dunkelgrünen Blätter sitzen meist zu dritt in Quirlen. Von Juni bis in den Oktober produziert der Strauch unermüdlich seine etwa 3 cm breiten, duftlosen Blüten, die bei der Wildform rosa oder weiß gefärbt sind. Unter den zahlreichen Kulturformen kommen aber auch weit größere und mehr oder weniger stark gefüllte Blüten vor, die weiß oder cremeweiß, rosa, lila, karminrot, purpurn, gelb, aprikosenfarben, fleischfarben, kupfer oder orange sein können.

Der Oleander blüht nur an vollsonnigen Plätzen zufriedenstellend. Er braucht einen tiefgründigen, frischen, gut dränierten, lehm- und kalkhaltigen Boden. Bei Bodentrockenheit ist vor allem im Sommer eine zusätzliche Bewässerung notwendig.

Olearia, Olearia
Compositae

Immergrüne, meist niedrige, rundkronige Sträucher mit einfachen, unterseits weißfilzigen Blättern und sehr zahlreichen weißen Blüten, die einzeln oder in Dolden zusammenstehen.

Von den insgesamt etwa 100 Arten, die ausschließlich in Australien, Neuseeland und Neuguinea heimisch sind, befinden sich in Europa nur wenige in Kultur. In mediterranen, oberitalienischen und englischen Gärten zieht man Olearien gern als Blütensträucher, die durch ihre schöne, immergrüne Belaubung und durch eine reiche Blüte auffallen. Ihre Blütenköpfe sind am Rand mit meist weißen Strahlenblüten und in der Mitte mit kurzen, röhrigen, meist gelben Scheibenblüten ausgestattet. Die Pflanzen stehen am besten vollsonnig und gedeihen auf jedem gut dränierten, mäßig nährstoffreichen Boden. Sie ertragen Trockenheit und sind resistent gegen Seewinde.

Olearia × haastii wächst als ein 1 bis 3 m hoher, vieltriebiger Strauch mit dicht grauweiß-filzigen Jungtrieben. Die dicht gedrängt stehenden, 12 bis 25 mm langen Blätter sind dickledrig und oben glänzend dunkelgrün. Im Juli–August bilden sich in den Achseln der oberen Blätter die weißen, in der Mitte gelben Blüten in 5 bis 8 cm breiten, flachen Ständen.

Olearia ilicifolia. Der knapp mannshohe Strauch duftet in allen Teilen nach Moschus. Er entwickelt etwa 10 mm lange, graugrüne, steifledrige Blätter und 12 mm breite, weiße Blüten in 5 bis 10 cm breiten Ständen. Die Hauptblütezeit fällt in den Juni. Gilt als eine der härtesten Arten.

Olearia × scilloinensis gehört in England zu den häufig kultivierten Formen. Die Hybride entwickelt sich zu einem knapp mannshohen, sehr dicht verzweigten, fast kugeligen Strauch mit 25 mm langen grau behaarten Blättern. Im Mai schmückt sich der Strauch mit einer sehr großen Fülle weißer Blüten. Die wertvolle Hybride wurde in England mehrfach ausgezeichnet.

Olearia semidentata gilt als die bei weitem schönste Art, ein aufrechter, wenig verzweigter, bis 3 m hoher, weißfilziger Strauch. Die zahlreichen dichtstehenden, dunkelgrünen und runzeligen Blätter sind bis 5 cm lang. Die bis 5 cm breiten, purpurrosa Blütenköpfchen sitzen im Juli einzeln an den Zweigenden, ihre Scheibenblüten sind violett gefärbt.

Olearia traversii entwickelt sich in ihrer Heimat zu einem bis 10 m hohen Baum, bleibt bei uns aber meist nur strauchig. Junge Triebe, Blattunterseite und Blütenstandsachsen sind dicht seidig behaart. Oberseits sind die 4 bis 6,5 mm langen Blätter kahl und glänzend dunkelgrün. Den zahlreichen, nur 6 mm breiten Blüten, die im Juni zu fünft bis zu zwölft in bis 5 cm langen, achselständigen Rispen stehen, fehlen die strahligen Randblüten.

Osmanthus fragrans, Duftblüte
Oleaceae

Immergrüner Strauch oder kleiner, bis 12 m hoher Baum mit derbledrigen, länglich-lanzettlichen, fein gezähnten, 6 bis 10 cm langen Blättern und sehr stark duftenden Blüten.

Von den etwa 15 immergrünen Arten wurden zwei in Mitteleuropa ausreichend frostharte Arten schon auf Seite 214 vorgestellt. Die im Himalaja, in Japan und China heimische *Osmanthus fragrans* zeigt sich nur südlich der Alpen ausreichend frosthart, aber schon in der Südschweiz und in Oberitalien reicht ihre Frosthärte aus. Die etwas an Stechhülsen *(Ilex)* erinnernden Sträucher unterscheiden sich von diesen durch ihre gegenständigen Blätter. (Bei der Gattung *Ilex* sind sie wechselständig.) Mit den kleinen weißen, stark duftenden Blüten, die im Juli–August einzeln oder in kleinen Büscheln in den Achseln der Blätter erscheinen, ist die Duftblüte ein bemerkenswert schöner Strauch.

Osmanthus delavayi wird am Mittelmeer gelegentlich neben *Osmanthus fragrans* kultiviert. Der rundliche, 1,5 bis 3 m hohe Strauch entwickelt kleine, glänzend dunkelgrüne, fein und scharf gezähnte Blätter und bildet seine reinweißen, duftenden, röhrenförmigen, etwa 12 mm langen und gleich breiten Blüten im April–Mai.
Beide Arten gedeihen am besten an sonnigen bis halbschattigen, windgeschützten Plätzen und auf allen nährstoffreichen, gut dränierten, schwach sauren bis neutralen Böden.

Phlomis fruticosa, Strauchnessel
Labiatae

Immergrüner, breitwachsender, 50 bis 100 cm hoher Strauch mit dicht graugelb wollig behaarten Zweigen und dunkelgelben Lippenblüten im Juni–Juli.

Im östlichen und zentralen Mittelmeergebiet besiedelt die Strauchnessel vorwiegend sonnig-trockene, steinige Plätze. Sie gedeiht in Kultur gut in Steingärten und auf Hochbeeten oder an trockenen Plätzen auf gut dränierten, kalkhaltigen Böden. Der kleine Strauch hat eiförmig-längliche, stark runzelige, 5 bis 10 cm lange, graugrün behaarte Blätter. In Scheinquirlen stehen die 2 bis 3 cm langen Lippenblüten, deren helmartige Oberlippe zu der dreilappigen, ausgebreiteten Unterlippe herabgebogen ist. Unter den rund 100 überwiegend staudigen Arten ist *Phlomis fruticosa* die am häufigsten kultivierte verholzende Art.

Phoenix canariensis, Kanarische Dattelpalme
Palmae

Mittelhohe Palme mit starkem, gedrungenem, 15 bis 18 m hohem Stamm und einer schopfartigen Krone aus bis zu 100 bogig überhängenden, 5 bis 6 m langen Fiederblättern.

Phoenix canariensis ist ausschließlich auf den Kanarischen Inseln heimisch, wird aber seit langem im ganzen Mittelmeerraum kultiviert. Von allen Palmen kommt sie dort am häufigsten vor. Die wirtschaftlich wichtigste Art, die Echte Dattelpalme, *Phoenix dactilifera*, bildet in den Oasen Nordafrikas mehr oder weniger dichte Bestände; sie wird schon seit etwa 5000 Jahren als Nutzpflanze kultiviert. Von der Echten Dattelpalme mit ihren graugrünen Blattfiedern und dem schlanken, 20 bis 30 m hohen Stamm unterscheidet sich die Kanarische Dattelpalme durch ihre tiefgrünen Blattfiedern und den deutlich stärkeren und kürzeren Stamm, der durch Blattnarben oder die Reste der abgeschnittenen Blattstiele gemustert ist. Die Früchte der Kanarischen Dattelpalme sind nicht eßbar. Die recht mächtige, häufig als Straßenbaum verwendete Palme prägt stellenweise das Bild mediterraner Städte. Für den kleinen Garten wird sie am Ende viel zu groß.

Phormium tenax, Neuseeländischer Flachs
Agavaceae

Immergrüne, horstartig wachsende, verholzende Pflanzen mit grundständigen, bis 3 m langen, zweizeilig stehenden, harten, linealisch-schwertförmigen Blättern und fleischigen, faserhaltigen Wurzeln.

Von den beiden in Neuseeland heimischen Arten wird in südländischen Gärten vor allem *Phormium tenax* als Freilandpflanze kultiviert, mit ihren 1 bis 3 m langen und bis 12 cm breiten Blättern eine sehr stattliche Art. Die oberseits gelblichgrünen oder dunkelgrünen, sehr starren und lederartigen Blätter sind auf der Unterseite oft bläulich gefärbt und am Rand mit einer roten oder orangefarbenen Linie gezeichnet. Die zahlreichen, meist trübrot bis rotbraun gefärbten, 2,5 bis 5 cm langen Blüten stehen in aufrechten Rispen auf einem blattlosen Schaft. *Phormium tenax* gedeiht am besten an warmen, sonnigen Plätzen und auf mäßig nährstoffreichen, genügend frischen, aber gut dränierten Böden. Von den vielen Formen sind vor allem die folgenden recht beliebt:
'Purpureum' mit bronzepurpurnen Blättern.
'Variegatum' mit gelb und grün gestreiften Blättern.
'Veitchii'. Blätter mit breitem, schwefelgelbem Band über der Mitte.

Photinia × fraseri, Immergrüne Glanzmispel
Roseaceae

Schöner, immergrüner Strauch mit elliptisch-eiförmigen, zugespitzten, 7 bis 9 cm langen, fein gesägten, glänzend frischgrünen Blättern und weißen Blüten in 10 bis 12 cm breiten Schirmrispen.

'Red Robin' zeichnet sich durch in der Jugend leuchtendrote, später glänzend dunkelgrüne Blätter aus. Die Blütenstände sind ebenfalls weiß. Eine prachtvolle, in Neuseeland entstandene, bis 3 m hohe Sorte, die in den Gärten am Mittelmeer sehr populär geworden ist. Braucht frische, gepflegte Gartenböden und gedeiht auch an halbschattigen Stellen gut.

Pistatia lentiscus, Mastixstrauch
Anacardiaceae

Immergrüner, 4 bis 6 m hoher, dicht verzweigter Strauch mit warzigen, unangenehm riechenden Trieben und paarig gefiederten Blättern mit acht bis zehn schmal-länglichen, 2 bis 4 cm langen Blättchen.

Der Mastixstrauch kommt in den Macchien des Mittelmeergebietes auf allen Bodenarten vor. Er gedeiht dort an sonnigen Stellen, verträgt Wärme und Trockenheit. Seine ledrigen, dunkelgrünen Blätter haben eine breit geflügelte Blattspindel. Bei der zweihäusigen Art haben die männlichen Blüten nur einen fünfzipfeligen Kelch und fünf kurze, dunkelrote Staubgefäße. Die weiblichen Blüten bestehen aus einem drei- bis vierzipfeligen, gelblichgrünen Kelch und einem dreinarbigen Griffel. Aus ihnen entwickeln sich die pfefferkorngroßen, zunächst roten, zur Reife schwarzen Steinfrüchte.
Der Mastixstrauch hatte einst eine größere wirtschaftliche Bedeutung, denn aus seinem Harz wurden Spezialkitte oder Klebemittel für Wundverbände gewonnen.

Auch andere Arten der Gattung sind von wirtschaftlicher Bedeutung. Das gilt vor allem für die Echte Pistatie, **Pistatia vera**, die im östlichen Mittelmeergebiet angebaut wird und deren Same als Pistazienmandel oder Alepponuß bekannt ist. Aus den ölreichen Samen von **Pistatia terebinthus**, einem sommergrünen Macchienstrauch, wird das Echte Terebinthenöl gewonnen.

Pittosporum, Klebsame
Pittosporaceae

Immergrüne Sträucher mit einfachen, fast quirlig stehenden Blättern, oft angenehm duftenden Blütenständen und Beerenfrüchten, deren Samen in einer klebrigen Masse (Pulpa) eingebettet ist.

Mit rund 150 Arten ist die Gattung in Neuseeland, Südafrika, dem subtropischen Asien und Australien sowie auf den pazifischen Inseln verbreitet. Die beiden Arten werden vor allem wegen ihrer glänzenden Blätter und den angenehm nach Honig duftenden Blüten als Gartenpflanzen gehalten. Sie sind sehr schattenverträglich und stellen an den Boden keine besonderen Ansprüche. Sie sind sehr schnittverträglich und werden deshalb oft in geschnittenen oder auch freiwachsenden Hecken verwendet.

Pittosporum tenuifolium stammt aus Neuseeland und wird dort zu einem bis 10 m hohen Baum mit dünnem Stamm und sehr dunkelgrauen oder fast schwarzen Jungtrieben. Die kahlen, glänzend hellgrünen Blätter sind verkehrt-eiförmig bis länglich elliptisch, 3 bis 7 cm lang und am Rand gewellt. Die wenig auffallenden, aber duftenden Blüten stehen meist einzeln oder zu zweit in den Achseln der Blätter. Von *Pittosporum tenuifolium* gibt es eine Reihe von Gartenformen mit abweichend gefärbten Blättern. Sie sind oft weiß oder gelb panaschiert.
'Purpureum' hat tief bronzebraun gefärbte Blätter, die ihre Farbe auch über die Zeit der Wintermonate halten.

Pittosporum tobira hat ihre Heimat in den subtropischen Regionen Japans und Südchinas. Der etwas steife, aufrechte Strauch kann 3 bis 5 m hoch werden. Er hat verkehrt-eiförmige, an der Spitze abgerundete, 3 bis 10 cm lange, derbledrige, oben tiefgrüne und stark glänzende Blätter.

Photinia × fraseri 'Red Robin'

Die zahlreichen Blüten sitzen meist zu mehreren in endständigen Büscheln zusammen. Sie sind 2,5 cm breit, duften stark, sind zunächst rahmweiß und im Verblühen gelb gefärbt.
'Nana' ist eine kompaktwachsende, deutlich niedriger bleibende Form.
'Variegatum'. Die graugrün gefärbten Blätter haben in der Mitte einen unregelmäßig breiten Streifen.

Plumbago auriculata, Bleiwurz
Plumbaginaceae

Sommergrüner, reichverzweigter, niederliegender oder kletternder Strauch mit langen, kantigen Zweigen und sehr reicher Blüte vom Sommer bis zum Herbst. Wird bei uns nicht selten als Kronenbäumchen in Kübeln gezogen.

Von den zwölf Arten, die in wärmeren und tropischen Regionen der Erde verbreitet sind, ist *Plumbago auriculata* aus dem südlichen Afrika als Zierpflanze besonders weit verbreitet. Der Strauch hat 5 bis 6 cm lange, hellgrüne Blätter, die unterseits mit zahlreichen kleinen, weißen Schuppen besetzt sind. Von Mai bis zum Oktober produziert der Strauch unermüdlich seine hellblauen Stieltellerblüten, die in kurzen, endständigen Ähren zusammenstehen. Die früher als *Plumbago capensis* bezeichnete Art braucht in Kultur einen sehr warmen, vollsonnigen Platz, einen durchlässigen Boden und während der Vegetationszeit ausreichend Bodenfeuchtigkeit oder zusätzliche Wassergaben.

Prunus lusitanica, Portugiesische Lorbeerkirsche
Rosaceae

Immergrüner Baum oder Strauch, der in seiner spanischen und portugiesischen Heimat bis 20 m hoch werden kann.

Die lorbeerartigen Blätter dieser sehr stattlichen Lorbeerkirsche sind bis 12 cm lang, länglich-eiförmig, zugespitzt und oberseits glänzend dunkelgrün gefärbt. Im Juni erscheinen die weißen, etwa 1 cm breiten Blüten in 12 bis 15 cm langen, aufrechten Trauben. Im Herbst schmücken eiförmige, 8 mm dicke, dunkelrote Früchte die oft strauchig wachsenden Pflanzen. Im Mittelmeergebiet sieht man *Prunus lusitanica* häufig als Gartenpflanze, bei uns ist sie nur in Gebieten mit Weinbauklima ausreichend frosthart. Friert sie dort einmal zurück, treibt sie meist rasch wieder aus. Sie verträgt sonnige bis halbschattige Plätze und gedeiht auch auf leicht kalkhaltigen Böden. *Prunus lusitanica* verträgt den Schnitt sehr gut und ist deshalb eine wertvolle Heckenpflanze.

Punica granatum, Granatapfelbaum
Punicaceae

Sommergrüner, sparrig verzweigter, dorniger, 3 bis 5 m hoher Strauch mit auffallend scharlachroten Blüten von Juni bis September und großen, kugeligen, zur Reife rotbraunen, ledrigen, innen sehr saftreichen Früchten, die von einem bleibenden Kelch gekrönt sind.

Von Südosteuropa bis zum Himalaja ist der Granatapfel verbreitet, seit dem 16. Jahrhundert ist er in Europa in Kultur, bei uns als langlebige Kübelpflanze, südlich der Alpen als dekorativer Zier- und Fruchtstrauch. Der Strauch trägt glänzende, hellgrüne, steifledrige, 2 bis 8 cm lange, länglich-eiförmige bis lanzettliche Blätter. Die ansehnlichen, 3 bis 4 cm breiten Blüten sitzen einzeln oder paarweise bis zu dritt an den Enden der Zweige. Ihre fünf bis acht Kelch- und Kronblätter sitzen einem fleischigen, ledrigen, rotglänzenden Achsenbecher auf. Die dreieckigen Kelchblätter bleiben bis zur Fruchtreife erhalten. Der Granatapfel ist aber nicht nur ein bemerkenswert schöner Blütenstrauch, sondern mit seinen 6 bis 8 cm breiten, mehr oder weniger kugeligen, grünen bis rötlichbraunen Früchten ein wertvolles Obstgehölz. Die Früchte besitzen eine dicke, ledrige Schale und zahlreiche harte Samen, die von einem eßbaren, gallertartig-saftigen, rötlichen, durchscheinenden Samenmantel umgeben ist. Die Früchte von Kulturformen sind süß, die von Wildformen oft bitter. Kulturfrüchte werden frisch gegessen oder zu limonadenartigen Getränken und Grenadinesirup verarbeitet.

Der Granatapfel ist eine uralte Kulturpflanze, sie wurde schon in den altägyptischen Gärten gezogen. In allen Anbauländern, vom Orient bis nach China, ist er seiner zahlreichen Samen wegen ein Symbol der Lebensfülle, des Reichtums und der Fruchtbarkeit. In Kultur braucht der hitzeverträgliche Granatapfel warme, vollsonnige Plätze und gut dränierte, nährstoffreiche, mäßig frische Böden, die auch kalkhaltig sein können.

'Nana'. Die zwergig wachsende Form bleibt in allen Teilen kleiner als die Art. Sie blüht reich und wird bei uns oft als Kübelpflanze gehalten.

Quercus ilex, Steineiche
Fagaceae

Immergrüner, bis 25 m hoher Baum mit einem meist kurzschäftigen Stamm, einer fast schwarzen, kleinschuppigen Borke und einer dichten, breiten Krone.

Die Steineiche war früher im Mittelmeergebiet ein weit verbreiteter Waldbaum der Ebene und des Hügellandes. Schon in der Antike begann der Rückgang der immergrünen Eichenwälder, die heute nur noch in Resten vorhanden sind. Sie stokken meist auf tief- bis mittelgründigen, nährstoffreichen Lehm- und Steinböden, häufig auf Kalk. Der Baum hat sehr veränderliche, ledrige, 9 bis 14 cm lange Blätter mit einer länglich-ovalen bis lanzettlichen Spreite und einem gewellten, ganzrandigen bis stachelig gezähnten Blattrand. Anfangs sind die Blätter oberseits dicht braunfilzig, später kahl und glänzend, unten bleiben sie dicht graufilzig. Die Steineiche ist ein schöner, dichtkroniger Solitärbaum. Sie ist nördlich der Alpen selbst in milden Weinbaulagen nur bedingt frosthart.

Quercus suber, Korkeiche
Fagaceae

Immergrüner, locker verzweigter, 10 bis 20 m hoher Baum, der im Alter eine dicke korkige Borke trägt. Sie hinterläßt nach dem Schälen dunkel rotbraune Partien.

Die Korkeiche hat vor allem im westlichen Mittelmeergebiet ihr natürliches Verbreitungsgebiet. Sie wächst von Natur aus in lichten Laubwäldern, meist aber in reinen, kraut- und gebüschreichen Forsten, vorwiegend auf mäßig nährstoffreichen, sommertrockenen, steinigen, sauren Böden, ist aber nicht kalkfeindlich. Vergesellschaftet ist die Korkeiche häufig mit der Baumheide, mit verschiedenen Zistrosen und Stechginster, sowie mit Kermes- und Flaumeiche. Korkeichen werden im Alter von 15 bis 20 Jahren zum ersten Mal geschält. Man entfernt dabei den weniger wertvollen sogenannten Jungfern- oder männlichen Kork bis zur Rinde. Der Baum bildet dann eine neue, 5 bis 8 cm dicke Korkschicht, die nach zehn bis zwölf Jahren wieder geschält werden kann und den wertvollen »weiblichen« Kork liefert. Korkeichen besitzen 3 bis 7 cm lange, eiförmig-elliptische, mattgrüne, unterseits dicht weißgrau-filzige Blätter mit einem deutlich gewellten, glatten oder stachelig spitz gezähnten Blattrand. Sie sind wärmebedürftig und werden sicher seltener als Gartenbäume gehalten als die Steineichen.

Rhaphiolepis, Raphiolepis
Rosaceae

Immergrüne, rundliche Sträucher mit einfachen, derbledrigen Blättern und weißen oder rosa Blüten in endständigen Rispen oder Trauben.

Im subtropischen Ostasien sind die 15 Arten der Gattung heimisch. Sie sind mit wechselständigen, glänzend dunkelgrünen, gesägten oder ganzrandigen Blättern ausgestattet. Kultiviert werden sie vor allem ihrer Blüten wegen. Die teilweise duftenden Blüten erinnern an Apfelblüten, sie bilden sich schon an jungen Pflanzen und blühen vom Winter bis zum zeitigen Frühjahr auf. Die Blätter sind im Austrieb oft bronzerot gefärbt; bevor sie abfallen, färben sie sich wieder rot. *Raphiolepis*-Sträucher werden meist in Gruppen oder als Hekken gepflanzt, sie lassen sich leicht schneiden, am besten unmittelbar nach Beendigung der Blüte. Sie brauchen einen warmen, geschützten, sonnigen Platz und einen durchlässigen, frischen, humosen, sauren Boden.

Rhaphiolepis × delacourii. Der bis 2 m hohe, rundliche Strauch hat verkehrt-eiförmige, 3 bis 7 cm lange, dickledrige, ganz kahle Blätter und knapp 2 cm breite, rosa Blüten, die in bis 10 cm langen, kegelförmigen, aufrechten Rispen stehen. 'Springtime'. Die kompaktwachsende Sorte hat große, intensiver rosa gefärbte Blüten und einen bräunlichen Austrieb.

Rhaphiolepis indica wird nur etwa 1 m hoch und hat dünne, lanzettliche, 5 bis 7 cm lange, scharf gesägte Blätter und kleine, 1,5 cm breite, weiße Blüten mit rosa Mitte. Bei den zahlreichen Sorten kommen auch weiße und tiefrosa gefärbte Blüten vor.

Rhaphiolepis umbellata stammt aus Südjapan und wird 1 bis 4 m hoch. Die verkehrt-eiförmigen bis elliptischen, fast ganzrandigen Blätter sind sehr dickledrig, 3 bis 8 cm lang und anfangs unterseits flockig-filzig. Die 1,5 bis 2 cm breiten, duftenden, weißen Blüten stehen in 5 bis 10 cm langen, aufrechten Trauben oder Rispen.

Rosmarinus officinalis, Rosmarin
Labiatae

Immergrüner, niedriger, aromatisch duftender Strauch mit dicht belaubten, graufilzigen Trieben und blaßblauen bis weißlichen Lippenblüten.

Nur zwei Rosmarinarten sind von Südeuropa bis Nordafrika verbreitet, als Gartenpflanze hat nur *Rosmarinus officinalis* eine Bedeutung. Unter günstigen Umständen kann der Strauch mannshoch werden, meist wird er nicht mehr als 1 m hoch. Seine lineal-lanzettlichen, 3 bis 5 cm langen, oben glänzend dunkelgrünen, unten graufilzigen Blätter sitzen sehr dicht an den Zweigen. Zwischen den Blättern erscheinen im Mai an den vorjährigen Zweigen die 10 bis 12 mm langen, weißlichen oder hell- bis dunkelblau gefärbten Blüten. Bei den zahlreichen Sorten sind die Blüten mehr oder weniger intensiv blau oder auch rosa gefärbt.

Rosmarin wird seit dem Altertum als Duft-, Heil- und Gewürzpflanze kultiviert. Blätter und Blüten werden medizinisch, die Blätter allein als Küchengewürz genutzt. Schon um 1300 wurde von Arnold von Villanova ein ausgekochtes »Oleum rosmarini« in alkoholischer Lösung dargestellt. Es ist damit eines der ersten ätherischen Öle, das je gewonnen wurde. Im 16. Jahrhundert wurde aus frischen Blüten und Alkohol das erste destillierte Parfüm hergestellt. Auch nördlich der Alpen ist Rosmarin schon sehr lange bekannt. Er wurde bereits 794 im »Capitulare de villis«, der Landgüterordnung Karls des Großen, erwähnt. In Mitteleuropa kann der Rosmarinstrauch aber fast überall nur als Topf- oder Kübelpflanze gehalten werden. Nur an klimatisch sehr günstigen Standorten ist er auch in Mitteleuropa ausreichend frosthart.
Als Freilandpflanze liebt das Rosmarin warme, trockene Standorte auf durchlässigen, steinigen, kalkhaltigen Böden.

Ruscus aculeatus, Mäusedorn
Liliaceae

Immergrüner, kleiner, bewehrter Strauch mit laubblattartigen, glänzend dunkelgrünen, etwas gewellten oder nach unten umgedrehten Flachsprossen, die in eine grannenartige, stechende Spitze auslaufen.

Vom Mittelmeer bis Kleinasien und Persien, sowie in West- und Südeuropa ist der Mäusedorn heimisch. Die seit langem bekannte, sehr robuste Gartenpflanze bildet klumpenförmige Büsche. Der Mäusedorn ist eine ganz eigenartige Pflanze. Er trägt an seinen fein gerieften, nur wenige Jahre alt werdenden Sprossen winzig kleine, bald absterbende, aber an der Pflanze verbleibende Blätter. Als Assimilationsorgane fungieren die oben erwähnten Flachsprosse, die botanisch als Platykladien bezeichnet werden. In den Achseln der unscheinbaren Blätter sitzen die ebenfalls sehr unscheinbaren Blüten. Aus den weiblichen Blüten entwickeln sich die 10 bis 15 mm großen, roten Beeren, die von Oktober bis März reifen. Der Mäusedorn kommt auch noch in sehr trockenen, schattigen Lagen unter dem Kronendach von Bäumen fort. Er stellt auch sonst nur geringe Ansprüche und wird oft in flächigen Pflanzungen als Bodendecker verwendet. Ausgereifte und häufig gefärbte Sprosse sind ein wichtiges Element in Trockensträußen. Die jungen Sprosse werden im Mittelmeergebiet wie Spargel gegessen.

Solanum rantonnetii

Senecio 'Sunshine', Kreuzkraut
Compositae

Attraktiver, immergrüner, etwa 1 m hoher und doppelt so breiter, dichter, rundlicher Strauch, anfangs mit silbriggrauen Blättern und gelben Blütenköpfchen.

Nicht selten wird diese Dunedin-Hybride unter dem Namen *Senecio greyi* kultiviert. In der Regel verbirgt sich darunter aber *Senecio* 'Sunshine'. Der sehr populäre Strauch trägt eiförmige oder elliptische, 3 bis 6 cm lange Blätter, die oberseits dünnfilzig und grün, unterseits dicht weißfilzig sind. 2 bis 3 cm breit sind die gelben Blütenköpfe, die zu vielen in großen, lockeren Doldentrauben an den Zweigenden stehen. Besonders wertvoll ist dieses Kreuzkraut als Gartenpflanze im küstennahen Bereich, es verträgt auch stärkere Seewinde, ohne Blattschäden zu erleiden.

Solanum, Nachtschatten
Solanaceae

Immergrüne oder sommergrüne, aufrechte oder kletternde Sträucher mit blauen Blüten.

Die über 1700 *Solanum*-Arten sind vorwiegend in den Tropen und Subtropen beider Erdhalbkugeln verbreitet. Sie haben einfache oder zusammengesetzte Blätter. Ihre Blüten werden in der Regel in Doldenrispen angelegt, die oft den Blättern gegenüberstehen. Die Blüten haben über einem fünf- bis zehnteiligen Kelch eine radförmige bis flachglockige Krone, deren Blütenblätter in der Knospe gefaltet ist. Mit ihren blauen Blüten sind alle sehr dekorative Gartengehölze, die am besten an warmen, geschützten, sonnigen Plätzen und auf gepflegten, humosen, frischen Böden stehen.

Solanum crispum, heimisch in Chile, erreicht als Kletterpflanze Höhen von 3 bis 4 m. Die in milden Gebieten immergrünen Blätter sind eiförmig oder lanzettlich, 7 bis 12 cm lang, am Rand oft wellig kraus und beiderseits fein behaart. Von Juni bis September produziert der Strauch seine bis 3 cm breiten, lilablauen duftenden Blüten mit den auffallend gelben Staubblättern in 7 bis 10 cm breiten Ständen. Die Art wird am besten an Mauerspalieren gezogen und gedeiht auch noch auf kalkhaltigen Böden.
'Glasvenin' ist eine Selektion mit einer längeren Blütezeit.

Solanum jasminoides. Der immergrüne oder nur wintergrüne, reichverzweigte Strauch stammt aus Brasilien. Er klettert mit dünnen, grünlichen Zweigen bis 4 m hoch. Die Blätter sind an den Triebspitzen meist einfach und klein, weiter unten in der Regel dann drei- bis fünfteilig, die eiförmigen Blättchen sind dann 4 bis 6 cm lang. Im Juli–August erscheinen in Massen die etwa 2 cm breiten, tief fünfspaltigen und dadurch sternförmigen, weißlichblauen Blüten in zierlichen, end- und achselständigen Trauben. Die Art ist noch wärmebedürftiger als *Solanum crispum*.

Solanum rantonnetii ist von Argentinien bis Paraguay verbreitet und wird als »Blauer Kartoffelstrauch« bezeichnet. Der etwa 1,5 m hohe Strauch hat bis 10 cm lange, eiförmige, meist lang zugespitzte und gewellte Blätter. Von April bis November erscheinen die etwa 2,5 cm breiten Blüten zu zweit bis zu fünft in den Blattachseln. Sie sind violett gefärbt und dunkler geadert, die gelben Staubblätter bilden einen schönen Kontrast. Die Art wird bei uns gelegentlich auch als Kübelpflanze gehalten.

Spartium junceum, Binsenginster
Leguminosae

Sommergrüner, reichverzweigter, breitbuschiger, 2 bis 3 m hoher Strauch mit rundlichen, grün gestreiften, rutenförmigen Trieben und stark duftenden, gelben Schmetterlingsblüten.

Im gesamten Mittelmeergebiet, in Südwestfrankreich und in Ostspanien ist der Binsenginster eine Charakterpflanze der Macchie und Garrigue. Er ist ein sehr lichtbedürftiger, gut an Trockenheit angepaßter Strauch, der am besten auf steinigen, gut dränierten, mäßig nährstoffreichen Kalkverwitterungsböden und auf Lehmböden wächst. Von April bis Juni produziert er seine 2 bis 2,5 cm großen, ansehnlichen Blüten in langen Trauben an den Enden der jungen Triebe. Schon seit dem 16. Jahrhundert wird der Strauch als Zierpflanze gehalten. Er ist auch nördlich der Alpen, mindestens im Weinbauklima, ausreichend frosthart.

Tecomaria capensis, Kapländische Trompetenwinde
Bignoniaceae

Immergrüner, etwas an *Campsis radicans* erinnernder Kletterstrauch mit zinnoberroten, lang trichterförmigen und etwas gekrümmten Blüten.

Aus Südafrika stammt dieser sehr dekorative Kletterstrauch, der in südländischen und tropischen Gärten häufig gepflanzt wird. Er hat gegenständige, unpaarig gefiederte, glänzend dunkelgrüne, 10 bis 15 cm lange Blätter und 8 bis 10 cm lange, schlanke Blüten mit einer engen Röhre und einem fast 3 cm breiten Saum. Die Blüten sitzen zu viert bis zu acht in endständigen Rispen zusammen, die Blütezeit dauert von August bis November. *Tecomaria capensis* braucht einen sehr warmen, geschützten sonnigen Platz und einen durchlässigen, sauren Boden.

Trachelospermum jasminoides, Sternjasmin
Apocynaceae

Immergrüner, bis 5 m hoch kletternder Strauch mit ledrigen Blättern und reinweißen, stark duftenden Blüten in achselständigen, lockeren Trauben.

Aus China, Japan und Korea stammt der Sternjasmin, eine von insgesamt 30, überwiegend ostasiatischen Arten. Er wird vor allem wegen seiner stark duftenden, jasminähnlichen Blüten gepflanzt, die den Sommer über erscheinen. Die 2,5 cm breiten Blüten sind stieltellerförmig, sie haben also eine lange Röhre und einen ausgebreiteten, fünflappigen Saum, der etwas gedreht ist. Dabei überlappen sich die Blütenblätter ein wenig. Die elliptischländlichen, 2 bis 6 cm langen Blätter sind glänzend tiefgrün gefärbt. Der Strauch blüht am besten an sonnigen bis leicht beschatteten Plätzen und auf allen durchlässigen, mäßig frischen Böden. Die Pflanzen wachsen anfangs nur langsam, später aber sehr stark. Sie können als Kletterpflanzen, aber auch flächig über den Boden gezogen werden.

Trachycarpus, Hanfpalme, Chinesische Fächerpalme
Palmae

Niedrige, bis 12 m hohe Fächerpalme mit einem schlanken, von braunen Fasern bedeckten Stamm und einer Krone aus etwa 30 glänzend dunkelgrünen, etwa 90 cm langen Blättern.

Trachycarpus fortunei ist die am häufigsten kultivierte der acht Arten. Ihre natürliche Verbreitung reicht vom westlichen Himalaja bis China und Japan. Es handelt sich um eine besonders anspruchslose, relativ frostharte Palmenart, deshalb ist sie von allen Palmen am Mittelmeer am häufigsten zu sehen. Sie gedeiht selbst noch in Meran, am Gardasee, im Tessin und in Südwestengland. Ihre fast kreisrunden Blätter sind aus 30 bis 36 Segmenten zusammengesetzt, die unterschiedlich tief, oft bis zum Blattgrund eingeschnitten sind. Zur Blütezeit im Mai–Juni quellen die zahlreichen Blüten als gelbe Masse zwischen den Blattstielen aus den sich abspreizenden Hüllblättern hervor.

Yucca, Palmlilie
Agavaceae

Baumförmige Palmlilien mit einfachem oder verzweigtem, dickem Stamm, einem endständigen Schopf aus schwertförmigen Blättern und endständigen, vielblumigen Blütenrispen.

Neben einigen winterharten, niedrigen Arten, die wir auch in Mitteleuropa kultivieren können, umfaßt die Gattung auch einige baumförmige, frostempfindliche Arten, die sich schon am Mittelmeer zu eindrucksvollen Pflanzengestalten entwickeln können. Die beiden folgenden Arten brauchen einen warmen, sonnigen Platz und einen gut dränierten Boden. Sie tolerieren trockene Böden und kommen auch mit leichten Sandböden zurecht.

Yucca aloifolia. Die baumförmig wachsende, bis 6 m hohe Art besitzt einen dünnen, nur selten verzweigten Stamm. Der 60 bis 90 cm breite Blattschopf besteht aus starren, dolchförmigen, 30 bis 45 cm langen Blättern mit stechender Spitze und einer tiefgrünen Färbung, die bläulich überlaufen ist. Im Mai–Juni entwickelt sich im Zentrum des Blattschopfes eine 30 bis 60 cm lange Rispe mit etwa 5 cm langen, rahmweißen, kugelförmigen, nach unten gerichteten Blüten, die an der Basis purpurn überlaufen sind. *Yucca aloifolia* stammt aus den sommertrockenen Regionen von North Carolina bis Louisiana und Ostmexiko. Am Mittelmeer ist sie eine der am häufigsten kultivierten Arten.

Yucca elephantipes. Die Riesenpalmlilie entwickelt sich zu einem vom Boden an vielstämmigen, 8 bis 12 m hohen Baum, der durch seine dick geschwollene Stammbasis ein unverwechselbares Merkmal hat. Die fast kugelige, reich verzweigte Krone setzt sich aus zahlreichen (bis zu 50 oder mehr) 60 bis 120 cm langen und 5 bis 10 cm breiten Blättern zusammen. Deren weiche Spitze, die sich teilweise stark zurückkrümmt, ist glänzend dunkelgrün gefärbt. Erst im Sommer entfalten sich die bis 7,5 cm langen Blüten in sehr dichten, bis 80 cm langen, aufrechten Rispen. Die in Mexiko und Guatemala heimische Art gehört zu den auffallendsten und schönsten der Gattung.

Art oder Sorte	Wuchshöhe in m	Blütezeit	Blütenfarbe	Fruchtschmuck (F) Herbstfärbung (H)	immergrün, w=wintergrün, B=Bambus	Kletterpflanze	Nadelgehölz	Solitärgehölz	Zier- und Blütenstrauch	Gruppen- und Heckenpflanze	Kübelpflanze	Beschreibung auf Seite
Abelia												
— 'Edward Goucher'	1–2	6–9	rosa		w				x			205
— × *grandiflora*	2	7–10	weiß, rosa getönt		w				x			205
Abeliophyllum												
— *distichum*	1,5		weiß						x			105
Abies												
— *balsamea* 'Nana'	0,5				x		x					259
— *concolor*	20–30				x		x	x				259
— *koreana*	10–15				x		x	x				259
— *lasiocarpa* 'Compacta'	5				x		x					259
— *nordmanniana*	25–30				x		x	x				256
— *pinsapo*	15–20				x		x	x				260
— *procera*	20–30				x		x	x				261
— *veitchii*	15–30				x		x	x				261
Abutilon												
— *megapotamicum*	1,5	5–8	gelb und rot		x				x		x	305
— *pictum*	1,5	9–11	blaßrot		x				x		x	305
— × *suntense*	3–4	5–6	violettblau, malvenfarben, oder weiß		x				x		x	305
Acacia												
— *baileyana*	8	2–3	goldgelb					x			x	306
— *cardiophylla*	5	3–4	gelb					x			x	306
— *dealbata*	10–15	12–3	gelb					x			x	306
— *farnesiana*	6	2–4	goldgelb					x			x	306
— *retinodes*	6	2–10	hellgelb					x			x	306
Acca												
— *sellowiana*	4–6	6–7	weißlich und rot	F	x						x	307
Acer												
— *campestre*	10–15			H				x		x		58
— *capillipes*	7–12			H				x				75
— *cappadocicum*	12–15			H				x				59
— *davidii*	7–12			H				x				75
— *ginnala*	4–6			H				x		x		76
— *griseum*	6–8			H				x				76
— *japonicum*	5–7			H				x				74
— *monspessulanum*	3–10			H				x		x		76
— × *neglectum*	12–15			H				x				60
— *negundo*	10–20							x				60
— *palmatum*	6–8			H				x				75
— *platanoides*-Sorten	10–15			H				x				60
— *rubrum*	15–20			H				x				60
— *rufinerve*	7–12			H				x				75
— *saccharinum* 'Wieri'	15–20			H				x				60

Art oder Sorte	Wuchshöhe in m	Blütezeit	Blütenfarbe	Fruchtschmuck (F) Herbstfärbung (H)	immergrün, w=wintergrün, B=Bambus	Kletterpflanze	Nadelgehölz	Solitärgehölz	Zier- und Blütenstrauch	Gruppen- und Heckenpflanze	Kübelpflanze	Beschreibung auf Seite
Acer												
— *shirasawanum*												
'Aureum'	2–3							x				75
Actinidia												
— *arguta*	8–10	5	weiß	F		x						241
— *chinensis*	8–10	6	gelblichweiß	F		x						241
— *kolomikta*	2–3	5	weiß			x						242
Aesculus												
— × *carnea* 'Briotii'	10–15	5	rot					x				61
— *hippocastanum*												
'Baumanii'	15–20	5	weiß	H				x				61
— *parviflora*	3–6	7–8	weiß	H						x		105
Agave												
— *americana*	5–8	6–8	grün		x			x	x		x	307
Akebia												
— *quinata*	6–10	5	violettbraun			x						242
Albizia												
— *julibrissin*	6–10	7–8	hellrosa					x			x	307
Alnus												
— *cordata*	10–15							x				61
— *incana* 'Aurea'	10–15							x				61
— × *spaethii*	10–20							x				61
Amelanchier												
— *laevis*	3–6	4	weiß	H				x	x	x		106
— *lamarckii*	3–6	4–5	weiß	H				x	x	x		106
— *ovalis*	1–3	4–6	weiß						x	x		106
Amorpha												
— *fruticosa*	2–3	6–8	purpurblau						x	x		106
Ampelopsis												
— *aconitifolia*	6–8			F, H		x						242
Andromeda												
— *polifolia*	0,2	5–6	zartrosa		x				x			174
Aralia												
— *mandshurica*	4–5	8	weiß					x				106
Araucaria												
— *araucana*	10 (35)				x		x	x				261
— *bidwillii*	10–35				x		x	x		x	x	262
— *heterophylla*	20–30				x		x	x		x	x	262
Arbutus												
— *unedo*	5–10	10–12	weiß	F	x			x			x	308

* einschließlich der oft flächig gepflanzten Zwergsträucher
** In Mitteleuropa oft als Kübelpflanze, im Mittelmeergebiet als Freilandpflanze.

Eigenschaften und Verwendung der Gartengehölze (Fortsetzung)

Art oder Sorte	Wuchshöhe in m	Blütezeit	Blütenfarbe	Fruchtschmuck (F) Herbstfärbung (H)	immergrün, w=wintergrün, B=Bambus	Kletterpflanze	Nadelgehölz	Solitärgehölz	Zier- und Blütenstrauch	Gruppen- und Heckenpflanze	Kübelpflanze	Beschreibung auf Seite
Arctostaphylos												
— *uva-ursi*	0,2	4–5	weiß	F	x					x		175
Aristolochia												
— *macrophylla*	8–10	5	purpurbraun			x						243
Aronia												
— *melanocarpa*	1	5–6	rötlichweiß	F, H					x	x		108
Arundinaria spathacea	2–4				B							237
Atriplex												
— *halimus*	2,5				x					x	x	308
Aucuba												
— *japonica*	2,5				x				x			205
Berberis												
— *aggregata*	0,7	6	hellgelb	F, H				x	x			108
— *buxifolia* 'Nana'	0,3	4–5	goldgelb		x				x	x		175
— *candidula*	1	5	goldgelb	F	x				x	x		205
— × *frikartii*	1, 2	5–6	hellgelb	F	x				x	x		205
— *gagnepainii* var. lanceifolia	2	5–6	goldgelb	F	x				x	x		205
— *hookeri*	1, 2	5–6	gelbgrün	F	x				x	x		205
— *julianae*	2–3	4–5	gelb	F	x				x	x		205
— 'Klugovskii'	1–2				x				x	x		205
— *linearifolia*	1,5	5–6	orangerot		x				x			205
— × *lologensis*	1	5	orangegelb		x				x			205
— × *media*	1				w				x	x		207
— × *ottawensis* 'Superba'	3–4	5	gelb						x			108
— × *stenophylla*	2	5	goldgelb-orange		x				x			207
— *thunbergii*	1,5	5	gelb	F, H					x	x		109
— *verruculosa*	1,5	5	hellgelb		x				x	x		207
— *wilsoniae*	1	5	hellgelb	F					x	x		109
Betula												
— *albosinensis*	10–15			H				x				62
— *ermanii*	15–20			H				x				62
— *jacquemontii*	15–20			H				x				62
— *maximowicziana*	15–20			H				x				62
— *nana*	1									x		175
— *nigra*	15–20			H				x				62
— *pendula*-Sorten	10–20			H				x				63
— *platyphylla* var. *japonica*	10–15			H				x				64
Bougainvillea												
— *glabra*	5–10	2–10	mehrere Farben		x	x					x	308
— *spectabilis*	5–10	3–6	mehrere Farben		x	x					x	309

Art oder Sorte	Wuchshöhe in m	Blütezeit	Blütenfarbe	Fruchtschmuck (F) Herbstfärbung (H)	immergrün, w=wintergrün, B=Bambus	Kletterpflanze	Nadelgehölz	Solitärgehölz	Zier- und Blütenstrauch	Gruppen- und Heckenpflanze	Kübelpflanze	Beschreibung auf Seite
Bruckenthalia												
— *spiculifolia*	0,25	6–8	hellrosa		x					x		175
Buddleja												
— *alternifolia*	2–4	6	hellviolett						x	x		109
— *davidii*-Sorten	3–5	7–9	mehrere Farben						x	x		109
Buxus												
— *sempervirens*	3–8				x				x	x		207
Callicarpa												
— *bodinieri* var. *giraldii*	2	7–9	lila	F					x			110
Callistemon												
— *citrinus*	3	6–8	scharlachrot		x				x		x	309
— *viminalis*	4–6	5–6	rot		x				x		x	309
Calocedrus												
— *decurrens*	20–30				x		x	x				262
Calluna												
— *vulgaris*-Sorten	0,2–0,5	7–9	mehrere Farben						x	x		176
Calycanthus												
— *floridus*	1–3	5–7	dunkelrotbraun						x			110
Camellia												
— *japonica*-Sorten	5–10	1–4	mehrere Farben		x				x	x	x	310
— *sasanqua*	3–5	10–12	weiß		x				x	x	x	310
Campsis												
— *grandiflora*	3–6	8–9	scharlachrot			x						243
— *radicans*	6–10	7–9	orange			x						243
— × *tagliabuana*	2–4	7–9	orange-scharlachrot			x						244
Caragana												
— *arborescens*	4–6	5–6	hellgelb						x	x		111
Carpinus												
— *betulus*	15–20			H				x		x		64
Caryopteris												
— × *clandonensis*	1	8–9	blau						x	x		176
Cassiope												
— 'Edinburgh'	0,3	4	cremeweiß		x					x		181
— *lycopodioides*	0,1	5–6	weiß		x					x		181
— 'Muirhead'	0,3	4–5	cremeweiß		x					x		181
— *tetragona*	0,3	4–5	weiß-rosa		x					x		181
Catalpa												
— *bignonioides*	15–18	6–7	weiß					x				64

Eigenschaften und Verwendung der Gartengehölze (Fortsetzung)

Art oder Sorte	Wuchshöhe in m	Blütezeit	Blütenfarbe	Fruchtschmuck (F) Herbstfärbung (H)	immergrün, w=wintergrün, B=Bambus	Kletterpflanze	Nadelgehölz	Solitärgehölz	Zier- und Blütenstrauch	Gruppen- und Heckenpflanze	Kübelpflanze	Beschreibung auf Seite
Ceanothus												
— 'Autumnal Blue'	1,5	6—9	blau		x				x		x	311
— *impressus*	1	3—4	tiefblau		x				x		x	311
— × *delilianus*	1	7—9	blau						x			181
— × *pallidus*	1	6—9	rosa						x			181
— *thyrsiflorus*	1—6	5—6	blau		x				x		x	311
Cedrus												
— *atlantica*-Sorten	10—30				x		x	x				263
— *deodara*-Sorten	5—30				x		x	x				263
— *libani*	20—30				x		x	x				265
Celastrus												
— *orbiculatus*	8—12	6	blaßgrün	F		x						244
Cephalotaxus												
— *harringtoniana* var. *drupacea*	3—4				x		x	x				265
Ceratonia												
— *siliqua*	5—8			F	x		x	x			x	311
Cercidiphyllum												
— *japonicum*	10—15			H				x				64
Cercis												
— *siliquastrum*	6—8	5	purpurrosa					x	x			76
Cestrum												
— *aurantiacum*	2	6—10	orange		w				x		x	312
— *elegans*	3,5	6—10	purpurrot		x				x		x	312
— *fasciculatum*	2	6—10	karminrosa		x				x		x	312
— 'Newellii'	2	5—10	karminrot		x				x		x	312
— *parqui*	2—3	6—7	gelblichgrün		x						x	312
Chamaecyparis												
— *lawsoniana*-Sorten	0,5—15				x		x	x				266
— *nootkatensis*-Sorten	10—15						x	x	x			267
— *obtusa*-Sorten	1—5						x	x				268
— *pisifera*-Sorten	1—20						x	x	x			269
Chamaerops												
— *humilis*	3—5				x			x			x	312
Chimonanthus												
— *praecox*	2	2—5	hellgelb						x			111
Chionanthus												
— *virginicus*	5—6		weiß					x	x			112
Choenomeles												
— *japonica*	1	3—4	ziegelrot	F					x	x		112
— *speciosa*-Sorten	2—3	3—4	mehrere Farben						x			112
— × *superba*-Sorten	1,5	3—4	mehrere Farben						x			113

Art oder Sorte	Wuchshöhe in m	Blütezeit	Blütenfarbe	Fruchtschmuck (F) Herbstfärbung (H)	immergrün, w=wintergrün, B=Bambus	Kletterpflanze	Nadelgehölz	Solitärgehölz	Zier- und Blütenstrauch	Gruppen- und Heckenpflanze	Kübelpflanze	Beschreibung auf Seite
Choisya												
— *ternata*	1–2	5–6	weiß		x				x	x	x	312
Cistus												
— *albidus*	1	5–6	hellrosa						x		x	314
— × *cyprinus*	1–2	5–6	weiß						x		x	314
— × *hybridus*	0,7	5–6	weiß	x					x		x	314
— *ladanifer*	1,5	5–6	weiß	x					x		x	314
— *laurifolius*	1,4	5–6	weiß	x					x		x	314
— × *purpureus*	1	5–6	rosa	x					x		x	314
Citrus												
— *aurantium*	3–6	1–12	weiß	F	x				x		x	315
— *bergamia*	3–6	1–12	weiß	F	x				x		x	315
— *limon*	2–7	1–12	weiß	F	x				x		x	315
— *maxima*	4–6	1–12	weiß	F	x				x		x	315
— *medica*	4–5	1–12	weiß	F	x				x		x	315
— × *paradisi*	5–10	1–12	weiß	F	x				x		x	316
— *reticulata*	3–4	1–12	weiß	F	x				x		x	316
— *sinensis*	8–13	1–12	weiß	F	x				x		x	316
Cladrastis												
— *kentukea*	5–10	5–6	weiß	H				x				78
Clematis												
— *alpina*	2–3	5–7	blau			x						246
— × *jackmanii*	3–4	6–7	violettpurpurn			x						246
— Hybriden	2–5	5–10	mehrere Farben			x						248
— *macropetala*	2–3	5–6	blau			x						246
— *maximowicziana*	5–7	9–10	weiß			x						246
— *montana*	5–8	5	weiß			x						247
— *orientalis*	3–4	8–9	gelb			x						247
— *tangutica*	4–6	6–10	gelb			x						247
— *texensis*	2	6–9	rot			x						247
— *vitalba*	5–10	6–9	weiß			x						248
— *viticella*	2–4	8–9	purpurrosa			x						248
Clerodendrum												
— *trichotomum*	2–3	8–9	weiß	F					x			113
Clethra												
— *alnifolia*	2–3	7–9	weiß						x			113
— *barbinervis*	3–4	7–9	weiß	H					x			114
Colletia												
— *paradoxa*	2	9–12	gelblichweiß		x				x		x	316
Colutea												
— *arborescens*	2–4	5–8	gelb	F					x	x		115
— × *media*	2–4	6–9	rotbraun-orange	F					x	x		115

Eigenschaften und Verwendung der Gartengehölze (Fortsetzung)

Art oder Sorte	Wuchshöhe in m	Blütezeit	Blütenfarbe	Fruchtschmuck (F) Herbstfärbung (H)	immergrün, w=wintergrün, B=Bambus	Kletterpflanze	Nadelgehölz	Solitärgehölz	Zier- und Blütenstrauch	Gruppen- und Heckenpflanze	Kübelpflanze	Beschreibung auf Seite
Cornus												
— *alba*	2–3	5–6	gelblichweiß	F					x	x		115
— *alternifolia*	6–8	5–6	weiß					x				78
— *controversa*	9–12	5–6	weiß					x				78
— 'Eddies White Wonder'	3–5	5	weiß	H					x			79
— *florida*	2–5	5	weiß	F, H					x	x		80
— *kousa*	5–7	6	weiß	F, H					x	x		80
— *mas*	3–6	2–4	gelb	F					x	x	x	80
— *nuttallii*	5–8	5	weiß					x	x			80
— *sanguinea*	3–4	5–6	weiß	F, H						x		115
— *sericea*	2,5	5–6	gelblichweiß							x		115
Corylopsis												
— *pauciflora*	2	3–4	primelgelb						x			116
— *platypetala*	3,5	3–4	hellgelb						x			116
— *spicata*	2	3–4	hellgelb						x			116
Corylus												
— *avellana*	4–6	2–3	gelb	F						x		116
— *colurna*	15–20			F				x				65
— *maxima*	3–5	2–3	gelb	F						x		117
Cotinus												
— *coggygria*	3–5	5–6	grünlichgelb	F, H					x	x		118
Cotoneaster												
— *acutifolius*	3–4	5	rötlich	F					x	x		119
— *adpressus*	0,3	5–6	rötlich	F, H						x		182
— *bullatus*	2–3	5–&	rötlich	F					x	x		119
— *conspicuus* 'Decorus'	1–2	5–6	weiß		x				x	x		182
— *dammeri*	0,2	5–6	weiß	F	x					x		182
— *dielsianus*	2	5–6	rosa	F					x	x		119
— *divaricatus*	2	5–6	rosa	F					x	x		119
— *franchetii*	2	5–6	weiß-rosa	F					x	x		208
— *horizontalis*	1	6	rötlich-weiß	F, H						x		183
— *integerrimus*	1–2	5	weißlichrosa	F					x	x		119
— *microphyllus* 'Cochleatus'	1	5–6	weiß	F	x				x	x		183
— *multiflorus*	3–4	5	weiß	F						x		119
— *nebrodensis*	1–2	5–6	weißlich	F					x	x		119
— *praecox*	0,5	5–6	rosa	F						x		
— *salicifolius* var. *floccosus*	2–3	6	weiß	F	x					x		208
— *sternianus*	2–3	5–6	weiß	F	w				x	x		208
— Watereri-Hybriden	3–5	5–6	weiß	F	x					x		208
Crataegus												
— *crus-galli*	8–12	5	weiß	F, H				x				81

Art oder Sorte	Wuchshöhe in m	Blütezeit	Blütenfarbe	Fruchtschmuck (F) Herbstfärbung (H)	immergrün, w = wintergrün, B = Bambus	Kletterpflanze	Nadelgehölz	Solitärgehölz	Zier- und Blütenstrauch	Gruppen- und Heckenpflanze	Kübelpflanze	Beschreibung auf Seite
Crataegus												
— *laevigata* 'Paul's Scarlet'	8–10	5–6	karminrosa						x			81
— × *lavallei*	5–8	5	weiß	F, H					x			81
— *monogyna*	8–10	5–6	weiß	F					x	x		81
— *pedicellata*	5–7	5	weiß	F, H					x			82
— *persimilis* 'Splendens'	5–7	5–6	weiß	F, H					x			82
Cryptomeria												
— *japonica*-Sorten	1–20						x	x				270
Cunninghamia												
— *lanceolata*	5–10						x	x	x			270
× *Cupressocyparis*												
— *leylandii*	20–30						x	x	x	x		271
Cupressus												
— *arizonica*	8–10						x	x	x			271
— *macrocarpa*	10–20						x	x	x		x	271
— *sempervirens*	15–20						x	x	x		x	272
Cycas												
— *revoluta*	2–3				x			x			x	316
Cydonia												
— *oblonga*	4–6	5	rosa	F					x			120
Cytisus												
— × *beanii*	0,6	5	goldgelb						x			184
— *decumbens*	0,2	5–6	gelb						x			184
— × *kewensis*	0,3	5	rahmweiß						x			184
— *nigricans* 'Cyni'	1	6–7	gelb						x			184
— × *praecox*	0,7–1,5	4–5	gelblichweiß						x			184
— *purpureus*	0,6	5–6	purpurrot						x			184
— *scoparius*-Hybriden	1–2	5–6	mehrere Farben						x			185
Daboecia												
— *cantabrica*	0,2–0,5	7–9	purpurrosa		x				x	x		185
Daphne												
— × *burkwoodii*	1	5	weißlich						x			186
— *cneorum*	0,3	4–5	karminrosa		x				x			186
— *mezereum*	1	2–4	purpurrosa	F					x			186
Datura												
— *arborea*	3–5	7–9	cremeweiß						x		x	317
— *aurea*	3–5	7–9	goldgelb-aprikot						x		x	317
— × *candida*	3–5	7–9	weiß						x		x	317
— *sanguinea*	3–5	7–9	rot, orange, gelb						x		x	317
— *versicolor*	3–5	7–9	weiß, rosa						x		x	318

Eigenschaften und Verwendung der Gartengehölze (Fortsetzung)												
Art oder Sorte	Wuchshöhe in m	Blütezeit	Blütenfarbe	Fruchtschmuck (F) Herbstfärbung (H)	immergrün, w=wintergrün, B=Bambus	Kletterpflanze	Nadelgehölz	Solitärgehölz	Zier- und Blütenstrauch	Gruppen- und Heckenpflanze	Kübelpflanze	Beschreibung auf Seite
Davidia												
— *involucrata*	10–15	4–5	weiß					x				65
Decaisnea												
— *fargesii*	2–3	4–5	grünlich	F, H					x			120
Deutzia												
— *compacta*	1,5	7	weiß						x			121
— × *elegantissima*	2	6	weiß						x			121
— *gracilis*	0,8	5–6	weiß						x			121
— × *hybrida*	1,5	6	malvenrosa						x			121
— × *kalmiiflora*	1	6	weiß						x			121
— × *lemoinei*	1	6–7	weiß						x			121
— × *magnifica*	2,5	6	weiß						x			121
— × *rosea*	1,5	6	weiß–rosa						x			121
— *scabra*	3	5–6	weiß–rosa						x			122
Diospyros												
— *kaki*	8–10	6	gelblichweiß	F				x			x	318
Elaeagnus												
— *angustifolia*	5–7	6	gelb	F					x	x		123
— *commutata*	2–2,5	5–6	silbrig–gelb	F					x	x		123
— × *ebbingei*	2–3	10–11	weiß		w				x			209
— *multiflora*	2–3	4–5	weiß–gelb						x	x		123
— *pungens*	3–4	9–11	silbrigweiß	x					x		x	209
Eleutherococcus												
— *sieboldianus*	1–3	6–7	gelblichgrün	F					x	x		123
Elsholtzia												
— *stauntonii*	1	9–10	purpurrosa						x			187
Empetrum												
— *nigrum*	0,3	5–6	purpurrot	x					x			187
Enkianthus												
— *campanulatus*	2–3	5	hellgelb	H					x			123
Erica												
— *arborea*	3–5	3–4	grauweiß		x			x			x	318
— *carnea*	0,3	2–4	rosa		x					x		188
— *cinerea*	0,2–0,6	7–8	fleischrosa		x					x		189
— × *darleyensis*	0,5	11–5	lilarosa		x					x		189
— *tetralix*	0,3	7–9	blaßrosa		x					x		189
— *vagans*	0,5	7–9	purpurrosa		x					x		190
Eriobotrya												
— *japonica*	5–7	9	weiß	F	x			x	x		x	319
Erythrina												
— *crista-galii*	3–5	3–5	kirschrot		x			x			x	319

Art oder Sorte	Wuchshöhe in m	Blütezeit	Blütenfarbe	Fruchtschmuck (F) Herbstfärbung (H)	immergrün, w=wintergrün, B=Bambus	Kletterpflanze	Nadelgehölz	Solitärgehölz	Zier- und Blütenstrauch	Gruppen- und Heckenpflanze	Kübelpflanze	Beschreibung auf Seite
Escallonia												
– × *langleyensis*	2–3	6–7	rosa, rot		x				x		x	320
– *rubra* var. *macrantha*	1,5–4	6–9	karminrot		x				x		x	320
Eucalyptus												
– *ficifolia*	10	8	scharlachrot		x			x			x	320
– *gunnii*	20–25	10–12	gelblichweiß		x			x			x	321
– *niphophila*	6	10–12	weiß		x			x			x	322
Euodia												
– *hupehensis*	5–20	7–8	weißlich	F				x				66
Euonymus												
– *alata*	2–3			H					x			124
– *europaea*	2–6			F					x	x		124
– *fortunei*-Sorten	0,1–0,8				x					x		190
– *hamiltoniana*	3–5			F, H					x			124
– *japonica*	2–4				x				x		x	321
– *latifolia*	3–5			F					x	x		125
– *phellomana*	3–5			F					x			125
– *planipes*	3–4			F, H				x	x			125
– *verrucosa*	1–2			F, H					x	x		125
Exochorda												
– × *macrantha*	3–4	5	weiß						x			126
– *racemosa*	3–4	5	weiß						x			126
Fagus												
– *sylvatica*-Sorten	15–20							x				66
Fallopia												
– *aubertii*	15	9–11	weiß			x						250
Fatsia												
– *japonica*	2–5	10–11	gelblichweiß		x				x		x	321
Ficus												
– *carica*	4–10			F					x		x	321
Forsythia												
– × *intermedia*	2–3	4–5	gelb						x			126
– *ovata*	1–2	3–4	gelb						x			126
– *suspensa*	2–2,5	3–4	gelb						x			126
– *viridissima*	2	3–4	gelb						x			127
Fothergilla												
– *gardenii*	1	4–5	weiß	H					x			127
– *major*	1,5–3,5	5	weiß	H					x			127
Fortunella												
– *margarita*	2–4			F	x				x		x	322

Art oder Sorte	Wuchshöhe in m	Blütezeit	Blütenfarbe	Fruchtschmuck (F) Herbstfärbung (H)	immergrün, w=wintergrün, B=Bambus	Kletterpflanze	Nadelgehölz	Solitärgehölz	Zier- und Blütenstrauch	Gruppen- und Heckenpflanze	Kübelpflanze	Beschreibung auf Seite
Fraxinus												
— excelsior-Sorten	4–10							x				82
— ornus	5–15	5–6	weiß					x				83
Frementodendron												
— californicum	2–4	5–6	goldgelb		x				x		x	322
Fuchsia												
— magellanica	1–2	6–9	scharlachrot						x	x		127
Gardenia												
— jasminoides	1,5	6–10	weiß		x				x		x	322
Garrya												
— elliptica	2-3	1–3	silbergrau und grünlichbraun		x				x		x	323
Gaultheria												
— migueliana	0,3	5–6	weiß	F	x					x		190
— procumbens	0,2	5–8	weiß	F	x					x		191
— shallon	0,6	5–6	weiß oder rosa	F	x					x		191
Genista												
— hispanica	0,3–1	5–6	goldgelb						x			191
— lydia	0,5	5–6	goldgelb						x			191
— pilosa	0,8	5–6	gelb						x			192
— radiata	0,8	5–6	goldgelb						x			192
— sagittalis	0,2	5–6	goldgelb							x		192
— tinctoria	0,8	5–6	goldgelb						x			192
Ginkgo												
— biloba	20–30			H				x				273
Gleditsia												
— triacanthos	15–20			H				x				67
Halesia												
— carolina	6–8	4–5	weiß					x	x			83
— monticola	8–10	4–5	weiß					x	x			83
Hamamelis												
— × intermedia	3–4	1–3	gelb	H					x			129
— japonica	2–3	1–3	gelb	H					x			129
— mollis	3–5	1–3	gelb	H					x			129
— virginiana	3–5	9–10	gelb						x			129
Hebe												
— buxifolia	0,5–1	6–7	weiß		x				x	x		193
— ochracea	0,4–0,6	6–7	weiß		x				x	x		193
— pinguifolia	0,3–0,7	6–8	weiß		x				x	x		193
— Hybriden	0,5–1,5	6–8	mehrere Farben		x				x	x	x	193
Hedera												
— colchica	8–10	9–10	grünlichgelb		x	x				x		251

Art oder Sorte	Wuchshöhe in m	Blütezeit	Blütenfarbe	Fruchtschmuck (F) Herbstfärbung (H)	immergrün, w = wintergrün, B = Bambus	Kletterpflanze	Nadelgehölz	Solitärgehölz	Zier- und Blütenstrauch	Gruppen- und Heckenpflanze	Kübelpflanze	Beschreibung auf Seite
Hedera												
— *helix*	10–20	9–10	grünlichgelb		x	x				x		252
— *hibernica*	5–20	9–10	grünlichgelb		x	x				x		251
Hibiscus												
— *mutabilis*	3–5	7–9	weiß bis rot						x		x	324
— *rosa-sinensis*	3–5	7–9	mehrere Farben						x		x	324
— *schizopetalus*	2–3	7–9	rot						x		x	324
— *syriacus*	2–3	7–9	mehrere Farben						x			130
Hippophaë												
— *rhamnoides*	5–10			F					x	x		120
Holodiscus												
— *discolor*	2–4	7–8	gelblichweiß						x			131
Hydrangea												
— *anomala* ssp. *petiolaris*	10–20	6–7	weiß	H		x						252
— *arborescens*	2–3	6–8	weiß						x			132
— *aspera*	2–3	7–9	blau und weiß						x			134
— *macrophylla*	1–3	6–8	weiß, rosa, blau						x			132
— *paniculata*	2	8–9	weiß						x			132
— *quercifolia*	1–2	7–9	weiß	H					x			132
Hypericum												
— *androsaemum*	1	6–9	gelb	F					x	x		194
— *calycinum*	0,3	7–9	goldgelb		x					x		194
— *forrestii*	1	7–8	goldgelb						x	x		194
— 'Hidecote'	1,2	7–10	goldgelb						x	x		194
— *kouytchense*	0,5	6–10	hell goldgelb		w				x	x		194
— × *moserianum*	0,5	7–8	goldgelb		w				x	x		194
Ilex												
— × *altaclarensis*	3–4	5–6	weiß	F	x				x			209
— *aquifolium*	2–10	5–6	weiß	F	x				x	x		210
— *crenata*	1–3	5–6	grünlich	F	x					x		210
— × *meserveae*	2–3	5–6	weißlich	F	x				x	x		211
— *pernyi*	4–6	5	gelblich	F	x				x			211
— *verticillata*	2–3	6–7	weißlich	F					x			135
Indigofera												
— *heterantha*	1–2	7–9	purpurrosa						x			135
Indocalamus												
— *tesselatus*	1				B				x			237
Jasminum												
— *beesianum*	1,5	5	rosa						x		x	324
— *fruticans*	1	7–9	gelb						x		x	325
— *mesnyi*	2	3–4	gelb						x		x	325
— *nudiflorum*	2–3	1–4	gelb			x			x			325

Eigenschaften und Verwendung der Gartengehölze (Fortsetzung)

Art oder Sorte	Wuchshöhe in m	Blütezeit	Blütenfarbe	Fruchtschmuck (F) Herbstfärbung (H)	immergrün, w=wintergrün, B=Bambus	Kletterpflanze	Nadelgehölz	Solitärgehölz	Zier- und Blütenstrauch	Gruppen- und Heckenpflanze	Kübelpflanze	Beschreibung auf Seite
Jasminum												
— *officinale*	8–10	6–9	weiß			x					x	325
— *polyanthum*	3–5	6–9	weiß			x					x	325
— *sambac*	3–5	1–12	weiß						x		x	325
Juglans												
— *regia*	15–20			F				x				68
Juniperus (bei allen Arten mit Sorten)												
— *chinensis*	1–5				x		x					274
— *communis*	0,3–10				x		x					275
— *horizontalis*	0,3				x		x					276
— *procumbens*	0,2				x		x					276
— *sabina*	0,5–1,3				x		x					276
— *scopulorum*	2–3				x		x					277
— *squamata*	0,3–4				x		x					277
— *virginiana*	3–10				x		x					278
Kalmia												
— *angustifolia*	1	6–7	rosarot		x				x	x		194
— *latifolia*	2–3	5–6	rosa		x				x			211
Kerria												
— *japonica*	1,5–2	4–5	gelb						x	x		135
Koelreuteria												
— *paniculata*	6–8	7–8	gelb	F, H				x				83
Kolkwitzia												
— *amabilis*	3–4	5–6	zartrosa						x			136
Laburnum												
— *anagyroides*	5–7	5–6	gelb					x	x	x		83
— × *watereri*	5–7	5–6	gelb					x	x			83
Lagerstroemia												
— *indica*	5–7	5–9	weiß, rosa, purpurn					x	x		x	325
Lantana												
— Camara-Hybriden	1	6–10	mehrere Farben						x		x	326
Larix												
— *decidua*	25–40						x	x				279
— *kaempferi*–Sorten	2–10						x	x				279
Laurus												
— *nobilis*	7–15	3	grünlichgelb		x				x		x	326
Lavandula												
— *angustifolia*	0,5	6–8	blau						x	x		195

Art oder Sorte	Wuchshöhe in m	Blütezeit	Blütenfarbe	Fruchtschmuck (F) Herbstfärbung (H)	immergrün, w=wintergrün, B=Bambus	Kletterpflanze	Nadelgehölz	Solitärgehölz	Zier- und Blütenstrauch	Gruppen- und Heckenpflanze	Kübelpflanze	Beschreibung auf Seite
Lavatera												
— *arborea*	3	5–9	blaß purpurrot						x		x	327
— *olbia*	2	3–6	rosa bis purpurrot						x		x	328
Ledum												
— *palustre*	1,5	5–6	weiß		x				x	x		212
Lespedeza												
— *thunbergii*	2	9–10	purpurrosa						x			136
Leucothoë												
— *walteri*	1	5	weiß		x				x	x		195
Leycesteria												
— *formosa*	2	6–9	weißlich-purpurn	F					x			137
Ligustrum												
— *delavayanum*	2	6	weiß		x				x		x	328
— *japonicum*	2–3	6–9	weiß		x				x		x	328
— *lucidum*	10	8–9	weiß		x			x			x	328
— *obtusifolium* var. *regelianum*	1,5	7	weiß						x	x		137
— *ovalifolium*	3–5	7	weiß		x				x	x		213
— *vulgare*	5–7	6–7	weiß	F						x		137
Liquidambar												
— *styraciflua*	15–20			H				x				68
Lonicera												
— × *brownii*	2–3	5–9	orange-scharlach			x						253
— *caprifolium*	4–5	4–5	gelblichweiß	F		x						253
— × *heckrottii*	2–4	6–9	purpurn und gelb			x						254
— *henryi*	4–6	6–8	gelb bis purpurn	F	x	x						254
— *ledebourii*	2–3	5–8	gelb und orange	F						x		138
— *maackii*	3–5	6	weiß und gelb	F					x			138
— *nitida*	0,7–1,2	5	rahmweiß		x					x		196
— *periclymenum*	4–6	5–6	gelblichweiß	F		x						254
— *pileata*	0,8	5	blaßgelb		x					x		196
— *tatarica*	2–3	4–5	rosa bis weiß							x		138
— × *tellmanniana*	4–6	6–7	goldgelb			x						254
— *xylosteum*	1–3	5–6	grünlichgelb	F						x		138
Magnolia												
— 'Georg Henry Kern'	3–4	4–5	reinweiß					x				84
— *grandiflora*	20–25	5–8	weiß		x			x			x	328

Art oder Sorte	Wuchshöhe in m	Blütezeit	Blütenfarbe	Fruchtschmuck (F) Herbstfärbung (H)	immergrün, w=wintergrün, B=Bambus	Kletterpflanze	Nadelgehölz	Solitärgehölz	Zier- und Blütenstrauch	Gruppen- und Heckenpflanze	Kübelpflanze	Beschreibung auf Seite
Magnolia												
— 'Heaven Scent'	4—6	4—5	rosa					x				85
— *kobus*	8—10	4—5	weiß					x				85
— *liliiflora*	3—5	5—6	purpurn und weiß					x				85
— × *loebneri*	6—8	4—5	weiß					x				85
— *sieboldii*	3—4	6	weiß					x				85
— × *soulangiana*	3—6	3—4	rosa bis weiß/purpurn					x				86
— *stellata*	2—3	3—4	weiß					x				86
— 'Susan'	4—6	4—6	purpur- bis rosarot					x				86
Mahonia												
— *aquifolium*	1	3—4	gelb	F, H	x				x	x		213
— *bealei*	1—2	2—4	hellgelb	F	x				x			214
— *lomariifolia*	2—4	11—3	gelb		x				x		x	329
Malus												
— Arten und Sorten	2—12	4—6	weiß bis rosa und karmin	F				x	x			87
Melia												
— *azedarach*	15	3—4	lila	F				x			x	329
Mespilus												
— *germanica*	3—6	5—6	weiß	F, H					x			90
Metasequoia												
— *glyptostroboides*	20—35						x	x				279
Microbiota												
— *decussata*	0,3				x		x			x		280
Myrtus												
— *communis*	3—5	7—8	weiß		x				x		x	329
Nandina												
— *domestica*	0,5	6—7	weiß	F	x				x		x	329
Nerium												
— *oleander*	2—6	6—10	mehrere Farben		x				x		x	330
Nothofagus												
— *antarctica*	6—8							x				91
Olearia												
— × *haastii*	1—2	7—8	weiß		x				x		x	330
— *ilicifolia*	1,5—2,5	7	weiß		x				x		x	330
— × *scilloniensis*	1—2	4—5	weiß		x				x		x	330
— *semidentata*	3,5	7	purpurrosa		x				x		x	331
— *traversii*	2—4	7	gelb		x				x		x	331

Art oder Sorte	Wuchshöhe in m	Blütezeit	Blütenfarbe	Fruchtschmuck (F) Herbstfärbung (H)	immergrün, w=wintergrün, B=Bambus	Kletterpflanze	Nadelgehölz	Solitärgehölz	Zier- und Blütenstrauch	Gruppen- und Heckenpflanze	Kübelpflanze	Beschreibung auf Seite
Osmanthus												
— × *burkwoodii*	2	4–5	weiß		x				x			214
— *delavayi*	1,5–3	4–5	weiß		x				x		x	331
— *fragrans*	3–5	7–8	weiß		x				x		x	331
— *heterophyllus*	2–4	9–10	weiß		x				x			214
Pachysandra												
— *terminalis*	0,3	4–5	weiß		x					x		196
Paeonia												
— *suffruticosa*	1–2	5–6	weiß, rosa, purpurn						x			138
Parrotia												
— *persica*	8–10	3–4	bräunlich	H				x				91
Parrotiopsis												
— *jacquemontiana*	2–7	4–6	weiß	H					x			139
Parthenocissus												
— *quinquefolia*	15			H		x						255
— *tricuspidata*	20			H		x						255
Paulownia												
— *tomentosa*	10–15	3–4	hellviolett					x				91
Pernettya												
— *mucronata*	0,5	5–6	weiß	F	x				x	x		196
Perovskia												
— *abrotanoides*	1	8–9	lilablau						x			140
— *atriplicifolia*	1	8–9	blau						x			140
Philadelphus												
— *coronarius*	2–3	6–7	cremeweiß						x			141
— × *cymosus*	1,5–2	6	milchweiß						x			141
— *inodorus* var. *grandiflorus*	2–3	6–7	reinweiß						x			141
— × *lemoinei*	1–1,5	6–7	weiß						x			141
— *pubescens*	2–3	6–7	rahmweiß						x			141
— × *purpureomaculatus*	1,5	6–7	weiß mit Purpur						x			141
— × *virginalis*	1,5–3	6–7	weiß						x			142
Phlomis												
— *fruticosa*	1	6–7	gelb		x				x		x	331
Phoenix												
— *canariensis*	15–18				x			x			x	331
Phormium												
— *tenax*	1–3	7–8	trübrot		x				x		x	332

Art oder Sorte	Wuchshöhe in m	Blütezeit	Blütenfarbe	Fruchtschmuck (F) Herbstfärbung (H)	immergrün, w=wintergrün, B=Bambus	Kletterpflanze	Nadelgehölz	Solitärgehölz	Zier- und Blütenstrauch	Gruppen- und Heckenpflanze	Kübelpflanze	Beschreibung auf Seite
Photinia												
— × *fraseri*	3	5	weiß		x				x		x	332
— *villosa*	3–5	5–6	weiß	F, H					x			142
Phyllodoce												
— *caerulea*	0,2	4–5	purpurn		x						x	197
Phyllostachys												
— *aurea*	3–4				B							237
— *aureosulcata*	3–6				B							237
— *flexuosa*	3–7				B							237
— *viridiglaucescens*	3–4				B							238
Physocarpus												
— *opulifolius*	2–3	5–6	weiß							x		142
Picea												
— *abies*-Sorten	0,5–4				x		x					281
— *breweriana*	10–15				x		x	x				283
— *glauca*-Sorten	0,5–4				x		x					283
— *omorika*	20–25				x		x	x				283
— *orientalis*	20–25				x		x	x				284
— *pungens*-Sorten	0,5–15				x		x	x				284
Pieris												
— *floribunda*	2	4–5	weiß		x				x			215
— *japonica*	2–3	3–5	weiß		x				x			215
Pinus												
— *aristata*	5–15				x		x	x				286
— *cembra*	10–15				x		x	x				287
— *contorta*	10–15				x		x	x				287
— *densiflora*												
'Umbraculifera'	2–4				x		x					287
— *halepensis*	15–20				x		x	x			x	287
— *heldreichii*	10–20				x		x	x				287
— *mugo*	1–3				x		x			x		288
— *nigra*	10–30				x		x	x				290
— *parviflora*	10–15				x		x	x				290
— *peuce*	10–20				x		x	x				290
— *pinaster*	20–30				x		x	x			x	291
— *pinea*	20–25				x		x	x			x	291
— *ponderosa*	20–25				x		x	x				291
— *pumila*	1–5				x		x					291
— *radiata*	20–30				x		x	x				292
— × *schwerinii*	15–20				x		x	x				292
— *strobus*	20–30				x		x	x				292
— *sylvestris*	20–35				x		x	x				292
— *uncinata*	10–15				x		x	x				293
— *wallichiana*	20–30				x		x	x				293

Art oder Sorte	Wuchshöhe in m	Blütezeit	Blütenfarbe	Fruchtschmuck (F) Herbstfärbung (H)	immergrün, w=wintergrün, B=Bambus	Kletterpflanze	Nadelgehölz	Solitärgehölz	Zier- und Blütenstrauch	Gruppen- und Heckenpflanze	Kübelpflanze	Beschreibung auf Seite
Pistatia												
— *lentiscus*	4—6	3—4	gelblichgrün	F	x				x		x	332
Pittosporum												
— *tenuifolium*	5—10	4—5	purpurbraun		x				x	x	x	333
— *tobira*	3—5	4—7	rahmweiß		x				x	x	x	333
Pleioblastus												
— *pygmaeus*	0,4				B							239
Plumbago												
— *auriculata*	2—3	5—10	hellblau			x			x		x	333
Poncirus												
— *trifoliata*	1—4	4—5	weiß	F					x			142
Potentilla												
— *fruticosa*-Sorten	1	5—9	gelb, weiß, rötlich						x	x		197
Prunus												
— 'Accolade'	5—8	4	fuchsienrosa					x				92
— × *amygdalopersica*	5—8	3—4	hellrosa					x				92
— *avium*	15—20	4—5	weiß					x				68
— × *blireana*	2—3	4	rosa						x			143
— *cerasifera* 'Nigra'	5—8	4—5	weiß					x				92
— × *cistena*	2—3	5	weiß						x			143
— *dulcis*	8—10	3—4	weiß	F				x				93
— *fruticosa* 'Globosa'	3—5	5	weiß					x				93
— *glandulosa*	1,5	4—5	weiß						x			144
— 'Hally Jolivette'	3—4	4—5	weiß					x				93
— × *hillieri*	6—8	4-5	weiß	H				x				93
— *kurilensis*	2—3	4	weiß						x			93
— 'Kursar'	3—5	4	rosa						x			93
— *laurocerasus*-Sorten	1—6	5	weiß		x				x	x		216
— *lusitanica*	10—12	6	weiß		x			x		x	x	334
— *maackii*	10—15	5	weiß	H				x				94
— *mume*	5—10	3—4	weiß bis rosa					x				94
— 'Okame'	3—4	3—4	karminrosa					x				94
— *persica*	6—8	3—4	rosa bis weiß					x				94
— *pumila* var. *depressa*	0,2	5	weiß							x		197
— *sargentii*	8—12	4—5	rosarot	H				x				95
— × *schmittii*	10—12	5	weiß					x				95
— *serrula*	8—10	4—5	weiß					x				95
— *serrulata*-Sorten	10—15	4—6	weiß, rosa, rot					x				95
— *subhirtella*-Sorten	6—8	4	weiß, rosa					x				97
— *tenella*	1,5	3—4	rosa						x	x		144
— *triloba*	2—3	3—4	rosa						x			98
— × *yedoensis*	12—15	4—5	weiß					x				98

Eigenschaften und Verwendung der Gartengehölze (Fortsetzung)

Art oder Sorte	Wuchshöhe in m	Blütezeit	Blütenfarbe	Fruchtschmuck (F) Herbstfärbung (H)	immergrün, w=wintergrün, B=Bambus	Kletterpflanze	Nadelgehölz	Solitärgehölz	Zier- und Blütenstrauch	Gruppen- und Heckenpflanze	Kübelpflanze	Beschreibung auf Seite
Pseudolarix												
— *amabilis*	15–20			H			x					294
Pseudosasa												
— *japonica*	3–6				B							239
Pterostyrax												
— *hispida*	5–7	6	rahmweiß					x				99
Punica												
— *granatum*	2–5	5–6	scharlachrot	F	x				x		x	334
Pyracantha												
— *coccinea*	2–3	5–6	weiß	F	x				x	x		216
— Hybriden	3–4	5–6	weiß	F	x				x	x		217
Pyrus												
— *calleryana*	10–15	5	weiß	H				x				69
— *salicifolia*	5–9	4	weiß					x				99
Quercus												
— *ilex*	10–25				x			x			x	324
— *pontica*	4–6			H				x				99
— *robur*-Sorten	15–20							x				69
— *suber*	10–20				x			x			x	335
— × *turneri* 'Pseudoturnei'	5–15				x			x				217
Rhaphiolepis												
— × *delacourii*	1–2	12–3	rosa		x				x		x	335
— *indica*	1	12–3	weiß und rosa		x				x		x	335
— *umbellata*	1–4	12–3	weiß		x				x		x	335
Rhododendron												
— *albrechtii*	1,5–3	4–5	rosarot						x			219
— *brachycarpum*	2–3	6–7	weiß oder gelblichrosa		x				x			219
— *calophytum*	1–2	4	weiß oder rosaweiß		x				x			219
— *calostrotum*	0,3	4	rot		x				x			219
— — ssp. *keleticum*	0,15	4	purpurrot		x				x			219
— *camtschaticum*	0,3	5	purpurrot						x			219
— *canadense*	1	4–5	rosa und hellpurpurn						x			219
— *carolinianum*	1,5	5–6	hell purpurrosa		x				x			219
— *catawbiense*	2–4	5–6	lilapurpurn		x				x			219
— *degronianum*	1–2	4	zartrosa		x				x			220
— *discolor*	1–2	6–7	zartrosa		x				x			220
— *ferrugineum*	1	6–7	purpurrosa		x				x			220
— *forrestii*-Sorten	0,2–1,2	4–5	dunkelkarmin bis scharlachrot		x				x			220

Art oder Sorte	Wuchshöhe in m	Blütezeit	Blütenfarbe	Fruchtschmuck (F) Herbstfärbung (H)	immergrün, w=wintergrün, B=Bambus	Kletterpflanze	Nadelgehölz	Solitärgehölz	Zier- und Blütenstrauch	Gruppen- und Heckenpflanze	Kübelpflanze	Beschreibung auf Seite
Rhododendron												
— *fortunei*	3–4	5	gelblichrosa		x				x			220
— *hippophaeoides*	1	3–4	hellila–purpurn		x				x			220
— *hirsutum*	1	4–5	purpurrosa		x				x			220
— *impeditum*	0,6	4–5	purpurviolett		x				x			221
— *insigne*	1,5	5	zartrosa		x				x			222
— *japonicum*	1–2	5	gelb bis rot	H					x			222
— 'Lavendula'	1	5	lavendelrosa		x				x			222
— *luteum*	1–4	5	sattgelb	H					x			222
— *minus*	1–3	6	purpurrosa		x				x			223
— *orbiculare*	1,5	4	karminrosa		x				x			223
— 'Praecox'	1,5	2–4	lilarosa		w				x			223
— *racemosum*	0,5	4–5	rosa bis weiß		x				x			223
— 'Radistrotum'	0,3	5	purpurrot		x				x			223
— 'Ramapo'	0,6	5	pastellila		x				x			223
— *russatum*	0,3–1,5	5	rosa		x				x			223
— *schlippenbachii*	2–4	5–6	rosa	H					x			223
— *smirnowii*	1–2	4–5	purpurrosa bis hell karminrosa		x				x			224
— *vaseyi*	2–3	4–5	zartrosa bis prupurrosa						x			224
— *wardii*	1–3	5	gelb		x				x			224
— *williamsianum*	1,5	4	zartrosa		x				x			224
— *yakushimanum*	1	5	zartrosa bis weiß		x				x			225
Rhodotypos												
— *scandens*	1–2	5–6	weiß	F					x			145
Rhus												
— *typhina*	5 (10)	6–7	grünlich	F, H				x				100
Ribes												
— *alpinum*	1–2	4	gelblichgrün	F						x		145
— *aureum*	2	4–5	gelb						x	x		145
— *sanguineum*	2–4	5	tief rosarot						x			145
Robinia												
— 'Casque Rouge'	10–15	5–6	tiefrosa					x				69
— *hispida*	1,5	6–9	purpurrosa						x			146
— *pseudoacacia*-Sorten	6–20	5–6	weiß					x				69
Rosa												
— *acicularis*	1–2	5–6	dunkelrosa	F					x	x		147
— × *alba*	2–3	6	weiß, rosa						x			147
— *arvensis*	1	6–7	weiß	F					x	x		147
— *canina*	2–3	4–5	weiß, hellrosa	F					x	x		147
— *centifolia*	2	6–7	rosa						x			147
— × *damascena*	2	6–7	rosa, rot	F					x			148
— *foetida*	2	6	tiefgelb	F					x			148

Eigenschaften und Verwendung der Gartengehölze (Fortsetzung)

Art oder Sorte	Wuchshöhe in m	Blütezeit	Blütenfarbe	Fruchtschmuck (F) Herbstfärbung (H)	immergrün, w=wintergrün, B=Bambus	Kletterpflanze	Nadelgehölz	Solitärgehölz	Zier- und Blütenstrauch	Gruppen- und Heckenpflanze	Kübelpflanze	Beschreibung auf Seite
Rosa												
— *gallica*	1	6–7	hellrot, purpurn	F					x	x		148
— *glauca*	3	6–7	karminrosa	F					x	x		148
— *hugonis*	2,5	6–7	gelb	F					x			148
— *jundzillii*	2,5	5–6	rosa	F					x			148
— *majalis*	1,5	5–6	karmin, purpurn	F					x	x		148
— *moyesii*	2–3	6	weinrot	F					x			148
— *multibracteata*	2	6	hellrosa	F					x			149
— *multiflora*	2–3	6–7	weiß	F					x	x		149
— *nitida*	0,8	5–6	rosa	H					x	x		150
— *omeiensis* f. pteracantha	3–4	5–6	weiß	F					x			150
— *pendulina*	1–2	5–6	rosa	F					x	x		150
— *pimpinellifolia*	1	5–6	weiß, blaßgelb	F					x	x		150
— *rubiginosa*	1–3	6	rosa	F					x	x		150
— *rugosa*	1–2	6–9	purpurn, rosa weiß	F					x	x		150
— × *rugotida*	1	6–7	karminrosa	H					x	x		151
— *sweginzowii* 'Macrocarpa'	2	6	rosa	F					x			151
— *tomentosa*	2	6–7	blaßrosa, weiß	F					x	x		151
— *villosa*	2	6–7	rosa	F					x	x		151
— *virginiana*	1,5	6–8	hellrosa	F, H					x	x		151
Rosmarinus												
— *officinalis*	1	5	blaßblau		x				x		x	336
Rubus												
— *cockburnianus*	2–3	5–6	rosapurpurn						x	x		162
— *deliciosus*	2–3	5	weiß						x	x		162
— *leucodermis*	2	5–6	weiß						x	x		162
— *odoratus*	2–3	6–7	rosarot						x	x		162
— *phoeniculasius*	2–3	6–7	hellrosa	F					x			163
— 'Tridell'	2–3	5	reinweiß						x			163
Ruscus												
— *aculeatus*	1				x				x	x	x	336
Salix												
— *acutifolia* 'Pendulifolia'	4–6			H				x				100
— *boydii*	0,7								x			199
— *caprea*	5–10	3–4	silbrig, goldgelb					x	x	x		100
— *daphnoides* var. *pomeranica*	3–4								x	x		100
— *elaeagnos*	5–10									x		101
— × *erythroflexuosa*	8–10								x			101
— *hastata* 'Wehrhanii'	1,5	5–6	silbrig, goldgelb						x			199

Art oder Sorte	Wuchshöhe in m	Blütezeit	Blütenfarbe	Fruchtschmuck (F) Herbstfärbung (H)	immergrün, w=wintergrün, B=Bambus	Kletterpflanze	Nadelgehölz	Solitärgehölz	Zier- und Blütenstrauch	Gruppen- und Heckenpflanze	Kübelpflanze	Beschreibung auf Seite
Salix												
— *helvetica*	1	5–6	silbrig						x			199
— *lanata*	1	4	silbrig, goldgelb						x			200
— *matsudana* 'Tortuosa'	5–8 (12)							x				102
— *purpurea* 'Gracilis'	0,5–1,5									x		200
— *repens* ssp. *argentea*	0,5									x		200
— *repens* ssp. *rosmarinifolia*	0,8–1									x		200
— *sachalinensis* 'Sekka'	3–5							x				102
— × *sericans*	7–9	3–4	silbrig					x	x			102
Sambucus												
— *caerulea*	3–4	6–7	gelblichweiß	F					x			163
— *nigra*	5–7	6–7	weißlich	F						x		163
— *racemosa*	2–4	4–5	gelblichweiß	F						x		163
Santolina												
— *chamaecyparissus*	0,4	7–8	tiefgelb						x			200
Sasa												
— *palmata*	1–2				B							239
Sciadopitys												
— *verticillata*	10–15						x	x	x			294
Semiarundinaria												
— *fastuosa*	3–6				B							239
Senecio												
— 'Sunshine'	1	6–7	gelb						x		x	337
Sequoia												
— *sempervirens*	20–30						x	x	x			295
Sequoiadendron												
— *giganteum*	30–50						x	x	x			295
Sinarundinaria												
— *nitida*	4–6				B							239
Skimmia												
— *japonica*	1,5	4	gelblich	F	x				x	x		201
— *reevesiana*	0,5	4–6	weißlich	F	x				x	x		201
— × *rogersii*	0,5	4–6	weißlich	F	x				x	x		201
Solanum												
— *crispum*	3–4	6–9	lilablau			x					x	337
— *jasminoides*	1	7–8	weiß und blau			x					x	337
— *rantonnetii*	1,5	4–10	violett						x		x	337
Sophora												
— *japonica*	15–20	8–9	gelblichweiß					x				70

Art oder Sorte	Wuchshöhe in m	Blütezeit	Blütenfarbe	Fruchtschmuck (F) Herbstfärbung (H)	immergrün, w=wintergrün, B=Bambus	Kletterpflanze	Nadelgehölz	Solitärgehölz	Zier- und Blütenstrauch	Gruppen- und Heckenpflanze	Kübelpflanze	Beschreibung auf Seite
Sorbaria												
— *aitchisonii*	2–3	7–8	weiß						x	x		164
— *arborea*	4–6	7–8	weiß					x	x			164
— *sorbifolia*	2	6–7	weiß						x	x		165
Sorbus												
— *aria*	10–15	5	weiß	F				x				70
— *aucuparia*	10–15	5–6	weiß	F, H				x				70
— *cashmiriana*	5–8	5	rosaweiß	F				x				102
— *domestica*	10–20	5–6	weiß	F, H				x				72
— *intermedia*	10–15	5–6	weiß	F				x				72
— *rhederiana*												
'Josef Rock'	7–9	5–6	weiß	F				x				103
— *sargentiana*	8–10	6	weiß	F, H				x				103
— *serotina*	5–10	5	weiß	F, H				x				103
— × *thuringiaca*												
'Fastigiata'	5–8	5–6	weiß	F				x				103
Spartium												
— *junceum*	2–3	5–9	gelb						x		x	337
Spiraea												
— × *arguta*	2	4–5	weiß						x			165
— *bullata*	0,4	7	dunkelrosa						x			201
— Bumalda-Hybriden	0,75	6–9	karminrot						x	x		201
— × *cinerea*	1,5–2	5	weiß						x			165
— *decumbens*	0,25	6	weiß						x	x		202
— *japonica*-Sorten	0,3–0,6	5–9	weiß, rosa						x	x		203
— *nipponica*	2,5	5–6	weiß						x			165
— *prunifolia*	2	4–5	weiß						x			166
— *thunbergii*	1,5	4	weiß						x			166
— × *vanhouttei*	2–3	5–6	weiß						x			166
Staphylea												
— *pinnata*	4–5	5–6	weißlichgrün	F					x			166
Stephanandra												
— *incisa* 'Crispa'	0,5	6	grünlichweiß							x		166
— *tanakae*	2	6–7	weiß						x	x		166
Stewartia												
— *pseudocamellia*	5–8	7–8	weiß	H				x	x			103
Stranvaesia												
— *davidiana*	2–3	6	weiß	F	x				x			235
Styrax												
— *japonica*	5–7	5	weiß					x				104
Symphoricarpos												
— *albus* var. *laevigatus*	1	6–9	rötlich	F						x		167

Art oder Sorte	Wuchshöhe in m	Blütezeit	Blütenfarbe	Fruchtschmuck (F) Herbstfärbung (H)	immergrün, w=wintergrün, B=Bambus	Kletterpflanze	Nadelgehölz	Solitärgehölz	Zier- und Blütenstrauch	Gruppen- und Heckenpflanze	Kübelpflanze	Beschreibung auf Seite
Symphoricarpos												
— × *chenaultii*	1,5–2	6–7	rosa							x		167
— *orbiculatus*	1–2	6–8	gelblichweiß	F						x		167
— Hybriden	1–2	6–7	rosa	F						x		167
Syringa												
— × *chinensis*	2–3	5	purpurlila						x			168
— 'José'	1,5	5–6	lilarosa						x			168
— *josikaea*	3–4	5–6	lilapurpurn						x			168
— *meyeri*	1,5	5	violett						x			168
— *microphylla*	1,5	6	blaßlila						x			168
— *reflexa*	3–4	6	karminrot						x			168
— × *swegiflexa*	3	6	zartrosa						x			168
— *vulgaris*-Sorten	3–7	5	mehrere Farben						x			168
Tamarix												
— *chinensis*	3–5	7–9	rosarot						x			170
— *gallica*	5–10	7–9	rosa						x			170
— *parviflora*	3–5	4–5	rosa						x			170
— *tetrandra*	2–3	4–5	rosa						x			170
Taxodium												
— *distichum*	20–30			H			x	x				295
Taxus												
— *baccata*-Sorten	1–10				x		x					297
— *cuspidata* 'Nana'	1–2				x		x					299
— × *media*	3–5				x		x					299
Tecomaria capensis	2–4	8–11	zinnoberrot		x	x					x	338
Thuja												
— *occidentalis*-Sorten	1–20				x		x					300
— *orientalis*-Sorten	1–15				x		x					301
— *plicata*	20–30				x		x					302
Thujopsis												
— *dolabrata*	5–10				x		x					302
Tilia												
— *cordata*-Sorten	3–20	6	gelb					x				72
— × *euchlora*	15–20	7	gelb					x				72
Trachelospermum												
— *jasminoides*	3–5	7	weiß		x	x					x	338
Trachycarpus												
— *fortunei*	10–12				x			x			x	338
Tsuga												
— *canadensis*-Sorten	1–20				x		x					303
— *diversifolia*	8–10				x		x					303
— *mertensiana*	10–15				x		x					304
— *sieboldii*	5–15				x		x					304

Art oder Sorte	Wuchshöhe in m	Blütezeit	Blütenfarbe	Fruchtschmuck (F) Herbstfärbung (H)	immergrün, w=wintergrün, B=Bambus	Kletterpflanze	Nadelgehölz	Solitärgehölz	Zier- und Blütenstrauch	Gruppen- und Heckenpflanze	Kübelpflanze	Beschreibung auf Seite
Ulex												
— *europaeus*	1	5–6	goldgelb						x			235
Ulmus												
— *glabra*												
'Camperdownii'	4–5							x				73
— *minor* 'Wredei'	10–15							x				73
Vaccinium												
— *macrocarpon*	0,1	5–6	hellpurpurn	F						x		203
— *vitis-idaea*	0,3	5–9	weiß	F	x					x		203
Viburnum												
— × *bodnantense*	2–3	11–3	rosaweiß						x			171
— × *burkwoodii*	2	3–4	rosaweiß						x			235
— × *carlcephalum*	2	5–6	weiß						x			171
— *carlesii*	1,5	4–5	weiß						x			171
— *davidii*	1	5	rosaweiß	F	x				x			171
— *farreri*	2–3	12–2	rosaweiß						x			171
— × *juddii*	1,5	4–5	rosaweiß						x			172
— *lantana*	1–2	5–6	schmutzigweiß	F					x	x		172
— *opulus*	2–4	5–6	weiß	F					x	x		172
— *plicatum*	2–3	5–6	weiß					x	x			172
— 'Pragense'	2–3	5	weiß		x				x			236
— *rhytidophyllum*	3–4	5–6	gelblichweiß	F	x				x			236
— *tinus*	2–3,5	3–4	rosaweiß	F	x				x		x	236
Vinca												
— *major*	0,3–0,8	5–9	blau		x					x		204
— *minor*	0,2	4–5	blauviolett		x					x		204
Vitis												
— *coignetiae*	8–10			H		x						255
Weigela												
— *florida*	2–3	5–6	rosa						x			173
— Hybriden	2–3	5–6	rosa, rot						x			173
Wisteria												
— *floribunda*	8	5–6	violett			x						256
— *sinensis*	10	5–6	blauviolett			x						257
Yucca												
— *aloifolia*	3–6	3–6	weiß		x			x	x		x	339
— *elephantipes*	10–12	7–8	weiß		x			x	x		x	339

* einschließlich der oft flächig gepflanzten Zwergsträucher
** In Mitteleuropa oft als Kübelpflanze, im Mittelmeergebiet als Freilandpflanze.

Literaturverzeichnis

ALBRECHT, H.-J., SOMMER, S.: Rhododendron. Deutscher Landwirtschaftsverlag, Berlin 1991.
ALTHAUS, C.: Fassadenbegrünung. Patzer Verlag, Berlin und Hannover 1987.
BÄRTELS, A.: Zwerggehölze. Verlag Eugen Ulmer, Stuttgart 1983.
BÄRTELS, A.: Kostbarkeiten aus ostasiatischen Gärten. Verlag Eugen Ulmer, Stuttgart 1987.
BÄRTELS, A.: Schöne Clematis. Verlag Eugen Ulmer, Stuttgart 1989.
BÄRTELS, A.: Gartengehölze. Verlag Eugen Ulmer, Stuttgart 1991, 3. Auflage.
BEAN, W. J.: Trees and Shrubs – Hardy in the British Islands. Butler and Tanner, London 1976–1980, 8. Auflage.
BERG, J., HEFT, L.: Rhododendron und immergrüne Laubgehölze. Verlag Eugen Ulmer, Stuttgart 1991, 3. Auflage.
BOERNER, F.: Nadelgehölze für Garten und Park. Deutsche Verlagsanstalt (Verlag Stichnote), Stuttgart 1969.
BOERNER, F., KOCH, H.: Gehölzschnitt. Das Schneiden der Ziergehölze im Garten und Park. Verlag Eugen Ulmer, Stuttgart 1979, 5. Auflage.
BOERNER, F., SCHELLER, H.: Blütengehölze für Garten und Park. Verlag Eugen Ulmer, Stuttgart 1985, 3. Auflage.
Darthuizer Vademecum. Darthuizer Boomkwekerijen, Leersum 1987, 3. Auflage.
EISELT, M. G., SCHRÖDER, R.: Nadelgehölze. Neumann Verlag, Radebeul 1974.
EISELT, M. G., SCHRÖDER, R.: Laubgehölze. Neumann Verlag, Leipzig-Radebeul 1977.
FITSCHEN, J.: Gehölzflora. Bearbeitet von F.-H. Meyer, U. Hecker, H. R. Höster und F.-G. Schroeder. Quelle und Meyer Verlag, Heidelberg 1990, 9. Auflage.
GÖRITZ, H.: Laub- und Nadelgehölze für Garten und Landschaft. VEB Deutscher Landwirtschaftsverlag, Berlin 1986, 5. Auflage.
HECKER, U.: Laubgehölze, wildwachsende und häufig angepflanzte Arten. BLV Verlagsgesellschaft, München 1985.
HECKER, U.: Nadelgehölze, wildwachsende Bäume, Sträucher und Zwerggehölze. BLV Verlagsgesellschaft, München 1985.
HILLIER NURSERIES: The Hillier Manual of Trees and Shrubs. Winchester 1991, 6. Auflage.
KIERMEIER, P.: Wildgehölze des mitteleuropäischen Raumes. BdB-Handbuch VIII. Fördergesellschaft »Grün ist Leben« Baumschulen mbH, Pinneberg 1987.
KIERMEIER, P.: Bäume und Grün ... natürlich geplant. Lorenz von Ehren, Katalog 1991.
KRÜSSMANN, G.: Handbuch der Laubgehölze. 3 Bände. Verlag Paul Parey, Berlin und Hamburg 1976–1978, 2. Auflage.
KRÜSSMANN, G.: Die Nadelgehölze. Verlag Paul Parey, Berlin und Hamburg 1979, 3. Auflage.
KRÜSSMANN, G.: Handbuch der Nadelgehölze. Verlag Paul Parey, Berlin und Hamburg 1983, 2. Auflage.
LATYMER, H.: The Mediterranean Gardener. Frances Lincoln, London 1990.
MENZEL, P. und I.: Das Kletterpflanzenbuch. Verlag Eugen Ulmer, Stuttgart 1988.
NOACK, H.: Wild- und Parkrosen. Verlag Neumann-Neudamm, Melsungen 1989.
PARDATSCHER, G.: Hecken im Garten. Verlag Eugen Ulmer, Stuttgart 1988.
RECHT, D., WETTERWALD, M. F.: Bambus. Verlag Eugen Ulmer, Stuttgart 1988.
REHDER, A.: Manual of cultivated trees and shrubs. Macmillan Company, New York 1927 und 1951. Reprint Dioscorides Press, Wilshire 1990.
WITT, H.-H., BASSLER, J., BARTELS, H.: Heide – Sortiment, Markt, Verwendung, Pflege, Gestaltungselement. Lehr- und Versuchsanstalt für Gartenbau, Bad Zwischenahn 1983.
WITT, H.-H., SCHMALSCHEIDT, W., BASSLER, J.: Rhododendron – Sortiment, Verwendung, Pflege. Lehr- und Versuchsanstalt für Gartenbau, Bad Zwischenahn 1983.
ZANDER, Handwörterbuch der Pflanzennamen. Von F. Encke, G. Buchheim, S. Seybold. Verlag Eugen Ulmer, Stuttgart 1993, 14. Auflage.

Bildquellen

Zeichnungen
Die Zeichnungen auf den Seiten 15, 16, 17, 18, 19, 20, 21, 22, 24 und 26 fertigte Jutta Thiele-Dreikauss, Bielefeld, nach Vorlagen von Dorothea Haag, Hannover-Langenhagen.
Alle weiteren Zeichnungen stammen von Gisela Tambour, Göttingen

Farbfotos
Eberhard Morell, Dreieich: 67, 77, 90, 110, 129, 139, 144
Hans Reinhard, Heiligkreuzsteinach: Titelfoto, Seite 9
Friedrich Strauß, Au in der Hallertau: Seite 14

Alle anderen Fotos stammen vom Autor Andreas Bärtels, Waake.

Verzeichnis der deutschen Pflanzennamen

Abelie 205
Abendländischer Lebensbaum 300
Ahorn 58
Ährenheide 175
Akazie 306
Akebie 242
Aleppokiefer 287
Alpenheckenrose 150
Alpenjohannisbeere 145
Alpenrose 217
Alpenwaldrebe 246
Amberbaum 68
Amerikanische Agave 307
Amur-Traubenkirsche 94
Ananasguave 307
Angelikastrauch 106
Ankerpflanze 316
Apfel 87
Apfelbeere 108
Apfelrose 151
Apfelsine 314, 316
Arabischer Jasmin 325
Arizonazypresse 271
Atlaszeder 263
Aukube 205

Balsamtanne 259
Bambus 237
Bärentraube 175
Bartblume 176
Bastardindigo 106
Bastardzypresse 271
Baumhasel 65
Baumheide 318
Baummalve 327
Baumwürger 244
Becherkätzchen 323
Beetrosen 156
Behaarte Alpenrose 220
Berberitze 108, 205
Bergamotte 315
Berghemlocktanne 304
Bergkiefer 282
Berglorbeer 211
Bergwaldrebe 247
Besenginster 185
Besenheide 176
Bibernellrose 150
Binsenginster 337
Birke 61
Bitterorange 142
Blasenbaum 83
Blasenspiere 142
Blasenstrauch 115
Blauer Holunder 163

Blauer Kartoffelstrauch 337
Blauglockenbaum 91
Blaugurkenstrauch 120
Blauheide 197
Blauregen 256
Bleiwurz 333
Blumenesche 82
Blumenhartriegel 79
Blutjohannisbeere 145
Blutpflaume 92
Bodendeckende Rosen 153
Bogenflieder 168
Borstige Robinie 146
Bougainvillee 308
Breitblättriges Pfaffenhütchen 125
Brombeere 162
Buchsbaum 207
Burgenahorn 76
Buschklee 136

Chilenische Schmucktanne 261
Chinesische Birke 62
Chinesische Fächerpalme 338
Chinesische Goldrose 148
Chinesische Mahonie 329
Chinesische Skimmie 201
Chinesische Wildbirne 69
Chinesische Zaubernuß 129
Chinesische Zierquitte 112
Chinesischer Flieder 168
Chinesischer Roseneibisch 324
Chinesischer Wacholder 274
Chinesisches Rotholz 279
Cornvallheide 190

Damaszenerrose 148
Dattelpalme 331
Deutzie 120
Dornige Ölweide 209
Drachenweide 102
Drehkiefer 287
Drillingsblume 308
Duftblüte 214, 331
Duftender Schneeball 171

Eberesche 70, 102
Echter Jasmin 325
Edelginster 185
Edelrosen 160
Edle Tanne 261
Efeu 251
Eibe 297

Eibisch 323
Eichenblättrige Hortensie 132
Eisenholzbaum 91
Elfenbeinginster 184
Engelstrompete 317
Erbsenstrauch 110
Erdbeerbaum 308
Erle 61
Escallonie 320
Esche 22
Eschenahorn 60
Essigrose 148
Etagenhartriegel 78
Eukalyptus 320
Europäische Lärche 279

Fächerahorn 73, 75
Fächer-Zwergmispel 183
Falscher Jasmin 140
Färberginster 192
Federbuschstrauch 127
Feige 321
Feldahorn 58
Feldrose 147
Felsenbirne 105
Felsengebirgstanne 259
Felsenmispel 181, 208
Feuerahorn 76
Feuerdorn 216
Fichte 280
Fiederspiere 163
Filzige Zwergmispel 119
Filzrose 151
Fingeraralie 123
Fingerstrauch 197
Flanellstrauch 322
Flieder 167
Flügelspindelstrauch 124
Flügelstorax 99
Forsythie 126
Französische Tamariske 170
Französischer Ahorn 76
Frühlingstamariske 170
Fuchsie 127
Fuchsrose 148

Gallische Rose 148
Gardenie 322
Gartenhortensie 132
Geißblatt 137, 252
Geißklee 183
Gelbholz 78
Gelbkiefer 291
Gewürzstrauch 111
Ginkgo 273

Ginster 183, 191
Glanzblättrige Rose 150
Glanzmispel 142, 332
Gleditschie 67
Glockenheide 189
Goldakazie 306
Goldbirke 62
Golderle 61
Goldglöckchen 126
Goldjohannisbeere 145
Goldlärche 294
Goldregen 83
Goldulme 73
Granatapfelbaum 334
Grannenkiefer 286
Grapefruit 316
Grauheide 189
Grauweide 101
Großblumige Rhododendren 226
Großblütige Magnolie 328

Hahnendorn 81
Hainbuche 64
Hakenkiefer 293
Hammerstrauch 311
Hanfpalme 338
Hartriegel 78, 115
Haselnuß 116
Heckenkirsche 196
Heide 188
Heidetamariske 170
Heiligenblume 200
Hemlocktanne 302
Herzblättrige Erle 61
Hibalebensbaum 302
Himalajabirke 62
Himalajazeder 263
Himbeere 162
Hinoki-Scheinzypresse 268
Hirschkolbensumach 100
Holunder 163
Hortensie 131
Hülse 209
Hundsrose 147

Immergrün 204
Immergrüne Glanzmispel 332
Indigostrauch 135
Irische Heide 185
Irischer Efeu 252
Italienische Waldrebe 248

Japanische Aprikose 94
Japanische Azaleen 226

Japanische Bergkirsche 95
Japanische Eibe 299
Japanische Hemlocktanne 303
Japanische Hülse 210
Japanische Lärche 279
Japanische Lavendelheide 215
Japanische Rebe 255
Japanische Rotkiefer 287
Japanische Skimmie 201
Japanische Weinbeere 163
Japanische Wollmispel 319
Japanische Zaubernuß 129
Japanische Zierkirsche 95
Japanische Zierquitte 112
Japanischer Ahorn 74
Japanischer Blumenhartriegel 80
Japanischer Liguster 328
Japanischer Palmfarn 316
Japanischer Schneeball 172
Japanischer Spindelbaum 321
Jasmin 324
Jasmintrompete 243
Johannisbeere 145
Johannisbrotbaum 311
Johanniskraut 193
Judasbaum 76
Jungfernrebe 254

Kakipflaume 318
Kamelie 309
Kamm-Minze 187
Kanadische Fichte 283
Kanadische Hemlocktanne 303
Kanarische Dattelpalme 331
Kapländische Trompetenwinde 338
Kartoffelrose 150
Kaspische Tamariske 170
Katsurabaum 64
Kaukasische Fichte 284
Kaukasustanne 259
Kerrie 135
Kiefer 286
Kirsche 92
Klebsame 333
Kleinblättriger Flieder 168
Kleinblütige Tamariske 170
Kletterhortensie 252
Kletternder Spindelbaum 190
Kletterrosen 154
Klettertrompete 243
Kobushi-Magnolie 85
Kolchischer Ahorn 59

Kolchischer Efeu 251
Kolkwitzie 136
Koloradotanne 259
Kopfeibe 265
Korallenbeere 167
Korallenhülse 135
Korallenstrauch 319
Koreanische Tanne 259
Koreanischer Schneeball 171
Korkeiche 335
Korkenzieherhasel 116
Korkenzieherweide 102
Korkspindelstrauch 125
Kornelkirsche 80
Kragenrose 149
Krähenbeere 187
Kranzspiere 166
Kreuzkraut 337
Kriechende Sandkirsche 198
Kriechginster 184
Kriechkiefer 288
Kriechwacholder 276
Krimlinde 72
Krummholzkiefer 288
Kugelahorn 76
Kumquat 322
Kurilenkirsche 93
Küstensequoie 295

Lackzistrose 314
Lagerstroemie 325
Lambertnuß 117
Lärche 278
Laubenulme 73
Lavendel 195
Lavendelheide 215
Lebensbaum 300
Lederhülsenbaum 67
Leycesterie 137
Libanonzeder 265
Liguster 137, 213, 328
Linde 72
Lorbeer 326
Lorbeerblättrige Zistrose 314
Lorbeerkirsche 216, 334
Lorbeermispel 235
Lorbeerrose 194
Lorbeerschneeball 236
Losbaum 113
Lydischer Ginster 191

Mädchenkiefer 290
Magnolie 84
Mahagonikirsche 95
Mahonie 213
Mährische Eberesche 102
Mairose 148
Mammutbaum 295

Mandarine 314, 316
Mandarinrose 148
Mandel 92
Mandelbäumchen 98
Mandschurische Birke 64
Mannaesche 82
Mannsblut 194
Mastixstrauch 332
Mäusedorn 336
Mazedonische Kiefer 290
Mehlbeere 70, 103
Miniaturrosen 159
Mispel 90
Mongolische Waldrebe 247
Montereykiefer 292
Montereyzypresse 271
Moosbeere 203
Morgenländischer Lebensbaum 301
Myrte 329

Nachtschatten 337
Nadelrose 147
Nandina 329
Nanshan-Zwergmispel 183
Neuseeländer Flachs 332
Niederliegende Zwergmispel 182
Nordmannstanne 259
Norfolktanne 262
Nutka-Scheinzypresse 267

Oleander 330
Olearia 330
Ölweide 123, 209
Orange 316
Orangenblume 312
Orientalische Fichte 284
Orientalische Waldrebe 247
Österreichische Schwarzkiefer 290

Quitte 120

Pagodenhartriegel 78
Palmfarn 316
Palmlilie 236, 338
Pampelmuse 315
Panzerkiefer 287
Perovskie 140
Perückenstrauch 118
Pfaffenhütchen 124
Pfeifenstrauch 140
Pfeifenwinde 243
Pfirsich 92, 94
Pflaume 92
Pflaumenblättriger Weißdorn 82
Pimpernuß 166

Pinie 291
Pomeranze 315
Pontische Eiche 99
Portugiesische Lorbeerkirsche 334
Prachtglocke 123
Preiselbeere 203
Primeljasmin 325
Provencerose 147
Purpurerle 61
Purpurginster 184
Purpurmagnolie 85
Purpurweide 200

Radspiere 125
Rainweide 328
Ranunkelstrauch 135
Rauhblattrose 148
Rauschbeere 187
Rebhuhnbeere 190
Redwood 295
Rhaphiolepis 335
Rhododendron 217
Riesenlebensbaum 302
Riesenpalmlilie 339
Rispenhortensie 132
Robinie 69
Rosmarin 336
Rosmarinheide 174
Rosmarin-Seidelbast 186
Rosmarinweide 200
Rose 146
Roseneibisch 324
Roßkastanie 61
Rostblättrige Alpenrose 220
Rotahorn 60
Rotblättrige Rose 148
Rotbuche 66
Roter Hartriegel 115
Rotdorn 81
Rote Heckenkirsche 138
Rotfichte 281
Rotzeder 277, 278
Rumelische Kiefer 290
Runzelblättriger Schneeball 236
Runzelige Zwergmispel 119
Russische Zwergmandel 144

Säckelblume 181, 310
Sadebaum 276
Salweide 100
Samthortensie 134
Sandbirke 63
Sanddorn 130
Sandginster 192
Sandkirsche 198
Sandweide 200
Sawara-Scheinzypresse 269

Scharlachdorn 82
Scharlachkirsche 95
Scharlach-Roßkastanie 61
Schattengrün 190
Schaumspiere 131
Scheinakazie 69
Scheinbeere 190
Scheinbuche 91
Scheineller 113
Scheinhasel 116
Scheinkamelie 103
Scheinkerrie 145
Scheinparrotie 139
Scheinquitte 112
Scheinrebe 242
Scheinzypresse 265
Schimmelfichte 283
Schirmtanne 294
Schlangenhautahorn 75
Schlingknöterich 250
Schmalblättrige Lorbeerrose 194
Schmalblättrige Ölweide 123
Schmetterlingsstrauch 109
Schmucktanne 261
Schneeball 171, 235
Schneeballhortensie 132
Schneebeere 167
Schneeflockenstrauch 112
Schneeforsythie 105
Schneeglöckchenbaum 82
Schneeheide 188
Schneekirsche 97
Schnurbaum 70
Schönfrucht 110
Schönmalve 305
Schottische Zaunrose 150
Schuppenheide 180
Schwarzbirke 62
Schwarzer Geißklee 184
Schwarzer Holunder 163
Schwarzkiefer 290
Schwedische Mehlbeere 72
Schweizer Weide 199
Seekiefer 287
Seidelbast 186

Seidenbaum 307
Serbische Fichte 283
Sicheltanne 270
Silberahorn 60
Silberakazie 306
Silberölweide 123
Sinngrün 204
Siskiyoufichte 283
Skimmie 200
Sommerflieder 109
Sommermagnolie 85
Spanische Tanne 260
Spanischer Ginster 191
Sparrige Zwergmispel 119
Speierling 170
Spierstrauch 165, 201
Spießtanne 270
Spindelstrauch 124, 190
Spitzahorn 60
Spitzblättrige Zwergmispel 119
Stacheldrahtrose 150
Stechapfel 317
Stechfichte 284
Stechginster 235
Stechpalme 209
Steineiche 334
Steppenkirsche 93
Sternjasmin 338
Sternmagnolie 86
Stieleiche 69
Stinkesche 66
Storaxbaum 104
Strahlenginster 192
Strahlengriffel 241
Strandkiefer 290
Strandmalve 326
Straucheibisch 130
Strauchmelde 308
Strauchnessel 331
Strauchpäonie 138
Strauchrosen 151
Strauch-Roßkastanie 105
Strauchveronika 193
Streifenahorn 75
Strobe 292
Südbuche 90

Sugi 270
Sumpfporst 212
Sumpfzypresse 295
Süße Akazie 306

Tamariske 170
Tanne 258
Taschentuchbaum 65
Tatarischer Hartriegel 115
Taubenbaum 65
Teppich-Zwergmispel 182
Texaswaldrebe 247
Thüringische Mehlbeere 103
Tibetanische Kirsche 95
Torfmyrte 196
Tränenkiefer 293
Traubenheide 195
Traubenholunder 163
Trompetenbaum 64
Tulpenmagnolie 86

Ulme 73
Ungarischer Flieder 168

Veitch's Tanne 261
Vielblütige Ölweide 123
Vielblütige Rose 149
Virginische Rose 151
Virginische Zaubernuß 129
Vogelbeere 70
Vogelkirsche 68

Wacholder 273
Waldgeißblatt 254
Waldhortensie 132
Waldrebe 245
Walnuß 68
Wandelröschen 326
Warziger Spindelstrauch 125
Weide 100, 198
Weidenblättrige Birne 99
Weidenblättrige Felsenmispel 183, 208
Weigelie 173
Weihrauchzeder 262
Weinrose 150
Weißdorn 81

Weiße Polsterspiere 202
Weiße Rose 147
Weiße Zistrose 314
Weißer Hartriegel 115
Weißglockenstrauch 215
Westliche Rotzeder 277
Weymouthkiefer 292
Wilder Wein 255
Winterblüte 111
Wintergrüne Eiche 217
Wintergrüner Liguster 213
Winterjasmin 325
Winterlinde 72
Wistarie 256
Wolliger Schneeball 172
Wollmispel 319
Wollweide 200

Yoshino-Kirsche 98
Ysander 196

Zaubernuß 128
Zeder 262
Zedrachbaum 329
Zierapfel 82
Zierquitte 112
Zimmeraralie 321
Zimmertanne 262
Zimtahorn 76
Zimtrose 148
Zirbelkiefer 287
Zistrose 313
Zitronatzitrone 315
Zitrone 314
Zuckerhutfichte 283
Zwergbirke 175
Zwergkiefer 291
Zwerglebensbaum 280
Zwergmandel 144
Zwergmispel 118, 181
Zwergpalme 312
Zylinderputzer 309
Zypresse 271
Zyprischer Erdbeerbaum 308